스포츠지도사 핵심내용 다지기
핵심요약집

편　저 | 이재학, 이한경, 김기홍, 성낙훈
　　　　 김혁출, 안한주, 윤동식

개정판 1쇄 발행 | 2020년 2월 10일

발 행 인 | 이광호
발 행 처 | 도서출판 대한미디어
등록번호 | 제2-4035호
전　 화 | (02) 2267-9731　팩스 | (02) 2271-1469
홈페이지 | www.daehanmedia.com

ISBN 978-89-5654-515-8　93690
정가 26,000원

※ 이 책은 저작권법에 의하여 보호받는 저작물이므로 무단으로 전재하거나 복제하여 사용할 수 없습니다.
※ 잘못 만들어진 책은 구입처 및 본사에서 교환해 드립니다.

2급 스포츠지도사(전문, 생활, 장애인) 및
유소년, 노인스포츠지도사 자격검정대비

핵심요약집

머리말

현대 사회에서 스포츠의 중요성은 단순히 엘리트, 생활, 학교체육을 넘어 삶의 보편적 복지로 정착되어 그 중요성이 대두되고 있습니다. 스포츠는 삶의 필수 요소로 그 수요가 증가하고 있으며, 스포츠지도사의 수요 또한 증가할 것으로 기대하고 있습니다. 이에 문화체육관광부는 미래사회가 요구하는 스포츠지도사를 양성하기 위해 체육지도자 자격제도를 개편하여 시행하고 있습니다.

이 책은 새롭게 개정된 체육지도자(2급 전문·생활·장애인스포츠지도사), 유소년, 노인스포츠지도사 자격검정을 대비하기 위해 기획 및 제작하였습니다.

이 책에는 문화체육관광부가 고시한 전문·생활스포츠지도사 선택 7과목(스포츠심리학, 운동생리학, 스포츠사회학, 운동역학, 스포츠교육학, 스포츠윤리학, 한국체육사)과 장애인, 유소년, 노인스포츠지도사의 필수 3과목(특수체육론, 유아체육론, 노인체육론), 총 10과목의 핵심 내용과 실전모의고사가 수록되어 있습니다.

각 과목의 핵심요약은 대한미디어(2015)가 발간한 기본 교재 10개 과목에서 핵심 내용을 압축하였습니다. 아울러 실전모의고사는 국민체육진흥공단 체육지도자자격검정원 2급 전문지도사·스포츠지도사, 장애인, 유소년, 노인스포츠지도사 출제 문제(2015)를 중심으로 정리하였습니다.

각 과목의 구성체계는 부와 장을 구분하고 대·중·소주제별로 내용을 기술하였습니다. 실전모의고사는 부와 장을 종합하여 과목별 예상 20문제를 출제하고 정답과 해설을 첨부하였습니다.

이 책의 저자들은 자격검정을 대비하는 여러분들의 학습효과를 극대화하기 위해 다음 사항을 권장합니다.

〈권장 학습법〉

첫째, 대한미디어(2015)가 발간한 기본 교재 10개 과목을 먼저 학습하여 기본을 다지시기를 바랍니다. 이는 이 책이 상대적으로 많은 내용을 압축·요약하였으므로 기본이 부족한 수험생 여러분들의 이해도가 낮아질 수 있기 때문입니다.

둘째, 과목별 핵심요약과 핵심용어를 체크·확인하여 학습하기를 바랍니다.

셋째, 실전모의고사는 과목별 단순한 지식을 묻는 유형과 부와 장을 종합한 유형의 문제로 출제하였습니다. 따라서 답이 맞거나 틀림에 관계없이 정답 해설 및 본문 내용을 반드시 학습하길 바랍니다. 이는 시험 문제풀이를 통해 자신의 실력을 진단하고 학습 내용을 완전히 이해하기 위해서입니다.

끝으로 2급 전문·생활·장애인스포츠지도사, 유소년, 노인스포츠지도사를 준비하고 있는 모든 분들이 자격취득의 결실을 맺기를 바라며, 체육학의 학문적 성찰이 있기를 기원합니다.

2016년 3월
대표저자 이 재 학

스포츠지도사 핵심내용 다지기

핵심요약집

차 례

머리말 5

스포츠심리학
01 스포츠심리학 개관 10
02 인간운동 행동의 이해 14
03 스포츠수행의 심리적 요인 22
04 스포츠수행의 사회 심리적 요인 53
05 운동심리학 66
06 스포츠심리상담 74

운동생리학
01 운동생리학 개관 78
02 에너지대사와 운동 82
03 신경조절과 운동 91
04 골격근과 운동 99
05 내분비계와 운동 107
06 호흡·순환계와 운동 116
07 환경과 운동 125

스포츠사회학
01 스포츠사회학의 의미 136
02 스포츠와 정치 142
03 스포츠와 경제 152
04 스포츠와 교육 158
05 스포츠와 미디어 163
06 사회계층의 이해 169
07 스포츠와 사회화 174
08 스포츠와 일탈 181
09 미래 사회와 스포츠 188

운동역학
01 운동역학 개관 196
02 운동역학의 이해 200
03 인체역학 210
04 운동학의 스포츠 적용 215
05 운동역학의 스포츠 적용 219
06 일과 에너지 225
07 다양한 운동기술의 분석 230

스포츠교육학
01 스포츠교육학 개관 238
02 스포츠교육의 정책과 제도 244
03 스포츠교육의 참여자 이해론 256
04 스포츠교육의 프로그램론 266
05 스포츠교육의 지도방법론 277
06 스포츠교육의 평가론 296
07 스포츠교육자의 전문적 성장 302

스포츠윤리
- 01 스포츠와 윤리 308
- 02 경쟁과 페어플레이 315
- 03 스포츠와 불평등 320
- 04 스포츠에서 환경과 동물윤리 325
- 05 스포츠와 폭력 329
- 06 경기력 향상과 공정성 334
- 07 스포츠와 인권 339
- 08 스포츠조직과 윤리 347

한국체육사
- 01 한국체육사 개관 354
- 02 선사·부족국가와 삼국시대 체육 361
- 03 고려시대와 조선시대의 체육 368
- 04 개화기와 일제강점기의 체육·스포츠 376
- 05 현대 체육·스포츠 387
- 06 국제스포츠대회 참가 397
- 07 남북체육교류 408

특수체육론
- 01 특수체육론 개관 420
- 02 특수체육 지도전략 437

유아체육론
- 01 유아체육의 이해 462
- 02 유아기 운동발달 프로그램의 구성 477
- 03 유아체육 프로그램 교수–학습법 483

노인체육론
- 01 노화와 노인 492
- 02 노인 운동의 효과 503
- 03 노인 운동 프로그램의 설계 509
- 04 질환별 프로그램 설계 521
- 05 지도자의 효과적인 지도 532

실전모의고사
- 스포츠심리학 548
- 운동생리학 554
- 스포츠사회학 560
- 운동역학 566
- 스포츠교육학 572
- 스포츠윤리 578
- 한국체육사 584
- 특수체육론 590
- 유아체육론 596
- 노인체육론 602

스포츠지도사자격검정 **핵심요약집**

스포츠심리학이란 스포츠현장에서 발생되는 인간의 행동을 과학적으로 연구하고, 습득된 지식을 현장에 활용하는 스포츠과학의 중요한 영역이라 할 수 있다. 특히 운동 수행에 영향을 미치는 인간의 심리적 특성과 스포츠활동이 인간의 심리적인 발달에 미치는 영향을 밝히는 데에 주안점을 두고 있다. 최근 스포츠의 영향력이 확대됨에 따라 운동 수행과 관련된 스포츠심리학 또한 그 중심에 있다.

스포츠심리학

01 스포츠심리학 개관

1장 스포츠심리학의 정의 및 의미

[01] 스포츠 심리학의 개념과 의미

가 스포츠심리학의 개념

스포츠심리학은 스포츠 상황에서 인간 행동을 과학적으로 연구·탐구하는 학문. 여기에서 인간 행동이란 관찰 가능하고 외현적인 행동뿐만 아니라, 감정, 사고, 동기 등의 관찰 불가능하고 내현적인 행동까지 포함

나 스포츠심리학의 의미

체육학 교육과정을 구성하는 중요한 분과로 스포츠와 운동 상황에서 인간행동을 과학적으로 탐구하고 그 지식을 신체활동 상황에 적용하는 것을 의미함

(1) 광의적 개념

일반 심리학이 포함하는 모든 분야로 스포츠상황은 물론 관찰 가능한 인간 행동의 모든 측면에 적용한 경우를 가리킴

(2) 협의적 개념

스포츠·운동 수행에 초점을 맞추어 운동기능 수행에 영향을 미치는 심리적 요인 및 그 과정의 경우를 가리킴

2장 스포츠심리학의 역사

[01] 국제 스포츠심리학

시기	연도	내용
1기	1895~1920	심리학 연구를 위해 운동기술 연구가 수단으로 사용함. 노먼 트리플렛(Norman Triplett, 1861~1934): 사이클 경주 연구와 어린아이를 대상으로 한 낚싯줄 감기 실험이 있음
2기	1921~1938	콜먼 그리피스(Coleman Griffith, 1893~1966): 스포츠심리학의 개척가로 최초로 스포츠심리학 실험실을 통해 수업을 진행함. 주저서로는 Psychology of Coaching (1926)과 Psychology of Athletics (1928) & The Athletic Journal이 있음
3기	1939~1965	프랭클린 헨리(Franklin Henry, 1993): California-Berkley대학 스포츠심리학 대학원 과정을 창설, 스포츠심리학의 학문화 발전에 큰 공헌
4기	1966~1977	스포츠의 학문성을 정립하는 시기로 전문학회인 International Society of Sport Psychology(ISSP: 1965)와 North American Society for Psychology of Sport and Physical Activity(NASPSPA: 1977) 창설 Bruce Ogilvie(1920~2003): 북미 응용스포츠심리학의 아버지
5기	1978~2000	스포츠와 운동심리학이 포함된 종합과학이 발전하는 시기로 글로벌 성장, 응용 문제, 질적 연구, 하위 영역의 분화 등 연구 패러다임의 변화. Journal of Sport Psychology(1979), USOC 풀타임 심리학자 고용(1985), American Association of Applied Sport Psychologists(AAASP: 1986)
6기	2001~현재	미국심리학회(American Psychological Association: APA)는 독자적인 영역으로 스포츠심리학을 47분과에 포함(1987)

[02] 국내 스포츠심리학

① 1948년: 서울대학교 "체육심리학" 강의 시작
② 1970년: 한국체육학회 산하 스포츠심리 분과 위원회 구성
③ 1978년: 미국 로버트 싱어(Robert Singer) 박사의 특별강연 이후 "스포츠심리학"으로 명칭변경으로 교육과정 변화
④ 1986년: 대한체육회 스포츠과학연구소 내 스포츠심리학연구실 운영
⑤ 1999년: 체육과학연구원(현 한국스포츠개발원)의 국민체육진흥공단 편입 이후 선수 대상 스포츠심리학 현장 지원 강화
⑥ 1989년: 한국체육학회 분과학회로 한국스포츠심리학회 창립 및 한국스포츠심리학회지 발간
⑦ 2002년: 한국연구재단 등재학술지 선정

3장 스포츠심리학의 영역과 역할

스포츠심리학					
구분	스포츠심리	운동심리	운동제어	운동학습	운동발달
대상	심리적 요인과 스포츠 수행	운동과 심리적 효과	움직임 생성 및 조절	운동기술, 습득원리	생애에 걸친 운동 발달
주제	성격, 정서, 동기 등	불안, 우울, 기분 등	협응구조, 자유도 등	연습법, 피드백 등	협응력 변화, 인지적 과정 변화 등
목적	심리적 요인이 스포츠수행에 어떠한 영향을 주는가? 스포츠가 참가자에게 어떠한 영향을 주는가?	신체활동에 영향을 주는 사회적 요인은 무엇인가? 운동에 따른 심리적 효과는 무엇인가?	움직임이 어떻게 생성·제어되는가? 신경생리적 관점에서의 이해	운동기술을 효율적으로 습득하는 원리는 무엇인가? 인지적 관점에서의 이해	성장이 운동수행과 학습에 끼치는 영향을 무엇인가? 발달적 관점에서의 이해

[01] 스포츠심리학

① 스포츠수행에 있어 운동기능 수행에 영향을 끼치는 심리적, 사회적 요인 및 그 과정을 이해하는 것임
② 스포츠행동 중 스포츠수행 또는 운동수행에 초점을 두고 있음
③ 스포츠에서 성격, 불안 등 개인적 변인과 경쟁, 강화, 응집력과 같은 사회적 변인을 분석하여 경기력 향상에 직접적인 영향을 끼치는 요소에 집중하고 있음

[02] 운동심리

① 스포츠 상황 뿐만 아니라 건강을 위한 운동 상황에서 심리적인 측면 또한 포함. 즉 경쟁 뿐만 아니라 생활체육에 참여하는 일반인에게도 초점을 두고 있음
② 스포츠활동에 지속적으로 참여하기 위한 방법과 운동을 통한 사회·심리적 효과 등에 초점을 두고 있음
③ 운동 참가 동기, 운동 중지 및 지속, 정신건강, 운동의 심리적 효과가 있음

[03] 운동제어

① 어떻게 움직임이 생성되고 조절되는지를 인간의 운동 생성 기전 및 원리를 규명
② 움직임 외 환경으로부터 받은 다양한 정보와 그 정보의 처리를 통해 조절되는 신체 움직임 과정을 규정
③ 정보처리 이론, 운동제어 이론, 운동의 법칙, 반사와 운동, 협응 구조 등

[04] 운동학습

① 운동기술을 효율적으로 수행하고 학습하는데 관련된 변인을 인지적 관점에서 연구
② 개인적 특성을 기초로 연습이나 경험을 통해 가장 효율적인 협응 동작을 형성시켜 나가는 과정을 연구
③ 운동행동 모형, 운동학습 과정, 운동 기억, 전이, 피드백, 연습 이론 등

[05] 운동발달

① 전 생애에 걸쳐 운동 발달 현상을 연구하고, 운동행동의 발달 변화와 그것을 일으키는 기전을 규명함
② 인간의 성장, 성숙, 노화에 따른 운동 행동 변화를 연구
③ 유전, 운동기능 발달, 학습 및 수행 적정 연령, 경험, 노령화 등

02 인간운동 행동의 이해

1장 운동제어

[01] 운동제어의 개념

① 인간의 동작이나 운동을 어떻게 만들고 통제·조절할 수 있는지에 대한 기전과 원인을 밝히는 것으로 개인, 환경, 과제의 상호작용을 통해 표출되는 인간 운동 행동의 원리를 동작, 지각, 인지적 측면에서 연구하는 분야

- 동작(action): 모든 움직임이 어떻게 통제·조절되는지에 대한 원리를 제공하는 것
- 지각(perception): 감각기관을 통한 정보를 받아들이고 효과적으로 행동할 수 있는 것
- 인지(cognition): 목표를 달성하기 위해 주로 중추신경계(뇌와 척수)의 처리과정을 의미함

② 뉴로사이언스와 접목하여 인간의 운동행동을 분석하는 것뿐만 아니라 동물 대상 연구를 통해 운동제어의 신경 기초를 파악하기 시작. 또한 컴퓨터 발전에 의해 수학적 모델링기법을 이용하여 어떻게 뇌가 운동행동을 통제하고 협응하는지에 대한 연구도 수행되고 있음. 그리고 뇌촬영 기법이 고도화되면서 기존 EEG 외에 첨단 기법인 PET, MRI, NMR, fMRI를 적용하고 있음

③ 운동제어에 대한 두 가지 관점으로 슈미트(Schmidt)의 운동프로그램(motor program)과 켈소와 피치맨(Kelso, Fischman)의 다이내믹 시스템 이론이 있음

[02] 기억체계 및 운동제어 체계

가 기억체계

- 전에 경험했던 것을 회상하는 과정으로 3단계 즉 지각(perception: 정보의 조직화되는 단계), 저장(storage: 정보가 단기간·반영구적으로 기억 속에 보관하는 단계), 인출(retrieval: 저장된 기억정보를 꺼내어 재회생하는 단계)로 구분. 또는 정보의 부호화(encoding) → 응고화(consolidation) → 인출(retrieval)의 과정을 겪는다고 함

- 기억의 저장형태: 감각기억, 단기기억, 장기기억으로 구분
  - 감각기억: 일정기간 정보에 대한 흔적이 지속되기 때문에 감각저장 혹은 감각기억이라고도 함. 시각이나 청각자극이 제거된 후 잠시 상이 남아있는 등 정보가 사라지지 않음. 지속시간은 0.1초~0.5초 정도로 매우 단기적이며, 주의집중이 필요하며 그렇지 못한 정보는 곧 소멸됨
  - 단기기억: 장기기억보다 다소 긴 시간 동안 정보를 보유. 제한된 용량과 짧은 저장시간을 갖고 있으며, 반복적으로 기억하지 않으면 소멸되고, 7±2개의 항목을 기억할 수 있음
  - 장기기억: 단기기억에서 저장된 정보가 다양한 인지 처리과정을 거쳐 장기기억으로 저장. 지속적인 훈련과 연습을 통해 사용이 가능함

나 운동제어체계

(1) **반사이론**: 외부로부터의 자극에 의해 운동행동이 만들어진다는 이론. 운동행동은 시각, 청각, 촉각 등 감각 수용기가 외부로부터 자극을 받고, 이러한 자극은 신경전달을 통해 근육과 관절의 움직임을 생성시킨다고 봄. 즉 운동행동의 결과를 중요시함

(2) **정보처리이론**: 운동수행의 결과보다는 운동행동의 과정을 중시. 외부의 자극에 대한 반응시간을 측정하여 인간의 정보 처리 시간을 직접 측정 가능 등 인간의 정보처리 능력과 과정을 규명하는 데에 중요한 이론적 근거임. 정보처리이론에서 운동생성은 자극확인단계, 반응선택단계, 반응실행단계 총 3단계가 있음

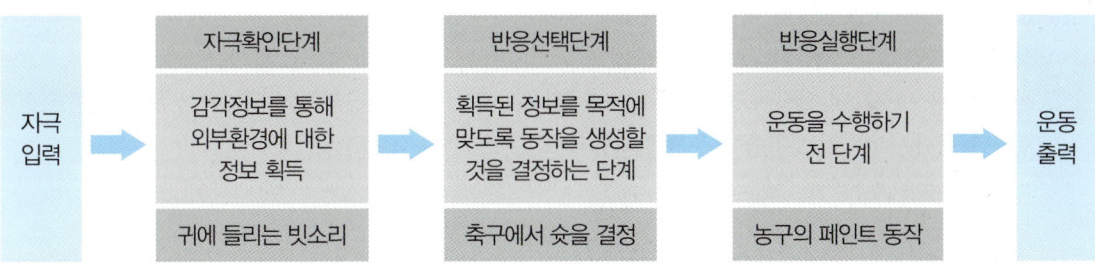

(3) **폐쇄회로이론(close loop theory)**: 동작오류를 수정하려는 노력에 의해 기술이 향상을 도모한다는 주장. 이와 같은 동작오류를 수정하는 것을 피드백이라고 하며 이는 폐쇄회로이론의 기초. 그러나 피드백을 통한 오류수정은 복잡하고, 빠른 운동에서는 감지가 어려워 단순하고, 속도가 느린 운동에서만 설명이 가능함

(4) **개방회로이론(open loop theory)**: 운동프로그램이론이라고 하며, 폐쇄회로이론의 대안으로 빠른 운동의 정보처리를 설명하는 이론. 피드백 없이 운동이 가능하며, 자동시스템으로 운동을 수행한다는 것

(5) **도식이론(schema theory)**: 슈미트(Schmidt, 1975)는 폐쇄회로이론과 개방회로이론의 문제와 한계를 절충할 수 있는 이론으로 도식이론을 주장함. 도식이론은 빠르고 복잡한 움직임은 개방회로이론 느

리고 단순한 움직임은 폐쇄회로이론으로 설명함

① 회상도식(recall schema): 현재 진행되고 있는 운동과 과거 운동결과를 근거로 새로운 계획을 통해 이루고자 하는 반응을 결정하는 도식으로 빠른 움직임을 조절하기 위해 동원됨
② 재인도식(recognition schema): 동작의 정확성을 평가하면서 동작을 교정하는 도식으로 느린 움직임을 조절하기 위해 동원됨

(6) 정보처리이론의 스포츠행동 모형

- 입력(외부로부터 다양한 자극을 감각수용기를 통해 유입) → 반응과정(자극의 해석, 목표달성을 위한 동작 계획과 선택, 계획에 따른 명령 송출) → 동작과정(명령에 따른 근육의 움직임과 반응) → 피드백과정(운동반응이 계획에 의해 잘 수행되었는지에 대한 분석) → 입력 · 반응과정 · 동작과정을 통해 운동기능이 제어 · 학습됨

[03] 운동프로그램

(1) 운동프로그램은 움직임이 수행되기 이전 움직임에 대한 계획이 프로그램 형태로 기억 속에 저장되어 있다는 것으로 운동프로그램에 의한 명령은 수행 중 오류가 생기더라도 계획에 의해 움직임을 수행

(2) 선정과 실행의 에러

① 선정 에러: 환경에 적합지 않은 프로그램을 선택하거나 선택된 프로그램이 환경과 맞지 않을 경우를 가리킴
② 실행 에러: 프로그램 선정이 적합했음에도 불구하고 예상치 못한 상황이 발생되거나 원활하게 프로그램을 철저히 수행하지 못했을 경우를 가리킴

2장 운동학습

[01] 운동학습의 정의

운동학습이란 연습과 경험에 의해 개인 능력의 영구적 변화를 유도하는 일련의 내적 과정으로 "어떠한 방식으로 운동을 할 것인가?", "어떠한 피드백을 통해 운동 학습과 수행에 효과적일까?"에 초점을 두고 있음

운동학습은 연습, 경험 등의 결과로 나타나는 운동행동의 지속적인 변화이기 때문에 자연적인 성장, 성숙 등에 의한 변화는 운동학습에서 제외됨

[02] 운동학습의 이론과 특성

첫째, 숙련된 운동수행을 위해 개인의 능력을 지속적·영구적으로 변화시켜가는 과정. 일시적 변화하는 수행은 포함하지 않음
둘째, 과정에 대해 직접 관찰 불가능함
셋째, 연습과 경험에 의한 결과임

운동학습과 운동수행의 개념 차이

운동학습	운동수행
직접적으로 관찰 불가능	직접적 관찰 가능
영구적·영속적	일시적
연습과 경험 기반	특정 목적 기반

[03] 운동학습 과정과 단계

가 운동학습 과정

① 움직임의 지각
② 움직임 구성 결정과 운동 구조 형성
③ 오류수정
④ 자동화

나 운동학습 단계

피트(Fitt)와 포스너(Posner)의 단계	1967	인지단계, 연합단계, 자동화단계로 구분
번스타인(Bernstein)의 단계	1967	자유도 고정단계, 자유도 풀림단계, 반작용 활용단계
아담스(Adams)의 단계	1971	언어적운동단계, 운동단계
젠틸레(Gentile)의 단계	1972	움직임의 개념 습득단계, 고정화 및 다양화 단계
뉴웰(Newell)의 단계	1985	협응단계, 제어단계
슈미트(Schmidt)와 리스버그(Wrisberg)의 단계	2000	인지단계, 언어단계, 운동단계, 자동화단계

[04] 운동학습의 요소와 효과적인 운동학습

가 운동학습의 요소

(1) **수행곡선**: 연습 횟수가 증가할수록 운동 수행력이 높게 나타남

(2) **고원현상**: 기술을 학습할 때 일시적으로 정체되는 현상으로 피로 누적, 동기 저하, 주의력 결핍 등에 의해 발생하며 슬럼프와 구분됨

	Singer	Magill
고원의 원인	- 습관의 위계 - 기능을 학습 중 밑에서 윗단계로 올라가는 과정에서 발생	- 습관의 위계, 동기 저하, 피로 누적, 주의력 부족 - 상한효과: 너무 쉬운 과제의 경우, 초기에는 급격한 운동학습 향상 - 하한효과: 너무 어려운 과제의 경우, 초반부 운동학습 큰 변화 없음

(3) **파지**: 연습으로 향상된 운동기술의 수행력을 오랫동안 유지할 수 있는 능력. 빠른 시간 안에 얼마나 많이 오랫동안 파지할 수 있는 데에 초점을 두고 있음

(4) **전이(transfer)**: 과거의 수행 또는 학습 경험이 새로운 운동기술의 수행과 학습에 영향을 끼침

나 효과적인 운동학습

(1) **피드백(feedback)**: 운동기술 수행과 학습과정에서 운동수행에 유용한 정보를 제공해주는 역할을 함

종류	역할	예시
프로그램피드백	- 경험이 많지 않은 초보자에게 유용 - 학습 정보를 발달시키는 데 도움	- 팔보다 다리를 빨리 차라(수영 발차기 시 발차기의 중요성을 알림).
매개변수피드백	- 유경험자에게 유용 - 기본적인 움직임 패턴 학습을 적용하는 데 도움	- 빠르게 발차기를 해라(속도와 힘의 정도를 알림).
시각피드백	- 유경험자에게 유용 - 학습자에게 시각적 서술 제공 - 초보자에게 언어정보를 동시 제공	- 발차기에 대한 관련 영상 자료를 활용하여 보여줌
기술피드백	- 유경험자에게 유용 - 학습자의 동작 특성에 초점을 두어 정보 제공	- 다리가 너무 경직되어 있다(동작의 특징을 제공).
처방피드백	- 초보자/미숙련 학습자에게 유용 - 구체적으로 수정 · 대체동작을 제안	- 다리를 부드럽게 하되 더 빨리 움직여라(동작의 오류를 수정-교정하는 정보를 제공).

(2) 연습 계획: 연습계획안에는 학습자 및 환경에 대한 분석이 필요한데 그중에서도 시간, 빈도, 유형, 순서 등이 고려되어야 함

① 연습의 가변성: 가장 먼저 고려할 사항으로 학습자가 기술을 학습할 때 다양한 환경을 경험할 수 있도록 해줌

② 맥락간섭효과: 학습자가 운동기술을 연습할 시 다양한 환경들 사이 발생되는 간섭을 뜻함. 즉 사이사이 발생되는 간섭으로 인해 방해가 되기도 하지만, 학습 향상에 도움. 맥락간섭효과는 구획연습(순차적으로 과제를 제시하는 방법)과 무선연습(무작위로 과제를 제시하는 방법)으로 조절이 가능함

③ 연습 시간 배분: 집중연습(연습시간이 휴식시간보다 긴 경우), 분산연습(연습시간보다 휴식시간이 긴 경우)

④ 과제 분할: 전습법(전체 연습법, 한 가지 과제를 전체로 제시), 분습법(부분 연습법, 한 가지 과제를 나누어 제시)

3장 운동발달

[01] 운동발달의 정의

가 운동발달의 개념

① 인간의 생명이 시작되는 수정의 순간에서부터 죽음까지 전 생애를 걸쳐 나타나는 모든 변화와 과정. 연령에 따라 신체의 기능이 변화하고, 출생에서 사망까지 기능이 향상 또는 감소하는 특성을 보임

시기적 구분		기간	
태아기	배아기	임신~출생	임신~8주
	태아기		8주~출생
영아기		출생~2세	
유아기		2~6세	
아동기		6~12세	
청소년기		12~18세	
성인기	초기	18세 이상	18~40세
	중기		40~65세
	후기(노인기)		65세 이상

② 위와 같이 운동발달은 시기적으로 태아기(임신~출생), 영아기(출생~2세), 유아기(2~6세), 아동기(6~12세), 청소년기(12~18세)로 구분되며, 성인기는 18세 이상으로 초기(18~40세), 중기(40~65세), 후기(65세 이후)로 기간별로 구분

③ 아동기 운동발달 변화가 크며, 청소년기부터 변화가 크게 나타나지 않다가 성인 중기 이후부터 점차 감소하는 경향을 확인되는데 단, 개인적인 특성이 배제되어 있음

[02] 운동발달의 단계별 특성

반사움직임 단계	출생~생후 1년	신경체계가 미성숙 상태에서 생존을 위한 움직임. 예, 빛, 소리, 접촉 등에 반응하는 것으로 음식물 잡기/찾기, 빨기 등
초기움직임 단계	생후 1년~2년	비교적 예측 가능한 시기로 생존을 위한 수의적 움직임이 나타나고 물체조작, 이동(엎드려 기기, 걷기 등) 등
기본움직임 단계	2~6세	성숙, 환경의 여건에 의해 기본움직임이 형성. 균형유지 등 지각운동능력이 발달하고, 빠른 발전적 형태의 조작기술 및 이동기술 표출
전문움직임 단계	전환단계 7~8세	적용단계 11~13세
생애활용 단계	14세 이후	다양하고 복잡한 움직임 형태를 수행하며, 각각의 움직임 동작이 연계하여 하나의 동작을 형성

03 스포츠수행의 심리적 요인

1장 성격(Personality)

[01] 성격 정의
인간의 고유한 속성 중의 하나로 타인과 구분시킬 수 있는 특징들의 총체라고 정의할 수 있음
환경에 대한 개인의 적응방식을 나타내는 일관성있고, 독특한 사고와 감정, 행동의 양식

[02] 성격 특징

일관성(consistency): 시간이나 환경에 변함없이 안정되고 일관적으로 나타나는 특성

독특성(uniqueness): 개인이 처한 환경에 대한 독특한 반응양식으로 타인과 구분되는 성질과 특성

경향성(tendency): 각 상황에 대해 개인간의 서로 다른 특성

→ 성격의 특성

[03] 성격 구조
Hollander(1971)에 의하면 성격의 구조를 심리적 핵, 전형적 반응, 역할과 관련된 행동으로 구분함

| 역할 행동 | • 성격의 가장 바깥 단계
• 처한 환경에 가장 민감하게 반응
• 사회적 역할에 따라 취하는 일정한 행동
• 심리적 핵은 내부지향적이며 상황이나 시간의 변화에 민감하지 않는 반면, 전형적 반응과 역할행동은 외부지향적이며 상황의 변화에 따라 달라짐 |

전형적 반응	• 환경 및 주변 상황으로 인해 상호작용 결과가 표출 • 환경과의 상호작용에서 학습된 것 • 역경/좌절, 행복/불안 등의 상황에 처해졌을 때 개인이 환경에 적응하는 대체적으로 일관된 반응 • 어떤 사람의 전형적인 반응은 그 사람의 심리적인 핵을 그대로 반영
심리적 핵	• 개인의 실제 이미지이면서 일관성이 가장 높은 단계 • 가치, 흥미, 동기, 자아, 태도 • 성격의 핵심이라 할 수 있으며, 진정한 개인의 모습을 가리킴 • 외부상황의 변화에 크게 영향을 받지 않음

[성격의 구조]

[04] 성격 이론

가 심리역동 이론

인간의 행동을 지배하는 무의식적인 동기를 밝히려는 이론으로 프로이드(Freud)는 인간의 성격을 원초아, 자아, 초자아로 구분하여 설명함

	유형	내용	기능
원초아	무의식	본능적, 즐거움	충동적, 즉각적, 비합리적
자아	의식	원초아와 초자아 중재	합리적, 논리적, 의식적
초자아	의식, 무의식	사회적 도덕을 추구	지시, 비평 금지

나 체형 이론

쉘던(Scheldon)은 개인의 체형과 성격과의 관계성에 대한 이론

체형 유형	성격 유형
내배엽형	비만형으로 사교적, 사회성이 강하고, 생리적 욕구를 추구
중배엽형	근육형으로 에너지가 왕성, 리더십 성향이 강하며, 신체적 모험을 추구
외배엽형	마른형으로 자기 통제가 강하고, 내향적, 예술적

다 특성 이론

개인의 행동은 외부 환경보다 개인 내부에 존재하고 있는 특성에 의해 결정된다는 이론임

(1) **커텔(Cattell)**: 표면특성(밖으로 표출되는 특성)과 기본특성(표면 특성을 형성, 지속적으로 유지하는 내재적 성격)

(2) 올포트(Allport): 공통특성(일관적으로 나타나는 특성)과 개인적 성향(각 개인에게 나타나는 특성)
(3) 아이젠크(Eysenck): 내향성과 외향성(각성수준과 관계하여 행동과 조건화에 영향), 안정성과 불안정성(정서적 안정과 관계)

라 욕구위계 이론

(1) 매슬로(Maslow)의 욕구 체계: 생리적 욕구 → 안전 욕구 → 소속과 사랑의 욕구 → 존중의 욕구 → 심리적·인지적 욕구 → 자아실현 욕구 과정으로 일련의 위계적인 체계를 제시함

```
            자아실현의 욕구
        심미적 인지적 욕구        문화, 예술, 스포츠, 문화, 감상
          존중의 욕구           승진, 지위, 성취
       소속과 사랑의 욕구         이성교제, 클럽활동, 동아리활동
          안전 욕구            구조, 질서, 고통회피, 보호, 직업, 보험, 저축, 종교
         생리적 욕구            음식, 물, 성, 수면, 배설
```

마 성격의 측정

(1) **질문지 측정법**: 질문지법을 통해 피험자의 성격을 직접적으로 측정. 성격에 대한 문항을 통해 수량화가 가능하며, Cattell 성격요인 검사(Cattell Personality Factor Questionnaire: 16PF), 다면적 인성검사지(Minnesota Personality Inventory: MMPI), 아이젠크(Eysenck)의 한국판 성격차원검사, 버틀러(Butler)와 하디(Hardy)의 선수수행 프로파일, 성격유형검사지(MBT) 성격측정 등이 있음

16개 기본 특성(Cattell, 1965)

특성 명칭	기본특성	
	높은 성향	낮은 성향
A	개방적(온정, 협동, 태평)	폐쇄적(초연, 비판, 무관심, 냉정)
B	지적(영리, 빈틈없음, 사려, 추상적)	무지한(아둔, 구체적)
C	안정적(침착, 성숙, 인내, 지구력, 꾸준)	감정적(불안, 충동, 침울)
E	주장적(공격적, 경쟁적, 자만, 자신감)	복종적(온순, 동조, 조심)
F	낙천적(활기, 열정, 즐김, 재치, 수다)	비관적(심각, 차분, 우울, 걱정)
G	양심적(인내, 책임감)	수단적(경솔, 미숙, 변덕)

H	모험적(대담, 자발적)	소심(두려움, 무관심)
I	민감(감상적, 의존적)	완고(현실적, 성숙, 자부심, 강건)
L	회의적(의심, 세심, 질투)	믿는(이해, 속기 쉬움)
M	상상적(괴짜, 열중, 방심)	실제적(주도면밀, 관습적, 논리적)
N	약삭빠름(타산적, 세속적, 수단적)	솔직함(자연스러움, 순진, 자발적)
O	걱정(근심, 고민, 까다로움, 우울)	평온(자신, 고요, 쾌활)
Q1	실험적(자유, 급진)	보수적(전통, 관습)
Q2	자주적(자립, 독립)	집단에 의존(추종, 동조, 의존)
Q3	통제적(강박, 자의식, 정확한)	비통제적(느슨, 충동적, 부주의)
Q4	긴장(좌절, 강요, 화내는)	이완(진정, 침착, 안정된)

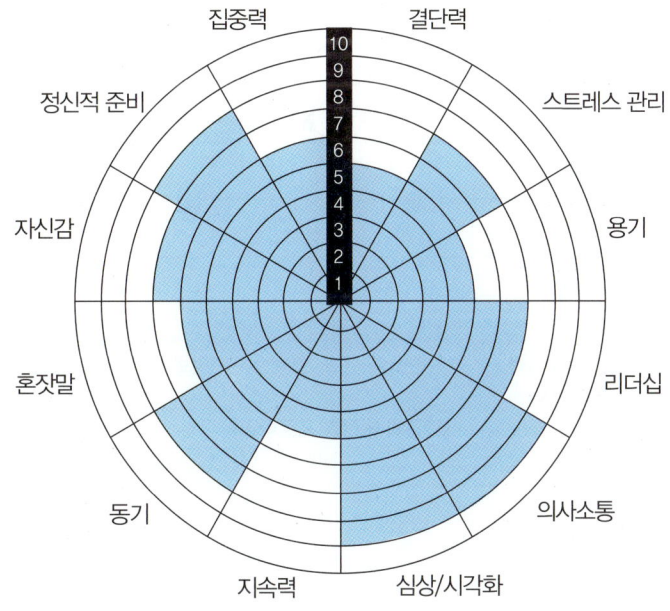

[선수 수행 프로파일(Butler & Hardy, 1992)]

(2) **투사법**: 시각적 자극을 이용한 검사로서 그림이나 카드를 활용. 로르샤흐 잉크반점 검사(Rorschach Inkblots test), 주제통각 검사(Thematic Apperception test: TAT)가 있는데 왜곡된 반응이나 해석 가능으로 인한 단점이 발생함

(3) **면접법**: 면접관이 목적에 맞는 질문을 준비하여 면접하는 방식으로 면접관이 하나의 측정도구로 매우 중요. 하지만 면접관의 관점과 선입관, 편견이 개입될 수 있으므로 왜곡의 가능성 있음

바 성격과 경기력의 관계

(1) **성격과 스포츠수행(하드먼, Hardman):** 커텔(Cattell)의 16PF를 통해, 스포츠참여는 낮은 불안, 독립심과 관련되어 있고, 외향성과 스포츠참여의 관계는 종목에 따라 다르고 사고력과 관련이 있다고 주장함

(2) **우수선수의 성격:** 모건(Morgan)의 빙산형 프로파일 연구 모형은 운동선수들을 분류하는 데 80% 정확성 검증(Cox). 모건(Morgan)의 모형에 의하면, 세계적인 엘리트 운동선수들의 기분상태 윤곽은 빙산형 모형으로 불안수준, 신경증에 있어서 점수가 낮고, 외향성에 있어서 점수가 높으며, 긴장, 우울, 분노, 피로, 혼란은 낮은 점수를 활력에 있어서 높은 점수를 나타났다고 발표함

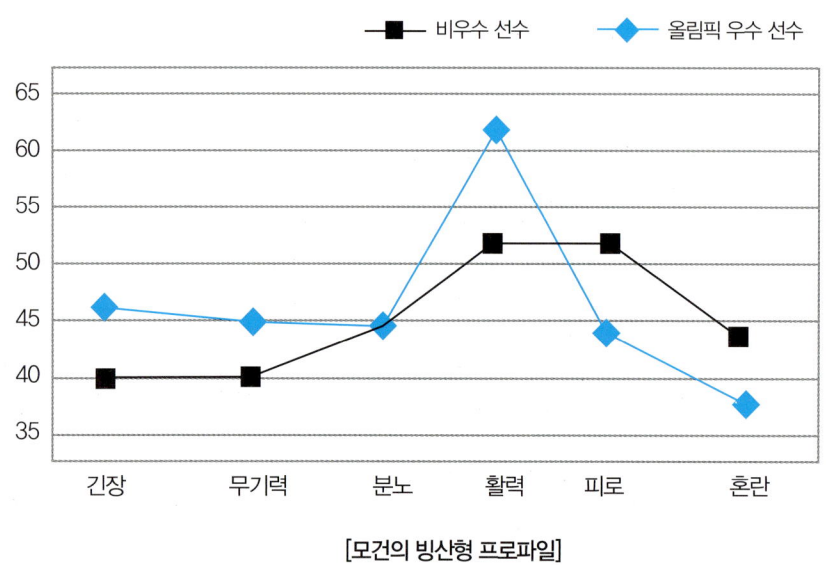

[모건의 빙산형 프로파일]

2장 정서와 시합불안

[01] 정서 · 재미 · 몰입의 개념

가 정서

정서(emotion)란 '움직이다(move)', '휘젓다(stir up)'라는 라틴어에서 유래하였으며, 기분(mood), 느낌(feeling), 감정(affect) 등 다양한 용어가 사용됨. 다양하고 복잡한 감정, 생각, 행동과 관련된 정신적, 생리적 상태로 대개 기분, 기질, 성격 등과 관계가 있음

정서(emotion)	지속 시간이 짧고, 선행사건이 분명히 지각되며, 대상이 뚜렷하고, 독특한 표정과 생물학적 과정을 수반하며, 행동의 변화
기분(mood)	뚜렷한 선행사건을 지각하지 못하는 경우가 많고, 몇 시간에서 며칠 몇주에 이르기까지 비교적 오랫동안 유지되고, 고유한 표현행동이나 생물학적 과정에 변화가 적으며, 행동보다는 사람의 사고와 인지과정에 변화 초래
느낌(feeling)	정서의 여러 성분 중 주관적으로 의식되는 느낌을 지칭하며, 느낌 중에서는 정서나 감정이 아닌 것을 포함
감정(affect)	감정세계를 총칭하는데 주로 사용되며, 이성(reason), 인지(cognition)에 대응하는 개념

나 재미

스포츠나 운동을 통해 갖는 긍정적 정서 반응. 스포츠에 지속적으로 참가할 수 있는 근원적 요인이며 중도포기를 결정하는 원인이기도 함

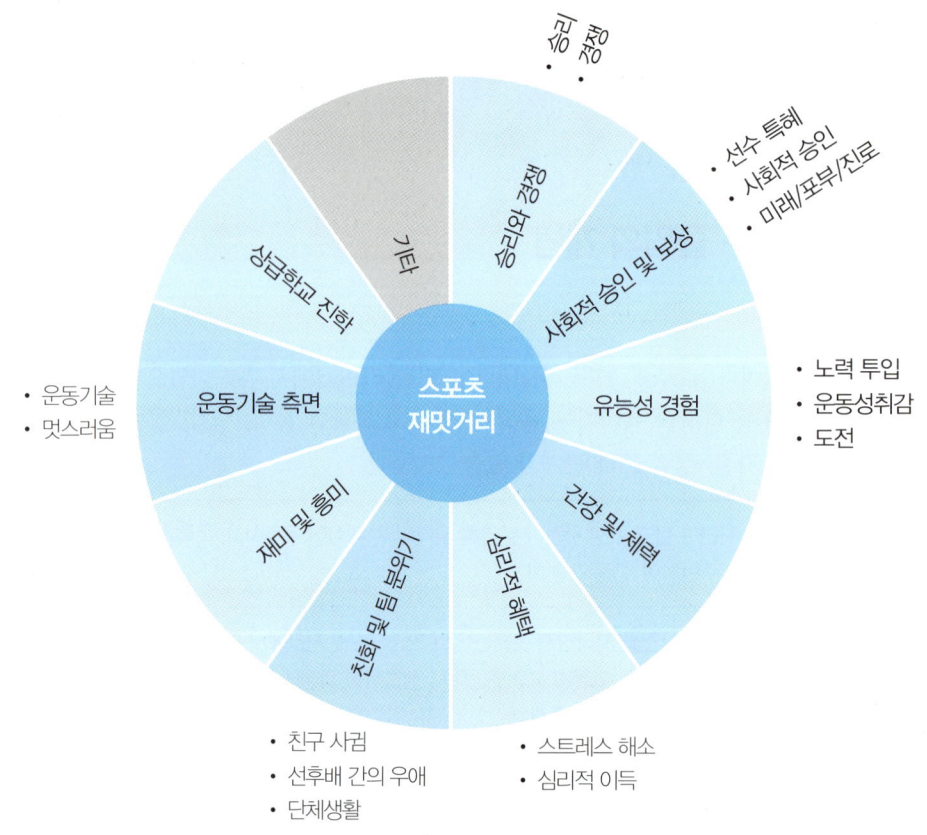

개인 내 요인	지각된 능력, 숙련도, 목표성향, 움직임 경험, 대처와 정서적 해소
상황적 요인	경쟁 결과, 성취과정, 인정, 기회
주요 타자	동료 간의 긍정적 지각, 지도자, 부모, 동료로부터의 피드백

[스포츠의 즐거움 요인(스캘란(Scanlan) 등, 2005)]

다 몰입

스포츠나 운동에 참가하는 기대, 신념, 긍정적인 생각이며 한 가지에 깊이 몰두하여 빠져드는 현상. 몰입은 스포츠의 최고수행과 깊은 관계가 있음. 스포츠심리학에서 최고의 수행 상태에서 개인이 주관적으로 경험하는 심리 상태를 몰입(flow experience), 절정의 체험(peak experience), 무아경(rapture), 황홀경(ecstasy) 등으로 표현하고 있음

[02] 정서모형과 측정

가 정서모형

(1) **플라칙(Plutchik, 1980)**: 8가지 기본 정서 즉, 두려움, 놀람, 슬픔, 혐오, 분노, 예기, 기쁨, 수용. 정서의 구조모형을 3가지로 구분 즉, 강도차원(슬픔의 강약), 유사성 차원(불안과 공포), 양극성 차원(사랑-슬픔)으로 구분됨

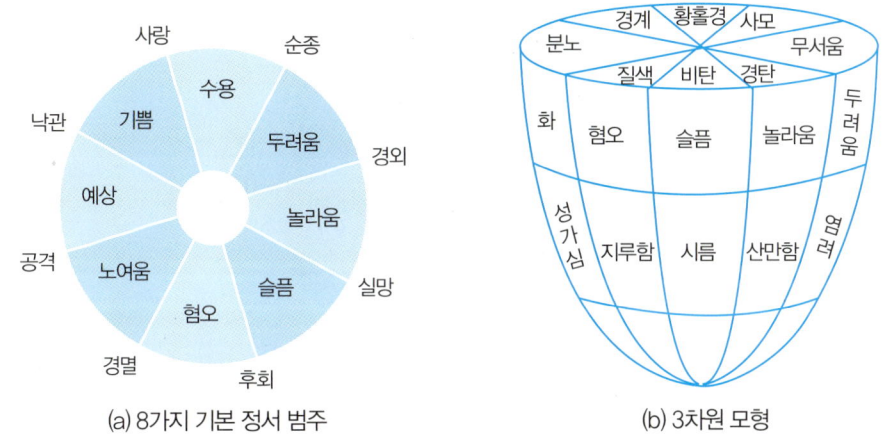

[플라칙(Plutchik)의 정서 모형]

(2) **러셀(Russell, 1994)**: 모든 정서는 쾌-불쾌, 각성-비각성 두차원으로 평면상의 좌표를 제시함

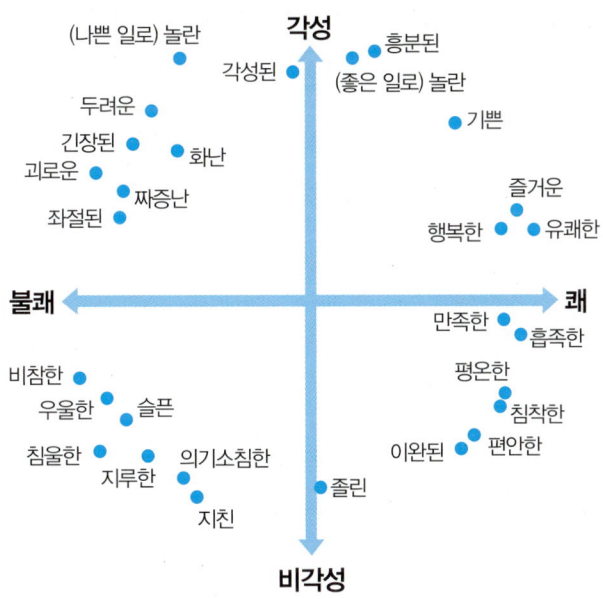

[러셀(Russell)의 차원론에 입각한 정서 구조]

(3) 이케카키스 & 페트루첼로(Ekkekakis & Petruzzello, 2002): 활성화 유인가의 2차원으로 구성되어 유쾌-활성(에너지, 흥분), 유쾌-비활성(이완, 침착), 불쾌-비활성(지루함, 피로), 불쾌-활성(불안, 긴장)으로 구분할 수 있음

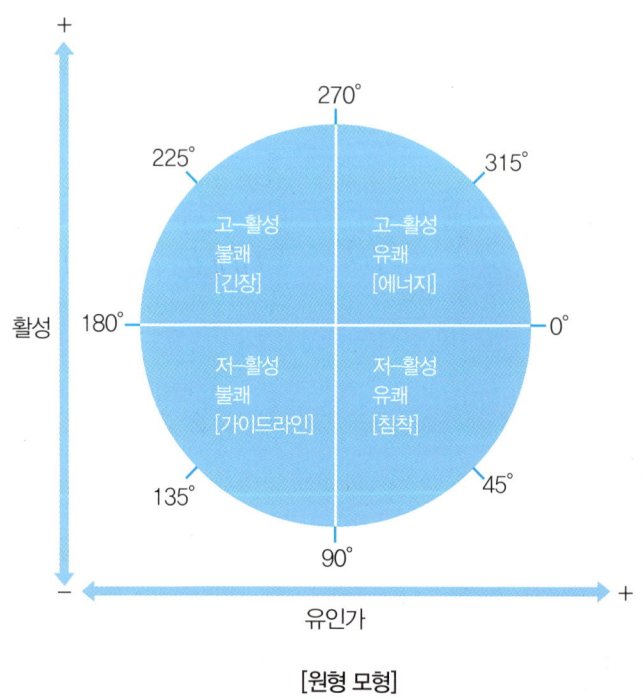

[원형 모형]

나 정서측정

자기보고식 측정 중 형용사 체크리스트가 보편적으로 사용 이외 생리적 측정, 표정 측정, 뇌기능 측정 등이 있음. 스포츠에서는 정서, 기분, 감정 측정도구로 기분상태검사지(POMS), 긍정적·부정적 정서질문지(PANAS), 활성·비활성 체크리스트(AD ACL) 등이 있음

[03] 불안의 측정

가 불안

신체적 각성을 고조시키고, 주관적인 감정으로 불쾌감을 동반하는 부정적 정서 상태를 가리킴. 유사한 용어로 각성(Arousal)이 있는데 각성이란 불안보다 기초적인 개념으로 일반적인 심리와 생리적 활성 상태 정도를 뜻함

(1) **특성불안**: 선천적으로 타고난 특성·성향, 개인적 특성 및 기질적으로 갖고 있는 불안이라고 할 수 있음

(2) **상태불안**: 상황에 의해 변화하는 정서상태로 자율신경계의 활성화와 관련된 주관적·의식적으로 지각된 공포, 우려, 긴장감을 일시적·지속적으로 변화하는 정서 상태. 인지적 상태불안과 신체적 상태불안으로 구분할 수 있음

(3) **경쟁불안**: 스포츠경기 경쟁 과정에서 나타나는 불안의 형태. 이때 경쟁불안은 경쟁특성불안과 경쟁상태불안으로 구분되고, 경쟁상태불안(원인: 실패에 대한 두려움, 불만족스런 신체적 증상, 부적합한 느낌, 통제력 상실, 죄의식 등)은 인지적 상태불안과 신체적 상태불안으로 구분됨

나 불안 측정

(1) **생리적 불안 측정**: 자율신경계의 활성화에 의해 나타나는 여러 가지 생리적 반응의 측정값으로 뇌파검사(EEG), 피부전기저항(GSR), 심전도(EKG), 근전도(EMG), 이외 발한율(palmar sweat index), 심박수, 혈압, 안면근육 패턴 등이 있음

(2) **행동적 불안의 측정**: 대회나 경기에 참가한다든지, 면접 및 중요한 시험에 참여할 경우 외형적인 행동을 통해 가장 손쉽게 관찰할 수 있는 방법임

불안의 행동적 반응항목 예	구토 증상, 집중 불능, 기억력 감소, 호흡수·심박수 증가, 손의 땀 메스꺼움, 근육의 떨림, 근육 긴장, 얼굴 홍조, 초조함, 과민 반응 잦은 하품, 잦은 화장실 출입, 설사 증상 등

(3) **심리적 불안 측정**: 수행자 자신이 자기 기술을 통한 자기보고식 측정방법이 있음

- 스필버거(Spielberger)의 상태-특성불안 척도(State-Trait Anxiety Inventory: STAI)
- 마틴(Martens)의 스포츠경쟁불안 척도(Competitive State Anxiety Inventory 2: CSAI-2)

[04] 스트레스와 탈진

가 스트레스(Stress)

한스 셀리에(Hans Selye, 1956)가 소개한 것으로 '내·외적 압력에 의해 유기체 내에서 일어나는 모든 불특정적 반응의 총합', '신체적 자원의 소모 정도'로 정의함. 즉 적응하기 어려운 환경에 부딪혔을 때 받는 심리적, 신체적인 긴장 상태를 말함

(1) **요인**
- 상황적 요인: 경기의 중요성이 높아질수록, 경기의 불확실성이 높아질수록 스트레스가 상승

- 개인적 요인: 특성불안이 높을수록 경기를 위협적으로 판단, 자신감과 경험 수준이 높을수록 자아존중감이 상승하며, 이는 상태불안 수준을 낮추는 데 관계가 있음

(2) **모형**: 스미스(Smith)의 인지 스트레스 모형에 의하면 스포츠운동심리학에서 많이 사용되고 있는 스트레스 관리기술의 모형으로 스트레스를 감소시키고, 부정적인 스트레스를 긍정적인 스트레스로 전환시키고자 하는 중재전략이라고 할 수 있음

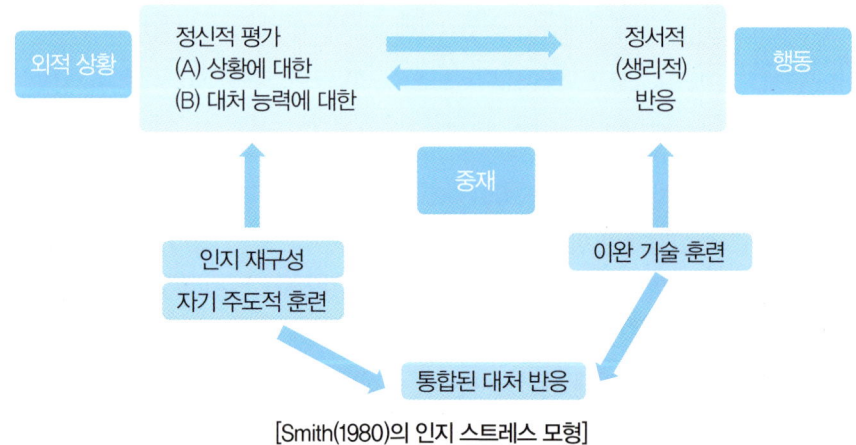

[Smith(1980)의 인지 스트레스 모형]

나 탈진(burnout)

부정적 스트레스의 일부분으로 완전히 소진되거나 지쳐버린 상태를 뜻함. 스포츠에서 과도한 훈련 및 과도한 압박 등으로 인해 보이는 심리적·생리적 반응을 가리킴

(1) **원인**: 성취감 저하, 스포츠참여에 대한 평가절하, 신체적·정서적·사회적 퇴보와 같은 심리적 증상, 비인격화 및 타인과의 괴리감, 정서 고갈, 코칭행동, 완벽주의와 열정, 스트레스, 사회적지지 등

(2) **증상**: 타인에 대한 부정적·냉소적 반응, 자기 불만족, 지속적인 성적 부진, 만성 스트레스 등

[05] 경쟁불안과 경기력 관계 이론

가 추동(욕구) 이론(drive theory)

헐(Hull)이 제기하고, 스펜서(Spencer)가 수정한 이론. 운동수행은 각성수준이 강하게 나타날수록 향상된다는 이론으로 각성수준과 운동수행은 비례. 단, 각성과 수행의 관계는 기술이 습관화된 정도에 따라 달라짐

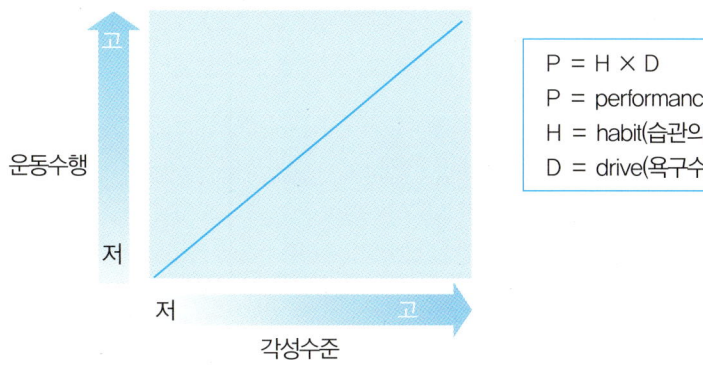

[추동 이론(정청희 등, 1999)]

나 역U 가설(inverted-U hypothesis) 또는 적정수준이론(optimal level theory)

여키즈(Yerkes) & 도슨(Dodson)이 제기한 이론으로 각성수준이 점차 상승함에 따라 수행도 점차 상승하다가 각성이 적정수준을 넘어서면 수행은 점차 하강한다는 이론. '적정수준이론(optimal level theory)'으로 불림

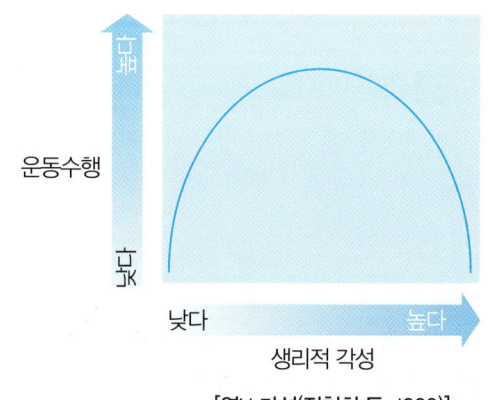

[역U 가설(정청희 등, 1999)]

다 최적기능범위가설(zone of optimal functioning hypothesis)

역U 이론의 대안 이론으로 각각의 운동선수는 최고의 수행을 발휘하는 데 필요한 자신만의 고유한 불안의 적정 영역이 있다는 관점. 어떤 수준의 각성이 최적의 수행을 도달할 수 있는지 명확하게 예측할 수 있다는 장점이 있음

라 다차원적 불안 이론(multidimensional anxiety theory)

불안은 생리적 불안, 인지적 차원 그리고 행동적 불안을 포함하는 다차원적인 개념. 인지적 부안과 신체적 불안 두 가지로 구분하는 것은 두 차원을 일으키는 요인이 서로 다르고 수행에 각기 다른 방식으로 영향을 끼침(콕스: Cox, 1994)

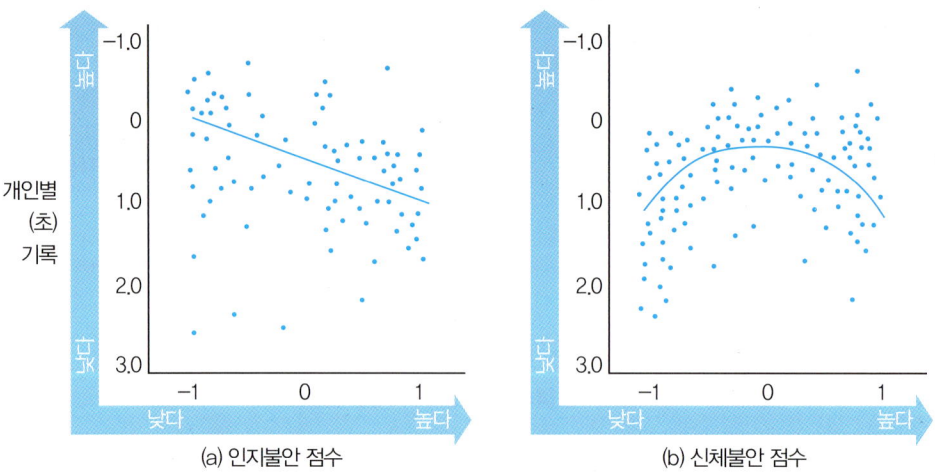

[인지불안과 신체불안이 수행에 미치는 영향(정청희 등, 1999)]

마 격변 이론(catastrophe theory)

인지적 불안 수준이 낮을 때 생리적 각성과 운동수행 간 역U자 관계가 형성되나, 인지적 불안 수준이 높을 때는 생리적 각성이 적정 수준을 넘을 경우 운동수행의 급격한 저하 현상이 발생한다는 이론

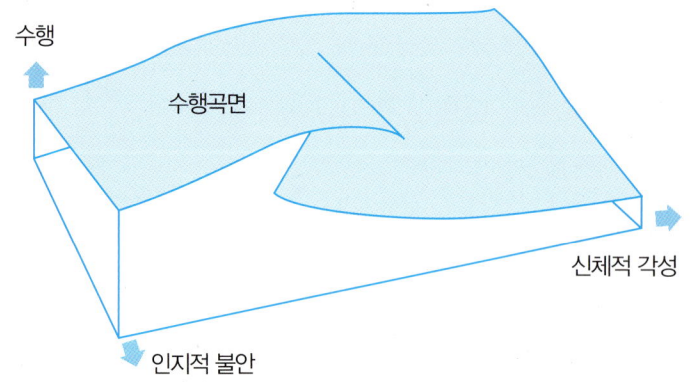

[카타스트로피 모형의 불안과 운동수행의 관계]

바 반전 이론(reversal theory)

각성과 정서의 관계를 설명하는 이론(Apter, 1984)으로 자신의 각성수준을 어떻게 해석하느냐에 따라 각성과 정서의 관계가 달라짐. 즉, 각성과 감정 간의 관계는 자신의 각성수준에 대한 인지적 해석에 좌우되며 흥분 또는 불안으로 경험할 수 있음

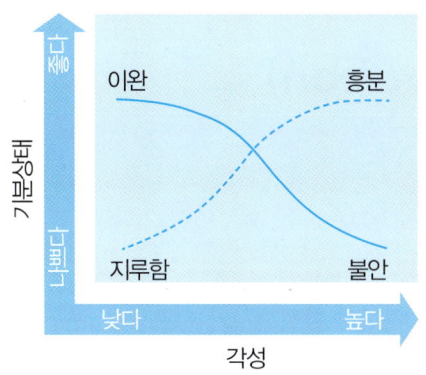

[반전이론의 각성과 기분상태(정서) 관계]

사 심리에너지 이론

마틴(Martens, 1987)은 어떻게 각성을 해석하느냐에 따라 운동수행이 달라진다고 주장했는데, 즉 각성을 긍정적으로 해석하면, 긍정적 심리에너지가 발생되고 이는 곧 운동수행에 긍정적인 영향을 끼친다고 함. 하지만 반대로 각성을 부정적으로 해석한다면 부정적 심리에너지 때문에 각성과 운동수행 사이 부정적인 관계가 성립. 운동선수는 긍정적인 심리에너지가 높고, 부정적인 심리에너지가 낮을 때 최고의 경기력 발휘가 가능함

[06] 불안, 스트레스 관리 기법

불안과 스트레스 관리 기법		– 자신이 조절할 수 있는 것에만 주의를 집중 – 마음속으로 연습 – 최악의 시나리오를 생각 – 신체활동이나 충분한 준비운동 – 인지적 전략 활용
불안과 스트레스 관리 기법의 종류	생리적 방법	– 점진적 이완기법: 자기관리(특정 부분의 근육을 점진적으로 긴장을 풀어나가는 등)를 통해 자율신경계의 기능 조절 – 바이오피드백 훈련: 생리적 반응을 측정하여 인체의 자율신경계의 반응을 조절 – 자율훈련: 총 6단계(1단계 무거움으로 시작하여 따뜻함, 심장박동 조절, 호흡, 명치 및 이마에 집중하는 프로그램)로 따뜻한 느낌과 무거운 느낌의 두 가지 신체적 감각을 유도 – 호흡조절: 긴장과 각성을 완화하기 위한 방법 – 체계적 둔감화: 불안 요인을 정하여 불안이 느껴지지 않을 때까지 상황을 상상하면서 점차 불안에 둔감하도록 훈련
	인지적 방법	– 사고정지: 의식적으로 "정지"라고 말함으로써 부정적 생각 진행을 사전에 차단 – 인지재구성: 부정적인 생각을 긍정적인 생각으로 대체하는 방법과 관련된 인지적 기법

3장 동기(Motivation)

[01] 동기의 개념

동기(Motivation)란 행동을 촉발하거나 활성화시키는 원동력. 행동의 방향을 설정하거나 목표를 지향하면서 행동을 유지 및 지속시키는 속성을 갖고 있음

세이지(Sage, 1977)는 동기를 '노력의 방향과 강도'로 정의하였고 아래와 같은 도표를 제시하였음

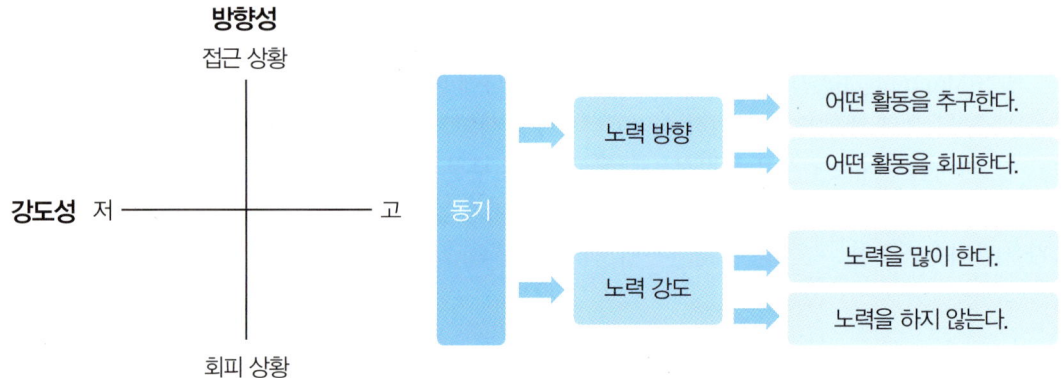

[세이지(Sage)의 노력의 방향과 강도]

[02] 동기유발의 기능과 종류

가 기능

- 행동을 유발시키는 시발(활성)기능, 특별한 반응을 선택하는 선택기능, 수행행동의 목표 방향을 결정하는 지향기능, 수행목표에 도달했을 경우 재현 가능성을 향상시키려는 강화기능 등이 있음
- 행동의 원동력으로써 행동유발 에너지를 제공함
- 목표의 선택과 결과에 영향을 끼치며, 행동의 방향 설정은 물론 어떠한 행동을 할지 선택적, 목표 지향적 행동을 유도함

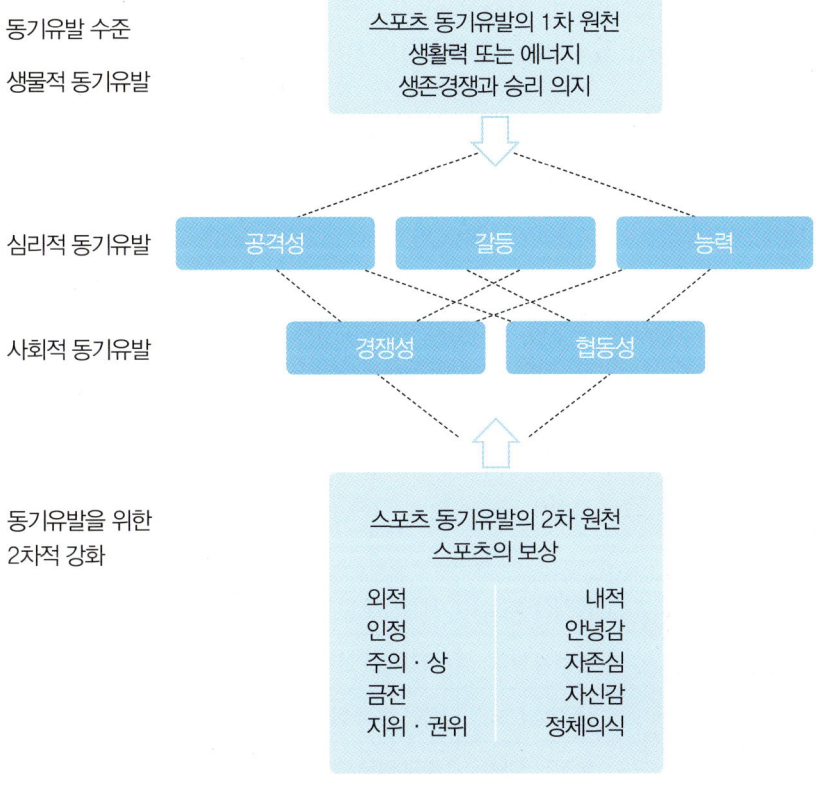

[스포츠 동기유발 구성요소]

나 종류

(1) **내적동기(성취감)**: 하고자 하는 마음이 자신의 내부로부터 표출되는 것으로 재미, 결정, 보람, 성취감 등 내적 요인으로 시작되는 동기
(2) **외적동기(상벌)**: 하고자 하는 마음이 상벌과 같은 외부적 보상으로부터 표출되는 것으로 외적 보상이 유능감에 대해 긍정적인 정보를 주고, 자신이 스스로 통제력을 발휘한다는 정보를 주면 내적 동기가 향상됨

[03] 동기이론

가 성취목표성향 이론

인간의 행동은 특정한 상황이나 과제를 해결하고 성취하기 위한 것으로, 특히 스포츠상황은 성취지향적인 상황의 대표적인 예임

맥클레랜드-애트킨슨(McClelland-Atkinson)의 성취동기모델: 성취동기를 수학적 등식으로 표시한 이론. 성공성취동기(MAS)가 실패회피동기(MAF)보다 크다고 하면 개인은 성취 상황에 접근하며 그 반대의 경우 회피하게 됨

$$성취동기 = (성취욕구 - 실패회피욕구) \times (유인가치 \times 성공확률) + 외적동기$$

나 인지평가 이론

① 이엘데시(E.L.Deci, 1980)가 주장한 인지평가 이론은 내재적으로 동기화된 행동에 외적 보상이 주어졌을 때 내재적 동기가 삭감되고, 타인에 의해 통제된다는 느낌을 발생시켜 오히려 과업에 대한 흥미를 감소시키게 된다는 이론을 가리킴
② 데시 & 라이언(Deci & Ryan, 1985)에 의하면 스스로 조절할 수 있는 통제적 측면이 강하면 자율성 욕구가 강화되고, 타인으로부터 자신의 운동수행에 대해 긍정적인 칭찬을 듣게 되면 유능감 욕구가 향상된다고 주장하였음

보상에 대한 해석				
	연수 참여	통제성 높음	자격증을 받기 위해 연수 참가	자율성 감소
		통제성 낮음	자발적인 신청으로 연수 참가	자율성 향상
	연수 성적	긍정적 정보	좋은 성적 취득	유능성 향상
		부정적 정보	좋지 않은 성적 취득	유능성 감소

다 자기결정성 이론

자신의 통제력과 결정력이 얼마나 발휘하는가를 의미하는 것으로 자기 스스로 결정하여 행동하는 것은 자결성을 상승시키지만, 외부의 강요에 의한 행동은 자결성을 감소시킴

(1) 자결성에 작용하는 세 가지 요인

① 외적 규제: 외적인 보상을 받으려는 욕구가 활동의 원동력이 됨
② 의무감 규제: 스스로 정한 의무감이나 죄책감이 동기가 됨
③ 확인 규제: 즐거움이 아닌 건강증진, 몸매나 외모개선 등 운동 외적 결과를 목표로 함

(2) 자결성 이론의 3가지 전제

① 사람들은 누구나 자율성의 욕구가 있다.
② 사람들은 누구나 유능성의 욕구가 있다.
③ 사람들은 누구나 관계성의 욕구가 있다.

라 동기분위기 이론

개인 스스로 자신이 속해 있는 환경을 인식하는 이론으로 집단의 목표, 리더의 행동, 동료의 상호작용, 개인의 인식 등에 의해 결정됨

동기의 근원 및 내용

	행동주의	인본주의	인지주의	사회학습이론
동기 근원	외재적 강화	내재적 강화	내재적 강화	외재적·내재적 강화
중요 요인	상벌	자존심, 자기충족, 자기결단	신념, 성공과 실태에 대한 귀인, 기대	목표도달에 대한 기대
대표 이론학자	스키너(Skinner)	매슬로(Maslow), 디시(Deci)	바이너(Weinner), 코빙턴(Covington)	반두라(Bandura)

04 귀인과 귀인훈련

가 귀인 개념

개인이 외적인 행동을 근거로 행동 또는 자신의 내적 상태에 관하여 내리는 추론으로 어떤 사건의 원인을 파악하여 미래 중요한 단서가 됨. 즉 결과적으로 발생한 행동의 원인을 파악함으로써 동기의 본질을 추론하는 이론이라고 할 수 있음

나 바이너(Weiner)의 3차원 귀인 모형

바이너(Weiner)는 귀인의 중요한 소재로 능력, 노력, 과제의 난이도, 운을 기반으로 원인소재, 안정성, 통제성을 적용하여 $2 \times 2 \times 2$ 귀인 모형을 제시함

바이너의 귀인 4대 귀인 요소와 특성

귀인 요소	원인의 소재	안정성	통제 가능성
능력	내적	안정적	통제 불가능
노력	내적	불안정적	통제 가능
운	외적	불안정적	통제 불가능
과제의 난이도	외적	안정적	통제 불가능

다 귀인 훈련

인지적·정서적·행동적인 손해를 야기할 수 있는 실패에 대한 부적절한 귀인을 변화시켜 긍정적인 결과로 이끄는 귀인 패턴을 변화시키는 과정을 의미함

특별히 귀인 훈련이 필요한 것은 "학습된 무기력"으로써 노력, 전략, 연습, 기술 등을 통해 학습된 무기력에 빠진 학습자를 변화시킬 수 있음

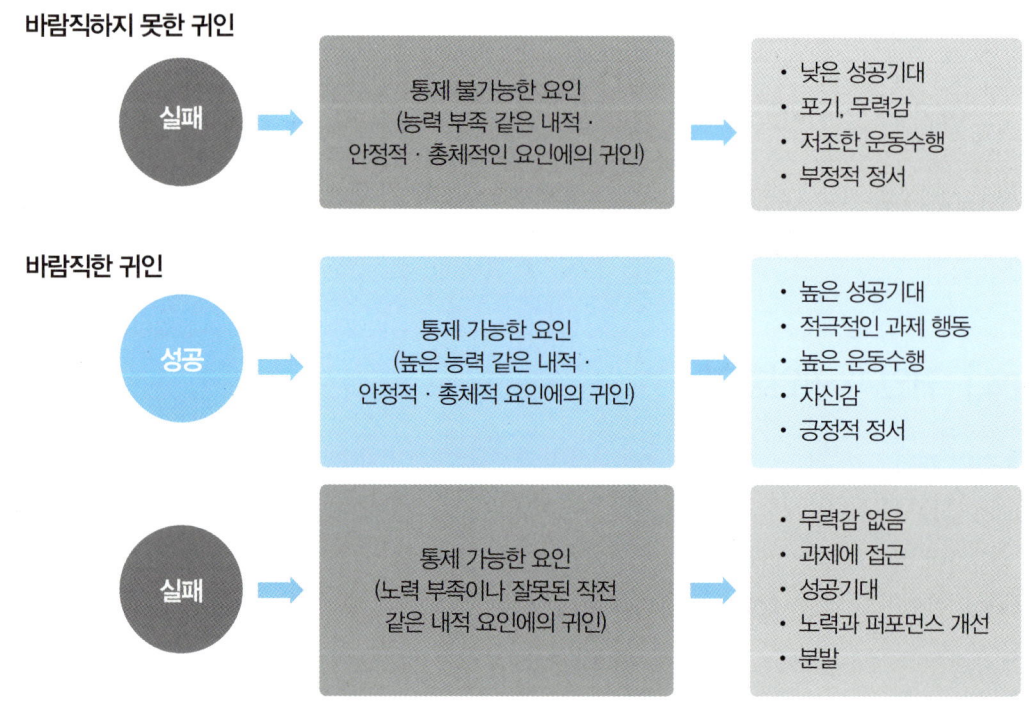

[귀인 훈련 모형]

[05] 동기유발의 방법

가 내적 동기 향상 방법

성공경험 체험, 언어적·비언어적 칭찬, 연습내용과 순서 변화, 목표설정과 의사결정에 참여, 실현 가능한 목표 설정

나 학자들에 의한 다양한 방법

(1) 정청희, 김병준(1999)

운동참가 이유의 이해, 다양한 기회 제공, 지도자의 동기유발에 대한 영향, 귀인유형의 이해와 올바른 방향으로의 변화, 귀인에 대한 바람직한 조언을 제시함

(2) 이강헌, 구우영, 정구인, 정용각(2005)

목표설정의 명확화, 결과지식을 활용, 성공과 실패의 경험 부여, 상벌 활용, 내인적 동기 활용에 대해 제시함

(3) 김병준(2006)

이론에 근거한 동기유발 전략(건강신념 모형, 계획행동 이론, 자기효능감 이론), 행동수정 전략(의사결정 단서 제공, 운동 출석 상황 게시, 출석에 따른 보상), 인지행동 전략(목표 설정, 운동 일지 작성, 운동 계약서 작성, 운동 강도 모니터링), 내용동기 전략(즐겁게 운동하도록 몰입 체험을 유도) 등을 제시함

4장 목표설정

[01] 목표설정의 개념

가 목표(Goal)

(1) 개념: 정해진 기간까지 의식적으로 달성하거나 성취하고자 하는 대상을 의미함

(2) 목표 설정(goal setting): 행동을 통해 성취하고자 하는 최종 목표를 계획 및 설계하는 것

(3) 목표 유형

① 주관적 목표/객관적 목표

- 주관적 목표: 자기 자신에게 '재미있게 하자', '즐기자' 등과 같이 개인에 따라 해석에 차이가 있는 목표를 의미함
- 객관적 목표: 구체적인 제한시간 내에서 명확한 수행 기준에 도달하는 것을 가리킴

② 결과목표(성과목표)/수행목표(과정목표)

- 결과목표: 조절할 수 없는 결과나 성과에 기반을 둔 기준. 쉽게 설정하고 이해하는 목표 유형을 가리킴
- 수행목표: 운동수행 성취에 기반을 둔 기준. 대부분 선수 자신의 이전 기술 수준에 기준을 가리킴

나 목표설정의 원리

(1) 구체적인 목표 설정

목표는 평가할 수 있도록 측정이 가능. 시간/속도/정확도/빈도 등의 숫자 또는 얼마나 자주, 얼마나 오랜 시간 동안 등 측정이 가능함

(2) 긍정적인 목표 설정

긍정적인 용어를 활용하여 목표를 설정. 긍정적인 모표는 선수들이 실패나 실수가 아닌 성공을 생각하는 것을 의미함

(3) 도전적이지만 실현 가능한 목표 설정

도전할 만큼 어렵고 동시에 실현 가능하도록 설정. 어렵지만 최선을 다해 노력하면 성취가 가능한 목표를 설정하는 것임

(4) 결과목표와 과정목표를 함께 설정

대부분의 선수들이 경기에 대한 승패나 기록, 점수에 주목하여 시합에서 우승하거나 기록을 향상시키기 위해 과정목표에 집중이 가능함

(5) 장기목표를 세운 후 단기목표 설정

목표설정에 있어 장기목표를 세운 후 단기목표를 세우는 것이 목표 성취를 위해 효과적임

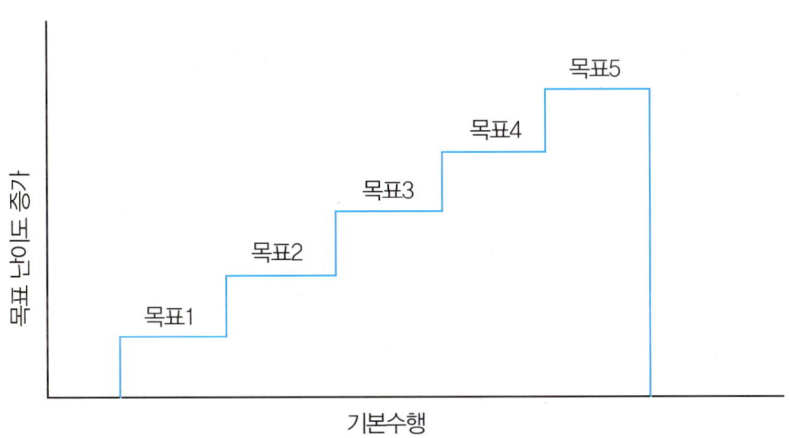

[목표 설정을 위한 계단식 접근(이강헌 외, 2005)]

(6) 목표를 기록하고 보이는 곳에 붙임

목표를 세워 수시로 기록하며, 기록을 통해 목표 성취를 확인하고, 또한 목표를 기록하여 자신과의 약속을 만들어 약속을 지키기 위해 노력. 아울러 눈에 잘 띄는 곳에 붙이는 것이 효과를 얻을 수 있음

다 목표설정의 실제

(1) 결과목표와 과정목표 설정

- 결과목표를 설정하기
- 결과목표를 성취하기 위한 과정목표 설정하기
- 훈련에서 과정목표 연습하기
- 본인을 위한 상벌 만들기

(2) 장기목표를 설정 후 단기목표 설정

- 장기목표는 행동에 영향을 주는 단기목표가 설정되지 않으면 성취되기 어려움이 있음
- 장기목표를 설정하기 위해서는 단기목표를 설정함

5장 자신감

[01] 자신감의 개념

가 정의
① 자신에 대한 믿음이며, 자신이 성공할 수 있다는 능력에 대한 믿음을 의미함
② 자신감은 수행해야 할 과제에 대한 자기 자신의 능력을 판단하는 데에서 나옴

나 유사 개념

(1) 자기효능감(self-efficacy)
① 특수한 상황에서 성공에 대한 기대감으로 당면 과제를 해결하기 위해 다양한 지식과 기술을 상황에 맞게 조직하고 행동으로 옮기는 능력에 대한 믿음을 가리킴
② 자기효능감은 자기 믿음으로써 일을 평가하고 미래의 일을 계획하는 것을 가능하게 함

자신감	자기효능감
주어진 과제에 성공하거나 목표를 성취할 수 있다는 자신의 능력에 대한 믿음	특정 과제를 해결하기 위해 다양한 지식과 기술을 상황에 맞게 조직하고, 행동으로 옮기는 능력에 대한 믿음

(2) 낙관주의(optimism)
미래에 대한 긍정적인 기대로 자신에게 좋은 일이 생길 것이라고 믿는 경향을 의미함

[02] 자신감 이론

가 자기효능감 이론

자기효능감 이론(Bandura, 1986)에서 자기효능감이 성공경험, 대리경험, 사회적 설득, 신체적·정서적 상태로부터 영향을 받는다는 이론을 의미함

(1) **성공 경험**: 성공 경험이 많을수록 자신감은 향상된다는 것으로 기술에 대한 성공적 믿음과 확신을 갖는 것임

(2) **대리 경험:** 자신과 실력과 체력이 비슷한 사람이 성공하는 모습을 상상하면서 자기효능감을 향상시킨다는 의미임
(3) **사회적 설득:** 주요 타자로부터의 격려나 칭찬 등 중요한 사람들의 언어적 피드백을 통해 자신감을 얻는 것
(4) **신체적·정서적 상태:** 신체와 정서 상태의 최적 컨디션을 통한 최상의 수행을 나타내는 것으로 평소 자기관리를 잘하는 선수들이 자신감을 갖고 있음

나 스포츠 자신감

스포츠수행 중 긍정적인 믿음과 확신을 가리킴. 나이, 성별, 개인의 선호도에 따라 선수들이 자신감을 얻음. 스포츠자신감을 향상시키기 위한 요인은 성취, 준비, 자기 조절, 모델링, 피드백 등이 있음

[03] 자신감 향상 방법

자신감 있는 생각과 행동, 마음 준비와 신체 상태의 최적화, 성공적인 경기 수행, 긍정적인 습관 등이 있음.

[자신감 향상을 위한 구체적인 방법]
- 비디오 경기분석을 통한 자신감 훈련
- 긍정적 언어를 통한 자신감 훈련
- 자신감 훈련 프로그램 참여(성공일지 작성, 최고의 수행 상태 작성, 기분을 상쾌하게 하는 언어 찾기 등)

6장 심상

[01] 심상의 개념과 유형

가 개념

모든 감각을 활용하여 마음속으로 어떤 경험을 재현하거나 창조하는 것을 의미하는 것으로 체험하지 않아도 이미지를 상상하게 하는 가능성을 의미함

스포츠에서 심상은 마음속에서 운동수행의 이미지를 선명하게 만드는 것을 의미. 새로운 기술을 배우거나 특정 기술을 연습할 때 효과적임

나 유형

(1) 내적 심상

자신의 관점에서 동작 수행 장면을 상상하는 것으로 수행 시 운동감각을 생생하게 느낄 수 있어 수행 시 운동감각을 생생하게 느낄 수 있음

(2) 외적 심상

자신의 동작을 외부 관찰자 시점에서 상상하는 것으로 내적 심상과 함께 활용하면 좋은 결과를 도모할 수 있음

[02] 심상 이론

가 심리신경근 이론(근육 기억)

실제 동작을 수행했을 때와 같이 근육에 자극이 전달되어 근육의 운동기억을 강화시켜준다는 이론
심상 동안 뇌와 근육에는 실제 동작을 할 때와 매우 유사한 전기 자극을 발생시킴

나 상징학습 이론

심상은 운동의 패턴을 이해하는 데 필요한 코딩 체계의 역할을 담당함
어떠한 동작을 뇌에 부호로 만들어 그 동작을 이해하거나 자동화시키는 역할을 담당함

다 생체정보 이론

심리생리적 정보처리 이론이라고도 하며, 심상은 기능적으로 조직되어 뇌의 장기 기억에 저장되어 있는 구체적인 전제(proposition) 혹은 특징이라고 할 수 있음

심상을 통해 특정 자극 상황으로 인한 반응의 특징을 반복 측정하고, 이러한 반응을 수정하여 기술의 수행에 따라 운동수행 향상이 가능함

[03] 심상 측정과 활용

가 심상의 측정

마틴(Martens)의 스포츠심상질문지로 시각, 청각, 운동감각, 기분상태, 조절력으로 세분화하여 측정이 가능함

나 심상의 활용

어려운 문제를 해결할 시, 심리적 기술 연습 시, 전략 계획 시, 기술의 특정 연습을 반복할 때 심상을 활용할 수 있음

이 때 심상훈련을 위해 조용한 장소, 모든 감각을 이용하되 전체적인 연속 동작을 상상, 실제 경기 상황과 동일하게 상상, 성공적인 수행 장면만 상상하도록 훈련을 수행하도록 함

7장 주의집중

[01] 주의집중의 개념

가 주의

개인이 관심을 기울일 대상을 선정하는 능력으로 유지하는 것으로 어떤 생각이나 의사결정을 위하여 다른 대상이나 생각으로부터 관심을 철회하는 것을 가리킴

나 집중

주위로부터 받아들인 정보를 개인이 처한 상황에 맞춰 가장 적합한 주의를 유지하는 것으로 주의와 선택된 것에 대하여 의식을 일정시간 동안 유지하는 능력이라고도 할 수 있음

다 주의집중

필요한 과제와 단서에 집중적인 노력을 기울이며, 무관한 자극은 배제하는 것이라고 할 수 있음. 주위 집중의 특성은 그것이 선택적이라는 점이라는 것이며, 학습은 주의집중함으로써 시작된다고 할 수 있음

[02] 주의집중 유형과 측정

가 유형

(1) **주의의 폭**: 한 번에 얼마나 많은 것에 주의를 기울일 수 있는가를 의미함

(2) **주의의 방향**: 내적 또는 외적으로 구분되는데, 내적 주의는 주의 초점이 자신의 생각이나 느낌에 초점을 두고 있고, 외적 주의는 환경 같은 외부에 주의 초점을 두는 것을 가리킴

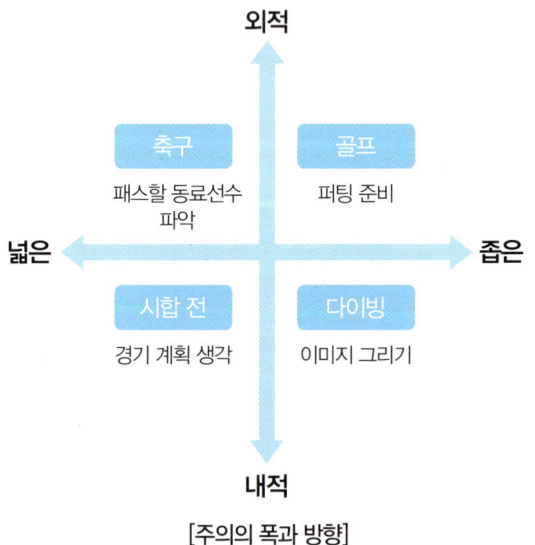

[주의의 폭과 방향]

	넓은	좁은
내적	**넓은-내적** "내면의 큰 그림을 분석한다." **장점** • 한 번에 많은 정보 분석 가능 • 경기 계획이나 전략 개발에 필수적임 **단점** • 과도한 분석을 하게 될 수 있음 • 운동선수가 과제와 관련 없는 것까지 생각하면 생각이 너무 많아질 수 있음	**좁은-내적** "내면의 생각에 초점을 둔다." **장점** • 하나의 생각이나 단서에만 초점을 둠 • 자신의 신체 지각, 에너지 관리, 심상에 필수적임 **단점** • 압박감을 느낄 수 있음 • 운동선수들이 내면의 상태로 인해 주의가 분산될 수 있고, 자신의 생각에 갇혀버릴 수 있음
외적	**넓은-외적** "외부 환경을 평가한다." **장점** • 상황을 빠르게 판단할 수 있음 • 환경 관련 모든 단서를 지각하는 데 필수적임 **단점** • 관련이 없거나 주의를 분산시키는 단서에 초점을 둘 수 있음 • 쉽게 속임수에 넘어갈 수 있음	**좁은-외적** "하나의 대상에 초점을 둔다." **장점** • 하나 또는 두 개의 주요 목표물에만 집중할 수 있음 • 주의분산 요인 차단에 필수적임 **단점** • 주의의 폭이 너무 좁아서 중요한 단서를 놓칠 수 있음

[나이드퍼(Nideffer)의 주의의 폭과 방향에 따른 장·단점]

[03] 주의와 경기력의 관계

① 주의집중 부족에 따른 경기력의 부정적인 문제가 발생
② 과도한 심리적 불안, 긴장 생리적 변화 등은 경기 시 문제가 발생됨
③ 과거의 실수나 성공에 집착하는 경우, 경기에 몰입하지 못하고 관중이나 심판 등 환경에 관심을 갖는 경우, 신체와 움직임에 대한 지나친 집중이나 협소한 내적 집중이 지나친 경우 등이 있음

[04] 주의집중 향상 방법

(1) **최적화된 적정수준 찾기:** 자신의 적정 각성수준(예: 심박수)을 찾는데에 있어 높으면 심호흡이나 명상을 통한 심박수 감소 훈련, 반대로 낮으면 비트가 빠른 음악 청취로 심박수 상승 훈련 실시 등이 있음

(2) **주의산만 요인에 노출**: 최대한 많은 주의산만 요인에 노출시키고, 이 때 운동수행과 관련된 단서에 집중하는 훈련을 실시함

(3) **주의 초점 전환 훈련**: 자신의 종목과 상황에 적합하도록 주의 초점을 유지하거나 초점을 전환하여 훈련함

(4) **현재 하는 수행에 최대한 집중**: 자신이 현재 하고 있는 운동수행이나 과제에 집중 및 몰입을 함

(5) **재집중 훈련 지속**: 예상치 못한 환경에 직면할 경우 이미 자신이 미리 계획해 둔 루틴에 재집중하여 주의산만 요인을 제거함

(6) **조절 가능한 것에 집중**: 날씨, 상대 선수, 승패, 심판, 관중, 시설 등 조절이 불가능한 것이 아닌 자신의 생각, 움직임, 감정, 의사결정 등 조절 가능한 요인에 집중함

(7) **루틴 개발과 훈련**: 경기 수행 전 자신만의 루틴 개발과 지속적인 훈련에 참여함

[05] 주의집중 향상 프로그램

(1) **선훈련**: 호흡에 집중하는 명상과 요가와 같은 방법

(2) **스트룹 훈련**: 20여개의 슬라이드를 1초마다 한 장씩 연속 제시하며 글자와 색깔을 구분하는 훈련

(3) **격자판 훈련**: 100칸에 1~100까지의 숫자를 순서대로 찾는 훈련

(4) **뉴로피드백**: 뇌의 감각통합중추(머리 중앙, 두정엽)의 조절기능을 강화시키는 훈련

[06] 주의집중 향상 순서

집중 방해요인 인식 → 집중할 부분 인식 및 선택 → 집중준비 → 단서 선정 및 사용 → 시각 통제 연습 → 일상화(루틴)

8장 루틴(routine)

[01] 루틴의 개념과 활용

가 루틴의 개념

습관화된 동작 및 전략으로 성공을 위해 체계적으로 계획을 세울 수 있는 가장 효과적인 방법이며, 선수들이 경기의 목표를 성취하는데 필수적인 비법이라 할 수 있음

루틴은 정신이 산만할 때 무관한 단서를 차단하고, 다음 수행에서 상기해야 할 과정을 촉진시키고, 수행의 일관성 유지에 도움이 됨

나 루틴의 효과

(1) **경기 준비**: 선수들이 운동수행 상황을 자신이 조절할 수 있는 환경으로 생각하고 적응하도록 함

(2) **조절 가능한 요인에 집중**: 조절 불가능한 요인들을 파악한 후 호흡, 근긴장, 심박수 등 신체 상황, 감정, 태도 등 자신이 조절할 수 있는 요인에 집중함

(3) **예상 불가능한 상황에 빠르게 적응**: 운동수행을 준비하게 하여 경기의 불확실성에 적응할 수 있는 준비성, 탄력성, 유연성을 기르게 함

(4) **자기 자각**: 경기 외적 요인에 직간접적으로 반응하는 선수들은 자기 자각을 통해 적절하게 대처함

(5) **통합**: 운동행동과 관련된 모든 신체적·심리적·행동적 요인을 통합하게 만듦

[02] 인지 재구성의 개념과 활용

가 인지 재구성의 개념

부정적인 생각을 긍정적인 생각으로 변환시키는 방법과 관련된 인지적 기법. 자신이 통제할 수 있는 것과 없는 것을 구분하여 자신이 통제 가능한 것에만 인지한다는 의미를 갖고 있음

나 인지 재구성의 활용

– 비합리적인 생각을 찾아 합리적인 인지로 대처할 수 있도록 내용을 조작할 때 활용됨
– 환경 요인이 아닌 본인 자신이 불안을 유발한다는 것을 인지할 때 활용됨

[03] 자기 암시의 개념과 활용

가 자기암시의 개념

자신 내면과의 대화로 긍정적 자기암시(자신감 상승)와 부정적 자기암시(자기비난형, 부정예측형)가 있음

인지적 조절에서의 핵심으로 자신감 향상, 주의집중 향상, 의욕 및 수행 강화 등 긍정적인 역할을 함

자신에게 무엇을 해야 하는지 행동 방향과 어디에 집중할 것인가를 알려주는 역할을 담당함

나 자기암시 활용

(1) **사고정지**: 불안이 상승되는 상황에서 사고를 정지함으로써 더 이상의 불안 증가를 막음. 자신에게 의식적으로 "정지"라고 말함으로써 부정적 생각을 차단하고, 이를 긍정적인 생각으로 대체하는 것임

(2) **긍정적 자기암시 활용**: 지속적인 긍정적 자기암시를 통한 의욕, 열정, 수행력을 향상시키는 방법임

04 스포츠수행의 사회 심리적 요인

1장 집단 응집력

[01] 집단 응집력의 정의

가 응집력의 개념

(1) 개념: '굳게 결합하다'라는 'cohaesus'라는 라틴어에서 유래

"구성원으로 하여금 집단에 남아 있도록 하는 전체적인 힘의 장", "성원으로 하여금 집단에 남아 있도록 하는 모든 힘의 작용에 의하여 나타난 결과", "집단이 분열하려는 힘에 대한 저항"이라고 할 수 있음

(2) 스포츠응집력: 사회응집력과 과제응집력 구조를 지니고 있어 집단구성원의 애착도와 집단 소속감, 집단 유지의 총체적인 원동력이라고 할 수 있음

응집력의 특징
- 여러 요인으로 구성된 다차원적 개념
- 역동적인 집단과정에 의해 지속적으로 변화하는 역동적 개념
- 그 자체가 하나의 운동수행을 위한 수단
- 정의적 영역이 포함됨
- 집단구성원에 따라 달라짐

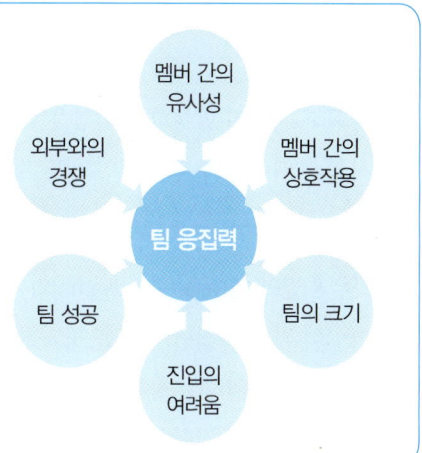

[응집력의 특징]

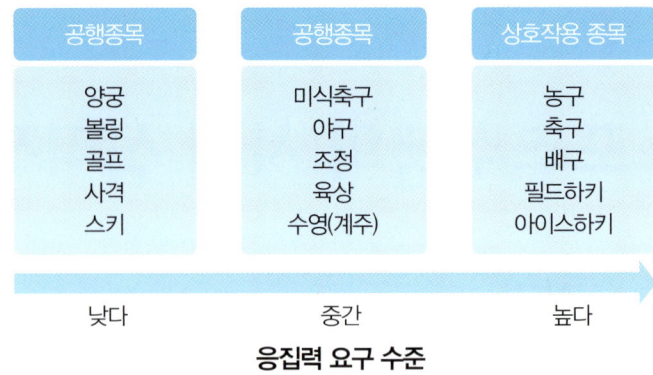

[종목에 따른 응집력 요구 수준도]

[02] 집단에서의 사회적 태만(social loafing)

가 개념

팀에 속한 개인이 최선의 노력을 발휘하지 않는 현상. 링겔만 효과(Ringelmann effect)로서 개인일 때보다 집단·팀에 속해 있을 때 게을러지는 현상을 의미함

나 사회적 태만 감소 방안

(1) 사회적 태만을 막기 위한 지도자의 임무
- 팀의 공헌을 위한 개인의 노력 정도의 의미를 강조
- 사회적 태만이 발생하는 상황을 미리 알림
- 사회적 태만을 주제로 개인 상담 실시
- 팀을 작은 그룹으로 나누어 임무를 부여

(2) 카라우 & 윌리암(Karau & Williams)의 사회적 태만 감소 방안
- 타인이 자신의 집단 수행을 평가한다는 상황 조성
- 소집단에서 일하는 상황 조성
- 자신의 노력이 집단성과에 기여한다는 상황 조성
- 집단 수행을 비교하는 기준 마련 상황 조성
- 내적으로 흥미 있는 일, 가치 있는 일, 타인에게 중요한 일, 개인이 개입하는 다수의 상황 조성
- 친하거나 존경하는 사람과 함께 일하는 상황 조성

- 동료의 수행이 부정적일 것이라는 상황 조성
- 집단의 좋은 성과 도출 시 가치와 중요성을 부여하는 상황 조성

[03] 집단응집력 이론

가 집단응집력 정의

집단에 있는 개인을 하나로 묶는 힘, 집단의 성원을 집단에 함께 있을 수 있도록 작용하는 힘을 가리킴

나 응집력의 특징

(1) **환경(상황) 요인**: 스포츠 집단의 응집력에 영향을 끼치는 가장 일반적인 요인으로 계약상의 의무, 규범적 압력, 조직의 지향성, 위치 요인, 집단의 규모 등이 있음

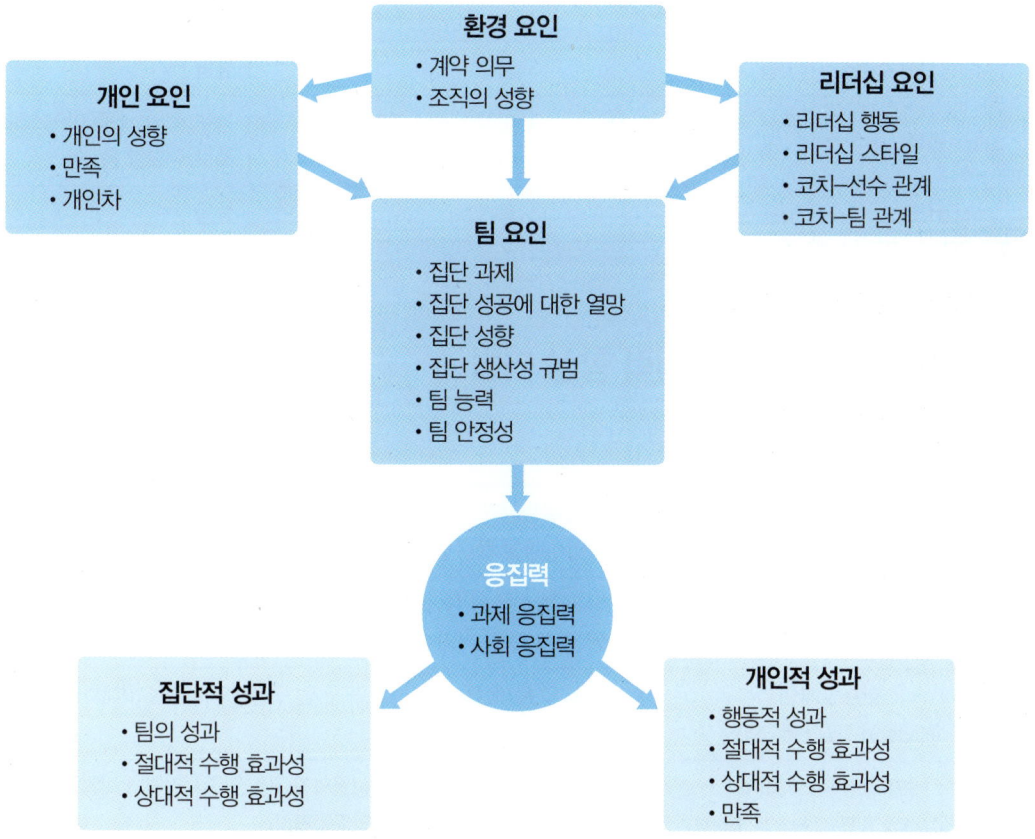

[캐론(Carron)의 스포츠팀 응집력에 대한 개념적 체계]

(2) **개인 요인**: 개인 특성이 유사한 사람들은 더 강한 응집력을 발휘. 캐론(Carron)에 의하면 응집력에 영향을 끼치는 인적 요인은 개인의 사회적 배경, 개인차, 성별, 개인의 만족도라고 제시함

(3) **리더십 요인**: 리더의 행동, 리더십 스타일, 커뮤니케이션 등이 있음

(4) **팀 요인**: 팀의 구조, 팀의 안정성, 의사소통, 집단의 투과성, 팀의 생산성 등이 있음

[04] 집단 응집력과 운동수행 관계

가 집단응집력의 방해 요소

구성원 간의 불협 및 불통, 그룹 내 개인 간의 불화, 구성원 간 역할 갈등, 목표 의식의 희석 등

나 종목에 따른 응집력 요구 정도

집단 구성	상호협력	상호협력-상호반응	상호반응
집단응집력 수준	낮음	중간	높음
종목	골프, 레슬링, 볼링, 사격, 스키, 양궁, 육상 등	미식축구, 소프트볼, 수영, 야구, 조정 등	농구, 럭비, 배구, 아이스하키, 축구, 핸드볼 등
상호의존도	낮음	중간	높음

[05] 팀 구축과 집단응집력 향상 기법

가 팀 구축의 개념

우드콕 & 프란시스 (Woodcock & Francis, 1981)	팀의 유능성과 자원들을 방해하는 어려움을 없앰으로써 효율적인 작업 활동을 돕는 과정
텐넨바움, 비어드 & 살라스 (Tennenbaum, Beard & Salas, 1992)	팀 과정 혹은 팀 상승효과에 긍정적인 영향을 미침으로 팀 경기력을 향상시키는 팀 개입
한슨 & 루빈 (Hanson & Lubin, 1988)	팀 내의 문제점을 해결하고, 모든 팀 구성원의 자원을 최대화할 수 있는 팀의 환경을 만드는 노력
브롤리 & 파스케비치 (Brawley & Paskevich, 1997)	집단의 효과성을 높이고 구성원의 요구를 만족시키거나 작업 조건을 향상시키기 위해 집단을 도와주는 방법

나 팀 구축 이론 모형

프라파베시스, 캐론, 스핑크(Prapavessis, Carron & Spink, 1997)의 팀구축 이론에 의하면 선행 변인, 과정 변인, 결과 변인으로 아래와 같이 구성

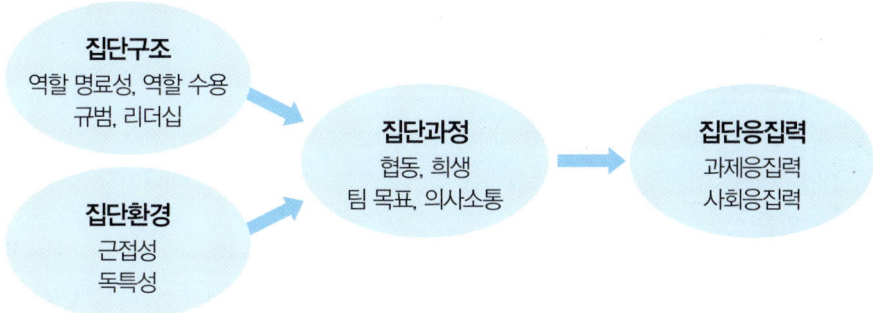

[팀구축 프로그램 적용을 위한 모형]

다 팀구축 및 집단응집력 향상 기법

(1) 율켈손(Yukelson)의 팀의사소통 문화 개선방안

선수의 개성 파악, 집단 소속감 강화, 팀 목표 설정, 목표에 대한 평가, 역할 명확히 설정, 주기적인 팀 미팅, 리더 선수의 조언 활용 등이 있음

(2) 아이스(Eys) 등 스포츠운동 집단 팀 구축 전략

독특성, 개인위치, 집단 규범, 개인 헌신, 상호작용과 커뮤니케이션 등이 있음

(3) 팀구축 향상 기법

- 목표설정: 공동 목표 설정
- 역할규정: 구성원 각자 자신의 역할을 이해하고 인정
- 대인과정 분석: 자신과 구성원의 노력을 통합하는 방법과 과정을 이해
- 응집력 조성: 개인의 성취를 이루게 하며, 팀원이 하나가 되도록 함

(4) 집단응집력 향상 방법

- 정기적 의사소통 실시
- 구성원들의 개인 성향 및 특성 파악
- 긍지와 자부심 등을 고취하는 방법 제시 및 공유
- 부정적 요인들은 사전 예방

2장 리더십

[01] 리더십의 정의

집단·팀이 목표를 달성하기 위해 지도자·리더가 개인과 집단에 영향력을 행사하거나 유도·조정하는 리더행동. 집단 목표를 성취하기 위해 구성원을 동기화시켜 목표를 향한 에너지를 창출하도록 유도하는 것을 포함하고 있음

[02] 리더십 이론

가 특성적 접근

개인의 속성이 강조된 것으로 리더는 타고난 인성이나 특성을 갖고 있어서 어떤 상황에서도 성공적인 리더가 될 수 있다는 접근 방법

나 행동적 접근

훌륭한 리더는 집단을 잘 이끄는 보편적인 행동 특성을 갖고 있어서 이러한 행동 특성을 찾아 가르치면 누구나 성공적인 리더가 될 수 있다고 주장. 즉 타고난 것이 아니라 학습할 수 있다는 접근 방법

다 상황적 접근

훌륭한 리더는 리더의 특성, 행동 뿐만 아니라 추종자의 태도와 능력, 리더십이 발휘되는 조직 내외 상황이라고 보는 접근 방법

[03] 리더십 효과와 상황요인

마틴(Martens)은 효과적인 리더십 구성을 다음과 같이 제시함

(1) **리더의 특성**: 리더 개인이 갖고 있는 특성으로 책임감, 지식 정도, 인내심, 정직, 융통성, 자신감, 자제력 등 훌륭한 리더가 갖고 있는 몇 가지 공통적 특성을 의미함

(2) **리더십 스타일**: 의사결정을 하는 방식(민주적/독재적 등) 등으로 구분함

(3) **상황 요인**: 팀의 규모, 경기의 중요도, 종목 유형, 시간 등 다양한 상황요인이 리더십에 영향을 끼침

(4) **구성원의 특성**: 구성원 또한 리더에게 영향을 미친다는 것으로 구성원 연령, 성별, 경기력 수준, 응집력, 경험 등 선수들의 특성을 파악해야 함

[04] 강화와 처벌

가 강화의 개념

강화(reinforcement)란 어떠한 행동이 나타난 다음 자극을 제시하여 미래 그 반응이 나타날 확률을 높여주는 것을 의미함

- 정적 강화: 유쾌한 자극을 제시하는 것으로 어떠한 반응 빈도를 높이기 위해 주어지는 자극을 가리킴
- 부적 강화: 불쾌한 자극을 제거하는 것으로 바람직한 반응을 얻기 위한 것을 의미함

나 처벌의 개념

어떤 행동이 나타날 확률을 감소시키는 자극을 의미함

(1) **정적 처벌**: 일반적 처벌로 어떤 행동이 나타난 다음 고통, 불쾌한 자극을 제시하여 반응의 빈도를 감소시키는 것을 가리킴

(2) **부적 처벌**: 금지형 처벌로 어떤 반응이 나타날 확률을 감소시키기 위해 제거되거나 박탈(출전 금지 등)되는 자극을 가리킴

다 강화와 처벌의 적용

효과적인 강화를 위한 지침	바람직한 처벌 행동 지침
- 즉각적으로 강화하라 - 일관성을 유지하라 - 성취 결과뿐만 아니라 노력과 행동에 대해 반응하라 - 이루고자 하는 행동을 배운 후 이를 지속시키기 위해 강화를 사용하라	- 동일한 규칙위반에 대해 누구에게나 동일한 처벌 - 사람이 아니라 행동을 처벌 - 규칙 위반에 관한 처벌 규정을 만들 때 선수의 의견을 반영 - 신체활동을 처벌하지 않음 - 개인적인 감정으로 처벌하지 않음 - 전체 선수나 학생 앞에서 개인 선수에게 창피를 주지 않음 - 처벌이 필요할 때에는 단호함을 보임

[05] 코칭 스타일과 코칭행동 평가

가 코칭행동과 리더십의 관계

코치의 고정관념, 기대, 성취목표, 성향, 자기효능감과 동기 수준, 조직 분위기 및 스포츠구조에 영향을 받음

나 코칭 지도 유형

(1) **권위주의형:** 승리 강조, 일방적 명령 선호, 과제지향적, 경기력을 향상시키는 것이 주목적으로 코치의 권위에 중점을 두는 지도 형태임
(2) **민주주의형:** 팀 목표설정, 훈련방법, 팀 전술에 관해 선수들이 중심이 되는 지도 유형을 가리킴
(3) **권위 + 민주주의형:** 융통성, 과제와 선수를 모두 배려하는 유형임
(4) **자유방임형:** 즉흥적인 생각, 계획 등을 통해 훈련하는 방식

다 코칭 행동 평가

(1) **8가지 코치 역할에 대한 주관적 평가:** 창조자, 실행자, 독려자, 통합자, 대변자, 모니터, 지시자, 배려자 역할로 구분
(2) 스미스 & 스몰, 헌트(Smith & Smoll, Hunt, 1977)의 '코칭행동 평가 시스템(Coaching Behavior Assement System: CBAS)'

코칭행동 평가 시스템(CBAS)

분류	정의
class 1. 반응적인 행동	
수행 목표 달성에 대한 반응	
강화	– 훌륭한 경기 또는 많은 노력에 대해 언어적 또는 비언어적으로 나타내는 보상 반응 – 훌륭한 플레이, 훌륭한 효과
무강화	훌륭한 수행에 대한 반응 결핍
실수에 대한 반응	
실수에 대한 격려	실수에 대해 선수에게 주어지는 격려
실수에 대한 기술 지도	실수를 수정하는 방법을 선수에게 지시하거나 시범을 보임
처벌	실수에 대해 언어적 또는 비언어적으로 표시하는 부정적 반응
처벌적인 기술 지도	– 실수에 대해 처벌적이고 적대적인 방식으로 가해지는 기술적 지시 – 지시사항
실수를 무시	실수에 대한 반응의 결핍
나쁜 행동에 대한 반응	
통제를 유지	팀 멤버 사이 질서를 회복시키거나 유지하려는 반작용
class 2. 자발적인 행동	
경기와 관련 있는 행동	
일반적인 기술 지도	해당 스포츠의 기술과 전략에 대한 사발적 지시
일반적인 격려	자발적인 격려
조직과 관리	의무와 책임, 포지션을 부여하여 경기에 대한 활동 범위를 설정
경기와 무관한 행동	
일반적인 의사소통	경기와 무관한 선수들과의 상호 작용

3장 사회적 촉진

[01] 사회적 촉진의 개념과 이론

가 사회적 촉진의 개념

타인의 존재가 수행에 미치는 영향으로 관중효과라고도 하며, 선수가 타인의 존재를 인식하여 심리적인 영향을 받아 경기력에 영향을 미치는 현상

나 사회적 촉진 이론

(1) 단순존재 가설

대표적인 학자 제이욘스(Zajonc)의 단순 존재가설에 의하면, ① 타인의 존재는 각성을 증가, ② 각성은 우세반응을 발생, ③ 우세반응이 바른 것이면 수행은 향상되거나, 그렇지 않으면 수행은 감소, ④ 힘과 스피드를 요구하는 단순과제는 수행이 향상, 정확성과 복잡한 과제는 수행이 감소, ⑤ 초보자의 수행은 감소되나 숙련자의 수행은 향상됨

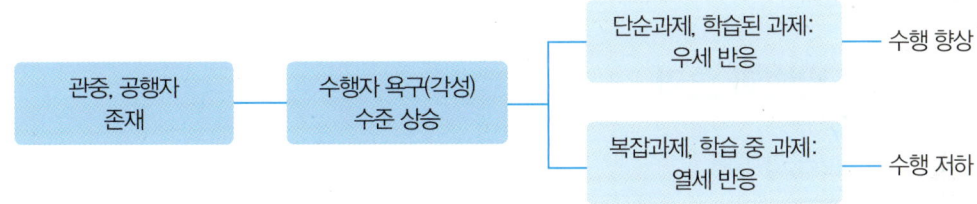

[제이욘스(Zajonc)의 단순 존재 가설]

(2) 평가 우려 가설

코트렐(Cottrell)에 의하면 수행자는 타인의 평가를 받았던 과거의 경험으로 인해 평가적 관중에게 높은 각성 반응을 보인다는 이론

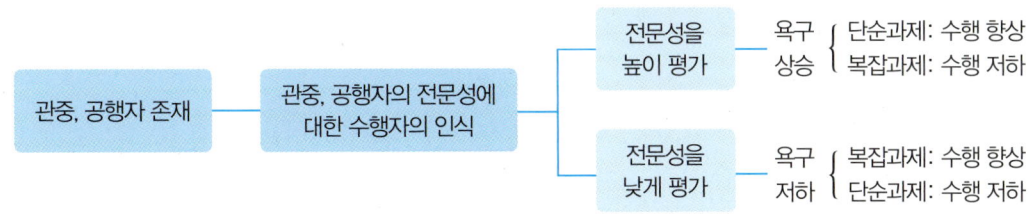

[코트렐(Cottrell)의 평가 우려 가설]

(3) 자아 이론
타인이 존재할 때 수행자는 타인으로부터 인정받으려는 욕구가 증대되어 수행 동기가 강화된다는 이론

(4) 주의 분산/갈등 이론
타인의 존재는 주의를 분산시켜 주어진 과제에 대해 집중을 방해하여 수행을 감소시키는 경우가 있고, 한편으로 개인의 추동 수준을 증가시켜 노력을 강화한다는 이론

[02] 경쟁과 협동의 효과

가 경쟁
동일한 목적을 위해 승리·쟁취·이기려고 서로 겨루는 상황을 의미함

나 협동
동일한 목적을 위해 구성원 간 마음과 힘을 하나로 합치는 것을 의미함

스포츠에서 경쟁과 협동은 동기와 응집력 등에 영향을 끼치는 중요한 요소로 지도자와 팀원은 적절한 조화를 이룬 경쟁과 협동을 유도할 필요가 있음

[03] 모델링 방법과 효과

가 모델링(modeling)의 개념
시범수행을 말하며 직접 모델(지도자가 직접 시범)과 상징적 모델(시청각자료를 통한 시범)을 통해 현장에서 주로 활용되고 있음

효과적인 모델링은 자신감의 요소가 되며, 자신의 최상수행의 비디오를 시청하거나 지도자의 시범을 통해 자신감을 얻을 수 있음

나 모델링의 기능 및 과정

(1) 모델링의 기능
① 행동 반응 촉진: 모델을 관찰한 후 그러한 행동을 하고자 하는 반응을 촉진함
② 행동 억제와 탈억제: 모델을 관찰한 후 이전 학습된 행동에 대해 억제 강화나 약화시킬 수 있음
③ 관찰학습 유발: 주의집중, 파지, 산출, 동기유발을 통한 관찰 학습을 가리킴

(2) 모델링의 과정
① 주의집중: 행동의 세부적인 특징에 주의를 기울이고 정확하게 인식함
② 파지: 어떤 정보에 대한 정신적 표상을 기억함
③ 산출(운동재생): 기술에 주의를 기울이고, 파지 이후 습득한 최종적인 기술을 구사함
④ 동기유발: 동기가 있을 때 모델링을 이용한 행동으로 구현이 가능함

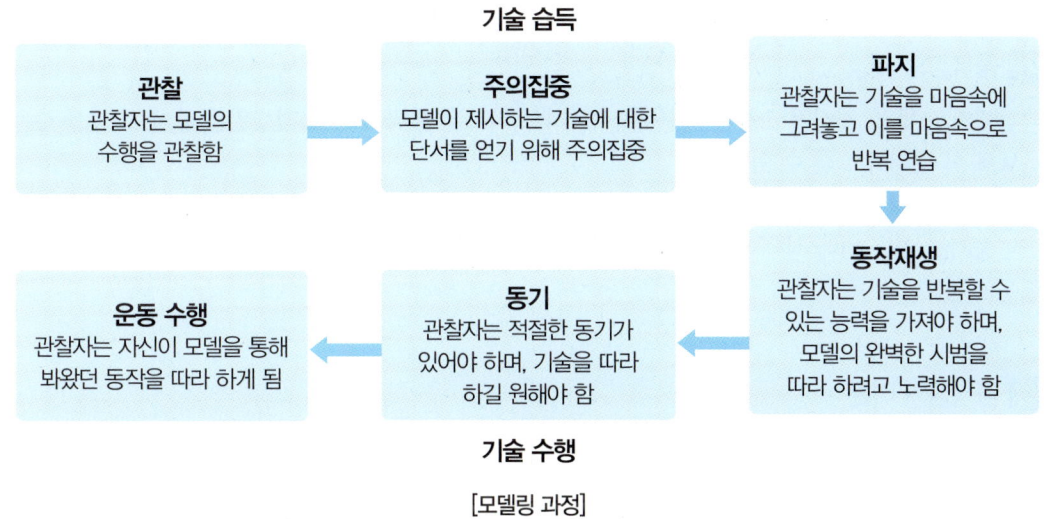

[모델링 과정]

다 모델링의 효과

직접적 모델(지도자가 직접 시범을 보여주는 것)과 상징적 모델(시청각자료를 통해 시범을 보여주는 것)은 복잡한 과제를 해결하기 위한 방법을 제시하며, 운동 수행 향상에 직접적으로 긍정적인 도움을 제공함

[04] 주요 타자의 사회적 영향

가 사회적 촉진에 대한 자기 영향

비디오 피드백, 셀프 모델링 기법, 피드포워드 기법 등을 통해 자기 관찰이 필요함

나 사회적 촉진에 대한 타자 영향

부모에 의한 사회적 촉진, 동료에 의한 사회적 촉진, 코치에 의한 사회적 촉진을 통해 정서적인 안정을 제공하고, 자신의 행동 기준을 설정하는 데 활용됨

4장 사회성 발달

[01] 공격성의 개념과 이론

가 공격성의 개념

타인에게 신체적, 정신적 고통과 해를 주려고 하는 의도된 행위이며, 공격행위는 상처, 고통을 주는 것을 목표로 한 행위라고 할 수 있음

공격행위의 종류에는 ① 적대적 공격(승리와 관계없이 공격을 통해 상대에게 피해를 가하는 행동), ② 수단적 공격(승리를 위해 상대에게 가하는 공격적 행동), ③ 권리적 공격(상해를 입힐 의도는 없고, 합법적 행동)이 있음

나 공격성의 이론

(1) 본능 이론
공격성은 선천적인 본능 현상이며, 스포츠는 폭력이나 공격적 행위를 사회에서 받아들여질 수 있는 형태로 방출시키는 밸브 역할을 담당함

(2) 좌절-공격 이론
공격행위는 언제나 좌절의 결과로 일어나고, 좌절은 언제나 공격행위를 초래한다는 이론임

(3) 사회학습 이론
개인이 다른 사람의 공격행위를 관찰하여 이를 모방·학습한다는 이론임

(4) 단서촉발이론
내적인 요구와 학습의 결과로써 발생된다는 이론임

[02] 스포츠에서 공격성의 원인과 결과

가 공격성의 원인

(1) **종목의 특성**: 신체적 접촉 및 충돌이 많을수록 공격행동 발생 빈도가 높음
(2) **스코어 차이**: 점수 차이가 많이 날 때 패배에 대한 좌절감으로 인한 공격적인 행동이 증가됨

(3) **초청·방문 경기**: 원정경기 시 상대선수와 관중에게 민감하게 반응하기 때문에 공격적인 행동이 증가됨
(4) **팀의 순위**: 하위 리그로 강등될 위기에 처한 경기일수록 공격행동이 증가됨
(5) **경기 시점**: 경기가 한창 진행 중에 공격행동이 증가됨
(6) **경력과 경기 수준**: 경력과 경기수준이 높을수록 많은 공격행동이 발생됨
(7) **성별**: 여자선수보다 남자선수 경기에서 공격행동이 증가됨

나 운동수행이 공격성에 미치는 영향

① 스포츠가 불안, 긴장 완화, 욕구불만 표출을 건전하게 분출하게 하는 역할
② 스포츠 중 좌절과 분노를 야기하고 공격성으로 표출

다 공격성의 결과

선수 부상, 페널티, 금전적 손실, 법적 처벌 등이 공격성의 결과로 제시되고 있음

[03] 스포츠참가와 인성발달

깁슨, 이백(Gilbson & Ebbeck, 1997)의 스포츠 페어플레이 교육과정을 통한 인성이 발달된다고 발표함

가 스포츠맨십의 정의

특정 스포츠행동에 대한 일반적인 태도나 윤리적 행동방식이며, 사회적으로 가장 높은 수준의 도덕 추론 유형에 맞게 행동하려는 경향을 가리킴

나 깊슨의 체육수업을 통한 도덕성 발달

무책임, 존중하기, 참가하기, 자기주도, 타인에게 마음 쓰기, 체육관 밖 일반화의 각 단계별 수준에 의해 도덕성이 발달함

다 스포츠와 인성발달

스포츠는 성격 발달과 인성에 긍정적인 영향을 미치며, 자신의 긍정적 자기개념을 형성하는 데에 중요한 역할을 담당함
"특정 스포츠 행동에 대한 일반적인 태도나 윤리적 방식으로 규정된 규칙을 준수"하는 스포츠퍼슨십을 발달시킨다고 제시함

05 운동심리학

1장 운동의 심리적 효과

[01] 운동과 성격

가 운동과 성격의 연관성 구분

(1) 성격에 따른 운동수행 또는 운동실천의 차이를 보는 관점
① 사회적인 성(gender): 성역할이라는 특성에 따라 운동 강도를 느끼는 수준이 달라질 수 있음
② 성격 5요인(Big5 이론): 정서적 불안정성, 외향성, 개방성, 호감성, 성실성에 따라 차이를 보임. 이 중 운동실천에 긍정적인 요인은 '외향성', '성실성'이고, 부정적인 영향을 주는 요인은 '정서적 불안정성'임

(2) 운동수행 또는 운동실천에 따른 성격의 변화 관점
규칙적인 운동수행을 통해 A형 행동을 감소시키고, 정신적 스트레스를 감소시킨다는 관점
① A형 행동: 일처리를 빠르게, 완벽하게 하는 등 모든 일을 경쟁적으로 성취하려는 행동 양식
② B형 행동: 모든 일 처리를 여유롭게 하는 행동 양식

[02] 운동의 심리생리적 효과

가 운동의 순기능

① 운동은 불안을 감소시키는 효과가 상당히 높음
② 운동은 우울증을 감소시키는 효과가 있는데 그 중 유산소 운동이 불안을 감소시킴. 특히 고강도 저항운동은 불안을 오히려 높일 수 있다는 연구결과가 발표되고 있으므로 불안 해소를 위해서는 유산소 운동을 권장함
③ 운동은 기분(mood)을 좋게 하며, 정신건강을 향상시킴
④ 운동은 자기 자신을 보다 긍정적으로 평가하는 데 도움을 주며, 자기존중감을 향상시키는 효과가 매우 높음
⑤ 운동은 인지능력 개선에 직접적인 영향을 주며, 치매 예방에도 효과가 있음

나 운동의 역기능

운동중독, 과훈련과 탈진, 식이장애, 스테로이드 남용 등은 운동의 역기능으로 볼 수 있음

[03] 신체활동의 심리 측정

가 운동 강도의 심리적 측정

(1) 보그(Borg)의 주관적 운동강도 척도(Rating of Perceived Exertion Scale: REE)

척도	수치	느낌
9미만: 아주 가벼운 운동	6	
9~10: 가벼운 운동	7	몹시 쉽다
11~12: 중간 강도 운동	8	
13~16: 높은 강도 운동	9	매우 쉽다
16~19: 매우 높은 강도 운동	10	
20: 최대 강도 운동	11	대체로 쉽다
	12	
	13	약간 힘들다
	14	
	15	힘들다
	16	
	17	매우 힘들다
	18	
	19	몹시 힘들다
	20	

[주관적 운동 강도 척도(RPE)]

(2) 토크 테스트(talk test)

주관적으로 측정하는 쉬운 방법으로 운동강도가 높아짐에 따라 말하기 수준이 달라진다는 원리를 이용함

- 저강도: 운동 중에 노래 가능
- 중간 강도: 운동 중에 옆 사람과 가벼운 대화 가능
- 고강도: 운동 중에 숨이 차서 말을 할 수 없음

나 신체활동량의 심리적 측정

고딘, 쉐퍼드(Godin, Shephard)의 여가운동참가 질문지(Leisure-Time Exercise Questionnaire)

다 운동정서 측정

(1) **기분상태검사지(POMS)**: 6개 요인(긴장, 우울, 분노, 활력, 피로, 혼동) 측정할 수 있음

(2) **긍정적 · 부정적 감정척도(PANAS)**: 감정을 긍정적 · 부정적으로 나누어 각각 10개 총 20문항으로 구성되어 있음

한국판 PANAS

1. 활기찬	11. 신경질 나는
2. 흥분된	12. 열정적인
3. 불안한	13. 신나는
4. 심란한	14. 답답한
5. 상쾌한	15. 우울한
6. 소극적인	16. 명랑한
7. 기분 좋은	17. 지루한
8. 짜릿한	18. 짜증난
9. 화가 난	19. 행복한
10. 시원한	20. 싫증난

[한국판 PANAS]

(3) **스포츠심리**: 운동정서 질문지(EFI), 주관적 운동체험 척도(SEES), 감정척도(FS), 한국형운동정서 척도 등이 있음

[04] 심리적 효과의 과정

(1) **열 발생**: 운동은 체온을 상승시킴

(2) **뇌 변화**: 운동은 대뇌 피질의 혈관 밀도가 높아지고 뇌 구조에 변화를 발생시킴

(3) **모노아민**: 세로토닌, 노르에피네프린, 도파민 등 신경전달물질의 분비로 인해 감정과 정서를 개선하는 기능이 있음

(4) **생리적 강화**: 스트레스에 자주 노출하여 대처능력 향상, 정서적으로 안정, 불안 감소 등이 있음

(5) **사회심리 효과**: 운동은 심리적으로 좋은 효과와 기대심리로 인한 위약 효과 작용을 함

2장 운동심리 이론

[01] 합리행동 이론과 계획행동 이론

가 합리행동이론

개인의 의도(intention)가 행동을 수행하는 결정적인 요인이라고 보는 이론. 이때 '의도'는 행동에 대한 태도와 주관적 규범이라는 두 요인에 의해 형성됨

나 계획행동 이론

합리행동 이론에 행동통제 인식 개념이 추가된 이론. 행동통제 인식이란 운동행동을 방해하는 요인을 통제할 수 있는 자신감을 의미하는 것으로 운동에 대한 목적과 운동을 방해하는 요인에 대해 성공적으로 대처할 수 있도록 전략을 세우는 것이 중요함

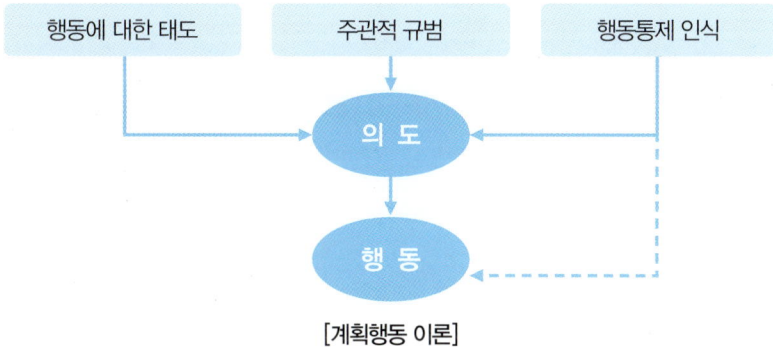

[계획행동 이론]

[02] 변화단계 이론

운동행동의 변화는 무관심, 관심, 준비, 실천, 유지단계 즉 5단계를 통해 운동의 습관화가 가능하다는 이론임

- 무관심(계획전): 현재 운동을 안하고, 6개월 이내에도 운동을 시작할 의도가 없음
- 관심(계획): 현재 운동을 하고 있지 않지만 6개월 이내 운동을 시작할 의도가 있음
- 준비: 현재 운동을 하고 있지만 가이드라인(주당 3회 이상, 1회 20분 이상 기준)을 달성하지 못하는 수준. 30일 이내 가이드라인을 충족하는 수준으로 운동을 시작할 생각이 있음

- 실천(행동): 가이드라인을 충족하는 수준의 운동을 하고 있지만 아직 6개월 미만, 운동 동기가 충분하고 운동으로 인한 혜택을 많이 느낌, 하지만 가장 불안정한 단계로 하위 단계로 내려갈 위험성이 높음
- 유지: 가이드라인을 충족하는 수준의 운동을 6개 이상 지속하고, 운동이 안정 상태에 접어든 시기임

[03] 자기효능감 이론

특정 상황에서 주어진 과제를 성공적으로 수행할 수 있다는 개인의 마음. 어떤 행동은 자기효능감으로 예측이 가능한데 자기효능감이 높을수록 행동의 실현 가능성이 높아짐

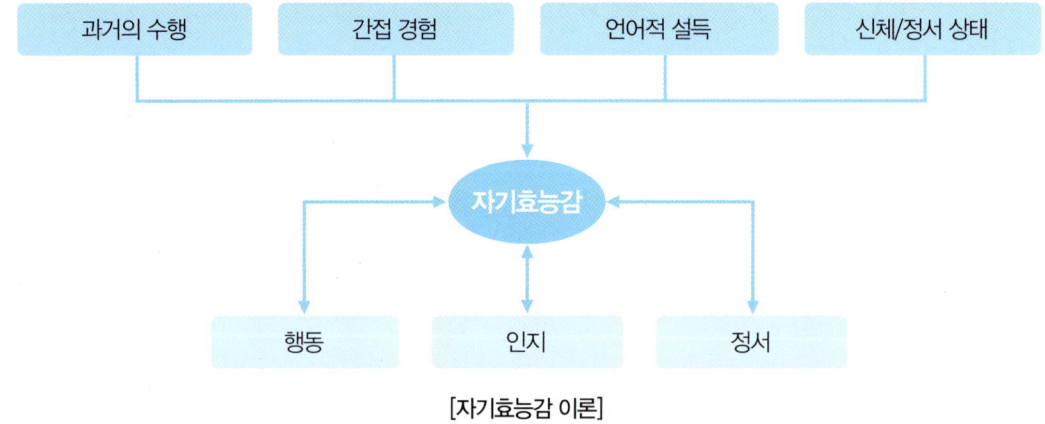

[자기효능감 이론]

[04] 사회생태학 이론

인간은 사회 환경의 요소와 끊임없이 교류하면서 적응과 진화한다고 보고 지역사회, 정부 등 환경 외적인 요인들을 포함하는 이론임

운동과 관련된 환경과 정책은 개인 수준을 넘는 상위 차원의 요인이므로 이에 대한 다각적인 계획과 평가가 필요함

3장 운동실천 중재전략

[01] 운동실천 영향 요인

가 개인 배경

① 개인 요소: 연령, 성별, 직업, 교육수준, 소득수준, 건강상태 등이 있음
② 심리적 요소: 자기효능감, 태도와 의도, 재미, 운동에 대한 기초 지식, 운동방해 요인, 신체이미지 등이 있음
③ 운동특성 요소: 운동 강도, 운동 시간, 지도자 수준, 노력 정도, 프로그램, 경력 정도 등이 있음

나 환경 요인

① 사회적 환경: 반크기, 집단응집력, 의사의 영향력, 과거 가족 영향, 친구와 동료의 사회적지지, 배우자와 가족의 사회적지지, 지도자의 사회적지지 등
② 물리적 환경: 기후와 계절, 비용, 루틴의 변동, 시설에 대한 실제적 접근성, 시설에 대한 인식된 접근성, 가정용 운동 장비 등

[02] 지도자, 집단응집력, 문화의 영향

가 지도자

운동 참가자의 지속적인 운동실천을 결정하는 가장 중요한 요인. 지도 스타일은 운동 참가자의 인지, 정서, 행동에 영향을 줌

전문적인 지도자에게 운동을 하고 있는 운동 참가자는 자기효능감, 활력, 열의, 재미, 재등록 의도가 높다고 할 수 있음

나 집단응집력

응집력이 높은 집단은 응집력이 낮은 집단에 비해 운동 지속 실천에 직접적인 영향을 줌. 운동집단의 특성에 따라 운동실천 관련 인지, 정서, 행동이 달라짐

응집력 향상을 위한 중재전략

개념	내용
독특성	팀명칭, 팀티셔츠, 팀포스터, 슬로건 제작 야광 헤드밴드, 야광운동화 끈 배포
개인 위치	초/중/고급으로 나눈 후 구분하는 표시를 함 회원 각자 자기 자리를 정하도록 함
집단 규범	회원끼리 운동 파트너를 정하도록 권장 체중 감량 목표를 함께 설정
개인 공헌	그날의 목표를 회원 2~3명이 정하도록 자율적으로 조정 기존 회원에게 신입회원을 도와주도록 유도
상호 작용	좌우측 회원끼리 서로 소개 5인 1조로 함께 운동하고 교대로 시범을 보임

다 문화

구성원들이 공통적으로 갖고 있는 가치, 관습, 규범, 규칙, 신념을 의미하는 것으로 운동실천에 영향을 주고 있음. 즉 요가나 걷기에 남성보다 여성의 참여율이 높은데 이는 강도가 높지 않고, 강한 힘이 요구되지 않아 여성들이 쉽게 참여할 수 있는 스포츠 문화라고 볼 수 있음

[03] 이론에 근거한 전략

가 자결성 이론

외적 보상이 내적 동기에 어떤 영향을 주는가에 대한 이론임
자결성 이론을 스포츠현장에서는 ① 운동 프로그램에 회원의 의견을 반영, ② 성공 체험을 자주 느낄 수 있도록 운동 목표를 설정, ③ 운동 목표는 지도자와 회원이 합의하는 등 적용 가능함

나 자기효능감 이론

자기효능감은 과거의 수행, 간접 경험, 언어적 설득, 신체와 정서 상태 4가지 요인을 통해 결정된다는 이론으로 지도자는 운동 참가자의 자기효능감을 향상시키기 위해 4가지 요인을 활용할 필요가 있음
즉, 목표는 단기적 목표로 약간 어려운 목표 설정, 모델링을 통해 간접 경험을 제시, 격려와 칭찬을 자주 실시, 운동 중 발생하는 신체와 정서 상태에 대해 긍정적으로 해석하여 지도할 필요가 있음

다 변화단계 이론

단계	내용
무관심 단계	- 운동을 바로 적용하는 것은 별 의미가 없음 - 운동의 혜택, 운동을 방해하는 요인을 찾아 삭제, 운동이 중요하다는 것을 인식·학습시킴
관심 단계	- 무관심단계에 비해 운동 가치를 인식하는 데에 차이가 있음 - 운동 혜택에 대한 추가 정보 제공
준비 단계	- 운동할 준비는 되어 있으나 실패에 대한 걱정이 있음 - 운동을 위한 생활방식 계획 작성, 운동에 대한 구체적인 정보 제공(회비, 위치, 프로그램, 일정 등)
실천 단계	- 6개월이 되지 않아 이전 단계로 퇴보 가능성 있음 - 현재 단계가 유지되도록 지속적인 동기 유발, 방해 요인 극복하도록 조언(스스로 격려하기, 연간계획 수립)
유지 단계	- 6개월 이상으로 습관화 단계 진입 - 하위 단계로 내려가지 않도록 방지하기 위해 일정 조정, 자신감 상승, 타인의 운동 멘토 되기 등

[04] 행동수정 및 인지전략

가 행동수정 전략

(1) **계약**: 지도자와 운동에 관한 계약 맺기를 가리킴

(2) **출석 게시**: 출석, 참석에 대한 정보를 공개적으로 게시하되 그래프나 차트로 만들면 더욱 효과적임

(3) **보상 제공**: 출석에 따른 보상을 제공하면 출석행동이 강화된다고는 하나 인센티브 제공이 지속적인 효과를 갖지는 못함

(4) **피드백 제공**: 운동기록과 평가에 대한 피드백 제공은 운동기능 향상과 동기부여 측면에 도움이 됨

나 인지전략

(1) **목표 설정**: 지도자와 참가자의 협의를 통한 목표 설정을 가리킴

(2) **내적 집중**: 호흡, 심박수, 근육 등 내적 집중을 반영하는 것을 가리킴

(3) **외적 집중**: 사람, 음악, 경치 등 환경 등에 외적인 집중을 반영하는 것을 가리킴

06 스포츠심리상담

1장 스포츠심리상담의 개념

[01] 스포츠심리상담의 개념과 이론

가 스포츠심리상담의 개념

스포츠와 운동 상황에서 관계된 모든 사람들(선수, 지도자, 심판, 운동 참여자 등)을 대상으로 심리기술 훈련과 상담을 적용하여 목적(경기력 향상, 인간적 성장 등)을 달성하기 위한 학습 과정을 가리킴

심리상담의 3가지 역할: 치료적 역할, 예방적 역할, 교육·발달적 역할로 구분할 수 있음

[심리상담학의 다섯가지 관점]
- 심한 비정상인보다는 정상인에게 주목
- 문제보다는 장점, 긍정적 정신건강에 주목
- 간단하고 단기적 개입방법을 강조
- 인간과 환경과의 상호작용에 주목
- 교육 및 진로발달에 대해 강조

나 스포츠심리상담의 모형

(1) 인지재구성 모형

합리적 정서행동치료로 알려진 Ellis의 REBT(Rational Emotive Behavior Therapy)의 심리상담 및 치료 이론에 기반. 사람들이 자신의 비합리적인 생각과 신념을 지각(부정적인 생각)한다면, 이를 합리적인 생각과 신념(긍정적인 생각)으로 바꿀 수 있는 방법을 가르쳐줌

(2) 교육적 모형

심리기술훈련을 단계별로 구분하여 훈련하게 하는 이론 모형임

1단계 폐쇄기능 분석 → 2단계 선수의 심리적 평가 → 3단계 개념화 및 동기부여 → 4단계 심리기술의 개발로 단계를 구분할 수 있음

(3) 멘탈 플랜 모형

선수의 심리적 잠재력과 장점을 찾아 선수에게 맞는 멘탈 플랜을 구성하는 것을 의미함

2장 스포츠심리상담의 적용

[01] 스포츠심리상담 절차와 기법

가 스포츠심리상담 절차

(1) **1단계(상담 전 단계)**: 스포츠심리상담자에게 연락, 사전 예약 등 의뢰(본인의 자발적 의뢰와 부모나 지도자에 의한 비자발적 의뢰)함

(2) **2단계(상담 시작 단계)**: 내담자와 상담자 간 신뢰 형성 시기로 내담자의 동의하에 상담의 목표를 설정. 내담자의 심리 상태를 파악하기 위한 질문지 활용 및 심리상태 측정. 개인별 심리 프로파일 작성 등을 통해 추후 계획을 마련함

(3) **3단계(상담 진행 단계)**: 본격적으로 진행되는 시기로 상담 기법이 활용되고, 심리기술훈련을 적용함

(4) **4단계(상담 종결 단계)**: 상담 시작 단계에서 측정했던 심리변인을 재측정하고, 결과를 분석하여 시작 단계의 결과와 비교. 목표 성취 여부를 평가함

나 스포츠심리상담 기법

(1) **신뢰 형성**: 상담자에게 도움을 줄 수 있다는 긍정적 인상, 전문성, 정직, 비밀 엄수 등이 있음

(2) **관심 집중**: 내담자와 온전하게 함께하기 즉 내담자를 향해 앉기 및 개방적 자세(상담자의 얼굴과 몸이 내담자를 향하되 내담자에게 경청할 준비가 되어 있다는 느낌을 주도록 함), 적절한 시선 맞추기(눈과 표정에 시선을 맞추되 노려보지 않기, 부드러운 시선, 수시로 내담자의 표정 살펴보기, 가끔씩 시선을 옮기기) 등이 있음

(3) **경청**: 내담자의 언어, 비언어적(몸짓, 자세, 목소리 등) 메시지를 의미함

(4) **공감적 이해**: 자신도 유사하게 혹은 같게 느끼는 상태를 의미하는 것으로 생각할 시간을 갖기, 내담자와 대화를 갖되 반응시간을 짧게, 정서적 어조를 통해 내담자에게 반응하도록 유도함

[02] 스포츠심리상담 프로그램

1단계(욕구진단을 위한 실제생활과 환경조사) → 2단계(욕구와 문제해결을 위한 대안 진술) → 3단계(목적과 목표 설정) → 4단계(해결방안 모색을 위한 정보 수집) → 5단계(해결을 위한 프로그램 선정 및 적용) → 6단계(결과 평가와 효과 측정)를 통해 프로그램 작성으로 구분할 수 있음

스포츠지도사자격검정 핵심요약집

운동생리학은 건강한 일반인뿐만 아니라 운동선수의 경기력 향상을 위한 생리학적 토대를 기초로 하는 학문적 배경을 이루고 있다. 본 운동생리학 수험서는 체육지도자가 되기 위해 노력하고 있는 체육 관련 학생들이 보다 쉽게 접근할 수 있도록 불필요한 내용을 최소화하고 핵심적인 내용만을 선정하여 접근과 활용을 용이하게 하였다.

운동생리학

01 운동생리학 개관

1장 운동생리학의 개요

[01] 운동생리학의 개념

일정 기간 동안 운동 형태로 가해진 자극(stress)에 대해 인체가 적절하게 반응(response)하고 적응(adaptation)하는 과정 속에서 나타나는 생리학적 현상들을 구조적(structural) 및 기능적(functional)으로 연구하는 학문

가 운동생리학의 역사

(1) 19세기말 이전

① 페르난드 라그레인지(Fernand Lagrange): 1889년 운동생리학 교재 〈Physiology of Bodily Exercise〉 출간, 근육 활동과 피로, 운동 습관 및 운동 시 뇌의 역할 등을 다룸
② 이후 근 수축에 동원되는 에너지의 근원을 밝히기 위한 많은 가설과 이론 제기

(3) 1920년대

① 힐(A. V. Hill): 근 수축과 회복 시 발생하는 열, 최대산소섭취량의 개념 소개
② 오토 마이어호프(Otto Meyerhof): 근육 내 젖산과 산소소비량의 관계를 규명한 당대사
③ 덴마크의 아우구스트 크로그(August Krogh): 모세혈관 순환의 조절작용 등에 대한 연구, 근육의 대사작용에 대한 공로로 노벨상 수상
④ 홀데인(J. S. Haldane): 호흡 중 CO_2의 역할에 관한 연구를 통해 개발한 호흡 가스 분석기를 적용하여 육상선수를 대상으로 한 생리학 연구를 처음으로 수행, 신체의 에너지 생성에 대한 기본적인 이해와 산소섭취량의 과학적 측정방법 등이 가능하게 됨
⑤ 더글라스(C. G. Douglas): 핸더슨과 운동 중 호흡조절에 있어서 젖산과 이산화탄소의 결정적 역할 규명, 다양한 고도에서의 운동수행 연구, 신체의 운동능력과 인체생리학에 대한 환경의 영향 등을 연구하는 환경생리학(ecophysiology)의 기반 마련

⑥ 크리스티안 보어(Christian Bohr): 산소가 헤모글로빈에 어떻게 결합하는가에 관한 연구, 이산화탄소에 의한 '산소-헤모글로빈 해리곡선'의 변화 연구
⑦ 아우구스트 크로그: 인간의 호흡과 운동에 대해 연구

(4) 1930년대

① 호우 크리스텐센(Hohwu Christensen): 1930년대 말 오울 한센(Ole Hansen)과 운동 중의 탄수화물과 지방 대사에 대한 연구 주도

(5) 1950~1960년대

① 아스무센(E. Asmussen): 근육의 역학적 특징
② 닐슨(M. Nielsen): 신체 온도 통제에 대한 연구
③ 호우 크리스텐센(Hohwu Christensen): 운동시 근육생리를 이해하는 데 공헌
④ 루돌포 마르가리아(Rudolpho Margaria): 산소부채에 관한 연구 심화
⑤ 퍼 올리프 어스트랜드(Per Olef Åstrand): 호우 크리스텐센으로부터 운동생리학 분야를 소개받아 체력과 지구성 능력에 관한 연구 수행
⑥ 조나 버거스트롬(Jonas Bergstrom): 근생검법(biopsy)으로 근육조직 샘플을 얻음, 운동 전과 후에 근육에 대한 조직학적(histological)·생화학적(biological) 연구의 전기 마련
⑦ 존 할러지(John Holloszy), 찰스 팁턴(Charls Tipton), 필 골닉(Phil Gollnick) 등: 근육대사 연구 및 피로와 관련된 요인들을 분석하여 운동생리학의 생화학적 접근을 통한 새로운 연구방법 시도
⑧ 벵거트 살틴(Bengt Saltin): 근육 구조에 대한 생화학적 연구의 중요성을 인식하고 조나 버거스트롬과 식이요법이 근지구력과 근영양에 미치는 영향 연구
⑨ 로저 에저턴(Roggie Edgerton)과 필 골닉(Phil Gollnick): 쥐를 대상으로 각 근섬유의 특성과 트레이닝에 의한 반응 연구

나 운동생리학의 인접 학문

(1) **운동학(kinesiology)**: 인체 움직임을 과학적인 방법으로 연구하는 학문, 운동생리학, 운동역학과 운동학습을 포함하여 광범위하게 사용, 과거에는 단일 교과로 다루어지다가 현재는 주로 운동역학에 해당함

(2) **스포츠의학(sports medicine)**: 세부적으로 선수의학, 운동역학, 임상의학, 발육발달, 심리학과 사회학, 영양학, 운동조절, 생리학을 포함하여 스포츠와 운동에서의 모든 의학적인 영역을 포괄함

(3) **운동생화학**: 기관 수준으로 신체를 구분하여 그 기능과 조절에 따른 항상성을 다룸

(4) **운동유전학**: 유전자를 통한 기관의 구조와 기능 조절

(5) **분자운동과학**(molecular exercise science): 운동과 관련된 분자(molecule) 수준의 반응 연구

[02] 주요 용어

운동생리학: 스포츠 현장에서 나타나는 인체 운동을 관찰하여 그 움직임을 설명하고, 원인을 규명하는 학문

가 운동(exercise)

건강이나 체력을 증진하거나 유지하기 위한 계획적이고 규칙적인 신체활동

나 신체활동(physical activity)

근육 활동을 통한 계획적이지 않은 신체의 움직임들로서 일상적인 활동

다 체력(fitness)

(1) 선천적 능력과 후천적 노력을 통해 얻게 된 신체활동을 수행할 수 있는 능력

(2) 최근 건강과 체력의 개념들을 신체적 영역에 국한하지 않은 포괄적 개념의 웰니스(wellness, wellbing + fitness)로 확대하여 육체적·정신적·감성적·사회적·지적 영역에서의 최적의 상태를 위한 노력을 포함하는 통합적 개념

[건강과 체력의 연속체(continuum)]

(3) 체력의 분류

① 과거: 방위체력과 행동체력으로 구분하여 환경에 대한 인간의 생존능력을 포함하여 폭넓게 정의

– 방위체력: 생존의 기반 환경 변화에 대응하여 생리적으로 항상성을 보전할 수 있는 적응력으로 세부적으로는 환경적·생물학적·생리적·심리적 스트레스에 대한 저항 능력

- 기온, 습도, 기압의 변화에 대기 및 수질오염 등의 환경적 스트레스에 견디는 능력
- 세균, 바이러스, 기생충, 등에 의한 생물학적 스트레스에 견디는 능력

- 공복, 불면, 갈증, 피로, 시차 같은 생리적 스트레스에 견디는 능력
- 불쾌감, 긴장, 고민, 슬픔, 불만 등과 같은 심리적 스트레스에 견디는 능력

– 행동체력: 생활의 기반인 신체적 자질을 개발하여 직업생활 속에서 큰 피로감 없이 생산성을 높일 수 있을 뿐만 아니라 여가생활을 영위하고 일상생활에서의 잠재적 위험에 대처할 수 있는 능력, 운동을 일으키는 능력, 운동을 오래 지속하는 능력, 운동을 효율적으로 조절하는 능력

② 현대: 문명발달로 인한 생활습관의 변화에 따른 행동체력의 변화를 반영하여 최근 건강의 중요성을 보다 강조하여 체력을 건강관련 체력(health related fitness)과 운동기능 체력(skill related fitness)으로 구분

– 건강관련 체력: 심폐지구력, 신체조성, 근력 및 근지구력, 유연성 등으로 건강 상태와 관련성이 높은 체력 요인
– 운동기능 체력: 민첩성, 순발력, 협응성, 평형성, 반응속도, 스피드 등으로 선수들의 경기력을 결정하는 데 기여도가 높음

심화학습

* 인체의 항상성 조절체계

자극은 수용기(감지기)를 활성화 → 수용기는 장애요인에 대한 신호를 통합센터에 전달 → 통합센터에서는 효과기로 신호를 보내 장애요인을 수정 → 효과기는 장애요인을 수정하여 자극요인을 제거

예) 체온 조절, 동맥혈압의 조절, 산소와 이산화탄소의 분압 조절, 혈당 조절, 체내 산과 염기 조절 등

02 에너지대사와 운동

1장 에너지의 개념과 대사작용

[01] 에너지 발생의 과정과 형태

(1) **에너지**: 일(work)을 수행할 수 있는 능력

(2) 열, 빛, 기계, 화학, 전기, 핵에너지 등의 형태로 구분

(3) 공통적으로 '에너지'라 일컫는 이유는 일정 과정을 통해 상호 전환될 수 있기 때문

(4) **대사(metabolism)**: 체내에서 일어나는 물질과 에너지의 변화과정. 동화작용과 이화작용 포함

(5) **동화작용(anabolism)**: 물질을 합성하여 에너지를 저장하는 변화과정

(6) **이화작용(catabolism)**: 물질을 분해하여 에너지를 소모하는 변화과정

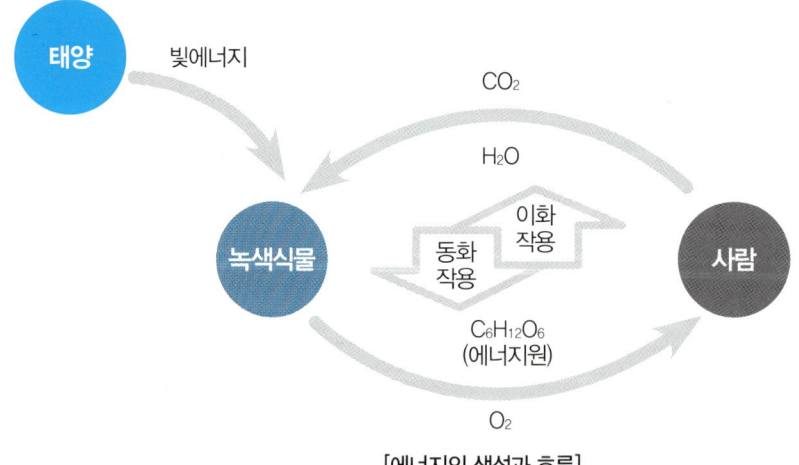

[에너지의 생성과 흐름]

[02] 물질대사 과정의 경로

① 음식 형태로 체내에 유입되는 영양소의 대부분은 유기화합물로서 탄소(carbon, C), 산소(oxygen, O), 수소(hydrogen, H), 질소(nitrogen, N) 원자들이 에너지에 의해 결합되어 있는 거대분자(macro molecule) 형태
② 3대 영양소인 탄수화물, 지방 그리고 단백질은 C, H, O, N 원자들이 화학에너지 형태로 결합된 커다란 덩어리 분자
③ 3대 영양소 분자들의 결합에너지는 각각 일정량의 열에너지로 바뀔 수 있음(탄수화물 1g = 4 kcal/g, 지방 1g = 9 kcal/g, 단백질 1g = 4 kcal/g)
④ 소화과정: 음식물로 섭취한 영양소들은 내장기관에서 상당히 작은 물질로 분해되어 근육 등 에너지를 필요로 하는 조직으로 흡수됨
⑤ ATP(아데노신삼인산, adenosine triphosphate): 세포는 대사과정에서 유리된 결합에너지를 모아 높은 에너지결합을 갖는 화합물로 만들어 필요할 때 언제나 다시 쓰일 수 있도록 함

[03] 에너지 전환 및 보존법칙

가 에너지 전환

여러 가지 형태로 존재하며 서로 다른 형태의 에너지로 바뀔 수 있음

나 에너지 보존법칙

에너지는 새로 생성되거나 소멸되지 않아서 형태가 바뀌기 전과 후의 총량에 변함 없음

에너지 단위의 변환

형태	단위	단위 변환	비고
줄(Joule)	J	1 N · m	일/에너지 기본 단위
		0.102 kgm	
		0.000239 kcal	
Kilogram · meter	kgm	0.00981 kJ	kgf · m와 혼용
Kilopond · meter	kpm	0.00981 kJ	kgf · m와 동일
Kilocalorie	kcal	4.186 kJ	열에너지(열량) 단위

(1) 일에너지의 측정

① 일에너지(일량): W = F × S (W: 일, F: 힘이나 질량(즉, 중력 방향으로 물체의 무게가 가해지는 힘), S: 수직이동거리)

② 파워(일률, power): P = W / t [P: 파워(일률), t: 시간]

파워의 용어와 단위 변환

형태	단위	단위 변환	비고
와트(Watt)	W	$1\,J \cdot s^{-1}$	파워 기본 단위
		$6.12\,kpm \cdot min^{-1}$	
		$6.12\,kpm \cdot min^{-1}$	
Kilogram · meter · min^{-1}	$kgm \cdot min^{-1}$	0.163 W	
	$kpm \cdot min^{-1}$	0.163 W	

③ 일에너지와 파워의 측정:
- s(수직이동거리) = a(트레드밀 이동거리) × 경사도(%) [경사도(%) = sinθ × 100]

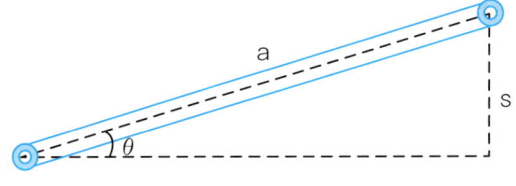

[트레드밀의 수직이동거리(s)]

트레드밀 경사각에 따른 경사도(%)

경사각(θ°)	sinθ	경사도(%)
1.00	0.0175	1.75
2.00	0.0349	3.49
2.87	0.0500	5.00
3.00	0.0523	5.23
4.00	0.0698	6.98
5.00	0.0872	8.72
5.74	0.1000	10.00
6.00	0.1045	10.45
7.00	0.1219	12.19
8.00	0.1392	13.92
9.00	0.1564	15.64
10.00	0.1736	17.36

- s(수직이동거리) = a(스텝이나 계단의 높이) × 스텝 이동수
- 체중이 70kg인 남자가 30cm의 스텝(또는 계단)을 분당 30회의 속도로 10분 동안 오르내렸을 때의 일과 파워는?

    W = F × S
  $\quad\quad\quad$ S = 30 cm × 30 steps/min × 10 min = 9,000 cm = 900 m
  $\quad\quad\quad$ W = 70 kg × 900 m = 63,000 kgm = 618.03 kJ
  $\quad\quad\quad$ P = W / t
  $\quad\quad\quad$ P = 63,000 kgm / 10 min = 6,300 kgm · min^{-1} = 1,026.90 W

- s(이동거리) = 바퀴 둘레(m) × 회전 수 × 분당 회전 수(rpm)
- 바퀴 둘레가 6m인 에르고미터를 이용해 2kP의 저항에서 분당 회전 수 60rpm으로 10분간 운동했을 때의 일과 파워는?

    W = F × S
  $\quad\quad\quad$ S = 6 m × 60 rpm × 10 min = 3,600 m
  $\quad\quad\quad$ W = 2 kp × 3,600 m = 7,200 kpm = 70.63 kJ
  $\quad\quad\quad$ P = W / t
  $\quad\quad\quad$ P = 7,200 kpm / 10 min = 720 kpm · min^{-1} = 117.36 W

(2) 열에너지(칼로리, calorie)의 측정

① 직접열량 측정: 섭취한 영양소 안의 화학적 에너지가 대사되어 최종적으로 변화한 열에너지는 주변의 온도를 올리는 작용을 함. 이러한 온도의 변화를 이용하여 열에너지의 양 측정(열량계, calorimeter)

② 간접열량 측정: 신체 내에서 일어나는 대사과정은 세포의 미토콘드리아에서 산소를 이용하여 영양소를 완전히 산화시켜 새로운 형태의 에너지로 만드는 과정. 이때 소비된 영양소가 생성하는 에너지의 양은 산화 반응에 참여하는 O_2의 양과 비례(일정 성분비 원칙)
ATP로부터 생성될 열에너지의 양을 닫힌 계 안에서 직접 측정해야 하는 번거로움 없이 화학양론(stoichemistry)을 이용하여 호흡을 통한 O_2와 CO_2의 양만으로도 ATP의 양과 그에 따른 열에너지의 양 가능

(3) 에너지대사의 효율성[에너지 생성량(일량) / 에너지 소비량(열량) × 100]

① 운동의 강도에 따른 에너지 소비량, 에너지 대사 형태 등 열에너지 소비량과 관련된 측정 가능
② 운동으로 발생한 일의 양, 즉 에너지 생성량도 측정 가능
③ 소모된 열량과 생성된 일량을 통해 운동 시 대사적 효율성에 대한 정보 얻음

2장 인체의 에너지대사

[01] ATP-PCr 시스템

① 인원질시스템: 가장 빠른 ATP 공급 시스템으로 5~10초 동안 고갈되는 매우 짧은 에너지 공급체계
② ATP가 분해되어 ADP와 Pi로 분해되어 근 수축 활동 등에 필요한 에너지로 쓰일 때 PCr(P-Cr)의 결합에너지가 모두 ADP와 Pi에 전달되어 ATP를 재합성하는 데 사용

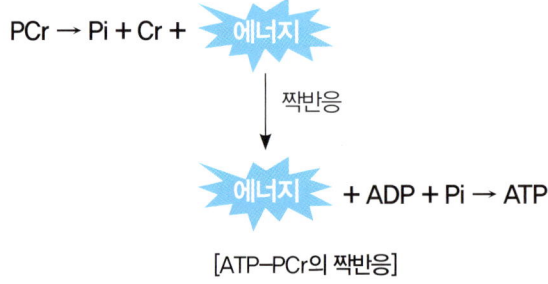

[ATP-PCr의 짝반응]

[02] 해당과정 시스템

① 당분(glyc-)을 분해(-lysis)한다는 의미, 이때 젖산이 생성되기 때문에 젖산시스템으로 부르기도 함
② 산소 없이 비교적 적은 반응경로를 거쳐 이루어지기 때문에 100m 단거리 달리기와 같이 몇 분 이내에 이루어지는 고강도 운동에 필요한 에너지 공급 역할

[03] 유산소 시스템

(1) **크렙스 회로:** 효소에 의해 조절되는 단계별 반응을 통해 ATP와 CO_2 생성, 이때 생성된 NADH와 FADH2는 더욱 진전된 화학적 변화를 위해 전자전달계로 유입됨

(2) **전자전달계:** 전자전달계를 이루고 있는 호흡효소 복합체(respiratory enzyme complex)들을 통과하면서 NADH의 전자가 제거되고 이 과정에서 떨어져 나온 H+는 미토콘드리아 내막과 외막 사이로 배출, 배출된 H+가 외막과 내막 사이에 쌓이면서 (건전지의 원리에서처럼) 전하 증가, 축적된 H+의 전기화학적 에너지는 최종적으로 ATP합성효소에서 O_2와 만나 ATP와 H_2O 생성

[04] 운동과 에너지 공급

① 인체는 이 3가지 에너지 시스템을 적절한 비율로 이용하여 운동자극에 대해 반응, 운동 상황에 따라 달라지는 에너지 요구량을 한 가지 시스템에 전적으로 의존하지 않음
② 운동 형태에 따라 운동 강도가 증가할수록 탄수화물의 에너지 기여도 증가, 운동 강도가 감소할수록 지방의 기여도 증가

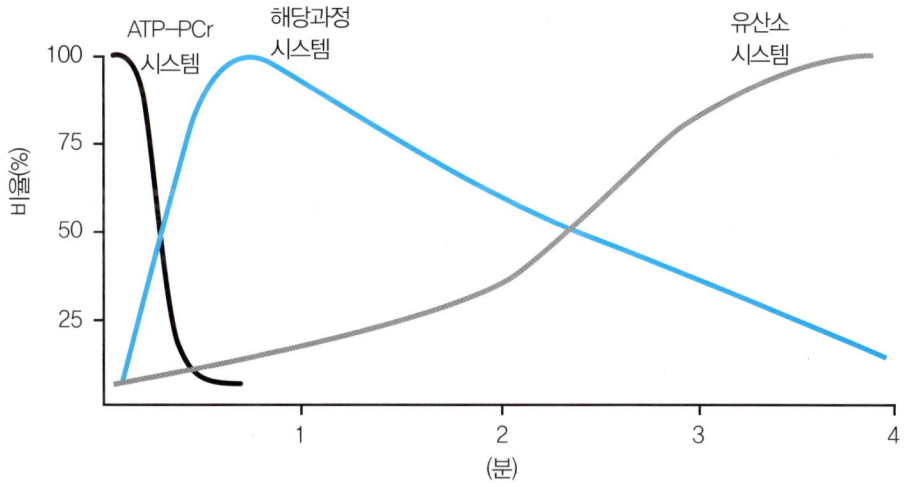

	운동 지속 시간								
	10초	30초	60초	2분	4분	10분	30분	60분	120분
무산소 시스템(%)	90	80	70	60	35	15	5	2	1
유산소 시스템(%)	10	20	30	40	65	85	95	98	99

[운동시간에 따른 ATP 생성에 관여하는 에너지시스템의 기여도]

[05] 휴식과 운동 중 인체 에너지 사용의 측정방법

가 휴식과 운동 중 사용된 에너지원

(1) **휴식 시 에너지원**: 주로 유산소성 시스템으로 공급, 근육세포에 충분한 산소 운반과 영양소 공급에 필요한 시간적 여유가 있기 때문임, 에너지원으로 지방을 주로 사용, 비율은 지방이 2/3, 탄수화물은 1/3 정도

(2) 운동 시 에너지원: 운동 초기나 높은 강도의 운동 중에는 탄수화물이 주요 에너지원, 산소 소비량이 새로운 안정 상태(항정 상태, steady state)에 도달하면 운동에 필요한 에너지가 유산소성 대사를 통해 공급이 가능하게 되어 30분 이상 장시간 운동이 지속되면 지방의 비율이 점차 증가

나 휴식과 운동 중 산소섭취량의 측정

① 호흡교환율(R 혹은 RER로 표시: respiratory exchange ratio)
② 3대 영양소 간의 상호 전환

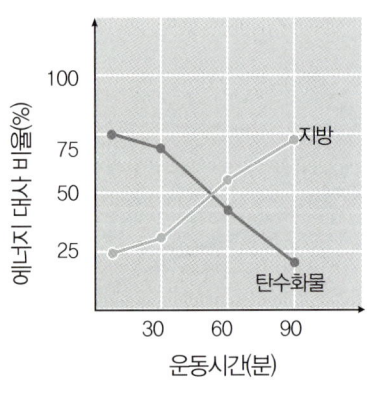 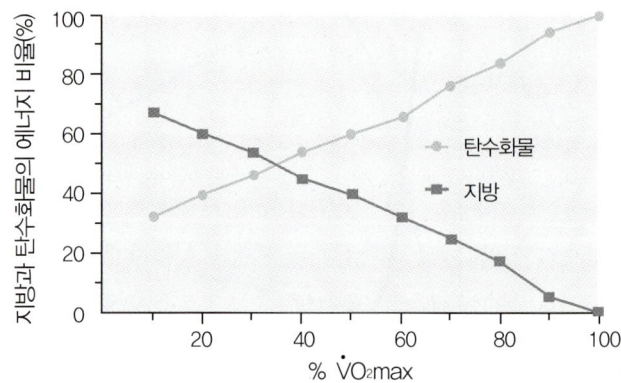

[교차점에서 운동 강도와 시간에 따른 에너지원의 기여도 변화]

3장 트레이닝에 의한 대사적 적응

[01] 유산소 트레이닝에 의한 적응

가 심폐조직의 유산소 능력 변화

① **최대산소섭취량**($\dot{V}O_2max$): 심장의 혈류증가 능력과 말초조직의 산소 추출능력 향상에 의해 결정
② **1회 박출량**(SV: stroke volume): 심장의 이완기 말 용적과 수축기 말 용적의 차이

나 근육조직의 유산소 능력 변화

(1) **근육의 크기와 형태의 변화**: 장기간 유산소성 트레이닝으로 유산소성 대사가 활발하게 이루어지는 지근섬유(ST 섬유)의 비대 관찰
(2) **모세혈관 밀도의 변화**: 근육섬유가 커짐에 따라 필요한 영양분과 산소를 공급해주는 모세혈관도 증가해야 유산소성 트레이닝에 의한 완전한 적응반응이 됨
(3) **세포소기관의 변화**: 미토콘드리아의 전자전달계 산화효소들은 미오글로빈에 저장되어 있던 산소를 이용하여 ATP 합성에 사용하므로 미토콘드리아의 수와 크기가 커지면 근육세포의 산소이용률도 증가

다 무산소 트레이닝에 의한 적응

(1) **근육조직과 근력의 변화**: 근육섬유의 횡단면을 증가시키는 근비대 유발, 특히 FT 섬유에서 효과 두드러짐
(2) **근육세포 내 에너지 시스템의 변화**: 근육세포 내에서 ATP-PCr 시스템과 해당과정 시스템에 관련된 조절효소들의 항진을 통한 에너지대사의 활성화 유발
(3) **에너지원(기질)의 저장량 증가**: ATP-PCr 시스템의 기질이 되는 ATP와 PCr의 저장량 증가는 고강도의 트레이닝을 통해 근육 내에 저장된 기질들을 고갈시킴으로써 휴식 시 초과보상(supercompensation) 되는 효과로 기질의 저장량 증가는 무산소 운동 상황에서 원활한 에너지 공급을 할 수 있어 경기력 향상에 기여함

심화학습

* METs(metabolic equivalents: 대사당량)
- 운동강도(에너지 소비율)를 나타내는 단위
- 1MET = 3.5㎖/kg/min
- 안정 시 1분에 체중당 3.5㎖의 산소 사용을 의미, 즉 3.5㎖/kg/min의 에너지소비를 의미함
- 산소 1L 당 약 5㎉의 에너지를 소모

* 대사방정식: (METs × 3.5 × kg)/200 = ㎉/min
단위의 전환
- VO_2(L/min) × 1,000 / 체중 = VO_2(㎖/kg/min)
- VO_2(㎖/kg/min) × 체중 / 1,000 = VO_2(L/min)
- VO_2(METs) × 3.5 = VO_2(㎖/min/kg), VO_2(METs) = VO_2(㎖/min/kg) / 3.5VO_2
- 소모된 에너지(㎉/min) = VO_2(L/min) × 5

03 신경조절과 운동

1장 신경계 분류

해부학적으로 중추신경계(central nervous system)와 말초신경계(peripheral nervous system)로 구분, 기능학적으로 감각신경계(sensory nervous system)와 운동신경계(motor nervous system), 그리고 자율신경계(autonomic nervous system)와 체성신경계(somatic nervous system)로 구분, 중추신경계는 뇌와 척수로 구성

[01] 중추신경계

인체 대부분의 수용기로부터 전달받은 여러 감각 정보를 통합하여 적절한 판단을 통해 반응기에 전달할 명령을 만드는 역할

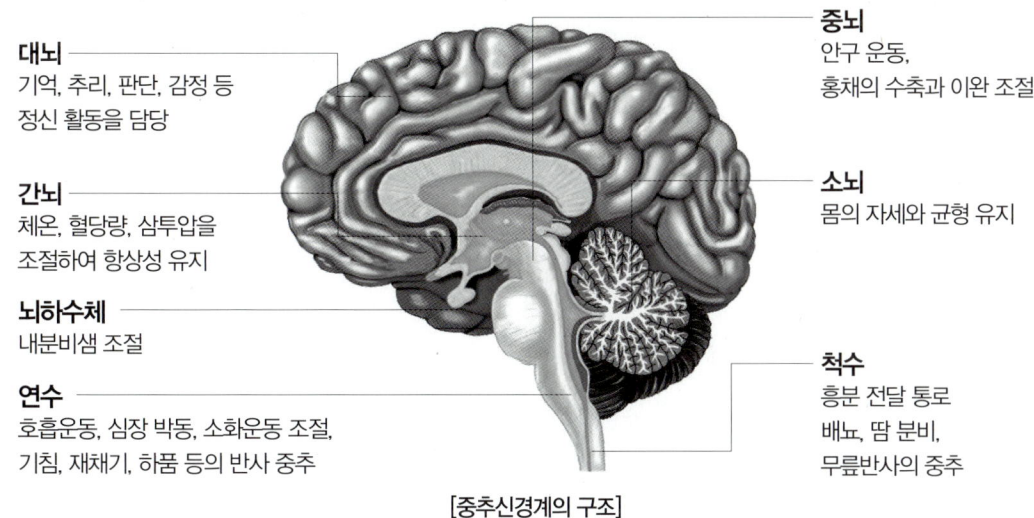

대뇌
기억, 추리, 판단, 감정 등 정신 활동을 담당

간뇌
체온, 혈당량, 삼투압을 조절하여 항상성 유지

뇌하수체
내분비샘 조절

연수
호흡운동, 심장 박동, 소화운동 조절, 기침, 재채기, 하품 등의 반사 중추

중뇌
안구 운동, 홍채의 수축과 이완 조절

소뇌
몸의 자세와 균형 유지

척수
흥분 전달 통로 배뇨, 땀 분비, 무릎반사의 중추

[중추신경계의 구조]

[02] 말초신경계

가 감각신경계

감각수용기로부터 받은 시각·청각·후각·미각 등의 특수감각, 피부·근육·관절 등의 체성감각, 내부기관의 내장감각 등에 대한 정보를 감지하고 구심성으로 중추신경계로 정보 전달

나 운동신경계

말초신경에서 전달받은 자극을 중추로 보내는 구심성 신경과 반대로 중추에서 운동신경계로 원심성 신경을 통하여 신체 각 부위에 다양한 정보 전달

[03] 자율신경계

심장, 내장, 분비샘 같은 불수의적 구조를 지배하는 신경계통, 교감신경과 부교감신경의 조화를 통해 심장근, 내장근, 분비샘에 정보를 전달하여 심장의 수축과 이완, 내장의 운동, 호르몬 분비 등의 역할 수행

가 교감신경계

운동 또는 흥분하거나 위험한 상황에 처할 때 항진되어 심박수 증가, 혈관 수축, 혈압 상승 등 신체 각 기관에 영향을 미치는 방위 반응체계

나 부교감신경계

안정 상태에서 주로 작용하며 심박수 감소, 혈관 확장, 기관지 수축, 소화와 배설 촉진, 에너지 보존 등에 관여

다 체성신경계

신체 각 부위에 있는 감각기관의 중추, 중추와 골격근 사이를 연결하는 신경, 말초와 중추 사이 단일 신경섬유가 연결되어 골격근의 운동 조절 및 통제

자율신경계가 인체에 미치는 영향

기관	교감신경 자극효과	부교감신경 자극효과
심장	심박수, 수축력 증가(심장 전체)	심박수, 수축력 감소(심방)
혈관	수축	음경, 음핵 혈관 이완

폐	세기관지 이완 점액 분비 억제	세기관지 수축 점액 분비 자극
소화기 계통	운동 억제 괄약근 수축(내용물 이동 억제) 선 분비 억제	운동 증가 괄약근 이완(내용물 이동) 선 분비 촉진
담낭	이완	수축
방광	이완	수축
눈	동공 이완 원시 조절	동공 수축 근시 조절
간(글리코겐 저장)	글리코겐 분해(포도당 유리)	없음
지방세포(지방 저장)	지방 분해(지방산 유리)	없음

외분비선
  외분비성 췌장
  땀샘
  침샘
	췌장의 외분비 억제
	대부분 땀샘의 분비 촉진
	적은 양의 농후한 침 분비 촉진(점액)
		췌장의 외분비 촉진(소화에 중요)
		일부 땀샘의 분비 촉진
		많은 양의 묽은 침 분비 촉진(효소)

내분비선
  부신수질
  내분비성 췌장
	에피네프린, 노르에피네프린 분비 촉진
	인슐린 분비 억제, 글루카곤 분비 촉진
		없음
		인슐린, 글루카곤 분비 촉진

생식기	사정, 성적 흥분 제한	발기
뇌	각성 증가	없음

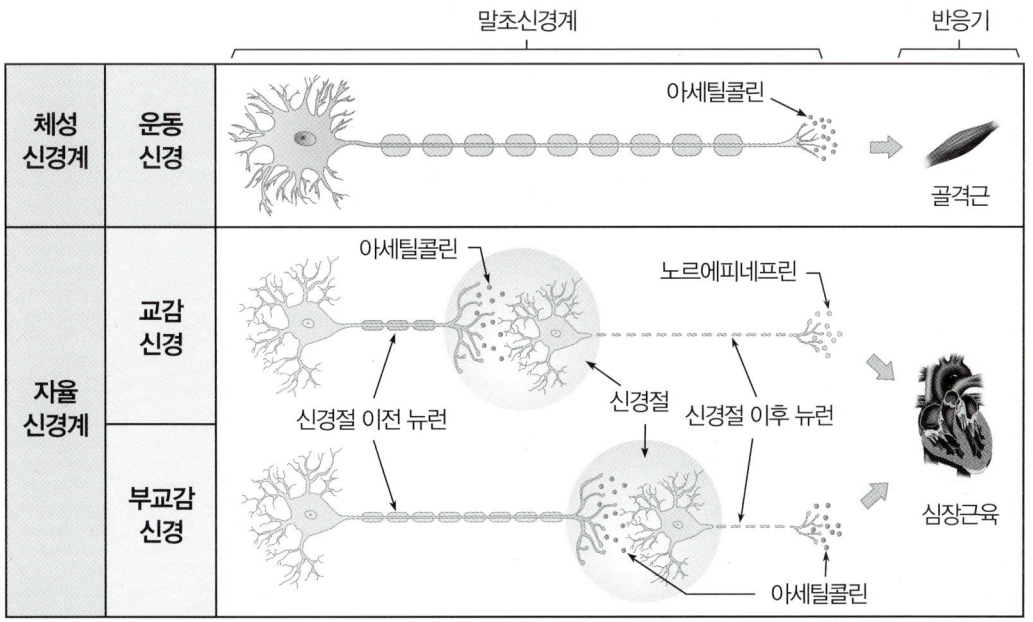

[체성신경계와 자율신경계의 비교]

2장 신경세포(뉴런)의 구조와 기능

[01] 뉴런의 구조

① 신경계를 이루는 구조적 · 기능적 기본 단위
② 세포체(cell body), 수상돌기(dendrite), 축삭(axon)의 세 부분으로 구성되며 크기나 모양은 매우 다양

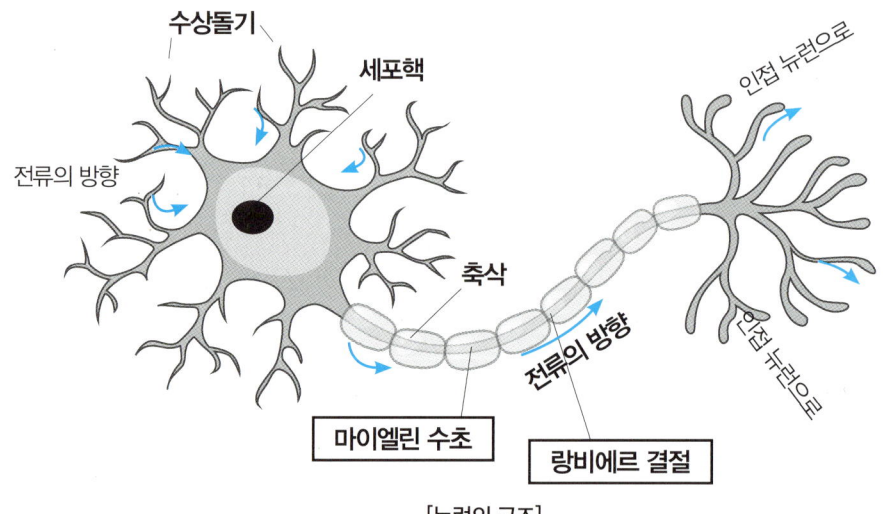

[뉴런의 구조]

[02] 뉴런의 전기적 활동

가 안정막전위

세포 내에 K^+의 농도가 많기 때문에 농도 차에 의해 세포 내에서 세포 외로 확산되어 나가려는 힘이 어느 시점에서 균형을 이룸

나 활동전위

급격한 막전위의 변화를 일으키는 탈분극 상태와 다시 안정막전위인 -70 millivolts로 회복되는 재분극의 단계를 거치는 과정

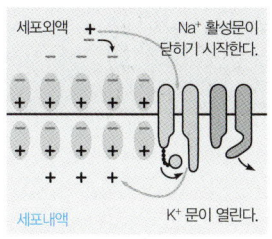 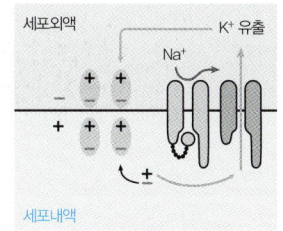 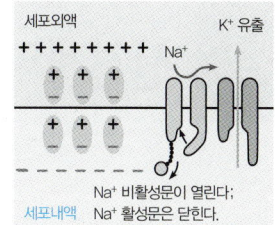

[활동전위 과정]

(1) **탈분극**: 탈분극에 대한 환경이 만들어지면 전압으로 조절되는 통로가 열리면서 가장 빠르게 Na^+ 이 선택적으로 통과, Na^+ 통로가 열리면서 Na^+의 농도차로 세포 외에서 세포 내로 이동하게 되어 Na+의 투과성은 급격하게 증가, 세포 내로 유입된 Na^+으로 세포 내는 양 전압으로 변화하면서 탈분극(depolarization) 발생

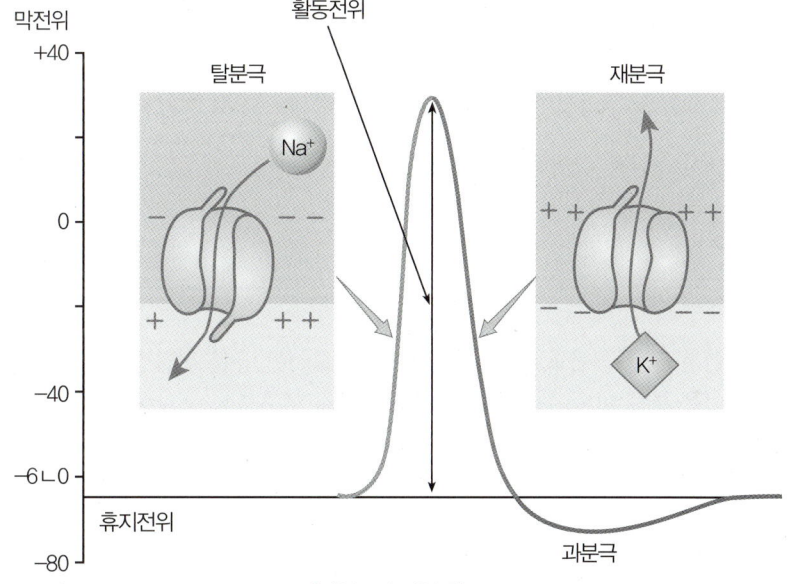

[탈분극과 재분극]

(2) **재분극**: 탈분극이 최고점에 도달하고 전압으로 인한 Na^+ 통로가 닫히면서 K^+ 통로가 열리기 시작, K^+ 통로를 통해 K^+가 세포 외로 이동하여 세포 내는 다시 음전하를 띠면서 막전위가 증가하기 전의 수준으로 돌아가는 것

(3) **과분극**: 안정막전위에서 K^+ 통로가 여전히 열려 있고 K^+이온이 세포 외로 이동하면서 세포 내는 잠깐 동안 더욱 음전하를 띠게 되는 현상

(4) **절대 불응기**: 뉴런으로 지나가는 흥분이 얼마 동안은 다음 흥분이 전달될 수 없지만, 그 후에 회복되면 다시 흥분을 전달할 수 있음. 그사이에 반응하지 않는 시기로 활동전위가 형성되어 역치 이상의 자극이 와도 반응하지 않는 시기

(5) **상대 불응기**: Na^+ 통로는 닫히고 K^+ 통로가 열리는 재분극 상태에서 평상시의 자극보다 더 큰 역치 수준 이상의 자극으로 반응할 수 있는 시기

3장 신경계의 특성

[01] 흥분성

가 억제성 시냅스후 전위(inhibitory postsynaptic potential: IPSP)

시냅스후 뉴런의 세포막에 K+ 에 대한 투과성이 높아져 안정 시보다 더 많은 K+이 세포 외로 이동하게 되어 세포 내는 음전하를 띠는 흥분하기가 어려워지는 과분극 상태

나 흥분성 시냅스후 전위(excitatory postsynaptic potential; EPSP)

시냅스후 세포막에 Na+의 투과성이 높아져 세포 외에서 세포 내로 이동이 증가하여 탈분극 유도

[02] 전달성

가 전기적 시냅스

심근세포 사이와 일부 평활근 세포 사이의 시냅스에서 보이는 흥분 전달방식, 시냅스전 뉴런과 시냅스후 뉴런은 시냅스 간극을 통해 이온이 전달되며 다량의 인접 세포들이 동시에 수축하거나 흥분할 수 있음

나 화학적 시냅스

분비된 신경전달물질은 시냅스후 뉴런의 수용기와 결합하고 세포막에 있는 이온통로가 열리면서 이온의 이동을 통해 활동전위가 발생되어 신경자극의 전달 지속됨

[03] 통합성

가 통합(integration)

뉴런에서 일어나는 흥분성 시냅스와 억제성 시냅스의 상호작용 효과

나 가중(summation)

공간적 가중(spatial summation)과 시간적 가중(temporal summation)

4장 신경계의 운동기능 조절

[01] 인체 움직임과 신경조절

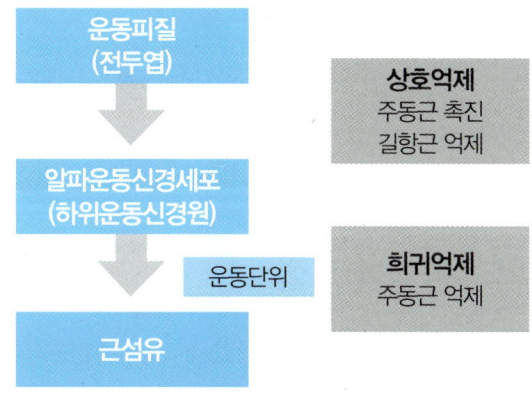

[인체 움직임과 신경조절]

[02] 중추신경계의 운동기능 조절

가 대뇌피질 기능영역

① 인체 전반의 감각과 운동을 담당하는 대뇌의 여러 부위 중에서도 가장 상위에 위치
② 특정 부위의 피질에서 특정 기능을 수행하기 때문에 기능영역이라고 함
③ 기능영역
- 운동영역: 인체의 움직임 주관
- 감각영역: 체성 및 감각 감지
- 연합영역: 언어·기억·학습·이성 등의 고등 정신기능과 관련

나 뇌간과 신경로

① 뇌간: 호흡, 혈압, 위장관과 심폐기능 등 생명에 필수적으로 요구되는 기능 조절

다 소뇌와 신경로

① 소뇌: 모든 근육과 신경의 조화를 유지하면서 우리가 의식하지 못하는 미세한 조정을 함

라 바탕핵과 신경로

① 바탕핵: 소뇌와 같이 보조적인 운동신경계통이지만 소뇌보다 좀 더 복잡하고 세밀한 동작에 기여

마 척수

① 중추신경계의 최종 말단부위, 운동 관련해서 대뇌와 말초기관 간의 정보와 명령을 전달하는 통로의 기능
② 5가지 하행운동신경로: 그물척수로, 전정척수로, 시개척수로(덮개척수로), 적핵척수로, 피질척수로

[03] 말초신경계의 운동기능 조절

가 근방추

① 몸이 움직이거나 근육의 길이가 변화할 때 골격근 내에서 이를 감지하는 고유수용기
② 근섬유라 불리는 추외근섬유와 평행하게 존재하며 골격근 섬유 사이에 놓여 있음
③ 특정 운동신경인 감마운동신경과 접속되어 있고 이 운동신경에 의해 조절됨

나 골지힘줄기관

① 근육과 힘줄의 접합부에 위치, 근육의 길이에 반응하는 근방추와 달리 근육의 긴장에 반응하는 고유수용기
② 근방추외 섬유와 연결되어 근 길이 변화 감지, 근육 신장에 상대적으로 둔감

> **심화학습**
> 근수축시 발생하는 장력을 감지하는 기관으로 근육과 뼈가 만나는 부위에 위치하며 운동 시 주동근의 수축을 억제하고, 길항근의 이완을 촉진함으로써 과도한 근수축을 억제한다.

04 골격근과 운동

1장 골격근의 구조와 기능

[01] 근섬유

가 근섬유의 구조

(1) **원형질막**: 근형질막(sarcolemma, 근초)이라 불리는 큰 단일체의 일부로, 지질과 단백질로 구성

(2) **근형질**: 근원섬유 사이의 공간에 채워진 젤라틴 같은 물질, 용해된 단백질, 미네랄, 글리코겐, 지방 및 필수 세포소기관 포함

(3) **가로세관**: T세관으로도 불리는 광범위한 연결망인 가로세관(transverse tubule), 원형질막에 전달된 신경 자극을 개개의 근원섬유로 신속하게 전달, 근수축 기전에 매우 중요한 역할 담당

(4) **근형질 세망**: 막으로 된 통로로 구성된 망상조직, 근수축에 필요한 칼슘을 저장, 근수축 시 칼슘 방출과 근이완 시 칼슘의 재흡수 담당

[02] 근원섬유

가 근원섬유의 구조

(1) **근절**: 근원섬유의 기본적인 기능적 단위, 근수축의 기본 단위, 근원섬유 구성 단백질은 액틴과 미오신

(2) **굵은 세사**: 모든 골격근 단백질의 약 2/3는 굵은 세사의 주된 단백질인 미오신 세사

(3) **가는 세사**: 액틴으로도 불리며 액틴, 트로포미오신(tropomyosin), 트로포닌(troponin)으로 구성, 근원섬유의 수축을 일으키고 이완상태 유지

나 근수축 기전

① **안정단계:** 미오신세사의 십자형교가 액틴세사와는 상호작용하지 않고, 액틴세사 쪽으로 향할 때 ATP 분자가 십자형교의 끝에 뭉쳐 있음

② **자극-결합단계:** 자극이 운동신경에서 운동말판의 끝에 이르렀을 때 근섬유의 근초(sarcolemma)에서 자극을 생성하면서 아세틸콜린(acetylcholine) 분비, 이 자극은 가로세관(T-tubules)을 통해 근섬유 전체로 신속하게 퍼지고, 근형질 세망의 소포로부터 칼슘 방출 자극, 칼슘은 즉각 액틴을 둘러싸고 있는 트로포닌(troponin)에 부착됨, 트로포닌은 액틴세사 위의 활성부위(active site)를 막고 있는 트로포미오신(tropomiosin) 위치 변화시켜 십자형교가 활성부위와 결합할 수 있게 하여 액토미오신 복합체 형성

③ **수축단계:** 액토미오신의 형성은 ATPase라는 효소 활성화, 이 효소는 ATP를 ADP+Pi로 분해시켜 많은 에너지 방출

④ **재충전단계:** 이전의 액틴과 미오신 십자형교 사이의 결속을 깨뜨려 새로운 ATP 분자로 미오신 십자형교의 재충전

⑤ **이완단계:** 근육을 지배하는 신경자극의 흐름이 끊어지면 칼슘은 트로포닌에 부착되어 있다가 다시금 근형질 세망의 저장소 안으로 이동하여 세망에 축적, 트로포닌으로부터 칼슘의 제거는 미오신의 십자형교가 더 이상 액틴의 활성부위에 결속할 수 없도록 만드는 원인으로 작용

2장 골격근의 섬유형태와 운동

[01] 근섬유의 형태

(1) **최고 장력 발생**: 단위면적당 근육에 의해 만들어지는 힘을 표준화하는 것, 단일 섬유에서 typeⅡ 섬유는 typeⅠ 섬유보다 더 큰 힘 발생

(2) **최대 단축 속도**: 근육이 가장 빨리 짧아지는 속도, 짧아지는 속도는 수축하는 동안 미오신의 십자형교가 얼마나 빨리 움직이는가에 의해 결정, typeⅡb > Ⅱa > Ⅰ 섬유의 순서로 빠름, 속근섬유 간에는 단축 속도의 차이는 거의 없지만 속근과 지근섬유 간의 단축 속도 차이는 매우 큼

(3) **대사 및 생화학적 차이**: typeⅡb 섬유는 다른 형태의 섬유들보다 많은 해당효소가 세포질에 존재, 산화효소에 관해서는 반대 현상 보임

(4) **구조적 차이**: 지근은 typeⅡ 섬유보다 미오글로빈과 미토콘드리아, 모세혈관 밀도가 훨씬 우수, 지근은 산화효소능력이 우수하여 에너지를 많이 생성, typeⅡa 섬유는 산화 및 해당과정을 통한 에너지 생성 능력이 크므로 미토콘드리아도 풍부함

[02] 근섬유의 동원

(1) **순차적인 동원의 원리(principle of orderly recruitment)**: 활동의 강도가 높아질수록 동원되는 근섬유의 형태는 typeⅠ → typeⅡa → typeⅡb 같은 양상임, 운동단위들은 일반적으로 정해진 근섬유의 동원 법칙에 의해 활성화됨

(2) **크기의 원리(size principle)**: 규칙적인 근섬유 동원을 부분적으로 설명할 수 있는 기전, 운동단위 동원의 규칙은 직접적으로 운동단위 크기와 관련되어 있음, 작은 운동뉴런의 운동단위가 가장 우선적으로 동원됨

[03] 근섬유 형태와 경기력

가 typeⅠ 섬유

높은 수준의 유산소성 지구력을 지님, 탄수화물과 지방의 산화로부터 ATP 생성을 매우 효과적으로 수행, 속근섬유들보다 미오글로빈의 농도가 더 높으므로 유산소성 대사능력이 높아서 피로에 대한 저항성

높음. 지근섬유는 속근섬유에 비해 수축 속도가 느리며 장력이 낮지만 에너지 효율성이 더 높음

나 type II 섬유

무산소성 운동에 더 적합, 충분한 산소가 없을 때 산화과정이 아니라 무산소성 과정을 통해 ATP가 생성된다는 것을 의미함. typeⅡa 운동단위는 typeⅠ 운동단위보다 더 강한 힘이 발생하지만 지구력의 제한성 때문에 피로가 더 쉽게 발생

심화학습

*속근섬유와 지근섬유의 비교

특성	속근섬유		지근섬유
	Type IIx	Type IIa	Type I
미토콘드리아 수	적음	많음/중간	많음
피로 내성	낮음	높음/중간	높음
에너지시스템	무산소	유, 무산소	유산소
ATPase 활동	높음	높음	낮음
수축 속도	빠름	중간	느림
효율성	낮음	중간	높음
장력	높음	높음	중간

[04] 근육의 수축 형태와 기능

가 근수축의 형태

(1) **등장성 수축**(isotonic contraction): 일정한 무게가 가해진 상태에서 근육이 단축되는 수축
① 신장성 수축(eccentric contraction): 근육이 장력을 발휘하는 동안 근의 길이가 길어지는 근 활동
② 단축성 수축(concentric contraction): 근육이 장력을 발휘하는 동안에 근의 길이가 짧아지는 근 활동
(2) **등척성 수축**(isometric contraction): 길이의 단축 없이 장력이 발생하는 수축

나 힘의 생성

(1) **운동단위와 근육의 크기**: 더 강한 힘은 보다 많은 운동단위가 작용할 때 발휘됨. typeⅡ 섬유의 운동단위는 typeⅠ 섬유의 운동단위 보다 더 많은 근섬유를 가졌기 때문에 typeⅠ 섬유의 운동단위보다

더 강한 힘 발휘함

(2) 운동단위의 자극빈도: 하나의 운동단위는 그것이 자극되는 빈도에 따라 힘의 차이를 나타냄

① 연축(twitch): 하나의 전기 자극에 대 해 근섬유 혹은 운동단위의 가장 작은 수축 반응

② 가중(summation): 첫 번째 자극으로부터 완전히 이완되기 전에 빠른 속도로 연속적인 자극이 추가되면 더욱 증가된 힘 혹은 긴장상태를 나타냄

③ 강축(tetanus): 자극빈도가 더 증가하고 더욱이 개개의 수축들이 일련의 수축을 하며 중첩되어 나타나면 힘이 가중되어 더욱 강한 힘 발휘

(3) 근섬유와 근절의 길이: 이상적인 적정 길이는 굵은 세사인 액틴과 가는 세사인 미오신 간에 서로 겹쳐지는 것과 관련이 있으며, 적정하게 겹쳐지는 길이에서 상대적으로 가장 큰 장력 발생

(4) 수축 속도: 단축성 운동 중에는 수축 속도가 빨라질수록 힘의 생성 작고, 반대로 수축 속도가 느려질수록 힘의 생성 커짐, 신장성 운동은 신장의 속도를 빠르게 할수록 힘의 생성 커짐

3장 훈련에 의한 골격근의 적응

[01] 건강체력 요소의 향상

(1) **근력**: 정해진 특정 수축 속도에서 정해진 움직임 동안에 유발할 수 있는 최대의 힘

(2) **근지구력**: 운동수행을 계속할 수 있고 운동피로를 견뎌내는 능력으로 근수축의 강도가 중요한 역할

(3) **유연성**: 관절이 동작의 가동범위 내에서 자유롭게 움직일 수 있는 능력

(4) **신체구성**: 신체의 지방과 제지방량의 비율

[02] 운동기능체력 요소의 향상

(1) **파워**: 일을 수행하는 속도에 대한 비율

(2) **스피드**: 운동기술을 최대한 빨리 수행할 수 있는 능력

(3) **민첩성**: 스피드, 균형, 신체조절에 의미 있는 감소 없이 방향을 신속히 전환할 수 있는 능력

(4) **평형성**: 평형을 유지하는 능력

[03] 근력 향상 기전

(1) **근육의 크기 증가**: 근육 크기와 근력 사이에 관련성이 존재하지만 근력에는 단순히 근육 크기뿐만 아니라 더 많은 요인이 관련되어 있음

(2) **신경조절에 의한 운동단위 조절**: 단순한 근육계의 속성이 아니라 운동계의 속성, 운동단위 동원, 자극 빈도 및 다른 신경요인들도 근력 향상을 위해 매우 중요함

[04] 근비대

가 근섬유 비대/증식

① 근원섬유의 증가

② 액틴과 미오신 세사의 증가

③ 근형질의 증가

④ 결합조직의 증가

나 근력 향상에 대한 근비대와 신경계 작용

저항 훈련에 의한 근력 향상의 주원인이 전적으로 근비대에 의해서만 이루어지지 않는다는 사실과 저항 훈련 후 근력 증가에 신경계의 활성화 또는 적응 현상이 매우 깊게 관여하고 있음

[05] 유산소 훈련에 의한 근육의 적응

(1) **근섬유 형태의 적응**: 지근섬유인 type I 섬유는 저강도에서 중강도의 유산소운동에 주로 이용됨, 유산소 훈련 후의 적응 현상으로 type I 섬유의 증가가 나타남

(2) **모세혈관**: 각 근섬유를 둘러싸고 있는 모세혈관의 숫자가 증가하는 것

(3) **미오글로빈 함유량**: 산소가 근섬유 내로 들어가면 산소는 헤모글로빈과 비슷한 화합물인 미오글로빈과 결합한 후 근막에서 미토콘드리아로 운반되는 것

(4) **미토콘드리아의 기능**: 근섬유의 ATP 생산능력을 향상시키는 미토콘드리아의 기능을 변화시킴

(5) **산화 효소**: ATP 생산능력은 영양소 분해를 촉진하여 ATP를 생성하는 미토콘드리아 산화 효소의 활동에 좌우됨

[06] 활동 제한에 의한 근위축과 근력 감소

(1) **부동화**: 부동화가 시작된 후 처음 6시간 동안에는 단백질 합성의 감소 시작, 근육 조직의 손실 또는 근육 조직의 크기가 감소하는 근위축 시작, 근위축은 근육 사용이 제한을 받거나 그 사용이 부족하게 되면 발생하기 시작, 비활동에 따른 근육 단백질 감소의 결과 발생

(2) **훈련 중단**: 활동이 다시 시작되면 근육은 부동화로부터 회복 시작

4장 근 손상과 근 통증

[01] 근 통증

가 급성 근 통증

운동 중이나 운동 직후에 발생, 혈장으로부터 조직으로 체액 이동에 의한 조직부종(edema)이나 수소이온 같은 운동 부산물이 원인임, 일반적으로 운동 후 몇 분에서 몇 시간 내에 사라짐

나 지연성 근 통증과 손상

24시간 이후부터 48시간까지 가장 심하게 나타나며, 점차 가라앉아 3~4일 후에 통증 사라짐

(1) **구조적 손상**: 격렬한 운동 후 혈액 내에 근육 효소가 나타나는 현상
(2) **염증성 손상**: 근 통증을 유발하는 신체활동 후에 증가하는 경향, 근육 내의 염증 반응
(3) **DOMS와 경기력**: 근육에 영향을 미치면서 힘의 생성능력 감소시킴, 근육의 물리적 파괴, 흥분-수축 과정의 어려움, 수축 단백질의 손실과 같은 요인에 의해 나타남

[02] 기타 근 손상

가 근육 좌상

하나의 근육이 너무 큰 저항에 대항하여 수축해야 하는 장력 또는 힘에 의해 과신전되어 근섬유가 분리되거나 찢어지는 것

나 근 경직

근골격계의 외상에 의해 발생된 반사 반응

(1) **간대성(clonic)**: 연속적으로 빠르게 불수의적으로 근수축과 근이완이 교대로 일어나는 것
(2) **강직성(tonic)**: 일정 기간 동안 지속하는 단단한 근수축

다 타박상

외부 충격에 의해 모세혈관이 찢어져 조직 속으로 피가 흐르며, 가벼운 출혈은 종종 여러 날 동안 지속하며 피부가 엷은 남색, 자줏빛으로 변색하는 반상출혈(ecchymosis) 유발

05 내분비계와 운동

1장 호르몬의 특성

[01] 1차 내분비기관(primary endocrine organ)

① 호르몬 분비의 기능
② 시상하부, 뇌하수체, 솔방울샘을 포함하며 1차 내분비기관은 뇌 안에 있음

[01] 2차 내분비기관(secondary endocrine organ)

① 부수적인 기능
② 심장, 간, 위, 소장, 콩팥(신장) 및 피부 등의 기관

2장 호르몬의 작용

[01] 호르몬의 종류 및 저장

가 아미노산유도체

① 티록신(thyroxine), 에피네프린(epinephrin), 멜라토닌(melatonin) 등
② 티록신과 에피네프린은 티록신으로부터, 멜라토닌은 트립토판(tryptophan)으로부터 유도된 물질

나 펩티드나 단백질

① 갑상샘자극호르몬분비호르몬(thyrotropin releasing hormone: TRH)과 같이 3개의 아미노산으로 된 아주 작은 펩티드 호르몬
② 부신피질자극호르몬(adrenocorticotropic hormone: ACTH)
③ 부갑상샘호르몬(parathyroid hormone: PTH)
④ 성장호르몬(growth hormone: GH)
⑤ 난포자극호르몬(follicle stimulating hormone: FSH)
⑥ 갑상샘자극호르몬(thyrotropin stimulating hormone: TSH)
⑦ 황체형성호르몬(luteinizing hormone: LH)
⑧ 생식샘자극호르몬(human chorionic gonadotropin: HCG)
⑨ 세포막의 투과도가 없고 작용기간도 상대적으로 짧은 펩티드 호르몬은 합성 이후 세포 내 과립 형태로 저장

다 스테로이드 계통

① 당질 코르티코이드(glucocorticoid)
② 무기질 코르티코이드(mineralocorticoid)
③ 안드로겐(androgen)
④ 에스트로겐(estrogen)
⑤ 프로게스테론(progesterone)
⑥ 콜레스테롤로부터 부신피질, 난소, 정낭, 태반에서 합성되는 지용성 물질이기 때문에 저장 과정 없이 세포 밖으로 유리되므로 호르몬의 합성 속도가 곧 분비 속도
⑦ 스테로이드호르몬은 작용시간이 긴 호르몬들로 세포에 자극이 올 때만 합성되고, 일단 합성이 이루어지면 세포막을 통해 쉽게 확산되므로 저장되지 않고 바로 혈액으로 나감

3장 호르몬의 조절

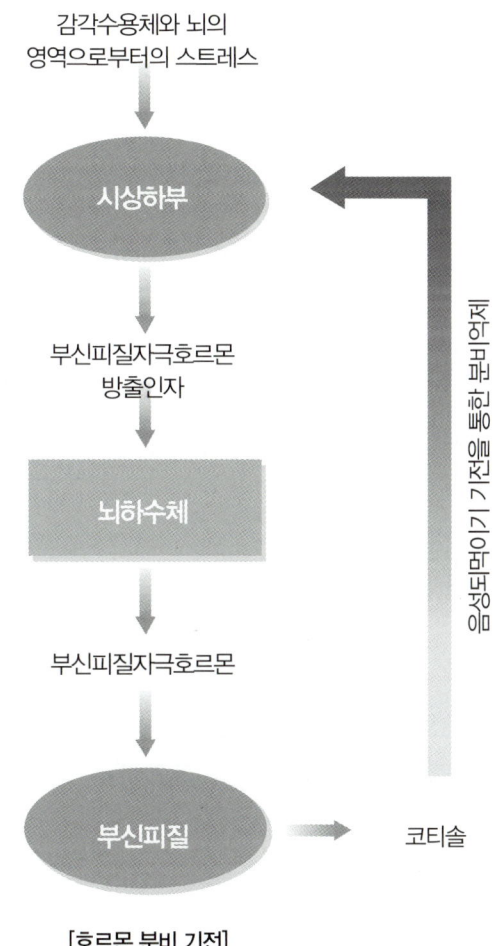

[호르몬 분비 기전]

4장 내분비선과 호르몬

내분비샘, 호르몬, 표적기관, 조절 요인 및 기능

내분비샘	호르몬	표적기관	조절 요인	주요 기능
뇌하수체 전엽	성장호르몬(GH)	인체의 모든 세포	성장호르몬 방출호르몬 성장호르몬 억제호르몬 (somatostatin)	성숙할 때까지 인체 모든 조직의 발달과 크기 증가를 촉진시킨다. 단백질 합성 속도 증가 지방 동원 및 지방 에너지 사용 증가 탄수화물 사용 속도 감소
	갑상샘자극 호르몬	갑상샘	갑상샘자극호르몬 방출호르몬	갑상샘으로부터 생산되고 분비되는 티록신과 트리요오드타이로닌의 양 조절
	부신피질자극 호르몬(ACTH)	부신피질	부신피질자극호르몬 방출호르몬	부신피질의 호르몬 분비 조절
	프로락틴	유방	프로락틴 방출호르몬 프로락틴 억제호르몬	유방의 모유 생산 촉진
	난포자극 호르몬(FSH)	난소, 고환	성선자극호르몬 방출호르몬	난소의 난포 성장을 시작시키고 난소로부터 에스트로겐 분비 촉진 고환의 정자 발달 촉진
	황체형성 호르몬(LH)	난소, 고환	생식샘자극호르몬 방출호르몬	에스트로겐과 프로게스테론 분비 촉진, 난포가 파열되도록 만들어 난자의 방출을 가져온다. 고환의 테스토스테론 분비 촉진
뇌하수체 후엽	항이뇨 호르몬(ADH)	신장	시상하부 분비신경세포	신장의 수분 배설 조절을 돕는다. 혈관을 수축시킴으로써 혈압 상승
	옥시토신	자궁, 유방	시상하부 분비신경세포	자궁 수축 조절, 모유 분비
갑상샘	티록신(T4)과 트리요오드 타이로닌(T3)	인체의 모든 세포	TSH 그리고 T_3 및 T_4의 농도	세포의 대사 속도 증가; 심박수와 심장 수축력 증가
	칼시토닌	뼈	혈장 칼슘 농도	혈액의 칼슘이온 농도 조절
부갑상샘	부갑상샘 호르몬(PTH)	뼈, 소장, 신장	혈장 칼슘 농도	뼈, 소장, 신장에 작용하여 세포외액의 칼슘이온 농도 조절
부신속질	에피네프린	인체의 대부분 세포	압력수용체, 글루코오스수용체, 두뇌와 척수의 센터	간과 근육의 글리코겐 분해 촉진 및 지방조직과 근육의 지방분해 촉진 골격근으로의 혈액 흐름 증가 심박수와 심장 수축력 증가 산소 소비량 증가
	노르에피네프린	인체의 대부분 세포	압력수용체, 글루오코스수용체, 두뇌와 척수의 센터	지방조직과 근육의 지방분해 촉진 (에피네프린보다는 정도가 약함) 세동맥과 세정맥을 수축시켜 혈압 상승

내분비샘	호르몬	표적기관	조절 요인	주요 기능
부신피질	전해질 코르티코이드(알도스테론)	신장	앤지오텐신과 혈장 칼륨 농도; 레닌	신장을 통한 나트륨 보유와 칼륨 배설 증가
	글루코코르티코이드(코티솔)	인체의 대부분 세포	ACTH	탄수화물, 지방, 단백질 대사 조절 항염증 작용
췌장	안드로겐과 에스트로겐	난소, 유방, 고환	ACTH	남녀 성징의 발달을 돕는다.
	인슐린	인체의 모든 세포	혈장 글루코오스와 아미노산 농도	글루코오스 수준을 감소시킴으로써 혈당 수준 조절
	글루카곤	인체의 모든 세포	혈장 글루코오스와 아미노산 농도	혈액 글루코오스 증가 단백질과 지방 분해 촉진
	소마토스타틴	랑게르한스섬과 장(intestines)	혈장 글루코오스, 인슐린, 글루카곤 농도	인슐린과 글루카곤 분비 억제
신장	레닌	부신피질	혈장 나트륨 농도	혈압 조절을 돕는다.
	에리스로포이에틴(EPO)	뼈 골수	조직의 낮은 산소 농도	적혈구 생산 촉진
고환	테스토스테론	성기관, 근육	FSH와 LH	고환, 음낭, 음경, 수염의 성장과 음성의 변화를 포함해서 남성의 성징 발달 촉진 근육 성장 촉진
난소	에스트로겐과 프로게스테론	성기관과 지방조직	FSH와 LH	여성 생식기관과 성징 발달 촉진 지방 저장 증가 월경 주기의 조절을 돕는다.

5장 운동과 호르몬 조절

[01] 대사와 에너지에 미치는 호르몬의 영향

가 운동 시 근육 글루코오스 대사

운동 시 혈장 글루코오스 농도는 근육에서 글루코오스 흡수와 간으로부터의 글루코오스 방출 사이의 균형에 좌우됨, 여기에는 글루카곤, 에피네프린, 노르에피네프린, 코티솔의 4가지 호르몬이 혈장 글루코오스의 양을 증가시킴, 휴식 시의 글루코오스 방출은 글루카곤에 의해 간에서 글리코겐의 분해가 일어나며, 아미노산으로부터의 글루코오스 형성을 촉진시켜 증가됨

나 운동 시 지방 대사

장시간 운동으로 탄수화물 저장량이 고갈되어 혈장 글루코오스 수준이 감소하고 근육 글리코겐이 고갈되면, 에너지 생산을 위해 지방분해에 의한 지방 산화를 가속시켜 근육의 에너지 요구량이 충족됨

[02] 운동 중 수분과 전해질 균형에 대한 호르몬의 영향

가 뇌하수체 후엽

(1) **뇌하수체 후엽**: 시상하부로부터 신경조직이 성장하여 '신경뇌하수체'라 칭함. 뇌하수체후엽호르몬은 항이뇨호르몬과 옥시토신이 있으며, 이들은 시상하부에서 생산되어 신경조직을 통해 운반되고, 뇌하수체후엽에있는 신경끝부분의 소포 내에 저장됨. 저장되어있던 뇌하수체후엽호르몬들은 시상하부로부터의 신경자극에의해 모세혈관 속으로 분비됨

(2) **항이뇨호르몬**: 신장에서 재흡수되는 물의 양을 증가시키며, '항이뇨' 작용을 일으켜 인체의 수분 보유 증가시킴, 운동 시 땀 분비로 인해 많은 양의 수분이 혈장을 빠져나가 혈장 속의 전해질이 농축되는 혈액농축(hemoconcentration) 현상을 일으켜 혈장의 삼투질 농도(osmolality: 혈장 속에 녹아 있는 물질의 이온농도)를 증가시켜서 ADH 분비를 증가시킴

나 부신피질

(1) **알도스테론**: 세포 외액(extracellular fluid)의 전해질, 특히 나트륨과 칼륨의 균형 유지
(2) **에리트로포이에틴**: 골수세포(bone marrow cell)를 자극하여 적혈구(erythrocyte) 생산 조절
(3) **엔지오텐신 전환효소**: 신장에서의 나트륨과 수분 재흡수를 위해 부신피질로부터 알도스테론 분비를 촉진시켜 신장에서의 나트륨과 수분 재흡수 증가

[03] 운동에 대한 호르몬의 반응

가 뇌하수체

(1) **갑상샘자극호르몬**: 갑상샘호르몬의 분비를 촉진시키는 작용

(2) **성장호르몬**: 세포에서 단백질 합성 촉진하고, 세포의 크기와 수를 증가시켜 신체의 발육과 성장 촉진

(3) **부신피질자극호르몬**: 무기질 코르티코이드(glucocorticoid)와 부신성 안드로겐(adrenal androgen)의 생성 및 분비 촉진

(4) **프로락틴**: 유선에 작용하여 유즙의 생성 및 분비 촉진

(5) **난포자극호르몬 및 황체형성호르몬**: 난소 내 난포를 자극하여 난포에서 난포호르몬인 에스트로겐(estrogen)의 분비를 촉진하여 난포의 발육과 성장 촉진

(6) **β-엔도르핀**: 운동시간이 짧고 강한 운동일수록 β-엔도르핀은 더욱 증가하여 일반적으로 젖산역치와 관련이 큰 것으로 보고됨

(7) **옥시토신**: 자궁의 근육을 수축시켜 분만을 촉진하는 작용을 하여 분만 촉진제로도 사용

(8) **항이뇨호르몬**: 신체의 수분 보유를 증가시켜 혈장량을 유지하기 위해 증가

나 갑상샘

(1) **갑상샘호르몬**: 체내의 신진대사율 조절

(2) **칼시토닌**: 혈장의 칼슘(Ca^{2+})과 인(phosphate)의 농도 조절 작용, 부갑상샘호르몬과 길항작용

다 부갑상샘

(1) **부갑상샘호르몬**: 뼈를 자극하여 칼슘을 혈장으로 방출시키는 동시에 신장의 세뇨관에서 칼슘의 재흡수를 증가시켜서 혈장 칼슘농도 증가

라 부신

(1) **부신속질**: 아드레날린, 노르아드레날린 그리고 도파민 등의 카테콜아민(catecholamine) 분비

① **에피네프린(epinephrine)**: 심박수 증가, 간 및 근육에서 당원 분해 촉진, 간에서 혈액으로의 포도당 방출을 증가시켜 혈당 상승에 기여

② **노르에피네프린(norepinephrine)**: 말초혈관 수축에 의한 혈압 상승, 혈관 수축, 동공 확대, 소화관의 운동 억제 및 소화액의 분비 억제 등의 작용

(2) 부신피질

① 코티솔: 조직 내의 단백질을 분해하여 아미노산 생성을 돕고, 간에서 아미노산들을 이용하여 포도당 신생 과정을 촉진하여 혈액으로 포도당 방출을 증가시켜 혈당 조절
② 알도스테론: 신장의 원위세뇨관에서 나트륨의 재흡수를 촉진하고, 칼륨 배출을 촉진하는 작용을 통해 혈중 나트륨 농도와 칼륨 농도를 일정하게 조절

마 이자(췌장)

(1) **글루카곤**: 주로 간에서 글리코겐을 분해하여 포도당을 만들고, 아미노산으로부터 포도당을 합성하는 포도당 신생(gluconeogenesis)을 통해 혈액으로 포도당을 방출하여 혈당 상승

(2) **인슐린**: 음식 흡수 과정에서 포도당이나 아미노산 같은 영양소들이 소장에서 혈액으로 분비 및 혈액에서 조직으로 들어가는 것을 촉진, 탄수화물, 단백질, 지방의 합성을 촉진하여 혈당 조절을 위한 중요한 호르몬

(3) **소마토스타틴**: 이자의 δ-세포에서 분비, 혈액 내에 포도당과 아미노산이 다량 있을 때 분비, 분비된 후에는 인슐린과 글루카곤의 분비를 모두 억제함

바 솔방울샘

빛을 인식하여 하루 24시간의 일주기를 조절하는 작용을 하고, 멜라토닌(melatonin)을 분비하여 신체 전반의 생리적인 기능 조절

심화학습

*** 운동에 따른 호르몬의 기능과 변화**

호르몬	운동	훈련	기능
카테콜라민	증가	• 고강도 훈련 시 더 많은 양 분비 • 훈련 후 분비량 감소 (노르에피네프린 > 에피네프린)	혈중 글루코스 증가
성장호르몬	증가	• 비단련자에서 더 많은 증가 • 단련자에서 빠르게 감소	-
코티솔 ACTH	증가	• 고강도 훈련 시 큰 폭으로 증가 • 최대하 운동 훈련 후 증가 폭 감소	간에서 글루코스 신생합성 증가
갑상선호르몬	증가	훈련과 함께 갑상선호르몬의 대사회전 증가	
인슐린	감소	트레이닝 후에 감소 둔화	혈중 글루코스 자극 감소
글루카곤	증가	트레이닝 후에 증가 둔화	글리코겐 분해와 글루코스 신생합성을 통한 혈액 글루코스 농도 증가

일시적 운동에 대한 호르몬 반응과 운동 트레이닝에 따른 변화

내분비샘	호르몬	일시적 운동에 대한 반응(단련이 안 된)	운동 트레이닝의 효과
뇌하수체 전엽	성장호르몬	운동 강도의 증가와 함께 증가	동일한 운동 강도에서 감소된 반응
	갑상샘자극호르몬 (TSH)	운동 강도의 증가와 함께 증가	알려진 효과 없음
	부신피질자극호르몬 (ACTH)	운동 강도 그리고 지속시간의 증가와 함께 증가	동일한 운동 강도에서 감소된 반응
	프로락틴	운동과 함께 증가	알려진 효과 없음
	난포자극호르몬(FSH)	작은 변화 또는 변화 없음	알려진 효과 없음
	황체형성호르몬(LH)	작은 변화 또는 변화 없음	알려진 효과 없음
뇌하수체 후엽	항이뇨호르몬(ADH)	운동 강도의 증가와 함께 증가	동일한 운동 강도에서 감소된 반응
	옥시토신	알려져 있지 않음	알려져 있지 않음
갑상샘	티록신(T_4)과 트리요오드타이로닌 (T_3)	운동 강도의 증가와 함께 유리 T_3와 T_4 증가	동일한 운동 강도에서 T_3와 T_4의 증가된 전환(turnover)
	칼시토닌	알려져 있지 않음	알려져 있지 않음
부갑상샘	부갑상샘호르몬(PTH)	장시간의 운동과 함께 증가	알려져 있지 않음
부신속질	에피네프린	약 75%의 $\dot{V}O_2max$에서부터 운동 강도의 증가와 함께 증가	동일한 운동 강도에서 감소된 반응
	노르에피네프린	약 50%의 $\dot{V}O_2max$에서부터 운동 강도의 증가와 함께 증가	동일한 운동 강도에서 감소된 반응
부신피질	알도스테론	운동 강도의 증가와 함께 증가	변화 없음
	코티솔	높은 운동 강도에서만 증가	약간 더 높은 수준
췌장	인슐린	운동 강도의 증가와 함께 감소	동일한 운동 강도에서 감소된 반응
	글루카곤	운동 강도의 증가와 함께 증가	동일한 운동 강도에서 감소된 반응
신장	레닌	운동 강도의 증가와 함께 증가	변화 없음
	에리스로포이에틴 (EPO)	알려져 있지 않음	변화 없음
고환	테스토스테론	운동과 함께 약간 증가	남성 러너에서 휴식 상태의 수준 감소
난소	에스트로겐과 프로게스테론	운동과 함께 약간 증가	아주 잘 단련된 여성에서 휴식 상태의 수준이 감소될 수도 있음

06 호흡·순환계와 운동

1장 호흡계의 구조와 기능

[01] 호흡계의 구조

(1) 상기도(코, 비강, 인두)
(2) 하기도(후두, 기관, 기관지, 폐포)

[02] 호흡계의 기능

가 호흡역학

안정 시와 운동 시 호흡역학

호흡작용	작용하는 근육		작용
	안정 시	운동 시	
흡기	횡격막 외늑간근	횡격막	수축(평평해짐)
		외늑간근 사각근 흉쇄유돌근	늑골의 외측 상방 이동 1, 2번 늑골의 외측 상방 이동 흉골의 외측 이동
호기	수동적으로 이루어짐	복직근 내복사근 횡격막	늑골의 내측 하방 이동 하위늑골 내측 이동 흉강 쪽 이동

나 폐용적과 폐용량

안정 시 폐용적과 폐용량(㎖)

구분		개념	남성(㎖)	여성(㎖)
폐용적	1회 호흡량(TV)	정상적 호흡의 흡기 또는 호기량	600	500
	흡기예비용적(IRV)	흡기량 이상 추가되는 흡기량	3,000	1,900
	호기예비용적(ERV)	호기량 이상 추가되는 호기량	1,200	800
	잔기량(RV)	최대 호기 후 폐의 가스 잔여량	1,200	1,000

폐용량	총 폐용량(TLC)	최대 흡기 시 폐내 총 가스량	6,000	4,200
	폐활량(VC)	최대 흡기 후 최대 호기량	4,800	3,200
	흡기량(IC)	호기 후 최대 흡기량	3,600	2,400
	기능적 잔기량(FRC)	호기 후 폐의 가스 잔여량	2,400	1,800

다 강제호기량

① 1초 강제호기량: 강제폐활량(FVC) 측정 시에 1초간 호기하는 양으로 총 폐용량(TLC) 수준까지 숨을 들이마신 후 강하고 신속하게 내쉬는 호기량 의미

② 3초 강제호기량: 강제폐활량 측정 시에 3초간 호기하는 양

③ 강제호기량 비율: 강제폐활량(FVC)에 대한 강제호기량의 값

라 폐포환기와 사강환기

(1) **폐포환기**: 흡입한 공기가 폐에 도달하여 산소와 이산화탄소의 가스교환이 일어나는 환기량

(2) **사강환기**: 구강, 비강, 후두, 기관, 기관지 등 기도부의 구조적인 문제로 인하여 흡입된 공기의 일부가 가스교환에 참여하지 못하고 다시 외부로 배출되는 환기량

동일한 분당 환기량에서 호흡방법별 폐포환기량

구분	분당 환기량 (1회 호흡량 × 분당 호흡수)	분당 사강환기량 (사강환기량 × 분당 호흡수)	분당 폐포환기량(ml)
얕은 호흡 (호흡수 많음)	200ml × 30회/분 = 6,000ml/분	150ml × 30회/분 = 4,500ml/분	1,500
보통 호흡	600ml × 10회/분 = 6,000ml/분	150ml × 10회/분 = 1,500ml/분	4,500
깊은 호흡 (호흡수 적음)	1,200ml × 5회/분 = 6,000ml/분	150ml × 5회/분 = 750ml/분	5,250

마 호흡가스 교환

① 외부환경의 표준 대기압에서 산소의 가스분압은 159mmHg, 흡기 후 폐포에서 약 105mmHg 정도

② 폐를 둘러싼 동맥혈에서 산소분압이 100mmHg이므로 폐포에서 동맥혈로 산소 확산, 이후 혈관을 따라 이동하여 산소가 필요한 각 세포에 전달

③ 세포에서 여러 가지 대사작용 후 정맥혈로의 가스교환이 되면 산소분압은 40mmHg까지 낮아져 더 이상 확산되지 않는 수준이 됨

2장 운동에 대한 호흡계의 반응과 적응

[01] 운동과 호흡계의 반응

가 일회성 운동 시 폐용적과 폐용량의 변화

운동을 시작하게 되면 안정 상태에서 점차 호흡률(breathing rate)이 증가함에 따라 분당 환기량이 늘어나는데, 이때 1회 호흡량(TV)은 안정 상태의 5~6배까지 증가하게 되며, 강제폐활량(FVC)의 60% 수준에서 고원(plateau) 상태가 나타남. 안정 상태에서 500~600㎖이던 1회 호흡량이 2,500㎖ 이상으로 증가

나 운동 시 폐환기 조절기전

운동 초기에 급격하게 환기량이 늘어나는 것은 근육과 관절의 수용체로부터 신경자극 증가 때문임. 운동 중에는 주로 체내의 화학적 조절에 의해 환기량이 유지되고 변화되는데, 운동으로 인해 이산화탄소와 젖산 농도가 증가하고 혈액 pH는 감소하면서 혈관에 있는 화학수용체를 자극하기 때문임. 운동 종료 직후에는 움직임이 급격히 감소되면서 다시 관절수용 체에 의해 환기량이 조절되다가 일정 수준에 이르면 화학적 조절인자들에 의해 안정 상태로 복귀함

다 운동 시 과호흡과 과환기

(1) **과호흡(hyperpnea)**: 운동할 때 운동부하가 증가함에 따라 변화되는 정상적인 분당 환기량의 증가

(2) **과환기(hyperventilation)**: 실시하는 운동부하에 필요한 분당 환기량보다 호흡으로 나타나는 분당 환기량이 더 크게 증가하는 반응

라 호흡곤란

혈액 내 이산화탄소 분압과 수소 이온에 대한 호흡 조절이 제대로 되지 못함. 호흡을 위한 화학적 조절 기능이 비정상적이기보다는 운동 중 호흡 시에 작용하는 근육들의 기능이 떨어지거나 매우 약하기 때문임. 뇌에서 폐로 환기량을 증가시키라는 강한 신경적 명령을 전달함에도 불구하고 호흡 시에 작용하는 근육들이 기능을 발휘하지 못하면서 호흡을 원활하게 하지 못하게 되는 것

[02] 운동과 호흡계의 적응

가 호흡수

운동을 장기간 규칙적으로 하게 되면 호흡이 깊어져 일정한 운동 강도에서 1회 호흡량은 거의 동일하지만 호흡수 감소

나 폐용량

다소 증가할 수 있지만 상당한 기간이 필요하며, 동시에 잔기량은 약간 감소, 이러한 점 때문에 총 폐용량(TLC)은 거의 변화 없음

다 폐환기량

일정 기간 트레이닝을 한 후 안정 시에는 폐환기량이 변화가 없거나 약간 감소, 상대적 동 일 운동 강도의 최대하운동 시에는 약간 감소, 동일한 트레이닝 상태에서 최대운동을 할 때 최대환기량은 상당히 증가

라 폐확산

트레이닝 후에 안정 시와 상대적 동일 강도의 최대하운동 시에는 변화 없음, 최대운동 시에는 폐확산 능력이 커짐

마 동정맥 산소차

근육세포가 산소를 이용하는 능력이 향상되어 동정맥 산소차는 증가하며 특히 최대운동 시에 크게 증가

바 다른 조건에서의 폐기능 변화

연령이 증가하여 중년 또는 노인기가 되면 호흡근육과 폐기능이 점차 저하, 만성요통환자, 폐질환이나 뇌졸중 등의 경우에는 건강한 사람들에 비하여 그 정도가 큼, 중년과 노년에는 신체노화의 영향으로 늑간근, 복근 등의 호흡근육이 약화되고 폐의 탄성이 낮아져 폐활량, 1초 강제호기량 등이 매년 약 30㎖씩 저하됨

3장 순환계의 구조와 기능

[01] 심장

가 심장 구조

중앙 벽에 해당하는 심실사이막(심실중격)에 의해 좌우로 절반씩 나뉘고, 심장의 우측과 좌측은 각각 2개의 심방(atrium)과 심실(ventricle)로 되어 있으며, 심방과 심실은 '방실판막(atrioventricular valve: AV valve)'이라는 일방향 판막(one way valve)으로 연결되어 있음. 방실판막은 혈액이 심방에서 심실로 한 방향으로만 흐르게 고안됨

나 심혈관계의 이해

① 운송기능(delivery)
② 제거기능(removal)
③ 운반기능(transport)
④ 유지기능(maintenance)
⑤ 방어기능(prevention)

다 심근

심근세포는 횡문근(가로무늬)이며 근절이 잘 조직화되어 있음. 심근섬유는 골격근 섬유보다 크기가 아주 작고 근섬유(세포)에 하나의 핵만 가지고 있음

라 심장주기

심장의 수축과 이완에 의해 혈액을 내보내고 받아들이는 반복적인 과정

마 심장의 전도체계

수축성 세포에 활동전위가 일어나면 이를 통하여 수축이 일어나고 근육의 힘 또는 압력 생산, 전도성 세포는 동방결절조직, 심방의 마디사이길(internodal tracts), 방실결절, 히스번들 및 퍼킨제(Purkinje) 시스템으로 구성, 전도성 세포는 특수한 근육세포로 이루어져 있으며, 심근의 힘과 압력을 만드는 데 중요한 역할을 하지는 않지만, 심근을 통하여 활동전위를 빠르게 전파하는 역할 담당

바 심전도

심장의 전기적 활성도 의미

(1) **P파**: 심방의 탈분극 시에 나타남, P파의 지속기간은 심방을 통하는 전도시간과 관련됨

(2) **PR간격**: 심방에서의 최초 탈분극으로부터 심실에서의 최초 탈분극까지 걸리는 시간을 의미

(3) **QRS복합파**: 심실에서의 탈분극 의미

(4) **T파**: 심실에서의 재분극

(5) **QT간격**: 최초 심실 탈분극에서 마지막 심실 탈분극까지를 의미

사 1회 박출량과 심박출량

① 1회 박출량: 심실이 한 번 수축할 때 박출되는 혈액의 양을
② 1분 동안에 좌심실이 박출해낸 혈액의 총량을 말하며, 심박수에 1회 박출량을 곱하여 산출

[02] 혈관

가 혈관시스템

① 동맥: 아주 크고 대부분 근육(민무늬근)으로 항상 혈액을 심장으로부터 세동맥으로 운반하는 통로
② 세동맥: 동맥이 가지를 내며 점점 가늘어져서 모세 혈관이 되기 이전의 부분
③ 모세혈관: 가장 가는 혈관이며, 혈액과 조직 사이의 모든 교환
④ 세정맥: 대정맥으로 모여 붙은 정맥
⑤ 정맥: 정맥혈을 심장으로 보내는 순환 계통의 하나. 피의 역류를 막는 역할

나 혈액순환

(1) **호흡동작**: 숨을 들이마시고 내쉴 때마다 복강 내압과 가슴(흉강)압이 달라지며, 이러한 압력 차이가 혈액이 심장으로 돌아오는 것을 보조함

(2) **근펌프**: 운동을 하면 다리와 복부에 있는 골격근도 같이 수축, 호흡하고 골격근이 수축하는 동안 수축하는 근육 부위에 있는 정맥과 흉강의 정맥이 압박되면서 혈액을 심장 쪽으로 밀어 올림

(3) **판막**: 혈액의 역류를 막고 한쪽 방향으로만 흘러가게 하고, 다리에 혈액이 고이는 것을 막음

다 정맥혈 재배분

인체 전체에서 이루어지는 혈류의 배분은 혈액을 공급받고 있는 조직에 따라 다르며, 혈관의 위치에 따라서도 달라짐

라 혈압

혈관 벽에 가해지는 압력으로 보통 동맥 혈압을 말하며, 수축기혈압과 확장기혈압으로 구분됨

마 혈류의 내인성 조절

① 국소적인 혈관 확장 화학물 중 가장 강력한 자극제는 산소요구량 증가
② 많은 혈관 확장 물질이 세동맥의 내피 안에서 생성되고, 세동맥의 혈관 평활근에 혈관 확장 유도
③ 혈관 내의 압력 변화는 혈관 자체의 확장과 수축의 원인이 되는 근원성 반응

마 외인성 신경 조절

신체 시스템이나 전 조직 수준에서 신경적 메커니즘에 의해 이루어지는 혈류의 재분배

[03] 혈액

① 혈액은 체중의 약 1/13(8%)로 혈관 내를 순환하면서 각 조직에 물질교환이 이루어져 신체의 항상성(homeostasis) 유지
② 채혈된 혈액을 원심분리하면 세포 성분과 액체 성분으로 나누어짐
③ 세포 성분은 적혈구(Red blood cell: RBC, erythrocyte), 백혈구(white blood cell: WBC, leukocyte), 혈소판(platelet)으로 45%를 차지함
④ 액체 성분은 혈장(plasma)으로 55%를 차지하며, 혈장에는 단백질과 무기염류 등이 내포되어 있음

4장 운동에 대한 순환계의 반응과 적응

[01] 1회 박출량, 심박수, 심박출량의 반응

가 1회 박출량

(1) **조절기전**: 심실이완기 말 용량(EDV), 평균 대동맥혈압, 심실수축력에 의해 조절됨
(2) **1회 박출량**: 정맥환류량의 증가, 대동맥압(평균동맥압), 심장의 직접적인 교감신경 자극의 영향

나 심박수

(1) **조절기전**: 자율신경계의 교감신경과 부교감신경은 항상성 조절을 통해 심박수 조절, 부교감신경의 활동은 심박수를 낮추는 반면 교감신경은 심박수를 빠르게 함
(2) **운동과 심박수**: 운동의 훈련 수준에 따라 심박수의 차이가 나타나기도 하지만, 운동 직전 심박수가 일반적인 안정 시 심박 수보다 더 높게 나타나는데, 이를 '예상(anticipatory)반응'이라고 함, 교감신경계에서 분비되는 노르에피네프린과 부신(adrenal gland)에서 분비되는 신경전달물질인 카테콜아민에 의한 반응현상, 부교감신경인 미주신경이 활성화되면 심박수 감소
(3) **최대운동 중 심박수**: 심박수는 직접적으로 운동 강도의 증가에 비례하면서 거의 최대 운동 강도에 도달할 때까지 증가
(4) **최대하운동 중 심박수**: 최대하운동 강도에서 운동 강도를 일정하게 유지하면 심박수는 초기에 비교적 빠르게 증가하다가 일정 수준에 머물게 되는 정체기를 '항정 상태 심박수'라고 함, 특정 운동 강도에서의 순환계 요구에 상응하는 최적의 심박수 의미

다 심박출량

좌심실이 1분 동안 박출한 총 혈액량

[02] 혈류, 혈압, 혈액의 반응

가 혈류

(1) **혈류역학**: 두 가지 요인에 의해 결정되며 압력차는 혈류 생성을 위한 추진력이고, 저항은 혈류에 대한 장애물임

(2) **혈류분배**: 각 조직의 요구도에 따라 달라짐, 신장, 위장, 골격근은 심박출량의 약 25% 정도의 혈액을 받음, 이는 혈관저항에 대한 차이 때문이며 특정 기관이나 기관계로 향하는 혈류는 신진대사의 요구에 따라 증가하거나 감소할 수 있음

나 혈압

(1) **조절기전**: 동맥혈압의 변화는 심박출량, 혈관의 안지름, 혈액량의 변화에 의해 일어남, 심박출량의 증가 는 혈압의 일차적인 상승요인, 세동맥의 수축과 이완은 혈류저항을 변화시켜 혈압을 변화시킴, 세동맥을 저항혈관이라 하고, 혈액이 세동맥을 통과할 때의 저항을 말초저항이라 함, 말초저항은 세동맥의 지름에 반비례

(2) **운동 중 혈압**: 운동중 이완기 혈압은 큰 변화가 없지만, 수축기혈압은 운동 강도에 따라 직선적으로 증가되며 통상 1MET(Metabolic equivalent)당 8~12 mmHg씩 증가

다 혈액

① 혈액성분 요인
② 운동 시 혈장 이동
③ 적혈구 수, 헤모글로빈 농도, 백혈구 수 및 기타

[03] 운동과 순환계의 적응

(1) **최대산소섭취량**: 궁극적으로 최대운동 시 미토콘드리아에서의 에너지 생성을 위해 소비된 산소량 의미, 대체로 휴식 시 산소섭취량은 약 0.25 ℓ/분, 심한 운동 시 10배 또는 20배 이상 증가

(2) **유산소 운동에 대한 순환계의 적응**: 대부분 전신운동으로, 심폐지구력과 근골격계를 강화시키는데 도움이 됨, 혈중지질 성분을 낮추고, HDL 콜레스테롤을 높여 관상동맥질환의 위험 감소, 인체의 면역기능 향상 등 건강 유지 및 향상

(3) **저항성 운동에 대한 순환계의 적응**: 혈압의 감소와 심장혈관계 건강의 개선에 대한 저항성 트레이닝의 이점 인정

> **심화학습**
>
> *** 스포츠심장**
> 장기간 운동과 훈련으로 순환계 적응현상인 심장의 형태적(심장 용적 증대, 심장벽 두께 증가), 기능적(심근 수축력 증대, 1회 박출량 증가, 최대심박출량 증가, 안정 시 및 최대하 운동 시 심박수 감소) 변화로 심장기능이 우세한 경우 좌심실의 내경과 두께가 증가하여 수축력을 높여 최대심박출량 증가와 심장 모세혈관이 증가하여 운동적응력과 회복력 향상

07 환경과 운동

1장 체온조절과 운동

[01] 체온조절 기전

가 정상체온

인간의 정상체온은 약 37±1℃ 전후, 신체 내의 생화학적 반응은 체온에 의해 영향을 받으며, 정상체온에서 1℃ 감소할 때마다 뇌 및 기타 조직의 효소활성도가 현저히 떨어지며 세포 내 대사활동이 억제되어 호흡기능이 급격히 떨어지며, 심장의 부정맥(arrhythmia) 유발

(1) 심부온도

① 직장, 고막, 구강, 겨드랑이 등에서 측정하는 방법이 있으나 이 중 직장 온도가 가장 널리 이용됨
② 구강 온도는 약 37℃, 직장 온도는 약 37.6℃로 고막, 구강 및 겨드랑이 온도는 직장 온도보다 약 0.6℃ 정도 낮음
③ 안정 시 정상체온 범위는 36~38℃ 정도

(2) 피부온도

① 체내에서 생성된 대사열은 일반적으로 피부를 통해 몸 밖으로 배출
② 심부온도는 대기온도가 아주 큰 폭으로 변화해도 거의 일정하게 유지됨

나 열 생성과 열 손실

(1) 복사: 한 물체의 표면에서부터 다른 물체의 표면으로까지의 물리적 접촉이 없이 열이 전달되는 것
(2) 전도: 직접적인 분자 접촉을 통한 한 물질에서 다른 물질로 열이 이동하는 것
(3) 대류: 열이 한 장소에서 다른 장소로 이동되는 것
(4) 증발: 운동 중 열 발산을 위한 일차적 방법, 땀이 증발하면서 열이 제거되는 것은 증발에 의한 열 손실

다 체온조절 기전

(1) **시상하부:** 인체의 온도를 조절하는 기관, 전엽은 체온의 증가, 후엽은 체온의 감소에 관여

(2) **수용기:** 체온의 변화 감지, 중추수용기는 혈액이 두뇌를 순환할 때 혈액의 온도 감지, 말초수용기는 주위 온도 감지

(3) **효과기:** 체온이 변할 때 정상체온은 골격근, 땀샘, 동맥의 민무늬근 및 내분비샘 같은 4가지 효과기(effector)의 작용으로 유지됨

[02] 고온 환경과 운동

가 고온에서 운동 시 생리적 반응

(1) **심혈관계 및 대사반응:** 심박출량의 감소 및 탈수가 일어나는 동안 심혈관 기능이 감소하게 되면, 피부의 말초혈류를 증가시키며 인체로부터 열 손실 증가, 체온의 상승과 심박수의 증가 이외에 근육의 글리코겐 이용이 증가하고 젖산의 생성도 증가

(2) **체액 균형:** 훈련과 반복적인 열 노출과 함께 알도스테론(aldosterone)은 땀샘을 강하게 자극하여 보다 많은 양의 나트륨과 염화물의 재흡수 유발

(3) **탈수와 운동능력의 감소:** 운동 중에 체중의 4~5% 정도 탈수가 진행되면 직장 온도와 심박수가 현저히 증가하여 운동능력이 현저하게 저하됨

> **심화학습**
>
> * **탈수예방을 위한 음료 섭취**
> 고온에서 운동하기 하루 전 적절하게 음료 섭취, 운동 시작 15~60분 전 500㎖ 수분 섭취, 운동 중 매 15~20분마다 물 또는 스포츠음료 150~300㎖ 섭취, 1시간 이상 지속되는 운동 시 스포츠 음료 섭취

나 고온에서 운동 시 건강위험 및 고려사항

(1) **열 관련 장애**

① **열 경련:** 과다한 발한 작용으로 수반되는 무기질 손실과 탈수가 원인으로, 가장 가벼운 손상이며 골격근의 심한 경련이 일어남, 서늘한 곳으로 옮기고 음료수나 생리식염수 공급

② **열 탈진:** 운동 중 발한 작용에 의한 과다한 수분 상실이나 무기질 상실로 혈액량이 감소될 때 주로 발생, 열 탈진 시 심박수의 증가, 직립 자세에서의 혈압저하, 두통, 현기증 및 무력증 등의 증상 보임, 쇼크를 피하기 위해 서늘한 장소에서 발을 높게 하여 휴식을 취하게 하며, 의식이 있다면 소량의 소금이 포함된 음료 섭취

③ 열사병: 체온조절 기능이 마비되면서 땀이 멎고 피부가 건조해지며, 체온이 위험수준(40℃ 이상)을 초과하게 되어 순환계에 큰 부담을 줌. 열사병이 발생하면 구급차를 부르고 기다리는 동안 심부온도를 낮추기 위하여 차가운 물이나 얼음물에 몸을 담그거나, 알코올 또는 얼음주머니로 전신을 문지르거나, 젖은 헝겊으로 몸을 감싼 다음 선풍기 바람으로 몸을 식힘

(2) 고체온증 예방

① 습구온도가 28℃ 이상이면 실외에서의 경기나 연습 중단
② 한낮의 더위를 피하여 이른 아침이나 저녁에 연습이나 경기를 함
③ 음료수는 항상 준비하며, 선수들이 가능한 한 물을 많이 마시도록 함
④ 과다한 의복 착용은 대사열 제거에 불필요한 부담을 주기 때문에 항상 간소한 복장을 함

(3) 수분과 전해질 보충

① 수분 보충: 수분 보충은 섭취하는 물의 온도가 5℃ 정도일 때 위에서 비워지는 속도가 가장 빠르며, 한 번에 250㎖ 정도의 물을 10~15분 간격으로 섭취, 운동선수가 훈련 기간 동안 1kg이 감소했다면 완전한 수분 섭취를 위해서는 1.5L의 물을 마셔야 함
② 전해질 보충: 장시간의 지구성 운동 시 적절한 수분 보충이 이루어지지 않는다면, 수분 손실뿐만 아니라 나트륨, 칼륨 같은 전해질 손실도 함께 일어남. 1L의 물에 티스푼 1/3 정도의 식염을 타서 마시거나 칼륨 이온이나 칼슘 이온의 보충을 위해 땀 2~3L당 한 컵 정도의 오렌지주스나 토마토주스 섭취

다 고온에서 운동 시 생리적 순응

① 열 순응(heat acclimatization): 열 내성을 증가시키는 생리적인 적응현상
② 열 순응은 운동이 실시된 환경 조건, 더위에 노출된 시간 및 열 생성 속도(운동 강도)에 좌우됨, 열 순응은 고온 환경에서 5~8일간의 점증적 운동 훈련 실시

[03] 저온 환경과 운동

가 체온 손실 인자

(1) **체표면적과 신체구성**: 피하지방은 뛰어난 단열체이며, 지방의 열전도율은 비교적 낮기 때문에 신체 내부 조직에서 신체 표면으로의 열 전달 방해, 열 손실률은 체중에 대한 신체 표면적의 비율에 따라 영향을 받음
(2) **풍속냉각**: 바람은 대류와 전도를 통해 열 손실 속도 증가
(3) **잠수**: 인체는 똑같은 온도의 대기보다 수중에서 4배나 더 빠르게 신체의 열을 잃을 수 있음

나 저온에서 운동 시 생리적 반응

(1) 순환계 반응: 운동 시 심부온도 저하 → 심박수 감소 → 최대 심박출량 감소 → 혈액온도 감소 → 혈류 산소운반 방해 → 최대산소섭취량 감소 → 운동수행능력 감소

(2) 근육의 기능: 근육온도가 저하되면 근세포 내액의 점도가 증가되어 근세포 내 에너지대사에 관여하는 효소의 활동이 저해됨으로써 에너지 동원능력을 감소시킬 뿐 아니라 근육의 수축 속도와 파워가 유의하게 감소함

(3) 대사반응: 추위에 노출되면 카테콜아민의 분비 증가, 피부와 피하조직으로 공급되는 혈관의 수축 유발로 유리지방산(FFA) 이동이 상대적으로 고온환경의 장시간 운동 시보다 감소함

다 저온에서 운동 중 건강위험

(1) 저체온: 체온이 34.5℃ 이하로 떨어지면 시상하부에서 체온을 조절하는 능력 상실 시작하여 직장 온도가 약 29.5℃까지 떨어지면 완전히 상실

(2) 심폐계의 영향: 심장 조직의 냉각은 신체 심부온도의 저하와 심박수 감소의 복합적인 영향으로 심박출량의 급격한 감소

(3) 저체온증: 차가운 물과 차가운 공기에 오랫동안 노출될수록 심부온도가 떨어지며, 지속적으로 방치할 경우 저체온증 나타남

(4) 동상: 극한 추위에 노출되면 피부의 혈액순환이 감소하여 산소와 영양소의 공급이 부족해져 조직 괴사

라 저온에서 운동 시 생리적 순응

순응 현상은 안정 시 대사율의 증가, 떨림 반응의 감소, 피부혈류의 증가에 의한 추위 내성의 증가

2장 인체운동에 대한 환경의 영향

[01] 고지 환경의 특성과 영향

가 기압의 변화와 호흡반응

(1) **기압의 감소와 산소분압의 변화:** 대기압력이 감소하거나 대기에 포함된 산소 농도가 감소하는 경우 호흡을 통해 유입되는 산소의 부분압력이 감소하여 혈관을 통해 조직까지 이동하는 동안 더욱 감소하여 조직들이 충분한 산소 공급을 받지 못하게 됨

(2) **저기압, 저산소증과 호흡반응:** 산소분압이 감소하여 말초부위의 화학수용체(chemoreceptor)가 감지하여 뇌에 전달하고 환기량 조절중추에 의해 환기량의 증가를 발현시켜 폐환기량(pulmonary ventilation) 증가

나 고지 환경의 생리적 반응

(1) **동맥혈 산화헤모글로빈 포화도 감소:** 고지에서 기압이 떨어짐에 따라 호흡하는 공기의 산소분압이 떨어지면 동맥혈액의 산화헤모글로빈포화도(arterial oxyhemoglobin saturation) 감소, 호흡 시 산소분압이 감소함에 따라 허파꽈리의 산소분압이 같이 감소, 결국 허파꽈리에서 동맥혈액으로 이동하는 산소의 양이 줄어듦에 따라 헤모글로빈과 결합하는 산소의 분자 수 감소

(2) **수분 손실:** 고지 환경에 노출되면 수분 손실(water loss)이 일어남, 며칠이 지나면 먼저 환기량의 증가에 따른 호흡기의 수분 손실 발생, 또한 체수분의 보존 기능을 수행하는 호르몬의 기능이 저하되어 소변 방출 증가되어 체수분의 손실이 발생하므로 수분보충섭취가 중요함

(3) **수면장애:** 잠을 자는 동안 자주 깨거나 수면 중 부자연스러운 호흡 등이 있으며, 특히 고지에서 처음 훈련하는 선수들은 서파수면(slow wave sleep)과 급속안구운동(rapid eye movement) 수면 발생

(4) **급성고산병:** 임상적으로 소화불량, 식욕부진, 메스꺼움, 두통, 구토, 허약 동반, 고지 환경에 노출된 후 6~12시간 내 발생, 약 24~48시간 동안 최대의 강도 발생, 고지적응 후 약 3~7일 사이에 사라짐

(5) **고산뇌부종 및 고산폐부종**

① **고산뇌부종:** 고지로 급격하게 등반한 사람에게 나타날 수 있는 임상적 뇌부종

② **고산폐부종:** 증상은 피로와 호흡곤란(dyspnea) 및 기침 등으로 시작하여 급성고산병의 징후가 동반되는 임상적 폐부종

(6) **인지능력:** 해발 7,000m 이상의 극단적인 고지에서는 인지능력 감소, 집중력과 판단력이 감소하기도 하며 말이 어눌해지기도 함

다 고지운동의 생리적 반응

(1) **혈액학적 반응:** 고지에서의 운동 시 폐환기량은 증가, 해수면에 비해 산화헤모글로빈 포화도는 감소
(2) **최대산소섭취량:** 고지에서는 최대산소섭취량이 감소, 고도가 증가할수록 감소
(3) **유·무산소 운동능력:** 무산소성 에너지대사를 요구하는 경기는 고도가 증가하면서 공기의 밀도와 저항이 감소함에 따라 경기력 증가, 대부분의 유산소 대사를 이용하는 경기 종목에서는 부정적 영향 나타남
(4) **훈련능력:** 고지의 절대 운동 강도를 높이기 위해 보조산소섭취(supplemental oxygen)를 이용해 훈련을 실시

라 고지적응 훈련방법

(1) **고지적응과 경기력:** 산소가 부족하기 때문에 더 많은 산소를 운반할 수 있는 헤모글로빈을 증가시켜 산소운반능력 향상, 근육 내의 모세혈관이 더 많이 증식, 근육 내 미오글로빈 양이 더 많아지고, 미토콘드리아의 산화효소 활동이 증가함과 동시에 미토콘드리아의 양도 많아짐

(2) **고지훈련방법**
① 환경조성: 등기압 저산소 챔버(normobaric hypoxic chamber), 보조산소섭취, 저산소 수면방(hypoxic sleeping unit) 등을 이용
② 수분섭취: 고지에서 체내 수분 손실을 줄이기 위해 수분 재보충, 하루에 약 4~5L의 주스나 물 그리고 탄수화물이 함유된 음료를 섭취
③ 에너지원 사용: 고지 환경의 초기와 장기적 고지적응 상태에서 운동과 안정 시 지방이용률 증가, 상대적으로 탄수화물 이용 감소
④ 영향 섭취: 고지 환경에서는 철분이 급격하게 감소, 운동선수는 고지 환경에 노출되기 전 철분 상태의 점검 필요
⑤ 수면: 고지 환경의 노출 초기에 고지적응을 위해 산소가 충분한 곳에서 수면을 하는 방법 선택하여 적응단계에서는 수면장애 완화
⑥ 급성고산병: 급성고산병 증상 시 아세타졸아마이드(acetazolamide) 약품을 섭취하여 동맥 내 산소의 양을 증가시키면 말단 부위의 부종(edema)을 줄일 수 있음

마 고지훈련 효과

다양한 높이에서의 고지 환경에 노출된 후 약 2~28%의 유산소능력 감소, 14~29%의 최대산소섭취량

감소 보고, 그러나 약 10일 이상 지나면 2~16분 정도 지속되는 운동경기에서 경기력 향상, 해수면 수준에서 스포츠경기 시 경기력 향상

[02] 수중 환경의 특성과 영향

가 입수에 의한 생리적 반응

(1) **심혈관계의 변화**: 혈액의 재분배는 신체의 말단 부위에 혈액이 심장 쪽으로 몰려 심부혈액량(central blood volume)이 증가하는 현상

(2) **신장의 반응**: 입수에 의한 방뇨는 체수분과 체내의 전해질 혼란에 기인하며 레닌-알도스테론계(renin-aldosterone system) 및 항이뇨호르몬(antidiuretic hormone) 감소 유발, 동시에 프로스타글란딘(prostaglandins) 방출 증가와 심방나트륨이뇨펩타이드(atrial natriuretic peptide)의 증가, 교감신경계 활동의 감소

나 수온과 생리적 반응

(1) **수중에서의 열 균형**: 물은 열을 이동시키는 데 공기보다 25배나 빠르게 진행시키며, 공기에 비해 체온 감소는 약 2~4배 빠르게 진행

(2) **대사반응**: 찬물에 입수하면 신체는 즉시 대사량 증가하나, 약 10분 후에는 증가된 대사량 감소, 열중립 온도보다는 높지만 일정한 수준으로 유지, 대사량의 순간적 증가와 이후 안정적인 상태에서 낮은 수준으로 유지되는 양상은 피부온도 변화와 일치

다 수중에서의 운동반응

(1) **체온반응**: 찬물에서 운동 시 체온유지는 높은 물의 온도, 높은 체지방량 및 강한 운동 강도일수록 유지

(2) **운동능력 반응**: 최대 심박출량, 최대 심박수, 최대 혈류량, 산소운반능력, 무산소 능력은 대기에 비해 약 15% 감소

라 수중적응

(1) **폐용량 및 호흡능력**: 수압에 의한 허파의 공기용량 줄고, 압력 증가하며, 흡기가 더욱 힘들어지므로 적응

(2) **고탄산혈증과 저산소증 적응**: 혈중 이산화탄소가 현저하게 축적되어 고농도 이산화탄소(고탄산혈증)

에 대한 호흡계의 민감도 감소, 산소 부족을 유발하므로 신체는 반복적 저산소증 경험, 부족한 산소에 의한 환기반응 지연되면서 적응됨

마 스킨과 스쿠버다이빙

(1) **숨 정지 잠수 반응:** 숨을 멈춘 상태에서 물속에 들어가면 잠수서맥(diving bradycardia)과 심박출량 감소, 잠수서맥은 숨을 멈추는 시간의 간격, 혈중산소, 허파의 크기 및 이산화탄소의 압력, 탄소 압력, 정신상태, 대사량, 온도 그리고 자율신경의 활동성 등의 요인으로 결정

(2) **스쿠버다이빙**

① 고압기체 호흡과 심폐반응: 찬물 속에서의 운동은 대사반응을 자극하여 산소섭취량을 증가시켜 에너지 소비량 증가

② 체온반응: 수심이 깊어질수록 잠수복의 두께는 압력에 따라 비례적으로 감소하여 대기에서 9㎜ 두께의 잠수복은 30m의 수심에서 약 3㎜로 감소하여 열을 전도하는 능력 증가

[03] 대기오염의 영향

가 공기오염 물질

(1) **1차 오염물질:** 가솔린을 사용하는 자동차나 공장에서 직접적으로 배출되는 물질, 그 성분이 거의 변하지 않은 것, 일산화탄소(carbon monoxide), 산화황(sulfur oxide), 산화질소(nitrogen oxide), 분진(dust)

(2) **2차 오염물질:** 1차 오염물질이 상호작용하여 생성된 물질을 말하며, 오존(ozone), 질산 과산화아세틸(peroxyacetyl nitrate), 연무(smog)

나 오염공기 환경에서의 운동과 반응

(1) **일산화탄소:** 무색·무취·무미의 기체로, 도시에서 가장 일반적인 오염물질, 일산화탄소가 인체에 미치는 가장 큰 영향은 산소의 운반능력 제한, 허파의 확산능력(diffusing capacity) 감소, 혈중 일산화탄소혈색소 증가하고 세포 수준에서 대사과정의 변형 일어남

(2) **산화황:** 화석연료의 연소에 의해 발생, 이산화황(sulfur dioxide), 황산(sulfuric acid), 황산염(sulfate), 이산화황은 매우 강한 수용성으로 상기도에 상당한 불편을 끼치며, 기관지수축(bronchoconstriction) 일으킴

(3) **산화질소:** 고온의 연소과정에서 발생, 질소와 산소의 결합, 비행기, 담배, 화재, 자동차에서 발생, 산

화질소의 한 종류인 이산화질소(nitrogen dioxide)는 기관지 질환자에게 특히 민감하게 작용함

(4) 분진: 먼지와 매연 그리고 연기가 대부분임, 화석연료의 불완전 연소에 의해 만들어짐, 화산이나 황사와 같이 자연적으로 생성됨

(5) 오존: 태양의 자외선 복사에너지가 탄화수소(hydrocarbon)와 이산화질소를 반응시켜 대기에서 만든 기체, 강력한 기도 자극제이며, 결과적으로 상기도에 반사적 기도수축 유발

(6) 천식환자: 간헐적으로 기도가 좁아지며, 공기 흐름의 양이 줄어들어 폐 염증을 동반하고 쌕쌕거림과 가슴의 조여옴, 기침, 호흡곤란(dyspnea)을 느끼는 증상

스포츠지도사자격검정 핵심요약집

스포츠사회학은 인간사회의 다양한 환경(정치, 경제, 교육, 대중매체, 문화 등)과 스포츠현장과의 독자성 혹은 상호작용에 의해 발생하는 문제를 학습하고, 이들의 연계성과 관계성을 밝히며, 현대 사회에서 필요한 다양한 문화가치를 실현하는 학문을 학습하는 과목이다.

스포츠사회학

01 스포츠사회학의 의미

1장 스포츠 사회학의 의미

[01] 스포츠의 이해

가 스포츠의 개념 및 정의
① 스포츠 개념과 정의는 스포츠의 '내적 또는 외적 요인의 결합'에 따라 차이가 발생
② 스포츠는 개인에 의해 이루어지는 활발한 신체 발현을 포함하거나 비교적 복합적인 신체기능을 구사하는 제도화된 경쟁적 활동
③ '내적/외적 동기', '신체활동', '제도화', '경쟁', 따라서 스포츠는 조직화되고 경쟁적인 요소를 포함하는 신체활동으로 정의

나 스포츠의 특성
① 스포츠는 허구성, 비생산성, 불확실성, 규칙성, 신체 움직임 및 탁월성, 제도화의 특성을 가지고 있음
② 이는 스포츠사회학이 스포츠를 바라보는 관점에 대해 이해 할 수 있음

다 놀이, 게임, 스포츠의 특성 비교
① 스포츠의 이해는 놀이, 게임, 스포츠가 중요한 단서를 제공
② 또한 이들은 상호연관성을 가지면 변화와 발전의 관계를 형성
③ 놀이, 게임, 스포츠의 비교를 통해 스포츠가 가지고 있는 본질적인 특성을 보다 명확히 파악할 수 있음
  - 놀이(play)는 허구성, 비생산성, 자유성, 규칙성(임의)을 기반으로 재미를 추구하는 특성
  - 게임(game)은 놀이와 스포츠의 중간단계에 해당하는 허구성, 비생산성, 불확실성, 규칙성(관례화), 경쟁성, 신체기능, 전술, 확률 등을 포함하는 특성과 놀이보다는 발전된 활동

– 스포츠(sports)는 게임이 조직화되고 제도화된 활동으로서 허구성, 비생산성, 불확실성, 규칙성(제도화), 신체기능, 전술과 확률, 신체움직임 및 탁월성, 제도의 수준이 높은 특성

라 스포츠의 범위

① 놀이(play)는 활동 그 자체를 위해 행해지는 표현적 활동을 말하며, 극적 스펙터클(spectacle)은 관중의 즐거움을 목적으로 하는 공연적 성격을 가지고 있는 신체활동
② 스포츠는 놀이와 스펙터클의 특징을 모두 포함하는 범위
③ 놀이와 스펙터클을 연결하는 연속선상에 존재하고 있음
④ 대중의 직접적인 참여인 생활스포츠는 스펙터클보다는 놀이적 요소가 강조된 스포츠의 형태
⑤ 프로스포츠는 놀이적 요소보다는 관객이나 시청자 중심의 스펙터클이 강조된 형태

마 근대 스포츠의 특징

① 근대 스포츠는 세속주의, 평등성, 전문화, 합리화, 관료화, 수량화, 기록 추구의 특징
② 세속주의: 스포츠가 신앙적 측면보다는 개인의 성취와 오락적 측면을 더 중요시
③ 평등성: 스포츠 참여 기회는 누구에게나 동일, 모든 참가자가 동등한 조건에서 경기에 참가
④ 전문화: 전문화는 스포츠를 전문으로 하는 직업선수가 등장하는 배경과 영향
⑤ 합리화: 합리적인 규칙 제정, 스포츠 참가자의 목적과 전략을 달성하기 위한 수단
⑥ 관료화: 스포츠 관리의 조직화, 즉 분업, 직위의 행동 규정과 절차, 효율성 등의 특징
⑦ 수량화: 기록을 통해 선수 평가, 모든 운동기술을 측정 가능한 형태로 변화시키려는 특징
⑧ 기록 추구: 참가선수들의 경쟁상대 기록, 우수선수의 기록 등의 통계

[02] 스포츠사회학의 정의

가 사회학의 의해

① 사회학은 사회과학의 한 분야로서 사회를 연구하는 학문
② 사회 현상을 구성하는 사회구조와 사회과정을 주된 연구 주제
③ 사회학 연구 영역은 가족, 범죄, 인종, 정치, 경제, 교육, 종교 등
④ 사회학의 주요 용어: 사회의 조직, 제도, 집단, 구조, 근대화, 문화, 사회적 상호작용

나 스포츠사회학의 개념

① 스포츠사회학의 성격: 스포츠사회학은 우리의 삶과 밀접하게 연관된 스포츠 현상을 사회현상으로 규정하고, 이론과 연구방법을 통해 이를 규명하고자 하는 스포츠 과학의 분과 학문
② 스포츠사회학의 정의: 스포츠 현상을 사회현상으로 규정하여 사회적 이론과 연구방법으로 인간의 사회 행동 법칙을 규명하는 학문으로 정의
③ 스포츠 현상을 이해하기 위한 스포츠사회학의 활용: 스포츠에 대한 비판적 사고의 틀, 일상생활에 스포츠가 미치는 영향에 대한 이해, 사회적 현상으로서 스포츠에 대한 이해, 스포츠를 변화시킬 수 있는 발전 방향을 등을 제공
④ 스포츠사회학의 연구 주제:
   - 사회제도와 스포츠(정치, 경제, 교육, 대중매체 문화)
   - 사회과정/조직과 스포츠(사회화, 사회계층, 사회집단, 사회조직)과 관련된 주제
   - 사회문제와 스포츠(여성, 사회 일탈, 집합행동, 미래사회) 등

다 스포츠사회학 연구의 필요성

① 오늘날 스포츠사회학 연구의 필요성은 다양한 연구의 주제와 함께 제기
② 스포츠의 사회적 중요성 증대
③ 사회적 신념의 재확인
④ 사회영역과 스포츠의 밀접성 등에 의해 연구가 필요

[03] 스포츠사회학의 적용 및 사례

가 스포츠사회학의 연구방법

① 스포츠사회학 연구의 대표적인 자료 수집 방법은 양적, 질적 방법으로 구분
② 양적 방법은 사회적 현상 또는 인간의 다양한 경험적 자료를 계량화하여 통계적으로 분석
③ 질적 방법은 사회적 현상을 수집하여 해석적인 절차에 따라 유형과 특성을 파악(관찰, 인터뷰 등의 사회현상에 대한 심층적인 이해)하는 연구

양적 연구방법과 질적 연구방법의 비교

구분	양적 방법	질적 방법
자료 수집 방법	주로 설문지 이용	관찰 일지, 인터뷰 등
자료 분석	통계적 연구	심층적 연구
자료 해석	가설 검증 및 법칙 발견에 유리	인간 행위의 동기와 의미 이해

나 스포츠사회학의 최근 연구 동향

① 스포츠사회학 연구 흐름
- 1960년대는 스포츠의 교육적 효과와 사회화에 관련된 연구
- 1980년대 이후는 사회화, 성(여성), 문화/하위문화와 관련된 주제를 중심으로 연구
- 1990년대 이후는 신체, 정체성, 웰빙, 여가, 세계화 등의 연구가 진행

② 최근 연구 동향
- 사회적으로 이슈화된 문제(폭력, 미디어, 메가 이벤트 등)를 중심
- 스포츠사회학의 미시적 영역(사회심리학적 측면의 미시적 → 집단, 조직, 제도 등의 거시적 영역)에서 거시적 영역으로 확대
- 연구방법 측면에서 대상, 목적 등에 따라 다양한 방법이 적용

③ 스포츠사회학 연구의 방향
- 사회적으로 이슈화된 문제를 중심으로 연구
- 스포츠사회학의 연구는 미시적 영역의 연구에서 거시적 영역의 연구 확대
- 스포츠사회학 연구의 대상, 목적 등에 따라 다양한 연구방법의 적용

2장 스포츠의 사회적 기능과 이론

[01] 스포츠의 사회적 기능

① 스포츠의 사회적 기능은 양극단이 있으며, 이는 순기능과 역기능 동시에 존재
② 순기능: ㉠ 사회정서적 ㉡ 사회화 ㉢ 사회통합 등의 순기능
③ 역기능: ㉠ 사회통제 ㉡ 신체소외 ㉢ 과도한 상업주의 ㉣ 성차별 등의 역기능

[02] 스포츠와 사회화 이론

가 구조기능주의 이론과 스포츠

① 구조기능주의는 사회는 하나의 실체이며 구성원들이 자신의 역할을 충실히 수행할 때 건강한 사회가 유지될 수 있다는 이론
② 스포츠 현상의 구조기능주의적 접근은 최근 활성화되고 있는 스포츠정책, 스포츠와 국제개발, 스포츠와 다문화사회, 스포츠와 사회적 자본 등과 관련된 연구들은 그 이론적 토대를 구조기능주의에 두고 있으며 적용하는 이론

나 갈등이론과 스포츠

① 갈등이론은 사회 지배집단이 자신들의 기득권을 유지하기 위해 내세우고 있는 하나의 환상에 불과한 것이라고 주장하는 이론
② 스포츠 현상의 갈등이론은 스포츠 현상의 순기능보다는 역기능적인 측면에 초점을 두고 스포츠 변화의 필요성을 주장하고 적용하는 이론
③ 특히 선수들의 신체소외 현상, 스포츠 참여의 경제적 불평등, 스포츠 상업화의 문제점과 같은 주제에 관심을 집중하여 연구

다 상징적 상호작용론과 스포츠

① 상징적 상호이론은 과정을 중시하여 인간의 상호작용에 초점을 맞추는 미시적 이론
② 상호작용은 제도나 개인을 단순히 수동적이고 기계적인 존재로 보는 것이 아니라 의미를 부여하는 주

체적인 존재로 과정을 중시하고 인간의 상호작용에 초점
③ 스포츠의 상호작용론적 접근은 스포츠경기의 승리와 패배에 대해 팀원의 인식, 스포츠경기 내의 도덕성, 스포츠맨십 등 스포츠에서 발생하는 현상을 심층적으로 이해하고 기술
④ 스포츠의 하위문화, 일탈, 정체성과 관련한 질적 연구가 활발히 진행

라 비판이론과 스포츠

① 비판이론은 프랑크푸르트학파에 의해 발전, 현대사회의 과학기술, 정치체제, 관료집단 등이 합리성을 증가시켰지만 인간의 자유성은 더욱 억압하고 있다는 비판적 관점
② 스포츠 현상의 비판이론적 접근은 스포츠의 변화를 통해 기존의 이데올로기를 전복하고, 사회의 합리성을 회복할 수 있다는 이론
③ 스포츠 불평등, 특정 집단과 스포츠의 이해관계 등을 다루는 연구로 진행

02 스포츠와 정치

1장 스포츠와 정치의 결합

[01] 스포츠의 정치적 속성 및 기능

① 스포츠와 정치의 결합은 상호보완적인 역할을 통하여 발전 지향적인 관계를 형성
② 하지만 긍정과 부정적인 측면을 모두 내포하고 있음
③ 스포츠는 정치와 결합을 통하여 발전을 도모하기도 하지만, 정치적 압력이나 간섭으로 인하여 스포츠의 순수성과 독립성이 침해를 받음을 인식할 필요가 있음

가 스포츠의 정치적 속성
① 대중성 및 선전효과: 스포츠는 사람들의 주목을 끌 수 있기 때문에 대중의 지지를 받기에 용이한 수단
② 조직화: 스포츠가 발전함에 따라 스포츠조직 또한 점차 고도로 조직화 및 체계화
③ 정치적 의사 표출: 스포츠는 승리를 통한 우월성 및 이데올로기를 표출하는 등 정치적으로 이용하여 활용

나 스포츠의 정치적 순기능과 역기능
① 스포츠의 정치적 순기능과 역기능을 포함하는 양극단이 있음
② 순기능: ㉠ 국민 화합 수단 ㉡ 외교적 소통의 창구 ㉢ 사회의 기본적 가치와 규범 및 준법정신의 교육 ㉣ 생산성 증대 ㉤ 사회운동의 수단 등
③ 역기능: ㉠ 국가 간 정치적 이데올로기의 충돌 ㉡ 지배 권력의 형성 및 유지를 위한 정당성 부여 ㉢ 국수주의적 배타성 조장 등

[02] 정치의 스포츠 이용방법

가 스포츠와 정치의 결합

① 스포츠와 정치의 결합 체계는 상징, 동일화, 조작 등 일련의 과정을 거쳐 발현
② 상징: 스포츠는 국민의 감정에 호소하여 국가와 사회의 체제 유지에 기여(경기는 단순히 개인 간의 경쟁이 아닌 성, 인종, 지역, 민족, 국가의 경쟁을 대변하는 것으로 인식, 스포츠 그 자체로 지역사회, 국가, 국민을 대표하는 상징성을 지님)
③ 동일화: 스포츠는 자신과 타인이 혼동된 상태로 다른 대상에게 감정을 이입하거나 동화되는 과정('상징'이 스포츠를 수용하는 대중의 인식이라면, '동일화'는 스포츠에 대한 대중의 태도라는 점)
④ 조작: 동일화의 효과를 극대화하기 위하여 인위적인 개입을 통해 어떤 일을 사실인 듯이 꾸미는 행위로, 목적을 위하여 수단과 방법을 가리지 않기 때문에 효율성을 목적(스포츠가 고도로 조직화됨에 따라 정부정책에 대한 지지 또는 비리, 부정, 부패 등을 은폐하는 수단)

나 정치 분화와 스포츠

① 스포츠는 정치체제, 정치성향 등의 사회 환경을 반영하는 역할을 수행
② 정치제도의 발전 단계인 정치 분화와 스포츠를 살펴보는 것은 사회 제도 및 환경에 따른 스포츠의 이념, 성격, 내용의 차이를 알아볼 수 있는 역사적 근거를 제시
　- 원시시대 정치제도에서 스포츠는 조직적 또는 규칙성 부재, 원시인은 종족을 보호하고 영토를 확장하며 정치 질서와 지위를 유지하기 위한 군사적 목적으로 활용
　- 봉건 정치제도는 원시 또는 부족사회보다 발전된 형태로서 정치제도의 법제화와 관료화 과정을 거친 단계, 중세는 지배계급이 권력을 유지하기 위하여 스포츠를 활용
　- 근대사회의 정치제도는 다양한 이해집단의 구성으로 정부의 역할이 중요시되고 정부는 스포츠를 이용하여 사회를 통합하고 사회질서를 유지하는데 활용
③ 특히 자본주의 발달(산업화, 정보통신 등)은 스포츠의 조직, 규칙, 시설, 정책 등에 급격한 영향, 더 나아가 스포츠는 누구나 즐기며, 이념, 사회, 경제 질서를 유지하고 평가하는 척도로 활용, 많은 국가들이 경쟁적으로 스포츠 확산에 관심을 기울임

2장 스포츠와 국내 정치

[01] 스포츠 정책의 이해

가 스포츠와 정책

① 스포츠가 정치적 목적 달성을 위한 효과적인 수단으로 인정받게 되면서 정책적 차원에서 그 중요성이 증가
② 스포츠와 정치는 정책이라는 매개체를 통하여 상호보완적인 관계를 유지하고 있으며, 정책이라는 수단을 통하여 현실에 투영되고 구체적인 모양을 형성
③ 스포츠 정책: 스포츠를 통하여 정치적 목적을 달성하는 것이며, 스포츠 진흥 및 활성화를 위한 과정으로서 이해, 정책 요소는 인력, 시설, 행정, 조직 등 인적 자원과 물적 자원
④ 이처럼 스포츠와 정치는 역학적 관계를 형성: 스포츠와 정치는 넓은 의미에서 정치적 선전도구 또는 국가경쟁력을 평가하는 기준이 되며, 좁은 의미에서는 스포츠 참여 확대를 위한 분야별 또는 대상별 적합한 정책 수립을 위한 관계가 있음
⑤ 스포츠와 정치의 관계: 국가의 역할에 따라 ㉠ 국가 주도형 ㉡ 혼합형 ㉢ 민간 주도형으로 구분

올림픽에서의 정치적 행위

유형	내용	예
국가 주도형	정부가 주도적으로 엘리트스포츠와 생활체육 발전을 위한 정책 제시 및 집행을 하는 유형으로, 스포츠 진흥 및 발전에 직접적으로 개입하는 유형이다. 따라서 국가는 정권의 정당성 강화나 정치적 목적 달성을 위해 스포츠를 활용하며, 스포츠는 국가로부터 많은 영향을 받는다.	국가기관에서 스포츠 관련 정책을 총괄하고 집행하는 유형(중국 등)
민간 주도형	국가 주도형과 달리 민간조직이 주도적으로 스포츠 진흥 및 발전에 개입하는 유형으로, 정부의 역할은 스포츠 시설 및 제반 여건 조성에 국한된다. 정부의 개입은 최소한으로 제한하고 민간스포츠 단체가 독립적으로 운영하는 형태이다.	민간 차원의 조직화된 스포츠 행정조직이 중심 역할을 하는 유형(미국 등)
혼합형	국가 주도형과 민간 주도형의 장점을 모아놓은 형태로서, 스포츠 진흥과 발전을 위하여 민간과 정부가 적극적으로 개입하고 정부는 스포츠 발전을 위한 정책 제시와 시행을 주도한다.	정부 산하의 독립법인체의 지위를 가진 스포츠조직이 업무를 담당하는 유형(호주 등)

나 스포츠 발전을 위한 정책

① 스포츠 정책은 결국 스포츠의 발전을 목표로 하는 국가 주도의 시책을 의미
② 스포츠의 가치 및 이념 확산, 대중화 등을 위한 재정적·행정적 자원 확보와 분배의 과정
③ 스포츠정책의 관심증대 이유: 스포츠는 경제성장을 위한 산업적 측면과 국민의 건강, 행복, 삶의 질 등 사회의 전 분야에 걸쳐 중요한 역할
④ 오늘날 우리나라는 스포츠 강국을 넘어 스포츠 선진국을 지향, 2013년 '스포츠비전 2018' 정책을 수립, 생활, 학교, 전문을 통합하여 선순환 구조를 만들기 위해 통합체육회를 추진

다 스포츠를 활용하는 정책

① 정치는 생물 그 자체로 통치와 지배를 통하여 복종, 협력 등 사회질서를 유지
② 하지만 정치적 이해관계의 대립으로 인한 저항을 최소화하고 국민의 권익을 보장하기 위한 수단으로서 스포츠를 활용
③ 정치가들은 건강하고 활동적인 이미지를 도모하기 위하여 전략적인 수단으로 스포츠를 활용
④ 이처럼 정치는 스포츠의 이미지, 공정성과 정당성을 활용한 정치적 상황에 대입하여 활용하면 국민이 정책을 손쉽게 받아들이고 이해

[02] 스포츠에 대한 정치의 개입 원인

① 정치는 대중에게 메시지를 전달, 체제의 우월성을 강화하기 위한 수단으로 스포츠에 개입
② 오늘날 스포츠는 선수 개인 또는 국가적 차원의 정치적 태도를 표현하는 효과적인 선전
③ 스포츠는 민족이나 국가의 우수성이 표출되는 이데올로기의 전달 기능을 수행

가 국민 건강 증진과 여가 기회 제공

① 국민의 건강수준은 국가의 생산력과 직결되는 중요한 요소
② 스포츠 참여는 질병 감소에 따른 의료비 절감과 생산성 증가에 기여하는 효과가 높음
③ 신체활동 참여는 국민의 건강증진에 기여하여 의료비 절감효과, 여가 기회의 장으로 활용
④ 정부의 스포츠에 전략적 개입: 국민 건강 증진, 삶의 질적 향상, 여가 기회를 제공

나 사회질서의 유지 및 보호

① 국가는 개인과 집단을 보호하고 공공의 안전을 위해 합법적인 스포츠의 형태를 결정

② 스포츠 활용 주체와 제공 방법 및 장소 등 스포츠의 생태환경에 대한 세부적인 규칙을 제정
③ 정부의 스포츠 개입은 일반 국민 대상의 보편적인 스포츠 참여 정책, 그리고 소외계층이나 사회적 약자의 스포츠 참여 기회 확대에도 정책적 노력을 경주

다 국가 및 지역사회의 경제 촉진
① 오늘날의 올림픽은 경제적 이익을 가져다주는 훌륭한 수단
② 스포츠는 직·간접 시설 확충 및 관광객 유입, 다양한 관련 산업의 성장 등 경제적 파급효과
③ 정부는 스포츠를 통해 발생하게 되는 유·무형의 자산이 장기적으로 지역사회 및 경제발전에 기여할 수 있다는 믿음에서 촉진

라 정부나 정치가에 대한 지지 확보
① 스포츠는 대중화합 및 단결을 통한 국가에 대한 소속감이나 애국심을 재확인시켜주는 기능
② 정치는 국민을 하나로 결집시키기 위하여 스포츠에 개입하는 정당성을 확보
③ 정치인들은 스포츠를 활용한 각종 대회를 지원하거나 직접 참여하여 지지기반을 확보

마 지배이데올로기에 부합하는 가치 및 성향의 강조
① 스포츠는 목표 달성 및 성공을 위한 인내와 노력을 최고의 덕목
② 정부는 국민의 가치와 덕목을 고양시키기 위하여 스포츠를 전략적으로 이용
③ 국가적 차원의 스포츠 영웅을 육성하여 힘든 과정을 인내하는 가치관을 국민에게 주입
④ 스포츠 경쟁 활동을 통해 발현되는 개인의 성취나 목표 실현을 자연스러운 사회화 과정
⑤ 또한 인종이나 계급 간 갈등을 해결하기 위한 수단으로 스포츠가 활용

3장 스포츠와 국제 정치

[01] 국제정치에서 스포츠의 역할

가 외교적 친선 및 승인

① 국제사회가 스포츠를 교류의 수단으로 사용하는 것은 양국 간 친선 도모, 외교관계를 승인
② 스포츠를 통한 외교적 친선 및 승인의 대표적인 사례는 핑퐁외교
③ 핑퐁외교는 미국과 중국의 대립적 관계를 해소하기 위해 1971년 미국 탁구선수단이 중국을 방문하여 친선 경기를 개최, 양국의 호혜적인 분위기 조성, 관계 개선의 전기를 마련한 사례

나 외교적 항의

① 현대 국제사회는 다양한 분쟁이 전 세계적으로 발생하고 확장
② 스포츠는 외교적 항의를 표출하는 다양한 수단이 동원되고 있으며, 정치, 경제적 통상적 항의 외교적 마찰을 최소화하는 특정 국가와의 스포츠 교류를 거부
③ 또는 해당 국가의 운동선수가 스포츠경기에 참석하기 위한 입국 신청을 거절할 경우 외교적 항의를 대체할 수 있는 수단으로 활용

다 국위선양

① 국가스포츠 대항전의 승리는 곧 해당 국가의 우수성을 입증하는 근거로 활용
② 자국의 우월성을 과시하기 위한 정치적 도구로 활용
③ 국제스포츠대회의 참가는 국내의 정치적 상황을 국제사회에 공표하는 기회의 장

라 이데올로기 및 체제 선전의 수단

① 스포츠의 이데올로기 및 체제 선전의 역할이 강조될 경우 권력에 의한 패권주의를 암묵적으로 조장하고, 스포츠를 정치 선전을 위한 장으로 퇴색시키는 경향
② 즉 1936년 베를린올림픽은 히틀러 정치체제에 의해 공산주의 국가의 정치적 역량과 제도를 전시하기 위한 정치선전의 장으로 활용되었던 사례

마 국제 이해 및 평화 증진

① 국제정치에서 스포츠는 국가와 민족, 문화를 초월하여 세계평화와 인류애를 형성, 공헌
② 국가 간 정치적 이념 차이로 인한 갈등에 대해 전쟁 같은 무력 충돌을 예방하고 억제하는 수단

바 갈등 및 전쟁의 촉매

① 스포츠를 통한 국위선양, 이데올로기 및 체제 선전의 기능이 점차 강화됨에 따라 이해관계자 간 갈등과 전쟁을 유발
② 과격주의자들이나 극렬 항의단체들이 그들의 목적을 달성하기 위하여 스포츠에서도 극단적인 행동을 취함으로써 정치적 긴장감이 고조되고, 이로 인해 국가 간 전쟁이 일어날 가능성

[02] 올림픽과 국제정치

가 올림픽의 이상과 정치

① 올림픽은 고대 그리스 제전경기의 하나인 올림피아에서 기원
② 근대올림픽 창시자인 피에르드 쿠베르탱은 스포츠를 통하여 지·덕·체가 조화롭게 발달된 인간상을 구현하기 위한 올림피즘(Olympism)을 제시
③ 올림피즘이란 올림픽의 이념과 정신, 그리고 이상과 가치를 의미
④ 즉 신체적 경쟁을 통한 지적·도덕적 발달과 친선을 통한 우호적인 관계를 형성하고 상대방을 존중하는 것이야말로 올림픽의 본질이며 핵심가치

나 올림픽의 정치화 원인

① 올림픽경기는 국가 대항전이라는 특성과 과도한 경쟁을 유발하기 때문에 세계평화 실현이라는 올림픽 정신을 훼손한다는 비난을 받음
② 올림픽이 정치화되는 원인은 정치수단으로서의 가치 때문
③ 올림픽의 가치를 훼손하고 올림픽 정치화를 유발하는 원인
  - 민족주의의 발현: 민족주의는 국가에 대한 충성심과 헌신을 요구하며 자민족 중심의 문화와 이익을 대변하는 욕구를 반영. 즉 민족주의는 올림픽을 정치화시키고 해당 국가의 이익을 강조하는 기능을 수행
  - 정치권력의 강화: 스포츠는 정치적 목적에 따라 권력의 강화, 이념 혹은 체제의 선전, 국민단결을 위한 정책적 수단으로 활용. 즉 스포츠가 국가 간 경쟁 수단으로 활용되면서 각국은 정치적 권위 및 국력과시를 위하여 올림픽 같은 국제규모의 스포츠경기에 참여

- 상업주의의 팽창: 올림픽은 전 세계인의 이목을 집중시킴에 따라 중계권시장의 규모가 상상을 초월할 정도로 급속히 증가, 즉 올림픽 규모의 비대화는 필연적으로 상업주의와의 결합을 초래, 올림픽은 상업적 이익 추구를 위한 효과적인 도구로 활용

다 올림픽에서의 정치적 행위

① 올림픽의 규모 증대와 더불어 정치적 성격이 짙어짐에 따라 올림픽의 순수성은 점차 퇴색되고 정치화, 상업화, 민족주의, 인종차별, 윤리, 이념 등의 문제에 봉착
② 올림픽이 정치적 이데올로기 및 체제 선전의 장으로 그 기능을 수행함에 따라 필연적으로 국가 간의 정치적 갈등이 표출
   - 정치체제의 선전: 1936년 제11회 베를린올림픽은 히틀러에 의해 나치 이념 및 게르만 민족의 우월성을 전 세계에 알리기 위한 수단, 이는 올림픽이 정치로 사용된 첫 번째 사례
   - 정치적 이슈의 쟁점화: 1968년 제19회 멕시코올림픽에서 미국 흑인선수가 시상대에서 검은 장갑과 검은 양말을 신는 등 인종차별에 대해 항변하는 시위, 이는 국제사회에 인종차별에 대한 관심을 증가
   - 테러 등의 안전 위협: 1972년 제20회 뮌헨올림픽은 이스라엘의 팔레스타인 수감자들을 석방할 것을 요구하는 팔레스타인 테러리스트와 뮌헨 경찰의 총격전으로 이스라엘 선수단 9명이 전원 사망함으로써 평화의 제전인 올림픽이 피로 물든 참혹한 사건이 발생
   - 집단 항의: 1976년 제21회 몬트리올올림픽 당시 인종차별 정책을 실시하고 있던 남아프리카공화국과 친선 경기를 한 뉴질랜드의 올림픽 참가에 항의하는 뜻에서 아프리카 28개국이 불참을 선언하는 사건이 발생

라 올림픽경기의 문제점

① 아마추어리즘 및 참가 자격: 올림픽 참가 자격에 대한 논란이 증가하고 있으며, 차츰 프로선수의 참가가 증가하는 추세
② 정치적 이용 및 선전 수단: 올림픽을 통해 자국의 정치적 곤경을 타파, 나아가 정치적 입지를 공고히 하는 현상이 증가
③ 인종 및 민족 간 갈등: 평화의 실현이라는 올림픽 정신을 준수하지 않고 민족주의나 국수주의가 강화되고 있는 추세
④ 판정의 불공정성: 자국의 이익을 위한 판정시비가 빈번히 발생
⑤ 올림픽 개최 비용 증가: 올림픽의 규모가 커짐에 따라 개최에 필요한 제반 비용이 천문학적으로 증가
⑥ 상업주의의 팽창: 올림픽의 근본정신이 훼손되고 경제적 이익이나 경제 활성화 등 상업주의적 시각이 팽배

⑦ 폭력 및 약물복용: 아마추어리즘에 입각한 올림픽 정신을 위반하고 무조건적인 승리를 지향하는 행위가 빈번히 발생

03 스포츠와 남북관계

가 남북한 스포츠 교류의 의의
① 스포츠는 국가 간 외교적 친선 및 승인이나 국제 이해 및 평화 증진에 기여하는 역할
② 스포츠의 속성은 남북관계 개선에도 중요한 역할
- 남북한 스포츠 교류는 역사적으로 전통성을 지닌 문화행사
- 남북한 스포츠 교류는 대중성을 기반으로 한민족의 가치 회복에 많은 영향
- 스포츠는 국가 간 동일한 규칙 및 제도에 의해 경쟁할 수 있으므로 남북한 이념 차이에 의한 갈등의 요소 제거
- 스포츠 교류는 국제스포츠기구를 통한 참여와 중재 등 스포츠를 매개로 한 국제외교의 장

나 남북한 스포츠 교류의 기능
① 남북한 스포츠 교류는 1929년 경성(서울)과 평양 간 축구 교류전인 경평전을 시작
② 1960년 제17회 로마올림픽경기에서 남북한 단일팀 구성을 위한 논의
③ 남북한 스포츠 교류는 민족의 관심을 지속적으로 유발
- 정치적 기능: 스포츠는 국가 간 협력과 화합을 도모 따라서 스포츠는 남북한의 갈등을 해소하고 관계 개선을 위한 정치적인 기능
- 사회문화적 기능: 남북한 스포츠 교류는 상호간의 문화를 교류하는 사회문화적인 기능
③ 특히 남북한 체육은 타 분야에 비해 높은 동질성을 갖고 있기 때문에 스포츠 교류는 민족적 동질성을 회복하고 정체성 확립에 기여

다 남북한 스포츠 교류의 역사
① 단일팀 구성을 위한 노력

기간	내용
1963.1.24~7.26	도쿄올림픽 단일팀 구성문제 토의(3차 회담 결렬 후 별도 참가)
1979.2.27~3.12	제35회 평양세계탁구선수권 단일팀 구성논의(4차회담 결렬후 한국참가 무산)
1984.4.9.~5.25	1984 LA올림픽 단일팀 구성논의(3차 회담 결렬 후 북한 불참)
1985.2.1	사마란치 IOC 위원장 주재 남북한체육회담 개최 제의
1985.10.8~1987.7.14	1988 서울올림픽 단일팀 구성 및 공동개최 논의 (4차 회담 결렬, 북한 IOC 수정안 거부 후 불참)
1989.3.9~1990.2.7	1990 베이징아시아경기대회 단일팀 구성 논의 (결렬 후 별도 참가)
1990.2.21	김형진 남북체육회담 북측대표 회담 결렬 비난 성명

② 남북한 스포츠경기 교류전 개최

기간	내용
1990.10.9~13	남북통일축구 평양대회 개최
1990.10.21~25	남북통일축구 서울대회 개최
1991.4.24~5.6	제41회 세계탁구선수권대회 단일팀 구성 참가(한반도기와 국가 아리랑 사용)
1991.6.14~6.30	제6회 세계청소년축구대회 단일팀 구성 참가(한반도기와 국가 아리랑 사용)
1999.8.10~8.14	통일염원 남북노동자축구대회
1999.9.27~10.1	현대 통일농구 교환경기 평양대회 개최
1999.12.22~12.25	현대 통일농구 교환경기 서울대회 개최
2000.7.26~7.30	삼성 통일탁구 경기대회
2000.9.15	시드니하계올림픽경기대회 개 · 폐막식 공동입장

③ 남북한 교류를 향한 지속적인 협력

기간	내용
2002.9.14~9.17	태권도시범단 교환 평양 개최
2002.10.23~10.26	태권도시범단 교환 서울 개최
2003.8.20~9.1	22회 대구하계유니버시아드(2003)
2003.8.17~8.21	남북태권도교류 협의 및 대구하계유니버시아드 참관(2003)
2004.8.14~8.29	아테네하계올림픽경기대회 공동입장(2004)
2005.10.29~11.6	제4회 마카오동아시아경기대회 공동입장(2005)
2006.12.1~12.15	도하하계아시아경기대회 개 · 폐회식 공동입장(2006)

03 스포츠와 경제

1장 상업주의와 스포츠

[01] 상업주의와 스포츠의 변화

가 현대 스포츠 발전에 영향을 미친 사회적 요소

① 산업화: 산업화는 삶의 질 향상과 여가시간 증대로 인한 더 많은 시간 동안 스포츠 활동 참여에 기여
② 도시화: 산업화로 인한 도시화는 스포츠가 발전하는 가속화 역할 즉, 스포츠 활동의 관심 증가, 프로스포츠가 발전하는 기반 제공
③ 교통과 통신의 발달: 교통의 발달은 스포츠경기 및 참여를 위한 이동 수단, 통신이 발달하면서 스포츠와 관련된 정보를 빠르고 쉽게 공유, 다양한 매스미디어는 대중에게 스포츠와 관련된 정보를 효과적으로 전달, 특히 인터넷을 기반으로 하는 포털사이트, 소셜네트워크서비스(SNS)가 발전함에 따라 대중은 생활 속에서 스포츠와 관련된 정보를 손쉽게 습득

나 상업주의 스포츠 발전을 위한 사회 · 경제적 환경

① 자본주의적 시장경제 체제: 상업스포츠의 가치 이윤추구, 상업스포츠의 주체들(구단, 선수, 스폰서 등)이 이윤을 추구하기 위해서는 자유로운 경쟁을 통해 금전적 보상이 이루어질 수 있는 자본주의적 시장경제 체제가 효과
② 인구가 밀집되어 있는 도시: 상업스포츠가 성공하기 위해서는 상품을 소비할 수 있는 시장이 필요, 즉 도시에 밀집된 인구는 상업스포츠 조직의 상품을 구매할 수 있는 잠재적 고객, 상업스포츠는 이를 바탕으로 상업스포츠 활성화를 위한 기반 마련
③ 경제적 여유가 있는 계층: 상업스포츠의 발전은 상업스포츠를 소비하고 즐길 수 있는 경제적 여유를 가진 소비자가 필요, 즉 경제적 여유가 없다면 스포츠를 즐길 수 있는 육체적 · 시간적 · 정신적 여유가 부족하게 되며, 이는 상업스포츠를 소비할 수 있는 기회가 상대적으로 제한
④ 상업스포츠의 기반시설 구축을 위한 거대자본: 상업스포츠에 필요한 경기장과 체육관 시설을 건설하거

나 운영하기 위해서는 막대한 자본이 투입 필요, 자본의 투입은 국가적 차원에서 공익의 목적으로, 혹은 기업적 차원에서 홍보 및 마케팅 차원에서 이루어지는 경우
⑤ 소비를 강조하는 문화: 소비를 중요시하고 물질적 가치를 강조하는 사회적 환경은 상업스포츠 발전을 위한 밑거름 등의 환경 조성이 필요

다 스포츠와 경제 활동

① 스포츠 용품 제조 산업: 스포츠 용품은 스포츠 활동에 필요한 용·기구 또는 의류 등을 뜻하며, 스포츠 용품 산업은 스포츠 용품의 제조 및 유통과 관련된 산업을 의미, 따라서 스포츠 용품 제조 산업도 급속한 성장
② 기념품 제조 및 판매 사업: 스포츠 관중이나 팬들은 응원하는 대상과 자신을 동일시하기 위해 해당 팀이나 선수를 상징하는 스포츠 용품을 구매
③ 스포츠 시설 업: 대규모 스포츠 이벤트를 성공적으로 개최하기 위해서는 경기장을 건설하고 이를 효율적으로 운영하는 것이 중요
④ 스포츠 관광 사업: 여가 시간 증대는 레저 및 스포츠를 즐기는 문화가 발달하면서 일상생활권을 벗어나서 신체적 활동에 참여하거나 관람자로서 스포츠 이벤트에 참가하는 소비자가 증가
⑤ 스포츠 커뮤니케이션: 기업이 스포츠를 이용, 판매촉진 행위 및 홍보 등의 활동을 하는 것을 스포츠 커뮤니케이션, 커뮤니케이션을 통해 기업 이미지를 긍정적으로 변화에 활용

라 상업화에 따른 스포츠의 변화

① 스포츠 본질의 변화: 스포츠 상업주의의 영향은 아마추어리즘이 약화되고 프로페셔널리즘이 발전하여 직업화가 되었으며, 이로 인해 스포츠는 기본적으로 추구하던 순수한 신체활동 그 자체보다 물질적인 보상에 더 많은 관심
② 스포츠 목적의 변화: 상업스포츠에서 경제적 이윤을 얻기 위해 필요한 것은 관중의 흥미를 유도, 흥미를 유도하여 더 많은 관중이 경기장을 찾게 하고, 상품을 구매하도록 만드는 것은 상업주의에 기반을 둔 스포츠의 주요 목표
③ 스포츠 구조의 변화: 스포츠 규칙은 관중의 흥미를 유도할 수 있도록 변화, 즉 스포츠의 내적 병태의 변화보다는 외적인 형태를 변화
④ 스포츠 내용의 변화: 스포츠의 상업화가 진행되면서 경기 자체보다는 경기 외적인 요소를 더욱 중요시하는 경향
⑤ 스포츠 조직의 변화: 상업스포츠 조직은 경제적 가치를 극대화하기 위하여 매스미디어, 대회 수입, 경품 규모 같은 스포츠 외적인 요소를 더욱 강조, 따라서 상업스포츠 조직은 경기를 관중의 흥미를 극대화하기 위한 쇼(show)의 형태로 기획

[02] 프로스포츠와 상업주의

가 프로스포츠와 경제

① 프로스포츠 구단의 경제적 가치: 프로스포츠 종목별 구단의 가치는 다르지만 인기 있는 프로스포츠 구단의 가치는 매우 높음, 스페인 프리메라리가의 레알마드리드는 34억 달러 이상의 가치(약 3조 7,000억 원)
② 프로스포츠시장의 경제적 특징: 프로스포츠시장은 다양한 형태로 지속되고 발전하고 있으며, 경제적 측면에서 일정한 특징, 즉 희소성, 경쟁, 미완성 제품, 독점적 요소, 파생시장, 외부효과 등
③ 프로스포츠의 수입과 지출: 수입원은 입장료, 미디어 중계권료, 기타 판매 수익으로 구분, 지출은 구단의 운영비용 즉, 크게 연봉과 기타 운영비용으로 구분, 연봉은 선수 및 코치, 운영 직원들에게 지급되는 비용을 의미하며 지출항목 중 가장 높은 비율

나 프로스포츠의 사회적 기능

① 과도한 상업화로 인해 프로스포츠가 스포츠 본질을 저해한다는 부정적인 측면도 존재
② 하지만 운동선수들에게 동기를 부여하고, 스포츠의 저변 확대에 기여한다는 긍정적인 측면
③ 프로스포츠가 가지고 있는 사회적 기능은
   - 순기능: 관중 스트레스 해소, 아마추어선수 미래 개척, 해당종목 저변확대, 사회적 통합, 경제활동 촉진 등
   - 역기능: 지나친 상업화, 아마추어리즘 퇴조, 스포츠 본질 왜곡(스포츠 도박) 등

다 우리나라 프로스포츠의 발전과 특징

① 우리나라의 스포츠는 주로 대학과 실업 등의 아마추어스포츠가 주를 이루었으며, 스포츠에 대한 관심이 증가
② 프로스포츠의 경제적 가치에 대한 인식이 확산되면서 1980년대 프로스포츠가 급속도로 발전
   - 프로스포츠의 탄생: 초기프로스포츠 중 복싱은 1935년 조선권투연맹 창설로 프로리그가 시작되었으며, 레슬링은 1960년대 가장 인기 있는 스포츠 종목, 국내는 1982년 야구, 1985년 축구, 1996년 농구, 2004년 배구가 시작되면서 프로스포츠의 발전이 가속화
   - 프로스포츠의 현황: 2012년 12월 기준 축구, 야구, 농구(남·여), 골프(남·여), 권투, 바둑 등 7개 종목에 걸쳐 10개의 프로단체가 조직, 종목별로는 축구 22개, 야구 9개, 남자배구 6개, 여자배구 6개, 남자농구 10개, 여자농구 6개 등 총 59개의 프로스포츠 구단
   - 우리나라 프로스포츠의 특징: 프로스포츠 구단은 대기업의 사회 환원을 위한 도구로 인식, 그리고 거대자본을 투자하고 있는 모기업의 이미지 제고를 가장 큰 목표로 함

[03] 상업주의와 세계화

가 상업스포츠의 시장 확대와 세계화

① 유명 스포츠리그나 구단들은 시장을 확대하여 이익을 최대화하기 위해 노력
② 다국적 기업들은 스포츠를 활용하여 자신들이 가지고 있는 상품을 효과적으로 홍보
- 시장 확대를 위한 상업스포츠 조직의 노력: 상업스포츠 조직들은 더 많은 이윤을 창출하기 위해 시장을 확대(방송중계권, 소비자상품)하려고 최대한 노력
- 기업의 세계화를 위한 도구로서 스포츠의 활용: 기업은 스포츠 후원을 통해 기업이 가지고 있는 이미지를 향상, 이벤트나 기량이 우수한 선수를 후원하며, 이를 효과적인 홍보수단으로 삼음
- 스포츠의 브랜드화와 상업주의: 상업스포츠 조직은 경기장, 스포츠경기대회 명칭, 선수 등과 같은 상품을 브랜드화를 통한 이윤을 창출

나 상업스포츠 조직의 세계화 사례

① 상업스포츠 조직은 세계화를 위해 다양한 전략을 시행
② 다국적 기업은 스포츠를 효과적인 홍보수단으로 활용
③ 프로리그는 시장 확대를 통해 다양한 국가의 팬을 확보하고 구단이 가지고 있는 경제적 가치를 증진시키기 위해 많은 노력
- 다국적 기업의 세계화 사례: IOC의 TOP(The Olympic Partners) 프로그램은 다국적 기업이 스포츠를 세계화에 활용하고 있는 가장 대표적인 사례
- 프로리그의 세계화 사례: 미국 프로농구 NBA는 세계시장을 확대하기 위해 1992년부터 농구 드림팀을 구성하여 올림픽에 출전시켜 NBA 스포츠선수 및 팀에 대한 관심을 고조

2장 스포츠 메가 이벤트의 경제

[01] 스포츠 메가 이벤트의 사회적 기능

가 스포츠 메가 이벤트의 긍정적 효과

① 성공적인 스포츠 메가 이벤트의 개최는 해당 지역이나 국가의 발전을 위한 교도부
② 국가 및 지방단체는 스포츠 메가 이벤트를 유치하고 성공적으로 개최하기 위해 많은 노력

- 경제적 효과: 지역경제 촉진, 관련 산업 발전, 개최 지역 국제화, 고용창출 등
- 국가가 이미지 제고: 국가 홍보 수단, 성공적인 이벤트는 국가의 브랜드 이미지를 제고
- 국가 및 지역 간 교류 증가: 메가 이벤트는 개최국가, 지역의 국제화 및 개방화를 촉진
- 기반시설 확충: 이벤트의 개최를 위한 도로, 교통, 통신 시설 등과 같은 사회간접자본(SOC) 시설을 통해 장기적인 발전 기반 조성
- 시민의식 향상: 국가의 소프트 인프라(soft-infra), 즉 제도의 합리성, 노동윤리, 선진 경제 질서, 시민의식, 유·무형의 사회적 응집력 등의 요소 증진

스포츠 이벤트의 경제/사회적 영향

유형별	긍정적 영향	부정적 영향
지역 경제	• 이미지 개선, 지역의 국제화 • 시설 건설/이벤트 등 고용 창출	• 물가 불안, 부동산 투기 등 • 시설 운영비용
관광	• 여행/관광산업 활성화 • 새로운 구경거리 창출	• 부실 운영 등 이미지 손상 • 관광산업 활성화 미흡
환경	• 시설 개/보수 등 환경 정비 • SOC 시설 확충	• 환경파괴 및 오염 유발 • 소음, 교통 혼잡
사회/문화	• 개최 지역에 대한 관심 제고 • 전통과 가치 증진	• 혼란, 무질서 등 생활불편 • 방범, 강도 등 치안 불안
심리적	• 지역 또는 국가에 대한 자부심 • 가능성에 대한 자신감	• 상대적 피해/소외계층 반발 • 관광객, 참여자들에 대한 반감
정치적	• 세계적 수준의 국력 과시 • 국민/국가의 정치적 단결	• 개인을 정치적 목적에 이용 • 이벤트의 본질 왜곡

나 스포츠 메가 이벤트의 부정적 효과

① 사회결집력 약화: 메가 이벤트의 개최 과정에서 상대적으로 많은 이득을 얻는 계층과 손해를 보는 계층이 필연적으로 발생하게 되며, 이 때문에 계층 간의 갈등이 유발
② 경제적 손실: 메가 이벤트 개최는 국가적 차원의 사회간접자본을 투자하여 실패하는 경우 개최국 및 지역의 경제적 위기를 초래
③ 부정적 외부효과: 일부 선진국의 주민은 스포츠 메가 이벤트가 유발할 수 있는 환경오염, 교통 혼잡, 물가 상승 등을 이유로 스포츠 메가 이벤트의 유치 반대
④ 무리한 시설 건설: 사업성 및 활용방안 미비는 스포츠 메가 이벤트 시설(경기장, 체육관 등)은 개최하는 국가 혹은 지방자치단체의 재정 부담 가중
⑤ 다른 분야 투자에 대한 기회비용 발생: 메가 이벤트를 개최하기 위해 투입된 막대한 국가 재정이 다른 분야에 사용됐을 때 얻을 수 있는 효과는 무엇인가'라는 점을 비판적인 관점에서 바라볼 필요

[02] 스포츠 메가 이벤트의 경제적 효과

가 스포츠 메가 이벤트의 경제적 가치

① 스포츠 메가 이벤트는 중계권료, 스폰서료, 관광 수익 등을 통해 막대한 수익 창출
② 미디어 기술의 발전은 올림픽은 대형 스포츠 메가 이벤트의 경제적 가치가 더욱 상승
③ 스포츠 메가 이벤트의 경제성: IOC는 2009년부터 2012년까지 올림픽 마케팅(8,000억 달러), FIFA는 중계권료로만 11억 달러(약 1조 2,000억 원), FIFA는 이 대회를 통해 스폰서 비용, 티켓 판매비용 등을 포함한 마케팅 수익 11억 달러(약 1조 2,000억 원)를 추가적으로 벌어들여 총 22억 달러(약 2조 4,000억 원)의 수익
④ 스포츠 메가 이벤트의 경제적 파급 효과: 1984년 LA올림픽(23억 달러) 7만 3,000명의 고용유발 효과, 1996년 애틀랜타올림픽(35억 달러), 2006년 독일월드컵은 100억 유로(약 17조 8,000억 원), 4만여 명의 고용유발 효과 발생

나 우리나라 스포츠 메가 이벤트 유치와 경제적 효과

① 88서울올림픽의 경제적 효과: 대회 개최 총 9,083억 원의 수입, 5,722억 원을 지출하여 3,361억 원의 흑자, 그리고 올림픽 관련사업(2조 3,662억 원)의 투자로 약 1조 9,000억 원의 소득 창출, 약 34만 명에게 일자리를 창출
② 2002한·일 월드컵의 경제적 효과: 26조 4,600억 원의 경제적 효과, 업의 이미지 제고 효과는 14조 7,600억 원, 부가가치 유발 효과는 4조 원, 국가브랜드 홍보 효과는 7조 7,000억 원

04 스포츠와 교육

1장 학교체육의 이해

[01] 학교체육의 개념과 역할

① 학교체육은 학교라는 울타리 안에서 이루어지는 체육활동을 의미
② 학교체육은 학교교육제도 안에서 행해지는 모든 스포츠 활동을 포함
③ 학교체육은 학생들이 건강한 생활을 통하여 행복감을 느끼고 이를 통해 평생건강의 기틀
④ 학생의 육체적·정신적·사회적으로 건전한 삶을 영위할 수 있게 하는 중요한 역할

가 학교체육의 가치

① 체육의 교육적 가치는 크게 신체적 가치와 정신적 가치로 구분
② 신체적 가치는 학생들의 건강 증진에 기여
③ 그리고 정신적 가치는 학생들의 인지적·정의적·감성적 발달을 도모

나 학교체육의 분류

① 학교체육은 교육기관의 책임 하에 이루어지는 체육활동으로 학교수업 정규 교과시간
② 정과체육, 학원스포츠, 스포츠 활동 참여를 통해 학생들의 신체활동을 증진
③ 그리고 학교스포츠클럽 활동으로 교육목적과 활동내용에 따라 분류
  - 정과체육: 2009년 개정(개정 7차 교육과정)에 의해 초, 중의 필수교과, 고등은 보통교과로 10단위 이상 이수, '건강', '도전', '경쟁', '표현', '여가'의 5가지 영역을 포함
  - 학원스포츠: 학교운동부로 지칭, 2013년 초·중·고등학교의 41.6%에 해당하는 4,727개의 학교운동부를 육성, 8,706개, 68,308명의 학생선수
  - 클럽스포츠: 스포츠동아리 중심의 체육활동, 학교체육진흥법은 학교스포츠클럽을 "체육활동에 취미를 가진 동일 학교의 학생으로 구성·운영되는 스포츠동아리", 학생들의 신체·심리·정신

적 건강 도모, 건강한 학교문화를 형성하기 위한 목적으로 2007년부터 시행

[02] 학교체육의 문제점

가. 정과체육

① 체육수업의 부실화: 체육수업의 부실화 현상은 열악한 체육시설 환경, 교사의 능력과 인식 부족 등에 의해 나타나며, 이는 학생들에게 체육수업이 추구하는 가치가 제대로 전달되지 않는다는 것을 의미
② 체육교과의 위상 약화: 체육교과는 근대 학교교육이 시작되고 나서부터 주요 교과로서의 지위는 지속적으로 가지고 있으나 학교체육에 대한 부정적 인식, 보건교과의 신설 등으로 인해 체육교과의 위상이 약화

나. 학원스포츠

① 학습권 문제: 기본적인 학교교육에서 배제된 채 운동에만 전념해야 하는 기형적인 학원스포츠 시스템으로 인해 학생선수들은 학습권을 제대로 보장받고 있지 못하고 있는 사례
② 학생선수의 폭력/성폭력 문제: 학생선수들은 학원스포츠 환경에서 폭력 및 성폭력에 노출될 수 있는 위험성, 즉 상해, 폭행, 감금, 협박 등을 통해 학생선수에게 신체, 정신 또는 재산상의 피해를 입히는 행위가 증가
③ 학생선수에 대한 그릇된 인식: 일반학생들은 학생선수들을 예외적인 존재, 특별대우를 받는 존재로 인식하는 경향, 교사들은 학생선수들을 반 평균을 낮추는 학생, 수업시간은 수면 시간, 수업에 참여하지 않는 학생으로 인식
④ 학원스포츠에 대한 찬반 논쟁
 - 찬성: 학원스포츠를 통해 교육적 목적을 달성, 학생들의 전인적 발달에 긍정적으로 기여
 - 반대: 학원스포츠가 교육적 목적 달성에 기여하지 못한다는 주장

[03] 학교체육제도의 변화

가. 일반학생 지원 주요 사업

① 학교체육 전문성 향상: 체육수업의 전문성과 학교스포츠클럽을 지원하는 인력 확보, 즉 초등학교의 경우 초등학교 체육전담교사, 스포츠강사 배치 사업을 지속적으로 추진 2014년 현재 5,168명의 체육전담교사, 3,800명의 스포츠강사가 배치되어 활동

② 스포츠 참여 기회 확대: 학교스포츠클럽 육성은 교육인적자원부의 주도로 2009년 개정 교육과정을 통해 학교스포츠클럽 의무화를 시행, 점차적 확산
③ 학생체력평가 및 증진: 학생건강체력평가제(PAPS)는 2009년 초등학교, 2010년 중학교, 2012년에는 고등학교로 확대 운영
④ 여학생 체육활동 활성화: 최근 여학생들의 체육활동 참여를 촉진하기 위한 뉴스포츠 종목을 적극 활용하여 신체활동에 대한 흥미 유발

나 학생선수 지원 주요 사업

① 우리나라 학생선수들은 경기실적 위주 선발의 체육특기자 제도에 따라 상급학교 진학을 위해 운동만 하고 공부를 소홀히 하는 경향
② 학교체육 정책의 추진방향은 공부하는 학생선수 육성을 통한 체·덕·지를 겸비한 인재 육성
  - 학생선수의 학습권 보장: 최저학력제를 도입하여 학생선수의 학습권을 보장, 즉 학생선수가 제시된 학업성적 기준에 미달하는 경우 운동부 활동에 대한 참가 제한
  - 학교운동부 운영 투명화: 학교체육진흥법은 운동부 운영 투명성 제고를 위한 조항 명시, 스포츠계 4대 악(승부조작 및 편파판정, 폭력 및 성폭력, 입시비리, 조직사유화) 근절 노력
  - 학생선수의 인권 보호: 2007년 국회에서 '학원체육 정상화를 위한 촉구 결의안' 채택, 2008년 국가인권위원회와 대한체육회에서 스포츠 분야 인권 향상을 위한 공동 협약을 수립하는 등 사회 각 분야에서 많은 노력

다 학교체육진흥법 제정 및 시행

① 학교체육진흥법은 교육기본법 제22조 학교체육에서 국가와 지방자치단체는 학생의 체력 증진과 체육활동 장려에 필요한 시책을 수립·실시
② 국민체육진흥법 제9조 "학교는 학생의 체력 증진과 체육활동 육성에 필요한 조치를 강구하여야 한다." 에서 학교체육 진흥에 대해 언급
③ 하지만 양법은 다소 추상적이고 실효성의 부재로 2013년 학교체육진흥법 제정
  - 학교체육진흥법 제정 배경: 현대사회에서 청소년들의 체력 저하 문제, 학생선수들의 학습권과 인권에 관련된 문제 등과 같은 심각한 사회문제가 발생
  - 학교체육진흥법 제정 목적: 학교체육에서 발생하고 있는 여러 가지 사회적 문제에 대한 대응책으로서 학교체육을 정상화 또는 활성화하기 위한 목적
  - 학교체육진흥법의 주요 내용: 총 19개 조항, 학교체육 진흥 시책과 권장, 학교체육 진흥의 조치, 학교시설 설치, 학생건강체력평가 실시계획의 수립 및 실시, 건강체력교실, 학교스포츠클럽, 학교운동부 등의 운영, 유아 및 장애학생 체육활동 지원, 학교체육진흥위원회 설치·운영 등으로 구분

2장 스포츠의 교육적 기능

[01] 스포츠의 교육적 순기능

가 전인교육

① 학업능력의 촉진: 학교체육은 학생들의 지능과 학업성취도에 긍정적인 기여, 뇌 기능 향상에 도움, 체력의 향상이 학업성취에 긍정적인 영향

② 사회화 촉진: 스포츠 사회화는 개인의 목표와 역할, 가치 및 태도를 학습함으로써 자신이 속해 있는 조직 내의 상호작용을 통해 스포츠맨십, 팀워크, 도전의식 같은 긍정적인 가치

③ 정서의 순화: 스포츠 활동은 집단적 협동의식 발달, 자기 통제력을 강화시키는 데 도움, 공정성, 합법성, 준법성은 청소년 비행과 일탈, 범죄 발생 확률을 낮추는 안전판 역할

나 사회통합

① 학교 내 통합: 학생들의 스포츠 참여는 학교제도 내에서 공동체 의식을 형성하는 데 도움

② 학교와 지역사회의 통합: 스포츠는 지역 공동체를 화합, 사회적 연대 의식을 높이는 기회

다 사회 선도

① 체육에 대한 여학생의 인식 전환: 스포츠 참여는 스포츠에 대한 긍정적 인식, 이는 여성들의 스포츠 참여 증진

② 평생체육과의 연계: 학교체육 활동은 청소년, 성인, 노인 시기에 평생 동안 즐길 수 있는 스포츠 활동기틀 제공

③ 장애인의 삶의 질 향상: 학교체육은 장애인의 신체기능이 약화되는 것을 방지하고 신체적·정신적 측면의 발달 도모

[02] 스포츠의 교육적 역기능

가 교육목표의 결핍

① 승리지상주의: 학원스포츠의 가장 심각한 문제는 승리지상주의, 교육적 가치보다 '승리'가 과도하게 강

조되고 있는 우리나라 학원스포츠 특유의 문화는 학생선수들의 부정적 일탈을 묵인하고 이를 정당화시키는 역할
② 참여 기회의 제한: 학교체육에 내재되어 있는 엘리트주의로 인해 대다수의 학생을 위한 체육보다는 우수선수 육성에 관심을 쏟는 경우
③ 성차별 내재화(간접교육): 스포츠의 남녀차별에 대한 문제는 지속적으로 제기, 여성의 역할에 대한 고정관념과 성역할 기대에 기인

나 부정행위 조작

① 스포츠 상업화: 학원스포츠는 승리에 대한 경제적·상징적 보상으로 학교에 재정적 이익을 가져다주면서 스포츠의 본질적인 가치가 훼손되고 이윤만을 추구하려 한다는데 문제점
② 성과와 학업에 대한 편법과 관행: 학교는 학생선수들이 학교 소속으로 대회에 참여하면 학교는 학생선수들에게 일정 수준 이상의 학업성적을 보장해주는 것
③ 선수 일탈과 부정행위: 학원스포츠의 현실상으로 승리에 대한 압박이 가중되면 그에 비례하여 일탈이나 부정행위가 증가

다 편협한 인간 육성

① 체육교육의 목적은 지덕체를 중요시하지만, 학원스포츠의 성과위주의 훈련과 승리지상주의로 인한 편협한 인간을 육성
② 지도자의 독재적 코칭: 지도자의 독선적 행태는 스포츠의 교육적 적합성을 약화시킬 뿐만 아니라 학생선수들의 개인적·사회적 발달도 저해하는 측면
③ 비인간적 훈련: 지도자는 목표성과를 달성하기 위해 자신의 학생선수들에게 무자비한 폭력을 행사하거나 신체운동능력을 고려하지 않고 비인간적으로 훈련

05 스포츠와 미디어

1장 스포츠와 미디어의 이해

[01] 스포츠미디어의 이해

가 스포츠미디어의 개념
① 스포츠미디어는 미디어의 이해가 선행될 때 스포츠의 미디어를 이해
② 즉 미디어는 중간, 매체, 도구, 수단이라는 뜻을 가진 미디엄의 복수형이며, 어떤 것을 둘 사이에서 전달하는 물체나 수단을 의미
③ 따라서 미디어는 현대인들의 생활에 영향, 정보통신 기술 발달은 인터넷, 모바일 기기 등과 같은 뉴미디어는 대중에게 그 영향은 점차 확대
④ 스포츠미디어는 스포츠에 담긴 인간정서, 지식, 가치 등을 미디어를 통해 대중에게 전달
⑤ 스포츠미디어의 기능은 점차 확대, 정보 기능, 통합적 기능, 정의적 기능, 도피 기능 등

나 스포츠미디어의 변화
① 스포츠미디어의 발전
- 초기 스포츠미디어는 신문, 인쇄, 텍스트를 중심으로 경기 결과, 선수 정보 등을 전달, 전자통신의 발달은 텔레비전을 통해 소리와 영상을 사용하여 스포츠 관련 정보를 전달
  - 특히 1970년대는 기업은 소비자와의 커뮤니케이션을 위해 스포츠를 활용한 한 광고가 등장, 1980년대는 시청자의 흥미를 유발할 수 있는 중요한 방송 콘텐츠로 각광 받음
  - 1990년대는 위성방송이 출현하면서 거리와 시간의 제약에서 벗어나 전 세계로 방송될 수 있는 기반이 구축되었으며, 스포츠는 점차 거대화·상업화 가속화
② 한국 스포츠미디어의 발전 과정
- 우리나라의 미디어에서 스포츠를 다루기 시작한 것은 1890년대 「독립신문」 등의 인쇄미디어가 계몽운동의 일환으로 체력, 체조교육 등의 필요성을 기사화하면서 시작

- 스포츠 중계는 1927년 9월 경성방송국에서 라디오로 중계한 '전 조선 야구선수권 쟁탈전'이 시초이며, 신문의 경우, 1969년 「일간스포츠」가 창간되면서 시작
- 텔레비전은 1982년 프로스포츠 출범, 특히 1980년대에는 정부가 정책적으로 스포츠에 개입하면서 스포츠, 미디어, 기업의 3자 구도 형성, 1990년대는 3자 구도 관계 심화

③ 뉴미디어의 등장과 스포츠
- 인터넷, 모바일 등과 같은 뉴미디어의 등장은 대중이 스포츠를 수용하는 방식의 변화
- 뉴미디어를 접하는 대중은 미디어의 수용자 역할과 정보에 적극적 개입
- 때로는 미디어콘텐츠를 생산하는 생산자의 역할을 담당

다 스포츠미디어 관련 주요 이슈

① 스포츠 메가 이벤트의 미디어 이벤트화
- 세계 각국은 메가 이벤트 대회의 중계권을 확보하기 위해 노력
- 메가 이벤트는 많은 사람이 관심을 가지고 시청하는 전 세계적 이벤트로서 이를 중계
- 방송권은 매우 높은 가격에 거래되고 있으며 경쟁도 매우 치열

② 스포츠 방송 중계권
- 미디어는 광고를 통해 대부분의 수입을 얻음
- 미디어는 높은 광고료 수입을 얻기 위해 시청률이 높은 미디어 콘텐츠를 선호
- 메가 스포츠대회는 미디어는 광고주와 스포츠를 소비자와 광고주 모두 동시에 만족

③ 보편적 접근권
- 시청률을 보장하는 스포츠는 과잉경쟁, 과다한 중계권료 지출, 국민의 시청권 등에 대한 논쟁 지속
- 따라서 제도적 장치로 '보편적 시청권'의 필요성이 제기, '보편적 시청권'이란 올림픽, 월드컵과 같이 이벤트를 국민이 시청할 수 있는 권리(방송법 제2조 제25호)
- 2007년 방송법 개정 2008년 방송법 시행령 개정으로 보편적 시청권 제도 도입

[02] 스포츠미디어의 유형과 특성

가 스포츠미디어의 유형

① 인쇄미디어: 인쇄미디어는 스포츠 정보를 얻는 주요 수단, 신문, 잡지와 정기간행물 등
② 방송미디어: 전파를 사용하는 미디어를 지칭, 라디오, TV, 영화 등 인쇄미디어에 비해 대량의 정보를 대중에게 한 번에 전달하는 장점

③ 뉴미디어: '새로운 미디어'를 의미, 새로운 뉴미디어는 계속 등장, 인터넷, 모바일 기기, 비디오 게임 등

나 스포츠미디어 특성

① 핫 매체 스포츠와 쿨 매체 스포츠
   - 핫 매체 스포츠는 정적인 스포츠, 개인 스포츠, 기록 스포츠, 공격과 수비가 구분된 스포츠
   - 쿨 매체 스포츠는 동적 스포츠, 팀스포츠, 득점 스포츠, 공격과 수비 스포츠를 포함
② 스포츠미디어의 소비 경험과 결과
   - 스포츠 참여로 이어지는데 긍정적인 영향을 준다고 믿음
   - 하지만 모든 스포츠미디어의 소비가 무조건 실제 스포츠 참여로 이어지는 것은 아님
③ 스포츠미디어별 특성
   - 신문 및 인쇄미디어는 값싼 비용으로 신속하게 제작이 가능하며, 오락미디어로서 독자에게 심리적으로 쉽게 수용된다는 장점
   - 라디오는 가장 널리 전달될 수 있는 소식원의 역할을 하며, 수신기 가격과 프로그램 제작비가 저렴하다는 장점

미디어별 특성 비교

미디어	장점	단점
신문 및 인쇄매체	널리 보급되고 받아들여지는 소식원 오락미디어로서 심리적으로 쉽게 수용 값싸게 생산 분배 가능 신속한 제작 기능 속보성 지역활동과 상호협동 기능	비교적 분배 네트워크 필요 문자해독력이 문제 훈련된 생산요원 필요
라디오	가장 널리 전달되는 소식원 수신기 가격 저렴 프로그램 제작비 저렴 오락미디어로서 수월한 심리적 수용 상상력 유발 기능	발전된 네트워크 요구 비시각적 미디어 훈련된 요원 필요
텔레비전	널리 보여주는 소식원 대중적인 미디어 오락미디어로서 수월한 심리적 수용 시각적 미디어로 창조적인 생산 이용	매우 발전된 네트워크 요구 수신기 및 수신료 고가 프로그램 제작비 높음 훈련된 요원 필요

- 텔레비전은 영상을 통해 정보의 전달이 효과적, 대중에게 가장 친숙함, 하지만 신문 및 인쇄미디어, 라디오, 텔레비전은 단점 또한 있음을 유의
④ 스포츠미디어의 전개 과정: 미디어의 보급은 '하는 스포츠'에서 '보는 스포츠'로의 변화를 야기하여 스포츠가 가지고 있는 전통적 기능을 확대 함. 이는 스포츠시장의 산업화에 큰 영향을 미쳤으며, 미디어를 매개로 하는 미디어스포츠를 발전

[03] 스포츠 저널리즘의 이해

가 스포츠 저널리즘의 의미
① 20세기에 이르러 미디어가 발전하면서 등장한 라디오와 텔레비전 등의 방송미디어는 저널리즘의 개념을 확장
② 최근 인쇄미디어와 방송미디어를 포함한 각종 미디어를 통해 이루어지는 모든 커뮤니케이션 활동이라는 의미로 사용
③ 스포츠 저널리즘은 "미디어를 통해 이루어지는 스포츠와 관련된 커뮤니케이션 활동"으로 의미를 정리

나 스포츠 저널리즘 관련 쟁점
① 정확성, 공정성, 객관성의 결여: 스포츠 저널리즘의 정확성과 공정성 그리고 객관성의 결여 문제는 그동안 스포츠와 관련된 정보가 사회적 문제로 인식되기보다는 대중의 관심을 끌기 위한 정보로 인식되었기 때문에 발생
② 개인 사생활 침해: 특정 선수에 대한 보도는 대중의 호기심을 자극하기 위한 흥미 위주의 기사는 개인의 사생활을 침해하는 문제
③ 스포츠선수의 상품화: 스포츠 저널리즘은 대중의 관심을 끌기 위해 스포츠콘텐츠를 상품화, 그리고 여성 선수의 특정 부위를 강조한 사진 또는 영상을 사용함으로써 선수 자체보다 외모나 몸매에 대한 관심을 유도하여 여성 선수를 상품화

2장 스포츠와 미디어의 상호관계

[01] 스포츠와 미디어의 상호작용 및 공생관계

가 미디어가 스포츠에 미치는 영향

① 스포츠 인구 증가
- 미디어의 발전은 경기장을 직접 찾아가서 관람하는 것을 넘어 가정 혹은 다른 곳에서도 스포츠를 관람할 수 있는 시대 개막
- 따라서 스포츠경기를 관람하는 인구가 증가하였으며, 그 확산에 기여함은 물론, 직접적 참여를 유도하는데 긍정적인 기여

② 스포츠의 상품화
- 미디어는 스포츠에 긍정적인 영향뿐만 아니라 인기스포츠의 집중적 보도를 통한 스포츠의 불균형을 초래
- 한편 상업화와 직업화로 인한 아마추어 정신을 퇴색시키는 요인으로 작용

③ 스포츠 규칙 변경
- 미디어는 스포츠를 통해 보다 많은 경제적 이익을 얻기 위해 스포츠경기가 방송에 적합하도록 다양한 규칙 변화를 요구
- 미디어의 요구에 의한 경기 규칙의 변화는 종목에 따라 다양한 형태로 나타남

④ 스포츠 용구의 변화: 중계방송은 스포츠경기를 관람하는 시청자들의 경기적 재미를 극대화하기 위해 경기에서 사용되는 용구, 복장의 색깔을 시청자의 눈에 잘 띄도록 변경

⑤ 경기 일정의 변경: 미디어는 수익을 극대화하기 위해 최대한 많은 시청자들이 스포츠경기를 관람할 수 있도록 일정과 시간을 변경

⑥ 스포츠 기술의 발달 및 확산: 미디어기술의 발전은 선수의 움직임을 분석가능하게 하였으며, 기록과 기술의 분석은 팀의 전략과 전술, 개인의 기술 향상에 활용

나 스포츠가 미디어에 미치는 영향

① 미디어콘텐츠 제공
- 스포츠에 대한 대중의 관심이 높아지면서 스포츠는 미디어의 주요 콘텐츠로 인식
- 스포츠 관련 콘텐츠는 수익성과 광고효과에 중요, 즉 메가 이벤트를 통해 확인

② 미디어 보급의 확대

- 스포츠의 인기가 상승하면서 대중은 신문, 잡지, 라디오, 텔레비전 등의 미디어를 통해 스포츠를 접할 수 있는 기회 확대
- 이들은 미디어의 주요 소비자, 따라서 스포츠는 미디어의 보급 및 확산에 기여
③ 미디어 기술의 발전
- 현대스포츠는 과학화를 통한 선수들의 기량은 그 변화의 속도를 능가하고 있으며, 이를 중계하기 위한 미디어 기술은 점차 발전
- 따라서 스포츠는 미디어의 기술 발달에도 영향
④ 현대사회에서 미디어는 다양한 영역에서 영향을 주고 있으며, 스포츠 또한 미어와 결합하여 상호작용하거나 공생관계를 가지고 발전

[02] 스포츠와 미디어 윤리

가 스포츠미디어의 윤리적 문제

① 특정 인기스타 중심 보도: 스포츠미디어는 특정종목 또는 인기스타 중심적 콘텐츠를 구성하여 대중의 관심을 증폭시켜 시청률을 주도
② 승리지상주의: 미디어스포츠는 경기의 과정보다는 결과중심, 승리자 위주의 보도를 통해 대중의 관심을 집중
③ 전문성 결여: 많은 스포츠 종목들이 프로화되면서 전문성도 강화되고 있지만, 올림픽 같은 다양한 종목을 보여주는 경우 스포츠 해설에서 전문성의 결여가 문제(비인기 종목)

나 이데올로기의 전파

① 자본주의 이데올로기 강화: 미디어는 자본주의 체제에서 나타나는 물질만능주의와 소비주의를 자연스럽게 대중의 삶 속에 전달하는 기능
② 젠더 이데올로기: 미디어는 스포츠를 통해 여성에 대한 고정관념을 강화
  - 미디어에 의해 강화된 고정관념은 스포츠에 드러나는 남성성을 규정하고, 남성의 지배적 위치를 확인하는 주요 수단
  - 이는 여성의 경기기량보다는 외모, 복장 등에 초점을 맞추어 보도된다는 것을 알 수 있음
③ 민족주의, 국가주의 이데올로기 강화: 미디어에서 보도·중계하는 스포츠는 민족주의 혹은 국가주의 이데올로기를 강화하는 수단
④ 영웅 이데올로기
  - 스포츠미디어는 인기스타 혹은 우수한 기량을 가진 선수를 스포츠 영웅으로 구성
  - 즉 남성우월성, 금전 가치와 명예, 신분상승 수단, 민족의식을 통한 애국심 자극, 엘리트주의 문화를 조장

06 사회계층의 이해

1장 스포츠계층의 이해

[01] 사회계층과 스포츠계층

가 사회계층의 이해

① 사회계층의 정의: 사회적 불평등에 포함되는 하위 영역의 형태로 계층의 단계별 얻게 되는 권력, 부, 사회적 평가 및 심리적 만족의 정도가 불평등으로 인해 사회의 위계질서가 여러 층으로 다양하게 나누어지는 상태

② 사회계층 현상은 계급과 계층의 두 가지를 포함, 계층은 사회적 지위의 높고 낮음에 따른 분류되며, 계급은 실질적으로 상대방을 지배하거나 상하의 복종관계를 지니고 있는 사회집단

③ 계층과 계급의 차이
 - 계층은 분류적이고 조작적이며, 계층 구조는 수직적 관계를 따르는 연속적 상하의 구조
 - 반면 계급은 계층과는 달리 경제적 기반에 의해 가진 자와 가지지 못한 자를 구분, 상호 지배·복종의 관계에 있는 사회적 집단을 의미

④ 계급의 사회학적 분석은 카를 마르크스, 막스 베버, 라이트 등이 제사하고 사회계급 이론

나 스포츠계층의 개념

① 스포츠계층의 정의
 - 스포츠 내에서 사회계층은 스포츠제도라는 특정 사회 내에서의 성, 연령, 근력, 신장, 인성, 사회·경제적 지위, 특권 선호도 같은 사회적·문화적·생물학적 특성이 특정한 집단이나 개인 및 스포츠 종목에 차별적으로 배분됨으로써 상호 서열이 발생하는 위계적 체계를 이루는 것을 의미
 - 또한 스포츠계층이란 사회계층의 한 형태로서 사회의 희소가치가 스포츠 체계에 속한 성원들 사이에 불균등하게 분배되어 구조화되고 제도화된 체계를 이루고 있는 현상 의미

② 스포츠계층의 특성
- 스포츠계층은 복합적이고 다차원적인 사회문화적 현상으로서 다양한 사회적 차원을 수반
- 스포츠계층의 특성은 사회계층의 특성 파악을 기준하여 사회성, 고래성(역사성), 다양성, 보편성(재편성), 영향성의 5가지 측면

다 스포츠계층의 이론적 이해

① 스포츠에서 나타나는 사회적 불평등은 차별적인 규범과 평가가 개입되는 제도적인 특성
② 스포츠계층의 발생과 다양한 형태에 대해서는 많은 학자들에 의해 연구
③ 스포츠계층을 바라보는 관점은 크게 기능주의와 갈등주의 이론이 있음
- 사회계층에 대한 기능주의적 접근: 기능주의 이론은 사회진화론자들에 의해 주장되는 보수주의적 불평등관에 기초
- 사회계층에 대한 갈등이론적 접근: 갈등이론의 관점은 스포츠 내에서 발생하는 갈등에 초점, 즉 권력, 위광, 부, 특권 등이 공평하게 분배되지 않기 때문에 스포츠계층이 발생

라 스포츠계층의 형성 과정

① 스포츠계층은 스포츠의 발생 단계부터 나타난 현상
② 스포츠의 체계를 유지시켜주는 사회과정이 사회 내에 존재
③ 스포츠 내에서의 사회과정은 지위의 분화, 서열화, 평가, 보수 부여에 의해 그 계층이 형성
- 지위의 분화: 지위의 분화는 구단주, 감독, 코치, 선수 등의 스포츠와 관련된 구성원들이 각자 맡은 바 특정한 책임과 권리를 가짐으로써 다른 지위와 구별되는 과정. 그 특성은 지위에 따른 업무의 명확한 구분, 역할에 대한 책임과 권한, 효과적 업무수행을 위한 기본적인 구조가 형성, 임무를 성실히 수행
- 서열화: 스포츠계층의 형성과정 중에서 발생하게 되는 것을 서열화. 그 목적은 적재적소에 필요한 인재를 배치하는 일을 용이
- 평가: 평가란 개인이 가지고 있는 가치나 유용성의 정도에 따라 각기 다른 위치에 지위를 적절하게 배열, 평가적 판단의 요소는 위광, 호감, 인기의 3가지 요소로 구성
- 보수부여: 각 지위에서 생활하는데 필요한 보수가 배분되는 과정을 의미

[02] 사회계층과 스포츠 참가

가 스포츠와 경제적 불평등의 이해

① 계급관계의 역학
- 스포츠와 경제적 불평등은 계급관계의 역학과 이데올로기를 형성
- 많은 사람들은 자신이 원하는 스포츠 활동을 자신의 의지대로 선택한다고 생각
- 하지만 그 이면에는 그들의 선택 근거가 되는 경제적·사회문화적 배경이 존재
- 따라서 스포츠의 계급관계의 역학적 측면 존재

② 계급과 이데올로기
- 또한 스포츠에서의 계급 이데올로기는 스포츠가 사회의 특정 가치를 확인하고 전파할 수 있는 수단으로 사용될 수 있다는 것을 의미
- 스포츠경기는 승리와 패배가 분명, 패배한 선수의 경우 게으르고 자격이 부족한 사람으로 인식되는 반면에 승리한 선수는 능력을 갖추었으며 이에 따른 보상을 정당화
- 이런 인식은 믿음을 확산시킴으로써 사회의 경제적 불평등을 내재화하고 정당화

나 경제적 계층에 따른 스포츠 참가 유형

① 스포츠 참가 및 관람 유형의 차이
- 스포츠참가 유형은 하류층에 비해 상류층이나 중류층에서 스포츠에 대한 직접적인 참여
- 관람 유형은 경제·시간적 여유가 가능할 때 더 많은 참여가 가능하기 때문에 계층 간 차이

② 스포츠 참가 종목의 차이
- 상류층은 테니스, 골프, 탁구, 수영 같은 개인종목의 참가
- 반면 중·하류층의 경우 축구나 야구 같은 단체종목에 참가

2장 스포츠와 사회이동

[01] 사회이동의 유형

① 사회이동은 집단 또는 개인이 사회적으로 변화되어가는 모습
② 사회이동의 양이나 정도 또는 이동의 폭은 각각의 사회에 따라 서로 상이함
③ 어떠한 사회에서도 사회이동은 일어남
④ 따라서 현대의 사회이동은 과거에 비해 정상적이고 대중에게 널리 퍼져 있는 사회현상

가 이동 방향의 기준

① 사회집단 속에서 한 사람의 이동 방향은 수직이동과 수평이동, 그리고 두 가지 이동이 적절히 배합된 수직적·수평적 이동이 있음
② 수직이동: 이는 계층 구조 내에서 집단 또는 개인이 가지고 있던 이전의 지위, 즉 계층적 지위에 대한 상하의 변화를 의미
③ 수평이동: 이는 계층적 지위의 변화가 일어나지 않으며 동일하게 평가되는 지위로 단순히 자리만 바꾸게 되는 현상
④ 수직·수평이동: 이는 정의와 성격이 다르고 둘 사이의 구분이 가능하기는 하나 실제적으로 깊은 연관성이 있는 경우가 많음

나 시간 간격 기준

① 사회이동을 시간적 간격의 관점에서 구분하면 세대 간 이동과 세대 내 이동
② 세대 간 이동: 이는 가족 내에서 발생, 한 세대에서 다음 세대로 넘어가는 과정에서 생겨나게 되는 사회 경제적 지위의 변화
③ 세대 내 이동: 이는 어떠한 개인의 일생에서 생겨나는 사회·경제적 지위의 변화로 경력 이동

다 이동 주체 기준

① 사회이동은 개인 스스로의 노력에 의해 일어나기도 하고, 개인이 소속되어 있는 집단의 변화를 통해 이동이 발생

② 사회이동은 이동의 주체가 개인인가 집단인가에 따라 개인 이동과 집단이동으로 구분
③ 개인이동: 이는 개인의 능력과 노력에 입각하여 사회적으로 상승할 수 있는 기회가 실현(스포츠를 통한 사회이동의 대부분이 개인이동에 포함)
④ 집단이동: 이는 조건이 유사한 집단이 특정한 계기를 통하여 단체로 이동하는 것을 의미

[02] 사회이동 기제로서의 스포츠

가 사회적 상승의 원인
① 스포츠의 사회적 상승이동은 다양한 원인에 의해 발생
② 그중 사회적 상황의 반영과 개인적 상황과 관련된 두 가지 요인에 의하여 영향
③ 사회적 상황반영: 스포츠에서 사회적 상승이동은 특정한 사회적 환경에서 수행할 수 있는 역할이 증가하게 되면 이와 동반하여 사회적 상승이동을 유도(프로스포츠구단 증가로 인한 2군에서 1군 이동)
④ 개인적 상황은 특정 개인의 노력을 통해 상승이동이 일어나게 되는 것을 의미(우수선수 발탁)

나 사회적 상승 매개체로서의 스포츠
① 스포츠 참가가 사회적 상승이동 촉진의 연결 역할을 한다는 사실은 신체적 기량 및 능력 발달 등의 요인에 의하여 설명
② 신체적 기량 및 능력 발달: 어린 시절부터 조직적인 스포츠 활동에 참가하게 되면 프로스포츠 같은 전문 직업을 가질 수 있는 신체적 기량 및 능력을 고도로 발달
③ 교육 성취도 향상: 조직적인 스포츠 참가는 직·간접적으로 교육적 성취도를 향상
④ 직업 후원 기회 제공: 조직적인 스포츠 참가는 직업적 후원을 받을 수 있는 기회
⑤ 올바른 태도 함양: 조직적인 스포츠 참여는 인간 행동양식 및 태도의 발달을 가능하게 함으로써 사회적 상승 이동을 촉진

다 스포츠사회의 역기능
① 스포츠 활동 참여는 교육적 효과를 높여주는 역할을 담당하기도 하지만 역기능을 수행
② 과도한 훈련, 부상, 잦은 이동 등으로 인해 오히려 교육 성취도를 저하
③ 학생의 공부해야 할 권리인 학습권을 침해 받기도 하고, 학교생활에서 일반 학생들과 형성해야 할 기본적인 인성을 함양하지 못하고 교육의 본래적 기능에서 벗어나는 결과를 초래
④ 사회 현실을 은폐하기 위한 수단으로 스포츠를 이용

07 스포츠와 사회화

1장 스포츠 사회화의 의미와 과정

[01] 스포츠사회화의 의미

가 스포츠사회화의 이해
① 사회화의 개념: 한 사회 속에서 문화가 후대에 전승되고 개개인이 조직화된 생활양식에 적응하는 과정과 개인의 발전 그리고 성장을 통해 각자가 성숙한 사회인으로 커가는 과정
② 사회화는 문화 동질화, 역할 훈련, 충동의 통제 능력 형성 과정으로서의 사회화가 진행
③ 따라서 스포츠사회화는 스포츠와 관련된 상황에서 발생하는 사회화를 의미하며, 스포츠를 통하여 집단에 소속된 구성원들이 함께 가지게 되는 신념, 가치관 등을 집단 안의 다른 구성원과의 상호작용을 통해 학습하고 구체화하는 과정

나 스포츠사회화의 과정
① 스포츠로의 개인 사회화: 스포츠로의 개인 사회화는 개인이 스포츠에 참여하게 되는 동기를 갖는 것을 의미, 즉 참여 동기는 다양한 요인에 의해 발생하며, 개인을 둘러싼 환경의 사회적 주관자인 가족, 친구, 학교, 지역사회, 대중매체 등의 영향
② 스포츠 참가: 스포츠에 참여하는 방식, 종목, 형태는 개인에 따라 다양하게 나타나며 사회적 환경에 많은 영향
③ 스포츠 참가의 결과: 스포츠 참여는 신체적 효과, 스포츠를 통한 사회화 효과도 얻음
④ 스포츠 참가의 중단: 스포츠에 지속적으로 참여하던 사람들도 부상, 흥미의 저하, 갈등, 제약 등으로 인해 스포츠 참가를 중단
⑤ 스포츠로의 복귀: 스포츠 중단 과정을 거친 운동선수들은 자신들의 삶을 지속하기 위해 다양한 분야로 진출, 그중 일부는 운동선수들이 가지고 있는 전문성을 적용할 수 있는 유사 직종으로 복귀
⑥ 스포츠사회화의 과정은 각 단계별로 스포츠로의 사회화, 스포츠를 통한 사회화, 스포츠로부터의 탈사회화, 스포츠로의 재사회화 과정과 밀접한 관계

[02] 스포츠사회화의 이론적 접근

가 사회학습이론

① 사회학습이론은 개인이 사회적 행동을 어떻게 습득하고 수행하는가를 규명하는 이론
② 사회화 과정의 요소는 개인적 특성, 주요 타자, 사회화 상황에 의해 역할 학습
③ 따라서 스포츠에서 역할학습의 적용 방법은 강화, 코칭, 관찰학습의 3가지로 구분
  – 강화: 사회적 역할을 습득하고 수행하는데 있어 상과 벌 등의 보상과 관련된 역할
  – 코칭: 사회화의 대상이 사회화의 주관자를 통해 가르침을 받는 것
  – 관찰학습: 특정한 개인이 부과된 과제를 학습하고 수행하는 과정에서 유사한 역할을 가진 다른 사람의 행동을 관찰하고 이를 역할 수행에 반영

나 역할이론

① 역할이론은 개인이 사회 과정을 통하여 집단에 소속되어 기능을 발휘할 수 있는 구성원으로 변화되어 가는 사실을 설명하는 이론
② 역할이론의 적용: 역할이론은 특수한 태도, 의견 및 경향성을 지닌 특정 인간관계에 대해 설명하려는 이론, 즉 아동이 사회적 요소를 학습하는 것은 타인을 통해 가능하다고 가정

다 준거집단이론

① 준거집단이론은 사회화 과정의 중요성을 설명하는 이론
② 인간은 자발적으로 어떤 집단이나 타인에게 적응하고 이들의 행동, 태도, 감정 등을 자신의 행동이나 태도, 감정 형성을 위한 기준
③ 준거집단이론의 적용: 개인의 사회화 과정에 영향을 미치는 집단을 규범집단, 비교집단, 청중집단의 3가지로 적용

2장 스포츠로의 사회화와 스포츠를 통한 사회화

[01] 스포츠로의 사회화: 스포츠 참여의 시작과 지속

① 스포츠 활동에서의 사회화 과정은 일차적으로 스포츠 활동의 참가를 전제
② 스포츠 참가는 개인의 특성에 따라 다양한 형태로 이루어지기 때문에 스포츠에서의 사회화는 스포츠 활동에 참여하는 것을 기본적인 전제
③ 스포츠로의 사회화는 사회를 구성하는 개인들에게 스포츠에 참여하고자 하는 흥미와 관심을 유발함으로써 스포츠 참가를 유도하는 사회화 담당자나 스포츠 관련 기관에 의하여 진행
④ 따라서 이들의 태도, 가치관, 행동 등은 스포츠에 참가하는 개인의 태도, 가치관, 행동 형성에 중요한 영향
⑤ 스포츠로의 사회화는 스포츠에 대한 개입이 시작됨에 따라 진행, 이러한 개입을 통하여 스포츠에 대한 참여 형태, 참여 수준, 경기 성향 등이 결정
⑥ 스포츠에 대한 개입의 수준은 개인이 스포츠 활동에 쏟는 시간과 재화 그리고 소비하는 에너지의 양을 결정

가 스포츠 참여의 요인

① 내적 만족: 스포츠 활동을 통해 얻게 되는 본질적인 즐거움
② 외적 만족: 승리, 금전, 건강 등과 같은 외적 보상에 대한 기대
③ 사회적 인정: 사회적 결속은 자신에게 중요하다고 생각되는 주변 사람으로부터 인정을 받음
④ 의무: 개인이 가지고 있는 정체성을 약화시킬 수 있는 부정적인 제재는 스포츠 참가의 원인
⑤ 스포츠 정체감: 스포츠 활동에 의존하고 있는 개인의 정체의식을 의미

나 스포츠사회화의 주관자

① 스포츠 참가와 스포츠 역할학습의 과정에서 각 개인에게 영향을 미치는 대상을 주요 타자
② 혹은 준거집단들의 감정, 사고, 태도, 행동은 스포츠 참가자의 태도, 가치관의 형성에 영향
③ 스포츠로의 사회화 과정에서 주관자는 생애주기에 따라 달라지며 이로 인한 결과 또한 개인에 따라 상이
④ 스포츠사회화란 결국 특정한 기능, 특성, 가치 등에 의해 스포츠 역할이 수행되는 과정이므로 이를 전달해주는 개인, 집단, 조직 등이 있어야 하며 이들은 사회화 대상자를 스포츠에 참가하도록 장려, 지

도, 강화, 그 역할을 담당하는 이를 사회화 주관자
⑤ 주요 주관자는 가정, 동료집단, 학교, 직장 및 지역 사회, 매스컴 등

[02] 스포츠를 통한 사회화: 스포츠 참여의 결과

① 스포츠를 통한 사회화는 스포츠 활동 참가에 의한 결과나 성과로서 스포츠 참여를 통하여 특정 사회에서 형성되는 가치나 태도 및 행동의 학습에 관한 문제
② 스포츠 참여를 통하여 어떠한 경험을 하게 되는지, 그리고 스포츠를 통하여 형성되는 태도 및 가치가 스포츠를 통한 사회화의 주요 내용
③ 즉 어떠한 개인이 스포츠 활동에 참가하게 되면 그 경험은 직·간접적으로 개인의 변화
④ 이와 같은 결과는 개인에게 일어나는 변화의 내용을 다양한 측면에서 예측 가능

가 스포츠를 통한 사회적 경험

① 스포츠를 통한 사회적 경험은 역할 경험, 역할 사회화 과정
② 스포츠 활동에 참가하는 개인은 다양한 역할 경험하게 되며, 그 속에서 자신이 맡은 역할을 수행함으로써 성공을 경험할 수 있는 기회를 제공 받음
③ 따라서 스포츠 개인의 역할에 따른 사회적 경험은 참가 형태, 참가 정도와 유형, 참가 수준에 따라 경험이 상이
④ 스포츠 참여와 역할 사회화: 특정 역할로 사회화되기 위한 예상 단계, 공식적 단계, 비공식적 단계, 개인적 단계로 구분할 수 있으며, 이를 통하여 사회적 경험

나 스포츠를 통한 사회적 가치 습득

① 가치 반영 및 전달 체계: 스포츠는 성공과 경쟁 등의 과정을 통하여 스포츠 활동에 참여하는 개인에게 일상생활에 적합한 가치와 태도를 배움
② 스포츠 참여와 가치의 사회화: 현대사회에서 스포츠가 일반 사회의 가치, 태도, 규범, 행동 양식을 명시적 또는 묵시적인 방법을 통하여 일상생활 속으로 끌어들이는 효율적인 사회 제도의 방안 중에 하나로 인식

다 스포츠 참여와 태도의 형성

① 태도는 개인 상황, 사회적 문제, 사회 집단, 그 밖에 대상의 자극으로 형성되며 감정, 행동, 인지로 구성되며, 태도는 다양한 기능을 가지고 있음

② 이처럼 스포츠는 다양한 메커니즘을 통해 개인의 태도를 변화
  - 기존에 유지하던 일관된 태도는 스포츠의 정서 순화기능을 통해 변화
  - 부모, 교사, 지도자 등의 주요 타자를 모방하는 스포츠 행동은 개인의 태도를 변화
  - 자신이 가지고 있는 입장이 변화하면서 태도가 형성
  - 반복적인 경험에 의해 발생한 특정 조건은 태도 변화의 가능성을 높임
  - 스포츠 집단의 규범이나 관습을 내면화하는 과정을 통해 태도가 형성
  - 개인의 소속된 집단에서 부여한 역할에 의해 태도 변화가 일어남

라 스포츠사회화와 스포츠 경기의 가치 성향

① 스포츠에 참가하는 개인이 가지고 있는 경기에 대한 태도는 공정과 기능, 승리로 구분
② 스포츠를 통해 추구하는 방향성은 업적 지향과 참가 지향을 통해 설명이 가능
③ 또한 스포츠에서 경쟁을 통하여 얻고자 하는 가치에 따른 스포츠 참가의 태도는 비전문화와 전문화 또는 아마추어와 프로의 성향으로 구분하여 이해

마 스포츠를 통한 사회화를 통해 전이의 일반적 특성

① 스포츠 활동의 참가 경험을 통하여 스포츠 역할수행 능력이 일반화되고 이것이 일상생활 영역으로 전이되느냐에 관한 문제는 스포츠에 있어서 사회화를 이해하는데 많은 도움
② 체육활동이나 스포츠 활동 참여를 강조하는 사람들은 흔히 스포츠에 참여함으로써 민주시민 정신, 도덕적 인성, 적응, 기존 권위의 존중, 규율, 수양, 승리의 쟁취와 패자에 대한 너그러움 등과 같은 특성을 배울 수 있다고 주장
③ 하지만 스포츠 활동 같은 특수한 상황에서 학습된 태도나 행동은 가정생활이나 업무 같은 일상적 상황으로 항상 전이되는 것은 아니며 행동의 전이는 단지 환경이 유사할 때 일어남
④ 따라서 스포츠 활동을 통한 사회화의 전이는 스포츠의 참여 정도, 참여의 자발성 여부, 사회화 관계의 본질성, 사회화의 위신과 위력, 참가의 개인적·사회적 특성에 의해 전이가 상이할 수 있음

3장 스포츠 탈사회화와 재사회화

[01] 스포츠로부터 탈사회화

가 탈사회화의 개념 및 유형

① 탈사회화의 개념: 스포츠 활동에 참가하여 활동을 지속하던 개인이 여러 가지 요인에 의하여 스포츠를 중도에 포기하거나 그만둠으로써 참여를 중지하게 되는 것을 의미
② 즉 스포츠 활동에 참여하는 개인이 스포츠 활동에서 경험하는 신체·정신적 충격, 심한 부상, 폭력, 체력의 한계, 연령의 증가 등으로 스포츠로부터 탈락, 중도 포기 및 선수생활을 마감
③ 탈사회화의 유형: 일반인들의 경우 신체적 한계에 의해 다시는 스포츠에 참가할 수 없는 경우를 제외하고는 정확히 스포츠 탈사회화를 규정하는 것은 한계
④ 하지만 운동선수의 탈사회화는 은퇴로 규정, 이는 자발적 은퇴와 비자발적 은퇴로 구분

나 탈사회화의 원인

① 운동선수의 탈사회화는 개인·사회·제도 등의 다양한 요인으로 인해 발생
② 운동선수의 탈사회화는 운동기량의 부족 및 저하, 부상으로 인한 운동수행 제한
③ 성공 가능성의 불확실성, 미래에 대한 불안감, 지도자와의 갈등, 운동에 대한 싫증 등

[02] 스포츠로의 재사회화

가 스포츠로의 재사회화의 개념

① 스포츠로의 재사회화란 조직화된 경쟁스포츠에 참여한 개인이 스포츠로부터 탈사회화 과정을 거쳐 사회·심리적 적응을 경험하면서 새로운 직업이나 환경으로 변화하는 과정
② 스포츠참가 중단은 자의와 타의에 관계없이 이탈은 여러 가지 요인이 있으며, 재사회화는 새로운 환경, 또는 기존의 환경 변화로 일어남

나 스포츠로의 재사회화의 이해

① 스포츠로의 재사회화에 영향을 미치는 요인

- 환경 변인(성, 연령, 계층 및 교육 정도)
- 취업 변인(채용 가능한 잠재적 노동력 소유 여부에 의한 스포츠 이외의 취업 기회)
- 정서 변인(스포츠가 개인의 자아정체 중심부에서 차지하는 정도)
- 역할 사회화 변인(스포츠 이외의 선택 가능한 타 역할에 대한 사전계획, 사회화의 정도)
- 인간관계 변인(스포츠로부터 탈사회화에 대한 가족이나 친구로부터의 지원체계)

② 따라서 스포츠로의 재사회화 과정은
- 운동 중단을 통해 스포츠 탈사회화 과정을 거친 후 다시 스포츠 영역에서의 재사회화 과정을 겪게 되는 일반적으로 운동선수와 관련된 유사 역할로 재사회화
- 즉 감독, 코치, 트레이너 등과 같은 역할을 수행

08 스포츠와 일탈

1장 스포츠 일탈의 이해

[01] 스포츠 일탈의 개념 및 원인

가 스포츠 일탈의 개념

① 일탈의 의미: 일탈(deviance)이란 본래의 목적이나 정해진 영역의 범위에서 벗어나거나 어긋난 행동을 의미
② 일탈은 사람들의 생각이나 행동이 사회에서 용인 또는 수용될 수 있는 범위를 벗어나 발생하는 것으로 이해
③ 스포츠 일탈의 개념: 스포츠 환경에서 발생하는 일탈 행위를 의미하는 것으로 폭력행위, 금지약물복용, 부정 및 금지행위, 과도한 참가, 관중폭력 등
④ 스포츠 일탈의 개념을 보다 잘 이해하기 위해서는 상반된 두 가지 관점인 절대론적 접근과 상대론적 접근에 대한 지식이 필요
  - 절대론적 접근은 일탈적 행위의 여부는 특정한 사고나 특성 및 행위가 요구하는 절대적인 사회적 기준을 벗어날 경우 일탈에 해당
  - 반면 상대론적 접근은 절대론적 접근과는 달리 사회 환경에서 발생하는 모든 현상의 원인을 고유한 상황에서 찾음
⑤ 스포츠 일탈 관련 문제에 직면할 때 겪을 수 있는 일반적 어려움
  - 스포츠 일탈의 유형과 원인은 매우 다양(선수, 코치, 행정가, 관중 등 대상의 관점에 따라 일탈의 종류도 다양)
  - 일반적인 일탈과 스포츠 일탈은 상대성을 가짐(스포츠에서는 용인되는 행동은 사회규범에 벗어난 일탈행위로 인정, 반대로 사회에서 허용된 행동이 스포츠에서는 일탈행위가 됨)
  - 스포츠에서의 일탈은 규범의 거부는 물론 규범의 무비판적 수용도 해당됨(과잉동조)
  - 스포츠 일탈행동을 파악하고 평가의 어려움(예방의 어려움) 등

나 스포츠 일탈의 원인

① 양립 불가능한 가치 지향: 스포츠는 규칙의 준수, 페어플레이 등의 행동규범을 지향하는 반면 필연적으로 경쟁을 통한 승리를 지향, 이 두 가지 가치 중 어느 것에 더 비중을 두느냐에 따라 스포츠 일탈 정도가 결정
② 승리에 대한 강박 관념: 승리에 대한 강박 관념은 승리를 쟁취하기 위한 속임수, 폭력, 반칙, 담합 등의 일탈행동을 필연적으로 유발
③ 경쟁적 보상구조: 스포츠에서 경쟁은 노력에 대한 보상이라는 측면에서 긍정적이지만 일탈행동을 할 여지를 내포
④ 역할 갈등: 다양한 개인이 모여 지위에 기대되는 규범을 충족시키고자 할 때 역할 갈등이 나타나며, 그 결과 일탈적 행동이 발생

다 과잉동조로서의 스포츠 일탈

① 스포츠 참가자들에게는 훈련 및 경기와 관련된 규범에 대하여 아무런 의문 없이 과잉동조 하는 사실이 종종 발견
② 그들은 매우 격렬한 훈련을 자주하기 때문에 가족관계, 직무수행, 신체건강이 악화되지만, 자신들의 행위나 자신들 스포츠 문화의 규범에 전혀 의문을 갖지 않는 특징이 있음
③ 이러한 과잉동조는 운동선수라면 누구나 갖추거나 추구해야 할 덕목인 스포츠윤리로 포장된 채 팀에 대한 헌신과 맹목적인 추종을 불러일으킴
④ 과잉동조를 불러일으키는 스포츠윤리의 일반적 규범은 경기에 헌신, 탁월성 추구, 어떠한 위험과 고통도 감수, 성공을 추구하는데 있어 어떤 장애물도 용납하지 않음 등
⑤ 또한 스포츠 조직과 과잉동조는 엘리트 스포츠경기에서 스포츠윤리 규범에 대한 부분적 과잉동조는 집단의 특별한 연대감 형성에 기여

[02] 스포츠 일탈의 기능

가 스포츠 일탈의 역기능

① 대부분의 스포츠 일탈은 대중에게 부정적으로 받아들여지는 규범위반 행동
② 일반 대중은 스포츠 일탈을 스포츠 체계 또는 사회에 부정적인 결과를 초래하는 행위로 간주하는 경향
③ 따라서 스포츠 일탈은 스포츠가 추구하는 공정성 및 질서체계를 훼손
④ 또한 스포츠 일탈은 부정적인 사회적 영향을 초래

나 스포츠 일탈의 순기능

① 스포츠 일탈은 스포츠와 사회질서를 위협하고 긴장과 혼란을 야기하는 부정적인 기능만 하는 것은 아님
② 스포츠 일탈을 통하여 자발적인 사회변동을 촉발시키는 순기능 역시 존재
③ 즉 규범이 존재한다는 사실을 인식시켜주기 때문에 규범에 순응하고 일탈행동을 방지
④ 그리고 스포츠를 통해 분출되는 부분적인 일탈은 사회적 불만을 완화할 수 있는 사회적 안전판의 기능을 수행
⑤ 또한 스포츠 일탈은 창의성을 발휘할 수 있는 창구가 될 수 있음

다 스포츠 일탈의 주요 이론

① 머튼(1957)의 아노미 이론
- 스포츠에서 일탈 현상이 발생하는 원인과 과정을 가장 잘 설명해주는 이론적 관점
- 이 이론은 구조 기능론적 관점에서 사회적 상황을 중심으로 규범 위반과 같은 일탈 현상을 설명하고 일반적인 이론을 구체화
- 구조 기능론적 관점은 사회구성원 간 규범적 합의를 기준으로 일탈을 규정하므로 일탈에 대한 주요 초점은 사회적 규정보다 규범위반에 두고 중점

② 스포츠 현장에서 궁극적인 목표는 경쟁을 통한 승리의 쟁취, 승리를 쟁취하기 위한 과정에서 선수의 노력, 규칙 준수 등은 목표달성을 위한 수단으로 이해, 목표와 수단은 동일하게 나타나기도 하지만 서로 다른 가치를 추구할 때 갈등이 발생

③ 머튼은 목표와 수단의 불일치에 의해 발생하는 갈등을 개인이 해소하는 방법에 따라 동조, 혁신, 의례주의, 도피주의, 반역의 5가지의 일탈 행동모형을 구분, 설명

2장 스포츠 일탈의 유형

[01] 폭력행위

가 폭력의 유형

① 스포츠 일탈행동에서 폭력은 스포츠경기에서 상대 선수와 경쟁하는 과정 중 정당하지 못한 방법으로 물리적으로 신체를 공격하는 행위

② 스포츠경기에서 단순히 승리를 지향하기 위한 수단으로 폭력이 사용되기도 하지만, 폭력의 정도에 따라 범죄적 성향의 폭력도 존재

③ 스포츠 선수들 사이에서 발생하는 폭력의 대표적인 유형은 격렬한 신체접촉, 경계폭력, 유사 범죄폭력, 범죄폭력의 4가지로 구분

나 과잉동조로서의 스포츠폭력

① 폭력(violence)이란 신체적·정신적 손상을 유발할 수 있는 잠재성을 지닌 물리적인 공격행위

② 폭력은 사회의 규칙과 제도를 위반하기 때문에 용인될 수 없는 행위라고 생각하지만 대부분의 사회나 집단에서 폭력이 용인되고 장려되는 경우도 존재

③ 특히 스포츠의 경쟁 과정에서 의도적이거나 전략적인 목적으로 폭력이 많이 사용되고 있음

다 상업화와 스포츠폭력

① 스포츠에서 상업화는 경기의 홍보와 수입증대를 위하여 대중매체와의 결합을 가속화

② 스포츠 프로그램을 더욱 실감나게 제작하여 대중의 인기를 얻는 데 치중

③ 이처럼 대중매체와 스포츠의 결합으로 인하여 스포츠의 폭력적인 성향이 짙어짐

라 남성성과 스포츠폭력

① 스포츠에서 폭력은 선수들의 부상을 유발하는 폭력의 부정적 측면보다는 승리를 쟁취하기 위한 열정으로 포장

② 선수들은 스포츠 폭력을 경기 중 발생하는 필연적인 부분으로 간주하기도 하며, 강인한 남성임을 증명하는 수단으로 인식

[02] 약물복용

가 약물복용의 개념과 이해

약물복용이란 운동수행능력을 향상시켜 좋은 성적을 거두기 위하여 심장흥분제, 근육강화제 같은 화학적 합성물 혹은 천연물질을 사용하여 선수의 육체적·심리적 기능을 인위적으로 향상시키는 행위

나 약물검사 찬성 주장

약물검사는 선수 건강 보호, 스포츠 공정성 확보, 정규법 금지(세계반도빙기구), 유전공학 사용의 감소 등의 이유로 찬성

다 약물검사 반대 주장

약물검사는 검사의 한계성, 개인 사생활 침해, 검사비용 과다, 자연적 물질 판단 불가, 유전공학 기술 진보 저해 등의 이유로 반대

[03] 부정 및 범죄행위

가 부정행위

① 부정행위의 의미: 스포츠에서 발생하는 부정행위는 경기 규칙이나 규정 또는 스포츠 가치를 위협하는 올바르지 못한 행위를 의미
② 부정행위는 형태: 부정행위는 매우 다양하나 제도적 부정행위(경기규정 내에 속임수 반칙)와 일탈적 부정행위(경기규정 외에서 속임수나 반칙)의 두 가지 유형으로 구분하여 접근
③ 부정행위 발생 이유: 상대와 경쟁하는 과정에서 승리를 쟁취하기 위한 유리한 고지를 선점, 맹목적인 승리를 추구 하는 과정에서 부정행위는 전술적 차원에서 용인되고 조장
④ 부정행위의 결과: 공정성 훼손, 스포츠 가치와 규범 위배, 스포츠의 본질을 퇴색시키고 존립 자체를 위협하는 결과를 초래

나 범죄행위

① 범죄행위: 법률에 의해 금지되어 있는 행위, 공식적 제재가 가해지는 일탈행위
② 스포츠 범죄행위: 경기 규칙, 질서유지를 위한 규정, 규범 등을 위반하는 행위로 지나치게 파괴적이고 위협적이어서 공식적인 제재를 가해 통제해야 하는 행위, 이는 스포츠경기장 안에서는 물론이며 경기장 밖 일상생활의 범위를 포함

③ 운동선수의 범죄행위는 정화이론과 사회학습이론에 의해 설명
- 정화이론은 좌절감, 욕구불만, 공격성, 난폭성 등과 같은 감정을 범죄행동으로 표출함으로써 자신 내부에 축적된 감정을 정화시킨다는 입장
- 사회학습이론은 범죄행동을 선천적인 것이 아니라, 사회생활 과정에서 후천적으로 학습되는 행동으로 규정, 스포츠 참여로 인해 범죄행위를 줄일 수 있다고 주장
- 반면 사회학습이론은 정화이론과는 반대로 오히려 운동선수가 경기장 내에서 공격적인 행동을 학습하여 경기장 밖에서도 범죄행위를 일으킬 경향, 즉 스포츠 참여로 인해 범죄행위를 학습한다고 주장

[04] 과도한 참가

가 과도한 참가의 의미와 이해

① 과도한 참가란 참여를 제약하는 부정적인 행위를 말하는 것과 동시에 지나치게 참가하는 경우를 포함
② 따라서 스포츠에 과도하게 참가하는 것은 과잉동조의 한 개념으로 부정적인 일탈과는 달리 사회 규칙이나 규정을 위반하지 않기 때문에 긍정적 일탈
③ 긍정적 일탈이란 부정적 일탈과는 달리 사회규범을 위반하는 행동이나 상황을 의미하기보다는 오히려 규칙에 심하게 동조하기 때문에 발생

나 과도한 참가의 사회적 문제

① 스포츠에서 규범을 수용하는 수준에 따라 일탈은 과잉동조와 과소동조로 구분
② 상대적 관점에서 과잉동조는 규범을 무조건적으로 수용하는 등 지나친 참가를 의미
③ 과소동조는 규범을 무시하거나 거부하는 등 정상에 미치지 못하는 행위로 이해
④ 일반적으로 과잉동조는 과소동조보다 사회적 문제를 야기할 위험성
- 과소동조의 경우 집단의 목표에 반하는 반사회적인 행동을 하기 때문에 처벌과 징계를 통하여 단시간 내에 개선이 가능
- 과잉동조의 경우는 긍정적 일탈이라는 의미에서도 알 수 있듯이 운동에 아주 열심히 참여하는 경우에 발생하기 때문에 문제의 심각성을 인식하기가 쉽지 않음

[05] 관중 폭력

가 관중폭력의 이해

① 스포츠를 관람하는 사람들이 경기에 대한 과도한 몰입이나 집착 등으로 인해 공격적 성향을 표출하는

행동을 '관중폭력'이라고 함
② 관중폭력은 스포츠에 적극적으로 참여하고 광적으로 응원하는 관중의 집합행동으로 이해
③ 집합행동은 참여자의 자발적인 참여를 바탕으로 일시적이고 비구조적으로 발생하는 특성
④ 블루머는 집합행동에 참여하는 관중의 행위와 목적을 기준으로 우연적 군중, 인습적 군중, 표출적 군중, 행동적 군중의 4가지 유형으로 구분
⑤ 관중폭력이 발생하는 근본적 이유를 설명하고 접근할 수 있는 전염이론, 수렴이론, 규범생성이론, 부가가치이론 등

나 관중폭력의 사회적 요인

① 스포츠에서 관중폭력은 단일한 원인으로 설명할 수 없는 복잡한 사회현상으로 이해
② 관중폭력의 원인은 크게 스포츠경기 인식, 관중의 역동성과 상황, 경기의 전반적 맥락
 - 스포츠경기 자체에 대한 인식: 관중의 폭력적 성향은 스포츠경기 그 자체로부터 발생
 - 관중의 역동성과 상황: 스포츠경기 중 발생하는 다양한 상황들은 관중의 행동패턴
 - 경기의 전반적 맥락: 스포츠경기를 관람하는 관중의 폭력적 행동은 당시의 역사·사회·정치·경제적 배경 등의 요인

다 관중폭력의 통제전략

① 관중의 폭력 통제전략을 크게 물리적 환경 정리와 제도적 장치 보완을 제시
② 물리적 환경 정리: 관중석과 경기장의 분리, 선수석의 보호막 설치, 응원단의 분리 배치, 출입구 구분 배정, 관중석의 블록별 이동식 차단벽 설치, 계단에 접이식 간이 좌석 설치, 주류반입금지 정책의 강화 등
③ 제도적 장치 보완: 음주자 강제 퇴장, 경기장 청원경찰제도 도입 및 사법권 부여, 지정좌석제의 탄력적 운영, 경기 시작 전 관중 안전교육 실시, 가족석 설치 운영 및 할인제도 운영 등

09 미래 사회와 스포츠

1장 스포츠의 변화와 미래

[01] 미래 스포츠의 변화 요인

① 미래 스포츠의 변화에 영향을 미치는 요인은 몇 개로 특정할 수 없을 정도로 다양
② 하지만 사회 구성물로서 스포츠는 주로 사회 환경 변화에 영향
③ 사회 환경 변화 양상은 테크놀로지, 통신 및 전자 매체, 사회조직, 상업화 및 소비성 등
④ 사회 환경을 통해 스포츠의 미래 방향성에 대해 예측 가능

가 테크놀로지의 발전

① 테크놀로지는 흔히 '기술'로 번역해 사용되나 미래의 신기술 개발은 다양한 영역이 통합하여 새로운 기술이 등장, 이를 응용하고 복합하여 새로운 환경을 조성하는 것
② 즉 테크놀로지는 문제를 해결하거나 경험의 폭을 확대시키기 위해 과학적 지식을 응용하여 현실에 적용시키는 것을 의미
③ 따라서 스포츠 테크놀로지는 스포츠 참여자들의 운동수행을 보조하거나 운동기술을 증진시켜주는 역할을 하며, 운동선수들은 테크놀로지가 접목된 스포츠 용품 및 기구, 설비, 경기장 등을 통해 더욱 효과적으로 운동에 참여하고 기술수준을 향상, 일반 생활체육 참가자들도 스포츠 테크놀로지를 통해 운동 중 자신의 건강 상태를 실시간으로 체크하거나 운동 경험의 데이터화를 통해 운동수행의 질을 높임
④ 하지만 스포츠 분야에서 테크놀로지와 관련된 주요 쟁점은 어떻게 이것을 통제하고 관리할 것인가는 고민
⑤ 현대 과학기술이 발전함에 따라 스포츠에 적용되는 테크놀로지의 발전은 앞으로도 지속되겠지만, 과도한 테크놀로지의 적용은 스포츠의 본질적 가치를 훼손할 수 있기 때문

나 통신 및 전자 매체

① 스포츠의 변화를 설명하는 키워드 중 하나는 통신 및 전자 매체로 대변되는 미디어의 발달

② 텔레비전, 신문, 인터넷 같은 미디어는 대중에게 미래의 스포츠에 대해 예측할 수 있는 다양한 시청각적 정보를 제공
③ 미디어 제작자들은 미래 스포츠의 모습에 막강한 영향력을 줌
④ 따라서 통신 및 전자 매체의 발전은 스포츠를 통한 대중의 경험도 변화
⑤ 인터넷 등의 정보통신기술이 발달하면서 언제 어디서나 인터넷 혹은 모바일을 통해 스포츠 관련 정보를 검색하거나 지식을 습득

다 조직화 및 합리화

① 탈산업사회에서 현대 스포츠는 점차 조직, 합리화되는 경향
② 미래의 스포츠에서는 기술이나 경기력을 합리적으로 평가하기 위해 육체활동을 조직화하는 경향이 심화
③ 이러한 심화는 자신의 즐거움보다는 다른 사람들이 정해놓은 합리적 평가 기준을 넘기 위해 노력, 선수 자신의 새로운 경험과 스스로의 한계 극복을 위한 노력은 한계성에 직면

라 상업화 및 소비 성향의 변화

① 스포츠의 상업화는 스포츠 내적인 요인보다 금전적 관계, 상품 등과 같은 스포츠 외적인 측면에 더 많은 관심
② 스포츠가 과도한 상업주의와 소비주의로 물든다면 경제적 자원의 소유에 따른 심각한 계층 현상이 발생
③ 스포츠 참여가 즐거움이 아니라 참여 장소나 장비 및 의류 등을 통한 보여주기로 변화

마 다양한 문화적 배경의 융합

① 스포츠는 남녀노소나 인종 구분 없이 모두 참여가 가능하지만, 각 인종·국가·계층이 가지고 있는 문화적 배경에 따라 참여하는 경기의 모습은 다르게 나타남
② 그렇기 때문에 한 국가 혹은 지역에 다양한 인종이 공존하게 될 때는 기존의 종목이 전혀 다른 모습의 스포츠로 변형
③ 따라서 스포츠를 각 사회의 문화 속에 적절히 융합시켜 기존의 스포츠 모습을 변형시키거나 전혀 다른 새로운 모습의 스포츠를 탄생

[02] 미래 스포츠의 변화와 전망

① 미래 스포츠의 모습은 스포츠가 가지고 있는 상징적·구조적·물질적 특성으로 구분하여 전망
② 미래 스포츠의 모습은 스포츠가 가지고 있는 관념, 상징, 가치, 규칙, 규율 등의 규범적 특성 같은 상징

적 측면에서 변화된 모습
③ 그리고 구조적 차원에서 스포츠는 제도, 조직, 관계 등과 같은 사회 구성체 간의 상호관계 변화를 경험할 것이며, 가장 두드러진 특징으로 스포츠의 세계화 현상이 더욱 가속화
④ 또한 물질적 측면은 물질적·경제적·과학기술적 영역을 의미하며, 후기 산업사회로의 변화과정 속에서 스포츠의 영역은 더욱 확장

가 후기 산업사회와 스포츠

① 후기 산업사회 스포츠의 모습은 과학기술, 정보사회, 서비스사회, 지식사회 등이 키워드
② 후기 산업사회는 정보에 바탕을 둔 지식기술이 기계기술과 함께 발달하는 사회를 의미
③ 이 시기의 스포츠 모습은 과학기술과 정보통신기술이 발달하고 이를 통해 스포츠의 영역(기술스포츠, 스포츠과학 발전)이 확장될 것이라는 전망

나 탈근대문화와 스포츠

① 현대의 문화에서 벗어나고자 하는 탈근대성이 존재하게 될 미래의 스포츠는 지금까지의 스포츠보다 더욱 자연친화적인 성격(자연스포츠)의 스포츠로 발전
② 스포츠 참여 계층의 다양화(여성과 노인 계층의 참여 확대) 및 확산
③ 참여자의 요구를 충족시킬 수 있는 다양한 스포츠 종목들의 생성 및 발전

다 세계화와 스포츠

① 세계화란 일반적으로 국제관계의 증진을 통한 상호 관련성이 증진되는 현상을 의미
② 스포츠 영역에서도 세계화 추세는 계속되고 있으며, 미래의 스포츠는 이러한 현상의 가속화로 인해 스포츠를 매개로 하는 전 지구화(globalization) 현상의 영향을 받음
③ 따라서 미래의 스포츠는 전 지구적 확산에 의해 하나의 스포츠문화권을 형성하게 될 것이며, 세계화 경향 속에서 각 문화의 다양성이 공존하는 형태로 변화

2장 스포츠와 세계화

[01] 스포츠 세계화의 의미

가 세계화의 이해

① 세계화의 정의: 국제화는 국가 간 교류의 양적 증대 현상을 나타낸 개념인 반면, 세계화는 국가 간의 경계가 허물어져 국가 간에 존재하는 시·공간의 개념이 근본적으로 변화하는 현상
② 기든스(Giddens)는 세계화를 '지구적 차원의 사회적 관계의 강화'로 설명, 그리고 세계화를 통해 다양한 측면에서 전 세계는 '단일사회'를 형성하고, 우리가 살아가는 공간에서 멀리 떨어져 일어나는 활동과 사건들이 우리의 삶에 더 많은 영향을 미치게 되었다고 주장
③ 이처럼 세계화가 진행되면서 나타나는 특징들을 살펴보며
  - 세계화의 진행은 시·공간적인 제약을 약화
  - 전통적인 영토의 개념을 약화, UN, WTO, FIFA와 비정부조직의 영향력 확대
  - 사람들이 세계화를 바라보는 의식적인 측면이 변화하는 특징

나 스포츠 세계화 현상의 특징

① 우리는 월드컵을 일컬어 '전 세계인들의 축제'라고 표현
② 이는 스포츠가 전개되고 있는 세계화 현상에서 중요한 역할을 시사
③ 스포츠의 세계화 현상이 가지고 있는 3가지 특징
  - 국가 경계의 약화: 과거에는 자국의 스포츠 팀을 응원하는 것이 일반적이었지만, 미디어 기술의 발달로 인하여 다른 국가의 특정 팀 경기를 시청하며 응원하는 형태가 나타나게 되었으며, 국제 스포츠에서 국가의 경계가 점차 무의미해지고 있다는 사실
  - 시간과 공간의 압축: 세계화 현상의 주요 특징 중 하나인 '시간과 공간의 압축'은 스포츠에서도 적용, TV, 인터넷 등과 같은 정보통신 매체의 기술 발달이 스포츠 영역에 직접적인 영향을 미치면서 나타난 현상이라고 할 수 있으며, 스포츠 분야에서 시간과 공간에 대한 의미가 새롭게 부여
  - 스포츠의 불평등: 스포츠의 세계화는 국가 간의 위계적 관계로 나타남, 탈냉전시대의 도래로 세계화 현상에서 나타나는 국가 간의 위계적 질서는 약화되었다고 평가하는 의견도 존재하지만, 스포츠 분야의 세계화 현상에 있어서는 주로 서구문화 중심의 스포츠가 다른 국가들에 전파되고 있다는 점에서 아직도 국가 간의 불균형적인 관계가 지속

[02] 스포츠 세계화의 원인과 결과

가 스포츠 세계화의 원인

① 스포츠에서 세계화 현상은 매우 복잡하고 다양하게 나타나기 때문에 어느 한 원인에 의해 전개되었다고 말하기는 한계
② 하지만 일반적으로 제국주의, 민족주의, 종교, 테크놀로지의 발달 등 복합적인 현상에 의해 세계화 현상이 시작되고 지속화되고 있다는 점은 많은 연구자들의 공통된 주장
③ 이러한 각각의 요인들이 스포츠 세계화에 미치는 영향을 살펴봄으로써 스포츠에서 일어나고 있는 세계화 현상에 대해 이해
  - 제국주의: 부와 권력을 가지고 있는 국가들이 상대적으로 개발이 이루어지지 않은 저개발 국가에 문화를 전파하는 현상(문화적 지배)
  - 민족주의: 스포츠는 공식적으로 국가 간의 경쟁이 허용된 영역으로 이를 통해 국가의 정체성을 확립하는 한편, 국가주의적 공동체를 대외적으로 알릴 수 있는 기회로 활용
  - 종교: 스포츠는 세계 각국의 종교를 전파하는 수단으로 활용, 이는 기독교의 선교활동을 통해 확인, 우리나라의 근대스포츠는 YMCA 활동으로 유입
  - 테크놀로지: 스포츠의 세계화에 결정적인 첨병 역할을 한 것은 바로 테크놀로지의 발달, 미디어, 교통, 통신 등을 통해 스포츠를 세계화시켰으며, 국제적으로 스포츠가 가지고 있는 영향력을 향상

나 스포츠 세계화의 결과

① 스포츠 세계화는 국가 간의 경계가 허물어져 국가 간에 존재하는 시·공간의 경계선을 붕괴
② 탈 근대화를 주장한 신자유주의의 확대, 이로 인한 스포츠 노동이주, 글로컬라이제이션의 결과를 양산
  - 신자유주의 확대: '경제적 규제 완화', '자유시장', '민영화' 등을 내세우며 등장한 정치적 이념을 '신자유주의'라고 하며, 신자유주의적 세계화는 전 세계의 우수한 선수들을 영입하는데 더욱더 많은 돈을 지불하며 시장의 확대
  - 스포츠 노동이주: 스포츠 분야의 노동이주 현상은 프로스포츠를 넘어 국가대표 선수까지 이동하는 현상
  - 글로컬라이제이션: 세계화는 동질화되고 표준화된 문화를 확산시키는 동시에 지역 및 국가의 특성을 강화시키는 역할을 하기도 하는데, 이를 '글로컬라이제이션(glocalization)'이라는 개념으로 설명, 글로컬라이제이션은 글로벌(global)과 지역(local)의 합성어로 세계화와 동시에 지역화가 진행되는 것을 의미
③ 즉 스포츠의 경우 초국가 기업인 아디다스는 뉴질랜드 시장을 공략하기 위해 뉴질랜드 럭비 대표팀인 올 블랙스 럭비팀의 경기 전 의식으로 잘 알려진 마오리족의 하카댄스를 광고에 등장시켰으며, 나이키의 경우 브랜드 마케팅의 전략목표를 글로벌 관점에서 접근하는 동시에 그 나라의 문화적 취향과 특성을 반영한 광고를 제작하는 글로컬(glo-cal) 전략을 사용

스포츠지도사자격검정 **핵심요약집**

운동역학은 자격시험의 출제 기준을 고려하여 크게 7개 항목으로 구분하였다.
1부에서 용어, 필요성, 목적과 내용을 소개하였고, 2부에서 기능해부학, 근골격계, 운동면 및 관절운동을 소개하였다. 3부에서는 인체 무게중심과 원리를 학습하며, 4부에서 운동역학 탐구의 기초 자료를 학습한다. 5부는 힘과 합성, 분해를, 6부에서는 스포츠에서 일과 에너지가 어떻게 적용 또는 활용되는지를 이해한다. 마지막으로 7부는 운동기술의 다양한 분석 방법을 학습한다.

운동역학

01 운동역학 개관

1장 운동역학의 정의 및 의미

[01] 운동역학의 정의

스포츠 현장에서 나타나는 인체 운동을 관찰하여 그 움직임을 설명하고, 원인을 규명하는 학문

가 운동역학의 변천과정

(1) 운동역학의 어원은 키네시올러지(kinesiology)로부터 출발

① kinesiology는 신체운동학이 과학에 통합되어 확립된 19세기부터 사용
② kinesiology는 kinesis(운동)과 logia(학문)의 결합어
③ 체육학의 대체어로 활용되는 운동학과 기능해부학을 대변하는 용어로 활용
④ 유럽과 미국을 중심으로 biomechanics라는 명칭과 신체운동을 대상으로 하는 연구의 급격한 진행
⑤ 인체운동과 경기의 측면에서 가장 발달된 정의는 운동역학(sports biomechanics)임

나 운동역학의 역사

(1) 그리스 · 로마 시대

① 히포크라테스(Hippocrates, B.C. 475~380): 전통적으로 내려오는 관념적이고 사변적인 의술 배척, 귀중한 경험노트를 높이 평가한 학자, 동물을 중심으로 해부를 시도하여 뼈에 많은 관찰 결과 남김
② 아리스토텔레스(Aristoteles, B.C. 384~322): kinesiology의 아버지, 인간 보행은 회전운동에서 병진운동으로 전환된다고 보고 복잡한 과정을 기술하고 분석한 최초의 사람, 동물에 관한 연구에서 근들의 움직임을 처음으로 설명, 운동 법칙, 지레 법칙, 중심의 역할에 대한 이해 제시, 물체는 무게에 비례하는 속도로 빨리 떨어진다고 주장
③ 아르키메데스(Archimedes, B.C. 287~212): 수영운동학에서 유용하게 수용하고 있는 부력체를 지배하는 유체 정역학을 발견한 사람, 지렛대 원리 창안, 중심점 결정 원리는 아직도 사용하고 있음

④ 알렉산드리아(Alexandria, A.D. 약 62년): 최초로 초보적인 스팀 엔진을 개발한 사람, 물의 증기, 가스 등에 관심을 갖고 여러 가지 고안했지만 실용화되지는 못함
⑤ 갈렌(Galen, A.D. 131~201): 의학을 생리학과 해부학이 포함된 종합 과학이라고 함, 운동신경과 감각신경, 주동근과 저항근 등을 설명해 실제 인간 운동에 관한 지식을 제시한 최초의 사람, 역사상 최초의 팀 닥터이자 스포츠 의사

(2) 르네상스 시대

① 레오나르도 다빈치(Leonard da Vinci, 1452~1519): 동작과 관련해 인체의 구조에 관심을 가졌으며, 인체 중심과 균형성에 관심을 갖고 연구, 서 있을 때, 오르막과 내리막에 있을 때, 앉았다가 일어날 때, 점프할 때의 신체역학을 기술, 보행의 과학적 자료를 기록한 최초의 사람, 운동 시 다양한 근들의 상호작용과 연속적인 작용을 나타내기 위해 근들의 기시점과 부착점 확인
② 베살리우스(Vesalius, 1514~1564): 인간해부학은 해부로부터 배울 수 있고 관찰될 수 있다고 주장, 근과 신경 사이의 과학적 논쟁을 서술
③ 갈릴레이(Galilei, 1564~1643): 아르키메데스 이후 역학을 집대성한 '근대 과학의 아버지', 낙하하는 물체의 가속도는 물체의 무게에 비례하지 않는다고 주장해 아리스토텔레스의 낙하 물체에 대한 가정을 반박, 공간, 시간, 속도와의 관계는 운동 연구에서 가장 중요한 것이라고 간주, 저항이 없는 매질을 통과하는 투사체는 포물선을 형성한다는 것을 증명
④ 보렐리(Borelli, 1608~1679): 근의 움직임에 수학적 공식 적용, 근 운동의 양상은 다양한 근들에 의해 발생하는 힘의 양과 불필요한 역학적 동작, 공기저항, 물의 저항에 의해 손실되는 힘의 손실이라 함, 뼈는 지렛대 역할을 하며, 근은 수학적 원리에 의해 역할을 한다는 보렐리 이론 창안
⑤ 아이작 뉴턴(Isaac Newton, 1642~1727: 현대 동역학의 창시자로 힘과 힘의 효과를 설명, 힘을 설명하기 위해 갈릴레이의 이론을 이용하여 정지와 운동의 3가지 법칙인 관성의 법칙, 가속도의 법칙, 작용-반작용 법칙을 완성, 힘을 설명하기 위해 평행사변형 법칙 연구, 만유인력, 미적분법, 현재 기능학과 스포츠 생체역학의 기본은 뉴턴의 법칙임

(3) 19세기

① 웨버형제(Webers, 1836): 근 활동의 메커니즘을 확고하게 정립, 정지 및 이동 중의 신체역학 연구, 신체중심측정 방법 개선, 근 수축 시 각각의 근의 길이 감소를 최초로 조사, 역학적 지렛대로 뼈의 역할에 대해 연구
② 장센(Janssen, 1878): 연속 사진을 이용해 금성의 변화를 관찰, 이는 인간 운동연구에도 운동학적 사진을 활용하는 계기가 됨
③ 머이브리지(Eadweard Muybridge, 1831~1904): 사진을 이용한 동작분석, 질주하는 말의 촬영을 위해 24대의 사진기 사용하여 유기체의 움직임에 대한 최초의 연속 영상분석
④ 머레이(Etienne Jules Marey, 1830~1904): 영화촬영으로 인간의 동작이나 운동을 분석, 힘의 측정, 지면반력 측정, 자동묘사법

⑤ 모소(Angelo Mosso, 1848~1910): 1884년 근 기능 연구에 필요한 에르고그래프(ergograph)를 고안해내어 kinesiology 연구에 획기적인 공헌

(4) 20세기

① 힐(Hill, 1886~1977): 인간 근의 역학적 및 구조적 기능에 관해 활발한 연구, 달리기를 할 때 소비되는 에너지의 역학적 규명, 생리·의학 분야의 노벨상 수상
② 헉슬리(Huxley, 1924~): 근 생리학에 물리학 지식 적용, 1953년 활주이론(sliding filament theory)을 이용해 근의 수축 설명
③ 큐어턴(Cureton, 1930~): 사진촬영 방법을 이용해 수영과 육상의 동작을 분석하여 경기력 향상을 도모
④ 헤르바르트: 자세의 생리, 중심의 움직임, 직립자세 중의 에너지 등 연구

> **심화학습**
>
> * **운동역학의 역사**
>   - 운동역학의 시작: 아리스토텔레스(운동역학의 아버지)
>   - 19세기말 '운동역학' 용어 사용
>   - 19세기 말과 20세기 초 운동역학의 주된 관심사는 인체의 움직임과 해부학적 기능과의 관계 규명
>   - 1930년대: 고속촬영기를 이용한 동작분석
>   - 1950년대: 기본저서 출간, 연구의 다양화, 전자장비 연구 도구 발달
>   - 1980년대: 운동역학 발전 경향의 세계적 파급 시기

다 운동역학의 필요성

인체의 움직임 원리를 이해시키고 설명할 수 있도록 도와주는 지식을 모아놓은 학문, 스포츠 상황에서뿐만 아니라 인간 움직임과 연관된 곳에서 동작을 개선하고 향상시키기 위해, 혹은 최적화된 인간의 움직임을 도출, 스포츠와 체육 지도자나 코치들에게 인체의 움직임 원리를 이해시키고 설명할 수 있도록 도와주는 역할, 경기력과 관련한 동작 설명, 운동 수행자가 부상을 입을 수 있는 움직임이나 기술 등의 파악에 필요한 지식과 방법 및 상해 예방에 필요한 정보 제공

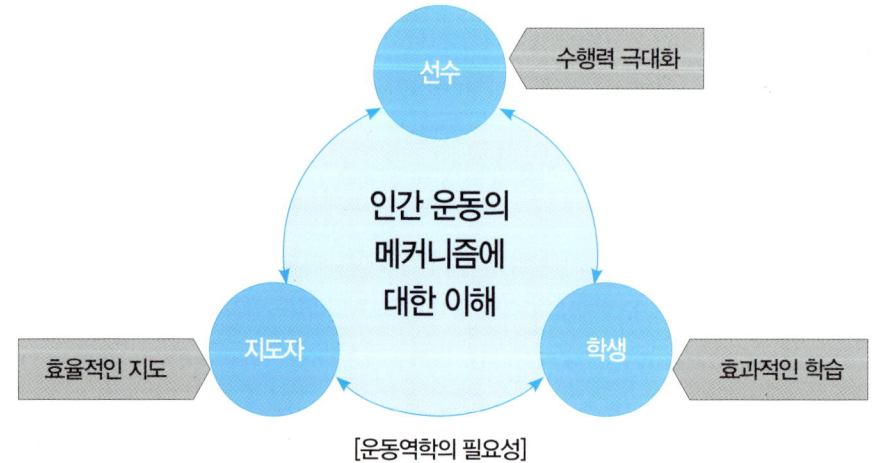

[운동역학의 필요성]

라 운동역학의 목적과 내용

(1) 운동역학의 목적
① 스포츠 영역에서 운동선수의 경기력 향상 위한 기술 발전: 운동 종목에 지배하는 역학적 원리를 이용한 경기력 향상 목적
② 스포츠 상해의 최소화, 상해 예방 및 재활: 운동기술, 운동장비 개선, 스포츠 부상 메커니즘 규명 등
③ 효과적인 지도와 학습: 원리 응용, 첨단장비 활용, 피드백 제공

(2) 운동역학의 내용
① 운동기술의 분석 및 개발
② 운동기구(장비)의 평가 및 개발
③ 분석방법 및 자료처리 기술 개발

마 운동역학의 제분야와 연구방법

(1) 운동역학의 제분야
① 운동학: 운동의 형상과 관련된 내용으로 운동을 일으키는 힘과 모멘트를 고려하지 않고 힘과 모멘트로 발생한 운동의 효과, 즉 결과를 공간·시간적으로 연구, 변위, 속도, 가속도 등은 운동학적 연구의 주된 변인
② 운동역학: 운동을 일으키는 힘 자체를 연구, 즉 움직임의 원인인 힘 규명
③ 정역학: 움직이지 않는 상태의 힘 연구하는 분야, 근력의 크기를 규명할 때 아주 유용하게 사용, 작용하는 모든 힘들의 합이 0이 되는 평형상태를 다루는 연구
④ 동역학: 신체가 가속되는 상태에서 힘의 발생을 연구, 즉 작용하는 힘들 사이에 평형이 이루어지지 않는 상황에서 일어나는 운동을 연구

(2) 운동역학의 연구방법
① 동작분석법: 영상을 촬영하여 원하는 정보를 추출하는 방법
② 힘의 분석법: 운동을 일으키는 원인인 힘을 측정하는 방법(예: 지면반력)
③ 근전도법: 근육 수축 시 발생되는 전위차를 측정하는 방법

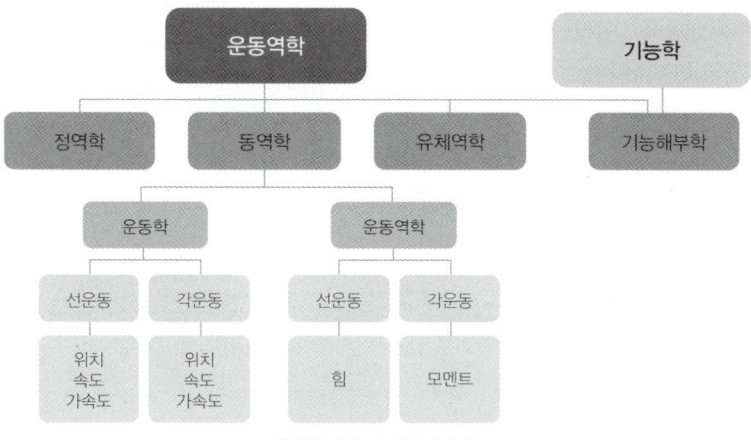

[운동역학의 내용 분류]

02 운동역학의 이해

1장 인체의 해부학적 기초

[01] 인체의 근골격계

가 골격계(skeletal system)
① 기능: 생명 유지에 필수적인 기관 보호, 신체조직의 지지력 제공, 움직임을 위한 지렛대 역할
② 구성: 206개의 뼈, 연골, 관절, 인대 등으로 구성
③ 구분: 체간골격(29개의 두개골, 26개의 척주, 1개의 흉골, 24개의 늑골)과 체지골격(64개의 상지골과 62개의 하지골이 몸통에 연결)으로 구분

> **심화학습**
>
> * 분절
> 관절과 관절 사이 부분 예) 몸통, 상완, 전완, 손, 대퇴, 하퇴, 발 등

나 근육계(muscular system)
① 기능: 수의적 수축운동, 자세조정과 유지, 인체 내 기관들의 기능 가능하게 함
② 구성: 600개 이상의 근육, 체중의 40~45% 차지
③ 부착: 힘줄이나 힘줄막에 의해 골막에 부착
④ 종류: 골격근(뼈대근육), 심장근(심근), 내장근(평활근, 민무늬근육)
⑤ 기시부(움직이지 않는 뼈에 부착)와 정지부(움직이는 뼈에 부착)

[02] 해부학적 자세와 방향 용어

가 해부학적 자세
① 방향, 면, 공간에 대한 용어를 말할 때는 해부학적 자세(anatomical position)를 기준으로 함. 위치나

자세에 관한 모든 기술을 위한 기준 자세
② 인체가 서서 전방을 보는 자세로서, 팔은 몸 옆으로 떨어뜨려 내리고, 손바닥과 발은 앞쪽을 향한 자세

심화학습

＊특정 동작의 관찰

특정 동작의 운동면과 직교하는 운동축선상에서의 관찰은 해당 동작의 특성을 효과적으로 알 수 있다. 예를 들어, 전후면에서 이루어지는 사이클의 페달링 동작의 특성은 좌우축선상에서 효과적인 관찰이 가능하다.

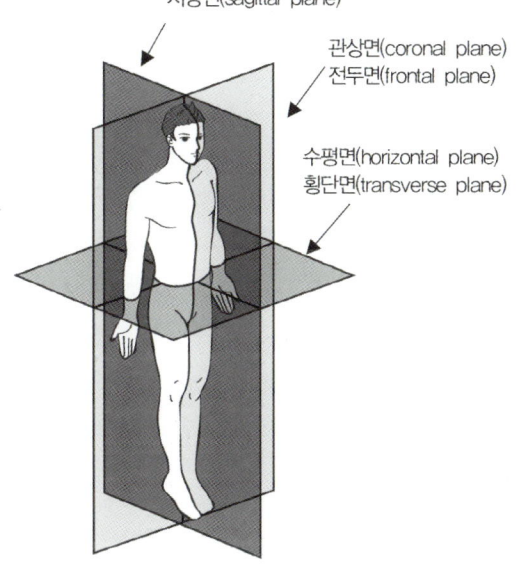

[해부학적 자세(anatomical position)]

나 방향 용어

① 해부학적 자세를 기준으로 신체를 전체적인 관점에서 각 부분의 위치를 기술하기 위해 사용
② 앞[전, anterior 또는 ventral[배쪽(복측)]}: 앞쪽 또는 상대적으로 앞쪽에 위치함
③ 뒤[후, posterior 또는 dorsal[등쪽(배측)]}: 뒤쪽 또는 상대적으로 뒤쪽에 위치함
④ 위[상, superior 또는 cranial(머리쪽으로)]: 가장 위쪽이나 위쪽
⑤ 아래[하, inferior 또는 caudal(꼬리쪽)]: 가장 아래쪽 또는 아래쪽
⑥ 안쪽(내측, medial): 인체를 좌우로 나누는 수직선(정중 시상면)에 가까이 있음
⑦ 가쪽(외측, lateral): 인체를 좌우로 나누는 수직선(정중 시상면)에서 바깥 가장자리로, 멀리 있음
⑧ 몸쪽(근위, proximal): 부착점(이는 곳)이 기시부(origin)에 가까운 쪽
⑨ 먼쪽(원위, distal): 부착점(이는 곳)에서 먼 쪽
⑩ 얕은(표층, superficial): 체표면에 가까이 위치함
⑪ 깊은(심층, deep): 체표면 아래 깊게 위치함

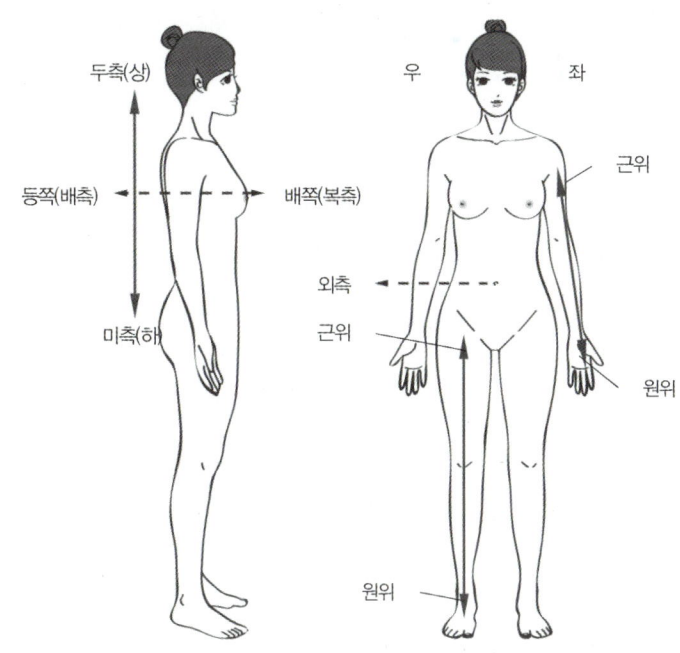

[방향을 나타내는 용어]

[03] 인체의 축(axis)과 운동면(plane)

가 축

① 가로축(횡축, transverse axis): 무게중심을 좌우로 관통하는 축, 달리기, 앞뒤 구르기, 허리 앞으로 굽히기 앞뒤 공중회전 등

② 세로축(전후축, antero-posterior axis): 무게중심을 앞뒤로 통과하는 축, 손 짚고 옆으로 돌기, 허리 옆으로 굽히기 등

③ 수직축(종축, longitudinal axis): 무게중심을 위아래로 길게 통과하는 축, 몸통 비틀기, 머리 좌우로 돌리기 등

나 운동면

① 옆면(시상면, sagittal plane): 인체를 좌우로 나누는 면, 특히 몸의 중심을 가로질러 인체를 좌우 대칭으로나누는 면을 정중 시상면(정중면, midsagittal plane)이라 함, 굴곡(굽힘)/신전(폄)/과신전(과다젖힘), 배측굴곡(발등굽힘)/저측굴곡(발바닥쪽굽힘)

② 앞면(전두면/관상면, frontal plane/coronal plane): 인체를 앞뒤로 나누는 면, 내전(모음)/외전(벌림), 거양(올림, 상전)/강하(내림, 하전)

③ 가로면(횡단면, transverse plane): 인체를 상하로 구분하는 수평면, 내측회전(안쪽돌림)/외측회전(가쪽돌림), 회내(엎침)/회외(뒤침), 외번(가쪽번짐)/내번(안쪽번짐)

④ 기타 관절운동: 회선(휘돌림)

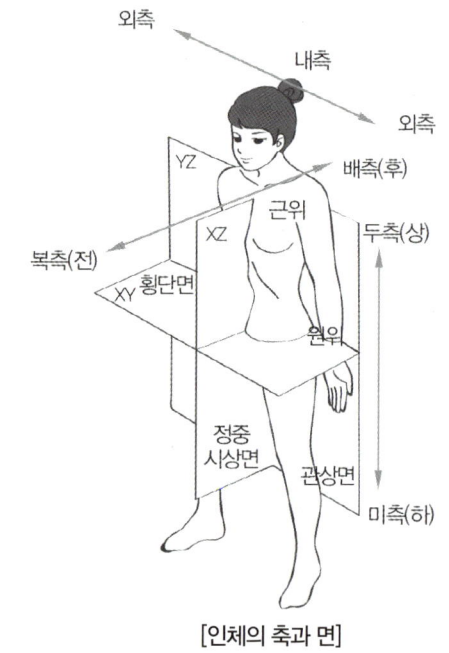

[인체의 축과 면]

[04] 관절운동

가 분류

① 부동관절과 가동관절: 움직임 유무에 따라 구분

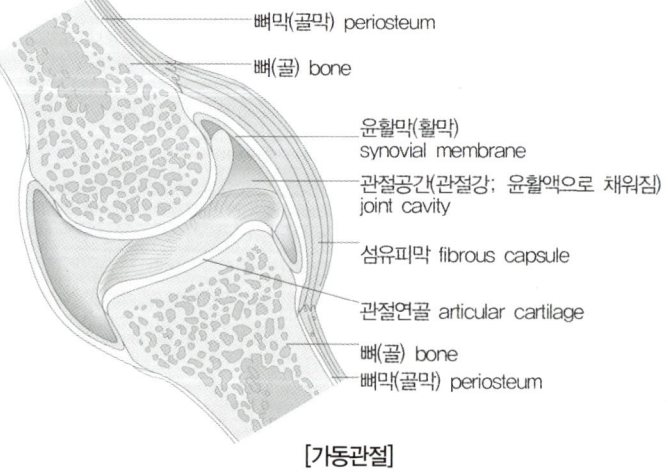

[가동관절]

나 유형

① 미끄럼관절(활주관절, gliding joint): 표면이 서로 평평하거나 약간 오목하고 볼록한 표면이 서로 마주보는 구조로, 미끄러지는 운동을 함, 회전축이 없는 무축관절이므로 운동성 낮음, 회전축이 없는 무축관절, 손목뼈, 발목뼈, 견쇄관절

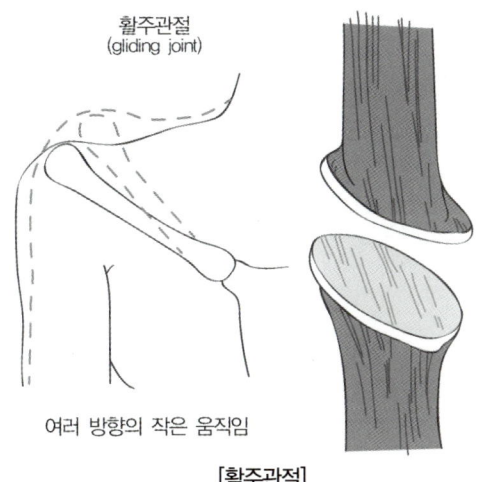

[활주관절]

② 경첩관절(접번관절, hinge or ginglymus joint): 여닫이 문짝의 경첩처럼 볼록한 표면이 오목한 표면에 마주하고 있는 구조, 1축성(홑축) 관절, 굽힘(굴곡)과 폄(신전)의 운동만 할 수 있어 운동평면도 단일면, 팔꿈치, 무릎, 손가락 관절

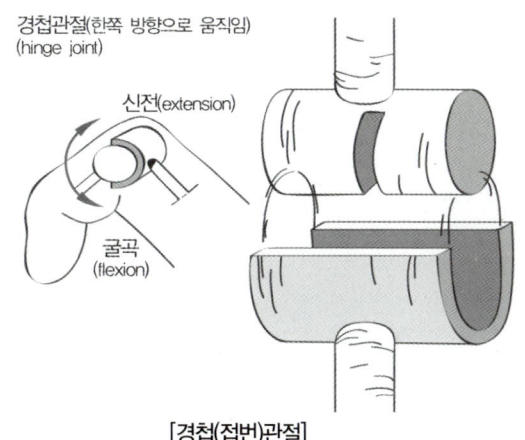

[경첩(접번)관절]

③ 중쇠관절(차축관절, pivot or trochoid joint): 세로축(장축) 방향으로 형성된 오목한 뼈에 축 모양의 돌기를 가진 뼈가 회전하는 구조, 1축성(홑축) 관절, 회전운동, 팔꿈치에서 아래팔이 회내 또는 회외 동작을 할 때 요골과 척골이 만나는 근위부의 접점 부위

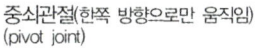
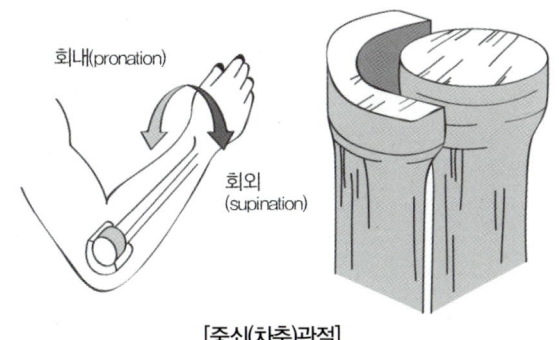

[중쇠(차축)관절]

④ 타원관절(ellipsoidal joint) 또는 과상관절(condyloid joint): 타원 모양의 관절융기가 타원형의 공동과 만나는 형태의 융기관절, 2축성 관절이므로 상호 직각인 두 평면상의 움직임 가능, 손목관절(요골손목관절, radiocarpal joint)

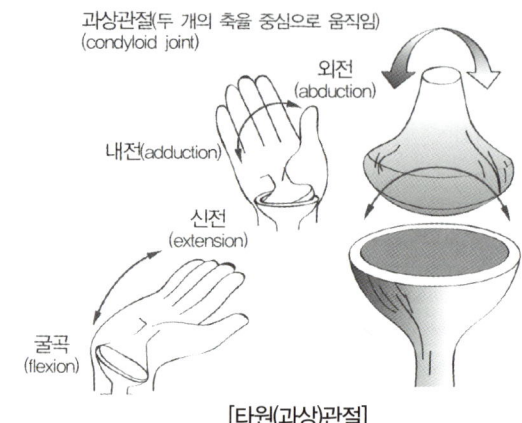

[타원(과상)관절]

⑤ 안장관절(안상관절, saddle joint): 마주하는 뼈의 관절 표면은 이에 맞추어 상대적으로 볼록하거나 오목한 형태, 2축성 관절로 서로 간에 직각으로 두 평면상의 운동 가능, 굽힘(굴곡)과 폄(신전)뿐만 아니라 모음과 벌림 가능, 손목의 손목뼈, 손목 손바닥뼈 관절

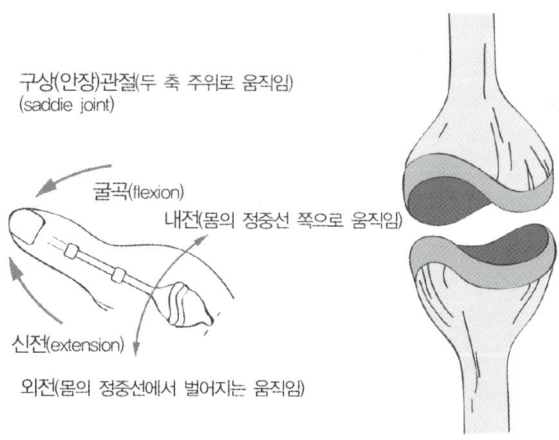

[안장(안상)관절]

⑥ 절구관절(구상관절, ball-and-socket or spheroidal joint): 공 모양의 뼈머리가 절구처럼 오목하게 들어간 뼈에 끼워진 형태, 3축성 관절, 어깨와 엉덩관절

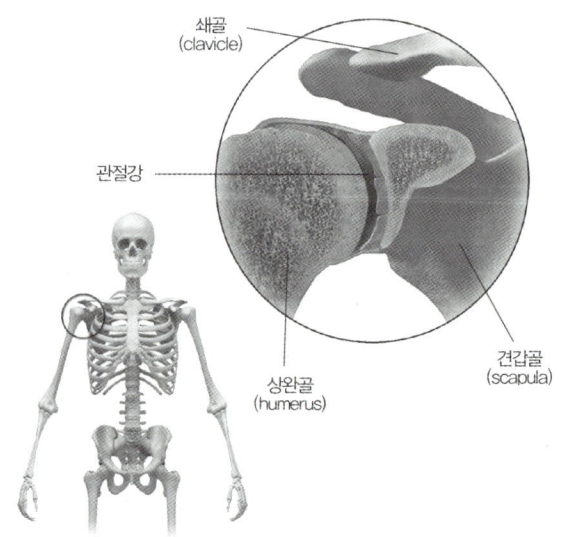

[절구(구상)관절]

다 관절의 운동 유형

① 굽힘(굴곡, flexion): 관절을 이루는 두 뼈 사이의 각도가 작아지게 하는 움직임
② 폄(신전, extension): 관절을 이루는 두 뼈 사이의 각도가 커지는 움직임
③ 벌림(외전, abduction): 몸의 중심선으로부터 팔이 멀어지는 것
④ 모음(내전, adduction): 몸의 중심 쪽 가까이로 팔이 움직이는 것

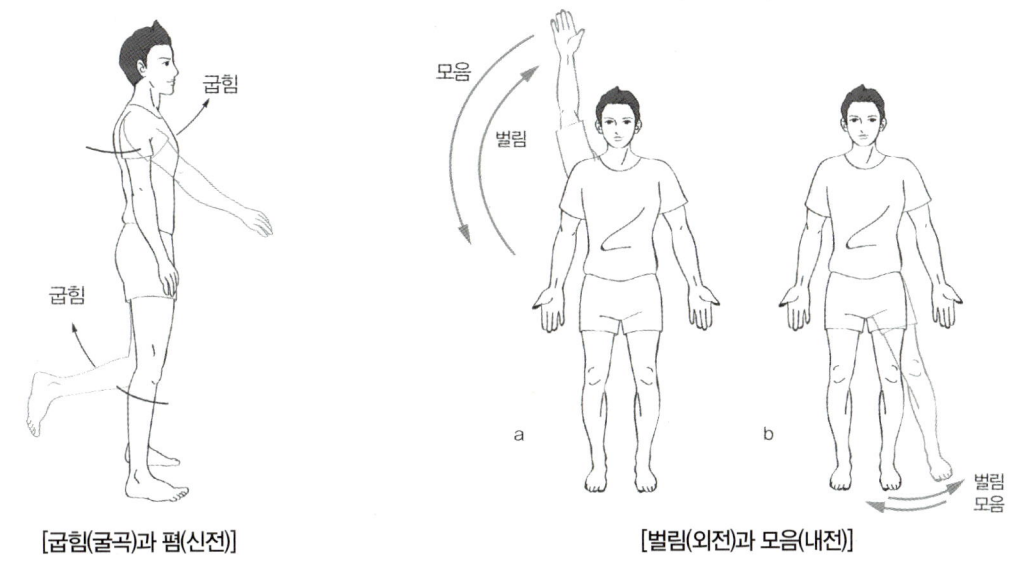

[굽힘(굴곡)과 폄(신전)]   [벌림(외전)과 모음(내전)]

⑤ 돌림(회전, rotation): 머리를 좌우로 돌릴 때처럼 중심축 주위로 분절이 회전하는 것
⑥ 휘돌림(회선, circumduction): 어깨를 축으로 팔이 원뿔을 그리는 형태의 운동

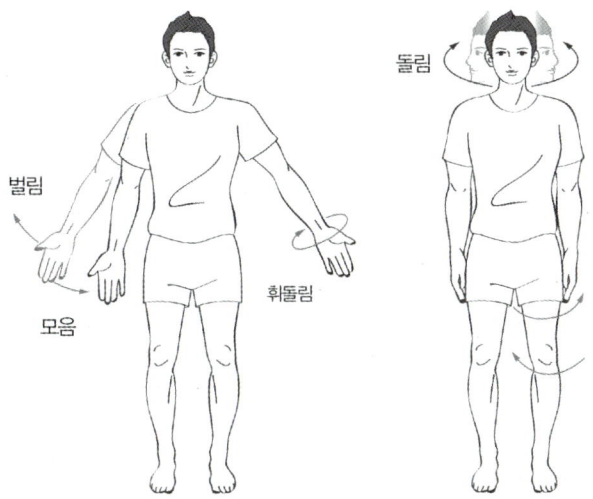

[돌림(회전)과 휘돌림(회선)]

⑦ 뒤침(회외, supination): 노뼈(요골, radius)와 자뼈(척골, ulna)가 평행하도록 아래팔뼈(전완골)를 움직이는 것, 즉 손바닥이 위쪽 또는 앞쪽을 향하도록 손을 돌리는 것
⑧ 엎침(회내, pronation): 손바닥을 뒤쪽을 향하거나 아래쪽을 향하게 하는 것

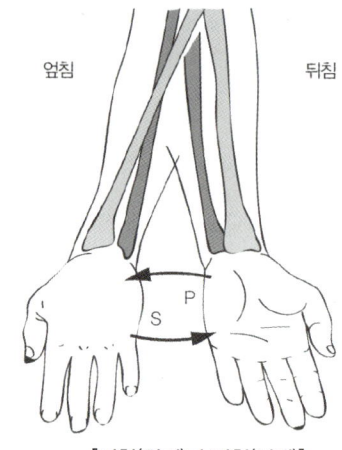

[뒤침(회외)과 엎침(회내)]

⑨ 가쪽번짐(외번, eversion): 발의 바깥쪽(새끼발가락 쪽)을 들어 올리는 동작
⑩ 안쪽번짐(내번, inversion): 발의 안쪽(엄지발가락쪽)을 들어 올리는 동작

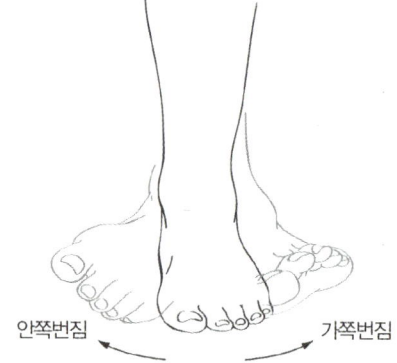

[가쪽번짐(외번)과 안쪽번짐(내번)]

⑪ 내밂(돌출, protraction): 수평면 상에서 앞쪽으로 움직이는 것
⑫ 후퇴(퇴축, retraction): 내밂의 반대 움직임

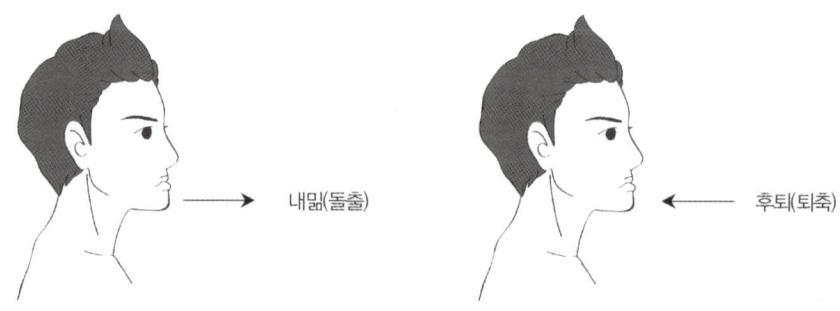

[내밂(돌출)과 후퇴(퇴축)]

⑬ 올림(상전, elevation): 어깨를 위로 올리는 것
⑭ 내림(하전, depression): 어깨를 아래로 내리는 것

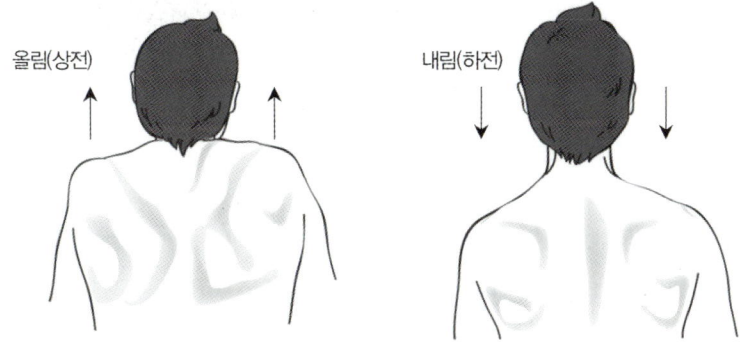

[올림(상전)과 내림(하전)]

⑮ 맞섬(대립, opposition): 엄지손가락 끝과 다른 손가락들을 모을 때 일어남
⑯ 위치복원(재배치, reposition): 손가락이 원래 위치로 돌아갈 때 일어남

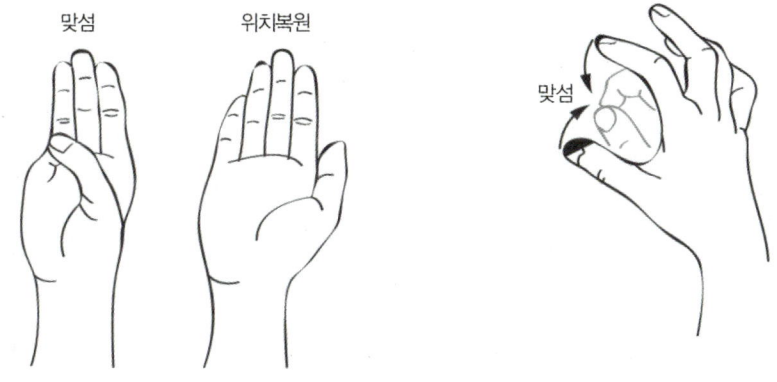

[맞섬(대립)과 위치복원(재배치)]

⑰ 발등굽힘(배측굴곡, dorsiflexion): 걸을 때 발을 내딛을 때처럼 발목관절에서 발등이 정강이를 향하게 구부리는 것
⑱ 발바닥쪽굽힘(족저굴곡, plantar flexion): 걸을 때 뒷발을 밀어낼 때처럼 발이 정강이에서 멀어지게 뻗는 것

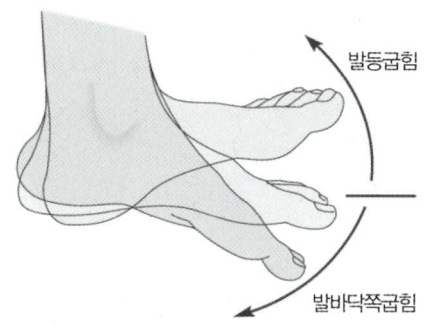

[발등굽힘(배측굴곡)과 발바닥쪽굽힘(족저굴곡)]

2장 운동의 종류

[01] 운동의 정의와 원인

가 정의
어떤 물체나 신체의 위치가 시간이 지남에 따라 변하는 것

나 원인
① 힘: 어떤 물체나 신체에 대하여 병진운동을 일으키는 원인, 구심력/향심력
② 토크(힘의 모멘트): 회전운동을 일으키는 원인, 편심력/이심력

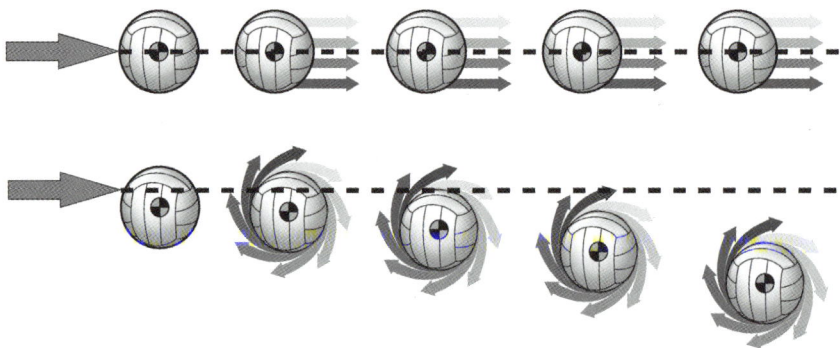

[구심력과 편심력]

[02] 병진운동(선운동)

① 움직이는 물체나 신체의 모든 입자가 같은 시간에 대하여 같은 방향과 같은 거리로 움직이는 것
② 직선운동(등속운동과 등가속도운동)과 곡선운동 포함

[직선운동]

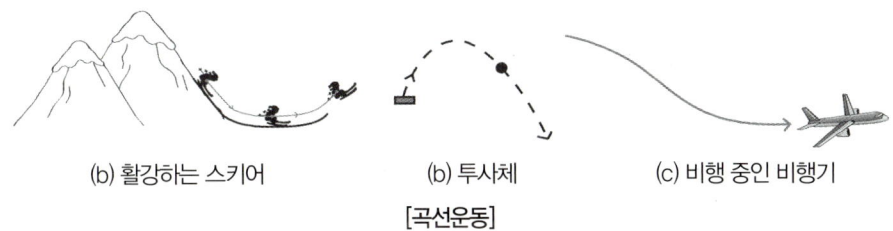

(b) 활강하는 스키어　　(b) 투사체　　(c) 비행 중인 비행기

[곡선운동]

[03] 회전운동

① 물체나 신체가 한 점이나 한 축을 중심으로 움직이는 것

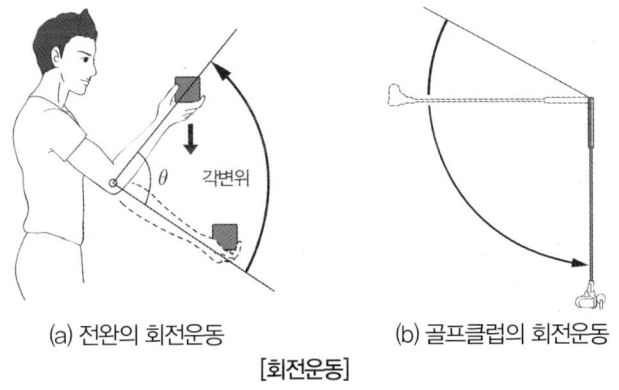

(a) 전완의 회전운동　　(b) 골프클럽의 회전운동

[회전운동]

> **심화학습**
>
> *** 회전운동의 회전축**
> 회전운동에서 회전축은 물체의 내부 혹은 외부에도 존재할 수 있다. 피겨 스케이터가 수직축을 중심으로 회전운동을 하는 경우는 회전축이 운동체의 내부에 있지만, 철봉의 대차돌기에서는 운동체 외부에 위치한 바가 회전축이 된다. 또한 회전운동에서 회전축의 위치나 방향은 운동이 진행되는 동안 고정되어야 한다.

[04] 복합운동

① 병진운동과 회전운동이 결합된 운동, 신체 운동의 대부분이 해당됨

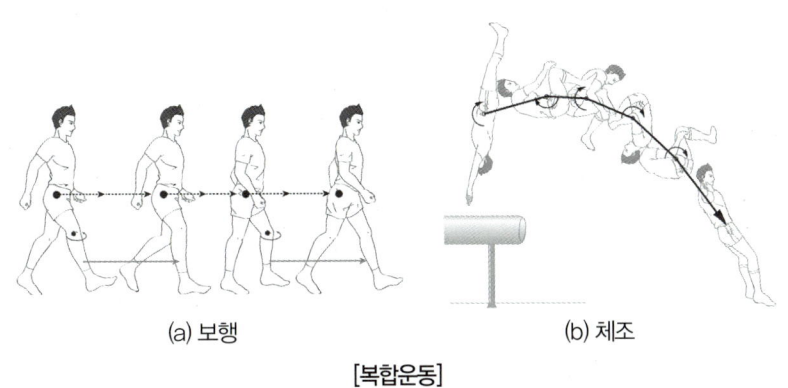

(a) 보행　　(b) 체조

[복합운동]

03 인체역학

1장 인체의 물리적 특성

[01] 질량과 무게

가 질량(mass)
① 어떤 물질이 가지는 고유한 역학량 의미하며 국제단위계(SI)의 단위는 킬로그램(kg)

나 무게(weight)
① 지구가 물체에 가하는 중력의 크기, 흔히 질량과 혼동하기 쉬우나 질량(m)에 중력가속도(g)가 곱해진 양(m×g)으로 정의, 국제단위계(SI)의 단위는 kg · g(kilogram-force, 킬로그램중), N(newton, 뉴턴), lb(pound, 파운드), dyne(다인) 등

[02] 인체의 무게중심

(1) **무게중심**: 물체의 무게를 균등하게 나누어 균형을 이루게 하는 점

(2) **인체의 활동과 무게중심**

① 균형판법(Balance Board Method): 지레의 원리를 이용하여 인체의 무게중심을 계산

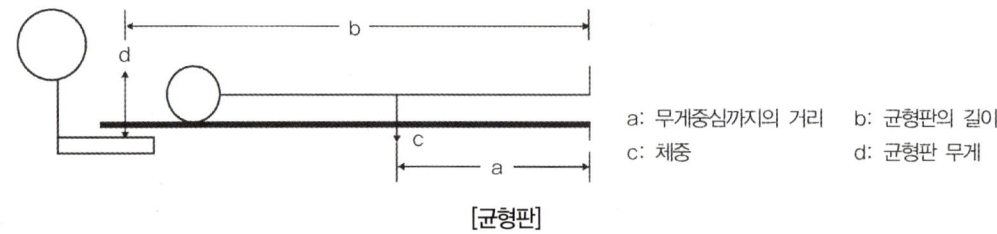

[균형판]

a: 무게중심까지의 거리   b: 균형판의 길이
c: 체중   d: 균형판 무게

균형판을 이용한 무게중심 계산방법

몸무게 =	kgs
키 =	cms
균형판 무게 =	kgs
균형판 길이 =	cms
균형판 위의 체중 =	kgs
균형판의 무게를 뺀 체중 =	kgs
균형판의 무게를 뺀 체중 = 균형판 위의 체중 − 균형판 무게	
무게중심점의 높이 =	cms
무게중심점의 높이 = 균형판의 무게를 뺀 체중 × 균형판 길이 / 체중	
키에 대한 무게중심의 비율 =	%

② 매다는 방법: 매달아서 무게중심을 찾는 방법은 물체의 모양이 복잡하여 중심의 위치를 찾기가 어려울 때 사용하는 방법

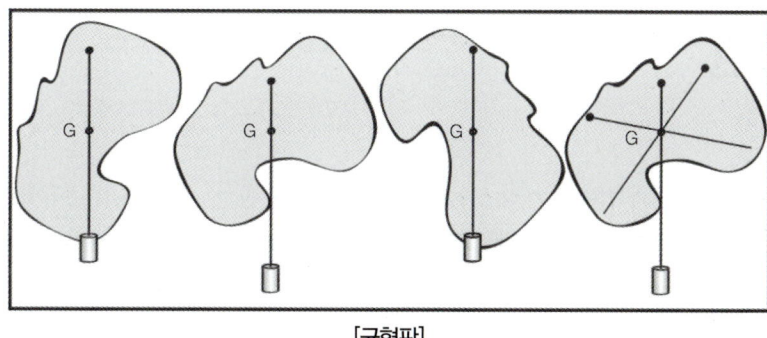

[균형판]

③ 분절 방법: 전체 체중에 대한 신체 각 분절의 평균 무게 %를 구하여 각 분절의 무게중심의 위치를 찾아내 분절 길이에 대한 % 거리를 구하는 방법

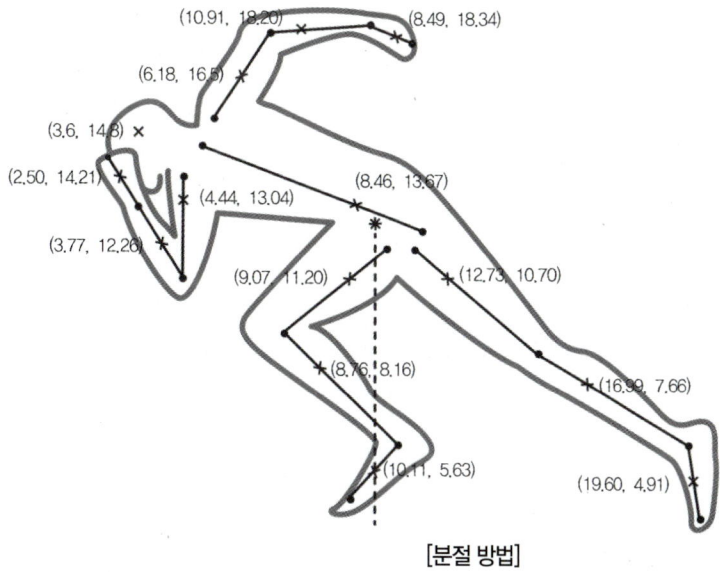

[분절 방법]

2장 인체평형과 안정성

[01] 인체평형

(1) **안정성**: 물체의 평형상태를 유지하는 정도

(2) **운동성**: 물체의 상태를 변화시키는 정도, 안정성과 반대되는 개념

(3) **인체평형과 안정성에 영향을 미치는 요인**: 인체 질량 크기 및 분포, 기저면의 크기, 인체중심의 높이, 인체중심선의 위치

[02] 기저면

가 정의

물체 또는 인체 등이 지면과 접촉하는 각 점들로 이루어진 전체 면적, 즉 물체가 바닥에 접촉하고 있는 실제 면적이 아니라 물체가 지지된 점들을 바깥쪽 한계로 그려진 선에 의하여 둘러싸인 면적

나 기저면과 안정성의 관계

기저면이 클수록 기저면의 길이가 넓은 방향일 때 안정성 증가

[03] 무게중심의 높이

(1) **무게중심의 높이가 낮을수록 안정성 증가**: 물체의 안정성은 그 물체의 무게중심 높이와 반비례

[04] 중심선의 위치

(1) **무게중심선(line of gravity)**: 물체의 무게중심을 통과하는 수직선

(2) 무게중심선이 기저면의 중앙에 가까울수록 안정성 증가, 기저면 가장자리에 가까워질수록 안정성 감소

3장 인체의 구조적 특성

[01] 인체의 분절 모형

① 인체의 모든 관절의 움직임을 분석하기에 현실적인 어려움이 있음
② 인체를 주요 관절점을 기준으로 총 14개 분절(머리, 몸통, 상완2, 전완2, 손2, 대퇴2, 하퇴2, 발2)로 구분하여 사람의 동작을 단순화하여 쉽게 분석
③ 자유물체도: 시스템에 작용하는 모든 힘과 회전력을 도식적으로 표현한 것

[02] 인체 지레의 종류

가 지레의 구성요소

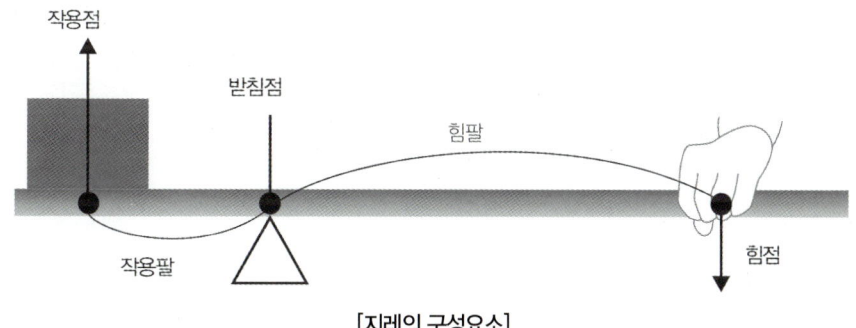

[지레의 구성요소]

나 지레의 종류

① (a) 1종지레: 힘팔과 작용팔의 위치에 따라 다름, 시소, 가위, 대저울 등
② (b) 2종지레: 작용팔 < 힘팔, 힘 이득 거리 손해, 병따개, 외바퀴 손수레, 페달 등
③ (c) 3종지레: 작용팔 > 힘팔, 힘 손해 거리 이득, 삽, 낚싯대, 핀셋 등

> 심화학습
>
> *** 힘팔과 작용팔**
> - 힘팔: 받침점에서 힘점까지의 거리
> - 작용팔: 받침점에서 작용점까지의 거리

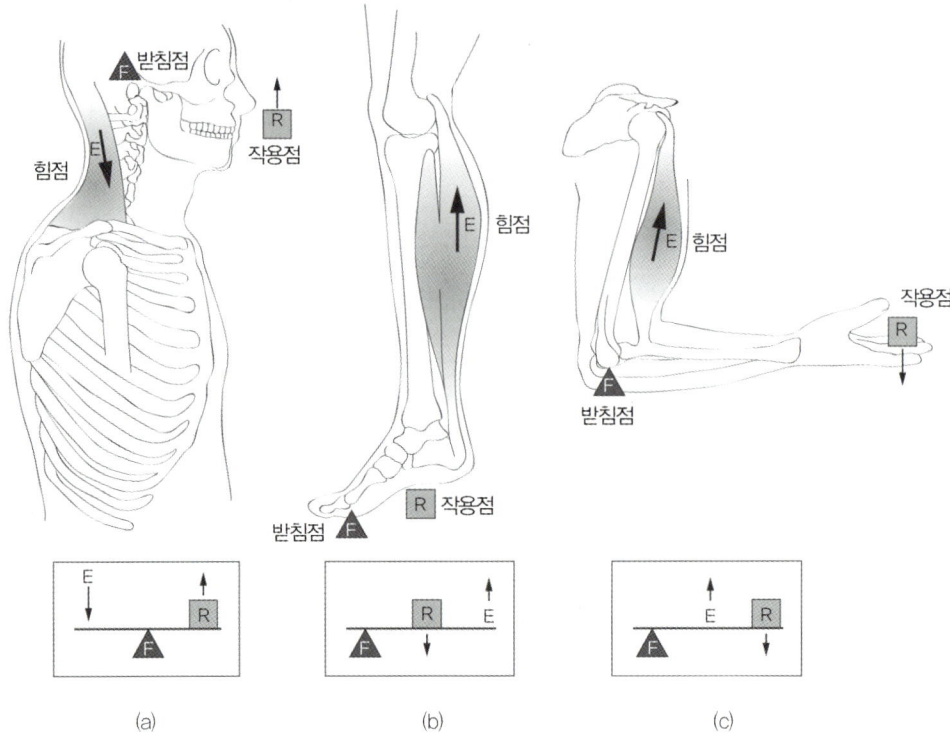

[세 가지 종류의 지레와 인체 움직임의 예]

04 운동학의 스포츠 적용

1장 선운동의 운동학적 분석

[01] 거리와 변위

(1) **거리(distance)**: 물체가 두 지점을 얼마나 멀리 움직였는가를 나타내는 스칼라양, 두 지점을 잇는 실제 경로

(2) **변위(displacement)**: 두 지점을 잇는 최단 거리, 즉 가상의 직선거리의 길이와 방향을 나타내는 벡터양

[02] 속력과 속도

(1) **속력(speed)**: 물체가 얼마나 빠르게 움직이고 있는가를 나타내는 스칼라양, 물체가 거리를 이동하는 비율, 이동거리(s)를 걸린 시간(t)으로 나누어 계산하고, 단위는 m/s, m/min, km/h 등

(2) **속도(velocity)**: 물체가 그 위치를 변화하는 비율을 나타내는 벡터양, 변위(d)를 걸린 시간(t)으로 나누어 계산하고, 벡터양이라는 성분 표시로 속도 v 위에 화살표 표기, 단위는 속력과 동일하게 m/s, m/min, km/h 등

속력과 속도의 차이

속력(speed)	속도(velocity)
물체가 얼마나 빠르게 움직이고 있는가를 나타내는, 즉 물체의 위치가 변화하는 비율의 크기만 나타내는 스칼라양이다.	물체가 얼마나 빠르고 동시에 어떤 방향으로 움직이고 있는가를 나타내는, 즉 물체의 위치가 변화하는 비율의 크기와 방향을 나타내는 벡터양이다.
80km/h	북쪽 80km/h

[03] 가속도

가 운동의 가속도

① 인체(물체)가 운동하는 속도의 크기나 방향이 변할 때 그 물체는 가속도를 갖고 있음

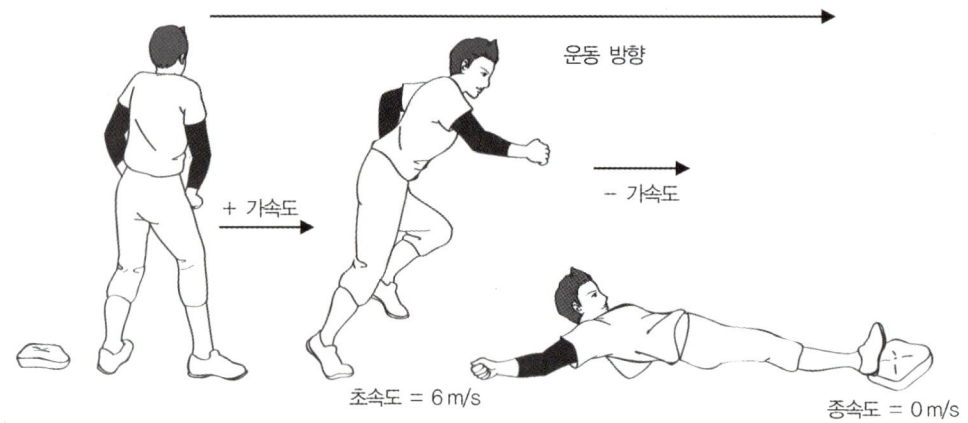

[야구에서 베이스 도루를 하는 동안의 양(+)과 음(-)의 가속도]

나 중력가속도

① 중력에 의하여 일정하게 발생하는 가속도
② 물체 질량의 크기와 관계없이 9.8㎧
③ 지구 중심 방향
④ 상승운동은 9.8㎧으로 감소, 하강운동은 9.8㎧으로 증가

[04] 투사체(포물선) 운동

가 수평성분과 수직성분

① 수직성분은 중력의 영향을 받지만, 공기저항을 무시한다면 수평성분은 어떠한 힘의 영향도 받지 않음
② 수직성분은 투사체의 최대 높이와 관련되어 있고, 수평성분은 투사체가 날아간 거리와 관련되어 있음
③ 수직성분과 수평성분은 서로 독립적임

나 중력과 공기저항

① 중력은 투사체의 수직성분에 영향을 미치는 주요인으로 지구의 표면을 향해 수직으로 물체를 가속시킴
② 공기저항은 투사체의 수평속도성분에 영향을 미침

다 투사궤도에 영향을 미치는 요인

① 투사각
② 투사속력
③ 상대투사높이
④ 적정한 투사 조건

2장 각운동의 운동학적 분석

[01] 각거리와 각변위

(1) **각거리**(angular distance): 고정된 축으로부터 연결된 2개의 점이 특정 시간 동안 물체가 움직인 전체 각도를 말하며, 방향이 없는 양의 값을 가지는 스칼라양

(2) **각변위**(angular displacement): 처음 위치와 마지막 위치의 지점 간 예각으로서 △t 동안 각위치의 변화량을 말하며, 방향을 갖는 벡터양

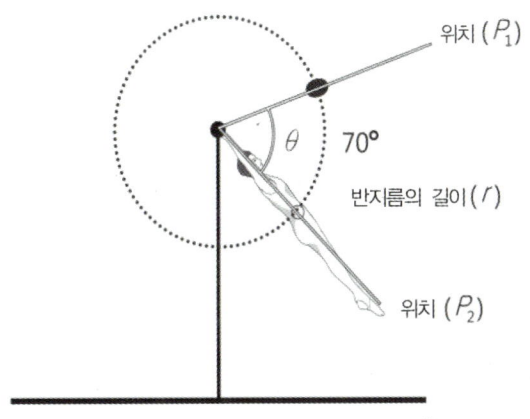

[회전운동에서 기계체조 선수의 각거리와 각변위]

[02] 각속력와 각속도

(1) **각속력**: 선운동에서 속력과 같은 개념, 각속도의 절댓값으로 항상 양의 값, 각거리를 소요된 시간으로 나누어 구함

(2) **각속도**: 각변위의 시간에 대한 변화율로 벡터양, 문자로 오메가(ω) 사용, 회전운동 하는 물체의 각변위가 시간의 함수라면 움직인 물체의 각속도는 시간에 대한 미분값

[03] 각가속도

① 각속도의 시간에 대한 변화율로 벡터양이며, 문자로는 알파(α) 사용

② 회전운동 하는 물체의 각속도가 시간의 함수라면 단위시간당 변한 각속도이고, 움직인 물체의 각가속도는 간에 대한 미분값

[04] 선속도와 각속도의 관계

① 선속도: 선운동에서 속도라는 용어를 쓸 때 각운동에서 각속도와 구분하기 위하여 표기하는 방법
② 선속도와 각속도의 관계를 이해하기 위해 선운동과 각운동을 연결할 수 있는 라디안(radian) 혹은 호(arc)의 개념을 이해해야 함

선운동학과 각운동학에서 사용하는 용어

선운동학	각운동학
거리	각거리
변위	각변위
속력 = 거리 / 시간	각속력 = 각거리 / 시간
속도 = 변위 / 시간 각속도 = 각변위 / 시간	각속도 = 각변위 / 시간
가속도 = (최종 속도 - 처음 속도) / 시간	각가속도 = (최종 각속도 - 처음 각속도) / 시간

05 운동역학의 스포츠 적용

1장 선운동의 운동역학적 분석

[01] 힘의 정의와 단위

(1) **정의**: 정지하고 있는 물체를 움직이고, 움직이고 있는 물체의 속도 또는 운동 방향을 바꾸거나, 물체의 형태를 변형시키는 작용을 하는 물리량

(2) **단위**: N(Newton) = kg · m/s²

[02] 힘의 벡터적 특성

(1) 힘이 작용하면 물체는 힘이 작용한 방향으로, 힘이 작용한 크기만큼 이동, 즉 힘은 크기와 방향을 동시에 갖는 물리량으로 벡터양(vector quantity) 혹은 벡터라 함

(2) 힘, 변위, 속도, 가속도, 운동량, 충격량 등이 포함됨

[03] 힘의 종류

(1) **근력**: 인체를 기준으로 외력과 내력으로 구분, 근력은 내력에 속하고 근육의 수축으로 발생하는 힘

(2) **중력**: 지구가 물체를 지구 중심으로 끌어당기는 힘

(3) **마찰력**: 운동을 방해하는 힘, 즉 추진력에 반대하는 저항력

(4) **부력**: 물에 뜨는 힘, 즉 중력에 대항해 유체나 공기로부터 위 방향으로 받는 힘

(5) **항력(유체저항)**: 받는 힘에 대한 저항하는 힘

(6) **양력**: 떠오르게 하는 힘, 즉 중력에 반대되는 힘

[04] 뉴턴의 선운동 법칙

가 힘
① 물체의 운동을 변화시키는 일을 함
② 물체가 움직일 때 움직이는 쪽으로 힘을 주면 물체가 더 빨리 움직이며, 반대쪽으로 힘을 주면 물체가 느려짐
③ 힘을 주는 방향이 물체가 움직이는 방향과 다르면 물체가 움직이는 방향이 틀어짐
④ 물체의 모양을 바꾸는 일을 함

나 관성의 법칙
① 물체가 운동하고 있는 상태에서나 정지한 상태에서 원래의 상태를 유지하려고 하는 속성
② 모든 물체는 관성을 지니고 있으며, 관성의 크기는 질량에 비례

다 가속도의 법칙
① 힘을 가하면 가속도 발생
② 힘의 방향으로 가속도 발생
③ 질량에 반비례하여 가속도 발생
④ 힘의 크기에 비례하여 가속도 발생

라 작용-반작용 법칙
상호작용하는 물체들 사이의 작용력과 반작용력은 크기가 같고 방향은 서로 반대이며, 동일 직선상에 있는 것

[05] 선운동량과 충격량
① 선운동량은 선운동 중에 있는 물체가 갖는 운동량으로 그 물체의 질량과 운동속도와의 곱
② 물체가 움직이는 속도는 힘과 힘을 작용한 시간에 따라 다름. 물체가 받는 힘과 시간을 곱한 것을 충격량
③ 선운동량의 단위는 kg · m/s, 충격량의 단위는 N · s

[06] 선운동량의 보존

물체끼리 충돌이나 결합, 분열할 때, 외부에서 따로 힘이 작용하지 않으면 물체들의 총 운동량은 항상 일정함

[07] 충돌

(1) 탄성(elasticity): 어떠한 물체에 힘이 가해졌을 때, 그 물체가 변형되었다가 원래 상태로 되돌아가려고 하는 성질

(2) 복원(충돌)계수(coefficient of restitution): 충돌하는 물체 또는 운동도구의 충돌 전·후 상대속도의 비

(3) 임팩트와 리바운드: 물체가 충돌하는 순간을 임팩트, 임팩트 후 물체가 튀어 나가는 것을 리바운드

2장 각 운동의 운동역학적 분석

[01] 토크(힘의 모멘트)

① 일반적으로 회전하려고 하는 경향
② 물체의 회전중심선에서 벗어나 힘이 작용하면 그 물체는 회전운동을 하게 되며 이를 모멘트라 함

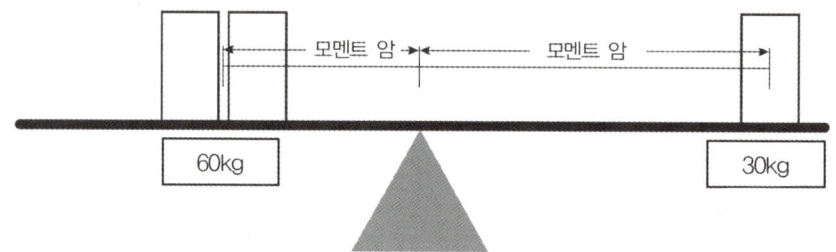

[질량과 모멘트 암의 상호관계]

[02] 관성모멘트

① 회전운동에 대한 관성의 크기를 나타내는 양, 즉 임의의 회전축에 대한 질량의 분포를 나타내는 물리량
② 관성능률이나 회전모멘트 등의 용어로 표현
③ 단위: 질량의 단위인 kg과 회전반지름의 단위인 미터(m)를 곱한 kg·m^2
④ 회전하는 물체의 관성 크기를 결정하는 주요 요인(물체의 질량과 회전축에 대한 질량분포)

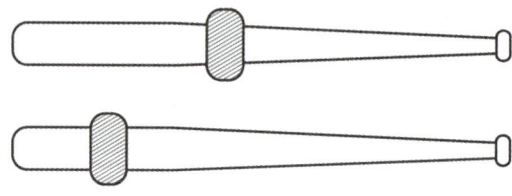

[웨이트링의 위치 변화에 따른 관성모멘트의 변화]

[03] 뉴턴의 각운동 법칙

가 각관성의 법칙
회전운동에서 외부로부터 가해진 회전력에 대해 물체의 운동 상태를 변화시키지 않으려는 저항 특성으로, 외부에서의 토크가 작용하지 않는다면 그 물체는 현재의 회전운동 상태를 유지하려고 하는 성질

나 각가속도의 법칙
회전하고 있는 물체에 같은 방향으로의 토크가 가해지면 회전가속도가 증가하게 되고, 정지하고 있는 물체에 토크가 가해지면 물체는 회전하기 시작한다는 것

다 각반작용의 법칙
강체에 서로 영향을 미치는 토크는 첫 번째 강체에 대해 두 번째 강체에 의해 발휘되는 크기가 같고 방향이 반대인(반작용) 토크가 존재

[04] 각운동량과 회전충격량

가 각운동량
회전체의 관성모멘트와 각속도의 곱으로 정의되는 물리량

나 회전충격량
주어진 시간 동안 가해진 회전력(토크)의 총량(각충격량 = 토크 × 작용시간), 각운동량의 변화

[05] 각운동량 보존 및 전이

가 각운동량 보존의 법칙
회전체에 순수한 외적 토크가 가해지지 않는 한 그 회전체의 전체 각운동량은 항상 일정

[다이빙의 연속 동작]

나 각운동량 전이

외부 토크가 개입되지 않는다면 전신의 각운동량은 일정하지만 신체의 일부가 각운동량을 만들면 전신 또는 신체의 나머지 부분이 그 각운동량을 보상해서 일정한 각운동량 유지

[06] 구심력과 원심력

가 구심력(centripetal force)

원운동을 하는 물체가 원의 궤도를 따라 운동하게 하는 힘

나 원심력(centrifugal force)

구심력에 대한 반작용력으로 회전 물체가 회전 궤도를 이탈하고자 하는 힘

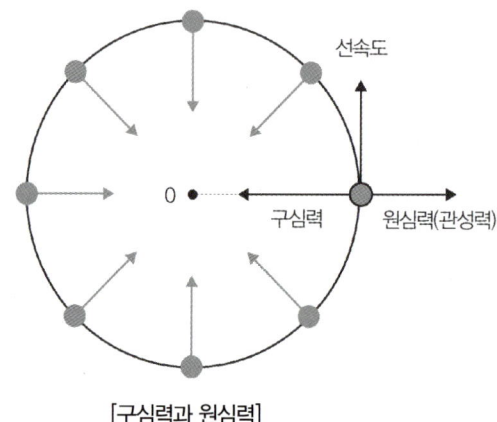

[구심력과 원심력]

06 일과 에너지

1장 일과 일률

[01] 일(work)

가 정의

힘과 작용된 힘의 방향으로 움직인 변위의 곱(W=F · d)

(1) **단위**: 힘의 단위(N)와 거리의 단위(m)를 곱한 Nm, 1Nm를 1줄(joule: J)

나 양의 일과 음의 일

(1) **양의 일**: 물체에 가한 힘과 같은 방향으로 물체가 움직일 때

(2) **음의 일**: 힘을 준 방향과 반대로 물체가 움직일 때

(3) **일을 안 함**: 힘이 작용하지 않거나 움직임이 없을 때

[일이 아닌 경우]

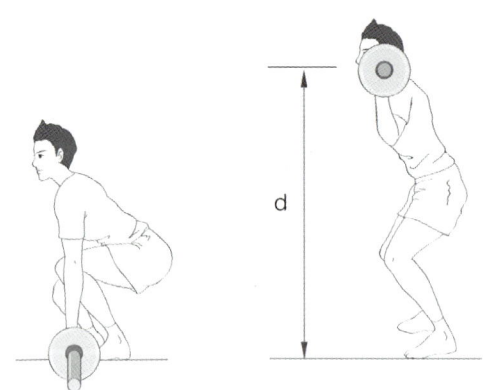

[바벨을 들어 올릴 때 수행한 일]

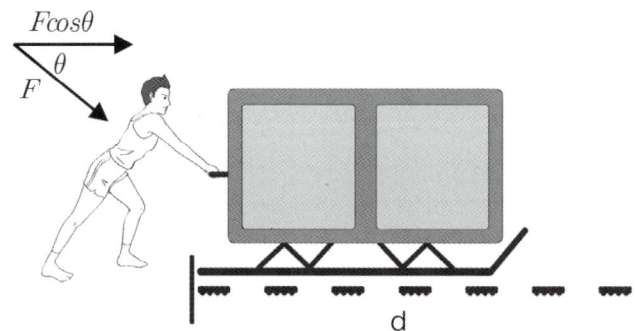

[지면에 대해 어떤 각도를 가지고 행한 일]

[02] 일률(power)

가 정의

단위시간 당 수행한 일(량)(P=W/t) 또는 작용된 힘과 속도의 곱(P=F·d/t=F·v)

$$일률 = \frac{일}{힘이\ 작용한\ 시간} = \frac{힘 \times 거리}{시간} = 힘 \times 속도$$

$$\left(P = \frac{W}{t} = \frac{F \cdot d}{t} = F \cdot V \right)$$

(1) 단위: J/s, 와트(watt: W), 마력(horse power: HP)

2장 에너지

[01] 에너지의 정의와 종류

가 정의

일을 할 수 있는 능력을 나타내는 물리량

(1) **단위:** 줄(joule: J)

나 종류

(1) **위치에너지(potential energy):** 에너지 중 물체가 그 위치를 변화시켜 일을 할 수 있는 에너지

중력에 의한 위치 에너지 = 물체의 질량 × 중력가속도 × 높이 = 무게 × 높이

$$E_p = mgh = wh$$

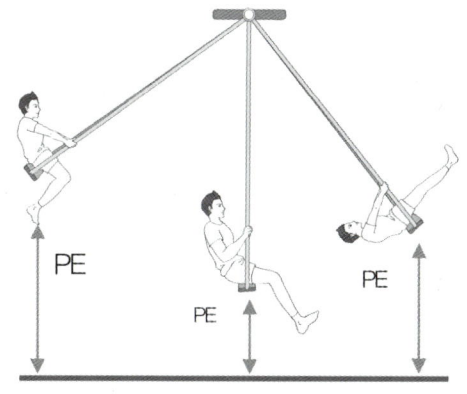

[높이에 따른 위치에너지]

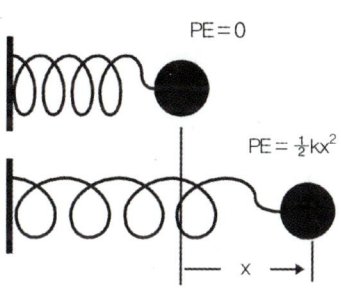

[탄성에너지]

탄성에 의한 위치 에너지 = $\dfrac{1}{2}$ × 탄성계수 × 변형된 길이²

$$E_{pk} = \dfrac{1}{2}k\chi^2$$

> **심화학습**
>
> * **탄성에너지의 활용: 근육의 신장-단축 기전**
> 대부분의 인체운동에서 무의식적으로 원하는 방향으로 운동하기 전에 반대 방향으로 움직임(위로 점프하기 전 아래로 웅크리는 동작, 던지기, 차기 등). 반동 동작에서 주동근의 길이가 늘어나 탄성에너지를 저장함. 원하는 방향으로 운동하기 위해서 주동근이 단축성 수축을 할 때 저장된 탄성에너지가 사용되므로 보다 큰 힘을 낼 수 있음. 근육의 길이가 늘어났다가 짧아지는 신장-단축의 수축 형태는 운동수행력을 높이는 매우 중요한 원리임

(2) **운동에너지(kinetic energy)**: 운동으로 인해 물체(선수)가 일을 할 수 있는 능력

- 직선운동의 운동에너지 = $\frac{1}{2}$ × 물체의 질량 × 속도^2

$$E_k = \frac{1}{2} m V^2$$

- 회전운동의 운동에너지 = $\frac{1}{2}$ × 물체의 질량 × 회전축으로부터의 거리^2 × 각속도^2

$$E_r = \frac{1}{2} m r^2 w^2 = \frac{1}{2} I w^2$$

(3) **역학적에너지**: 운동에너지 + 위치에너지

[02] 역학적 에너지 보존 법칙

중력 외 외력이 없는 상태에서 운동 시, 에너지 손실이 없다면 역학적 에너지는 항상 일정하게 보존

[03] 인체 에너지 효율

인체가 소모한 에너지량에 대해 역학적으로 한 일의 비율

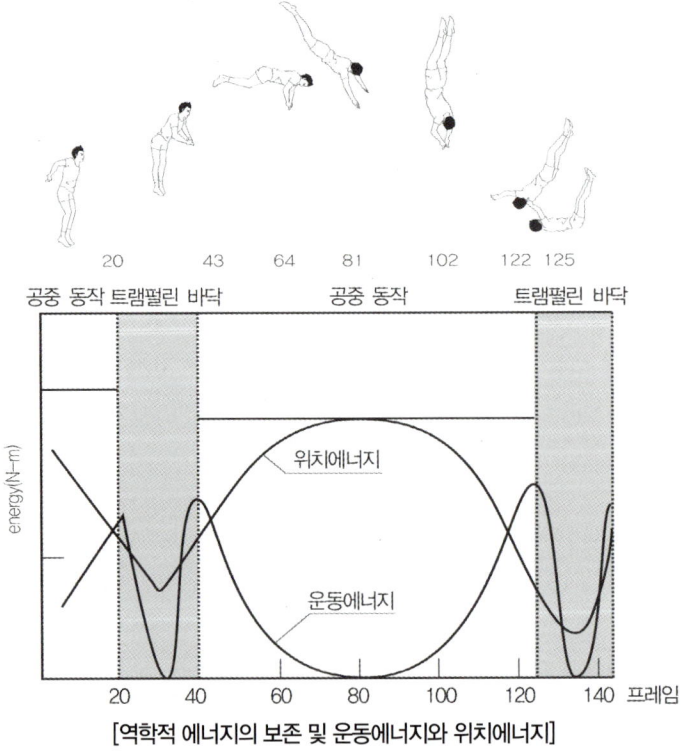

[역학적 에너지의 보존 및 운동에너지와 위치에너지]

[04] 인체의 에너지 효율

인체가 소모한 에너지양에 대해 역학적으로 한 일의 비율로 설명

$$-\text{에너지 효율}(\eta) = \left(\frac{\text{이용할 수 있는 에너지}}{\text{투입한 에너지}}\right) \times 100$$

[05] 일과 에너지의 관계

① 일은 물체의 역학적 에너지 변화의 원인
② 에너지는 일을 수행할 수 있는 능력
③ 힘이 한 일은 작용 물체에서 발생한 에너지의 변화량
④ 어떤 물체에 일을 하면 물체의 에너지가 증가
⑤ 에너지를 가진 물체는 다른 물체에 일을 할 수 있음
⑥ 일의 단위(J)와 에너지의 단위(J)는 동일

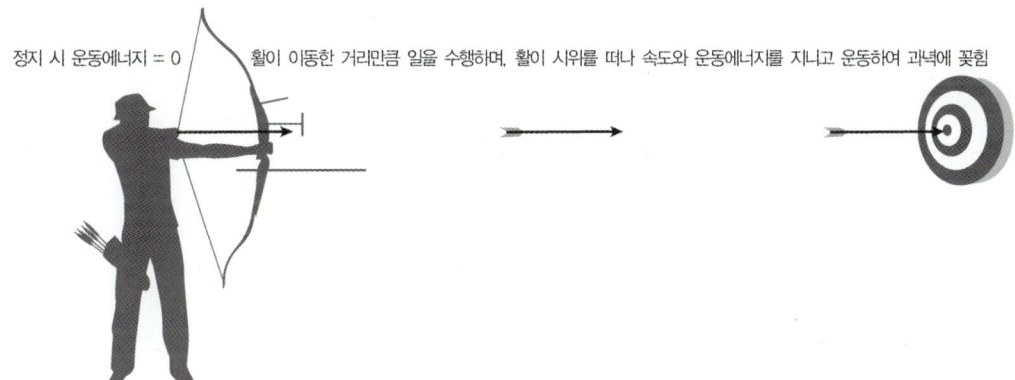

[활을 쏘는 행위에서 활의 일과 에너지의 관계]

07 다양한 운동기술의 분석

1장 영상분석

[01] 영상분석의 개요

가 정의

카메라와 같은 촬영 장비를 활용하여 인체의 움직임에 관한 영상자료를 수집하고, 이를 바탕으로 분석하여 인체 운동에 관련된 다양한 정보를 얻는 것

[02] 2차원 영상분석의 활용

(1) **정의**: 단일평면 상에서 일어나는 인체 움직임을 분석하는 방법

(2) **과정**: 실험설계(계획) → 실험(촬영) → 자료처리 → 분석

(3) **활용**: 장대높이뛰기의 도움닫기, 단거리달리기, 철봉대차돌기, 역도의 바벨 이동, 체조 핸드스프링, 좌우대칭 움직임 등

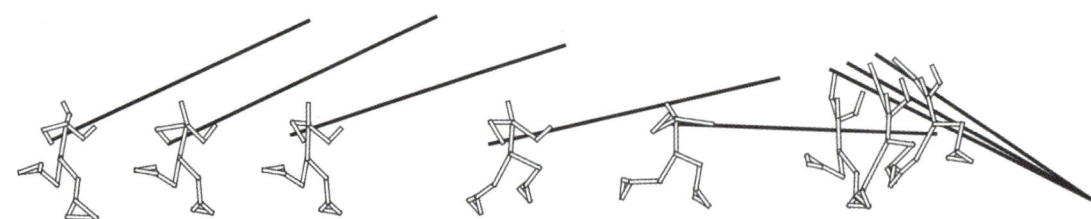

[2차원 영상분석 사례(장대높이뛰기)]

[03] 3차원 영상분석의 활용

(1) **정의:** 단일 평면이 아닌 공간상에서 이루어지는 복합적인 인체활동이나 운동기술을 2대 이상의 카메라를 이용하여 분석하는 방법

(2) **과정:** 실험설계(계획) → 실험(촬영) → 자료처리 → 분석

(3) **활용:** 기계체조 도마경기, 다이빙, 높이뛰기, 해머던지기, 방향전환이 이뤄지는 대부분의 움직임 등

[3차원 영상분석(기계체조 도마) 출처: 송주호, 2013]

2장 힘 분석

[01] 힘 측정 원리

(1) 직접 측정: 가속도계(물체에 가해진 속도의 변화 추정), 스트레인게이지(가해진 힘에 비례하여 물체가 변형되는 성질을 측정)

[3축 가속도계]

[순간가속도]

(2) 간접 측정: 영상분석(물체의 가속도, 변형 정도로 힘의 크기 산출)

[02] 다양한 힘 측정 방법

(1) 근력: 직접 측정(스트레인게이지), 간접 측정(영상분석, 시뮬레이션, 근전도)

(2) 중력: 중력 측정 장비(중력이 클수록 추를 매단 용수철이 많이 늘어나는 원리)

(3) 지면반력: 지면반력기

(4) 마찰력: 장력측정기

(5) 항력 및 양력: 풍동실험, 영상분석

(6) 부력: 유체에 잠긴 물체의 부피, 저울을 이용한 직접 측정

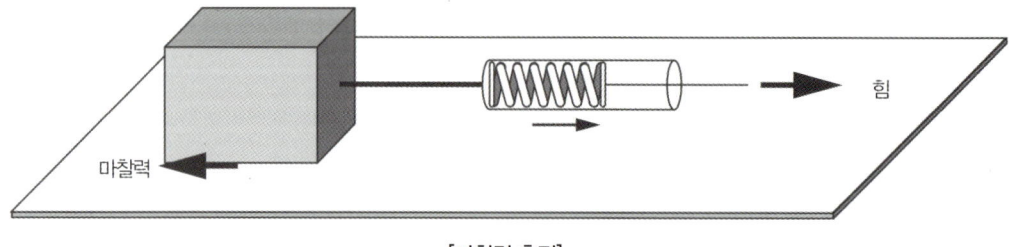
[마찰력 측정]

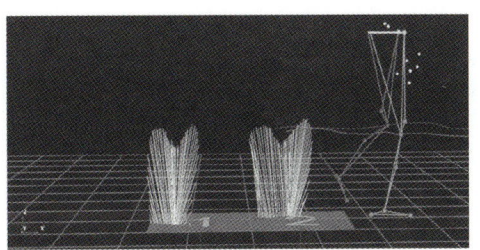

[지면반력 측정]

[03] 지면반력측정의 활용

(1) **지면반력 정의:** 사람이나 물체가 지면에 접촉하여 지면을 누르는 힘에 반하여 지면이 사람과 물체를 밀어내는 힘

(2) **활용:** 신발의 충격완충성 평가, 높이뛰기 높이의 추정, 양궁이나 사격의 안정성 평가, 높이뛰기나 멀리뛰기 도약력 평가 등

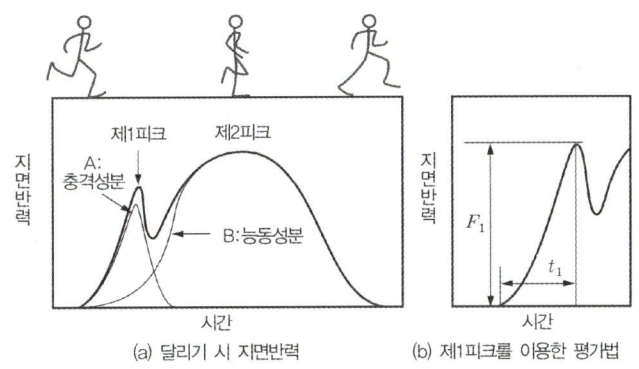

[지면반력 수직성분 및 평가]

3장 근전도 분석

[01] 근전도의 원리

가 정의

근 수축 시 발생하는 전위차를 관찰하여 그 신호를 통해 근육의 활성 정도, 활성 시점, 그리고 근육의 피로 정도를 확인하는 방법

나 원리

근섬유 외부로부터 자극을 받으면 세포막의 내·외부 물질들이 이동하여 전위차가 40㎷까지 상승되고 이러한 흥분 상태를 '활동전위'라 하며, 이때 발생한 전기신호를 수집하여 분석

[02] 근전도의 측정

근전도 측정기(전극, 증폭기, 필터로 구성)를 통해 측정

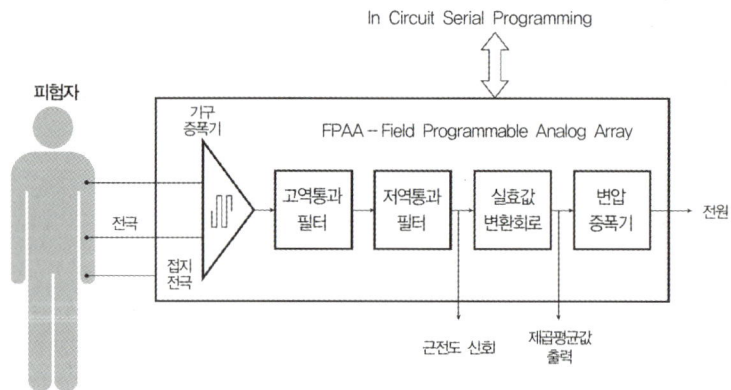

[근전도 측정기의 구성]

[03] 근전도의 분석과 활용

(1) **분석**: 진폭 분석(근육수축, 근긴장), 주파수 분석(근육의 피로도)

(2) **활용**: 근육질환 및 신경질환에 활용

스포츠지도사자격검정 핵심요약집

스포츠교육학은 스포츠를 가르치는 각 분야에서 요구되는 교육적 지식과 실천, 평가 등에 관한 이론적 지식과 교육적 소양을 갖추도록 하는데 목적이 있다. 또한 각 분야의 체육 현장에서 운동을 가르치고 배우는 일에 있어서 무엇을, 어떻게 가르쳐야 할지에 대해 알아보고자 한다.

01 스포츠교육학 개관

1장 스포츠교육의 이해

[01] 스포츠교육의 의미

가. 스포츠교육의 정의
스포츠교육이란 스포츠를 지도하는 활동으로서, 사람들이 삶 속에서 스포츠를 체험하고 문화 활동으로 즐길 수 있도록 가르치고 전수하는 것

나. 스포츠교육과 체육교육

(1) 스포츠교육
① '스포츠'와 '교육'이 합쳐진 말
② '스포츠를 교육하다'라는 뜻
- 협의의 스포츠교육: 학교에서 학생들의 건강한 심신을 함양하는 교과 활동으로서 '학교체육' 의미
- 광의의 스포츠교육: 학교 외에 지역사회에서 자율적으로 이루어지는 생활체육, 전문 운동선수를 가르치고 기르는 일까지 포함

(2) 체육교육
① 체육은 '體(physical)'와 '育(education)'의 합성어
② '신체적인 것(the physical)'을 가르친다는 '신체의 교육(education of the physical)'이라는 의미와 신체적인 것을 통해 지적·정서적·사회적 발달을 도모하는 '신체를 통한 교육(education through the physical)'이라는 의미

[02] 스포츠교육의 가치

'웰니스(wellness)', '홀니스(wholeness)'의 뜻처럼 신체적뿐만 아니라 정서적 안정을 통한 마음의 건강, 사회적·도덕적 인격을 함양시키는 정신적 측면의 가치

가 스포츠교육의 목적

(1) 스포츠교육 목적의 변화

① 신체의 교육(education of the physical)
- 20세기 초 체육학의 주류를 이루었던 패러다임
- 강하고 튼튼한 몸, 아름다운 신체 움직임

② 신체를 통한 교육(education through the physical)

체육의 목적(An Aim of Physical Education)
체육은 개인이 사회적·위생적 기준에 의해 마련된 스포츠, 리듬운동, 체조활동에 참여함으로써 신체적·정신적·사회적으로 발달하는 데 도움을 주는 것

장기적 목적		
건강과 안전	여가 선용	윤리적 인격

중·단기적 목적			
생리적 발달 신체 적성	근육 발달 스포츠 습관, 기능	인지적 발달 스포츠 이해	정서 발달 스포츠맨십

[Bookwalter가 주장한 체육의 목적과 내용 개념 틀]

(2) 스포츠교육의 가치

① 스포츠교육의 변화
- 첫째, 스포츠활동을 통한 인간교육이 강조
- 둘째, 학생 및 청소년의 건강 체력 향상과 관리, 활동적이고 건강한 여가 생활을 만들어 주는데 노력

Bailey 등(2009)의 체육 및 스포츠활동의 가치

	신체적 가치	정의적 가치	인지적 가치
내용	• 건강 및 체력 (physical fitness, health) • 스포츠 기능(sports skills)	• 심리적 건강(psychological health) • 사회적 기술(social skills) • 도덕적 인격(moral character)	• 학업 성적(academic performance) • 지적 기능(cognitive function) • 문해력과 수리력(literacy, numeracy)

나 스포츠교육의 내용

① 건강(health) 활동
- 체력영역
- 보건영역
- 안전영역

② 스포츠 및 신체움직임(sports & skilled movement) 활동

③ 표현(expression) 활동

2장 스포츠교육의 역사

[01] 스포츠교육의 발전과정

가 근대 스포츠교육의 역사

(1) 19세기 초·중반
① 체조 중심의 체육
② 건강 중심적 기독교주의
③ 이상적인 남성상(강함, 활달함), 여성상(순종, 순결)
④ 아마추어리즘과 페어플레이 정신

(2) 19세기 말~20세기 초
① 신(新) 체육: 신체를 통한 교육으로서의 체육

(3) 1950년대 이후
① 휴먼 무브먼트(movement)와 움직임 교육
 - 특정 종목이나 활동 자체를 배우기보다는 학문적 개념이나 과학적 원리를 바탕으로 움직임을 효율적이고 아름답게 수행할 수 있는 교육무용·체조·게임 등을 탐색하고 학습하는데 중점을 둠
② 인간주의 스포츠(체육교육)
 - 자아발달, 열린 교육, 정서교육 중시: 경쟁 배제
③ 놀이교육과 스포츠교육(1970년대 이후)
 - 놀이라는 문화 활동의 내재적 가치 강조
④ 신체운동학(Kinesiology, 1990년대 이후)
 - 신체활동을 교육내용으로 하는 오늘날의 스포츠교육과 관계가 깊으며, 스포츠 교육의 목적과 내용을 좀 더 확장하는데 기여함

나 스포츠교육의 과학화와 영역확장

(1) 체육 학문화 운동
① 대학과 대학원 체육 전공 프로그램의 성격을 변화시키는 촉매제 역할

② 체육학 학문성의 필요요건
- 첫째, 학문의 대상 분명
- 둘째, 연구방법의 체계성 확립
- 셋째, 독특하고 축적된 지식체계 존재

(2) 스포츠교육학의 성립과 발전

① 체육학의 학문적 체계화 흐름 속에서 운동생리학, 운동역학, 운동학습, 스포츠사회학 등을 중심으로 학문 영역 만들어짐
② 수업과 교육과정, 교사교육 중심인 '체육교육의 학문적 연구 분야' 만들기 시작, 이를 '스포츠교육학'이라 명명
③ 1970년 후반에 그 모습 뚜렷
④ 2000년대 초까지 실증적 패러다임을 적용한 과학적·효율적 연구가 주류
⑤ 최근 스포츠교육 분야의 질적·양적 연구의 지속으로 지식체계 탄탄

(3) 스포츠교육학의 연구영역

① 수업
② 교육과정
③ 지도자 교육

02 스포츠교육의 최근 동향

가 체력에 대한 관심과 개념의 변화

- '운동능력을 향상시키는 체력' → '건강한 생활과 관련된 체력'으로 변화

나 체육 및 스포츠교육에서 인권과 평등의 강조

- 수준별 수업 방법 제시: 체력, 운동기능, 흥미 등의 차이에 따른 수업
- 장애인 통합 교육이 강화되고 있음

다 체육수업의 필수화 및 스포츠 활동 참여기회 확대

중학교 의무수업 시행: 2013년부터 체육수업 이외에 '학교스포츠클럽 활동' 의무 시행

3장 스포츠교육의 영역

스포츠교육은 학교체육, 생활체육, 전문체육의 모든 곳에서 학생, 회원, 선수의 전문적 성장과 발달에 기여할 수 있는 새로운 교육 내용과 방법을 제공

[01] 학교체육으로서 스포츠교육

우리나라 초·중·고등학교 학생들이 경험하는 스포츠 활동은 크게 '체육교과' 활동과 비교과활동으로서 '창의적 체험활동'으로 구분

학교의 체육 및 스포츠 활동 프로그램의 종류

구분	체육교과	학교스포츠클럽 활동	학교스포츠클럽	방과 후 특기적성 교육	토요 스포츠데이 활동	틈새체육
대상	전체 학생	전체 학생 (중학생만)	일부 학생	일부 학생	일부 학생	전체 또는 일부 학생
시간	주당 2~3시간	연간 34~68시간	비정기	비정기	연간 34시간	비정기

가 학교 스포츠교육의 주요 추진과제

① 체육 교육과정 및 자율 체육활동 활성화
② 학생 건강 체력증진을 위한 신체활동 강화
③ 학교스포츠클럽의 확대와 지역 연계 강화

[02] 생활체육으로서 스포츠교육

- 스포츠교육의 범위와 적용범위도 생활체육과 전문체육을 포괄하는 광의의 학문 및 실천 영역으로 재개념화되어야 하는 상황임
- 스포츠교육의 범위는 학교체육뿐만 아니라 각 생애단계에 따른 적절한 신체활동을 권장하기 위한 평생스포츠교육 시스템으로 전환되어야 함

가 생활체육 목표

- 스포츠에 내재되어 있는 교육적 의미와 목표가 스포츠를 통해 개인에게 전달되고, 긍정적인 경험으로 각인되어 현실 생활로 전이되며, 또한 사회적으로 의미 있는 활동으로 확대될 수 있도록 목표 설정

나 생활체육지도자(스포츠지도사)의 역할

- 유아, 아동, 청소년, 성인, 노인, 장애인 등 다양한 연령층 대상으로 다양한 프로그램 구성 지도
- 사회·문화적인 책임감을 갖고 스포츠 활동이 구현하고자 하는 문화적 의미의 전수를 통해 가치 있는 삶을 영위할 수 있는 능력을 참여자들에게 가르침
- 이를 통해 지역사회에 건전한 스포츠문화를 이끌고 창출하는 매개자로의 역할 수행
- 다양한 요구에 따른 역할을 수행하고, 스포츠에 대한 흥미와 관심을 불러일으키며, 사람들이 지속적으로 스포츠 활동에 참여할 수 있도록 하는 전문 서비스로서의 교육 활동 지식과 실천 능력 필요

다 생활체육 프로그램의 전문성

- 활동 목적과 목표, 대상자, 활동과정과 방법, 장소와 시기 등이 포함되어야 함
- 학교에서 제공하는 활동내용에 비해 적용 대상의 연령 폭이 넓고, 개별화된 프로그램이 다양함
- 제공기관 실시 장소, 참여자의 특성, 교육 시설 환경에 따라 융통성 있게 구성되어야 함

[03] 전문체육으로서 스포츠교육

- 1964년 도쿄올림픽 이후 학교체육을 통해 전문 운동선수 양성
- 1972년 체육특기자제도 마련되면서 경기에서 금메달을 따기 위한 운동 기계로서의 정체성 형성
- 교육부의 '학교운동부 선진화 방안'시행 등 다양한 개선 방안이 마련되고 있으며, 구체적인 방향은 다음과 같음

  - 체계적이고 과학적인 지도
    경기지도자의 전문성이 개선되어야 하며, 선수 수준과 객관적 데이터에 근거하여 체계적인 지도를 할 수 있도록 해야함

  - 학생선수의 학습권과 인권의 보호
    스포츠교육이 추구하는 전인 양성의 관점에서 보다 도덕적이고 양심적인 스포츠 지도가 이루어지도록 해야함

02 스포츠교육의 정책과 제도

1장 학교체육

[01] 국가수준 체육과 교육과정

가 체육과 교육과정의 변천

체육과 교육과정의 변천과정 및 특징(교육인적자원부, 2007; 유정애 외, 2007)

구분	적용 기간	주요 특징
교수요목기	1946 ~ 1954	식민지 교육에서 민주주의 자유교육으로의 전환기
1차 개정	1955 ~ 1963	우리나라가 만든 최초의 체계적인 교육과정
2차 개정	1963 ~ 1973	체육과의 명칭이 초·중등 모두 '체육'으로 통일
3차 개정	1973 ~ 1981	국민학교에 '놀이' 대신 '운동' 개념 도입
4차 개정	1981 ~ 1987	움직임 교육과정의 영향으로 '기본 운동' 개념 도입
5차 개정	1987 ~ 1992	교육내용을 심동·인지·정의 영역으로 나누어 제시
6차 개정	1992 ~ 1997	구성 체제에서 '성격' 항목이 새롭게 추가됨
7차 개정	1997 ~ 2007	교육내용이 '필수'와 '선택'으로 나누어 제시됨
2007년 개정	2007 ~ 2013	'신체활동 가치'의 개념이 새롭게 도입됨
2009년 개정	2013 ~ 현재	창의·인성 강조와 학년군 제도 도입

나 체육과 교육과정의 구성 체제

체육과 교육과정의 구성체제 및 요소별 주요 내용(교육과학기술부, 2011)

구성 체제	구성요소	주요 내용
체육 과목 목표	체육과의 방향과 역할	체육의 교과적 특수성 및 정체성 설명
	체육과에서 추구하는 인간상	신체문화를 계승·발전시킬 수 있는 사람
	5가지 신체활동 가치 영역	건강, 도전, 경쟁, 표현, 여가의 개념 정의
	체육과의 목표	총괄 및 학교급별 목표 제시
내용의 영역과 기준	내용 체계	내용을 대영역, 중영역 내용요소로 구분 제시
	성취 기준	학년군, 영역, 내용별로 나누어서 제시
교수·학습 방법	교수·학습의 방향	체육과 교수·학습의 기본적 전제와 지침
	교수·학습의 계획	체육과 교수·학습을 위한 준비 사항
	내용 영역별 지도	건강, 도전, 경쟁, 표현, 여가 영역별 내용지도법
평가	평가의 방향	체육과 평가의 기본적 전제와 지침
	평가의 계획	체육과 평가를 위한 준비 사항
	내용 영역별 평가	건강, 도전, 경쟁, 표현, 여가 영역별 평가방법

[02] 학교체육진흥법

학교체육진흥법의 주요 구성 항목 및 내용

구성 항목	주요 내용
제3조(학교체육 진흥 시책과 권장)	국가 및 지방자치단체(교육감을 포함한다)는 학교체육 진흥에 필요한 시책을 마련하고 학생의 자발적인 체육활동을 권장·보호 및 육성하여야 한다.
제4조 (기본 시책의 수립 등)	교육부장관은 문화체육관광부장관과 협의하여 학교체육 진흥에 관한 기본 시책을 5년마다 수립·시행한다.
제5조(협조)	교육부장관과 문화체육관광부장관은 제4조에 따른 시책을 수립·시행하기 위하여 필요한 경우 지방자치단체의 장, 교육감 및 관계 기관 또는 단체의 장에게 협조를 요청할 수 있다.
제6조 (학교체육 진흥의 조치 등)	학교의 장은 학생의 체력증진과 체육활동 활성화를 위하여 다음 각 호의 조치를 취하여야 한다. 1. 체육교육과정 운영 충실 및 체육수업의 질 제고 2. 제8조에 따른 학생건강체력평가 및 제9조에 따라 비만 판정을 받은 학생에 대한 대책 3. 제10조에 따른 학교스포츠클럽 및 제11조에 따른 학교운동부 운영 4. 학생선수의 학습권 보장 및 인권보호 5. 여학생 체육활동 활성화 6. 유아 및 장애학생의 체육활동 활성화 7. 학교체육행사의 정기적 개최 8. 학교 간 경기대회 등 체육 교류활동 활성화 9. 교원의 체육 관련 직무연수 강화 및 장려 10. 그 밖에 학교체육 활성화를 위하여 필요한 사항

[03] 체육교사

가 초등학교 체육전담교사
① 초등학교에서 체육교과만 지도하는 교사
② 대개 주당 20시간 내외의 체육수업을 담당하게 됨

나 중등학교 체육교사
① 중·고등학교에서 체육교과만 지도하는 교사
② 대개 주당 20시간 내외의 체육수업을 담당하게 됨

다 스포츠강사
① 초·중·고등학교에서 학교스포츠클럽 및 방과 후 체육활동을 지도하거나 정규 체육수업의 수업진행 및 보조 역할을 수행하는 체육 지도자

[04] 학교스포츠클럽 활동

가 개념
학교스포츠클럽 활동의 개념

> '학교스포츠클럽 활동'이란 기존 방과 후 또는 토요 휴업일에 학교를 기반으로 시행되었던 스포츠클럽 활동을 정규 수업 시간인 '체육' 및 '창의적 체험활동' 시간을 이용하여 체육 및 스포츠 활동을 실시하는 것을 의미하는 용어임. 정규 수업 시간에 이루어지는 체육, 스포츠 활동과 방과 후 스포츠클럽 활동과의 연계적 측면에 의의를 두고 있음(서지영 외, 2014).

나 학교스포츠클럽활동의 추진과정
① '교육과학기술부 고시 제2012-14호'에 의거함
② '학교체육활성화 정책(2013년 6월 발표)'에 추진 과제로 선정됨

다 학교스포츠클럽 활동 운영에 따른 교육적 성과
(1) 학교스포츠클럽 활동의 적절성 차원
① 학생의 희망 운동 종목 및 활동 내용 적절히 편성

② 대도시 경우 동 시간대 학생들의 참여 희망으로 참여기회 제한

③ 2주 1회 집중 참여 선호

④ 공간 및 시설이 부족하나 스포츠 용·기구의 질 및 수량은 적절

⑤ 체육교사가 아닌 타 교과 교사, 스포츠강사의 지도 역량 편차 큼

(2) 학교스포츠클럽 활동의 효과성 차원

① 인성교육의 효과 큼

② 폭력적 분위기 줄어듦

③ 학업에 대한 의욕과 집중력 향상

④ 평생체육의 습관화 기여

라 학교스포츠클럽 활동의 향후 개선 방안

(1) 인적 자원 측면

① 스포츠강사 자격 강화 및 자격 차등화

② 스포츠강사와 타 교과 교사 및 체육교사 해당 스포츠 지도 전문성 향상 노력

③ 타 교과 교사의 학교스포츠클럽 활동지도 시 인센티브 제공

(2) 물적 자원 측면

① 동 시간대 스포츠 활동 공간 및 시설 사용 학급 수 최소화

② 학교 외 지역사회의 다양한 공간 및 시설 활용 방안 모색

③ 학교 상황에 맞는 스포츠 용·기구의 순환 지원

(3) 프로그램 운영 측면

① 한 학년 2~3회 정도 학생들의 희망 종목 선택 기회 제공

② 블록타임제를 반영 한 학교스포츠클럽 활동 운영

③ 체육과 교육과정과 학교스포츠클럽 활동과의 연계 고려

2장 생활체육

[01] 국민체육진흥법(생활체육분야)

국민체육진흥법의 생활체육 관련 주요 구성 항목 및 내용

구성 항목	주요 내용
제2조 (정의)	3. "생활체육"이란 건강과 체력 증진을 위하여 행하는 자발적이고 일상적인 체육 활동을 말한다. 6. "체육지도자"란 학교 · 직장 · 지역사회 또는 체육단체 등에서 체육을 지도할 수 있도록 이 법에 따라 다음 각 목의 어느 하나에 해당하는 자격을 취득한 사람을 말한다. (가. 스포츠지도사, 나. 건강운동관리사, 다. 장애인스포츠지도사, 라. 유소년스포츠지도사, 마. 노인스포츠지도사) 7. "체육동호인조직"이란 같은 생활체육 활동에 지속적으로 참여하는 자의 모임을 말한다.
제10조 (직장체육의 진흥)	① 국가와 지방자치단체는 직장체육 진흥에 필요한 시책을 마련하여야 한다. ② 직장의 장은 대통령령으로 정하는 바에 따라 체육동호인조직과 체육진흥관리위원회를 설치하는 등 직장인의 체력 증진과 체육 활동 육성에 필요한 조치를 마련하여야 한다. ③ 대통령령으로 정하는 직장에는 직장인의 체력 증진과 체육 활동 지도 · 육성을 위하여 체육지도자를 두어야 한다. 〈개정 2012.2.17.〉 ④ 「공공기관의 운영에 관한 법률」에 따른 공공기관 중 대통령령으로 정하는 기관(이하 "공공기관"이라 한다)과 대통령령으로 정하는 직장에는 한 종목 이상의 운동경기부를 설치 · 운영하고 체육지도자를 두어야 한다. 〈개정 2009.3.18., 2012.2.17.〉 ⑤ 제2항부터 제4항까지의 규정에 따른 직장체육에 관한 업무는 시장 · 군수 · 구청장(자치구의 구청장을 말한다)이 지도 · 감독한다.

[02] 국민체육진흥정책

가 스포츠복지정책의 청사진 제시

- '언제나, 어디서나, 누구나 함께 즐기는' 생활체육 환경 조성 위해 '스마일 100' 선포

나 '언제나' 향유할 수 있는 참여기회 제공

① '국민체육 100'사업 도입하여 과학적 체력 관리와 자발적 참여 유도
② 직장인을 위한 체력 및 건강 진단, 운동 상담지도 지원과 노인 복지시설 방문하여 체력 측정 및 운동 처방 서비스 시행

다 '어디서나' 이용 가능한 시설 제공
① 체육시설 사각지대를 해소하여 접근이용 가능한 시설 환경 제공
② 중앙·지방정부의 '체육 시설 배치계획' 수립 의무화, '작은체육관(경로당, 동네 커뮤니티 공간, 폐고 및 폐 파출소 등의 활용)' 활성화

라 '누구나' 부담 없이 체육활동을 누릴 수 있는 환경을 조성
① 체육지도자 스포츠 현장 배치하여 누구나 지도 받을 수 있는 기회 제공
② 체육지도자 자격 개편 통해 유소년스포츠지도사 양성 및 운동용품 보급 확대
③ '생활체육콜센터'를 통해 정보수집 용이

마 세대와 문화를 넘어 '함께' 참여하는 생활체육
① 지역 단위 어울림 프로그램 활성화
② '종합형 스포츠클럽'을 조성하여 참여 가능한 거점 구축, 자율적 운영 시스템 마련
③ 지역 대표 축제와 연계하여 생활체육 한마당, 마을단위 생활 체육대회 개최 통해 어우러져 공감하는 문화 조성

바 걸림돌 없이 '즐기는' 생활체육 참여 환경 조서
① 우수 체육시설 인증제 도입, 생애주기별 체육활동 여건, 선호도, 신체나이 부합하는 프로그램 제공
② '기지개' 등 유소년 맞춤형 프로그램 개발 및 보급
③ 출산·육아 여성 대상으로 '찾아가는 생활체육 지도 서비스' 운영
③ 노인 맞춤형 프로그램 보급

> **심화학습**
>
> **＊기지개**
> 신체는 물론이고 후프, 공, 줄, 콘, 막대 등의 도구를 이용해 손쉽게 하는 놀이 형태로, 4~13세 유소년의 체력 증진뿐만 아니라 자신감과 건강 체력 강화, 스포츠맨십 체득, 협동과 커뮤니케이션 능력 향상에 초점을 두고 있다.

[03] 스포츠지도사
- 국민체육진흥법에 제시된 자격 종목에 대하여 전문체육 및 생활체육 지도할 수 있는 사람

- 전문스포츠지도사, 생활스포츠지도사, 장애인스포츠지도사, 유소년스포츠지도사, 노인스포츠지도사 등으로 자격 분류

가 생활스포츠지도사 제도 관련 법령
- 국민체육진흥법 참조

나 생활스포츠지도사 응시 자격요건 완화
① 학력 중심의 자격요건 차별화 문제 해소
② 유소년스포츠지도사, 노인스포츠지도사, 2급 장애인스포츠지도사 등의 신설 자격은 18세 이상이면 누구나 응시 가능

다 자격검정이나 연수과정의 면제 대상 확대
① 유사자격 취득을 통해 일자리 창출
② 생활스포츠지도사가 보유한 자격종목이 아닌 다른 종목으로 동급 자격 취득하려는 경우 필기시험 및 연구과정 면제
③ 체육지도자가 보유하고 있는 자격종목으로 추가 자격을 취득하려는 경우 자격검정이나 연구과정 일부 면제과정 신설

라 생활체육 종목의 확대 수요를 반영한 생활체육 분야 종목 추가
① "생활스포츠지도사 종목에" 궁도, 댄스스포츠, 사격, 육상, 족구, 아이스하키, 철인3종, 패러글라이딩, 하키, 핸드볼, 풋살, 파크골프 추가
② 유소년스포츠지도사의 자격 종목은 생활스포츠지도사 54종목에 줄넘기, 플라잉디스크, 피구 포함
③ 노인스포츠지도사의 자격 종목은 그라운드 골프 추가, 장애인스포츠지도사의 자격 종목은 국제대회가 있는 34종목 모두 포함

마 스포츠지도사 자격제도 도입의 쟁점
- 체육학과 졸업에 대한 이점이 모두 사라졌고, 대학 체육과 관련 학과들은 개정된 시험과목을 교육과정에 반영하기 위해 개편하고 있는 상황임

[04] 생활체육 활성화를 위한 기타 정책

가 직장체육 진흥정책

직장체육 진흥 관련 학교체육진흥법 시행령의 주요 구성 항목 및 내용

구성 항목	주요 내용
제7조 (직장체육의 진흥을 위한 조치)	① 법 제10조제2항 및 제3항에 따라 체육동호인조직과 체육진흥관리위원회를 설치하고 체육지도자(체육동호인에게 생활체육을 지도할 수 있는 자격이 있는 체육지도자로 한정한다)를 두어야 하는 직장은 상시 근무하는 직장인이 1천 명 이상인 국가기관과 공공단체로 한다. 〈개정 2014.7.7.〉 ② 법 제10조제4항에 따라 한 종목 이상의 운동경기부를 설치·운영하고 체육지도자(운동경기부의 선수에게 전문체육을 지도할 수 있는 자격이 있는 체육지도자로 한정한다)를 두어야 하는 공공기관 및 직장은 상시 근무하는 직장인이 1천 명 이상인 공공기관(「공공기관의 운영에 관한 법률」에 따른 공공기관을 말한다. 이하 같다)과 공공단체로 한다. 〈개정 2014.7.7.〉 ③ 제1항이나 제2항에 해당하는 공공기관 및 직장이 지역을 달리하여 사무실이나 사업장을 가지고 있는 경우에는 체육지도자·운동경기부를 1개의 사무실이나 사업장에만 배치하거나 설치할 수 있다. 〈개정 2014.7.7.〉 ⑤ 제1항과 제2항에 따른 공공기관 및 직장의 장은 운동경기부와 체육동호인조직의 활동을 위한 시설을 제공하고 필요한 경비를 지원하여야 하며, 연 1회 이상 직장체육대회와 직장대항 경기대회를 개최하여야 한다. 〈개정 2014.7.7.〉

나 '국민생활체육진흥 종합계획'에 따른 직장체육 진흥 관련 정책

① 직장인 체력 및 건강진단, 운동상담, 지도 등 지원
② 우수 체육시설 인증제 도입하고 700개소까지 지원 확대
③ 직장 틈새 시간에 체육지도자 파견하여 직장체육 활성화

다 동호인체육 진흥정책

(1) 생활체육 동호인 인구 및 클럽 변화 추이

① 전국 생활체육동호인 인구는 매년 꾸준히 증가하여 2014년 말 455여만 명 수준을 유지하는데, 이는 주 5일제 근무 확산 및 여가에 대한 인식 변화 등으로 생활체육의 참여가 확대되고 있음을 보여줌
② 전국 생활체육동호인 클럽 수는 2011년 온라인 등록 시스템 구축에 따라 중복되거나 허수로 등록된 클럽 수가 재조정됨에 따라 74,784개로 전년도 대비 하락하였으나, 2014년 101,332로 증가

(2) '국민생활체육진흥 종합계획'에 따른 동호인 체육 진흥정책

① '종합형 스포츠클럽' 229개소로 확대

② 계층별 동호회 육성 및 리그 지원 지속 확대

라 소외계층 체육 진흥정책

(1) '소외계층 생활체육활동' 참여 실태

① 저소득층, 여성(주부), 노인 등 생활체육 활동 참여 비율 저조

② 고소득층, 남성, 중년기 이하 계층보다 여자, 저소득층, 고연령층의 체육 활동 참여율 저조

(2) '국민생활체육진흥 종합계획'에 따른 소외계층 체육 진흥 정책

① '스포츠버스(Sports Bus)' 제작하여 저소득계층 및 다문화가족을 위해 '움직이는 체육관', 소외지역, 낙도 등을 찾아가는 '작은 운동회' 운영

② 불우 아동·청소년, 소외계층 등을 대상으로 '행복 나눔 스포츠교실' 확대, 스포츠바우처(강좌) 확대

③ 다세대, 다계층, 다문화가 어우러진 '어울림 스포츠광장' 확대

> **심화학습**
>
> *** 스포츠바우처**
> 저소득층 어린이와 청소년들이 스포츠를 통해 건강을 지키고 건전한 여가를 즐기며 꿈을 찾도록 스포츠 활동 참가비용을 지원하는 사업. 스포츠바우처 지원금은 국민체육진흥공단이 운영하는 경륜, 경정, 스포츠토토, 프로토의 수익금으로 마련.

3장 전문체육

[01] 국민체육진흥법(전문체육분야)
- 국민체육진흥법의 전문체육 관련 내용 참조(제2조 및 제14조, 제14조의 3, 제15조)

[02] 국민체육진흥정책

가 국민체육진흥기금 마련
- 국민체육진흥공단이 전문체육 활성화를 위한 기금 마련을 기획하고 주도하는 역할을 수행함

나 국민체육진흥기금 지원

(1) 대한체육회 지원
① 엘리트선수 저변 확대를 통해 우수선수 발굴 및 경기력 향상
② 경기단체 지원, 후보선수 육성, 비인기 종목 활성화, 국가대표 종합훈련장 건립지 지원
③ 국민체육진흥공단의 대한체육회 지원 흐름도: 국민체육진흥공단 → 대한체육회 → 경기단체 17개 시·도 체육회 → 전문체육 육성

(2) 국내 대회 지원
① 전국체전, 전국소년체전 등 각종 국내 대회 지원
② 전국소년체전, 전국체육대회, 시·도 전국체육지원, 체육시설 건립
③ 국민체육진흥공단의 국내 대회 지원 흐름도: 국민체육진흥공단 → 대한체육회 대회 시·도 → 엘리트 선수 저변확대 및 우수 선수 발굴

(3) 체육인 복지 사업
① 국위 선양 체육인들과 국가대표 선수들의 복지 증진 지원
② 경기력 향상 연금, 경기 지도자 연구비, 장애 연금, 체육 장학금, 선수 지도자 보호 지원금, 특별 보조금, 국외 유학 지원금, 복지 후생금 지원

다 전문체육 활성화를 위한 대한체육회의 주요 사업

(1) 국제스포츠 위상 강화 기반 마련
① 올림픽 성공 개최를 위한 경기력 향상 훈련 시설 및 인프라 지원, 우수선수 육성
② 국가대표 선수, 국가대표 후보선수, 청소년대표, 꿈나무선수로 이어지는 우수선수 육성 강화
③ 국제스포츠 교류강화를 위한 지원

(2) 체육 선도단체로의 역할 확대
① 체육인 복지 강화
② 전력(비인기) 종목 실업팀 육성 및 지원 강화

[03] 스포츠지도사

- 국민체육진흥법(2015년 1월 1일 시행)에 따라 1·2급 경기지도자 자격은 1·2급 전문스포츠지도자로 자격등급 변경

가 전문 스포츠지도사 자격제도의 주요 변경 사항

(1) 전문 스포츠지도사 자격제도의 변경 및 신설에 대한 관란 법령 참조(제9조, 제10조의 2)

(2) 전문 스포츠지도사 자격제도의 변경의 주요 내용
① 2급 전문 스포츠지도사의 자격요건은 경기경력 중심으로 개편, 경기경력 6년 → 4년 완화
② 1급 전문 스포츠지도사 필기시험 과목 9과목 → 4과목 축소, 2급 전문 스포츠지도사 8과목 → 5과목 축소
③ 자격검정이나 연구과정의 일부 면제 대상을 국가대표 선수, '문체부장관 지정 프로스포츠단체 등록 프로스포츠선수'로 확대
④ 1급 전문 스포츠지도사 자격취득 시에도 필기시험 면제해 자격취득 용이
⑤ 종전 자격취득자는 별도 과정 없이 새로운 자격 보유 인정

[04] 학생선수

- 학생선수 학습권보장에 관한 법령 및 제도 운영

가 학생선수의 학습권 보장에 관한 관계 법령
– 학생선수에 관한 학교체육진흥법 참조(제11조)

나 학생선수 학습보장 제도

(1) 추진배경
① '건전한 학교 운동부 운영시스템 구축'에 대한 사회적 요구와 변화의 필요성이 대두되고 있음
② 학업 손실에 따른 은퇴 및 중도 포기선수의 사회적 열등생 양산 가능성
③ 학력저하 학생선수를 바라보는 심각한 사회 우려 현상 해소

(2) 추진방향(2014년 경기도 교육청 예시)
① 2017년 까지 초4~고2로 확대 시행
② 초·중학교 5개 교과(국·영·수·과·사), 고등학교 3개 교과(국·영·사) 적용하되 학교별·급별로 대체 가능
③ 최저학력 기준 초-50%, 중-40%, 고-30% 설정
④ 최적학력 기준미달 학생선수는 기초학력보장 프로그램 참여 의무화
⑤ 최저학력 기준미달 학생선수의 경기대회 참가를 제한하는 경우, 단위학교의 세부지침과 해제 방안 따름
⑥ 최저학력 기준미달 학생선수 기초학력 보장 프로그램 개발 보급

다 학생선수 학습보장 제도에 대한 쟁점
① 하루의 운동시간에 대한 제한이 없음
  – 미국 NCAA의 규정에는 학생선수의 하루 운동시간을 2시간으로 규정하고 있으나, 우리나라의 경우 이러한 규정이 없음
② 제도의 적용이 관대함
  – 학습권보장제 기준 성적에 미달되는 학생선수의 제재에 대한 최종 권한을 학교장이 가지고 있어, 기조학력보장 프로그램 수료 및 학교장 확인이 형식적 수준에서 이루어질 가능성이 있음

03 스포츠교육의 참여자 이해론

1장 스포츠교육지도자

[01] 스포츠교육 지도자의 의미
- 학교체육, 생활체육, 전문체육에서 체육교육 전문가와 스포츠지도 전문인으로 학생, 직장인, 일반인 등을 지도하며, 각 분야의 지식과 경험을 바탕으로 체육지도자의 자격을 갖추고 지도

가 체육교육 전문가
- 학교 체육수업을 이끄는 체육교사와 정규 수업 외 방과 활동을 이끄는 스포츠 강사로 구분

(1) 체육교사의 개념
① 체육교육과정 운영주체로 교육전문이며 학교의 제도적 테두리 내에서 다양한 체육활동 계획 운영 주체
② 엘리트 체육 및 생활체육과 관련된 다양하고 복합적인 가치 및 활동을 전개하는 학교체육 운영 주체
③ 학생들에게 건강한 신체와 건강한 정신으로 삶의 가치를 깨닫도록 가르치는 일을 함
④ 중·고등학생들에게 건강한 체력과 다양한 운동능력을 육성시키고 체육 관련된 다양한 것들을 전문으로 교육 지도하는 것

(2) 체육교사의 역할
- 학생들의 신체와 정신의 조화로운 발달 강조
- 전인 육성 목표로 수업 운영하는 전문성
- 행정업무, 운동부 업무, 교과 업무
- 프로그램 계획, 조직, 조정, 예산, 관리 등 업무 관장

(3) 체육교사의 자질
- 전문가의 모습

- 인간 존중 태도
- 깊은 이해심과 사랑 및 봉사의 마음
- 리더십
- 멀티적 업무 능력

(4) 스포츠강사의 개념
- 초·중·고에서 학교스포츠클럽 및 방과 후 체육활동을 지도하거나 정규 체육수업의 진행 및 보조 역할 수행하는 체육지도자를 뜻함
- 전문대학 및 대학에서 체육관련 학과를 이수하고 초등학교 2급 정교사, 중등학교 체육 2급 정교사, 실기교사 자격증, 생활체육 3급 이상의 지도자 자격을 갖춘 사람

① 스포츠 동아리 지도
② 교사로서의 소임에 충실할 수 있는 심신이 건강한 사람
③ 학생들의 체력 증진, 바른 인성 함양과 학교폭력, 성폭력 예방교육이 될 수 있도록 교육과정 운영

(5) 스포츠강사의 역할
- 정과 체육수업 보조 및 학교스포츠클럽을 지도하는 체육전문 강사
- 학교스포츠클럽과 방과 후 활동지도
- 안내자, 보조자, 행사자, 전문가, 개발자 등의 역할 담당

① 안내자의 역할: 체육수업에 대한 흥미 유발, 즐거운 경험 기회 제공, 지속적인 체육활동을 통해 생활체육으로 갈 수 있도록 안내
② 보조자의 역할: 담임교사의 체육수업에 대한 부담 경감, 학생들의 안전 체육수업을 위해 보조 역할
③ 행사자의 역할: 클럽리그나 토너먼트 경기를 지도 운영할 수 있는 기획력을 갖춤
④ 전문가의 역할: 방과 후 체육활동 및 학교스포츠클럽 지도, 학생 건강관리, 인간관계 관리, 연습방법, 시합 등 다양한 면에서 전문적 지식을 갖춤
⑤ 개발자의 역할: 학생들의 건강유지 및 증진, 스트레스 해소, 여가 선용의 목적을 충족시키기 위해 운동 프로그램 개발 및 일반인들에게 지도

(6) 스포츠강사의 자질
① 학생을 이해하는 열린 마음
② 투철한 사명감
③ 유대관계가 좋은 활달한 성격
④ 도덕적 품성
⑤ 전문성

나 스포츠지도 전문인

- 생활체육지도사와 전문 스포츠지도사로 구분
- 생활체육지도사는 직장, 학교, 지역사회 및 체육단체 등에서 생활체육 지도
- 전문 스포츠지도사는 학교, 직장, 국가대표 팀의 감독이나 코치 등 엘리트 스포츠를 담당

(1) 생활체육지도사의 개념

- 다양한 스포츠 시설이나 체육 동호회 및 사회단체에서 자발적으로 운동에 참여하는 일반인들을 지도하는 체육 전문가

① 생활체육의 활성화와 범국민적 참여 유도
② 프로그램 계획, 조직, 인사, 조정, 예산, 시설관리 등의 업무 관장 행정지도자와 참가자들의 직접 접촉을 통해 체육활동 지도하는 현장지도자로 구분됨
③ 생활스포츠지도사에 대한 조사연구 및 학문적 체계화를 위해 노력하는 자
④ 사회 경제적으로 공동체의식 및 노동 생산성 향상을 위해 노력

(2) 생활스포츠지도사의 역할

① 생활체육 활동 목표의 설정
② 효율적인 지도 기법 개발
③ 생활체육지도자에 대한 인간관계 유지
④ 생활체육 프로그램의 개발
⑤ 생활체육 관련 재정의 관리
⑥ 생활체육 기구의 개발 및 운용
⑦ 생활체육에 대한 연구 활동

(3) 생활스포츠지도사의 자질

① 투명한 사명감
② 활달하고 강인한 성격
③ 도덕적 품성
④ 칭찬의 미덕
⑤ 공정성

(4) 전문 스포츠지도사의 개념

- 학교운동부, 실업팀, 프로 스포츠단 등에 소속된 코치나 감독 등의 지도자
- 스포츠 과학의 전문 지식과 종목에 대한 체계적이며 전문적인 지도 능력과 리더십을 갖춘자

① 국가대표팀 감독, 코치, 학교나 직장 팀 감독, 코치로 활동
② 숙련된 경기지도 경력과 최신 스포츠과학 이론을 접목하여 국가대표 선수를 비롯한 소속팀 선수들의 경기력 향상과 국위 선양에 기여함
③ 중앙경기단체의 임원으로 활약, 체육시설 경영

(5) 전문 스포츠지도사의 역할

① 창조적 역할: 경기력을 효율적으로 향상시킬 수 있는 훈련 방법이나 전략을 모색해 선수들이 기록을 향상할 수 있도록 다양한 방법을 창조하는 역할
② 실행자 역할: 개인별로 설정한 목표를 달성하는 구체적인 훈련 과정을 실행하는 역할
③ 독려자 역할: 누구보다 지도자가 왜 이 과정을 해야 하는가에 대한 원리를 정확하게 알고 학습자에게 인식시켜 스스로 자신이 참여하여 신체활동뿐만 아니라 훈련 프로그램을 할 수 있도록 독려하는 역할
④ 모니터 역할: 인간관계의 변화나 개인적인 신상 변화 파악은 물론 운동표상을 통한 모니터 역할
⑤ 지시자 역할: 연간, 월간, 주간, 일일 훈련계획을 작성하고 실행할 때 개인의 훈련 목표, 내용, 방법 등을 명확하게 알고 훈련하도록 지시하는 역할
⑥ 배려자 역할: 지도자를 믿고 따르게 하는데 있어 개개인에게 세심하게 배려하는 역할

(6) 전문 스포츠지도사의 자질

① 전문지식 습득 능력
② 선수 개성파악 능력
③ 의사 전달자의 능력
④ 공정성과 책임감
⑤ 사명감과 도덕성

2장 스포츠교육 학습자

[01] 스포츠교육 학습자의 개념
- 배워서 익히는 사람을 포괄적으로 이르는 말
- 생애주기별로 유아기, 아동기, 청소년기, 장년기와 노년기로 구분할 수 있음

가 학습자 상태
① 학습자의 기능수준을 고려
② 학습자의 체격 및 체력을 고려
③ 학습자의 동기유발 상태 고려
④ 학습자의 인지적 능력 고려
⑤ 학습자의 감정코칭 능력 고려
⑥ 학습자의 발달수준 고려

나 생애주기별 발달과 특성과 발달 과업

(1) 유아기
① 특징– 대뇌 및 감각기관, 근육, 인지, 언어 발달
② 과업– 젖떼기, 걷기, 말하기, 돌보아주는 사람에 대한 신뢰와 애착 형성

(2) 아동기
① 특징– 신체, 운동기능 발달, 지적 흥미의 다양화, 또래집단 형성
② 과업– 또래 친구들과 어울림, 적절한 성 역할 학습하기, 기본적 기능 익히기, 도덕성 기초, 학습습관 형성

(3) 청소년기
① 특징– 급격한 신체적 성장, 성적 성숙, 인지발달, 가치관 형성
② 과업– 자아정체감 형성하기, 신체적·지적·사회적·도덕적 발달 이루기, 진로 탐색하기, 성인이 되기 위한 준비

(4) 일반 성인기
① 특징– 결혼, 가정생활, 직업생활, 책임 있는 사회 구성원, 신체적 노화 시작, 성격의 안정, 직업 안정 또는 직업 전환
② 과업– 사회적 가치 수용하기, 직업 선택, 이상적 배우자 확립, 배우자 선택과 결혼, 책임 시민으로 역할 수행, 개인적 신념과 가치 체계 확립, 행복한 결혼생활 유지, 직업생활 유지, 인생철학 확립, 중년기 위기관리, 건강 약화 대비

(5) 노년기
① 특징– 사회적 활동 감소, 체력 저하, 운동기능 감퇴, 감각기능 퇴화
② 과업– 건강관리, 은퇴 적응, 신체적 노화 긍정적 수용, 배우자 사별 준비, 여가 선용, 경제적 대책 마련, 자신의 죽음 대비

다 장애인 생애주기별 발달 특성과 발달 과업

(1) 영·유아기(0~6세)
① 특징– 장애에 대한 시각
② 과업– 주변 환경에 대한 신체적·인지적 통제력 획득, 장애아동의 환경을 최대한 확보

(2) 학령기(7~18세)
① 특징– 사회적·지리적으로 그들의 세계 확장, 위기상황 해결 기술과 능력 발달, 독립을 위한 첫 번째 단계
② 과업– 비장애인과의 관계에서 도전적인 상황 마주침

(3) 성인기(19~60세)
① 특징– 독립을 하게 됨
② 과업– 사회적 적응이 필요한 시기, 대인관계 형성과 직업적 기능 및 기술 형성

(4) 노년기(61세 이상)
① 특징– 장애문화에 동의하지 않는 경향, 노인성 장애 유형
② 과업– 치료와 보호의 필요성, 국가나 지역사회의 개입이 적극 필요

라 생애주기별 인간 발달 특성
– 신체적 발달, 인지적 발달, 자아의 발달, 사회적 발달, 정서적 발달

(1) 유아기(4~5세)의 발달 특성

① 신체적 발달– 대운동 기술 급속 발달, 소운동 기술 발달 느림, 신체비율 변모, 식욕감퇴
② 인지적 발달– 피아제의 인지발달 단계에서 전조작기, 자기중심적 경향성과 물활론, 인공론
③ 자아의 발달– 자존감과 자기 유능감 높음, 자기통제력 발달
④ 사회적 발달– 협동놀이로 전환, 타인의 행동을 잘못 해석하고 부적절한 반응을 보임
⑤ 정서적 발달– 감정표현의 어휘력 부족, 타인의 감정 이해력이 제한적

(2) 아동기(6~11세)의 발달 특성

① 신체적 발달– 자기통제력 높음, 운동기술 습득 완수, 사춘기 진입으로 급성장, 자기의식 높아짐
② 인지적 발달– 전조작기에서 구체적 조작기로 전환, 가역성, 상보성, 정체성, 분류 개념 이해, 논리적 사고와 문제해결력 증가, 행동 해봄으로서의 학습시기, 언어능력 발달, 추상적 개념 이해증가, 어휘력 증가
③ 자아의 발달– 자기이해 증가, 내적 통제 소재 발달, 에릭슨의 발달단계 이론에서 자기 신뢰 대 자기 불신 단계
④ 사회적 발달– 또래의 압력, 거절, 승인, 순응 등을 배우고 가치관 행동, 신념 형성, 친사회적 행동 채택, 갈등 해결과 사회적 문제 해결 능력 증진
⑤ 정서적 발달– 복잡한 정서 경험, 학교 수행에 대한 불안과 또래들에게 수용되는지에 대한 불안 경험

(3) 청소년(11~14세)의 발달 특성

① 신체적 발달– 성호르몬 증가, 2차 성징 발달, 자의식과 불안, 성에 대한 호기심
② 인지적 발달– 형식적 조작기로 전환, 논리적 사고 가능
③ 자아의 발달– 자기정의와 통합적 발달과업 완성, 자율성과 의존성 공존, '상상 속의 청중'을 달고 다님, '개인적 우화'
④ 사회적 발달– 또래가 자신의 지지 근원, 집단 소속감이 강함
⑤ 정서적 발달– 감정 기복 심함, 정서적 취약성

(4) 성인기의 발달 특성

① 신체적 발달– 신체적·생리적 노화 시작
② 인지적 발달– 시각·청각 등 감각과 지각 능력 저하
③ 자아의 발달– 개인적 정체감 확립
④ 사회적 발달– 의견의 다양성 인식
⑤ 정서적 발달– 자기표현의 기회 확장, 다양하고 복잡한 역량이 계속적으로 증가

(5) 노년기의 발달 특성

① 신체적 발달 – 체력과 건강 약화

② 인지적 발달 – 반응속도의 감소, 행동둔화, 치매

③ 자아의 발달 – 인생 무력감 느낌

④ 사회적 발달 – 사회관계망 축소

⑤ 정서적 발달 – 감정표현 능력 저하

마 생애주기별 평생교육 활동

(1) 유아체육
- 신체의 구조와 기능이 가장 빠르게 발달하는 시기
- 놀이 중심, 움직임 교육에 중점

(2) 아동체육
- 신체활동뿐만 아니라 지적 호기심과 탐구심이 왕성해지고 성숙해지는 시기
- 달리기, 뜀뛰기, 체조, 조직성이 낮은 간이경기, 물놀이, 춤과 리듬 활동 등

(3) 청소년체육
- 성인으로서의 역할을 준비하는 예비단계
- 다양한 체육활동에 균형 있게 참여하고 학교 체육 이외의 생활체육활동 확대

(4) 성인체육
- 20세부터 60세까지의 시기로, 가장 활발한 사회적 활동을 전개하는 시기
- 체력 저하 시작과 다양한 생리적 변화 발생, 운동부족으로 성인병 발생 시기로 유산소 운동과 무산소 운동 병행

(5) 노인체육
- 왕성한 신체적·정신적 기능이 점차 쇠퇴해가는 시기
- 신체적, 정신적 기능 쇠퇴하는 시기로 노년생활의 활력, 노화 지연, 건강 유지, 고독감 탈출 등에 기여

3장 스포츠교육 행정가

[01] 스포츠교육 행정가의 의미
- 스포츠와 관련 일을 하며, 프로젝트 기획, 행정, 사무, 개발, 교육 등의 업무 담당

가 학교체육

(1) 학교체육과 관련된 행정가의 개념
- 학교체육 행정이론가와 학교체육 행정실무자로 구분
- 학교체육 행정이론가는 교육정책과 절차를 수립하는 역할로 교장, 교감, 행정실장 등이 있음
- 학교체육 행정실무자는 학교체육 관련 업무, 운동부 관련 업무, 학교스포츠클럽 관련 업무를 총괄하거나 협조하여 예산집행 및 결재를 직접적으로 담당하거나 운영하는 주관부서의 담당자인 체육교사와 스포츠 강사가 있음

(2) 학교체육과 관련된 행정가의 역할
① 안내자로서의 역할
② 조력자로서의 역할
③ 행정가로서의 역할

나 생활체육

(1) 생활체육과 관련된 행정가의 개념
- 생활체육과 관련된 단순 스포츠 활동만을 대상으로 하는 것이 아니라 국가의 생활체육정책 수립, 집행하는 행정업무 담당
- 주로 각 시·도의 시장이나 도지사 등이 최종 행정가로 되어 있음
- 최종 행정가 아래, 일반체육 행정가와 실무 행정가 등이 있음

(2) 생활체육 속 행정가의 역할
① 조력자로서의 역할
② 조직가로서의 역할

③ 운영자로서의 역할

④ 지원자의 역할

독일의 체육지도자 양성과정 사례

구분	종류	과정	비고
체육지도자 양성사업	• 경기지도자과정 • 생활체육지도자과정	초급과정(Trainer C) 중급과정(Trainer B) 상급과정(Trainer A) 최고단계(석사지도자과정) 자격 유효기간: 4년 재교육 후 자격증 연장	모든 체육지도자 양성 및 연수는 중앙경기단체 및 주정부경기단체, 대학교, 스포츠 관련기관 등
체육지도자 자격 종류	• 종목별 경기지도자 • 종목별 생활체육지도자 • 일반 생활체육지도자 • 예방 및 재활지도사 • 청소년지도자 • 클럽매니저		
독일올림픽체육연맹 주체	• 스포츠심리치료사 • 석사지도자과정		

다 전문체육

(1) 전문체육과 관련된 행정가의 개념

- 엘리트 스포츠와 관련된 기관에서 사무, 행정, 개발, 교육 등의 업무 담당
- 행정현상을 규명하고 체육행정이 나아가야 할 바람직한 방향을 연구하는 이론가와 인적, 물적 자원을 동원하여 실무를 지원하는 실무자로 구분

(2) 전문체육 속 행정가의 역할

① 전문가로서의 역할

② 행동가로서의 역할

③ 관리자로서의 역할

04 스포츠교육의 프로그램론

1장 학교체육 프로그램 개발 및 실천

[01] 학교체육 프로그램의 이해

가 학교체육 프로그램의 이해
- 교과활동과 비교과활동으로 구분됨
- 교과활동은 체육교과의 체육수업을 의미함
- 비교과활동은 체육수업과 관계없이 학교 내에서 이루어지는 체육활동을 의미함

나 학교체육 프로그램 유형
- 교과활동과 비교과활동으로 구분됨

[02] 체육수업 프로그램 개발

가 체육수업 프로그램 개발
- '정과 체육수업' 또는 '체육수업'이라 일컫는다.
- 체육수업은 학습자들의 특성 및 요구 반영하고 심동적·인지적·정의적 영역의 학습내용을 통합적으로 제공
- 좋은 체육수업 프로그램은 학습자의 요구 및 발달 상태, 흥미 등에 대한 이해 바탕

나 체육수업을 위한 지식
① 교육철학
② 교과지식

③ 교과과정 지식

④ 학습자 관련지식

⑤ 체육교수지식

다 체육수업 프로그램 개발 시 고려사항

(1) 구체적이고 체계적으로 지도 계획 수립

① 수업계획의 기능
- 각 수업 시작 및 종료 시기가 명료
- 수업 시간을 효율적으로 사용할 수 있음
- 수업 진행과정을 점검
- 장·단기 의사결정의 시점을 알 수 있음
- 수업 계획안 수정·보안에 필요한 토대
- 계획안 수업과 실제로 이루어진 수업을 비교함으로서 수업 평가 가능

(2) 창의·인성을 지향하는 학습 환경 조성

(3) 통합적 교수학습 활동 및 효율적 교수학습 방법 활용

(4) 학교 내·외적 환경 고려

① 학급 규모 및 학습자의 특성 파악

② 시간 배당 및 기자재 확보

③ 학습자 안전 관리

[03] 학교스포츠클럽 프로그램

가 학교스포츠클럽 개념

- 스포츠 활동에 취미를 가진 동일 학교의 일반 학생들로 구성되어 자율적으로 운영되는 스포츠클럽 또는 체육동아리를 의미함

나 학교스포츠클럽 운영

(1) 학교스포츠클럽 조직 및 운영

- 운동시간 및 경기일정의 다양화를 위해 방과 후 시간, 점심시간, 토요일 등을 활용함

(2) 학교스포츠클럽 대회 유형
① 교내리그
② 지역 교육청 리그 및 본선대회
③ 학교스포츠클럽 전국대회

다 학교스포츠클럽 프로그램 구성 시 고려사항
① 활동 시간의 다양화
② 학생 주도의 자발적 참여유도
③ 스포츠 인성 함양
④ 스포츠문화 체험 제고

[04] 기타 학교체육 활동 프로그램

가 기타 학교체육 활동 프로그램 개념
- 방과 후 체육활동, 토요스포츠데이, 방학 중 스포츠캠프 운영, 소외계층 대상 방학 프로그램, 각 시·도 교육청의 지역적 특성에 따른 다양한 체육프로그램을 제공함

나 기타 학교체육 활동 프로그램 개발 시 고려사항
① 교육과정과의 연계성 고려
② 목표 지향 및 미래 지향적 방향 설정
③ 학생의 적성과 흥미 고려
④ 지역 자원의 활용

2장 생활체육 프로그램 개발 및 실천

[01] 생활체육 프로그램 개발

가 생활체육 프로그램 개발 개념

- 생활체육 참여자들의 단순한 스포츠 활동 내용을 의미할 수 있으나, 광의적으로 생활체육 조직의 효율적인 운영을 위한 스포츠 활동의 총체적 운영계획을 의미함

나 생활체육 프로그램 유형(8가지 준거에 의한 유형)

① 주관자를 준거로 한 유형
② 참여를 준거로 한 유형
③ 목적을 준거로 한 유형
④ 개최기간을 준거로 한 유형
⑤ 참여자의 조직화 정도를 준거로 한 유형
⑥ 장소를 준거로 한 유형
⑦ 대상자를 준거로 한 유형
⑧ 운동 형태를 준거로 한 유형

다 생활체육 프로그램 개발 기획

- 건설적이고 효과적인 결과를 얻기 위해 생활체육 프로그램을 계획하고 조직함을 의미함
- 기관의 철학적 이해, 요구조사, 프로그램 목적 및 목표 설정, 프로그램 계획, 프로그램 실행, 프로그램 평가 절차를 바탕으로 조직화 되어야 함

라 생활체육 프로그램 요구분석

(1) 요구분석 개념
- 생활체육 프로그램 기획의 두 번째 단계로, 생활체육 프로그램을 추진하고자 하는 지역사회와 참여자에 대한 사전 분석

(2) 요구분석의 중요성
- 생활체육 프로그램은 자발적인 참여에 의해 진행되기 때문에 참여자의 요구분석은 필수적임

(3) 요구조사 질문 설정
- 여가 이용의 범위와 정도(시간, 빈도, 장소), 개인적 스포츠 활동 참여도(성별, 연령, 계층), 시설에 대한 요구사항(주차장, 샤워실, 라커, 휴게실 등), 기존 프로그램에 대한 만족도, 지도자에 대한 만족도 등으로 설정함

(4) 요구분석 진행단계
① 자료수집 단계 → ② 자료분석 단계 → ③ 분석된 연구결과에 대한 해석

(5) 요구분석 결과 활용
- 스포츠지도사는 시대적 변화 및 지역사회 변화, 지역 주민의 관심과 요구에 항상 관심을 가지고 인지하며, 이에 대한 요구에 적합한 프로그램 개발 및 제공

마 생활체육 프로그램 목적
① 여가선용
② 삶의 질 향상
③ 삶의 경험 확대
④ 스포츠 운동기능 향상
⑤ 신체적·정신적 건강 유지 및 증진
⑥ 공동체 형성 및 시민정신 함양

바 생활체육 프로그램 목표

(1) 목표 설정 시 기술 사항
① 프로그램을 통해 달성하고자 하는 상태 및 운동 능력을 명시함
② 프로그램을 구성하는 스포츠 활동 내용을 구체적이고 세부적으로 기술함
③ 목표가 프로그램 전개에 있어서 일관된 지침 역할을 하도록 설정함
④ 프로그램 시행 후에는 항상 평가를 통하여 목표 달성 여부를 검토할 수 있도록 기술함

사 생활체육 프로그램 설계

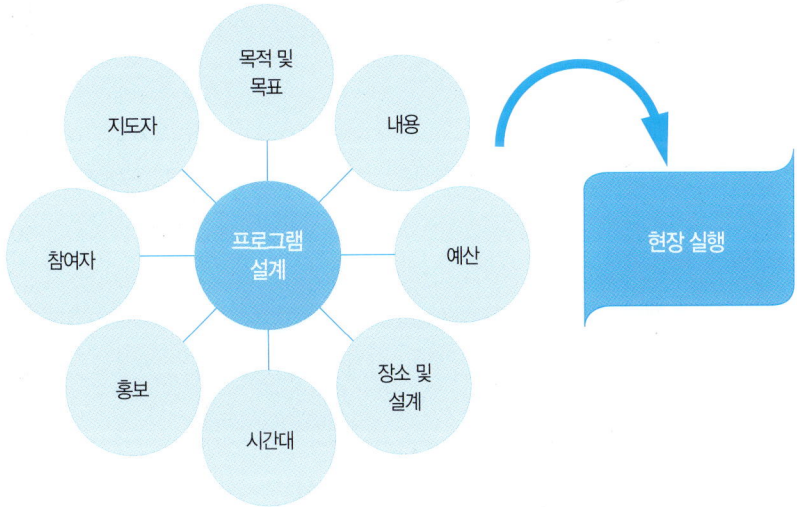

[생활체육 프로그램 설계]

아 생활체육 프로그램 홍보

- 잠재적 참여자의 생활체육에 대한 관심과 흥미를 유발하고 행동으로 옮기도록 간결하고 흥미롭게 만들어져야 함

[02] 생활체육 프로그램 실천

가 유소년스포츠 프로그램

(1) 유소년스포츠 프로그램 개념
- 유아부터 초등학생의 스포츠 활동을 의미함

(2) 유소년스포츠 프로그램 유형

유소년스포츠에서 실행되는 유형 및 프로그램

유형	프로그램
지도형	특별활동체육(어린이집과 유치원), 스포츠교실, 종목별 스포츠 강습, 어린이체능교실
경기대회형	종목별 체육대회, 스포츠클럽 리그전 등
축제형	가족체육대회, 어린이체육대회, 뉴스포츠 체험 축제 등
개인운동	개별적 움직임 놀이, 개별적 운동동작 습득, 인라인스케이트, 수영 등
집단운동	그룹 놀이, 축구, 야구, 농구 등

(3) 유소년스포츠 프로그램 구성 시 고려사항

① 자결적 움직임 활동 고려
② 다양한 신체활동 경험 고려
③ 지역시설과 연계 고려
④ 유소년의 스포츠 활동 시간대 고려

나 청소년스포츠 프로그램

(1) 청소년스포츠 프로그램 개념

- 청소년기는 신체적으로 눈에 띄게 성장하는 시기로 취미활동과 건전하고 건강한 스포츠 활동이 매우 적합함

(2) 청소년스포츠 프로그램 유형

① 지도형 청소년스포츠 프로그램– 신체적·심리적·사회적 특징을 고려하고 욕구 및 스포츠 활동 참여 동기를 파악하여 적합한 스포츠 활동 기회 제공
② 경기대회형 청소년스포츠 프로그램– 청소년 스포츠동호회 중심으로 진행되거나 리그전 진행, 주로 게임 중심으로 진행되기 때문에 미처 운동기능을 습득하지 못한 참여자들이 소외되지 않도록 기술 지도가 필요함

(3) 청소년스포츠 프로그램 구성 시 고려사항

① 프로그램의 지속성 고려
② 발달운동 중심 프로그램 개발
③ 청소년 개인의 요구와 흥미 고려
④ 청소년의 생활패턴 고려

다 성인스포츠 프로그램

(1) 성인스포츠 프로그램 개념

- 신체적·정신적으로 온전히 성장한 시기로 건강증진과 스트레스 회복을 위해 건강한 식생활과 함께 규칙적인 운동이 필요함
- 일반 성인들을 대상으로 삶의 즐거움 및 활력을 찾을 수 있도록 스포츠 활동을 총체적으로 계획하고 운영하여 제공하는 것을 의미함

(2) 성인스포츠 프로그램 목적

① 신체적 건강 유지
② 사교

③ 스트레스 해소 및 삶의 즐거움 추구
④ 흥미 확대
⑤ 사회적 안정 추구

(3) 성인스포츠 프로그램 유형
성인스포츠에서 실행되는 프로그램

유형	프로그램
지도형	– 개인운동: 헬스, 수영, 요가, 암벽 등반, 골프, 사이클 등 – 대인운동: 테니스, 배드민턴, 탁구 – 집단운동(그룹운동): 에어로빅, 축구, 농구, 배구 등
경기대회형	– 동호인 리그전: 축구, 배구, 농구, 테니스, 배드민턴, 야구 등 팀 스포츠 종목 – 국민생활체육 전국종목별연합회 대회(축구, 육상, 배드민턴, 게이트볼, 스케이팅, 윈드서핑, 탁구, 테니스, 배구, 사격, 궁도, 스키, 자전거, 수영, 우슈, 골프, 당구, 인라인하키 등 총 50개 단체)
경기대회형과 축제형의 혼합형	– 전국 국민생활체육 대축전: 20개의 정식 종목에 6만여 명이 참가

(4) 성인스포츠 프로그램 구성 시 고려사항
① 성인의 신체적 · 심리적 · 사회적 특성 및 요구 고려
② 주변 요인 제고
③ 프로그램의 지속성 고려
④ 프로그램의 다양성과 전문성 제고

라 노인스포츠 프로그램

(1) 노인스포츠 프로그램 개념
– 노인의 신체적 · 심리적 · 사회적 특성을 고려하여 노인들이 신체활동을 통해 삶의 즐거움 및 활력을 찾을 수 있도록 스포츠 활동을 제공함
– 노인들의 건강 유지 · 증진 및 여가활동을 위하여 적합한 스포츠 활동의 내용들을 효율적으로 운영하도록 노인스포츠 활동의 총체적 운동계획을 의미함

(2) 노인스포츠 프로그램 목적
① 신체적 건강 유지
② 사회적 관계 형성
③ 삶의 즐거움 추구
④ 흥미 확대
⑤ 사회적 안정 추구

(3) 노인스포츠 프로그램 유형

노인스포츠에서 실행되는 프로그램

유형	프로그램
지도형	노인건강 운동교실, 요가, 라인댄스, 한국무용, 탁구, 에어로빅, 건강체조, 단전호흡, 사물놀이, 포크댄스, 웰빙체조, 포켓볼, 스트레칭, 덩더쿵체조, 댄스스포츠 등
경기대회형과 축제형의 혼합형	종목별 체육대회, 전국어르신생활체육대회, 제1회 노인건강대축제

(4) 노인스포츠 프로그램 구성 시 고려사항

① 노인의 신체적·심리적·사회적 특징 및 요구 고려
② 주변 요인 제고
③ 관련 프로그램의 연계성 고려
④ 학습자(노인), 전문 노인스포츠지도사, 행정담당자의 협력 요구

마 장애인스포츠 프로그램

(1) 장애인스포츠 프로그램 개념

- 생활체육, 학교체육, 전문체육, 재활체육 등 모든 스포츠 영역에서 장애인을 대상으로 삶의 즐거움 및 활력을 찾을 수 있도록 스포츠 활동을 총체적으로 계획하고 운영하여 제공하는 것을 의미함

(2) 장애인스포츠 프로그램 유형

장애인스포츠에서 실행되는 프로그램

유형	프로그램
지도형	- 수중운동교실: 수중재활운동, 모자수중운동(장애영유아와 부모), 시각장애수중운동, 청각장애수중운동, 발달장애아동의 수중심리운동, 장애인 재활운동(아동, 청소년, 성인) - 특수체육교실: 재활체조교실, 휠체어유산소운동교실, 재활스포츠체험교실, 구기종목교실 등 체육관에서 실행할 수 있는 스포츠 활동 - 스포츠 종목: 휠체어 배드민턴교실, 좌식배드민턴교실, 배드민턴교실, 자유배드민턴교실, 재활탁구, 농구, 인라인스케이트 등
경기대회형과 축제형의 혼합형	전국국민생활체육대축전의 8개 장애인 종목(게이트볼, 당구, 탁구, 볼링, 테니스, 배드민턴, 파크골프, 론볼), 전국어울림생활체육대회와 지역어울림생활체육대회, 생활체육동호인 대항전, 전국장애청소년 체육대회, 종목별생활체육대회

(3) 장애인스포츠 프로그램 구성 시 고려사항

① 장애유형별 특징과 요구사항 고려
② 근접성과 제반여건 고려
③ 프로그램의 지속성 고려
④ 참여 장애인의 경제적 여건 고려

3장 전문체육 프로그램 개발 및 실천

[01] 전문체육 프로그램의 개발

가 전문체육 프로그램의 개념
- 운동선수들이 행하는 운동 경기 활동으로 규정하며, 대한 체육회의 경기단체에 등록한 아마추어 선수들이 행하는 엘리트 스포츠와 프로스포츠협회에 등록한 프로선수들이 행하는 프로스포츠가 해당됨

나 전문체육 프로그램 개발

(1) 전문체육프로그램 개발
- 코치에게 스포츠 기술과 관련하여 언제, 무엇을, 어떻게 할지에 대한 의사결정뿐만 아니라 선수 관리, 팀 운영에 이르기까지 많은 부분을 포함함

(2) 전문체육 프로그램 지도 개발을 위한 6단계
① 1단계- 선수에게 필요한 기술 파악
② 2단계- 선수 이해
③ 3단계- 상황분석
④ 4단계- 우선순위 결정 및 목표 설정
⑤ 5단계- 지도방법 선택
  - 직접형: 코치들이 가장 많이 사용하는 방법으로, 코치가 직접 설명하고 시범을 보여 기술 및 전술 등을 지도하는 방법
  - 과제형: 차원이나 수준이 다른 몇 가지 과제를 준비하여 스테이션을 만들어 각각의 스테이션에서 선수들이 다른 과제를 연습할 수 있도록 함
  - 상호형: 2인 1조로 짝을 지어 선수들끼리 연습할 수 있는 환경 조성
  - 유도발견형: 선수들을 간접적인 방법으로 지도하여 주도성을 갖도록 하는데 도움이 되는 방법
  - 문제해결형: 선수들이 이미 경험한 상황에서 해답을 도출할 수 있는 문제를 설정하여 개별적으로 혹은 집단적으로 문제 해결 과정에 참여시키는 방법
⑥ 6단계- 연습계획 수립

[02] 전문체육 프로그램 실천

가 청소년스포츠코칭 프로그램 개발

(1) 청소년스포츠코칭 프로그램 개념
- 전문체육에서 청소년스포츠코칭은 엘리트 스포츠를 지향하는 학교운동부 지도를 의미함

(2) 청소년스포츠코칭 프로그램 유형
최의창(2014)의 전인적 청소년교육을 위한 스포츠 활용
① Play It Smart(PIS)- 미국 고등학교 풋볼 운동부 운영에 적용한 전인적 발전 프로그램으로 1년간 계획을 통해 선수들은 운동뿐만 아니라 팀 내에서 개별적인 역할분담, 그룹 스터디 참가, 정규 수업 참가 등의 기본적인 원칙을 실천하도록 함
② Positive Coaching- 미국에서 결성된 긍정코칭협회가 추구하는 스포츠코칭 개념으로 청소년스포츠를 지도하는 코치와 부모를 대상으로 positive coaching 프로그램 제공
③ Long-Term Athlete Development(LTAD)- 선수들의 총체적인 발달을 도모하기 위해 캐나다에서 개발됨

(3) 청소년스포츠코칭 프로그램 개발 시 고려사항
① 코치 중심 → 선수 중심의 관점
② 인성 중심 지도 실천
③ 일상생활로의 전이

나 성인스포츠코칭 프로그램 개발

(1) 성인스포츠코칭 프로그램 개념
- 대학선수 및 엘리트 스포츠에서의 코칭을 의미함

(2) 성인스포츠코칭 프로그램 개발 시 고려사항
① 명확한 목표 설정
② 자기 주도적인 환경 조성
③ 지속적인 자기 성찰을 위한 기회 제공

05 스포츠교육의 지도방법론

1장 스포츠 지도를 위한 교육 모형

[01] 교육 모형의 의미와 구조

가 교육 모형의 의미
- 체육수업 모형은 체육수업의 구조와 특징을 한눈에 파악할 수 있는 수업 설계도
- 체육수업 모형은 교사가 수업 내용을 구성하거나 수업을 지도하고 운영하는 데 필요한 계획을 수립할 수 있도록 도와줌

나 교육모형의 구조
체육수업 모형의 구조

이론적 기초	+	교수·학습의 특징	+	실행 요구 및 변용	⇒	모형
• 이론적 배경 및 근거 • 교수·학습 가정 • 모형의 주제 • 학습 영역의 우선순위와 영역 간 상호작용 • 학생의 발달 요구사항 • 모형의 타당성		• 수업의 주도성 및 포괄성 • 학습 과제 • 참여 형태 • 교사와 학생의 역할과 책임 • 교수 과정의 검증 • 학습 평가		• 교사 전문성 • 핵심적인 교수 기술 • 상황적 요구 조건 • 모형의 선정과 변형		• 직접 교수 • 개별화 지도 • 협동 학습 • 스포츠교육 • 동료 교수 • 탐구 수업 • 전술 게임 • 개인·사회적 책임감 지도

[02] 교육모형의 종류

가 직접 교수 모형
- 모형의 주제: 교수가 수업 리더 역할

- 교사가 주도적으로 수업을 조직하고 운영하는 지도방법
- 모형의 핵심: 교사의 지도하에 학생들이 가능한 많은 연습을 하고, 교사는 학생들이 연습하는 것을 관찰하여 긍정적이고 교정적인 피드백을 많이 제공해주는 것
- 직접 교수 모형의 수업단계

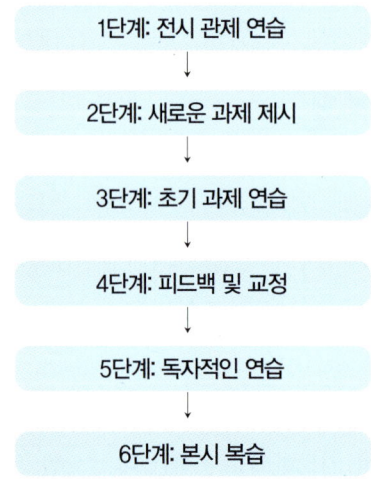

- 직접 교수 모형의 우선순위
  1순위: 심동적 학습, 2순위: 인지적 학습, 3순위: 정의적 학습

나 개별화 지도 모형

- 모형의 주제: 수업진도는 가능한 빨리, 필요한 만큼 천천히 학생이 결정함
- 학생들에게 충분한 강화 제공의 4가지 특징
  첫째, 창의적이며 흥미로운 학습 자료를 바라볼 수 있는 능력
  둘째, 학습 목표를 향한 규칙적이고 실제성 있는 과정
  셋째, 학습의 즉각적인 평가
  넷째, 교사의 학생 개인에 대한 관심
- 개별화 지도 모형의 우선순위
- 교사가 수업 중 학생들에게 학습 과제 정보를 전달하는데 소요되는 시간을 줄이고, 그 시간에 학생과의 상호작용을 함
  1순위: 심동적 학습, 2순위: 인지적 학습, 3순위: 정의적 학습

다 협동 학습 모형

- 모형의 주제: 서로를 위해 함께 배우기
- 학생의 학업성취 수준을 높이고, 상호작용과 사회적 기술을 지도하기 위해 설계됨
- 모든 학생에게 동등한 학습 참여 기회를 보장하는 학생 중심 수업
- 사회성 학습과 인지적 학습을 성취할 수 있는 사회적 상호작용 유발이 가능함
- 협동 학습 모형의 3가지 개념

팀보상	교사에 의해 제시된 기준에 도달하는 팀에게는 누적점수, 특혜, 공개적인 인정 또는 점수 등의 보상 제공
개인 책무성	모든 팀원의 수행이 팀 점수 또는 평가에 포함되기 때문에 모든 학생은 팀의 과제 수행을 위해 노력
학습 성공에 대한 평등한 기회 제공	팀원의 선정과정 중요. 집단은 가능한 이질적인 소집단(4~6명의 팀원 구성)으로 구성하며 전체 팀의 운동수행 능력이 평등하도록 구성

- 협동 학습 모형의 학습 영역 우선순위

학습 영역의 우선순위	인지적 학습 초점	심동적 학습 초점
	1순위: 정의적/인지적 영역	1순위: 정의적/심동적 영역
	3순위: 심동적 영역	3순위: 인지적 영역

라 스포츠교육 모형

- 모형의 주제: 유능하고 박식하며 열정적인 스포츠인으로 성장하기
- 스포츠 리그의 조직으로부터 유래됨
- 학생들에게 스포츠 상황에서 나타나는 다양한 역할과 구조를 경험할 수 있게 함
- 스포츠교육 모형의 3가지 주요 목적

유능한 스포츠인	게임에 참여할 수 있는 충분한 기술을 가지고 있고, 게임의 난이도에 따라 적절한 전략 이해 실행, 경기지식이 풍부한 스포츠인
박식한 스포츠인	스포츠 규칙, 의례, 전통을 이해하고 그 가치를 알 수 있으며, 프로나 아마추어 스포츠를 막론하고 바람직한 수행과 그렇지 못한 수행을 구별할 수 있는 스포츠인
열정적인 스포츠인	어떤 스포츠 문화이든 관계없이 다양한 스포츠문화를 보존하고 증진할 수 있는 방향으로 행동하고 참여. 스포츠 집단의 일원으로, 열정적인 스포츠인들은 지역, 국가 및 국제적인 수준의 스포츠경기 참여

- 스포츠교육 모형의 6가지 요소: 시즌, 팀 소속, 공식 경기, 결승전 행사, 기록 보존, 축제화

마 동료 교수 모형

- 모형의 주제: 나는 너를 가르치고, 너는 나를 가르침
- 학생들이 교사 역할과 학습자의 역할을 번갈아 가며 협력하여 주어진 학습 과제를 완수해나감
- 동료 교수 모형의 주요 용어

  개인교사(tutor): 임시로 교사의 역할 담당하는 학생

  학습지(learner): 개인교사의 관찰 및 감독 하에서 연습하는 학생

  조(짝: dyad): 개인교사-학습지가 짝으로 구성된 단위

  학생(student): 개인교사나 학습자의 역할을 수행하지 않는 학생을 묘사하는 일반적인 용어

- 동료 교수 모형의 학습 영역 우선순위

	개인교사일 때	학습자일 때
학습 영역의 우선순위	1순위: 인지적 영역	1순위: 심동적 영역
	2순위: 정의적 영역	2순위: 인지적 영역
	3순위: 심동적 영역	3순위: 정의적 영역

바 탐구 수업 모형

- 모형의 주제: 문제해결자로서의 학습자
- 학습 내용과 과제를 설명하기보다는 주어진 문제를 해결할 수 있도록 하는 수업 방법
- 교사의 질문이 지도방법의 핵심
- 학생들의 인지적 영역에 대해 학습이 가능함
- 문제해결 중심의 수업 모형 비교

탐구 수업 모형	협동 학습 모형	전술 게임 모형
학생 개인의 사고에 의존하는 문제 해결	팀 구조 기반의 문제 해결	상황 중심의 활동

- 탐구 수업 모형에서 학습 영역의 우선순위

학습영역의 우선순위	1순위: 인지적 영역, 2순위: 심동적 영역, 3순위: 상황 중심의 활동

사 전술 게임 모형

- 모형의 주제: 이해 중심 게임 지도

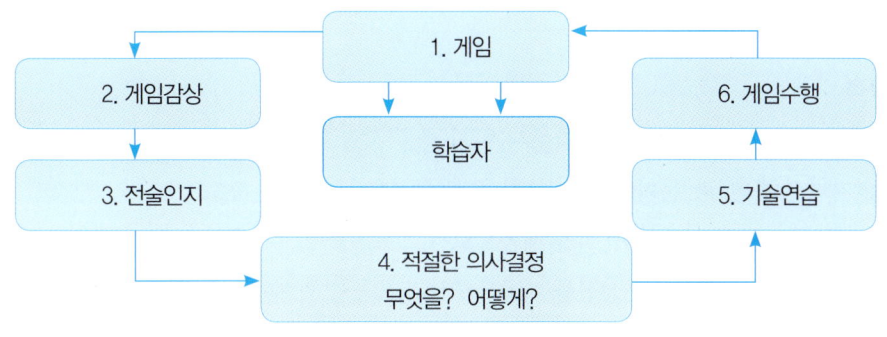

[이해 중심 게임 수업 모형]

- 전술 게임 모형의 학습 영역의 우선순위

| 학습영역의 우선순위 | 1순위: 인지적 영역, 2순위: 심동적 영역, 3순위: 정의적 영역 |

아 개인적·사회적 책임감 지도 모형

- 모형의 주제: 통합, 전이, 권한 위임, 교사와 학생의 관계
- 책임감과 신체활동을 통합적으로 성취함

책임감 수준

수준	특징	의사결정과 행동의 사례
5단계	전이	• 지역사회 환경에서 타인 가르치기 • 가정에서 개인적 체력 프로그램 실행하기 • 청소년스포츠코치로 자원하기 • 학교 밖에서 훌륭한 역할 본보기 되기
4단계	돌봄과 배려	• 먼저 단정하지 않고 경청하고 대응하기 • 거드름 피우지 않고 돕기 • 타인의 요구와 감정 인정
3단계	자기 방향 설정	• 교사 감독 없이 과제 완수 • 자기 평가 가능 • 자기 목표 설정 가능 • 부정적인 외부 영향에 대응 가능
2단계	참여와 노력	• 자기 동기 부여 있음 • 의무감 없는 자발적 참여 • 열심히 시도하는 학습(실패하는 것도 좋음)
1단계	타인의 권리와 감정 존중	• 다른 사람을 방해하지 않고 참여하기 • 자기 통제 보임(기질, 언어) • 타인을 고려하면서 안전하게 참여하기 • 평화로운 갈등 해결 시도
0단계	무책임감	• 참여 의지 없음 • 어떠한 수준의 책임감도 수용할 의사 없음 • 자기 통제 능력 없음 • 다른 사람들을 방해하는 시도

자 하나로 수업

(1) 수업 목적
- 학생을 스포츠의 심법적 차원에 입문시켜 '참 좋은 사람'으로 만드는 것
- '게임(기법적 차원)'과 '문화(심법적 차원)'으로 구분함
  게임: 스포츠의 기술, 전술, 규칙을 배움으로서 스포츠를 할 수 있게 됨
  문화: 스포츠의 전통, 안목, 정신을 배움으로서 스포츠를 알 수 있게 됨

(2) 수업 방법과 운영
- 직접체험 활동(스포츠를 잘 할 수 있도록 기법적 차원 지도)과 간접체험 활동(스포츠를 잘 알 수 있도록 심법적 차원 지도)으로 이루어짐
- 직접교수 활동(스포츠의 기법적 차원을 가르치는 교사의 수업행동)과 간접교수 활동(교사가 직접 교수 활동을 할 때 간접적으로 학생들에게 전달되며 교사가 의도하지 않았지만 학생들에게 간접적으로 영향을 미침)이 있음
- '터(수업활동이 이루어지는 공간)'와 '패(학생들의 소집단 모둠)'라는 특징이 있음

(3) 수업평가
- '접합식 평가(개별 과제들의 수행 정도를 합산하여 총점으로 평가하는 방법)'와 '통합식 평가(하나의 속에서 학생의 체험 정도를 모두 찾아내 평가하는 방법)'라는 두 가지 방법으로 이루어짐

[03] 교육 모형의 활용

가 체육지도자가 수업 모형을 효과적으로 활용하기 위한 고려 사항
① 체육지도자는 수업 모형을 이해하고 모형에 익숙해져야 함
② 체육지도자는 학습자의 특성을 이해하고 있어야 함
③ 체육지도자는 교육환경을 정확히 분석하고 있어야 함
④ 체육지도자는 교수 전문성을 갖추어야 함

2장 스포츠 지도를 위한 교수기법

– 스포츠 지도는 일련의 교수–학습활동을 통해 지도사와 학습자가 상호작용하는 과정

[01] 지도를 위한 준비

가 맥락분석
- 내용, 방법, 학습자가 배우는 것에 영향을 미치는 시간적·인적·물적 자원의 총체를 의미함
- 지도사, 학습자, 내용, 이용 가능한 자원 등에 대한 질문을 통해 구체적인 지도계획을 설정해야 함

나 내용분석
- 배워야 하는 내용과 가르칠 순서 결정(학습목표, 학습자의 현재 능력, 지식, 태도, 소요시간 고려하여 가르칠 내용 선정하고 순서 결정)

다 학습 목표 분석
- 맥락 분석과 내용 선정 결과를 고려하여 설정함
- '일반목표(의도하는 학습의 포괄적인 영역 의미)'와 '행동목표(성취해야 하는 특정한 운동수행 기준을 구체적으로 포함)'로 구분
- '행동목표'는 첫째, 운동수행에 필요한 상황과 조건
  둘째, 성취해야 하는 행동, 기능, 지식
  셋째, 설정된 운동수행 기준으로 구성

라 관리구조

(1) 관리구조 분석 시 고려 사항
① 일반적인 규칙의 결정과 발표
② 학습이 일어나는 장소에 들어가고 나오는 것과 관련된 절차

③ 용·기구의 분배, 관리, 수거 및 정리 철차
④ 안전 규칙
⑤ 출석 절차
⑥ 주의집중과 시작/정지에 필요한 신호 결정

마 평가
- 학습자의 학습 향상 정도를 평가할 수 있는 평가방법 계획

바 지도사와 학습자의 역할과 임무
- 사전에 지도사 자신의 역할을 결정하고, 학습자에게 무엇을 기대할 것인지를 결정해야 함

[02] 지도계획안의 설계

가 지도계획안 작성의 필요성

(1) 지도계획안의 장점
① 각 수업시작 및 종료 시기 명료
② 수업 진행과정 점검
③ 장·단기 의사결정 시점 알 수 있음
④ 계획안 수정에 필요한 토대
⑤ 계획한 수업과 실제로 이루어진 수업을 비교함으로서 수업의 효율성 및 효과성 평가

나 지도계획안 작성을 위한 고려 사항
① 정교하고 유연한 계획 수립
② 자신이 사용할 목적으로 작성
③ 추가 계획 수립
④ 대안적 계획 수립
⑤ 계획안의 보관
⑥ 계획안 평가

다 지도계획안의 작성

① 수업 맥락의 간단한 기술
② 학습목표
③ 시간과 공간의 배정
④ 학습 활동 목록
⑤ 과제 제시와 과제 구조
⑥ 평가
⑦ 수업 정리 및 종료

[03] 지도내용의 전달

가 지도내용의 발달적 조직

(1) 발달적 내용 분석

① 확대: 학습 경험을 간단한 과제에서 복잡한 과제로 또는 쉬운 과제에서 어려운 과제로 발전시키는 것
② 세련: 운동 수행의 질, "경험을 잘 수행하는 것이 무엇을 의미하는가?"
③ 응용: 확대와 세련을 통해 습득된 기능을 실제 또는 실제와 유사한 상황에서 사용할 수 있도록 조직됨

(2) 기능이 속성에 따른 내용 발달

① 폐쇄기능의 발달
② 개방기능의 발달

나 과제 제시 전략

(1) 학습자 주의집중

(2) 과제 전달 방법

① 언어적 전달
② 시범
③ 매체

(3) 학습단서의 선택과 조직

① 내용에 따른 단서 선택

기능별 · 상황별 단서의 예

기능	연습 상황	필요 단서
폐쇄기능	벽을 향해 체스트 패스 연습	발에 체중을 싣는다. 양손으로 공의 옆을 잡는다. 팔을 충분히 뻗는다.
단순한 개방기능	기능 수준이 다른 파트너에게 패스 (움직이지 않는 상황)	패스가 일정하게 오지 않을 수 있다. 패스의 위치나 속도가 달라지면 공을 잡는 손의 위치도 달라진다.
복잡한 개방기능	수비가 있는 상황에서 팀원에게 패스	움직이는 팀원 앞에 공을 패스한다. 공을 빠르게 패스한다.

② 학습단서의 조직
　- 지도사는 학습단서를 복잡한 과제에 관해 설명을 계열성 있게 조직하여 한 단어로 제시

(4) 질문의 활용

① 회고적: 기억수준의 대답만 필요로 하는 질문
② 집중적: 이전에 경험했던 내용의 분석 및 통합에 필요한 질문
③ 분산적: 이전에 경험하지 않은 문제의 해결에 필요한 질문
④ 가치적: 취사선택, 태도, 의견 등을 표현하는 데 필요한 질문으로, 사실 문제보다 가치 문제를 다룸

(5) 과제 제시의 명료성

① 학습자 지향
② 논리적 계열화된 과제 전달
③ 좋은(혹은 올바른) 예와 그렇지 않은 예의 비교 제시
④ 개별화된 과제 제시
⑤ 난해한 부분의 반복 설명
⑥ 학습자의 과거 경험 활용
⑦ 이해를 확인하는 질문 활용
⑧ 지도 자료의 역동적 제시

[04] 지도내용의 연습과 교정

가 과제연습에 따른 지도사의 행동

① 지도 감독된 과제 연습
② 개별적 과제 연습
③ 과제연습의 주시

나 연습 중 지도사의 행동

(1) 비기여 행동
- 수업내용에 기여할 가능성이 전혀 없는 행동
- 학습지도에 부정적인 영향을 줌

(2) 간접기여 행동
- 학습과 관련은 있지만 수업내용 자체에 직접 기여하지 않는 행동

(3) 직접기여 행동
① 안전한 학습 환경의 유지
② 과제의 명료화와 강화
③ 생산적인 학습 환경 유지
④ 피드백의 제공
- 피드백의 종류
  - 피드백 제공자(정보의 출처): 내재적/외재적 과제
  - 피드백 일치도: 연습과제의 핵심요소와 얼마나 일치하는 가에 대한 정도
  - 피드백 내용: 일반적/구체적 피드백
  - 피드백 정확성: 정확한/부정확한 피드백
  - 피드백 시기: 즉각적/지연된 피드백
  - 피드백 양식: 언어/비언어/언어와 비언어 형태 결합 피드백
  - 피드백 평가: 긍정적/부정적/중립적 피드백
  - 교정적 특성: 비교정적/교정적 피드백
  - 피드백의 방향성: 개별적/집단/ 전체 수업 피드백

⑤ 개인과 소집단을 위한 과제의 변화 및 수정
⑥ 학습자 반응의 관찰과 분석

다 학습자 상호작용

(1) 의사소통으로서의 상호작용
① 의사전달의 효과적인 수행을 위한 전략
- 말하는 사람의 주체를 분명히 해야 함
- 판단하려 하지 말고 기술해야 함
- 학습자의 입장 혹은 관점을 이해해야 함

- 타인의 감정에 민감해야 함
- 언어적 단서뿐만 아니라 비언어적 단서에 유의해야 함

② 의사수용의 효과적인 전략
- 전해들은 이야기를 정확하게 이해하기 위해 노력해야 함
- 주의집중 기술을 이용하는 것이 효과적임
- 화자의 비언어적 단서에 유의해야 함
- 현재 자신의 경험하고 있는 감정의 메시지 영향을 미친다는 것을 고려해야 함

(2) 상호작용 기능 수행의 유의점
① 일관성 있는 상호작용
② 중요한 학습자 행동에 관한 직접적 상호작용
③ 과제와 상호작용의 일치
④ 수업 외 문제에 관한 학습자와의 상호작용
⑤ 학습지도와 인간관계의 개선을 위한 열정의 유지
⑥ 학습자의 감정과 정서에 기초한 지도사

[05] IT의 효과적 활용

가 IT 매체 활용의 효과

(1) 피드백 효과
① 피드백 양의 증가
② 피드백의 정확성 증가
③ 즉시적인 피드백 증가

(2) 학습자의 동기유발 효과

(3) 의사소통 효과

[06] 효과적인 관리운영

가 상규적 활동

- 한 타임의 스포츠 지도시간에 반복적으로 일어나는 활동

나 예방적 수업 운영

(1) 수업운영의 효율성을 높이기 위한 관리 기술

① 최초 활동의 통제
② 수업시간의 엄수
③ 출석점검 시간의 절약
④ 주의집중에 필요한 신호의 교수
⑤ 높은 비율의 피드백과 긍정적인 상호작용의 활용
⑥ 수업 운영 시간의 기록 제시
⑦ 열정, 격렬, 주의환기의 활용
⑧ 즉각적인 성과를 위한 수업운영 게임의 이용

다 수업 흐름의 관리를 위한 교수 기술

① 동시처리: 최초 수업 활동의 여세를 유지하며 수업에 방해되는 일을 동시에 처리할 수 있는 능력이 요구됨
② 학습활동의 침해: 지도사의 지나친 개입이나 부적절한 시기에 임의로 학습자의 학습활동을 중단시키지 않도록 해야 함
③ 탈선: 지도사의 계획된 목표에서 탈선하지 않기 위해 노력해야 함
④ 중도 포기, 전환-회귀: 학습자의 문제 행동을 지적하다가 갑작스럽게 다른 교수 행동으로 전환되지 않도록 함
⑤ 과잉설명: 위험 행동이나 떠드는 행동을 하지 않도록 하는 게 목적이었다면 그 행동에 대한 지나친 훈육은 필요하지만 목표에는 부적절함
⑥ 세분화: 집단을 세분화하는 것은 학습자의 책임감을 높이기 때문에 적용될 수 있음

라 학습자 관리 기술

(1) 학습자 행동수정의 기본 전략

① 구체적으로 진술
② 행동수정의 수반성을 신중하게 처리해야 함
③ 조금씩 변화시킴
④ 단계적 변화 추구
⑤ 일관성 유지
⑥ 현재 수준에서 출발

(2) 적절한 행동의 향상에 필요한 기술
① 명확한 수업규칙
② 긍정적 상호작용을 통해 적절한 행동 유도
③ 다양한 방법 사용
④ 부적합한 행동단서를 무시하고 긍정적인 상호작용

(3) 부적절한 행동의 감소에 필요한 기술
① 부적절한 행동은 무시해야 함
② 언어적 제지를 효과적으로 이용해야 함
③ 구체적이고 효과적인 벌의 전략을 사용해야 함

(4) 행동수정 전략의 공식화
① 행동공표
② 행동계약
③ 바람직한 행동게임
④ 대용보상 체계

[07] 안전 및 예방

가 안전을 극대화하기 위한 전략
① 학습장(체육관이나 운동장 등)에서의 안전규칙 개발 및 공지
② 규칙 점검
③ 일관성 있는 관리
④ 동료 경고 체계
⑤ 학습자가 활동에 참여하기 시작할 때 감독하기

3장 세부지도 목적에 따른 교수기법

[01] 스포츠 지도를 위한 교수 방향

가 창의인성을 지향하는 교수·학습

(1) 유정애 외(2012)의 창의성 관련 핵심 4가지 요소
① 표현적 창의력
② 기술적 창의력
③ 전술적 창의력
④ 심미적 창의력

나 개인차를 고려한 수준별 교수

(1) 개인차를 고려한 수준별 수업 2가지 접근방법
① 동일 목표를 달성하기 위해 과제의 수준을 달리하여 가르침
② 같은 과제를 다양한 목표 수준에 도달하도록 가르침

다 자기 주도적 교수·학습 환경 조성

- 학습자 스스로 과제를 해결하고 반성하는 교수·학습 환경을 조성하는 것이 중요함
- 이러한 개념은 스포츠 전 영역에서 적용 가능

라 통합적 교수·학습 운영

- 학습자들이 신체활동에 직접 참여하는 것을 바탕으로 활동 속에서 관련 가치를 통합적으로 습득할 수 있도록 스포츠 활동을 구성해야 함

[02] 스포츠 지도를 위한 교수 전략

가 상호작용 교수

(1) 상호작용 교수 특성
① 지도사는 학습자들에게 학습 내용을 명확히 제시
② 지도사는 설명과 지시를 분명하고 동작들의 단서를 자주 반복
③ 지도사는 구체적인 피드백 제공

나 과제 교수(스테이션 교수)
- 학습자들이 서로 다른 과제들을 동시에 익히도록 하는 데 효과적인 교수·학습 전략

다 동료 교수
(1) 동료 교수법을 효과적으로 이용하기 위한 방안
① 기술은 간단하고, 관찰을 위한 역할은 매우 명확해야 하며, 수행을 쉽게 측정할 수 있어야 함
② 역할을 벽 또는 개인적인 역할카드에 붙여서 동료 지도사가 그것을 기억할 수 있도록 함

라 유도발견학습
- 질문을 통해 가르친다는 접근법

(1) 유도발견 학습의 2가지 형태
① 수렴적 탐구
  - 학습자들이 지도사가 묻는 질문들에 비슷한 정답을 발견하도록 안내
  - 지도사들의 성공적인 질문을 만들기 위한 방안
    첫째, 학습자들에게 원하는 대답을 이끌 수 있는 질문의 순설 미리 결정하도록 함
    둘째, 큰 차이를 보이는 것보다 작은 단계들이 연결되도록 질문함
    셋째, 먼저 대답하지 말고 학습자들이 대답할 때까지 기다림
② 발산적 탐구
  - 지도사가 문제의 개요를 제시해주고 학습자들이 다양한 답변을 할 수 있도록 유도
  - 발산적 탐구의 효과를 높이기 위해 고려해야 할 사항
    첫째, 하나의 정답보다는 문제해결과 탐구를 권장하는 피드백 제공
    둘째, 학습자들이 순차적으로 조금씩 높은 단계로 도전할 수 있도록 질문(과제)을 구조화
    셋째, 학습자들에게 즉각적인 반응을 제공하는 전문가가 되어야 함
    넷째, 학습자에게 예시를 제시할 때는 다양한 답이 나올 수 있는 예시 제공

마 학습자 설계 교수
- 학습자들이 학습 활동의 중심이 되는 학습자 중심의 간접적인 접근

[03] 세부 내용 영역별 지도

가 건강 수업을 위한 지도 기법

(1) 건강활동의 목표와 지도

(2) 스포츠 7330과 신체활동가이드라인 7560+ 실천하기
- 스포츠 참여 범국민 캠페인으로 '7330'은 "1주일에 세 번 이상, 한번 운동할 때마다 30분 이상 운동하자"라는 의미
- 학생 신체활동가이드라인 7060+는 "1주일에 5일, 하루에 60분 이상, 누적해서 운동하자"라는 의미

(3) 건강체력의 구성요소별 운동 방법
① 심폐지구력 운동
② 근력 및 근지구력 운동
③ 유연성 운동

나 도전 수업을 위한 지도 기법

(1) 도전 정신과 도전 활동의 가치

(2) 도전목표 세우기

(3) 도전 스포츠의 수업 전략
① 발산적 탐구 수업 전략 활용
② 협동 학습 수업 전략 활용
③ 자기 주도적 수업 전략 활용
④ 감상 수업 전략 활용

다 경쟁 수업을 위한 지도 기법

(1) 경쟁 스포츠의 개념과 특성
① 영역형 경쟁: 주로 공을 가지고 상대 팀의 영역에 침범하여 골을 넣는 활동

② 필드형 경쟁: 두 팀으로 나누어 공과 글러브를 가지고 던지고 받으며, 공을 배트나 손으로 치고 달리면서 공격과 수비를 번갈아하면서 승부를 겨루는 활동

③ 네트형 경쟁: 네트를 사이에 두고 개인 또는 팀으로 구성하여 라켓이나 손으로 공을 치면서 승부를 겨루는 활동

(2) 경쟁 스포츠의 수업 전략

① 게임(경기)-토의-게임(경기) 수업 전략 적용

② 학습자의 의사결정 능력과 창의성을 기를 수 있도록 확산형 수업 전략 활용

③ 간접체험 학습은 자기 주도적 수업 전략 활용

라 표현 수업을 위한 지도 기법

– 학습자들은 신체활동 표현을 통해 심미적 요소를 이해하고 창의적으로 표현하며, 다양한 표현 유형과 문화적 특성을 감상할 수 있음

(1) 표현 활동의 특성

① 심미 표현

② 현대 표현

③ 전통 표현

마 여가 수업을 위한 지도 기법

(1) 여가문화의 유형

① 문화예술 활동

② 스포츠 활동

③ 취미오락 활동

④ 휴식 활동

⑤ 관광 및 기타 활동

(2) 건전한 여가 활동의 실천 방법

① 가정에서는 시간과 종목을 고려하여 온 가족이 함께 참여할 수 있는 신체적 여가 활동

② 학교에서는 자유 게임 활동, 야외 활동, 사회적 활동, 스포츠클럽 등의 건전한 여가 활동

③ 지역사회에서는 지역 주민과 서로 예의와 질서를 지키면서 지역에 갖춰져 있는 여가 시설 최대한 활용

(3) 여가 활동 지도의 전략

① 주도적 학습 전략 활용

② 직접 체험 학습 이용

③ 학습자들의 체험 기회를 넓히기 위한 시설 안내

④ 활동 전·중·후의 철저한 안전 지도 중요

바 세부 내용 영역별 지도 시 고려 사항

(1) 인성교육

① 인성교육의 방향
- 첫째, 통합의 원리 지향
- 둘째, 지속성
- 셋째, 자율성의 원리 지향

② 인성교육의 구체적 지도 기법
- 게임 상황에서 협동 학습 모형의 구조 활용하기
- 책임감 가르치기

(2) 감상교육

- 흥미와 관심을 가지고 관련 스포츠의 특성과 방식 이해
- 선수의 표현 행위 존중
- 저마다 가지고 있는 경기 자체에 대한 생각이나 느낌 발표
- 그 속에서 서로 다른 관점의 차이에 관한 토론하고 이해

① 감상 요소
- 신체미, 곡선미, 정제미, 조화미, 균형미, 형식미, 기술미

② 감상수업의 단계
- 함께 나눌 문제 확인-탐색-감상-느낌나누기-정리하기-평가

06 스포츠교육의 평가론

1장 평가의 이론적 측면

[01] 평가의 개념과 목적

가 평가의 개념

- 포괄적인 개념으로 교육과정, 스포츠지도사의 교수활동, 교육환경 등과 같은 평가 대상의 가치를 판단하는 과정

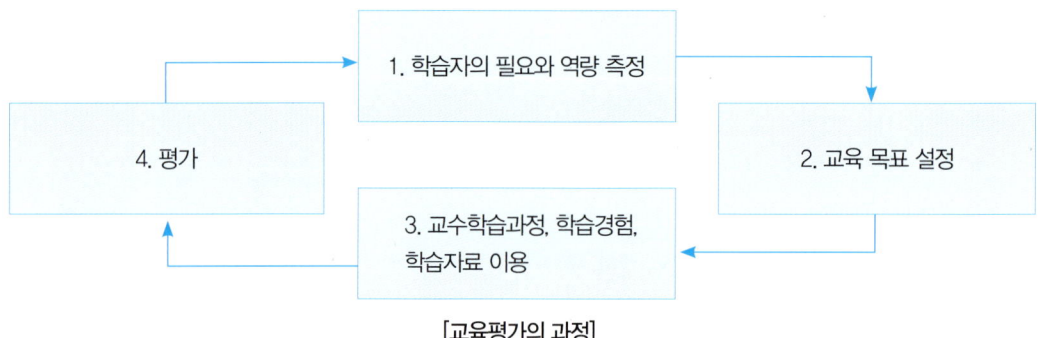

[교육평가의 과정]

나 평가의 목적

(1) 지도사의 교육활동 개선
① 교수-학습의 효과성 판단
② 학습자의 운동수행 참여 및 향상 동기 촉진
③ 학습자의 학습상태와 학습지도에 관한 정보 제공
④ 학습지도 및 관리운영의 효율성을 위한 집단 편성
⑤ 학습자 역량 판단을 통한 이수 과정 선택 정보 제공
⑥ 교육 프로그램 또는 교육과정의 적합성과 적절성 확인
⑦ 교육 목표에 따른 학습 진행 상태 점검과 지도활동 조정

[02] 평가의 단계와 기능

가 평가의 단계

평가목적결정 → 학습 성과 확인 → 평가도구 제작 → 평가자료 수집 → 평가자료 분석 → 평가결과 보고 → 평가결과 활용

나 평가의 기능

(1) 진단평가

① 지도활동이 시작되는 초기에 지도전략을 수립하기 위한 기초자료를 얻고, 효과적인 지도방법과 적합한 학습방법을 결정하기 위해 학습자의 기초능력 전반을 진단하는 평가

② 진단평가의 역할
- 학습 전 학습목표에 따른 학습자 수준 결정
- 지도과정에서 학습자의 계속적인 학습 오류에 대한 적절한 의사결정
- 지도전략의 극대화를 위해 학습자를 일정한 상황에 의도적으로 머무르게 유도

(2) 형성평가

① 교수-학습활동이 진행되는 과정에서 학생에게 피드백을 주고, 교육 프로그램이나 교육과정을 개선하며, 지도방법을 개선하기 위하여 실시하는 평가

② 형성평가의 역할
- 강습의 교수-학습활동 피드백과 교정
- 교육목표에 기초한 교수-학습 과정 개선
- 교수-학습활동의 유동적 시기에 지도내용과 교수-학습활동 개선

(3) 총괄평가

① 일정한 분량의 학습과제나 활동 기간이 끝난 후, 학습자의 학업성취도 수준을 종합적으로 판단하기 위해 실시하는 평가

② 총괄평가의 역할
- 학습자의 학업성취도에 대한 종합적 판단
- 학습효과 비교를 통한 차후 학습 계획과 예측
- 지도사 교수활동 개선에 대한 구체적인 정보 제공

[03] 평가의 양호도와 평정체제

가 평가의 양호도

(1) 타당도

① 내용타당도: 검사문항이 측정하려고 하는 내용을 얼마나 잘 대표하고 있는지의 정도

② 준거타당도: 측정도구의 측정결과가 준거가 되는 다른 측정결과와 관련이 있는 정도

③ 구인타당도: 측정도구가 재려고 하는 심리적 특성에 대한 조작적 정의를 내리고, 조작적 정의를 기준으로 측정하고자 하는 심리적 특성의 구인을 얼마나 제대로 측정하고 있는 가를 나타내는 타당도

(2) 신뢰도

① 검사-재검사: 신뢰도 추정방법은 시간차를 두고서 개념이나 변인 측정을 두 번 실시해 두 관찰값의 차이로서 신뢰도를 추정하는 방법

② 동형검사: 동일한 구인을 측정하는 두 개의 검사지를 개발하여 이로부터 나온 점수들 간의 상관관계를 구하여 신뢰도를 추정하는 방법

③ 내적 일관성: 하나의 측정도구 내 문항들 간의 연관성 유무, 즉 내적으로 일관성이 있는지 없는지를 파악함으로서 측정문항의 신뢰도를 추정하는 방법

나 평정체제

① 타 학습자와의 비교
② 설정된 기준과의 비교
③ 적성과의 비교
④ 노력과의 비교
⑤ 향상도와의 비교

2장 평가의 실천적 측면

[01] 평가의 모형

- 평가목적을 효과적으로 달성하기 위하여 특정 탐구방식을 적용하여 평가방법 및 절차를 체계화해 놓은 것이라고 정의함

가 교육평가의 관점

① 과학적 측정기법 적용
② 목표-결과의 일치도 결과과정의 평가
③ 전문적 판단과정으로서의 평가
④ 응용연구로써의 평가

나 교육평가모형

(1) 프로버스(Provus)의 불일치 평가모형(목표중심)
- 프로그램의 기준과 수행수준 사이의 차이를 규명

(2) 스테이크(Stake)의 반응적 평가모형(참여자 중심)
- 평가의 본질을 교육 프로그램이나 지도 자료 같은 평가대상의 가치를 여러 측면에서 체계적으로 분석

(3) 스터플빔(Stufflebeam)의 의사결정 평가모형(운영 중심)
- 타일러의 목적달성 여부에 초점을 둔 목표 중심 평가모형의 대안으로 제시된 모형

(4) 프로버스, 스테이크, 스터플빔(Provus, Stake, Stufflebeam) 평가모형 비교

Provus, Stake, Stufflebeam 평가모형 비교

평가의 일반 개념	평가모형		
	Provus	Stake	Stufflebeam
상호작용	상호작용	상호작용	×
중도 성취목표	중도 성취목표	즉시목표	도구적 목표
투입평가	1단계	선행조건	2단계
과정평가	실행단계	목표와 실행의 합치 정도	과정단계
산출평가	4단계	결과 측면	4단계
프로그램 정의	프로그램 정의단계	논리적 유관성	투입단계
평가표준 설정	각 단계	상대적-절대적	×
목표설정	프로그램 정의	교육의도	×
판단단계	1~5단계	기술행위 마친 후	×
상황평가	×	×	상황평가
선행조건 고려	×	선행조건 고려	×

[02] 평가의 기법

가 평가기준

(1) 준거지향 평가
- 내용 면이나 과정 면을 모두 포함하는 것으로, 사전에 스포츠지도사가 설정한 학업수행 준거나 행동 준거에 학습자가 도달하였거나 행동을 보여주었을 때, 교육목표가 달성됨
- 주어진 교육목표의 달성 정도를 기준으로 하여 학생의 성취도를 평가하는 방법

(2) 규준지향 평가
- 한 학습자의 학업성취도를 학습자 상호간의 상대적 비교를 통해 성적을 결정하는 평가방법
- 학습자의 학업성취도는 주어진 집단의 점수분포에 의해 결정됨

(3) 자기지향 평가
- 자신의 능력이나 특성을 스스로 판단하는 활동

나 평가기법

(1) 체크리스트
- 특정행동, 특성 등을 나열한 목록

(2) 평정척도
- 스포츠교육에서 행동의 적절성, 운동기능이 향상정도, 운동기능의 형태적 특성 등에 관한 자료를 수집하기 위한 도구로 사용되고 있음
- 교육현장에서는 주로 3단계, 5단계 평정척도를 사용함

(3) 루브릭
- 구성주의적 관점에서 학습자의 수행을 평가할 때 효과적인 평가 도구
- 각 수행 수준의 특징에 대한 정보를 명세화하여 제공
- 학습자에게 분명한 피드백을 제공하여 향후 수행 능력에 필요한 것을 알게 해줌

(4) 관찰
- 스포츠교육에서 관찰은 경기관람, 촬영영상, 경기영상 등을 통해 이루어짐

(5) 학습자 일지
- 학습자의 학습 진행 및 학습 내용을 상세히 기록한 문서

(6) 학습자 면접과 설문지
- 스포츠지도사가 설문지나 면담을 통해 교육 프로그램 등에 관한 학습자의 생각을 알 수 있음

07 스포츠교육자의 전문적 성장

1장 스포츠교육 전문인의 전문적 자질

[01] 스포츠교육 전문인의 전문적 자질 개발

가 학교체육 전문인의 전문적 자질

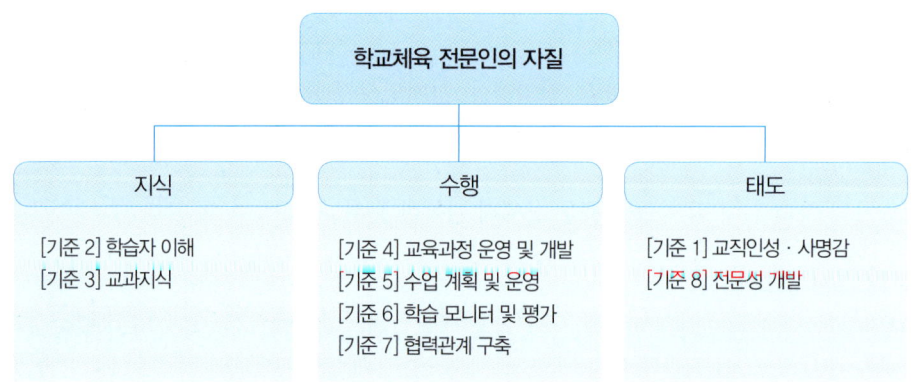

[학교체육 전문인의 자질의 범주]

(1) 학교체육 전문인의 전문적 자질 8가지

① 교직인성 · 사명감

② 학습자이해

③ 교과지식

④ 교육과정 개발 · 운영

⑤ 수업 계획 및 운영

⑥ 학습 모니터 및 평가

⑦ 협력관계 구축

⑧ 전문성 개발

(2) 학교체육 전문인의 전문적 자질 개발

학교체육지도자의 경력 단계에 따른 특성(Katzm 1972의 분류 재구성)

단계	경력	특성 및 관심
생존 단계 (survival)	0~1년	• 교수 상황에서의 당면 문제에 관심 • 자신의 교수 능력과 열정에 대하여 자문을 하게 됨 • 이들이 학교생활에 잘 적응할 수 있도록 조력하는 것이 필요함
강화 단계 (consolidation)	2년	• 학생 개개인의 요구를 생각하게 됨 • 학생의 특성과 지도 전략을 공유할 수 있는 기회 제공 필요 • 경력이 있는 동료 지도자나 다른 전문가의 성공 사례가 도움이 될 수 있음
갱신 단계 (renewal)	3~4년	• 가르치는 일에 조금씩 자신감을 갖게 되며, 이전에 했던 교수 방법에 지루함을 느끼면서 새로운 아이디어를 찾기도 함 • 새로운 자극을 위한 학회나 워크숍에 참석하는 경우가 있음 • 다른 지도자들과 공식적·비공식적 네트워크 형성
성숙 단계 (maturity)	4년 이후	• 티칭과 아동에 대한 자신의 교육관, 신념에 대한 자문을 하기 시작함 • 복잡한 교수 상황에서 비롯되는 의미를 이해하고자 함 • 국가·사회적 요구에 대한 적절성을 탐구하게 됨 • 폭넓은 경험(독서, 학회 발표 등)이 관점의 변화와 확장에 도움이 됨 • 같은 단계에 있는 다른 지도자들과 의견을 나누며 어려움을 극복할 필요가 있음

나 생활체육 전문인의 전문적 자질 개발

(1) 생활체육 전문인의 전문적 자질

① 인지적 자질

② 기능적 자질

③ 인성적 자질

(2) 생활체육 전문인의 전문적 자질 개발

생활체육지도자의 발달단계별 관심사(김경숙·김선희, 1988. p. 92를 수정·보완)

단계	영역	내용
생존 (survival)	수업운영 관리	체육 프로그램에 참여하는 동호인의 수
		프로그램의 기획과 운영
		스포츠센터의 운영 계획에 따른 동호인 관리, 지도
	정보수집	동호인 개개인의 특성 및 운동능력 파악
	상호작용	건강 및 체력에 대한 상담

강화 (consolidation)	지도법	지도 내용
		지도 내용을 전달하는 방법
		체계적인 지도 기술
		대상별 지도법
갱신 (renewal)	전문지식	안전사고 예방 및 대처
		체육의 이론적 지식과 실제적 지식의 접목
		새로운 지도법 습득 및 적용
	정보수집	동호인의 개별적 운동능력 관찰
	상호작용	프로그램 발전을 위한 상담
성숙 (maturity)	전문지식	응급처치 및 건강 관련 지식
	상호작용	동호인들로부터의 인정
	자질	인격적 성숙, 지도자의 가치관과 신념

다 전문체육 전문인의 전문적 자질 개발

(1) 전문체육 전문인의 전문적 자질 영역(NASPE, 2006)

전문영역	내용
전문영역 1	철학 및 윤리
전문영역 2	안전 및 상해 예방
전문영역 3	신체적 컨디셔닝
전문영역 4	성장 및 발달
전문영역 5	지도법 및 커뮤니케이션
전문영역 6	운동기능 및 전술
전문영역 7	조직과 운영
전문영역 8	평가

(2) 전문체육지도자의 전문적 자질 개발

① 전문체육인의 발달단계에 따른 전문성 신장계획
   - 입문단계-개발단계-고급단계

2장 장기적 전문인으로서의 성장 및 발달

[01] 장기적 체육전문인으로 발달 모형

가 미국
- 초보코치-중급코치-마스터코치로 분류

나 영국
- 아동기 단계-일반참가 단계-고급향상 단계-최고기량 단계

[02] 스포츠교육 전문인으로서의 성장

가 형식적 성장
- 고도로 제도화되고 관료적이며 교육과정에 의하여 조직된 교육으로 성적, 학위 또는 자격증을 부여하는 교육

나 무형식적 성장
- 공식화된 교육기관 밖에서 행해지는 조직적인 학습의 기회로서 비교적 단기간에 자발적으로 이루어지는 교육

다 비형식적 성장
- 일상적인 경험으로부터 얻는 배움의 형식

스포츠지도사자격검정 핵심요약집

스포츠윤리학은 스포츠현장에서 발생하는 다양한 윤리적 문제를 학습함은 물론 보다 구체적인 '스포츠윤리' 의식을 깊이 성찰하고, 이를 일선현장에 올바르게 적용하여 건강한 스포츠사회를 실현하는데 기여하는 학문이며, 스포츠지도자의 기본자질이 되는 교육과목이다.

스포츠윤리

01 스포츠와 윤리

1장 스포츠의 윤리적 기초

[01] 도덕, 윤리, 선의 개념

① '윤리'와 '도덕'은 구분 없이 사용하거나 혼용하는 경우가 있으나 엄밀히 구분
② 윤리: 윤리는 집단 안에서의 조화로운 생활을 영위하기 위해 사람과 사람이 서로 지켜야 할 도리를 의미, 따라서 윤리학은 도리와 도덕을 왜 지켜야 하고, 규율과 규범의 타당성과 진리성에 대해 이론적으로 논하는 학문
③ 도덕: 인간 생활을 강조하는 말로서 모든 인간이 지켜야 할 공통적인 규범과 도리를 의미
④ 선(善): '선(the good)'은 '좋다'는 의미, 악(evil)과 대비되는 개념, 이는 어떤 일을 행함에 있어 유용성과 효용성 혹은 이익과 관계되어 판단의 기준으로 사용
⑤ 차이점: 도덕은 사람이 사람으로서 행해야 할 도리와 그것을 자각하여 실천하는 행위를 의미하며, 윤리는 도덕과 같은 의미로 쓰이면서도 원리 그 자체보다 체득(體得)에 중점

[02] 사실판단과 가치판단

① 윤리학의 주요 관심사는 어떤 현상에 대한 사실판단과 가치판단의 문제, 특히 도덕적인 가치판단의 근거를 탐구
② 사실판단은 있는 그대로의 사실에 대한 객관적 진술, 가치판단은 마땅히 그렇게 되어야 할 것을 지시하거나 어떤 기준, 표준 혹은 규범에 따르는 것이어야 함을 나타내는 기준
③ 따라서 윤리학은 어떤 사실을 있는 그대로 기술하고 설명하는 사실적인 학문이 아니라 어떤 행위에 대한 마땅히 있어야 할 것과 행해야 할 것, 그리고 바람직한 것을 제시하고 근거 짓는 규범적인 학문
④ 가치판단의 형태: ㉠ 그것은 사리분별에 관한 것 ㉡ 미적인 것 ㉢ 도덕적인 것이 있음
⑤ 이처럼 스포츠에서 요구되는 윤리적 탐색이란 도덕적 판단과 관련되어 있음

⑥ 스포츠 상황에서 도덕과 비도덕 사이 어디에, 그리고 어떻게 선을 그을 것인가에 대한 고찰이 스포츠윤리의 핵심 과제

[03] 스포츠와 윤리의 관계

① 스포츠는 제도화된 규칙에 따라 승패를 겨루는 경쟁적 활동, 윤리는 인간이 살아가면서 지켜야 할 기본적인 규범으로 간략히 정의, 이처럼 이들 정의만 본다면 스포츠와 윤리는 서로 분리되어 전혀 무관한 별개의 세계를 구축하고 있음
② 하지만 스포츠는 윤리를 떠나서 존재할 수 없을 정도로 이 둘은 긴밀한 연관성
③ 스포츠는 인간의 지혜와 윤리 관념이 투입된 정신작용의 산물로서 스포츠를 당대의 삶과 사회를 반영하는 '인생의 축소판' 혹은 '사회의 거울'이라고 할 수 있음
④ 이는 스포츠 스포츠가 갖는 기본적인 특성상 인간과 인간, 인간과 동물, 자연환경에 대한 기본원칙, 규칙과 제도 등이 존재
⑤ 따라서 스포츠에서의 행위는 단순히 개인윤리적인 문제가 아니라 공적기준에 의해 판단하는 윤리문제로 이슈화되기 때문에 그 관계가 밀접함

2장 스포츠 윤리의 이해

[01] 일반윤리와 스포츠윤리: 스포츠윤리의 독자성

① 일반윤리와 스포츠윤리는 차이는? 스포츠윤리의 특성은 무엇인가? 스포츠윤리는 철학에서 다루는 일반윤리나 생명윤리, 학문윤리, 의료윤리, 경제윤리와 비교할 때 어떤 차별성을 갖는가? 이 질문은 근본적으로 스포츠윤리의 독자성과 필요성에 대한 논의와 맞닿아 있음

② 일반윤리는 어떤 사회의 문화나 구성원들이 공유하는 도덕적 이상들의 집합으로 나타나는 반면 스포츠윤리는 특정 분야, 즉 스포츠라는 특수한 상황에서 요구되는 규범이나 도덕적 기준을 다룬다는 점에서 차별성

③ 스포츠윤리가 갖는 특성 중의 하나는 예방윤리로서 그 필요성과 중요성을 갖는다는 점

④ 또 다른 특성은 행위의 주체를 개인의 양심이나 덕성에 두는 '개인윤리', 어떤 직업을 수행하는 사람들에게 요구되는 행동규범으로서 스포츠 연맹, 협회, 기업, 관청 등

⑤ 스포츠조직들 간의 관계에서 발생하는 문제들과 관련된 '직업윤리', 그리고 개개인의 선택이나 양심에 의해서가 아니라 그 개인들이 속해 있는 사회의 구조나 제도 자체의 개혁에 의해 비로소 윤리적 문제가 해결될 수 있다고 보는 '사회윤리'의 요소를 모두 포함

[02] 스포츠윤리의 목적과 필요성

① 스포츠계의 비윤리적인 행위는 금지약물의 복용, 부정 선수와 부정 장비 사용, 심판 매수, 승부조작 및 담합, 경기장 폭력, 페어플레이 정신의 상실과 같은 사회적인 문제로 이슈화

② 스포츠윤리는 비스포츠윤리의 문제들을 예방하고 건전한 스포츠정신을 확립하기 위해 스포츠윤리에 대한 필요성이 대두

③ 또한 스포츠산업의 성장에 따른 새로운 윤리적 물음이 제기됨에 따라 구체적인 윤리문제를 학문적으로 인식, 특히 철학적으로 해명하여 그 해결책을 탐구하는 스포츠윤리에 대한 관심이 제고

④ 필요성: 스포츠에서 비윤리적인 사건들로 인하여 스포츠행위가 사회에 광범위한 영향을 미치고 있음을 인식하고 있으며, 비윤리적 사건은 사회적 심각성이 증가

⑤ 스포츠윤리는 윤리적 선택이 명백하고 무엇이 옳은 일인지 이미 알고 있는 상황에서 옳은 일을 하도록 훈련시키는 것이 아니라 스포츠에서 제기되는 복잡한 윤리적인 문제들을 분석, 어떻게 하면 가장 바람직한 방식으로 윤리적 문제들을 해결할 수 있는지를 훈련시키는 것

⑥ 목적: 스포츠현장에서 발생하는 비윤리적인 사례들을 학습함으로써 그것이 어떠한 상황인지를 분석하고, 스포츠현장에서 유사한 상황이 발생할 때 어떻게 대처해야 하는지를 습득

[03] 스포츠윤리와 스포츠인의 윤리

① 스포츠윤리를 세분한다면 스포츠윤리에서 스포츠인의 윤리를 구분
② 스포츠윤리는 스포츠 상황에서 발생하는 윤리적인 문제들을 해결하기 위해 어떤 행동이 옳으며, 어떤 목적이 좋은가를 결정할 수 있는 기준과 원리를 제시하는 것에 주목
③ 반면 스포츠인의 윤리는 스포츠인으로서 갖추어야 할 기본적인 도덕적 품성에 주목

3장 윤리이론

[01] 결과론적 윤리체계

① 규범윤리체계란 어떤 선택의 상황에서 우리가 어떻게 행위 해야 하는가를 결정하는 데 참고할 수 있는 도덕적 규범과 행위의 규칙체계
② 그중 결과론적 윤리체계는 도덕적 강조점을 행위 그 자체보다 행위의 결과에 두는 것, 행위의 결과가 유익하면 그 행위는 도덕적으로 올바른 것
③ 대표적인 형태의 결과론적 윤리체계가 공리주의, 즉 결과론은 결과의 좋고 나쁨을 행위의 도덕성을 평가하는 기준, 좋은 결과를 낳는 행위는 옳은 행위이고, 나쁜 결과를 낳는 행위는 그른 행위로 보기 때문에 결과론은 동기나 행위 자체보다 결과를 중시
   – 벤담의 양적공리주의: 옳은 행위는 다수에게 행복을 주는 행위, 쾌락은 질적으로 동일함
   – 밀의 질적공리주의: '배부른 돼지보다 배고픈 인간이 바람직하다.'
④ 이처럼 결과론은 좋은 결과를 낳는 것이 선한 의도를 가지고 행위 하는 것, 도덕 규칙이나 원칙에 따라 행위 하는 것보다 도덕적으로 더 가치 있는 일이라고 바라보는 견해
⑤ 그리고 결과론에서는 좋은 의도를 가지고 수행한 행위도 결과가 나쁘면 그른 행위로 평가되고, 나쁜 의도를 가지고 한 행위도 결과만 좋으면 옳은 행위로 평가

[02] 의무론적 윤리체계

① 의무론적 윤리체계는 어떤 행위를 옳거나 그른 것으로 만드는 기준이 행위에 대한 결과의 좋고 나쁨이 아니라 그 행위가 도덕규칙에 따르느냐 혹은 위반하느냐가 판단의 기준
② 즉 당신의 행동이 모든 도덕 행위자가 행해야 할 의무에 속한다면 당신의 행위는 옳은 것이고 그 행위가 모든 도덕 행위자가 금해야 할 의무의 종류에 속한다면 당신의 행위는 그른 것
③ 이는 도덕적 보편성 추구: 행위의 본질을 강조하는 것임
④ 칸트는 인간은 가장 세련된 권위인 실천이성(양심)이 존재, 의무론적 윤리설을 제시
⑤ 이처럼 의무론 입장에서 윤리적 행동이란 자신의(도덕적) 의무를 적절히 수행한 결과

[03] 도덕적 윤리체계

① 도덕론적 윤리체계는 결과론적 윤리체계와 의무론적 윤리체계가 인간 내면의 도덕성의 근원과 개인의 인성을 무시한 채 '법칙적인 윤리개념'에만 의존
② 감정을 도덕적 동기로 인정하지 않는다는 비판을 하면서 현대 윤리적인 담론의 무대에 등장
③ 이처럼 기본적으로 덕 윤리는 우리가 어떤 사람이 되어야 할지에 관심을 갖고 있음
④ 따라서 덕 윤리의 근본적인 질문은 '무엇을 해야만 하는가?'가 아니라
⑤ '어떻게 살아야 하는가?'이며, 행위 자체보다는 행위자에게 초점

[04] 동양사상과 윤리체계

(1) 유교

① 공자(孔子)는 인(仁)·의(義)·효(孝)·우(友)·충(忠)·신(信)·관(寬)·서(恕)·공(恭)·경(敬)을 제시하여 실천 가능한 덕의 10가지 요인을 강조
② 맹자(孟子)는 인(仁)·의(義)·예(禮)·지(智)를 중점 개념에 두고 측은지심(惻隱之心), 수오지심(羞惡之心), 사양지심(辭讓之心), 시비지심(是非之心)으로 나누어 설명

(2) 불교

① 불교는 깨달음을 지향하는 철학, 개인 해탈(解脫)의 열반에 이르는 방법, 특히 팔정도(八正道)는 도덕적·윤리적 성격
② 이는 올바로 보고, 생각하고, 말하며, 행동과 목숨을 유지하고, 부지런히 노력하며, 기억하고, 생각하고, 마음을 안정하는 것으로 개인이 해탈하여 깨달음의 경지인 세계로 나아가기 위한 실천수행방법

(3) 도교

① 유교가 인간과 인간 사이의 인위적인 관계를 중시한 사상이었다면 도교의 기본 사상은 인간에 의해 의도적으로 만들어진 것이 아닌, 있는 그대로의 관계를 중시
② 즉 도교는 무엇인가에 얽매이거나 규정하는 것이 아니라 오히려 스스로는 존재하지 않음으로써 어떤 형태로의 변화 가능성을 열어두는 것, 그것이 바로 무위자연인 사상

(3) 유불선의 차이점

① 유교가 인간과 인간 사이의 인위적인 관계를 중시한 사상, 도교는 인간에 의해 의도적으로 만들어진 것이 아닌 있는 그대로의 관계를 중시
② 노자의 덕은 인간의 본질을 아는 데서 이루어진다고 하였음

③ 장자는 노자와 마찬가지로 도(道)를 천지만물의 근본원리라고 여기고, 도는 어떤 목적을 욕구하거나 사유하지 않는 무위(無爲)를 추구

[05] 가치충돌의 문제와 대안

① 우리는 서로 충돌하는 윤리적 가치들 사이에서 도덕적 판단을 해야 하는 상황들을 만남
② 각기 옳은 것처럼 보이는 두 개가 충돌하는 가치 사이에서 윤리적 선택하는 상황에 직면
③ 즉 두 가지 이상의 도덕적 의무와 규칙들을 적용해야 할 경우, 그에 따라 서로 다른 양립할 수 없는 도덕적 판단을 내려야 할 경우에 도덕적 충돌이 발생
④ 이는 스포츠 분야에서 도덕적 가치가 서로 충돌하는 상황에서는 어떻게 옳은 선택을 내릴 수 있을까?
⑤ 가치판단의 차이로 인한 문제 해결 방법:
   – 가장 바람직한 판단을 내리기 위해서는 주어진 윤리적 상황을 다각도로 분석
   – 이를 위해 주요 윤리이론들을 그 상황에 적용시켜봄으로써 사고의 폭을 넓히는 것이 우선
   – 즉 윤리적 문제를 해결하기 위해서는 다양한 윤리이론들을 주어진 상황에 적용시키는 능력과 함께 그 윤리적 상황을 정확하게 분석하는 능력의 습득이 필요

02 경쟁과 페어플레이

1장 스포츠경기의 목적

[01] 아곤과 아레테의 차이

(1) 아곤

① 아곤(Agon)은 고대 그리스어로 '경쟁'을 의미하는 모임이나 회합을 지칭하거나 경쟁의 실제적인 행위, 게임, 축제 자체를 지칭하는 데 사용, 즉 고대 그리스의 교육은 아곤의 정신을 고취시키는 목적
② 아곤은 경쟁에서 승리하는 것, 어느 누구도 혼자서는 승리할 수 없기 때문에 언제나 경쟁관계에 있는 상대 또는 상대팀을 전제
③ 경쟁은 전쟁이나 싸움 같은 집단 또는 개인 간의 폭력적 상호작용을 제도화된 규칙을 통해 순화시킨 활동이며, 경쟁은 '아름답게 변용된 투쟁', 스포츠경쟁에서 승리를 추구

(2) 아레테

① 아레테(aretē)는 인간을 인간답게 만들어주는 자질을 의미하며, '덕'으로 번역되는 개념
② 이는 전쟁의 신 아레스에서 파생, 전쟁 상황은 인간의 자질은 용기로서 전사의 용기와 관련
③ 아레테는 시대에 따라 그 의미가 변화, 논리적인 언변을 펼치는 수학적 능력과도 동일시
④ 즉 아레테는 어떤 것(인간 포함)이 최적의 기능을 발휘할 수 있는 상태, 최적의 상태, 훌륭한 상태에 있음을 의미, "특수한 일이나 과제에서 발휘하는 특수한 의미의 탁월성"을 의미

(3) 아곤과 아레테의 차이점

① 아곤과 아레테는 자신의 능력을 발휘하는 일과 관련
② 그러나 아레테의 능력 발휘는 탁월성의 추구 그 자체에서 의미를 찾는다는 점에서 상대와의 비교적 우위 추구, 즉 승리 추구를 통해 의미를 찾는 아곤의 능력 발휘와 차별화

[02] 승리 추구와 탁월성 추구

① 스포츠는 타인과의 경쟁에서 승리하는 것을 목표, 이는 아곤과 아레테적 요소를 함께 포함하고 있으며, 시대 및 사회에 따라 그 강조점이 상이
② 운동선수들은 마땅히 이 두 가지 요소를 모두 고려해야 하지만 아곤적 요소보다 아레테적 요소에 더욱 큰 관심을 기울일 필요
③ 하지만 운동선수나 팬들은 스포츠적 사건의 핵심적인 요소로서 아레테보다는 아곤을 선호
④ 따라서 우리는 왜 스포츠에서 승리 추구(아곤적 요소)보다 탁월성 추구(아레테적 요소)를 중시해야 하는 가를 다음과 같이 살펴봄
⑤ 아레테의 중요성
  - 아레테가 아곤보다 더 포괄적인 개념이기 때문에 스포츠에서는 아레테적 요소, 즉 탁월성 추구를 더욱 중요한 요인으로 고려
  - 스포츠에서 승리 추구보다 탁월성 추구를 중요시해야 하는 이유는 스포츠의 긍정적 이미지와 관련
  - 따라서 스포츠에서 최고 성과의 추구는 규칙이 허용하는 범위 내에서 이루어져야만 의미가 있고, 규칙이 허용하지 않는 수단에 의지하여 달성한 성과는 스포츠적 성과로 볼 수 없음

2장 스포츠맨십

[01] 스포츠맨십의 의미

(1) 스포츠맨십 의미

스포츠에 참가한 자(스포츠맨)라면 마땅히 따라야 할 준칙과 갖추어야 할 태도

(2) 스포츠맨십 덕목

페어플레이, 상대편과 상대 선수의 존중, 경쟁상대에 대한 공손한 태도 같은 덕목을 포함

(3) 스포츠도덕

스포츠도덕은 스포츠사회 구성원들이 제도, 규칙과 규정, 그리고 양심, 여론, 관습 따위에 비추어 스스로 마땅히 지켜야 할 행동준칙이나 규범의 총체

[02] 놀이의 도덕: 규칙의 존중

① 스포츠는 일이나 생존투쟁 같은 일상적 활동과 구별되는 활동
② 즉 스포츠는 일종의 놀이이며 그 자체가 목적인 신체활동, 하지만 스포츠는 치열하게 승부를 다투는 경쟁에서 기록과 성과를 높이기 위해 선수와 지도자의 역할이 분리
③ 스포츠의 전문화가 가속화되면서 더 이상의 놀이가 아닌 활동이 되어가고 있음
④ 놀이는 외적인 통제가 필요(놀이의 통제는 관습 또는 참가자에 의해 결정)하게 되고 심판이나 규칙을 통해 놀이가 놀이가 아닌 활동이 되는 것을 방지

[03] 경쟁의 도덕: 놀이 자체의 존중

① 스포츠는 놀이지만 모든 놀이가 스포츠는 아님
② 스포츠는 특별한 종류의 놀이, 즉 스포츠는 신체적·심리적 능력을 비교하고, 그 우열을 가리는 일이 중요한 일
③ 스포츠 참가자는 보다 높은 기량을 발휘하기 위해 치열한 경쟁상황을 연출, 이런 의미에서 스포츠는 투쟁, 조금 더 정확하게 말하면 '투쟁적 놀이'
④ 따라서 스포츠는 규정이나 규칙, 그리고 심판이라는 외적통제 뿐만 아니라 참가자의 도덕적 능력인 내적통제(스포츠의 내·외적 통제는 제도와 규정에 의해 통제) 또한 요구

3장 페어플레이

[01] 페어플레이(공정시합)의 이해

가 '페어'하게 '플레이'한다는 의미

① 페어플레이는 18~19세기 영국의 귀족과 신사(gentry)가 스포츠를 할 때 강조하고 실천했던 정신 또는 자세와 밀접한 관계
② 그들은 스포츠를 수단이기보다는 목적으로 여겼으며 결과의 승패보다는 과정의 격식을 중시, 즉 페어플레이는 결과에 초연하고 과정을 즐길 수 있는 삶의 조건(champ) 속에 있던 영국 귀족과 신사들의 삶의 방식(habitus)에서 유래
③ 페어플레이는 인간 보편의 윤리적 과제이자 요청인 '페어'가 '플레이'로 표현되는 특수한 상황에 적용할 때 발생하는 행위의 지침과 밀접한 관련
④ 즉 페어(공정한)라는 형용사와 플레이(시합 혹은 경기)가 합쳐져 '페어플레이(공정시합)'임
⑤ 그리고 공정(fairness)은 어떤 활동에 참가하는 사람들이(윤리적으로 옳은) 동등한 조건에 있다는 사실, 또는 동등한 조건에 있어야 한다는 당위성을 반영
⑥ 따라서 스포츠에서 '페어플레이'는 행위 동작을 강조할 때는 '공정행위(혹은 수행)'로 상황 조건을 강조할 때는 '공정시합(혹은 경기)'으로 표현

나 공정시합에 관한 두 가지 견해

(1) 형식주의
① 형식적 공정시합은 경기에 참가할 때 정해진 공식의 성문 규칙을 어기지 않고 행하는 것
② 규칙의 조문을 충실 이행 및 준수하며 경기를 하는 것
③ 규칙은 구성적 규칙과 규제적 규칙 모두가 포함, 형식주의 경기는 구성적·규제적 규칙을 준수하기만 하면 공정은 실현될 것
④ 모든 참가자들은 규칙을 준수해야 한다는 윤리적 행위 규범은 스포츠윤리의 핵심
⑤ 하지만 형식주의 공정시합은 한계성이 있음을 유의

(2) 비형식주의
① 경쟁적 스포츠 또는 경기에 윤리를 적용하고 해석하는데 있어서의 과도한 제약은 그와는 다른 견해의

등장을 이끄는데 대표적인 예가 비형식주의
② 즉 비형식주의는 문자로 표현된 규칙의 준수보다 더 포괄적인 적용과 정당화가 가능하도록 공정의 개념을 확장하여 제안

[02] 의도적 반칙

① 의도적 반칙은 말 그대로 어떤 반칙을 실행하여 기대하는 결과를 발생시키고자 하는 의지적 계획을 가지고 실제로 이루어진 규칙 위반 행위를 의미
② 이는 의지적 계획의 의도와 그 행위가 규칙에서 허용되지 않는 행동을 통해 규칙을 위반 행위를 의도적 반칙
③ 이와 같이 의도적 반칙은 윤리적으로 비난의 대상

[03] 승부 조작의 윤리적 문제와 해결 방안

① 승부 조작은 흔히 금전의 획득 같은 경기 외적 이득을 얻고자 하는 의도로 경기 전에 결과를 미리 정하고 그에 맞추어 과정을 왜곡시키는 행위
② 승부 조작의 윤리적 문제는 두 가지 측면에 주목
　- 승부 조작이 흔히 도핑에 비견될 정도로 갈수록 확대되고 심각해지고 있음
　- 승부 조작은 경쟁적 스포츠의 가치, 더 나아가 존재 근거를 근본적으로 훼손시키기 때문
③ 따라서 경쟁적 스포츠, 경기의 의미, 가치를 근본적으로 훼손시키는 승부 조작은 추구해서도, 용인할 수 없으며, 근절되어야 함
④ 승부조작의 해결 방안은 내・외적 통제를 통한 해결
　- 내적통제: 이해당사자 및 관계자의 스포츠윤리 교육 강화
　- 외적통제: 제도적, 법적 처벌 강화, 관리감독 강화

03 스포츠와 불평등

1장 성차별

[01] 스포츠에서 성차별의 과거와 현재

가 스포츠 성차별의 과거

① 스포츠에서의 성차별은 근대올림픽의 모태가 된 고대 그리스의 올림피아, 피티아, 네메아, 이스트미아의 4대 제전경기에서 비롯

② 제전경기의 참가자격은 순수 그리스 남성으로서 여성은 참가뿐만 아니라 관람 금지, 특히 4대 문명의 기록에서도 여성의 전문적인 스포츠 활동에 대한 기록이 없음

③ 또한 근대올림픽의 창시자인 쿠베르탱은 여성의 스포츠 참여는 여성성을 파괴하는 요소이기도 하며, 여성은 격렬한 운동을 수행하기 힘든 신체를 가지고 있다는 신념으로 여성의 스포츠 참여를 반대

④ 반면 여성의 스포츠 참가가 확대되기 시작한 결정적인 계기는 1972년 미국에서 타이틀 나인(Title IX)이 통과되면서부터

⑤ 즉 타이틀 나인의 보조금, 장학금 또는 기타 학생 지원금 등의 형태로 연방재정의 지원을 받는 학교에서 성차별을 금지하는 법조항을 신설, 이러한 조항에는 학교 대항 및 학교 지원 스포츠 프로그램까지 포함

나 스포츠 성차별의 현재

① 현대 사회는 대부분의 스포츠에 여성이 참가하고 있으나 일각에서는 아직까지 성차별적 요인이 발생, 그것은 성의 상품화를 추구하는 요인

② 1998년 한국여자프로농구는 선수들의 유니폼으로 몸매가 확연히 드러나는 원피스형 타이즈 유니폼을 선정하여 관중의 눈요기를 위한 성의 상품화를 추구

③ 이슬람 문화권은 여성이 스포츠에서 신체를 드러내는 것을 금기시하고 있으며, 아프리카 지역에서는 여성들의 스포츠 참여 기회가 제한

[02] 스포츠에서 성 평등을 위한 방안

가 스포츠에서 성차별의 원인
① 스포츠에서 여성의 역할은 능동적이기보다는 수동적 참가로 한정, 그 배경은 다음과 같은 요인
② 스포츠에 내재되어 있는 공격성이나 위계화, 경쟁적 요인 등이 남성적 영역으로 생각될 수 있으며, 여성에게 적합하지 않은 사회적 성역할의 고착화 인식의 문제
③ 역사적으로 스포츠는 여성다운 성질과는 거리가 멀었다는 여성신체에 대한 편견
④ 스포츠에 참여하는 여성은 여성성을 잃게 되고 매력적이지 못하다는 인식부족, 아직까지 스포츠에서 성차별적 문제는 여러 가지로 그 잔재가 있음

나 스포츠에서 성 평등 방안
① 스포츠에서 발생하는 다양한 성차별적 현상은 과거에 비해 완화되고 있지만 여전히 존재
② 여성 스포츠의 적극적인 홍보
③ 스포츠에서 나타나는 성차별에 대한 공론화
④ 여성 스포츠의 지도자, 프로그램, 시설 등의 확충 등이 현실적 방안

[03] 성전환 선수의 문제

가 여성 성별확인 검사제도
① 여성 성별확인 검사제도는 1968년 올림픽에 도핑검사와 함께 도입
② 이 검사는 여성들이 참가하는 경기에 여성이 아닌 선수가 참가하게 되었을 경우 공정성을 유지할 수 없기에 참가자의 성별을 확인하는 제도
③ 성별확인 검사는 구강점막도말검사와 염색체검사, 모공샘플 등 과학적인 방법이 동원
④ 하지만 의학의 한계로 2000년 시드니올림픽부터 실시하지 않는 것으로 결정되었으며, 현재는 의심이 가는 경우에 한해서만 검사를 실시

나 성전환 선수의 윤리문제
① 남성이 여성의 경기에 출전하는 것은 심각한 공정성의 문제를 초래
② 즉 성전환 수술을 했다고 해서 신체능력 또한 모두 여성화되는 것은 아님
③ 따라서 성전환 선수에 대한 명확한 규정을 제시할 필요
④ 일반적으로 성을 구분할 때 생물학적 성(sex)과 사회학적 성(gender)으로 분류
⑤ 성전환 수술은 생물학적 성은 남성이지만 사회학적 성이 여성에 가까울 때 이루어지는 경우
⑥ 하지만 이 경우 수술을 하더라도 신체의 모든 기능이 여성화되는 것은 아님

2장 인종차별

[01] 스포츠에서 인종차별의 과거와 현재

① 스포츠 인종주의란 스포츠계에서 특정한 인종이 다른 인종을 차별하거나 분리하려는 비합리적인 사고방식을 의미
② 과거: 인종차별의 남아프리카공화국이나 미국 등과 같은 다인종사회에서 상존, 즉 프로스포츠의 종주국이라 할 수 있는 미국의 인종주의는 스포츠계에도 오랫동안 유지
③ 현재: 현재까지도 미국의 인종주의적 사고와 인종적 불평등은 존재
④ 오늘날 스포츠 현장에 나타나는 인종차별의 교묘해진 한 예는 뛰어난 경기자의 평가에서 찾을 수 있음
⑤ 즉 백인 선수는 자신의 탁월한 업적이 스스로의 끊임없는 노력으로 성취한 긍정적 결과임을 강조하는 반면 흑인 선수의 뛰어난 성과는 천부적인 재능에 의해 얻어진 것이라고 설명

[02] 다문화사회의 도래와 예상되는 갈등들

가 다문화사회에 대한 한국인의 인식

① 우리나라의 다문화적 인식수준은 매우 낮은 것으로 평가
② 그 이유 중 하나가 한국은 오랜 전통을 고수하고 있는 세계에서 희귀한 단일민족국가라는 자부심 때문

나 다문화사회에서 나타나는 갈등들

① 다문화사회에 나타나는 갈등: 언어소통, 문화적응, 자녀양육과 교육, 편견과 차별, 소외와 갈등 등 문제
② 이와 같은 다문화사회는 우리사회의 새로운 문제를 부각, 즉 심리·사회·문화·경제·교육적 차원의 심각한 문제, 나아가 세대 간 갈등은 물론 우리 사회의 정체성을 위협
③ 합리적 갈등의 해소를 위한 적극적 방안이 요구됨

[03] 스포츠에서 인종차별을 극복하기 위한 방안

① 스포츠가 우리 사회에서 존재하는 가장 가치 있는 이유는 좋은 의미든 나쁜 의미든 스포츠가 일어나고 있는 사회의 가치를 최소한 부분적으로 반영
② 하지만 인종 및 민족차별 제도나 관습은 오래전 우리 사회에서 형성되어 지금까지 다양한 방식으로 유지
③ 따라서 지도자는 다양한 문화와 국가적 배경을 갖고 있는 선수들과 효율적으로 팀을 운영하는 방법론을 습득, 더 나아가 그들의 관습과 생활방식에 대한 존중
④ 특히 인종차별을 금지할 수 있는 제도 구축, 처벌 강화 등

3장 장애인차별

[01] 장애인의 스포츠권

① 우리나라의 헌법은 인간의 장애 유무를 막론하고 태어날 때부터 인간답게 생활하며 인간으로서 그 존엄성을 인정받고 생활할 수 있는 천부적 권리를 헌법에 명시
② 특히 1988년 서울장애인올림픽을 계기로 장애인스포츠의 저변 확대와 스포츠시설의 확충, 우수 선수의 발굴, 국내 장애인체육대회의 활성화 정책을 가시화
③ 1989년 보건복지부 산하 장애인복지체육회가 장애인체육을 위한 행정조직으로 설립
④ 2005년 장애인체육 분야가 보건복지부에서 문화관광부(현 문화체육관광부)로 업무 이관
⑤ 따라서 대한장애인체육회가 국민체육진흥법(제34조)에 근거하여 2005년 11월 설립

[02] 스포츠에서 장애인의 차별

가 장애인 스포츠의 (성)폭력 현황

① 한국의 장애인 스포츠가 괄목할만한 발전을 이루고 있으나 (성)폭력이 증가
② 피해자들은 대부분 적절한 신고와 대응방법을 모르기 때문에 더욱 많이 일어날 수 있는 환경에 노출, 특히 여성장애인 선수의 경우는 성폭력 위험에 더 많이 노출
③ 대한체육회 스포츠인권익센터의 장애인 선수들의 신고상담은 해를 거듭할수록 증가
④ 폭력과 성폭력은 2008년 신고가 9건, 2012년은 신고 25건, 상담 63건으로 증가함

대한체육회 스포츠인권익센터 신고상담 현황

연도	폭력			성폭력			계		
	신고	상담	소계	신고	상담	소계	신고	상담	소계
2008	7	0	7	2	0	2	9	0	9
2009	19	9	28	3	3	6	22	12	34
2010	31	117	148	5	11	16	36	128	164
2011	28	72	100	8	26	34	36	98	134
2012.8	19	53	72	6	10	16	25	63	88
계	104	251	355	24	50	74	128	301	429

나 장애인 생활체육 현황

① 장애인의 경우 일반인들보다 스포츠 참여 기회가 적거나 아예 이용하지 못하는 경우
② 특히 장애인의 차별이 발견되는 부분은 생활체육에 대한 참여 제한
③ 장애인의 생활체육 환경의 개선은 장애인의 등급별 지도자, 시설, 프로그램을 사용할 수 있는 정책적 개발 및 보완이 필요

[03] 장애차별 없는 스포츠의 조건

① 스포츠에서 장애인에 대한 사회적 태도는 호의적이지 않음
② 대부분 일반인들은 정신적인 장애를 가진 사람(정신지체, 발달장애)은 경기를 이해할 수 없거나 즐거움을 모를 것이라는 편견
③ 따라서 장애차별 없는 스포츠의 조건을 마련하기 위해서는 국민인식개선
④ 장애가 있는 사람들이 자발적으로 스포츠에 참여할 수 있는 여건 마련
⑤ 이를 지원할 수 있는 환경을 구축하는 것이 필요

04 스포츠에서 환경과 동물윤리

1장 스포츠와 환경윤리

[01] 스포츠에서 파생되는 환경윤리적인 문제들

① 스포츠는 환경에 피해를 주고 있고 스포츠역시 환경오염의 피해를 입고 있음
② 스포츠에서 발생하는 환경윤리적인 문제들은 스키장이나 골프장 건설에 의한 자연환경의 파괴 등이 대표적 사례, 그 시설의 관리에 필요에 의한 오염물질을 배출
③ 반면 스포츠참여자 역시 환경오염의 피해자, 이는 산업화, 도시화 등의 각종 대기오염 등

[02] 스포츠에 적용 가능한 환경윤리학의 이론들

① 생태윤리학은 오늘날 다양한 환경윤리학의 이론을 제시하고 있음
② 이중 대표적 입장은 첫 번째는 자연환경 보호의 당위성을 그 도구적 가치에서 찾는 입장으로서 이것을 '인간중심주의'라고 지칭
③ 또한 두 번째는 자연환경은 그 자체로 고유한 가치를 지니고 있기 때문에 보존되어야 한다고 주장하는 입장으로서 '자연중심주의'라고 함

가 인간중심주의

① 생태윤리학적 측면의 인간중심주의란 인간에게만 본질적 가치를 부여하고, 인간 이외의 존재에게는 도구적 가치만을 부여하는 윤리적 입장
② 즉 자연을 보호하는 이유는 인간의 이익을 위해서임
③ 따라서 인간중심주의는 오직 인간만을 도덕적 주체로 간주하는 것
④ 토머스 아퀴나스, 베이컨, 칸트로 대표되는 독일 관념주의 철학에서 그 절정에 이름

나 자연중심주의

① 자연중심주의는 생명중심주의, 즉 인간이 아닌 자연이 중심이 되어야 한다는 윤리
② 인간은 자연의 복종, 순응하는 것이 목적
③ 따라서 자연중심주의 윤리는 인간을 결코 '만물의 척도'로 보지 않고, 만물 가운데 하나로 봄
④ 알베르트 슈바이처, 한스 요나스 등의 철학자

나 인간중심주의인가, 자연중심주의인가?

① 생태윤리학에 근거한 스포츠에 적용 가능한 환경윤리학의 이론적 틀은 어느 하나를 선택하거나 하나를 무시할 수 있는 것이 아님
② 따라서 인간과 자연중심의 세계관은 이들 이론의 조합하는 제3의 방법이 필요
③ 즉 스포츠와 환경이 조화롭게 공존·공영하는 상태환경의 조성이 요구

[03] 지속 가능한 스포츠 발달의 윤리적 전제

① 생태윤리학의 두 가지 대표적 입장에서 우리는 인간과 자연, 자연과 인간의 공존을 위해 준수해야 할 3가지 계율이 있음
② 필요성의 계율: 새로운 스포츠시설을 건립할 경우에 전문가를 투입하여 이 시설의 건립이 반드시 필요한 것인지 아니면 그렇지 않은 것인지를 정확하게 진단하여 불필요한 것으로 판명될 경우 건립을 포기하도록 종용하는 행위지침
③ 역사성의 계율: 역사는 인간만의 역사가 아니며, 자연도 역사를 가지고 있음, 따라서 자연공간에 새로운 스포츠시설을 건립할 경우에는 자연의 역사성을 존중해야 한다는 행위지침
④ 다양성의 계율: 인간은 자연과 환경의 공존을 위해 자연이 보유하고 있는 다양성이 지켜질 수 있도록 최선의 노력을 기울여야 한다는 행동지침

2장 스포츠와 동물윤리

[01] 스포츠의 종차별주의 문제

가 종차별주의

① 종차별주의란 자신이 속한 종의 이익은 옹호하는 반면 다른 종의 이익은 배척하는 편견이나 왜곡된 태도
② 단순히 동물을 수단으로 활용, 동물에 대한 의식 없는 태도나 대우 또한 이에 해당
③ 이러한 의식과 습관 속에서 종차별은 지속적으로 이어져가고 있음

나 반종차별주의

① 반(反)종차별주의는 종차별을 반대하는 입장이긴 하지만 그것이 인간과 동물의 조건 없는 평등을 주장하는 것은 아님
② 반종차별주의는 쾌고(고통과 쾌락) 감수능력을 보유한 존재들 중에서 이익동등 고려의 원칙을 통해 그 차이를 인정하고 차이에 맞는 적절한 처우가 필요하다는 입장

다 스포츠의 종차별주의

① 스포츠의 종차별은 과거나 현재에 이루어지고 있으며 현대의 스포츠에서는 동물을 활용한 다양한 활동들이 존재
② 스포츠라는 활동 자체가 인간의 이상을 추구하기 위한 것이기에 그것에서 동물들은 목적이 아닌 수단으로 활용
③ 동물을 이용한 스포츠 경기는 승마, 경마, 폴로 등
④ 우리나라의 전통 소싸움과 유럽의 투우(鬪牛) 등은 공식적으로 인정받는 종목
⑤ 반면 말싸움[鬪馬], 닭싸움[鬪鷄], 개싸움[鬪犬] 등은 불법적 행위

[02] 경쟁·유희·연구도구로 전락한 동물의 권리

① 스포츠에서는 다양한 종차별주의가 만연하고 있는데 그 요소는 승리를 목적으로 하는 경쟁 활동, 인간

의 유희수단, 인간을 대체하는 연구의 희생 등
② 경쟁도구로 전락한 동물의 권리: 스포츠종목인 마장마술, 장애물 비월, 종합마술을 포함한 승마와 기수를 태운 후 속도를 겨루는 경쟁, 동물이 경쟁하는 또 다른 경우는 동물과 동물 간의는 싸움(소싸움은 3체급, 토너먼트)
③ 유희도구로 전락한 동물의 권리: 동물들은 경쟁의 수단뿐만 아니라 유희수단으로도 활용, 즉 밀렵(密獵)이나 수렵(狩獵), 그리고 낚시 등은 인간의 유희도구로서 철저히 이용당하는 동물의 권리침해
④ 연구도구로 전락한 동물의 권리: 체육학계에서는 주로 선수들의 경기력 향상을 위해 흰쥐나 토끼 등의 동물을 대체수단으로 활용하는 경우가 많음

05 스포츠와 폭력

1장 스포츠폭력

[01] 스포츠의 공격적 특성과 폭력성

가 폭력의 유래
① 폭력(violence)이라는 말의 어원은 라틴어 비올라레(violare)이며, '침해하다(violare)'라는 의미로, 크거나 과도한 힘 또는 억압, 강제 등을 의미
② 일반적으로 인간에 대한 폭력은 육체적·정신적·영적 침해 등 인간성 전체에 대한 침해를 폭력으로 규정
③ 폭력이란 '다른 사람의 의도에 반해 특정의도를 관철시키기 위해 강제수단을 행사하는 것'

나 스포츠에서 나타나는 인간의 폭력성
① 스포츠에서 보이는 인간의 공격성은 자신의 한계를 넘어서고자 하는 도전정신에서 비롯된 본능
② 인간 자신의 탁월성을 위해 잠재된 능력을 드러내고자 하는 시도에서 발생
③ 스포츠에서 인간의 근원적 경향성과 환경적인 영향으로 비롯된 인간의 공격적이고 폭력적인 현상들이 적절하게 통제되고 스포츠의 즐거움을 향유하려면 공동체를 지향하는 인간에게 합리적인 도덕성의 기준 설정과 제도 및 규범에 의한 규칙으로 인간의 욕구를 잘 조절

[02] 격투스포츠의 윤리적 논쟁: 이종격투기

가 이종격투기의 유래와 특징
① 이종격투기는 고대올림픽의 판크라티온을 연상하게 하고, 고대의 격투경기인 권투와 레슬링 같은 형식
② 가능한 한 인간 맨몸만의 공격성과 상대를 제압하는 능력을 확인하고자 하는 맥락에서는 고대로부터

오랜 역사를 지닌 운동경기

③ 이처럼 이종격투기의 특징은 현재 스포츠로 각광을 받고 있는 두 가지 이상의 격투술적 경기가 혼합되어 하나의 규칙을 정하여 행해지는 경기

나 이종격투기와 인간의 공격성

① 우리는 인간의 폭력성이 인간의 원초적이고 근원적 욕구로부터 또는 계급사회에서 권력을 위한 폭력

② 그리고 문명화 과정에서 익혀온 폭력 성향이 함께 작용하여 인간에게 내재된 폭력성이 발현

③ 폭력성이 가장 많이 나타나는 이종격투기는 규정된 공간과 시간 안에서 인간의 공격성을 마음껏 발산하고 발휘하게 하는 스포츠 중의 하나

④ 체육, 그리고 스포츠 현장에서 격투스포츠에 대한 근원적인 논쟁이 발생
  – 일상생활에서는 감히 상상할 수 없는 싸움 같은 형태의 행위가 과연 스포츠일 수 있는가?
  – 스포츠의 형식을 갖추고 있다고 해서 격투스포츠가 윤리적 정당성을 가질 수 있는가?

다 격투스포츠의 윤리성

① 최근 많은 사람들은 오늘날의 이종격투기가 싸움이 아니며, 선수에게 운동수행에 대한 자기의사 결정권이 있고, 자기 존재의 탁월함을 충족하고 있기 때문에 인간에게 즐거움을 선사하는 스포츠로 평가

② 격투스포츠가 인간의 본능적 기질에서 발산하는 투쟁적인 격투경기만의 특징인 폭력적이고 때로는 잔인하게 피 흘리는 광폭한 행위, 그리고 물질주의에 의한 상업성과 맞물려 스포츠의 윤리적 논쟁이 가열, 즉 관중이나 선수들의 폭력에 대한 무감각 및 중독 초래

③ 하지만 경기장 내의 합리적인 폭력이 도덕성의 논란을 이겨낼 수 있는 것은 격투스포츠의 도덕성이 페어플레이 성격에 기인하고 있기 때문에 가능

2장 선수폭력

[01] 폭력을 성찰하는 이론

가 아리스토텔레스 – 분노

① 학생 운동선수들의 폭력에 대한 문제는 폭력이 폭력을 부른다는 것, 폭력의 피해자가 가해자가 되고, 폭력을 목격하는 경험 그 자체만으로도 폭력을 전용

② 폭력은 인간 내면의 분노 감정에서 시작, 이는 아리스토텔레스가 주장한 것처럼 비정상적인 욕구와 욕망으로부터 인간의 행위라고 지적

③ 따라서 스포츠에서 선수나 지도자가 심판에게 가하는 폭력은 분노조절의 실패로 발생

나 푸코 – 규율과 권력

① 학교 내 스포츠의 구조적·문화적 특징은 운동부의 위계질서 상황 인식

② 전문적으로 운동을 행하는 전문체육의 세계 안에서 전통이라 불리는 위계질서의 엄격한 구조 속에서 자연스러움을 가장한 권력이 폭력으로 생산될 수 있는 환경이 조성

③ 푸코는 "권력이란 전략적인 기능, 즉 사물과 관계하는 기능이고, 소유할 수 있는 것이 아니라 행사되는 것으로서 사회적 관계 속에서 끊임없이 변화하며 변화하는 가운데 권력은 기능한다."고 지적

다 한나 아렌트 – 악의 평범성

① 스포츠계의 선수폭력에 관한 문제는 정치철학자인 한나 아렌트의 저서 『예루살렘의 아이히만』에서 논쟁의 초점이 되었던 '악의 평범성'이라는 개념에서 찾을 수 있음

② 스포츠계의 폭력이 습관처럼 행해지고 익숙해져 있는 스포츠계의 현실은 아무런 죄책감 없이 폭력에 노출

③ 폭력을 폭력으로 인식하지 못하고 폭력에 길들여져 위계질서라는 틀에 매인 운동선수 세계의 잘못된 문화가 악을 키운다는 것

[02] 선수폭력의 규정

① 선수의 폭력행위는
   – "선수를 대상으로 구타하거나 상처가 나게 하는 것

- 어느 장소에 가두어두는 것, 겁을 먹게 하는 것
- 강요하는 것, 물건이나 돈을 빼앗는 것
- 사실이 아닌 일로 인격이나 마음에 상처를 주는 것, 남들 앞에서 창피를 주는 것
- 계속해서 반복하여 따돌리는 것"을 말함

② 대한체육회는 대한민국의 스포츠인이 행복하게 운동할 수 있는 환경을 만들고자 대한체육회 주관하에 스포츠인의 인권보호와 인권향상을 위한 교육을 연중 실시

③ 또한 선수위원회 규정(2009. 7. 21)을 제정 폭력으로부터 선수와 지도자 모두를 지키기 위한 방법을 제시

[03] 스포츠폭력의 유형

가 선수들 간의 폭력

① 선수들 간의 스포츠폭력은 경기 현장에서 승리를 위한 전술적 차원에서 시도되는 경향
② 한편 경기장이나 합숙소에서 학생 운동선수들에게 흔히 발생하는 선후배들 간의 폭력 문제는 상명하복의 위계질서를 강조하는 문화
③ 운동선수들끼리 팀의 단합 및 좋은 성적을 위한 명분으로 자행

나 선수 또는 지도자가 심판에게 가하는 폭력

① 선수 또는 지도자가 심판에게 가하는 폭력은 대부분 심판판정에 대한 불만으로 발생
② 지도자 혹은 선수는 경기장 질서문란 행위로 무거운 징계 및 처벌을 받음
③ 본인의 위상에도 영구제명 같은 치명적인 오점

다 지도자가 선수에게 가하는 폭력

① 오늘날 대부분의 지도자들은 팀의 성적에 따라 진퇴가 결정되는 경우가 많음
② 승리지상주의에 따른 과열경쟁은 선수들에게 폭언과 폭력을 행사
③ 스포츠사회에서 커다란 문제로 지적

[04] 선수 성폭력

① 선수 성폭력이란 강제로 성적 행위를 하거나, 성적 행위를 하도록 강제로 요구하거나, 협박하거나, 꼬드기는 행위 등
② 선수 성폭력은 강간, 성추행, 성희롱을 포함하며 몸의 자율성과 권리의 침해를 뜻함
③ 성폭력은 사제지간이나 선후배 간 등의 위계를 명분으로 불평등한 권력을 이용하는 경우

3장 관중폭력

[01] 경기 중 관중의 폭력

① 최근 프로경기 혹은 관중이 많이 찾는 국제적인 경기에서 경기의 내외적인 요소로 인해 관중은 돌발적이고 무규범적인 상태가 되어 경기장 내의 관중난동이나 관중폭력이 발생
② 관중폭력은 관중이 개인이 아닌 군중의 일원이 되었을 때, 사람들은 흔히 비합리적이고 감정적인 행동을 일삼기 쉬우며 군중의 지배적인 분위기에 휩싸여 공격적이고 파괴적인 행동
③ 그리고 관중폭력은 인간의 집단행동 성향인 '패거리 짓기'라는 것으로 규정

가 관중의 언어폭력

① 관중의 언어폭력은 자신이 응원하는 특정 팀 혹은 선수에게 호의를 가진 반면
② 상대팀의 선수 혹은 지도자 더 나아가 응원팀의 선수에게 우롱하거나 조롱하는 행위의 언어폭력을 사용하는 것

나 관중의 사이버폭력

① 21세기 인터넷이 보편화·대중화되고 있는 가운데 많은 문제가 발생
② 즉 사람들이 자유롭게 자신의 의사를 소통하는 사이버에서 욕설이나 비방, 명예훼손 등의 사이버 언어폭력이 이제는 사회 문제로 부각

[02] 경기 후 관중의 폭력행동

가 훌리거니즘(hooliganism)

① 관중폭력의 대명사로 불리는 훌리거니즘은 '군중'과 '팬의 무질서'를 합친 뜻
② '경기장의 불량아'라고 불리는 이들은 응원하는 팀을 빌미로 광적인 행동의 폭력을 조장
③ 훌리건의 행동들은 경기 전후, 직후, 경기 도중, 장소를 불문하고 우연히 상대방 팀을 응원하는 사람을 만나면 싸움이 벌어짐

나 관중문화의식

① 최근 프로스포츠 관중의 응원문화를 살펴보면 비상식적이며 비도덕적인 행태들이 돌출적으로 나타남
② 스포츠는 문화의 일부, 인류 공통의 관심사로 발전하였으며, 관중은 스포츠인이라는 이름으로 하나의 공동체를 이루는 조직발전
③ 따라서 건전한 스포츠문화를 만드는데 필요한 것은 국민 각자의 시민의식이 요구

06 경기력 향상과 공정성

1장 평가의 이론적 측면

[01] 도핑의 의미

① 도핑의 원어라 할 수 있는 도프(dope)는 남아프리카공화국에 거주하는 카피르(Kaffir) 부족이 전투나 수렵 등과 같은 전통의식을 행할 경우 사기를 고양시키기 위한 목적으로 마시는 술이나 음료를 의미하는데서 유래

② 스포츠에서 도핑 문제가 부각되기 시작한 것은 1·2차 세계대전 이후이며 의료계에서 일어난 약물연구는 스포츠선수들에게 영향을 미치게 되는데, 그로 인해 도핑문제가 부각되기 시작

③ 국제올림픽위원회(IOC)는 반도핑(anti-doping) 활동을 1968년부터 전개, 세계반도핑기구(WADA)를 창설, 한국에서도 2006년에 한국도핑방지위원회(KADA)를 설립

④ 세계반도핑기구(WADA): 선수의 건강에 위협이 될 수 있는 약물 중 경기력 향상에 도움을 줄 수 있는 약물이나 방법 등을 선정하여 매년 9월에 발표, 이렇게 발표된 것을 '금지목록 국제표준'이라 하며, 이듬해 1월 1일부터 적용되어 효력이 발생

⑤ 이처럼 도핑(doping)이란 선수 또는 동물에게 수행능력의 향상을 목적으로 약물을 사용하거나 특수한 의학적 처치를 하는 것, 그리고 사용행위를 은폐하는 것까지 포함한 총체적인 행위로 규정

⑥ 한편 금지약물(한국도핑방지위원회, 2013)은
  - 상시 금지약물: S0. 비승인약물, S1. 동화작용제, S2. 펩티드호르몬, 성장인자 및 관련약물, S3. 베타-2작용제, S4. 호르몬 및 대사 변조제, S5. 이뇨제 및 기타 은폐제
  - 경기기간 중 금지약물: S0. 비승인약물, S1. 동화작용제, S2. 펩티드호르몬, 성장인자 및 관련약물, S3. 베타-2작용제, S4. 호르몬 및 대사 변조제, S5. 이뇨제 및 기타 은폐제, S6. 흥분제, S7. 마약류, S8. 카나비노이드, S9. 부신피질호르몬
  - 특정스포츠 금지약물: P1. 알코올(항공스포츠, 공수도, 양궁, 모터사이클, 자동차경주, 모터보트), P2. 베타차단제(골프, 자동차경주, 당구, 스키/스노보드, 다트, 양궁, 사격)

[02] 도핑을 금지해야 하는 이유

가 공정성
① 반도핑의 근거로 가장 많이 제기되는 문제는 공정성이라는 요인
② 이는 스포츠의 본질과도 연관된 핵심적인 요인
③ 모든 스포츠는 공정성을 기반으로 구성되어 있으며, 공정성을 추구하면서 진행, 반드시 금지

나 역할모형
① 역할모형인 선수(선망의 대상인 선수)가 약물을 복용하였다는 사실을 알게 되면, 이를 그대로 모방하게 될 가능성 높음
② 그리고 역할모형에 대한 실망감이나 회의감 등의 상대적 박탈감이 동반
③ 이는 목표상실로 이어지는 추가적인 부작용으로 나타남

다 강요
① 도핑을 한 선수의 경기력이 향상되는 것을 보고 자신도 어쩔 수 없이 하는 경우가 발생
② 감독이나 코치 등의 지도자에 의해 강제로 도핑을 하게 되거나 선수 자신도 모르게 도핑

라 건강상의 부작용
① 250여 종의 금지약물 및 금지방법으로 지정된 것들은 모두 건강상의 부작용을 초래
② 가벼운 두통에서부터 남성의 여성화, 여성의 남성화, 심근경색, 협심증, 환각 등의 증상이 있으며 심하게는 사망

[03] 효과적인 도핑 금지 방안

가 윤리적 교육
① 도핑문제 뿐만아니라 스포츠에서 발생하는 모든 일탈행위의 근본적인 해결책은 선수의 윤리성 함양을 바탕으로 한 교육
② 특히 윤리적 교육은 스포츠의 특성을 고려한 다양한 측면에서 경쟁윤리, 운동윤리 등을 지도

나 도핑검사의 강화

① 선수들은 윤리의식을 바탕으로 도핑을 하지 않는 경우도 있지만 도핑검사에 적발되는 것을 우려하여 도핑을 하지 않는 경우도 있음
② 따라서 도핑검사의 의무적 제도강화가 필요

다 적발 시 강경한 처벌

① 윤리교육, 도핑검사의 강화와 더불어 이루어져야 할 요소는 바로 도핑 적발에 대한 강경한 처벌
② 그 처벌을 보다 명시화하는 것이 필요하며, 이를 제도화하는 것이 중요

2장 유전자 조작

[01] 스포츠에서 유전자 조작의 현황

가 유전자 도핑의 정의
① 유전자 치료는 유전학과 유전공학 발전의 결과물
② 유전적 치료는 세포 내에 DNA를 주입하기 위해 바이러스를 변형시키는데, 이러한 과정에서 위험한 DNA는 제거하고 유전적 결함을 바로잡을 수 있도록 고안된 DNA로 변형
③ 바이러스가 DNA를 운반하는 역할을 하기 때문에 새로운 DNA는 새로운 세포를 생성, 즉 근육을 강화하거나 지구력을 늘리는 유전자를 세포에 이식하는 것을 의미

나 유전자 도핑의 사용 가능성
① 스포츠에서 사용 가능한 유전기술 형태를 분석하여 다음과 같이 제시
② 게놈(genomics)
③ 체세포 변형(somatic cell modification)
④ 생식세포 계열 변형(germ-line modification)
⑤ 유전 배아 선택(genetic pre-selection) 등

[02] 유전자 조작을 반대하는 이유

① 유전공학의 발달을 통해 유전자 치료는 인류의 생명연장 선상에서 희귀병을 치료하고 예방하는데 사용되는 반면 인간복제의 위험성도 지니고 있음
② 따라서 유전자 조작을 반대하는 이유는 인간존엄성 침해
③ 종의 정체성 혼란, 스포츠사회의 무질서 초래, 위험성 등

[03] 스포츠에서 유전자 조작 방지대책

① 스포츠를 통해 신체가 지닌 탁월한 기능을 선보일 수 있고, 인간이 지닌 성숙한 도덕성까지 겸비할 수 있다면 이는 분명히 가치 있는 행위
② 하지만 현대스포츠에서 발생하는 비윤리적인 문제점들은 스포츠가 지닌 가치를 저해하고 있는 것이 사실
③ 따라서 유전자 조작 방지대책은 지속적 연구의 필요성, 신뢰성 있는 도핑테스트 개발, 선수들의 도핑검사 의무화, 선수 및 지도자의 윤리교육 실시 등

3장 스포츠에서 생체공학 기술 활용

[01] 스포츠에서 공학기술의 역할
① 스포츠에서 과학기술을 3가지 범주로 구분
② 선수의 안전을 위한 기술
③ 감시를 위한 기술
④ 수행 증가를 위한 기술 등에 활용할 수 있음

[02] 전신수영복 착용을 금지하는 이유
① 스포츠과학기술의 진보는 다양한 종목에 경기력과 기술을 향상
② 특히 최첨단의 장비와 복장은 인간의 신체기능을 더욱더 증가시킴
③ 하지만 스포츠의 공정성, 가치 등을 볼 때 최첨단의 수영복 착용이 기록단축에 영향을 미친다면 그것의 착용은 선택의 문제를 벗어나 불공정성의 문제가 발생
④ 즉 이는 착용과 미착용 선수의 차이가 경제적 이유로 볼 수 있음, 따라서 형평성의 문제는 곧 불공정한 경기의 원인으로 작용

[03] 의족장애선수의 일반경기 참가
① 스포츠와 공학기술의 접목은 다양한 경기용품을 양산
② 이는 신체적 장애를 극복하는 수단을 넘어 일반인보다 월등한 운동기량을 보일 수 있음
③ 따라서 선수들이 사용하는 경기장비와 관련해서도 공정성의 문제가 제기
④ 의족을 착용하지 않은 선수들과 경쟁에서 불공정한 이점을 제공한다면 이의 사용은 제한

07 스포츠와 인권

1장 학생선수와 인권

[01] 인권 사각지대인 학교운동부

가 학교운동부
① 우리나라는 제3공화국부터 국가 주도에 의한 국위선양과 국력과시를 위하여 엘리트 스포츠정책을 추진
② 그리고 그 일환으로 학교운동부는 엘리트스포츠정책에 의해 학교에서 우수선수를 선발하고 육성한다는 취지에서 마련

나 학교운동부의 인권문제
① 운동부의 인권문제는 승리지상주의, 결과주의로 인한 선수에 대한 비인간적인 대우가 발생
② 이는 폭력, 성폭력, 선수 도구화로 인간으로 가져야 할 권리가 보장되지 않는 데서 발생
③ 따라서 학생의 인권은 인간의 자유와 인간 존엄성의 보장임
④ 특히 인권의 문제는 체육특기생 제도에 기인하고 있으며, 특기생들은 경기인으로서 억눌린 생활, 과도한 체벌과 폭력, 인간소외, 상품화 과정 등 비인간적인 전통에 시달리고 있음
⑤ 합숙소생활은 지도자의 권력에 의해 자율적인 생활을 보장받지 못하고, 승리와 진학의 명목으로 자행되는 폭력은 여전히 사라지지 않음
⑥ 선수는 신체로부터의 소외(학생선수는 때때로 부상에도 고통을 무릅쓰고 운동을 지속)
⑦ 스포츠 활동으로부터의 소외(자율성을 억압당하는 경우 스포츠 활동으로부터의 소외)
⑧ 유적본질의 소외(스포츠를 통해 경험할 수 있는 다양한 경험을 못하는 상황)
⑨ 인간의 인간으로부터의 소외(자유를 억압하고 팀 승리를 위한 기계의 부품 취급) 등

다 학교운동부의 인권보장

① 체육특기생의 인간적인 삶을 보장하는 현실적인 대책은 특기생 선발제도의 개혁
② 특기생의 학업보장
③ 경기인의 취업보장 등

[02] 학생선수의 생활권과 학습권: 최저학력제

가 학생선수의 학습권 보장과 최저학력제

① 최저학력제는 학생선수의 학습권 및 인권보호를 위한 수단적 조처로서 학생선수의 석차백분율에 의거 최저성적기준을 명시
② 미달하는 학생선수에 대해 선수로서의 활동에 대해 일정 부분의 불이익을 감수하도록 하며, 그 성적기준은 기준 학년을 대상으로 단계적으로 상향조정되어 적용하는 행정적 조치

나 학생선수의 학습권 보장 근거

① 학생선수의 학습권 보장은 최저학력제 도입, 그 특징은 최저학력제는 해당 학년의 1, 2학기 기말고사의 전교생 평균성적을 기준으로 초등학교의 경우 하위 50%, 중학교는 하위 40%, 고등학교는 하위 30% 수준에 도달하면 최저학력을 넘은 것으로 판단
② 학급별 과목을 선정 하위 50%(초), 40%(중), 30%(고)의 기준을 넘어서도록 설정
③ 학습권 보장 이유: 직업선택, 좋은 삶을 영위, 운동선수 이후의 삶의 준비, 더불어 공존함, 생각의 힘, 교육목적, 당연함의 문제, 학생선수의 역할 등
④ 대안: 방과 후 운동, 정규수업 이수, 미래를 위한준비, 하루 2시간 운동, 전국대회 1년에 3회로 출전 제한, 철저한 학사관리, 최저학력제 도입, 체육특기자 동일계 진학제도 개선, 합숙소를 기숙사로 전환, 지도자의 변화 등

[03] '공부하는 학생선수' 만들기 프로젝트

가 공부하는 학생선수

① 공부하는 학생선수를 만들기 위하여 국가 차원 정책마련
② 즉 공부와 운동을 병행하도록 제도적으로 보장하는 방법으로 최저학력제와 주말리그제를 도입 운영

나 공부하는 학생선수 만들기
① 공부하는 학생선수는 공부도 잘하고 운동도 잘하는 것을 목표로 하거나 기대하는 것은 아님
② 선수 생활 중도탈락, 은퇴 후 사회생활을 적용하는데 꼭 필요한 교양, 논리 수준, 상대와의 대화 능력 등을 갖추게 하자는 것

[04] 체육특기자의 진학과 입시제도의 문제

가 체육특기자제도
① 체육특기자제도는 1972년(10.5) 체육진흥계획의 '학교체육강화방안'이 공포, 11월 시행
② 학업성적과 관계없이 일정한 경기실적을 보유하면 상급학교 진학 허용과 등록금·수업료 감면 등의 제공, 이는 학생선수들이 운동에 매진할 수 있도록 유도하기 위함
③ 그리고 2000년부터 특기자제도는 모두 동일계열 진학을 법으로 규정
④ 이후 체육계열 학과가 없는 대학들은 체육계열 학과를 설립
⑤ 하지만 동일계 진학제도는 선택의 자유와 배울 권리를 상실

나 체육특기자의 진학과 입시제도의 문제
① 입시부정의 근본적인 원인은 입학에 합격자를 미리 내정하는 사전스카우트제도
② 세부적 문제는 입시비리의 관행화 및 법적 처벌의 한계, 스카우트의 불법성에 대한 현장의 인식부족 및 대안부재, 학교 중심적 선발구조의 문제점, 관리감독기구의 부실 등

다 체육특기자의 진학과 입시제도 문제의 해결방안
① 체육특기자 입시제도는 스카우트 관행 금지를 위한 제도적 기반 확보
② 입학체계 개선, 입시비리 적발 및 처벌 구조 확립, 주변여건 개선 등
③ 미국의 NCAA처럼 체육특기자의 대학입학과 관련한 사항을 관리, 운영할 수 있는 기구 운영을 위한 한국대학스포츠총장협회의 위상 및 권한 강화방안이 필요
④ 또한 학교체육진흥법에 의해 구성되는 학교체육진흥위원회에 체육특기자 입학과 관련된 심의기구를 설치하여 관리, 감독할 수 있도록 하는 방안이 필요

2장 스포츠지도자의 윤리

[01] 지도자에 의한 폭력이 가능한 이유

① 스포츠지도자가 폭력이 가능한 이유는 무엇보다 무소불위의 권력을 가지고 있기 때문
② 전체적인 결정권, 팀의 전략과 전술을 지휘하는 최고의 위치, 선수들의 진로와 연봉을 결정하는데 영향력, 감시와 통제를 받지 않는 자리, 경기출전권을 가지고 있음
③ 따라서 스포츠지도자는 권력을 가지고 승리를 위하여 선수들을 감시, 관리, 억압, 통제하는 것이 아니라 전문적 지식을 선수들에게 제시하고 선수들 개개인의 개성과 창의성을 실현할 수 있도록 돕는 역할을 수행

[02] 선수체벌 문제

가 선수체벌

① 선수체벌 문제는 스포츠 4대 악을 척결하기 위한 과제 중의 하나
② 체벌을 빙자한 폭력은 운동선수들의 일상에서 관행이라는 이유로 지속적으로 발생
③ 이처럼 폭력의 법칙성: ㉠ 계속성 ㉡ 상호성 ㉢ 동일성 ㉣ 폭력은 폭력을 낳는 것일 뿐 다른 아무것도 아니라는 것 ㉤ 폭력을 사용하는 사람은 항상 폭력과 자기 자신을 정당화하는 5가지의 법칙이 있음

나 선수체벌의 문제

① 선수폭력은 지도자의 생존권 문제
② 승리지상주의가 작동하는 결과주의
③ 학부모들이 폭력을 묵인하고 침묵하는 태도
④ 폭력을 당연하게 생각하는 운동문화에 그 원인
⑤ 폭력을 당연하게 생각하는 인습적 사고는 체벌(폭력)은 경기력과 깊은 관계가 있다는 편견
⑥ 학부모들이 지도자의 폭력을 묵인해주는 관행, 선수들의 집중력 문제 등에서 찾을 수 있음

다 선수체벌의 해결방법

① 선수체벌의 해결방법은 스포츠 인권국가를 지향
② "맞아야 성적이 좋아진다."는 잘못된 믿음과 수직적 관계에 의한 폭력문화를 추방
③ 체육계 스스로 변화의 노력, 지도자·선수·학부모에 대한 인권교육 프로그램 확대
④ 지도자의 임용과 자격취득 검증제도 강화하고, 지도자 평가제도 개선
⑤ 폭력 행위자는 퇴출, 스포츠 인권보호를 위한 가이드라인 강화
⑥ 스포츠 인권지원센터를 설립하여 원스톱 지원(one-stop service)체계 구축 등

[03] 성폭력 문제

가 스포츠 성폭력

① 우리 사회에서 스포츠 성폭력이 본격적으로 논의되기 시작한 것은 2007년 발생한 우리은행 여자프로 농구팀 감독의 여성선수 성추행사건
② 2008년 초 KBS 시사기획「쌈」의 '2008 스포츠와 성폭력에 대한 인권보고서' 보도 이후

나 스포츠 성폭력 문제

① 성폭력은 스포츠계의 폐쇄성으로 인해 성폭력 실태를 정확하게 파악할 수 없음
② 특단의 대책이 없는 것 또한 현실, 성폭력은 스포츠계의 조직 특성상 매우 은밀하게 발생
③ 그 대상은 지도자와 제자(학생) 간, 선후배 간, 동료 간 등 복잡한 구조 속에서 발생
④ 이는 스포츠계의 불평등한 권력구조, 위계적인 폭력문화와 구조적으로 연관

다 스포츠 성폭력 해결방법

① 성폭력 간주 사항: 사람의 신체, 모습, 성에 관한 불건전한 말, 풍자/성생활 관련 질문 혹은 비평/외설 혹은 그에 상응하는 몸짓/상대를 불편하게 하는 성 관련 용어의 사용/키스, 쓰다듬기, 꼬집기 등의 스킨십/성관계를 요구하며 내거는 약속이나 협박은 성폭력으로 간주됨
② 해결 방안: 스포츠 성폭력의 해결은 예방이 최우선, 예방을 위한 제도마련, 성폭력 교육 등이 있으며, 무엇보다 중요한 것은 스포츠계의 폐쇄성을 타파하고, 감시체계의 강화가 중요

[04] 교육자로서의 책임과 권한

가 지도자의 역할
① 스포츠 지도자의 역할은 매우 다양하지만 선수 또는 팀의 방향성 제시
② 팀의 목표달성을 위한 심리적 사회적 환경 조성
③ 선수 삶의 철학을 공유함으로서 가치를 지도
④ 문제발생시 조직구성원과의 대면을 통한 갈등 해결, 지도자와 선수의 상호 소통 등

나 교육자로서의 책임과 권한
① 지도자는 교육자로서 비교육적인 방법으로 훈련을 시키지 않음
② 물리적 폭력이나 언어적 폭력을 사용하지 않음
③ 선수들이 민주적인 의사결정을 하도록 도움
④ 선수를 도구화하거나 비인간화하지 않음
⑤ 선수를 존중하고 대우함

3장 스포츠와 인성교육

[01] 어린이 운동선수를 보호하기 위한 방안

가 어린이 운동선수의 문제
① 어린이의 의사를 반영하지 않는 스포츠영재교육은 아동학대가 될 수 있음을 인식
② 또 다른 근거는 너무 어린 나이에 운동선수가 되는 것은 그 선수의 재능보다는 스포츠스타 선수들의 삶에 대한 동경으로 이루어지는 경우가 많음을 유의

나 어린이 운동선수의 보호방안
① 어린이 운동선수를 보호하기 위하여 우리가 지켜야 할 과제는 너무 과도한 훈련을 시키지 않음
② 이기는 것보다 기초기술 위주의 훈련
③ 승리보다는 스포츠 자체의 즐거움과 재미를 위주의 훈련, 공부와 운동을 병행할 수 있도록 지도, 선수에게 체벌을 금지 등

[02] 학교체육의 인성교육적 가치

가 스포츠교육과 인성발달
① 인성의 협의적 측면은 성격, 광의적 측면은 철학적 개념을 포함하는 다양한 의미로 정의
② 사회적 인성은 팀워크, 충성심, 자기희생, 인내 등으로 구성
③ 도덕적 인성은 정직, 정의, 연민, 존중, 책임감, 공손 등 두 가지의 개념
④ 스포츠 인성 교육은 명예, 정직, 페어플레이, 예의범절 등과 같은 운동정신을 강조
⑤ 규칙의 준수와 스포츠맨십은 자기 통제와 자기 수양을 유도하여 타인을 존중할 줄 아는 가치와 태도를 형성

나 학교체육의 인성교육적 가치
① 인성교육은 신체활동과 정서 발달, 인지 발달, 사회성·도덕성 발달의 측면에 효과와 기여

② 하지만 스포츠 인성교육의 내용, 방법, 효과에 대한 검증이 아직 미흡
③ 이는 부정적인 영향도 대두되고 있으며, 이를 체계화 및 검증하는 프로그램이 필요

[03] 새로운 학교문화를 위한 스포츠의 역할

가 학교문화의 특성
① 학교문화는 비민주적, 권위주의적인 모습을 통해 교육의 목표를 달성하는데 한계성
② 대학입시전형의 수능시험 중심 교육, 학생선수들은 수업을 받지 않고 전국대회 우승을 향해 운동에 전념, 일반 학생들은 신체활동은 전혀 하지 않고 공부만 하는 현상을 가져왔음
③ 이는 학교폭력, 인성교육 붕괴, 학교공동체의 상실과 같은 문제가 발생

나 새로운 학교문화를 위한 스포츠의 역할
① 스포츠 활동은 학교의 새로운 문화를 형성하는 인성교육의 장
② 학교폭력의 예방과 해결에 도움
③ 학교공동체 형성에 그 역할을 다할 수 있음

08 스포츠조직과 윤리

1장 스포츠와 정책윤리

[01] 정치와 스포츠의 관계

① 오늘날의 스포츠는 정치와 밀접한 관련성을 가지고 발전, 스포츠가 정치권력을 이용하고 정치가 스포츠를 이용하는 공생의 관계를 형성
② 이는 우리나라의 제3공화국부터 그와 같은 사실을 확인할 수 있으며, 스포츠의 정치화 현상과 관련한 스포츠의 정치적 속성은 스포츠 참여자가 사회조직을 대표하는 것
③ 스포츠 단체조직의 과정, 스포츠에 대한 정부기관의 개입, 스포츠경기와 정치적 상황의 상호작용, 스포츠경기의 의식과 제도적 특성에서 나타남
④ 특히 스포츠의 사회문화적 비중이 커질수록 정치 조직과 관계를 형성
⑤ 이처럼 스포츠는 지역사회, 국가사회, 국제사회 수준에서 모두 정치적 작용을 할 수 있음
⑤ 정치가 스포츠를 이용하는 방법은 상징, 동일화, 조작 등이 있으며, 이로 인한 순기능과 역기능이 발생

[02] 스포츠의 사회적 이슈와 윤리성 문제

① 스포츠와 관련된 사회적 이슈는 운동선수의 귀화 논쟁(안현수의 독일귀화)은 윤리적 측면에서 그 시사점
② 우리는 스포츠의 사회적 이슈와 윤리성 문제를 어떻게 판단할 것인가? 막스 베버는 인간의 덕목으로 내재된 신념윤리와 책임윤리를 제시
③ 신념윤리는 사람은 우선 결과를 생각하지 않고 신념의 실현 그 자체에만 집착하는 사람으로 행위자가 이념이나 가치, 대의나 이데올로기 같은 내면적 신념을 가짐으로써 자신의 윤리적 목적을 만족
④ 반면 책임윤리는 사람은 인간에 의해 발생되는 결함들을 인정하고서 자신의 행동 결과에 대해 책임을 져야 한다는 원칙에 따라 행동하는 사람을 지칭, 신념과 책임은 양극단의 긍정과 부정의 문제

[03] 스포츠정책과 윤리성 문제

가 스포츠정책과 윤리의 연관성

① 정책은 공동체 구성원들에게 기본적인 권리와 의무를 할당하고 이득과 부담을 적절히 배분하는 기능
② 이는 경제적 합리성의 기준뿐만 아니라 윤리적 정당성의 기준 또한 충족되어야 하고, 정책은 정부기관에 의하여 결정된 미래를 지향하는 행동의 주요지침
③ 정책입안의 주체가 특정 개인 또는 집단이라는 것에서 윤리적 문제 발생
④ 따라서 스포츠정책 윤리는 특정 개인이나 단체의 중심보다는 우리의 공동관심을 반영한 모든 사람을 위한 정책입안이 중요
⑤ 정책윤리가 정착되지 않는 한 합리적인 정책분석과 결정, 그리고 효율적인 정책집행과 평가에 지장을 초래, 결국 정책과정에서 윤리성 확보가 중요

나 스포츠정책윤리의 이론적 근거

① 정책윤리는 기술, 규범, 분석윤리로 구분
② 기술윤리는 도덕적 원리나 기준에 대한 과학적 탐구활동
③ 분석윤리는 도덕적 원리나 기준에 대한 단어나 진술의 의미체계나 인식구조 등을 분석하는 것이므로 바람직한 정책을 판단하는 이론으로 부적합
④ 따라서 정책윤리는 규범윤리가 적합

다 스포츠정책윤리의 확보방안

① 정책과정에서 정책분석가는 객관적 기술, 고객 옹호자 모형, 쟁점 옹호자 모형의 유형
② 객관적 기술자 모형은 가치를 배제한 입장에서 과학적·분석적 접근방법으로 객관적이고 기술적인 정보를 제공
③ 고객 옹호자 모형은 자기 고객(주인)의 정책결정자에 대한 봉사로 간주
④ 쟁점 옹호자 모형은 가치를 추구하는 규범적 존재로 간주

2장 심판의 윤리

[01] 심판의 윤리기준

가 공정성(公正性)
① 공정성이란 공평하고 정대함의 마음을 의미
② 공평은 치우침이 없이 고른 마음 상태, 정대는 사사로움이 없고 다른 말이 없이 명백하다는 의미
③ 이 같은 심판의 경기진행은 공정성이 중요

나 청렴성(淸廉性)
① 청렴성은 성품이 고결하고 탐욕이 없는 마음을 의미
② 어떤 일을 행함에 있어 금품이나 수단을 써서 명예나 이득을 취하지 않는 것

다 편견과 차별성
① 편견과 차별성은 혈연·지연·학연·성별·사제지간·파벌주의·인종 등을 이유로 편견을 가지거나 차별하는 것을 의미
② 이러한 편견과 차별성으로 인해 편파판정, 오심이 발생

[02] 심판의 역할과 과제

가 심판의 순기능
① 심판의 판단행위는 선수나 관중에게 윤리적 대상이 되어 심판의 기술에 대한 윤리적 가치를 발휘
② 그리고 선수의 기술에 대한 판정 또는 승패결정은 '사심이 없음'이라는 공정성을 도출
③ 판정과정의 '심판의 절제' 행동과 모습은 대회의 품격을 유지

나 심판의 역기능
① '심판의 오심' '심판의 편파 판정'
② 심판의 역기능을 해소하기 위해서는 심판의 각종 교육이 필수적

3장 스포츠조직의 윤리경영

[01] 스포츠경영자의 윤리적 의식: 윤리적 리더십

가 스포츠경영자의 윤리적 의식
① 스포츠현장의 경영자 리더십에 대한 윤리는 먼저 행위와 자질로 구분
② 규범적 모범된 행동, 그리고 단체발전을 위한 성원들과의 소통 및 보상
③ 특히 건전한 윤리적 리더십 개발에 대하여 아리스토텔레스의 5대 원칙에서는
   ㉠ 타인 존중 ㉡ 봉사 ㉢ 정의 ㉣ 신뢰 ㉤ 공동체 형성을 제시

나 스포츠경영자의 윤리적 리더십
① 윤리적 리더십의 이해와 실행 방향의 설정
② 경영자의 윤리적 리더십은 참여자나 관전자에게 영향을 미치는 과정이며, 강압과 차별화된 윤리적 영향력은 이들에게 존경받을 것이며 공정성과 윤리적 공동체를 구축
③ 윤리성과 함께 사회적 책임 및 윤리적 국제 위상 정립 요구
④ 윤리경영시스템의 효율적 운영을 위해서는 경영자의 윤리적 실천의지와 경영의 투명성 구축
⑤ 투명성 확보를 위하여 국제기준이 허용하는 범위 안에서 비윤리적인 경기 규정 등을 정비하고 참여자의 윤리적 노력에 대한 포상제도 도입 등

[02] 스포츠조직의 윤리적 책임 주체와 공동체적 조직행동

가 스포츠조직의 윤리적 책임 본질과 주체
① 스포츠조직의 도덕적 책임은 본질적으로 참여자와 직·간접적으로 관련
② 조직 구성원 자체에 초점 또는 구성원 행위에 초점에 따라 책임 정의도 달라질 수 있음
③ 이는 스포츠조직의 구성원으로부터 자유롭지는 못함
④ 스포츠조직 책임의 본질은 구성원의 존재성에 있고, 이 존재성에 바탕을 둔 책임 논의 속에 인과적 책임이 그 한 부분에 포함

나 스포츠조직의 윤리적 책임주체로서 공동체적 개인주의

① 스포츠조직의 책임주체는 공동체의 개인

② 하지만 조직의 사유화, 개인의 이기주의가 만연

③ 개인은 공동체적 조직의 의미와 맥락을 파악하여 조직을 이해하고 인식능력과 책임능력을 갖춘 공동체적 입장의 개인의 역할을 수행 필요, 의사결정 과정과 집행에서 핵심적 역할

다 스포츠조직에서 역할 도덕성과 공동체적 개인주의

① 개인과 스포츠조직은 공동체의 연결고리는 개인의 역할에 있음

② 또한 개인은 조직에서 부여된 역할에 의해 행동, 역할에 따르는 도덕성은 개인이 공동체적 문제에 대해 책임을 지는 과정에서 등장함

스포츠지도사자격검정 핵심요약집

한국체육사는 우리 선조가 신체활동을 어떻게 행하였으며, 그것이 어떠한 사회적 관계 (정치·경제·문화·예술·군사·지리적 환경)를 맺고 있으며, 그로 인한 신체문화의 생성→변화→소멸→재생하는 차원을 넘어 시·공간적 전승의 체계를 형성하여 전래되는 과정을 이해하고, 현시대를 살아가는 삶의 지혜를 구현하는 학문이다.

01 한국체육사 개관

1장 체육사의 이해

[01] 체육사의 정의

① 체육사란 체육사적 사실이 과거에 어떻게 행해졌고, 당대 사람들의 사상과 어떠한 관계를 맺고 있는지를 규명하는 학문
② 또한 그러한 사실들이 정치, 경제, 문화, 교육, 예술, 군사, 지리적 환경들과 어떠한 관계가 있었는지를 밝혀 현재와 미래의 체육을 현명하게 통찰하는데 의의
③ 따라서 체육사는 과거의 체육적 사실에 대해 정확하게 설명하고 해석하는 비판적 탐구과정의 학문으로 정의

가 체육사의 학문적 위치와 영역

① 체육사의 위치: 체육사는 인문학의 범주에서 탐구되고 있으며, 시대별로 고대, 중세, 근현대사로 구분, 지역별로는 서양과 동양사 그리고 한국사로 구분, 분야별로 지성사, 과학사, 사회경제사, 문화사 등으로 나눔
② 체육사는 주로 문화사와 많은 관련을 가지고 있는 분야이며, 문화사에 포함
③ 체육사 영역: 통사적·세계사적, 시대적·지역적, 개별적·특수적 영역, 세부적 측면은 사상사, 신체수련사, 교육사, 단체·인물사, 제도사, 경기사, 문화사, 종목사, 근대 수용사, 전통스포츠사 등

나 체육사의 연구 대상

① 역사학의 연구 대상은 인간과 시·공간을 아우르는 개념
② 인간의 시간 그리고 공간 속의 문화는 역사 연구의 기초 영역
③ 역사학의 연구 대상의 서술방식
　- 인간주체로 한 개인은 인물사이며, 단체로 본다면 집단이나 국가의 역사

- 시간적 개념은 고대, 중세, 근대, 현대와 같은 다양한 시대 구분을 통한 각 시대의 역사
- 공간은 동·서양과 같은 지역의 구분을 통한 각 지역의 역사와 나라별 역사의 내용을 서술

④ 따라서 체육사 연구 대상은 역사의 해석학적 관점을 통해 인간신체문화의 연대기적인 나열에서 한 발 더 나아가 신체 문화와 교육의 역사를 사실의 해석적 의미까지 파악하고 설명

02 한국체육사의 중요성

① 우리나라의 체육대학이나 체육학과에서 체육사는 '체육사·철학' 등의 교과를 개설, 운영되고 있지만, 대부분은 세계체육사 또는 서양체육사를 학습하고 있는 것이 현실
② 이는 한국체육사의 역사적 사료가 없거나 사실이 미약해서가 아니라 그동안 많은 관심을 받지 못함
③ 하지만 체육지도자자격제도 개편에 의한 한국체육사 학습의 중요성이 부각, 한국 스포츠지도사가 한국체육사를 모르고 선진체육문화를 선도하는 것은 우리의 신체문화를 낙후시킬 뿐만 아니라 그 정체성을 상실하는 위기의식 고조
④ 따라서 한국체육사는 지나온 우리 선조들의 체육에 대한 관심과 역사적 사실들에 대해 이해하고 앞으로 다가올 새 역사를 창조해나갈 젊은이에게는 매우 중요한 밑거름이 작용

03 체육과 스포츠의 개념 변천

① 인류는 생존과 종족 보존, 그리고 여가 등을 위한 다양한 신체활동을 행하였으며, 문명화된 국가에서도 의도적 신체교육을 위한 놀이와 스포츠 활동을 실시
② 이는 오늘날의 '체육 또는 스포츠'와 같은 정형화되고 체계화된 활동으로 보기에는 한계
③ 하지만 현재의 체육과 스포츠 개념은 다양한 인간의 신체활동과 사상이 영향을 미치고 그 시대와 지역에 따라 그 의미가 변화

가 체육 개념의 변천

① 오늘날 physical education은 '신체교육'을 의미, 신체교육은 16세기에 '짐내스틱(Gymnastik:체조)' 등의 술어가 사용되고 18세기는 신체교육을 의미하는 명사어가 탄생
② 구츠무츠(Guts Muths)는 놀이나 달리기, 뜀뛰기와 같이 활발한 신체 활동에 의한 교육에 '짐내스틱(Gymnastik)'이란 단어를 사용
③ 따라서 '체육'의 용어는 유럽에서 일본의 도쿠가와막부 말에 전래된 Gymnastiek(네덜란드), Gymasliqu(프랑스), Gymanasics(영국)은 1868년 '체조'로 번역

④ 아시아 지역의 physical education은 미쓰쿠리 린쇼에 의해 최초로 '신체의 가르침'이라고 번역, 이후 체육은 '신체에 관한 교육', '신체의 교육', '신체교육' 등으로 1876년 곤도 진산이 '체육'이라고 축약함으로서 정착
- 우리나라 체육 용어 등장 시기: 체육과 유사한 용어는 1895년에 '체양'이 있으며, 한성사범학교관제에 신체교육을 의미하는 '체조' 교과목이 등장
- 우리나라에서 체육 용어를 최초로 사용한 사람: 1897년 9월 일본 유학생들의 친목회 회보에 "교육에 대한 국민의 애국 상상"이란 글에서 원응상이 교육에 있어서 체육론을 주장하면서 정신 교육과 대조적인 신체교육으로서의 '체육'이 등장하여 정착
- 우리나라 체육단체 명칭의 표기 시기: 체육단체는 1906년 3월 30일자「황성신문」에 "대한체육구락부의 취지서"에 경기단체를 체육단체라고 표현, 1897년 이후 체육이라는 용어는 오랫동안 체육, 체조의 개념이 혼재되어 사용

나 스포츠 개념의 변천

① 스포츠의 개념은 놀이와 게임, 그리고 경기와 같은 용어를 이해하는 것이 필수
② 놀이는 자발적이며 일정한 규칙이 없는 자유로운 활동
③ 게임은 일정한 규칙과 경쟁적인 승부, 놀이와 게임 중에서 제도화되고 신체적인 경쟁을 통해 승부를 결정하는 운동경기를 '스포츠'로 지칭
③ 스포츠는 'desport', 'desporter' 라는 프랑스어로, 라틴어인 deportare에 근거하고 있으며, 제프리 초서의『캔터베리 이야기』책에서 발견
- 즉 스포츠란 말은 프랑스어의 데스포르(desport), 영어의 디스포트(disport)에서 유래하였고 스포트(sport)로 변화
- 영국은 '스포츠(sport)'라는 단어를 만들었고, '자신을 즐겁게 한다'는 뜻으로 게임이나 개인 탐험, 사냥 등의 경기를 의미하는 말로 쓰였으며, 이는 19세기에 세계적으로 사용

[04] 전통체육과 근대체육

① 한국체육사의 이해는 전통과 근대의 시대 구분이 중요한 의미
② 이는 시대적으로 인간의 신체활동이 달리하거나 연속성을 가지고 전래되는 시·공간적 개념을 이해할 수 있음
③ 전통체육은 한국 고유의 신체활동을 포함한 시대적 사상, 제도나 교육 또한 포함
④ 근대 체육은 서양에서 전래된 스포츠 종목이 중심의 한국 근대체육의 발달 과정

⑤ 전통과 근대는 거트만이 제시한 조직, 규칙, 경기, 역할, 대중정보, 통계와 기록으로 구분

가 전통체육

① 전통시대 체육은 화랑 같은 청소년집단의 다양한 무예와 군사 훈련, 그리고 무예사상
② 귀족과 서민층의 유희적 신체활동, 서민층의 세시풍속 놀이와 오락
③ 특히 민속놀이가 전통체육의 주요 내용
④ 전통체육의 시기는 한국 고대사회로부터 병자수호조약(1876년) 이전의 시기

나 근대체육

① 근대체육은 병자수호조약(1876년) 이후 각종 학교가 설립, 1894년 갑오개혁 이후에 서양 중심의 신체활동과 스포츠종목의 본격적 유입 시기
② 1895년 교육조서 이후 근대식 학교들이 세워졌고, 체조를 정식과목으로 가르쳤으며, 기독교청년회를 통해 축구, 야구, 농구 같은 종목을 소개
③ 기독교청년회(YMCA)는 선교활동을 위해 1896년 우리나라 최초의 운동회를 개최

[05] 체육사의 가치 및 의미

① 가치: 체육사는 인간 신체문화의 역사적 사실을 발견하고 증명하며, 과거와 현재의 연관성을 토대로 보다 나은 미래의 발전적 모습을 찾는 실용적 태도에서 연유, 따라서 모든 체육학의 영역에서 역사적 흔적과 역사 속에서 새로운 사실과 진리를 구현하는데 그 가치
② 의미: 체육사는 체육전문가의 직업적 지식을 함양하는데 필요 즉, 스포츠지도사는 해당 종목이 어떻게 생성되고 변화하였으며, 발전의 핵심적 요인이 무엇이며, 어떻게 발전할 것인지를 예측할 수 있으며, 이를 현실에 적용시키는데 유용한 정보를 제공 받음
③ 또한 경기 방법과 규정의 변화는 다양한 체육학의 학문 영역에 상호관계를 형성

2장 체육사의 영역

[01] 체육사의 사관

가 체육사 사관의 이해

① 체육사는 체육과 관련된 역사적인 사실에 대해 역사 연구 방법을 활용하여 그것이 가지고 있는 체육사적인 사실과 의미를 이해하여 체육학의 지식체계를 정립

② 역사의 이해는 '사실로서의 역사'를 이해하는 방식, 이는 과거 사실을 객관적으로 복원하는 랑케(L. Ranke)의 실증주의가 있으며, '기록으로서의 역사'는 역사가의 주관에 따라 역사를 재구성하는 카(E. H. Carr)의 상대주의가 대표적 방식

– 랑케(근대역사학의 아버지)는 역사 서술에서 역사가의 주관을 배제하고 어떤 편견이나 선입견 없이 과거의 역사적 사실과 사건을 본래 '있는 그대로'의 상태로 밝히는 것을 제시

– 카는 "역사는 과거와 현재의 끊임없는 대화"라는 명제 속에 역사적 사실과 함께 역사가의 해석을 강조

③ 따라서 체육사의 사관(史觀)이란 역사가의 가치관에 의해서 체육의 역사적 현상 및 발전의 법칙이나 원리를 밝혀 그것을 해석하는 체계적인 관점을 가지고 서술하는 것을 의미

나 역사학의 대표적 사관

① 독일 마르크스는 인류의 역사를 계급투쟁의 역사로 보면서 생활필수품의 생산 및 공급 관계가 모든 문화를 창조하고 파괴한다고 하는 사관을 제시

② 버클은 사관은 모든 문화 발달의 요인을 기후, 풍토 등 자연적인 환경으로 제시

③ 라첼은 역사상의 문제를 인간과 지리, 유전과 환경의 영향으로 설명하여 제시

④ 웰스는 모든 문화의 발전을 종합적으로 파악하고자 하는 사관을 제시

⑤ 한국체육사 사관:

– 나현성은 체육의 역사는 광범위한 체육과 관련된 모든 사실을 대상으로 삼기 때문에 그 무엇보다 사실에 충실해야 함을 강조

– 그리고 근대(近代) 이전은 개인 업적에 초점을 맞춘 인물 중심적인 역사 서술

– 근대 이후의 역사관들은 개인 업적보다는 인적·물적·환경적 요인에 대해 주시하는 특징

[02] 체육사의 시대 구분

① 역사학에서 시대 구분의 문제는 매우 중요한 의미
② 시대 구분 없이 역사적 사실을 기술할 수 없음
③ 시대는 역사의 흐름을 일정한 기준에 따라 몇 개의 기간으로 나누고 구분하는 것

가 시대 구분 방법

① 시대 구분은 역사가의 관점에 따라 여러 의견이 있지만, 흔히 고대, 중세, 근대의 삼분법(三分法) 또는 현대를 포함한 사분법(四分法)으로 분류
② 대륙, 국가, 그리고 특정 학문의 역사를 서술할 때는 그 역사를 서술하는 시대 구분이 필요
③ 하지만 시대 구분은 연구 대상과 방법은 다양한 특성에 의해 일괄적 적용의 한계성이 있음을 인식, 그 특성별 시대 구분이 필요

나 체육사 시대 구분

① 체육사 시대구분 방법: 체육사의 시대 구분은 먼저 설정하기 보다는 역사적 사실을 철저히 탐구하고, 논리적인 일관성을 가진 준거와 기준이 요구
② 이는 역사적인 사실들이 시공간적으로 종횡의 연관성을 설명할 수 있는 시대구분이 되어야 하고, 체육의 개념을 올바르게 파악한 후에 시도해야 하며, 체육사만의 시대구분으로 독자성과 정체성을 확립하여 시대를 구분
③ 한국체육사 시대 구분 기준: 서양 체육이 유입되는 갑오경장(1894년) 이전은 무사체육 등의 전통시대 체육, 교육입국조서를 통해 학교 교육에서 비롯된 근대체육의 시기로 구분

[03] 체육사의 사료

① 체육사는 체육학의 분과학문이지만 연구방법은 역사학의 범주에 포함되며, 역사학 연구방법을 체육사 연구에서도 사용, 역사를 연구하는데 필수적인 것이 사료(史料)
② 사료란 역사를 연구하거나 편찬하는데 있어 주요 재료가 되는 문헌과 유물 등을 지칭
③ 이처럼 사료는 우리 주변에 수를 헤아릴 수 없이 많으며 종류와 형태도 또한 매우 다양

가 사료의 분류 방식

① 전통적 사료의 분류는 물적 사료와 기록 사료로 구분

② 물적 사료: 유물, 유적 등 현존하는 모든 상태의 물질적 유산으로서 기구, 도구, 예술품, 일상생활용품 등의 유물과 건물, 성곽, 거주지 등
③ 기록 사료: 문헌과 구전 사료로 구분하는데 문자로 작성된 고문헌, 고문서 등의 문헌 자료와 민요, 전설, 시가, 회고담 등의 구전 자료

나 체육사의 사료

① 체육사 연구 사료 또한 유물과 기록 사료가 사용, 유물은 고분벽화, 기록 사료는 조선왕조실록과 같은 문헌, 현대적 관점의 사료를 살펴보면 다음과 같음
② 문헌: 각종 체육 관련 기관들이나 인물들이 작성하고 배포한 공문서, 사문서, 편지, 출판물, 연대기, 연보, 회고록 등
③ 구술: 역사 연구에서 증언이라는 명목으로 그 전통을 이어오던 구술 자료 역시 체육사의 구전 자료로서 활용
④ 물적: 각종 경기 장소와 시설 및 장비 등을 비롯하여 선수단 단복이나 심판 복장, 우승기, 메달, 참가증, 각종 기념품 등

『체육』 표지(좌)와 『학교체육』 창간호 표지(우)

02 선사·부족국가와 삼국시대 체육

1장 선사·부족국가시대의 생활과 체육

[01] 선사·부족국가시대의 생활

① 선사시대는 문자를 사용하는 역사시대와 대칭되는 개념(역사시대)
② 그 시대는 구석기, 중석기, 신석기, 청동기, 초기 철기시대까지 포괄하는 시대 개념
③ 선사·부족국가시대의 생활은 생존과 종족보존, 즉 생존을 위협하는 자연환경과 맹수들, 그리고 종족보존을 위해 적들로부터 자신과 가족을 지키기 위한 다양한 신체활동이 요구
④ 인간은 생존과 생활을 위한 제천의식, 주술활동, 춤·노래·그림 같은 예술 행위, 그리고 성년의식 등을 선사·부족국가시대에 행하였음
⑤ 생존을 위한 신체 활동은 달리기, 뜀뛰기, 던지기, 당기기, 밀기, 들기, 기어오르기, 발 지르기, 헤엄치기, 차기, 베기, 내려치기, 부수기, 찌르기, 쏘기와 같은 신체 활동들과 집단 구성원들이 협력하여 시행하였던 수렵이나 전쟁의 경험들이 현대의 개인 및 체육종목에 영향
⑥ 구석기, 신석기, 청동기, 철기시대에 대한 다양한 유적과 유물이 발견되고 있으며, 구석기시대의 손도끼 청동기시대 한국형 비파형 동검과 고인돌 같은 거석문화라는 뚜렷한 특징
⑦ 고조선, 부여, 예, 맥, 마한, 진한, 변한은 한강 이남지역은 78개나 되는 부족이 있으며, 이들은 청동과 철기를 사용하였으며, 『삼국지』나 『후한서』 같은 중국 사료가 그것을 확인가능

[02] 선사·부족국가시대의 체육

가 수렵

① 인간의 수렵 활동과 관련된 신체활동은 단순한 먹을 것을 구하는 채집, 더 나아가 동물을 사냥하기 위한 도구의 발명이 중요한 사실
② 구석기시대의 도구는 주로 석기를 사용하여 사냥, 인지능력의 발달로 손도끼와 같은 도구를 제작하고

보다 정교한 창과 활 같은 도구를 제작 및 사용
③ 인간은 도구를 사용하는 방법과 삶을 영위하기 위한 사냥하는 방법은 개인과 집단 내에서 교육되고 전수
④ 현재 울산의 반구대 암각화를 보면, 화살로 고래를 잡는 모습, 사슴 뼈에 화살촉이 박힌 상태의 유물이 발굴되어 울산박물관에 전시
⑤ 궁술의 문헌은 『삼국사기』 「고구려본기」에 동명성왕조의 기록에서도 "나이 일곱 살에 스스로 활과 화살을 만들어 쏘는데 백발백중이었다."라는 이야기가 전함

나 군사

① 인간의 역사 중 가장 중요한 사건은 전쟁사, 이는 군사 활동의 모습을 엿볼 수 있으며, 전쟁은 청동기시대의 부족국가 형성과 발전에 밀접한 관계
② 즉 『삼국지』 「위지동이전」 부여, 동옥저, 읍루, 예조, 마한·진한, 변한은 집집마다 무기가 항상 준비되어 있어서 유사시에는 부족민들이 곧 군사가 되어 싸웠다는 기록
③ 『후한서』 「동이전」 동옥저조에는 "읍락에 장수가 있어 그는 성질이 강직·용맹하여 문득 모(矛, 창)를 가지고 보전한다."는 내용의 기록
④ 선사시대는 농민과 병사로의 분리가 시작되는 여명기이며, 수렵시대에 비해 체육활동의 경험이 줄어들게 되고, 전쟁을 대비한 군사적 목적의 육체적·정신적 훈련인 군사체육이 필요
⑤ 더 나아가 부족들의 연합체인 연맹부족국가가 좀 더 중앙집권적인 왕조국가로 바뀌어가면서 농민과 병사는 분리하여 운영되었고 군사체육은 더욱 강화

다 축제

① 선사시대는 우주 만물에 신이 깃들어 있다는 애니미즘을 믿었으며, 우리 민족은 특히 하늘을 크게 믿었고 태양을 가장 숭배
② 배달, 조선, 서라벌, 서울, 아사달 등의 어원은 모두 태양과 관계, 따라서 부족 전체가 애니미즘에 의한 의식을 치렀고, 특히 하늘에 제사를 올리고 그 의식에는 축제가 개최
③ 『후한서』와 『삼국지』에는 부여에서는 '영고-국중대회', 동예에서는 '무천', 고구려는 '동맹-천제대회', 마한은 '10월제', 신라는 '가배'로 불렸든 제천의식을 거행
④ 축제는 각저, 수박, 기마, 사예, 격검과 같은 체육적 신체활동이 포함되어 개최
⑤ 선사시대 제천의식과 축제에서 행한 인간신체 활동은 점차 유희로서 오락화하고, 이것이 경쟁 양상을 띠게 되면서 체육 경기의 기원

라 주술

① 우리나라는 하늘과 태양을 숭배하는 광명사상을 실현하는 제천의식과 만물의 신에게 기원하는 애니미즘을 행하는 데는 만물신이나 하늘신과 인간을 연결해주는 '샤먼(shaman)' 발생
② 샤먼이 주재하는 종교행위를 '샤머니즘', 우리 민족은 예부터 샤먼으로 무당(단골, 당골)이라는 용어를 사용
③ 무당은 전쟁, 자연재해, 농경, 수렵, 집단의 안녕과 무사태평 기원, 개인의 바람, 치병, 해원, 망자의 천도 기원 의식 등의 주술적 행위
④ 기원 의식의 신체 활동은 춤, 노래, 축원, 촌극, 묘기, 재담 등

마 성년의식

① 부족국가시대는 어린 사람이 일정한 나이가 되어 성년이 될 때 통과의례로서 성년의식
② 의식은 정신과 육체적 한계를 극복하는 두 가지
③ 정신적인 측면은 일정한 장소와 기간 동안 격리, 육체적인 것은 신체적 어려움을 극복하는 것
④ 또한 부족의 신화를 계승하는 내용의 춤 같은 것을 배우는 과정도 포함하여 신체 활동에 대한 능력을 시험, 이후 청년단의 일원으로 활동

바 정신 및 위생, 건강

① 민족정신: 단군신화에 의하면 우리 민족은 건국할 때 국가적인 이념으로 인간을 널리 이롭게 한다는 홍익인간의 사상, 우리는 비교적 평화를 사랑하는 민족성과 정신성을 중요
② 특히 건강은 고대 중국의 도교 사상이 더해져서 도인법 같은 양생법을 포함한 신선사상 등을 실천하고자 하는 정신 활동을 하였음
③ 우리 민족이 정신적·위생적인 건강을 위해 특별히 노력하였으며, 현대에 시행되는 넓은 의미의 정신·위생·건강 체육활동에 포함

사 유희

① 선사·부족국가시대의 유희에 대한 기록은 없음
② 다만 삼국시대의 기록을 살펴보면 많은 유희적인 민속놀이가 성행
③ 제천의식이나 축제, 주술 활동을 할 때도 유희적 요소가 포함
④ 미성년들의 경우에는 전쟁놀이, 사냥놀이 등을 시행

2장 삼국시대의 체육

[01] 삼국시대의 생활과 체육

가 삼국시대의 생활

① 삼국시대는 우리나라의 씨족사회에서 출발하여 부족사회, 군장국가, 연맹왕국, 고대국가로 발전하는 과정에서 건국 연대(신라: 서기전 57, 고구려: 서기전 37, 백제: 서기전 18)로부터 660년 백제 멸망, 668년 고구려 멸망까지의 700여년의 시대를 지칭

② 고구려는 1~2세기, 백제는 3세기, 신라는 4세기에 국가의 기틀이 확립되었으며 그 전성기는 백제(4C), 고구려(5C), 신라(6C)

③ 시대적 생활 배경: 삼국시대는 한민족의 전통과 유교와 불교의 수용으로 정치와 교육, 문화 전반에 발전을 가속화
  - 유교의 도입에 대해 정확한 기록은 없으나 삼국시대에 도입된 것으로 추정
  - 불교는 고구려(소수림왕 2년), 백제(침류왕 1년), 신라(법흥왕 14년)가 수용하면서 삼국시대 생활 전반에 영향

④ 고구려는 대륙과 지속적인 대외 항쟁, 백제는 중국과의 교류를 통한의 귀족문화를 수용, 신라는 당항성(지금의 한강유역)을 장악하여 중국과 직접 교역을 하면서 독자적인 문화를 형성, 훗날 통일신라시대를 맞이하며, 삼국은 서로 대립하는 과정에서 성장

⑤ 이처럼 삼국시대는 각국이 항쟁의 시대였으며, 중국과 일본의 대외 항쟁을 통해 문화가 교류 발전하였으며, 고구려, 백제, 신라 삼국의 역학관계와 대륙 및 왜구와의 대외 항쟁까지 서로 경쟁과 협력 관계에서 성장해온 역사

나 삼국시대의 체육

① 삼국시대는 4세기부터 6세기까지 삼국의 역학관계에 의해 국방체육의 중요성이 강조
② 교육기관은 고구려의 상류층 교육을 담당한 태학과 평민층 자제의 교육을 담당한 경당
  - 태학은 국가의 관리 양성 목적으로 하였으며, 경당은 경전과 활쏘기 교육을 담당
  - 백제의 교육기관 기록은 없지만, 모시(毛詩), 의(醫), 역(易), 오경박사가 있음
③ 한편 신라는 화랑도와 국학이 있었는데, 화랑도는 일명 국선도, 풍류도, 원화도라고도 불림
  - 제도가 체계화된 것은 진흥왕, 그 내용은 명산대천의 산신을 숭상하는 신앙적 순례와 국토애를

실천하기 위한 주행천하를 통해 군사적인 수련과 심신 수련을 실시
- 국학은 유학 교수 및 연구와 관리 양성을 목표로 수업 연한은 9년, 교육 대상자는 귀족

[02] 삼국시대의 무예

① 삼국시대는 치열한 대립과정에서 전투기술이 급속하게 발전, 무사훈련은 지덕체를 겸비한 문무겸전의 인재를 양성하는데 목적
② 삼국시대는 신체 활동을 통한 교육이 체육의 한 유형이었으며, 각종 무예교육을 시행
③ 고구려는 기마술과 활쏘기, 고구려 경당은 경서 암송과 활쏘기, 고구려의 고분벽화의 수렵도, 기마도, 각저도, 수박도, 무용도는 다양한 신체활동을 보여줌

가 기마술

① 삼국시대의 기마술을 알 수 있는 것은 마구와 함께 기마의 모습을 볼 수 있는 유적으로 고구려 고분 벽화의 기마수렵도, 기마전투도, 기마행렬도, 기마무사도 등
② 『삼국사기』「고구려본기」 시조 동명성왕조(條)에는 부여 왕이 주몽에게 말을 기르도록 하였다는 기록이 보이며, 기사술로 마희와 기사가 있음
③ 특히 기마술의 형태는 약수리(4C경), 덕흥리(408년), 안악 3호 고분(357년)에는 수렵도와 기마도가 그려져 있는데, 고분의 주인이 사냥하던 모습과 말을 타고 행차하는 웅장한 모습

나 활쏘기

① 우리나라 활쏘기 문화는 고분벽화를 포함한 다양한 기록에 등장, 각궁(角弓)의 우수성은 중국에까지 알려짐
② 활쏘기 문헌은 『삼국지』「위지동이전」, 『삼국사기』「고구려본기」, 「백제본기」, 「신라본기」 등에 기록
③ 삼국시대 활쏘기는 사냥, 군사목적 외에도 유가의 예를 실천하는 교육으로 중요
  - 『맹자』에는 중국 은(殷)나라 학제에 활쏘기를 가르치는 서(序)가 있음
  - 『논어』에도 활쏘기가 하나의 교육 활동이었다는 기록
④ 이처럼 삼국시대의 활쏘기는 교육과정의 한 영역으로 취급하였으며, 고구려의 경당에서 활쏘기를 교육했고, 신라는 '궁전법'으로 인재를 등용, 백제도 활쏘기는 백성이나 임금이 갖추어야 할 중요한 자질의 하나로 취급

[03] 삼국시대의 민속놀이와 오락

가 각저(角抵)
① 각저는 두 사람이 서로 맞잡고 힘을 겨루는 경기로 각력, 각희, 상박, 쟁교, 솔교로 표기
② 씨름에 관한 유물기록: 고구려의 도읍지였던 환도(丸都)에서 발견된 각저총 벽화
③ 문헌기록: 『고려사』 충숙왕(1339년) 3월조에 '각력(角力)'이란 용어 사용

나 격구(擊毬)
① 격구는 말을 타고 숟가락처럼 생긴 막대기로 공을 쳐서 상대방의 문에 쳐서 넣는 놀이로 오늘날의 필드하키나 폴로와 유사한 경기
② 대진(시합)은 보통 10명 이상, 각 팀당 5~6명씩으로 구성
③ 무관 및 귀족 자제들의 치마훈련의 일종의 유희적 활동 성행

다 축국(蹴鞠)
① 축국은 가죽주머니에 겨, 털, 공기를 넣어 만든 공을 발로 차던 공차기놀이로 오늘날의 축구
② 신라에서는 농주, 기구라 하였으며, 축국은 주로 상류층에서 즐기던 놀이
③ 축국의 유래는 중국에서 발생하여 우리나라에 전해졌고 일본으로 전파

라 수박(手搏)
① 수박은 두 사람이 맞붙어 손으로 쳐서 상대를 쓰러뜨리는 겨루기
② 단재 신채호는 『조선상고사』에서 선배제도가 고구려의 강성을 이룩하였으며, 선배를 뽑는 경기 중에 수박과 택견을 제시
③ 또한 수박이 중국으로 들어가 권법(拳法)으로 변화

마 석전(石戰)
① 석전은 편전, 변전, 석전희, 석척희의 명칭이 혼용 사용
② 석전은 전투능력과 풍요를 기원하는 돌을 던져 상대가 도망가는 놀이
③ 『수서』 「고구려전」에 "해마다 정월 초 대동강 위에서 무리를 지어 노는데, 왕이 마차를 타고 친위대를 사열한 후 의복을 물에 던지면 백성은 좌우 두 편으로 나뉘어 물과 돌을 던지고 소리치며 쫓고 쫓기기를 두세 번 하고 그친다."라는 기록

바 방응(放鷹)

① 방응은 사나운 매를 길들여 꿩이나 새를 사냥하는 일종의 수렵인적인 신체활동
② 고대사회에서 공통적으로 나타나는 생존활동이자 놀이
③ 『삼국사기』에 "백제 아신왕은 지기가 호매하여 매사냥과 말타기를 좋아하였다."고 기록

사 마상재(馬上才)

① 마상재는 곡마, 말놀음로 지칭
② 즉 달리는 말 위에서 여러 가지 동작을 보이는 재주, 또는 재주를 겨루는 활동
③ 특히 말 타는 기술을 훈련하기 위한 것으로 군사훈련 목적으로 실시

아 기타

오락적 성격을 띤 추천(鞦韆-그네뛰기), 투호(投壺), 저포(樗蒲), 위기(圍棋), 쌍륙(雙六), 줄다리기, 줄타기, 술래잡기, 장님술래, 숨바꼭질, 널뛰기, 장기, 제기차기, 설마, 죽마 등이 성행

03 고려시대와 조선시대의 체육

1장 고려시대의 체육

[01] 고려시대의 사회와 체육

가 고려시대의 사회
① 고려(高麗, 918년~1392년)는 918년 태봉의 궁예를 축출하고 왕건이 즉위한 이후, 1392년 34대 공양왕까지 475년간 존속, 호족들이 연합하여 구성한 사회
② 호족들은 중국의 관료제도, 불교와 유교를 수용, 사회계층은 상류층인 호족, 군인계급, 평민이었던 하류층, 천민과 노예 등으로 구분
③ 관직체계는 문반 위주로 재상은 문반이 맡았고 군국의 대무(大務)도 문반이 수행
④ 하지만 고려시대 문무차별은 무신정변(정중부의 난, 의종 24년: 1170년)이 일어남
⑤ 이는 고려 중기 이후 왕권이 약화되면서 병권을 가진 무신들에 의해 지배되는 사회

나 고려시대의 교육
① 고려 건국 초기의 교육제도는 신라의 교육제도를 계승하였으나 고려시대 교육의 특징으로 유교적 정치이념에 입각한 문치주의 교육, 사학의 발달
② 유학교육기관은 관학인 국자감과 동서학당(오부학당), 그리고 사학인 12도가 있었고, 지방에는 향교와 서당
③ 유교의 정치 이념은 불교의 공덕사상을 배격하고 도덕적 합리주의에 입각한 중앙집권적 귀족정치의 실현에 초점
   - 관학의 국자감은 고려 최고의 교육기관이며, 7재라는 전문 강좌인 여택재(주역), 대빙재(상서), 경덕재(모시), 구인재(주례), 복응재(대례, 예기), 양정재(춘추), 강예재(무학)
   - 향교: 지방의 교육을 위하여 설치된 교육기관
   - 학당은 순수한 유학교육기관으로서 서민을 위한 교육제도

- 사학은 12도와 서당이 대표적
④ 특히 고려는 과거제도를 두어 관리를 선발, 광종 9년(958) 쌍기의 건의에 의해 실시되었으며, 제술업, 명경업, 잡업의 세 종류

다 고려시대의 체육

① 고려시대는 국학과 향학의 체육을 구분하여 살펴봄
② 국학은 7재가 있으며, 그 중 무학을 공부하는 강예재가 있으나 정확한 내용은 알 수 없음
③ 하지만 무학을 통해 장수로 양성하였음을 알 수 있으며, 무학생들은 예부시에서 대책 시험만으로 관계에 진출, 혹은 별환이란 명목으로, 기본적인 재예시험만으로 관계에 진출
④ 향학의 체육은 향사례이며, 이는 해마다 봄과 가을에 걸쳐 효(孝)·제(悌)·충(忠)·신(信)하고 예를 좋아하는 이를 주빈으로 맞아 읍양, 주배, 궁사와 음악으로 손님과 주인이 서로 즐겨하되 예의를 엄중히 하는 것을 중시

[02] 고려시대의 무예

가 무신정권과 무예의 발달

① 고려시대는 문치주의에 입각한 무신의 사회적·경제적 열세를 초래, 12세기 중엽은 무인들을 천시하는 경향이 나타남
② 그러나 고려시대는 이민족의 침입에 의해 무예를 천시할 수 없으며, 태평호문이라고 불리던 의종(毅宗, 1146~1170)은 많은 정자를 짓고 환락을 즐겼으며 문신들은 즐거움을 함께 나누었으나 무신이나 군인들의 신세는 비참
③ 따라서 1170년(의종 24) 무신 정중부 등에 의해 무신정변이 일어나 무인정권이 들어서게 된 것은 뿌리 깊은 숭문천무사상의 배경

나 고려시대의 무예

① 고려시대 무예는 삼국시대의 것들이 계승, 수박, 궁술, 마상재, 기사, 기창 등이 전승
② 무예 훈련의 성격을 지닌 체육활동은 격구, 방응, 석전 등
③ 수박: 수박은 고려시대 무인들에게 적극 권장, 명종(明宗) 때에는 수박을 겨루게하여 승자에게 벼슬을 주었다는 기록이 보이며, 인재 등용을 위해 무과가 설치된 것은 말기의 일, 그 이전에는 특별 채용 형식을 통해 무인을 등용했고, 그 과정에서 수박은 중요한 과목

④ 궁술은 삼국시대부터 그 전통이 전승 및 권장, 이는 국가에서 병사나 관료들에게 궁술을 익히도록 장려, 또한 무인을 비롯한 문인들도 심신수양과 인격도야의 한 방법으로 중시
⑤ 마술은 무마, 원기, 마상재로 표기, 마상재는 말을 타고 여러 가지 자세나 기예를 보여주는 것이며, 유교를 치국의 도(道)로 삼았던 고려시대는 6예의 어(御)에 속하는 승마 능력은 군자의 중요한 덕목 중 하나

[03] 고려시대의 민속놀이와 오락

① 고려시대 민속놀이와 오락적 성격의 체육활동은 삼국시대의 다양한 신체활동이 전승된 군사, 민속, 개인의 오락과 같은 신체활동이 체계화
② 특히 고려시대는 신분계층에 의한 문반과 무반 귀족들은 각종 무예를 유희적인 요소를 가미시켜 즐기는 관람성격의 유희활동이 발전
③ 따라서 고려시대는 귀족과 서민의 민속놀이가 구분되어 행해지는 특징

가 귀족사회의 민속놀이

① 귀족사회의 민속놀이는 다양하지만 격구, 방응, 투호가 대표
② 이들의 신체활동은 삼국시대로부터 전승
  – 격구: 격구가 한반도에 전래된 시기는 8~9세기경으로 추정, 격구의 성행 배경은 군사훈련, 즉 연무 수단과 귀족의 오락 및 여가 일환 성행
  – 하지만 격구는 200보(250m) 정도의 넓은 구정과 당시 부녀자들도 격구를 할 정도로 대중화 양상을 보이면서 사치스런 모습으로 변화하여 그 폐단이 심각
③ 방응은 '매를 놓다'는 말이며, 사냥꾼이 꿩을 발견하고 손목 위에 앉혀놓은 매를 놓아 사냥감을 잡는 것을 의미, 이는 삼국시대부터 성행하던 수렵활동이자 무예훈련의 성격을 지닌 활동
④ 투호는 삼국통일 이전에 이미 한반도에 소개된 것이며, 고려왕조를 통해서도 계승되어 여성의 대표적 유희적 활동

나 서민사회의 민속놀이

① 서민사회의 민속놀이는 농경사회의 풍요를 기원하며, 절기별 다양한 놀이가 성행
② 불교의 팔관회나 단오절 같은 명절에 축국, 씨름, 그네뛰기, 연날리기, 석전을 행한 기록
③ 축국은 답국, 척국, 백타, 기구, 격환, 농주와 같은 용어로 지칭, 그 형태적 측면에서 차이
  – 고려 명종(明宗: 1170~1197)때 대문장가인 이규보의 율시에 있는데, "우연히 기구(氣球)를 보고

생각되는 바 있어 뜻을 붙여 시를 짓되 공에 바람을 넣어 사람들이 모여 차다 바람이 빠져 사람들이 또 헤어지니 쭈그러진 반주머니만 남더라." 기록

④ 각저는 고려사 전기에는 거의 나타나지 않다가 고려 말 충혜왕 때 자주 등장하고 있어 씨름의 활성화된 모습

⑤ 그네뛰기, 즉 추천은 단오절에 가장 많이 행하여졌으며, 남자, 여자 혹은 남녀 혼성으로 그네를 타기도 하였으나 여성의 유희로 대표, 『고려사』「열전」 최충헌조에 기록으로 나타남

⑥ 풍연은 지연이며, 삼국시대부터 연날리기 성행, 이는 한해의 액을 날려 보내는 민속놀이를 하였으며 고려시대로 전승

⑦ 석전에 관한 문헌은 빈약하지만 석전이 성행하였음을 보여주는 문헌은 고려 충목왕 원년(1354) 5월조에 "단오 척석희를 금지하다"라는 기록

2장 조선시대의 체육

[01] 조선시대의 사회와 체육

① 조선은 고려사회의 문화적 기반 위에서 국가를 형성, 성리학을 도입하여 고려의 부정적 사회현상을 극복
② 고려귀족 중심의 체육 활동은 조선조의 정치·사회적 영향으로 거의 자취를 감춤
③ 하지만 조선은 과거제도를 확립, 무과시험 과목들, 특히 활쏘기는 무인과 문인에게는 덕을 함양하거나 평가하는 수단으로 사용되었기에 국가적으로나 교육적으로 권장
④ 또한 지배층에 권장되거나 즐겼던 체육 활동은 일반 서민에게 전래 되면서 그 방법 및 도구 등이 간이화·유희화되어 사회 저변으로 확산

가 조선시대의 사회

① 고려말은 중국의 원과 명의 세력 교체기에 외교정책을 둘러싸고 귀족들 사이의 대립이 격화되고, 왜구(일본)의 잦은 침입으로 국력이 쇠퇴
② 이성계 등의 무장세력은 지방 중소 지주층의 지지를 받아 독자적인 군벌을 형성, 역성혁명을 시도하여 새로운 왕조의 조선시대(1392~1910)를 개국
③ 태조 이성계는 1394년 도읍을 한양으로 옮겨 군제를 개혁하고 법제를 정비하였으며, 성균관과 향교를 일으켜 유학을 장려
④ 조선은 유교적 이념의 실현을 위해 불교를 배척하고 유교를 숭상하는 배불숭유를 철저한 국가이념으로 도입
⑤ 교육은 유학(성리학) 중심이었으며, 과거를 통한 입신출세의 주된 수단으로 정착
⑥ 국방정책은 전 국민을 병사로 삼고, 겨울 농한기에 군사훈련을 실시하는 병농일치제를 시행
⑦ 조선은 유교의 성장으로 성리학의 발달을 가져왔으나, 한편으로는 소모적인 당쟁을 겪으면서 사회적으로 모순과 두 차례의 왜란(임진, 정유)과 호란(정묘, 병자), 그리고 밀려오는 외세를 막지 못하고 국운이 쇠퇴

나 조선시대의 교육

① 조선시대 교육은 유교주의 국가이념에 기반 한 세 가지 교육기관이 형성되어 발전
② 유학은 고등교육을 담당했던 성균관을 한양에 두었고, 중등교육은 한양에 사학(4부 학당)을, 지방에는

향교를 두어 성리학적 소양을 지닌 사대부 양성을 목표로 유교경전 중심의 수업
③ 초등교육은 서당을 두어 초급 유학지식, 천자문 등을 교육, 무학교육은 훈련원과 사정을 중심으로 이루어졌으며, 기술교육은 해당 관청에서 별도로 실시
- 성균관의 입학자격은 소과 급제자인 생원·진사에 한했으나, 결원이 있을 시 사학 생도나 문음자제가 입학, 교과과정은 경사의 강의와 과문의 제술로 시행되고 사서오경은 주자의 주석을 중심으로 교육
- 사학(4부 학당)은 동학, 서학, 중학, 남학을 통틀어 지칭, 양반 자제들이 8세가 되면 입학하였으며 소학, 사서오경 등을 교육 받고 15세가 되어 승보시에 합격하여 성균관에 입학
- 향교는 태종 이후 전국에 설치되어 성균관의 축소판, 교과는 사장학과 경학, 사서를 교육
- 서원은 성리학의 연구와 교육을 목적으로 지방에 16세기 후반부터 설치 100여곳
- 서당은 천자문과 사서오경의 강독, 문장 공부인 제술, 글쓰기 연습인 습자를 공부
④ 조선시대 무학교육기관으로서 훈련원과 사정:
- 훈련원은 군사의 시재와 무예훈련, 병서의 습독을 관장 및 교육관서가, 그 임무의 시취는 무과를 주관하며, 연무는 병서들을 습독하는 것을 포함해 군사력의 유지를 위한 역할
- 사정은 관설 및 민간사정으로, 훈련원에 사청을 세우고 무과의 시험장소로 정하였으며, 무인과 군졸이 습사할 수 있는 최초의 관설사정 설치, 지방은 영(營), 주(州), 부(府), 목(牧)의 소재지에 장대, 연무대, 관덕정 등의 관설사정설치 연병강무와 습사를 하고, 민간은 풍소정, 등룡정, 등과정, 운룡정 등

다 과거제도

① 조선시대는 유교주의 국가이념을 바탕으로 한 교육 실시
② 과거법은 문과, 무과, 기술관 채용을 위한 잡과 등이 시행
③ 문과는 소과와 대과의 단계로 소과는 생원과와 진사과로 구분, 대과는 성균관을 졸업 응시
④ 무과는 기예를 시험 보는 시취 또는 취재, 시취는 무과의 예비적인 시험, 무과에 급제한 자를 관직에 임명하기 위하여 행하는 시험, 이미 해임된 자를 재차 임명하기 위한 시험, 봉록 없는 군관에게 봉록을 주기 위한 시험의 제도 등
- 무과는 3년 기준 식년무과와 임시로 특설되는 증광시, 별시, 정시 등의 비정규 무과
- 무과는 식년문과와 같이 초시-복시-전시, 초시는 식년 전해의 가을에 치르고, 복시와 전시는 식년 봄에 시행, 초시에는 향시와 원시, 원시는 훈련원에서 실시하는 별과 구분
- 시험은 강서와 무예시험으로 구성, 강서는 총 3과목으로, 사서오경 중한 과목, 무경칠서에 속하는 손자병법, 오자병법, 사마법, 육도, 삼략, 위료자, 이위공문대 중 하나, 그리고 육서인 통감, 병요, 장감, 박의, 무경, 소학 중의 하나를 시험, 또한 목전, 철전, 편전 같은 활쏘기와 말을 타고 하

는 기사 그리고 기창, 최종 시험인 전시는 격구 시험을 치름
⑤ 잡과는 예조, 형조, 전의감, 관상감 등의 각각 관서에서 교육 및 채용을 맡아 실시

라 조선시대의 체육

① 조선시대의 체육은 고려시대에 행하였던 체육활동이 전승, 각종의 신체활동은 세분화되는 형태로 변화
② 특히 조선의 체육은 국방과 민속, 그리고 오락적 활동과 관계, 더 나아가 건강 또는 교육적 성격이 있거나 그 외적 신체 활동들을 중심
③ 활쏘기의 궁술은 무인에게는 무과시험의 한 과목으로서 문인에게는 덕을 함양하거나 덕을 평가하는 수단으로서 사용되었기에 국가적으로나 교육적으로 권장
   - 대사례는 육일각에서 행하였으며, 육일이라는 것은 육예(六藝), 즉 예(禮), 악(樂), 사(射), 어(御), 서(書), 수(數)를 지칭, 이중 사(射)는 활쏘기이며, 대표적 신체활동
   - 궁술대회는 편사(便射)라고 하였으며, 5인 이상으로 편을 나누어 활을 쏘는 경기를 말하는데, 그 종류는 사정편사, 동편사, 장안편사, 사랑편사 등
④ 격방은 타구 또는 격구, 방희 등으로 혼용, 이는 조선왕조 건국 이후 격구 또는 타구라고 기록되다가 세조대에 이르러 기마격구와 구별하기 위해 이를 방희 또는 격방이라고 기록
⑤ 방응과 투호가 전승되었으며, 투호는 단순한 놀이적 요소보다는 교육적 의미를 부여, 성종은 "투호는 놀이가 아니라 치심(治心)의 요체이다."라고 강조
⑥ 한편 현대적 성격의 건강 혹은 보건의 개념으로서 퇴계 이황의 양생과 활인심방이 등장
   - 『활인심방』은 활인심서, 중화탕, 화기환, 양생지주, 치심, 도인, 거병연수육자결, 사계양생가, 보양정신, 신양음식 등으로 구성
   - 또한 율곡 이이는 질병의 원인이 기가 약하면 온갖 병이 다 걸리게 된다고 보았으며, 신(身)이 편안하지 못하면 바로 기(氣)를 약하게 하여 질병에 걸리는 원인이 된다는 것이며, 예방은 혈기가 지기의 뜻에 따르게 함으로써 질병을 예방하고 덕을 기를 수 있으며, 치료는 마음을 기르고 음식을 절제하는 것으로 제시

[02] 조선시대의 무예

① 조선시대 무예의 실체를 확인하기 위해서는 무과제도에 기초하여 인식해야 함
② 무과는 실기의 궁술(목전, 철전, 편전, 기사)과 격구(기격구), 수박 등
③ 특히 조선시대의 무예는 정조의 명에 의해 완성된 종합무예서인 『무예도보통지』를 편찬
④ 궁술: 무과의 활쏘기는 서서 쏘는 보사로 목전, 철전, 편전, 기사는 말을 타고 활을 쏘는 4과목, 활을 쏘는 거리는 차이가 있으며, 화살은 목전, 철전, 예전, 편전, 동개살, 장군전, 세전, 유엽전의 8가지

⑤ 격구: 고려시대의 격구는 조선조에 들어와서 비난을 받았으나 그 자체가 능숙한 말타기 능력과 체력, 그리고 정신적으로는 용맹함을 요구하였기에 군사체육의 의미로서 무예적 가치가 높이 평가됨, 이는 『무예도보통지』에 설명, 격구는 습무와 무과의 시험과목 형태로 존재

⑥ 수박희: 고려시대부터 계승, 조선 초기 개국과 함께 무예가 중시되면서 선군종목이 되었으며, 왕실행사에 자주 등장

⑦ 조선시대 무예서
- 조선시대 무예의 총체를 파악할 수 있는 것은 정조의 명에 따라 이덕무·박제가·백동수 등이 편찬한 4권 4책 목판본으로 『무예제보』 6기(技)와 『무예신보』 18기를 더하여 24기를 만들고, 도보를 붙여 『무예도보통지』
- 서유구가 저술한 『임원경제지』(1827)는 총 113권 52책, 16지(志) 중 취미활동을 다루고 있는 『유예지』 상권의 사설조에는 활쏘기에 대한 과학적 방법이 망라, 사설조는 초학연습, 자병, 풍기, 기구의 5개 항목이 있는데 이것을 다시 34개의 소항목으로 구분

03 조선시대의 민속놀이와 오락

① 조선시대의 민속놀이와 오락은 성리학적 유교사상에서 세시풍속에도 그대로 전승
② 이는 절기마다 조상숭배의 행사가 포함되었으며, 춤과 노래 그리고 민속놀이를 행함
③ 또한 고려 말기 지배층의 전유물이었던 체육활동은 점차 일반 민중에게 퍼져나가면서 점차 간편화되고 유희적 요소가 가미되면서 보편적 오락으로 성행
④ 민속놀이는 대체로 농경문화를 반영하고 있으며, 농경의례는 기풍의례, 성장의례, 수호의례를 통해 풍요와 길흉을 기원하고 마을공동체의식을 함양
⑤ 민속놀이는 씨름, 석전, 연날리기, 줄다리기, 그네뛰기, 윷놀이, 차전놀이 등이 성행
- 씨름은 문헌과 풍속화를 통해 그 실체를 파악, 풍속화는 단원 김홍도의 〈각력도〉, 해산유숙의 〈대쾌도〉 등, 문헌은 『조선황조실록』, 『동국세시기』, 『열량세시기』와 『난중일기』에 기록
- 석전은 정월 대보름 무렵과 사월 초파일부터 단오절까지 행하였으며, 그 유형은 민중의 전통경기로 국속, 무(武)로서의 석전, 대중의 관람성격, 스포츠경기로서의 석전은 승부를 결정하는 신체적 탁월성 추구하는 성격 등
- 줄다리기를 삭전, 조리지희, 갈전으로 지칭, 널뛰기는 초판희, 판무, 도판희, 그네뛰기는 추천, 윷놀이를 사희로 지칭
⑥ 조선시대 오락적 성격의 신체활동은 체육, 무예, 민속놀이를 제외하고, 동적인 신체 활동보다는 정적인 신체 활동을, 그리고 규칙, 장비 등의 간소화와 유희적 성격이 강한 신체놀이 특성이 있으며, 오락적 성격의 놀이는 장치기, 바둑, 장기, 종정도 등, 바둑과 장기는 오늘날까지 전승됨

04 개화기와 일제강점기의 체육·스포츠

1장 개화기의 체육·스포츠

[01] 개화기의 사회와 교육

가 개화기의 사회
① 조선 말기는 내적으로 집권층의 갈등과 세도정치로 인해 서민들의 생활은 날로 피폐하였으며, 붕당정치와 오랜 기간을 집권한 노론계층에 대한 반발이 강하게 나타남
② 지식층은 북학파와 실생활에 필요한 실사구시의 학문을 주장하는 실학파 학자, 천주교도들이었고, 이들을 중심으로 새로운 문명세계에 대한 개방론이 전개되는 시기
③ 서구열강의 문호개방정책이 가시화됨으로서 조선왕조가 붕괴되는 개화기는 개항 이후인 1876년부터 구한말의 1910년까지를 의미
④ 우리 민족은 내적으로 쇄국정책으로 왕권을 수호하려는 집권층의 노력에도 불구하고 외적으로 서세동점의 세계사적 조류와 일본 제국주의적 팽창정책으로 문호를 개방
⑤ 이는 1875년의 운양호 사건을 계기로 조선은 그 이듬해인 1876년에 일본과 병자수호조약(강화도조약)에서 시작된 개화기는 근대 문명이 유입, 기존의 질서에 대한 재편이 시도되었으며, 위정척사운동을 비롯하여 동학운동, 갑오개혁(1894), 임오군란(1882), 을미사변(1895), 을사늑약(1905), 의병운동(1895~1910) 등으로 19세기 말은 정치·사회적 격변기

나 개화기의 교육
① 개화기(1876~1910)는 수많은 시련과 격동 속에서도 우리 민족은 교육입국의 의지를 갖고 교육 근대화를 위해 많은 노력
② 고종 19년(1882)은 양반도 장사를 하고, 서민도 학교(학교와 성균관)에 다닐 수 있다는 사민[士農工商] 평등을 이루기 위해 1894년 갑오개혁을 단행하였으며, 교육개혁은 당시로서는 매우 획기적 사건
③ 교육의 변화는 과거제의 폐지와 임용시험제도의 채택으로 신분계급을 타파한 인재등용제도 도입 문존

무비의 차별 철폐, 우수한 청년의 해외 유학 장려를 실시
④ 특히 고종은 1895년 2월 근대적 국가를 세움에 있어서 교육을 국가중흥의 기본적인 수단으로 생각하고 '교육입국조서'를 반포하였으며, 29개 조항으로 된 소학교령(小學校令)을 공표
　- 조서에는 종래의 유교 중심 교육을 지향하고 덕양(德養), 체양(體養), 지양(智養)을 제시
　- 즉 삼양(三養)에 힘쓰며, 허명과 실용을 분별하는 실용교육의 강화를 주장함으로써 덕(德), 지(智), 체(體)의 체육교육의 중요한 영역 중 하나로 인정하는 계기
⑤ 조선은 1883년 영어교육을 위해 동문학, 통변학교(1883), 육영공원(1886)을 설립
⑥ 한편 지식인들은 흥화학교(1895), 낙영의숙(1895), 중교의숙(1896), 이용익이 세운 보성학교(1905, 고려대 전신), 안창호가 설립한 대성학교(1907), 이승훈이 세운 오산학교(1907) 등 많은 민간 사립학교를 설립
⑦ 또한 개항 이후 기독교의 복음을 전하기 위해 입국한 선교단체들은 기독교의 확장 수단으로 광혜원(1885년), 배재학당(1885), 이화학당 등이 설립

02 개화기의 체육

가 개화기 체육의 발전 양상

① 1876년 개항과 더불어 서구문화가 도입되면서 체육·스포츠 분야에서도 큰 변화
② 전통적인 무예 및 민속적 유희 중심의 체육이 체조, 유희, 스포츠 등으로 확대되고, 근대학교의 서구식 체육이 공식적으로 채택, 각종 운동회를 개최함으로써 체육·스포츠 역사의 전환기를 맞이하여 개화기를 통해 한국 근대체육은 새롭게 정립되고, 근대체육 사상이 형성
③ 근대체육의 도입은 학교를 통해 본격화되었으며, 동래 무예학교가 1876년 설립, 특히 1878년에는 일본세력에 대처하기 위한 방안으로 무예교육을 위한 제도가 도입
④ 원산학사는 1883년(고종 20) 개화파 관리들이 중심이 되어 덕원부 원산에 설립한 근대식 학교 설립, 초기에는 문예반과 무예반으로 편성, 문예반은 정원은 없었으나 약 50명의 학생을 입학, 무예반은 정원을 200명으로 하고 출신과 한량을 뽑아서 교육하여 별군관을 양성, 무예반의 교육은 병서와 사격으로 구성하였으며, '별군관도시절목'에 나타난 무예반의 시험내용 가운데 유엽전·편전·기추의 3기를 부과
⑤ 한편 한국 근대체육사의 변화는 YMCA로부터 시작하여 1880년대부터 개신교 선교사들에 의해 배재학당·이화학당(1886)·경신학당 등과 같은 미션 스쿨이 설립되었으며 1895년 관립 외국어학교, 1903년 한국 YMCA가 조직됨으로써 서구 스포츠가 본격적으로 유입
　- 배재학당(1885년)의 체육은 정규과목에는 포함되지 않았으나 과외활동을 통해 야구·축구·정구(테니스)·농구 같은 서구 스포츠가 도입

- 언더우드학당(경신학교:1886)은 '오락'이라는 명칭 하에 30분간의 체조시간이 배정되고, 1891년부터 '체조'가 정식 교과목에 편성, 이화학당은 정규 수업에 체조수업이 실시
⑥ 이와 같이 한국 근대스포츠가 도입된 것은 19세기 후반, 기독교 선교계열 학교를 통해 수용되었고 이를 학교체육활동으로 채택하여 근대 스포츠가 확산되는 데 커다란 공헌

나 관·공립학교와 사립학교의 체육

① 관·공립학교의 설립은 1895년 고종의 「교육조서」가 발표된 이후 체육은(체조라는 명칭으로) 소학교 및 고등과정에 정식과목으로 채택
- 소학교는 1896년 소학교규칙대강의 발표에 의해 "아동의 신체발달을 감(監)하여 기초생활에 필요한 지식과 기능을 가르친다."라고 규정, "체조는 신체의 성장을 균제건강케 하며, 정신을 쾌활강의케 하고, 겸하여 규율을 지키는 습관을 기름을 요지로 함"이라고 규정
- 사범학교의 체육교육은 한성사범학교 교칙(1985)에 "신체의 건강은 성업의 기본이므로 평소에 위생에 유의하고 체조에 힘써 건강을 증진시킴을 요한다."라고 규정, 교육과정 속에는 체조가 편성되었으며, 그 내용은 보통체조와 병식체조를 실시
② 한편 사립학교는 1905년 한일병합 이후 민족의 생존을 걱정하던 많은 선각자와 민족지도자들이 흥화학교(민영환), 낙연의숙(서광세, 이광종), 도산 안창호 선생이 고향에 설립한 대성학교, 이승훈의 오산학교를 설립, 교육구국운동
③ 1900년대 초 시대적 상황에서 교육은 곧 국권회복운동의 수단으로 인식, 각종 사립학교에서도 민족정신의 고취와 체력단련을 강조. 그리고 덕육, 체육, 지육을 강조하는 분위기 속에서 체육도 중요한 교과목 중 하나로 자리매김

다 운동회 개최와 역할

① 개화기의 체육은 정신적 국민을 양성하는 근본이며, 국민의 단합을 유도하였으며, 국가자강을 위한 중요한 의미로 인식, 이는 과외 활동의 일환으로 운동회가 확산되고, 운동회는 근대적 의미의 체육을 널리 보급시키는 역할을 수행
② 우리나라 최초의 운동회 1896년 5월 2일 영어학교의 영국인 교수 허치슨의 지도하에 개최된 화류회(花柳會)를 최초로 보고 있으며, 운동회 종목은 주로 육상
③ 개화기 학교 운동회는 학생들과 주민들이 함께 참가함으로써 학교와 사회가 어우러진 축제의 성격과 민족운동의 요람이자 사회체육 발달의 촉진제 역할
④ 운동회는 근대체육이 발전하는데 커다란 영향을 미쳤으며 개화기의 화두였던 신분철폐 및 남녀평등 같은 사회적 변화에 기여

라 체육단체의 결성

① 개화기 체육단체의 설립은 1906년부터 1910년까지 여러 단체가 결성

② 체육 동호인들이 결성한 체육단체는 사회체육의 발달을 촉진, 그리고 사회개혁을 꿈꾸며 민족의 웅비를 다짐했으나 을사늑약(1905)으로 사실상 민족의 주권을 상실하게 되자 많은 민족 지도자들은 강한 민족주의 사상을 바탕으로 국권회복 운동에 돌입

③ 각종 체육단체는 민족주의 운동의 구심점 역할

- 황성기독교청년회(서울 YMCA): 1906년 4월 11일 황성기독교청년회운동부를 결성, 농구, 배구, 야구, 유도, 철봉, 역도, 권투, 무용, 텀블링, 곤봉 등의 종목을 보급
- 대한체육구락부는 1906년 3월 11일 김기정의 괴동 집에서 현양운, 신봉휴, 한상우 등 30여 명이 발기하여 우리나라 최초의 근대적 체육단체를 설립, 1898년 3월부터 매주 수요일과 토요일 오후 훈련원, 장충단, 마동산, 삼선평 등에서 축구, 높이뛰기, 멀리뛰기, 달리기, 씨름 등 근대 스포츠를 보급
- 대한국민체육회는 1907년 10월 노백린이 체육의 올바른 이념 정립과 체육관련 정책의 개혁을 목표로 설립
- 대동체육구락부는 1908년 8월 권서연, 조상호, 이기환 등이 사회체육 단체를 결성
- 회동구락부는 1902년 2월 29일 탁지부(재경부) 관리들이 일본 관리들과 친목을 도모하기 연식정구를 최초로 도입, 바둑, 장기, 정구 등의 여가활동으로 하였으며 직장체육의 효시
- 무도기계체육부는 1908년 9월, 당시 학교장이던 이희두와 학무국장 윤치오에 의해 기계체조단체 설립, 군인체육기관의 효시이며 습사, 승마, 유술, 격검을 하였음
- 소년광창체육회는 1909년 8월에 남궁계의 집에서 청년의 신체를 건강하게 단련시킬 목적으로 조직하여 체조와 타구회(야구경기)를 개최
- 체조연구회는 1909년 10월 24일 한성의 체조교사인 조원희, 김성집, 이기동 등이 주축이 되어 보성중학교에서 조직하여 체육의 실제 면에서 제기되는 기술과 이론을 연구, 병식체조에서 학교체육으로 반영시키는 기여
- 청강체육부는 1910년 2월 중동학교 학생 최성희, 신완식 등이 조직한 단체로서, 매주 수요일과 일요일에 정례적으로 축구시합을 하였는데 이것이 최초의 학교체육부

마 근대 스포츠의 도입과 보급

① 체육의 교육과정은 1890년대부터 도입되었고 이를 계기로 다양한 근대 스포츠가 소개

② 1890년부터 1910년까지 각종 학교의 운동회와 연합운동회, 황성기독교청년회, 대한체육구락부 등의 체육단체 의해 축구, 체조, 육상, 승마, 사이클, 테니스, 사격 등 소개

③ 근대스포츠 도입 초기는 기초적인 활동으로 이루어진 종목이 주종을 이루었으나 점차 각종 구기와 투

- 기 종목도 소개되었고 매우 빠르게 확산
- 축구를 한국에 전파한 것은 1882년(고종 19) 인천항에 상륙한 영국 군함 플라잉 호스의 승무원이라는 견해가 있으며, 1890년 관립 외국어학교 교사들에 의해 도입, 1896년경 운동회 종목으로 채택하였으며, 1897년 최초의 축구팀 대한척구구락부가 조직, 최초의 축구 경기는 1899년 5월 황성기독교청년회와 오성학교의 경기이며, 1906년 대창구락부와 새문축구단이 창설
- 체조는 1895년 한성사범학교 설치령에 체조가 정식으로 채택, 당시의 체조 교과목에는 도수체조, 병식체조, 기계체조 등이 포함
- 육상은 1896년 5월 2일 삼선평(현 삼선교)에서 개최된 영어학교의 화류회에서 시작되었다는 것이 일반적인 견해
- 승마는 1896년 6월 10일 친어기병대가 창설되면서 처음 시작
- 수영은 1898년 5월 14일에 발표된 무관학교칙령 제11호 제17조를 통해 나타나고 있으며, 최초의 수영대회는 1929년 9월 1일 동아일보사가 주최한 제1회 조선수영대회
- 야구는 1905년 YMCA의 미국인 질레트에 의해 황성기독교청년회 회원들에게 야구를 지도한 것이 시초이며, 당시에는 '타구(打毬)'라는 명칭으로 사용, 최초의 경기는 1906년 훈련원 마동산에서 황성기독교청년회 팀과 덕어(德語, 독어) 학교 팀 간의 시합
- 농구는 1907년 황성기독교청년회 초대 총무 질레트에 의해 소개된 것을 시초로 보고 있으며, 최초의 경기는 1909년 7월 황성기독교청년회와 동경 유학생팀 간의 시합
- 정구(테니스)는 연식정구로 소개되고 척구(擲毬)로 표기, 1884년 갑신정변 이전에 미국공사관과 개화파 인사들이 즐겼음, 1911년 11월 5일 경성일보사 주최의 제1회 경룡정구대회가 개최, 현재와 같은 테니스는 1919년 조선철도국을 통해 도입
- 사이클 즉, 자전거는 「독립신문」 1896년 10월 8일자에 중고 자전거를 판매한다는 광고가 실린 것을 근거로 국내에 자전거가 도입되었을 것으로 추측
- 사격은 총포가 도입된 16세기 이후였으며, 현종 7년(1666) 각 군영(軍營)에 대총을 시험하도록 하였으며, 최초의 사격 경기는 조선 말기에 설립된 육군연성학교에서 개최
- 검도는 격검(擊劍)이라는 명칭으로 군과 경찰에서 시작되었다는 주장과 1896년 무관학교가 설립된 이후에 경무청에서 격검교육과 경찰의 교습과목으로 채택되어 도입
- 유도는 강도관의 일본인 우치다 료헤이에 의해 1906년에 우리나라에 전해졌으며, 이희두와 윤치오의 주도로 1908년 무관학교의 무도기계체육부에 유술이라는 정규교과목으로 도입, 1912년 '유각권구락부'가 조직되면서 더욱 널리 확산

[03] 개화기 체육사상과 역사적 의미

① 개화기 체육사상은 조선시대 말기의 사회적 변동과 동아시아는 격변기의 시대를 인식할 필요성

② 즉 유교주의 의식은 개화기 체육·스포츠의 도입과 확산에 역기능적인 사상적 배경이 되었으며, 개화기의 기독교계열 학교가 설립되면서 실시된 체육활동에도 매우 부정적 영향

③ 그러나 19세기에 접어들면서 전 세계는 제국주의가 대두되고, 제1차 세계대전을 거치면서 국민 개개인의 체력과 소양이 국력에 가장 중요한 요소로 부각됨, 따라서 각종 체육단체 설립의 기초가 되었으며, 이는 국가의 건설과 진화론적 자강론에 입각하여 체육발달을 통한 강력한 국가 수립 목적에 기여

④ 특히 개화기 학회지에 게재된 여러 체육선각자 및 지도자들의 글에서도 진화론적 민족주의 사상을 엿볼 수 있으며, 민족주의 사학자 문일평은 "체육이 개인의 정신에 있어서도 중요할 뿐만 아니라 국가의 운명에도 중대한 영향을 미친다."고 피력하였으며, "체육학교의 특설, 체육교사의 양성, 체육에 대한 연구를 위해 청년의 해외 파견" 등의 주장을 함

⑤ 이상과 같이 19세기 말과 20세기 초에 확산되기 시작한 체육과 스포츠는 국권상실이라는 민족의 위기를 맞은 상황에서 사회진화론적 인식을 바탕으로 형성되었으며, 이 사회진화론은 구한말의 애국계몽운동이나 일제강점기의 실력을 배양하자는 사회운동에 기여하게 됨

2장 일제강점기의 체육

[01] 일제강점기의 학교체육

가 무단통치기의 학교체육

① 일본은 1910년 8월 한일병합의 체결을 계기로 조선총독부를 설치하고 식민지통치에 착수

② 조선총독부는 식민지통치를 수행하기 위한 교육정책의 일환으로 1911년 조선교육령을 공포

③ 식민지통치하의 학교체육이 본격적인 궤도에 오르게 된 것은 1914년 6월 10일 조선총독부령으로 학교체조교수요목의 제정 이후

④ 이처럼 무단통치기에는 1910년 한일병합과 함께 학교체육은 일본의 충량한 신민을 양성하기 위한 도구로 사용

⑤ 식민지 체육교육은 1914년 학교체조교수요목에 의거해 적용하였으며, 학교체육은 보통체조, 병식체조 중심에서 스웨덴체조로 전환과 일본식 유희가 도입

⑥ 이는 근대적 체육이 도입되었으나 일본의 식민지 교육정책의 일환으로 시행하여 민족주의적 성격을 말살하고 일본화의 우경화 정착을 시도한 것임

1911년 보통학교의 교과과정

학년	수업시수	수업내용
1학년	3	유희, 보통체조
2학년	3	유희, 보통체조
3학년	3	유희, 보통체조
4학년	3	유희, 보통체조

나 문화통치기의 학교체육

① 1919년 3·1 독립운동은 일본의 문화통치정책으로 전환, 우리 민족을 회유하여 보다 효율적으로 지배하기 위한 기만정책을 실시, 체육정책은 우리 민족을 이간시키려는 수단으로 이용

② 조선총독부는 1922년 2월 교육령을 개정하여 제2차 조선교육령을 공포, 1927년 4월 1일 조선총독부령으로 학교체조교수요목이 개정

③ 즉 1922년 제2차 조선교육령을 통해 학제를 외형상 일본과 같은 체제로 개편하여 형식상 창조적 정신

과 자주적 행동에 따라 행해지는 스포츠나 유희를 중심으로 전개

④ 그러나 이는 체육교육의 발전을 도모하기 보다는 일본의 식민지교육체계를 확립하려는 목적 시행

1922년 보통학교의 교과과정

학년	수업시수	수업내용
1학년	3	체조, 교련, 유희
2학년	3	체조, 교련, 유희
3학년	3	체조, 교련, 유희
4학년	남 3, 여 2	체조, 교련, 유희
5학년	남 3, 여 2	체조, 교련, 유희
6학년	남 3, 여 2	체조, 교련, 유희

다 민족말살기의 학교체육

① 일본은 1931년 만주사변, 1937년 중일전쟁을 일으키면서 조선을 대륙침략의 거점으로 활용

② 1938년 3월 조선총독부는 제3차 조선교육령을 공포하여 국체명징, 내선일체, 인고단련의 3대 교육방침 강요

③ 1941년에는 제2차 세계대전의 도화선이 된 태평양전쟁을 일으키며 민족말살정책을 감행

④ 민족말살기의 학교체육은 일본의 중일전쟁, 태평양전쟁을 일으키며 전시동원체제로 전환되어 학교체육은 군사훈련화가 강제되었고 황민화 교육을 위한 황국신민체조가 실시됨

⑤ 또한 전시하 체력관리의 명목으로 체력장검정을 실시하여 학교체육은 체육 본래의 기능에서 벗어나 전시체제하 일본 군국주의의 도구로 전락

1938년 소학교의 교과과정

학년	수업시수	수업내용
1학년	4	체조, 교련, 유희 및 경기
2학년	4	체조, 교련, 유희 및 경기
3학년	3	체조, 교련, 유희 및 경기
4학년	3	체조, 교련, 유희 및 경기
5학년	남 3, 여 2	체조, 교련, 유희 및 경기
6학년	남 3, 여 2	체조, 교련, 유희 및 경기

[02] 일제강점기의 스포츠

가 근대 스포츠의 도입과 보급

① 일제강점기의 근대 스포츠는 개화기와는 달리 YMCA와 일본인에 의해 도입 및 보급
② 근대 스포츠의 종목은 권투, 탁구, 경식정구, 스키, 골프, 럭비, 역도 등
③ 일제강점기 근대 스포츠의 도입 현황:

종목	도입 시기	내용
권투	1912	광무대와 단성사의 주인인 박승필이 유각권구락부를 설립해 회원에게 지도
탁구	1914	조선교육회 내에 조직된 경성구락부의 원유회에서 거행
배구	1914.6	이전 YMCA 체육부에 의해 거행
경식정구	1919	조선철도국에 의해 소개
스키	1921	나가노현 이야마중학교 체육교사인 나카무라(中村丘三)에 의해 소개
골프	1921	조선철도국의 안도(安藤又三郎)에 의해 효창원골프코스 건설
럭비	1923	럭비구락부에 의해 소개
역도	1926	일본체육회 체조학교 졸업생인 서상천에 의해 소개

나 스포츠지도자의 활동

① 일제강점기의 스포츠지도자는 개화기와 한일합병 전후의 일본유학생에 의해 전개
② 즉 1920년을 전후로 귀국하여 새로운 스포츠를 소개하고 단체를 설립
③ 특히 일본유학 출신자의 적극적인 활동에 의해 조선 체육계는 학교에서 일반사회로, 경기 중심에서 이론적 체계를 정립하고 한국 근대스포츠 발전을 견인
④ 한편 와세다대학(김성수, 장덕수 등), 메이지대학(고원훈), 도쿄제국대학(유억겸)의 졸업생은 체육학을 전공하지 않았지만 조선체육회(1920) 설립의 중심인물로서 많은 공헌
  - 서상천은 1903년 경상북도 달성에서 태어나 1925년 3월 일본체육회 체조학교를 졸업하고 1926년 휘문고등보통학교의 체육교사로 부임, 역도부를 조직하는 한편 조선체력증진법연구회(1926)를 설립하고 이론적 실기에 근거를 둔『현대체력증진법』(1931),『현대철봉운동법』(1934),『역도』(1942) 등을 발행하고 체력증진에 대해 연구 및 지도 활동
  - 유억겸은 1895년 서울 계동에서 출생하여 1909년 9월 일본 교토(京都)의 도시샤중학교에 입학, 관립 제3고등학교를 거쳐 1922년 도쿄제국대학 법학부 법학과를 졸업 후 귀국하여 연희전문학교의 조교수를 역임하였으며, 1925년 7월 조선체육회 임원이 된 그는 3회의 회장(8대, 10대, 12대), 2회의 부회장(9대, 11대)을 역임하면서 각종 경기대회의 개최와 기구개편 및 회칙개정 등에 관여

다 스포츠단체의 결성과 활동

① 일제강점기 체육단체는 1919년 2월에 설립된 조선체육협회, 1920년 7월에 설립된 조선체육회를 비롯해 1937년까지 전국에 약 250개의 단체가 설립
② 일제강점기의 많은 체육단체가 설립된 것은 1910년 한일병합 이후 모든 스포츠 활동을 조선총독부의 허가를 받아야했던 일본의 무단통치정책이 1919년 3·1 독립운동에 의해 문화통치정책으로 바뀌면서 결사, 집회의 자유가 허용되었기 때문
 - 조선체육회는 1920년 7월 13일 일본유학생, 국내운동가, 동아일보사의 후원으로 조선체육회가 설립, 그 목적은 조선의 체육을 지도, 장려, 특히 1920년 11월에 개최된 제1회 전 조선야구대회는 오늘날 전국체육대회의 효시, 그러나 1937년 7월 중일전쟁으로 조선체육회는 1938년 7월 4일 조선체육협회에 흡수
 - 조선체육협회는 1919년 2월 경성정구단과 경성야구협회가 중심이 되어 설립, 1925년 경성운동장의 개장을 기념하기 위해 조선에서 최초의 종합경기대회라고 할 수 있는 조선신궁경기대회를 개최
③ 이처럼 조선체육협회는 일제강점기 조선에서 스포츠 활동을 주도한 단체로서 한국 근대 스포츠사에 많은 영향
④ 조선체육협회의 설립은 조선인들의 스포츠 활동을 대표하는 조선체육회의 설립에도 직접적인 역할을 해 조선체육회가 일제강점기에 한국 근대 스포츠의 보급, 발전에 기여

라 경성운동장의 건설

① 일제강점기 체육시설은 1925년 가을 일본 왕자의 결혼을 기념하기 위해 경성부가 만든 경성운동장을 비롯해 1934년까지 전국에 288개의 각종 경기장이 건설
② 경성운동장은 광희문의 동쪽(현재 을지로 7가) 2만 2,700평의 총면적에 공사비 15만 5,000엔을 들여서 만든 동양 제일의 경기장
③ 1925년 10월 15일 경성운동장이 개장되자 각종 경기대회가 개최되었는데 조선체육회와 조선체육협회를 비롯한 각 스포츠단체, 보성전문학교를 비롯한 각급 학교, 동아일보사를 비롯한 각 언론기관에서 축구, 야구, 정구, 육상, 종합경기대회 등 전국 규모의 대회와 올림픽경기대회, 극동선수권대회의 출전을 위한 예선전 등이 개최

[03] 일제강점기 민족주의적 스포츠 활동

가 YMCA의 스포츠 활동

① YMCA는 개화기부터 선교사에 의해 근대 스포츠를 보급하였으며, 1910년 8월 한일병합에 의해 조선인 체육단체의 대부분이 해산되었지만 독자적으로 스포츠 활동을 지속
② 1914년 6월부터 1915년 5월까지 당시의 축구, 야구, 농구, 배구, 체조, 유도뿐만 아니라 스포츠지도자 양성, 그리고 1916년 5월 실내체육관을 개관하면서 본격적으로 전개
③ YMCA는 일제강점기 초기에 대부분의 조선인 체육단체가 침체했으나 독자적인 스포츠 활동을 전개하여 한국 근대 스포츠를 보급, 발전시키는데 많은 공헌

나 민중의 스포츠 활동

① 근대 스포츠는 유럽, 일본에서 유입 또는 도입되어 학교를 통해 일반사회에 보급하였으나 일반 민중까지 보급되지 않고 일부 한정된 계층에 점유
② 김보영(조선체육연구회 주사)은 조선이 스포츠는 선수의 양성에 치우쳐 있음을 비판하고 스포츠의 일반 민중 보급을 강조
③ 우리민족 고유의 씨름은 민중의 자발적인 참여, 민중의 스포츠로 확인, 즉「동아일보」에 씨름은 민중스포츠의 일종으로서 국민의 보건에 중대한 효과를 보이고 민중에게 질서와 훈련을 배우도록 하였으며, 또한 씨름은 조선적 취미를 겸해 유용한 스포츠라는 것도 강조, 씨름은 민중의 오락으로서 신체를 단련하는 경기로서 변화
④ 한편 조선의 스포츠가 일부의 계층에 의해 행해지고 있는 상황 속에서 스포츠의 민중화를 위한 보건체조를 강조, 조선의 민중 스포츠는 당시 조선스포츠계가 엘리트스포츠에 치우쳐 생활체육으로서의 기능을 다하지 못한 상황 속에서, 이를 지양하기 위한 일환으로서 우리 민족 고유의 씨름과 덴마크의 닐스 북 체조에서 영향을 받은 보건체조를 통해 스포츠의 보급

다 손기정과 베를린올림픽경기대회

① 제11회 베를린올림픽경기대회는 한국인 최초의 금메달 획득, 일장기말살사건의 발단은 한국 올림픽사, 나아가 한국 근대 스포츠사에서 매우 중요한 역사적 의미
② 1936년 8월 9일 손기정은 28개국 51명이 참가한 마라톤에서 우승, 2시간 29분 19초 2로 2시간 30분대의 벽을 넘은 올림픽신기록을 수립
③ 손기정의 올림픽 우승은 일제강점기의 우리 국민에게 민족의식을 일깨워주고 무한한 자부심과 긍지를 심어주었으며, 국내 언론은 호외를 발행
④ 일장기말살사건: 동아일보는 8월 25일 보도기사 사진에서 손기정의 가슴에 있는 일장기가 지워진 채 지면에 실렸는데, 이것이 우리가 알고 있는 유명한 일장기말살사건
⑤ 한편 일장기말살사건의 당사자인 손기정은 "나의 세계제패가 일장기말살사건을 계기로 삼천리반도에 찬란한 슬픔을 넘쳐흐르게 했지만 그것은 한민족은 살아 있다는 구국선언을 천명한 거사였다."고 표현

05 현대 체육·스포츠

1장 체육행정조직 및 체육단체

[01] 국가 체육행정조직의 변천

① 1948년 대한민국정부는 체육을 통해 국민의 건강을 도모하고 국가와 사회발전에 선도적으로 기여하기 위해 건민체육사상을 바탕으로 다양한 체육활동을 이끌어내고 있음, 정부는 국가 차원에서 국민의 체육증진, 건전한 정신 함양, 활력있는 국민생활, 국위선양 등을 주된 체육진흥정책 내용으로 하고 학교체육, 생활체육, 전문체육으로 구분하여 정책을 시행

② 초창기 국가 체육행정은 문교부(현 교육부) 체육과가 담당, 당시 단일 체육과로서는 국가 주도적인 체육정책을 수행하는데 한계에 직면, 그러나 군부세력의 제3공화국의 박정희 정부는 '체력은 국력'이라고 내세워 국가주의 체육을 보다 체계화하기 시작

③ 전문체육은 국위선양과 이를 지탱할 우수 선수 육성 등의 정책이 가시화 됨, 특히 1962년에는 국민체육진흥법을 법률 제1146호로 공포하여 한국 체육·스포츠 발전의 계기를 형성

④ 제5공화국은 1986년 서울아시아경기대회와 1988년 제24회 서울올림픽경기대회를 개최하게 됨에 따라 체육행정을 전담할 체육부를 1982년에 신설

⑤ 당시 문교부 체육국에서 담당하던 학교체육도 문교부에서 체육부로 이관, 1993년 문민정부에 이르러서는 1993년 문화와 체육청소년부를 통합하여 문화체육부로 개편하여 생활체육 정책을 중점적으로 추진, 1998년 2월 「정부조직법」개정에 따라 체육과 청소년에 관한 소관업무를 모두 문화관광부로 이관하였고 체육행정은 대폭 축소

⑥ 이렇듯 중앙부처에서 체육업무는 시대적 필요에 따라 체육 행정조직이 변천해오고 있음

⑦ 현재 체육업무는 문화체육관광부에서 담당, 이는 2008년 2월 이명박 정부 출범이후, 체육을 담당하는 체육정책관과 체육정책과, 체육진흥과, 스포츠산업과, 국제체육과, 장애인체육과 등의 부서로 조직개편됨

[02] 민간 체육단체

① 국내 법정체육단체로는 대한체육회, 대한장애인체육회, 국민생활체육회가 있으며, 산하에 각 종목별 경기단체들과 시·도 체육회와 장애인체육회가 설치 운영
② 그리고 체육재정의 후원자인 국민체육진흥공단, 차세대 체육 전문인력 육성기관인 체육인재육성재단, 대학스포츠 발전을 위한 한국대학스포츠총장협의회 등이 주요 민간체육단체

가 대한체육회

① 대한체육회는 1920년 조선체육회로 건립(대한체육회 전신), 그리고 1945년 광복 이후 대한민국 정부가 수립되자 대한체육회로 명칭을 개정하고 지금까지 명실상부한 한국 체육진흥의 중심단체로 기능을 수행, 1945년 10월 제26회 전국체육 대회로서 '자유해방 경축 전국종합경기대회'를 개최
② 국민체육진흥법 제23조에 대한체육회의 목적을 "체육 운동의 범국민화, 학교체육 및 생활체육의 진흥, 우수 선수 양성을 통한 국위 선양, 가맹 경기 단체의 지원·육성, 올림픽 운동 확산 및 보급"에 있다고 명시하고 있어 전문체육, 학교체육 등을 총괄하는 체육단체
③ 또한 올림픽과 아시아경기대회 등의 실질적인 국제 체육업무를 총괄, 2009년 대한체육회와 대한올림픽위원회의 명칭을 단일화(한글은 대한체육회, 영문의 약칭 KOC)
④ 현재 대한체육회 산하에는 55개의 정 가맹단체와 3개의 준 가맹단체, 12개의 인정단체, 그리고 전국 17개 시·도체육회가 산하단체로 운영

나 대한올림픽위원회

① 한국은 1947년 제40차 IOC총회에서 IOC회원 자격을 얻게 되었고 여운형을 초대위원장으로 대한올림픽위원회를 발족
② 대한올림픽위원회는 1961년 군사정부의 유사단체통합이라는 정부 시책에 따라 대한체육회 산하로 통합
③ 하지만 1964년 대한올림픽위원회는 체육단체 통폐합은 국제올림픽위원회 헌장 제24조 및 제25조에 의해 "각국 올림픽위원회의 독립과 자주성을 살려야 한다."는 조항에 맞지 않았기에 다시 법인격을 갖는 기구로 분리
④ 그리고 1968년 2월 대통령의 지시로 체육단체 일원화가 다시 추진되어 대한올림픽위원회는 대한학교체육회와 함께 대한체육회로 재통합의 과정을 통해 운영
⑤ 이는 IOC헌장의 국가올림픽위원회로서의 대한올림픽위원회의 독립성을 생각할 필요성

다 대한장애인체육회

① 대한장애인체육회는 2004년 장애인 체육업무가 보건복지부에서 문화관광부로 이관이 결정된 후,

2005년 국민체육진흥법 개정을 통해 11월에 설립된 법적 단체
② 대한장애인체육회의 설립은 우리나라 장애인체육이 단순한 복지 차원에서 벗어나 진정한 삶의 질과 건강추구를 위한 체육으로 인정받은 것으로 이해
③ 장애인체육은 국내와 국제 업무를 구분하여 2006년 대한장애인올림픽위원회(KPC)를 설립
④ 2013년 12월 기준 대한장애인체육회는 29개 가맹 경기단체, 4개 유형별 체육단체 그리고 7개 인정단체, 또한 전국 17개 시·도지부가 결성하여 운영

라 국민생활체육회

① 국민생활체육협의회(현 국민생활체육회)는 민간 차원에서 범국민 체육 활동을 확산하고 다양한 생활체육 동호인 활동을 체계적으로 지원·육성할 목적으로 1991년 2월 6일 민법 제32조에 의해 비영리 사단법인으로 창립
② 이는 1990년 3월에 입안되어 추진된 호돌이 계획은 국민생활체육진흥 3개년 종합계획으로 구체화되어 생활체육발전의 제도적 기반 구축을 모색
③ 국민생활체육협의회는 전국 17개 시도에 시·도 협의회를 두고 있으며, 67개 경기종목별 시·도 연합회를 조직을 운영
④ 특히 생활체육동호인클럽 수가 9만 7,503개이며, 동호인은 437만 6,139명으로 명실 공히 국내 생활체육을 총괄, 그리고 국민체육진흥법 개정에 의한 2015년 6월 법정법인을 설립

마 국민체육진흥공단

① 국민체육진흥공단(KSPO)은 제24회 서울올림픽경기대회를 기념하고 국민체육진흥을 위한 사업을 수행하기 위하여 문화체육관광부장관의 인가를 받아 1989년 공익법인으로 설립
② 공단은 안정적인 수익원 확보를 위해 1994년 경륜 사업, 2001년에는 스포츠토토 사업과 2002년에 개장된 경정으로 재정확립에 기여
③ 현재의 대표적인 기금조성사업으로 경정, 경륜, 스포츠토토를 운영

2장 생활체육

[01] 생활체육의 개요

가 생활체육의 개념

① 1975년 3월, 브뤼셀에서 개최된 유럽 각국 체육부장관 회의에서 '모든 사람을 위한 스포츠 유럽 헌장'이 채택된 이후 스포츠 활동 참여가 모든 사람의 권리임을 최초로 천명함으로써 생활체육운동이 활성화되는 계기

② 우리나라는 1988년 서울올림픽경기대회 개최 이후 사회적 환경의 변화에 의해 국민의 체육활동 수요가 급격히 증가, 따라서 체육활동에 누구나 쉽게 참여하고, 건강증진과 삶의 질을 향상시키기 위해 생활체육의 역할과 기능은 지속적으로 증대

③ 한편 생활체육은 국민체육, 사회체육, 평생체육 등으로 혼용되어 사용되었으나 1984년 전후 정부 기관인 체육부에서 국민체육 진흥을 위한 정책 시행의 추진 내용을 개념화한 새로운 용어이고, 1989년 '국민생활체육진흥종합계획(호돌이 계획)'을 수립하면서부터 생활체육이란 용어가 사회체육이란 용어를 공식적으로 대체하여 사용되기 시작

④ 이와 같이 생활체육이란 건강 및 체육 증진과 여가 선용을 위하여 행하는 자발적이고 일상적인 체육활동으로서 생활의 일부분으로 행해지는 것을 의미

⑤ 생활체육은 평생체육(Sport for Lifetime), 모든 사람을 위한 체육(Sport for All)의 개념에서 출발, 그리고 국민체육진흥법 제2조 3항에서 생활체육이란 건강과 체력증진을 위하여 행하는 자발적이고 일상적인 체육 활동으로 정의

나 생활체육의 특성

① 체육활동을 전개하는 데 있어 학교체육은 학생, 전문체육은 적정 연령층이 그 참여 대상 반면 생활체육은 모든 사람을 대상

② 학교, 전문은 의무적인 데 반해 생활체육은 자발성, 학교체육은 게임과 체력운동, 무용, 스포츠 등을 주로 다루며, 전문체육은 공식적인 스포츠만을 포함, 생활체육은 다양한 여가스포츠는 물론 수많은 형태의 놀이 및 게임 활동을 형식에 얽매이지 않고 자유롭게 실천하는 특성

③ 또한 개인의 선호에 맞게 시간과 장소에 구애받지 않고 참여, 학교나 전문체육과는 차별성

생활체육, 학교체육, 전문체육 특성 비교

구 분	생활체육	학교체육	전문체육
대 상	모든 사람	학생	선수(최적 연령기)
의도성	자발적, 즐거움	의무적	반강제적
내 용	놀이, 게임, 스포츠, 체력운동, 무용 등	게임, 스포츠, 체력운동, 무용 등	정규 스포츠
시 간	자유 시간	수업 시간	훈련과 시합시간
장 소	모든 시설	학교체육 시설	정규 대회 시설
목 적	여가, 욕구 충족	교육	승리, 직업 영역

다 생활체육의 역할과 의의

① 생활체육은 모든 사람이 성, 연령, 계층, 인종, 종교 등에 구애받지 않고 체육활동에 참여함으로써 건강증진, 삶의 질 향상을 추구할 수 있는 복지 정책
② 생활체육을 통해 개인의 신체 기량은 물론 심리적 즐거움과 만족감을 얻으며 아울러 타인과의 유대관계와 사회성을 함양할 수 있는 좋은 기회로 활용
③ 무엇보다 생활체육은 복잡한 현대생활 속에서 자신의 몸과 마음을 스스로 치유할 수 있는 계기가 되어 건전한 사회생활을 할 수 있는 원동력
④ 따라서 생활체육의 자율적·자발적 참여는 민주적 생활태도는 물론 올바른 세계관과 인생관을 확립하는 데 의의

[02] 우리나라 생활체육 정책 및 현황

가 1980년 이전의 생활체육 정책

① 우리나라 체육행정 및 제도의 기반을 마련한 시기는 제3공화국 이후, 즉 '체력은 국력'이라는 표어 아래 국민체력 향상을 강조, 이는 국가주의와 민족주의에 입각한 사상을 반영
② 또한 1962년 국민체육진흥법 제정은 조직과 시책을 추진할 수 있는 법적 근거를 마련하였으나 국력과 시를 위한 전문체육에 중점을 두었다는 한계성
③ 다만 1961년 한국레크리에이션협회가 보건·체육·레크리에이션 등 사회체육 보급을 추진

나 1990년대의 생활체육 정책

① 생활체육 정책은 1988년 서울하계올림픽경기대회 개최와 1989년 국민생활체육진흥종합계획(호돌이 계획)과 1991년 국민생활체육협의회 창설을 통해 활발하게 전개
② 호돌이 계획은 정부, 지방자치단체, 민간단체가 공동으로 생활체육 진흥을 위해 추진, 이는 각계 각층에 맞는 생활체육 프로그램 및 건강생활체조를 보급
③ 1989년 이후 3년마다 국민생활체육 참여 실태조사를 실시하고 1993년 출범한 문민정부는 생활체육과 전문체육을 균형적으로 육성하기 위해 국민체력 증진에 대한 지원을 강화하였으며, 1급 생활체육지도자를 양성
④ 1998년 출범한 국민의 정부는 "사회건강은 생활체육에서"라는 표어를 기조로 국민의 체육활동 참여 기회 확대, 체육지도자 양성, 여가생활을 위한 복합 체육시설 확충 등에 초점

국민생활체육진흥종합계획 내용

	시 설		프로그램	지도자
주요 사업	• 생활체육시설 확충 – 서울올림픽기념 생활관 건립 – 소규모 근린생활체육시설 건립 – 국공립학교 내 테니스장 설치 – 광역권별 수영장 건립 – 레포츠공원 조성	• 기존 체육시설 활용도 제고 – 공공체육시설 활용도 제고 – 학교체육시설 개방이용 확대 – 올림픽시설 개방	• 생활체육 프로그램 개발·보급 – 국민경기 종목 개발·보급 – 계층별 생활체육 프로그램 보급 – 건강생활체조 개발·보급 • 1990 전국 스포츠교실 운영 • 직장체육 프로그램 개발 • 1990 전국씨름왕선발대회 개최 • 국민체력평가대회 개최	생활체육지도자 양성 제도 개선

다 2000년대의 생활체육 정책

① 2003년 참여정부는 "국민체육진흥 5개년계획"에 의해 생활체육 정책을 강조
② 생활체육 참여율 50% 설정 국민 건강 증진 및 삶의 질을 향상시키고자 노력
③ 2008년 이명박 정부는 지역 스포츠클럽을 활성화시키고, 맞춤형체육 복지를 구현
④ 전통무예 지정 및 육성을 보급하고, 레저스포츠 시설과 공간을 확충하는데 중점

라 현재의 생활체육 정책

① 2013년 박근혜 정부는 "스포츠 활성화로 건강한 삶 구현"을 기조로 생활체육 정책을 강조
② 생애주기별 맞춤형 프로그램 보급, 전 국민 스포츠체력 인증제 도입, 종합형 스포츠클럽 설립 등을 마련·운영
③ 그리고 "스포츠비전 2018"을 제시하여 작은 체육관 조성, 공공체육시설 장애인 편의시설 개·보수, 저소득계층 대상의 행복나눔 스포츠교실 확대 사업을 추진

3장 여성스포츠

[01] 여성스포츠의 태동

① 우리나라는 고도의 경제성장과 함께 여성의 경제활동과 취업률이 증가
② 여성스포츠의 태동은 1986년 아시아경기대회와 1988년 서울올림픽경기대회의 성공적인 개최 이후 1990년대부터 선진복지국가 구현을 위한 국가적 정책이 적극적으로 전개
③ 여성의 권익과 지위를 향상시키는 정책이 수립, 스포츠 영역에서도 여성에 대한 의식의 변화가 생성, 그 결과 여성의 스포츠 참여에 대한 긍정적 인식이 고조
④ 여성의 엘리트체육과 생활체육의 참여가 활성화되기 시작

[02] 여성의 생활체육 참여

① 우리나라는 1960년대부터 체육행정담당부서의 개편, 체육진흥법의 제정, 체육진흥정책의 수립이 이루어져 체육 진흥의 기틀이 마련됨
② 세계적 흐름에 발맞추어 여성해방운동 및 여권신장운동이 활발히 전개됨에 따라 남성의 전유물로 취급되었던 스포츠에 여성의 참여 기회가 확대
③ 1970년대 이후에는 시대적 요구로 민속춤, 사교춤이 지속, 스페인춤, 요가, 지압법, 안마법, 들놀이게임, 피부손질 등의 새로운 프로그램이 등장하여 여성 생활체육 인구 증가
④ 특히 서울 아시안게임, 88올림픽의 성공적인 개최로 인해 여성 체육참여에 대한 관심이 증대

[03] 여성의 엘리트스포츠 참여성과

① 사회인식 변화와 정부의 정책에 힘입어 여성스포츠는 다양한 국제대회에 진출
② 여성스포츠는 국제무대에서 한국의 위상을 알리고 있음
③ 1959년 세계탁구선수권대회 2위, 1962년 제4회 아시아경기대회에서 여자탁구가 복식 2위, 또한 1964년의 제4회 세계여자농구선수권대회에서 상업은행 농구단이 5위
④ 육상의 백옥자는 1970년 제6회 아시아경기대회에 포환던지기에서 1위를 차지하였으며, 1980년대는 다양한 스포츠종목에서 여성 엘리트선수가 참가하여 국위를 선양
⑤ 이처럼 여성스포츠는 1990년대 이후 엘리트스포츠 부문에서 경기력이 급속히 성장하면서 국제무대에서 스포츠를 통해 국위를 선양하고 세계적으로 경기력을 인정받음

4장 현대스포츠와 정치

① 한국 스포츠가 가장 정치적으로 이용된 시기는 제3, 제4공화국과 제5공화국
② 군사정권의 위정자들이 일정한 목적을 갖고 스포츠를 이용하고 애용한 시기, 즉 스포츠의 달콤함을 통해 정치에 대한 관심을 돌려 국민을 우민화(愚民化)하는 도구로 사용
③ 국내뿐만 아니라 세계 여러 나라에서 스포츠를 정치적 수단으로 이용, 따라서 스포츠가 정치적으로 이용된 시기를 집중 조명하여 체육사적 의미를 살펴봄

[01] 제3, 4공화국의 '체력은 정치'

① 광복 후 한국은 일제강점기의 민족적 아픔을 극복하였으나 '한국전쟁'이란 동족 간의 비극을 낳게 되었고, 사회적 불안정과 혼란이 지속되자 박정희는 1961년 5·16 군사정변으로 민주당 세력을 무너뜨리고 제3공화국을 출범
② 하지만 군사정부가 갖는 정치적 취약성을 극복하고 국민과 공감대를 형성, 일체감을 조성하는 그 무엇인가가 반드시 필요하였으며, 그 같은 난관을 해결하는 가장 좋은 정책으로 선택된 것이 바로 스포츠
③ 스포츠는 정부와 국민의 공감대를 깊고 빠르게 형성할 수 있는 최상의 선택, 즉 '체력은 국력'이라는 새로운 모토를 가시화, 이는 1962년 국민체육진흥법, 1966년 태릉선수촌을 건립하는 등 국민에게 구체화된 청사진을 제시
④ 또한 전국체육대회를 통해 스포츠 발전과 사회 제반시설 건설이라는 두 마리 토끼를 함께 잡기 시작하였으며, 집권 초기부터 박정희장군배 동남아시아여자농구대회, 1971년은 박정희 대통령의 이름을 딴 박스컵, 즉 박대통령배 아시아축구대회 등이 창설
⑤ 정부는 '건민체육'과 '국위선양'을 위한 '엘리트체육'을 집중 육성하였으며 '학교체육'도 크게 강화, 정부 차원의 계획된 전방위적인 투자와 집중적인 체육정책은 급성장
⑥ 특히 제3공화국은 남북이 분단된 상황에서 체제의 우월성을 과시하고 반공 이데올로기를 강화할 수 있는 것은 오직 체육, 스포츠뿐이라 판단했으며 엘리트스포츠 위주의 국가지원체제는 당시 거스를 수 없는 시대적 선택
⑦ 정부는 우수한 성적을 거둔 선수에게 포상금과 격려금을 수여하고 범국민적인 환영식과 함께 그들을 '스포츠 영웅'으로 추앙함, 제3, 4공화국의 스포츠 정책의 결과는 1980년대 이후 학교체육과 엘리트체육, 사회체육 등의 전반에 걸쳐 활력을 불어 넣어 한국체육 성장의 근간이 되었음은 우리가 인지해야 할 분명한 역사적 사실

[02] 제5공화국은 스포츠공화국

① 제5공화국은 1979년 박정희 대통령이 10·26 사태로 서거하자 한국 스포츠계도 함께 주춤하였으나 이미 당겨진 한국 체육의 화살은 멈추지 않고, 한국 스포츠는 더 큰 스포츠 세상을 맞이함

② 제5공화국은 제3공화국의 정권 획득 정당성과 국민적 지지를 확보하지 못했고, 초기부터 분출되는 국민의 정치적 불만을 잠재우고 지배논리를 정당화할 수 있는 방안을 모색함. 그것은 앞선 정권이 직접 보여준 스포츠

③ 특히 1980년대는 국민소득이 향상되어 여가활동에 대한 국민적 욕구가 크게 확대되었고 스포츠에 대한 국민의 관심 자체가 높아진 시기에 제5공화국은 군사정권의 정당성을 확보하기 위해 다양한 문화행사로는 서울에서 벌어졌던 '미스유니버스대회'를 비롯해 1981년 '국풍81' 그리고 서울아시아경기대회와 서울올림픽경기대회를 유치

④ 더불어 1980년 초 컬러 TV의 대량 보급은 사회통제의 중요한 수단으로 매스미디어가 등장하였고 다양한 스포츠신문이 봇물 터지듯 출간. 제5공화국은 이를 적극 활용하였으며, 정치가 만들어낸 스포츠의 프로화(한국프로야구)가 시작됨

가 한국프로야구의 출범

① 1982년 3월 27일, 서울의 잠실야구장에선 여고 고적대의 퍼레이드와 가수들의 축하 쇼가 화려하게 펼쳐졌으며, 이는 정권 차원의 정치적 이해가 깊숙이 개입된 것임

② 당시 제5공화국은 1986년 아시안게임과 88년 서울올림픽경기대회의 성공적 개최를 정권의 사활이 달린 문제로 인식하여 스포츠에 많은 공을 들였지만 그것만으로 국민의 관심을 돌리기에 역부족, 따라서 정부가 선택하여 시작한 것이 프로야구의 시작

③ 하지만 스포츠의 정치적 이용이라는 측면, 제5공화국의 정치적 의지가 작용했다는 점에서 한국프로야구는 지금도 비판을 받음, 그러나 경제적 발전과 여가시간이 중시되는 시대적 변화 속에서 프로야구는 대중의 욕구를 충족시키는 필연적 변화와 사명으로 인식됨

나 오직 스포츠, 스포츠, 스포츠

① 1980년대 들어서자 대한민국 스포츠는 아마추어를 넘어 프로스포츠의 시대를 개막

② 1982년 등장한 프로야구를 비롯한 축구, 씨름, 권투 등의 프로화가 본격화된 시기이며, 또한 준프로라 할 수 있는 농구(1997년)의 '점보시리즈'와 '배구대제전'이 출범

③ 따라서 스포츠는 TV방송국의 편성프로를 장악하게 되고, 편파적인 프로스포츠의 열기는 황금만능주의, 경쟁주의, 대리만족, 정치적 무관심을 이끌며 건전한 체육문화 발전과는 다소 거리

④ 제5공화국은 "올림픽 개최를 통해 우리나라가 곧 선진국이 된다!"며 마치 스포츠가 국가통치의 준거인 듯 이용

⑤ 즉 세계적 스포츠경기의 개최를 위해 '질서'와 '화합'이라는 명목 아래 국민을 통제하고 억제하는 수단으로 스포츠를 이용
⑥ 결국 1980년대 올림픽 유치와 프로스포츠의 도입은 한국 체의 비약적으로 발전하는 혜택도 누렸으나 1980년대 정부의 '스포츠 활성화' 정책은 한국을 스포츠공화국으로 불릴 만큼 체육을 정치적으로 이용

[03] 현대의 정치와 스포츠 역사를 바라보며

① 한국 스포츠 발전의 기저에는 분명히 정치적 동기가 있었고 이로 인해 스포츠가 비약적으로 발전했음은 숨기고 싶은 치부이지만 역사적 사실
② 정부는 국가에 대한 신뢰도를 높이려는 의지로 인해 정치와 스포츠를 밀접하게 연결 짓고 계획 하에 움직였음
③ 스포츠에 관한 정치적 의도는 "정치인들이 국내·외적으로 한국의 국가이미지를 향상시키고자 하는 의도에서 스포츠를 상징적 선전 효과로 활용했다는 것" 그리고 "국가적 통합이라는 명분하에 스포츠가 국민을 단합시키기 위한 수단으로 이용되었다"는 것 등

06 국제스포츠대회 참가

1장 하계올림픽경기대회

[01] 시대와 올림픽경기대회

① 근대 올림픽은 쿠베르탱에 의해 창시, 1896년 그리스 아테네에서 제1회 대회 개최
② 쿠베르탱은 스포츠를 통한 세계평화와 젊은이들의 신체단련을 강조, 스포츠의 세계화에 공헌, 특히 올림픽리즘은 스포츠를 통한 세계 평등, 평화, 선의를 의미하는 정신 고취
③ 하지만 한국의 일제강점기에는 일본의 국기를 가슴에 달고 출전하였으며, 우리선수가 출전한 종목은 마라톤, 복싱, 농구, 축구에 참가
④ 따라서 우리나라는 조국 광복과 함께 올림픽 참가 열망이 고조되던 1948년 런던올림픽경기대회 참가를 위해 조선체육회의 재건과 1946년 7월 15일 런던올림픽 대책위원회를 결성 1947년 6월 19일에는 IOC로부터 KOC를 승인받음
⑤ 올림픽 출전에 대한 국민적 열망은 곧 전국체육대회의 명칭을 변경 1946년과 1947년 열리게 되는 조선의 종합체육대회를 '조선올림픽경기대회'라 칭함

[02] 한국의 하계올림픽경기대회 참가 역사

가 한국의 하계올림픽경기대회 도전기(1948~1972)

① 하계올림픽 도전기는 14회부터 20회까지이며, 1948년 런던올림픽경기대회에 한국 정부수립 직전 최초로 하계올림픽 참가, 런던올림픽의 한국선수단은 'KOREA'라는 이름을 가슴에 달고 출전하여 역도의 김성집과 복싱의 한수안이 동메달 획득
② 1952년 헬싱키에서 역도의 김성집과 복싱의 강준호가 동메달, 1956년 멜버른에서 한국 최초의 은메달이 복싱의 송순천에 의해 획득, 1960년 로마올림픽에서는 메달을 획득하지 못함
③ 1964년 동경올림픽에서 레슬링(장창선)과 복싱(정신조)에서 은메달, 재일동포 김의태(유도)가 동메달,

1968년 멕시코에서 복싱의 지용주가 은메달, 장순길 동메달, 1972년 뮌헨에서 재일동포 오승립이 유도에서 은메달을 획득

④ 이처럼 한국의 하계올림픽 참가의 도전기는 7회 동안 은 5개, 동 7개를 획득하였으며, 대부분이 투기 종목에서 성과

한국의 하계올림픽 도전기 현황

회차	개최 연월일	개최지	경기 종목	참가 인원	한국 참가 현황 인원 (임원/선수)	금	은	동	한국 순위/ 총 참가국
14	1948.7.29 ~ 8.14	영국 런던	18	4,104	67(17/50)	0	0	2	24/59
15	1952.7.19 ~ 8.3	핀란드 헬싱키	18	4,955	43(23/20)	0	0	2	37/69
16	1956.11.22 ~ 12.8	호주 멜버른	18	3,314	57(22/35)	0	1	1	29/72
17	1960.8.25 ~ 9.11	이탈리아 로마	17	5,338	67(31/36)	0	0	0	83
18	1964.10.10 ~ 10.24	일본 동경	19	5,151	224(59/165)	0	2	1	27/93
19	1968.10.12 ~ 10.27	멕시코 멕시코시티	20	5,516	76(21/55)	0	1	1	36/112
20	1972.8.26 ~ 9.11	서독 뮌헨	22	7,134	68(22/46)	0	1	0	33/121

나 한국의 하계올림픽경기대회 성장기(1976~1984)

① 하계올림픽 성장기는 한국이 사상 최초로 금메달을 획득한 1976년 몬트리올부터 1984년 LA올림픽까지의 시기

② 1976년 몬트리올올림픽은 여자배구는 구기종목 사상 첫 동메달을 획득, 유도, 레슬링에서 메달을 획득, 특히 한국 최초의 금메달은 레슬링의 자유형 페더급에서 양정모가 획득

③ 1980년 모스크바는 공산권 최초의 올림픽대회로 미국의 카터(Jimmy Carter) 대통령은 소련의 아프가니스탄 침공에 대한 제재조치로 모스크바대회를 보이콧, 한국은 이 대회에 불참, 1984년 미국 로스앤젤레스올림픽은 레슬링, 유도, 복싱, 양궁에서 금메달을 획득, 특히 여자 농구와 핸드볼팀이 은메달을 획득, 우리나라 올림픽 참가 역사상 금 6개, 은 6개, 동 7개를 획득하여 종합 10위의 성과를 거둠

④ 하지만 이 대회는 모스크바대회 때 미국 측 불참에 대한 보복으로 소련은 대회 2개월 전에 "선수의 안전에 문제"로 출전을 보이콧, 동구권 국가들도 모두 불참하여 반쪽 올림픽을 개최

한국의 하계올림픽경기대회 성장기 현황

회차	개최 연월일	개최지	경기 종목	참가 인원	한국 참가 현황 인원 (임원/선수)	금	은	동	한국 순위/ 총 참가국
21	1976.7.17 ~ 8.1	캐나다 몬트리올	21	6,084	72(22/50)	1	1	4	19/92
22	1980.7.19 ~ 8.3	소련 모스크바	21	5,179	불참				
23	1984.7.28 ~ 8.12	미국 로스앤젤레스	21	6,829	288(78/210)	6	6	7	10/140

다 한국의 하계올림픽경기대회 개최기(1988년 서울올림픽경기대회)

① 88서울올림픽은 1979년 9월 21일 박정희 대통령의 재가를 받아 10월 8일 하계올림픽의 서울 유치 의사를 공식화
② 1980년 11월 30일 IOC에 제출하고 1981년 9월 30일 서독 바덴바덴에서 열린 제84차 총회에서 일본의 나고야를 52 대 27로 꺾고 하계올림픽 유치에 성공
③ 1988년 서울올림픽경기대회는 지금도 세계로부터 올림픽 역사상 최고의 대회로 평가
④ 이는 올림픽의 기본정신인 평화·평등·선의를 토대로 한 동·서의 화합, 세계평화의 장을 마련
⑤ 이처럼 대한민국은 올림 전종목 출전과 함께 레슬링, 유도, 구기종목인 여자핸드볼, 역도, 탁구 등에서 금 12개, 은 10개, 동 11개를 획득 종합 4위의 최대 성과를 달성
⑥ 특히 태권도가 시범종목으로 채택

라 한국의 하계올림픽경기대회 세계화기(1992~2012)

① 한국 하계올림픽의 세계화기는 1992년 바르셀로나부터 2012년 런던까지의 기록
② 1992년 스페인바르셀로나에서 사격, 역도, 양궁, 그리고 첫 정식종목인 여자유도, 배드민턴 등에서 금메달을 획득, 여자핸드볼은 올림픽 2연패를 달성, 특히 광복이후 황영조가 한국이 최초 마라톤을 제패하는 등 종합 7위(세 차례 연속 10위권 진입).
③ 1996년 애틀랜타에서는 금 7, 은 15, 동 5개로 종합 10위, 2000년 시드니에서는 남·북한 동시 입장, 한국 태권도가 정식종목으로 채택
④ 2004년 아테네는 한국 양궁의 세계 최강임을 입증하고 금 9, 은 12, 동 9개로 종합 10위. 2008년 베이징은 올림픽 사상 두 번째로 31개의 메달과 야구가 세계를 제패하여 종합 8위
⑤ 2012년 런던올림픽은 펜싱과 체조, 축구에서 괄목할만한 성장, 종합 5위
⑥ 이상과 같이 한국 하계올림픽은 도전, 성장, 개최, 세계화를 위해 끊임없는 노력을 경주, 새로운 도전을 위해 노력
⑦ 올림픽은 메달의 경쟁보다 그 정신을 계승 세계의 평화를 지향하며, 대한민국이 세계스포츠 중심 국가로 성장

한국의 하계올림픽경기대회 세계화기 현황

회차	개최 연월일	개최지	경기 종목	참가 인원	한국 참가 현황 인원 (임원/선수)	메달 금	메달 은	메달 동	한국 순위/ 총 참가국
25	1992.7.25~8.9	스페인 바르셀로나	25	9,356	344(97/247)	12	5	7	7/169
26	1996.7.19~8.4	미국 애틀랜타	26	10,318	428(116/312)	7	15	5	10/197
27	2000.9.15~10.1	호주 시드니	28	10,651	398(114/284)	8	10	10	12/199
28	2004.8.13~8.29	그리스 아테네	28	10,625	376(109/267)	9	12	9	9/201
29	2008.8.8~8.24	중국 베이징	28	10,942	389(122/267)	13	10	8	7/204
30	2012.7.27~8.12	영국 런던	26	10,500	377(129/248)	13	8	7	5/205

2장 동계올림픽경기대회

[01] 동계올림픽경기대회의 탄생과 초기의 역사

가 동계올림픽경기대회의 탄생

① 1908년 제4회 런던하계올림픽에 피겨스케이팅, 1920년 제7회 앤트워프올림픽에 피겨스케이팅과 아이스하키 종목이 올림픽 종목에 포함
② 하지만 IOC는 1922년 제20차 총회에서 국제동계스포츠 주간 1924년 시범대회 개최 결정, 제25차 총회에서 프랑스 샤모니의 행사를 제1회 동계대회로 승인
④ 이처럼 동계는 4년을 주기로 개최되는 겨울 종합스포츠대회로서 1924년부터 제2차 세계대전에 의해 중단되기 전인 1940년까지 4년마다 개최
⑤ 1940년 이후, 중단된 동계와 하계는 1948년 다시 개최, 하계와 동계는 1992년까지는 같은 해에 개최하였으나 1994년부터 동·하계분리 개최와 다른 해에 개최

나 동계올림픽 초기의 역사

① 제2회 동계올림픽경기대회는 스위스 생모리츠(1928), 제3회는 미국 레이크플래시드(1932), 제4회는 독일 가르미쉬-파르텐키르헨(1936)에서 개최
② 특히 제4회는 우리나라 선수가 일본선수단의 일원으로 빙상계를 석권한 김정연, 이성덕, 장석식이 참가, 하지만 제2차 세계대전으로 동계올림픽경기대회 중단
③ 즉 1940년 동계올림픽은 일본 삿포로에서 개최될 예정이었으나 1938년 중일전쟁으로 취소, 1944년 동계올림픽의 개최지는 이탈리아의 생모리츠였으나 이어지는 전쟁으로 1941년 여름에 취소, 1948년 부활

[02] 한국의 동계올림픽경기대회 참가 역사

가 동계올림픽경기대회 도전기(1948~1980)

① 한국사회는 광복과 더불어 1948년 제5회 스위스 생모리츠 동계올림픽경기대회 참가는 그 도전의 시작
② 특히 동계와 하계를 통합해서 볼 때 우리나라가 최초로 참가한 대회는 제5회 대회(동계올림픽 참가의 시초).

③ 하지만 한국 동계올림픽은 1980년 미국 레이크플래시드까지는 역경과 고난의 시기, 즉 제5회 동계올림픽은 스피드스케이팅 남자 1,500m와 5,000m에 이효창, 문동성, 이종국이 참가
④ 특히 제6회 동계올림픽경기대회는 한국전쟁으로 참가하지 못하였으며, 제7회 동계올림픽(1956)은 스피드스케이팅에 장영, 김종순, 변창남, 조윤식 등이 참가
⑤ 제8회 동계올림픽(1960)은 스피드스케이팅, 스키에 참가하였으며, 한국 여성 최초 동계올림픽 참가는 한혜자와 김경회가 스피드스케이팅에 참여 20권의 성적
⑥ 제9회 동계올림픽(1964)은 북한(North Korea)이라는 명칭으로 참가, 한국선수단은 스피드스케이팅, 스키에 참가
⑦ 제10회(1968), 제11회(1972), 제12회(1976), 제13회(1980) 동계올림픽경기대회에서 출전한 한국선수단은 나름의 성과를 보였으나 세계의 장벽을 넘지 못함

나 동계올림픽경기대회 성장기(1984~2000)

① 한국 동계올림픽의 성장기는 제14회 동계올림픽(1984)부터 스피드스케이팅, 피겨스케이팅, 스키경기, 바이애슬론경기 등 임원 8명으로 총 23명의 최대 선수단을 파견
② 제15회 동계올림픽(1988)에 한국은 5개 종목과 1개의 시범 종목을 포함한 46명의 역사상 가장 큰 규모의 선수단을 파견, 스피드스케이팅 등에서 높은 기량을 보였으며, 특히 시범경기의 쇼트트랙에서 한국선수단은 2개의 금메달을 획득하여 동계스포츠 도약의 계기를 마련
③ 한국 동계올림픽 성장기의 전환은 제16회 동계올림픽(1992)에 5개 종목 50명을 파견, 스피드스케이팅 남자 1,000m에 출전한 김윤만은 동계올림픽 출전 이래 44년 만에 은메달을 따는 쾌거, 한국 빙상 최초의 올림픽 금메달은 쇼트트랙이 정식종목 채택과 함께 김기훈이 획득과 5,000m 릴레이에서 금메달을 획득, 종합 10위의 기적
④ 또한 제17회 동계올림픽(1994)부터 빙상의 김기훈은 쇼트트랙에서 금메달을 획득하여 올림픽 2연승을 이루었고, 여자 3,000m릴레이에서 우승, 채지훈은 남자 500m 금메달, 전이경은 여자 1,000m에서 네 번째 금메달을 획득, 은 1개, 동 1개로 메달순위 6위를 기록
⑤ 제18회 동계올림픽(1998)은 컬링(Curling)과 여자 아이스하키, 스노보드를 채택하였으며, 금 3개, 은 1개, 동 2개로 메달순위 9위로 쇼트트랙의 최강국임을 입증
⑥ 제19회 동계올림픽(2002)은 미국 9·11테러가 발생으로 보안과 안전의 중요성이 부각되고 한국선수단은 쇼트트랙 스피드스케이팅에서 금메달 2개, 은메달 2개로 메달순위 14위로 아쉬움을 남김

다 동계올림픽경기대회의 세계화기(2006~현재)

① 한국의 동계올림픽경기대회 세계화기는 2006년 제20회부터 참가한 시기
② 세계화기는 올림픽 유치를 시작한 2003년(21회), 2007년(22회) 그리고 2011년(23회) 2018년 동계올

림픽경기대회 유치 성공을 통해 그 저력을 과시하는 시기

③ 제20회 동계올림픽(2006)은 7개 종목 중 5개 종목에 69명(임원 29명, 선수 40명)의 선수단이 참가하여 종합 7위(금 6, 은 3, 동 2)로 동계올림픽 사상 메달 획득에 있어서 최고 성적을 거둠으로써 동계스포츠 종목의 강국으로서 위상을 강화

④ 제21회 동계올림픽(2010)은 5개 종목에 46명이 참가 종합 5위라는 동계대회 참가 사상 최고의 성적, 특히 김연아는 피겨스케이팅 쇼트프로그램과 프리프로그램에서 모두 경쟁자들을 압도적으로 제압하고 금메달을 획득 또한 동계스포츠 빙속의 최강국 부상

⑤ 제22회 동계올림픽(2014) 한국선수단은 113명(임원 49명, 선수 64명)의 선수단을 파견하여 금 3개, 은 3개, 동 2개로 총 8개의 메달을 획득하여 종합 순위 13위

⑥ 동계스포츠는 스피드스케이팅과 쇼트트랙, 피겨스케이팅 외에도 컬링과 썰매종목도 가능성, 스켈레톤과 봅슬레이, 루지는 썰매 불모지의 역경을 딛고 역대 출전한 올림픽 중 최고 성적

⑦ 다가오는 2018 평창동계올림픽(23회)은 문화체육관광부가 "2018 평창의 꿈 이렇게 이뤄집니다."라는 비전을 통해 '성공 개최 5대 전략'을 수립, 만반의 준비

3장 아시아경기대회

[01] 아시아경기대회의 태동

① 아시아경기대회는 2014년 인천에서 개최된 제17회 대회까지 63여 년의 역사

② 1951년 제1회 인도 뉴델리대회를 계기로 시작

③ 그 모태는 '동양올림픽경기대회'로 명명되던 극동선수권대회(1913: 필리핀)와 서아시아경기대회(1934: 인도)

가 극동선수권대회

① 극동선수권대회는 1913년 필리핀에서 시작하였으며, 극동아시아 지역 국가들의 친목과 올림픽 참가 준비 목적으로 2년에 한 번씩 아시아의 지역으로 번갈아 개최

② 제1회 '동양올림픽경기대회'로 개최하였으나 2회 대회인 중국대회부터 극동선수권대회라는 명칭을 사용 10회 대회를 끝으로 중단

③ 그 이유는 1931년 만주사변 이후 만주국을 세운 일본이 만주국의 추가 가입을 주장, 중국이 반대의사를 표명하며 탈퇴한 것이 직접적인 이유

나 서아시아경기대회

① 서아시아경기대회는 1934년 인도의 주도로 인도, 아프가니스탄, 스리랑카, 팔레스타인이 참여한 대회

② 제1회 대회는 인도 뉴델리에서 개최, 당초 4년에 한 번씩 개최 계획을 하였으나 제2회 대회인 1938년 팔레스타인대회가 전쟁으로 인해 취소되면서 서아시아경기대회도 중단

다 아시아경기대회의 창설

① 1945년 제2차 세계대전의 종전 이후 식민지 통치에서 벗어난 아시아 국가들을 중심으로 아시아인들만을 위한 스포츠 제전을 창설하자는 국제적인 여론이 형성되었고, 인도를 중심으로 아시아경기대회를 개최하기 위한 움직임이 가시화

② 1947년 인도 IOC 위원인 루 두트 손디가 아시아관계회를 개최, 아시아인을 위한 스포츠 대회의 개최 논의

③ 1948년 8월 런던올림픽 기간 중 한국, 대만(당시 중화민국), 인도, 미얀마, 필리핀, 스리랑카의 6개국 대표가 아시아경기대회 개최를 위한 협의회, 1949년 2월에 인도의 뉴델리에서 9개국, 12명의 대표가 AGF(Asian Games Federation)협의회를 구성하였고 이때 제정한 헌장으로 IOC의 승인을 받아 정식 출범, AGF는 1982년 상설기구 형태의 OCA로 변경하여 지금의 아시아경기대회가 창설

④ OCA(Olympic Council of Asia: 아시아올림픽평의회)는 하계, 동계아시아경기대회, 비치 아시아경기대회, 실내 및 무도 아시아경기대회, 청소년 아시아경기대회 5개 대회 개최, 그 조직은 회장, 총회, 집행위원회, 분과위원회로 구성

[02] 아시아경기대회의 역사

가 아시아경기대회 개최 기록

① 아시아경기대회는 1951년 뉴델리대회부터 2014년 인천대회까지 17회, 63년의 역사

② 1951년 1회 대회부터 1982년 9회 대회까지는 하계대회만 개최, 1986년 일본의 삿포로에서 제1회 동계대회가 개최

③ 이제는 하계대회와 동계대회가 모두 개최되며, 한국은 1986년(서울), 2002(부산), 2014년(인천) 아시아경기대회를 개최하였으며, 동계는 1999년(강원)에서 개최

나 한국의 하계아시아경기대회 참가 역사

① 한국의 하계아시아경기대회 참가는 제1회 뉴델리대회(1951)는 한국전쟁으로 불참, 하지만 제2회 마닐라대회(1954)부터 처음 6개 종목 참가하여 금 8개, 은 6개, 동 5개로 종합 3위

② 하계아시아경기대회의 기록은 제10회 서울대회(1986)로 한국스포츠의 새로운 역사가 시작

③ 1986년 서울아시안게임은 해방 이후 한국이 개최한 국제 행사 중 가장 큰 규모, 소위 말하는 빅메가 이벤트로 기록, 이 대회 유치는 1981년 11월 27일 인도 뉴델리에서 열린 아시아경기연맹(AGF) 총회에서 결정, 그리고 본 대회는 36개 회원국 중 북한·몽고·베트남·예멘민주공화국 등 북한의 불참에 동조하는 6개국과 시리아·미얀마·브루나이 등 국내 사정으로 참석하지 못한 3개국을 제외 27개국이 아시아경기대회 사상 최대 규모

④ 또한 한국에서 두 번째로 개최된 제14회 부산아시아경기대회는 한국 제2의 도시 부산에서 2002년 9월 29일부터 10월 14일까지 44개의 라가 38개의 종목에 참가하여 1988년 서울올림픽경기대회 이후 한국에서 개최된 가장 큰 규모의 국제 메가 이벤트로 기록

⑤ 제17회 인천대회(2014)는 1986 서울아시안게임, 1999 강원 동계아시안게임, 2002 부산아시안게임에 이어 한국이 네 번째로 개최한 아시안게임

다 한국의 동계아시아경기대회 참가 역사

① 동계아시아경기대회는 제1회 삿포로대회(1986)를 계기로 발전을 가속화

② 한국은 스피드스케이팅의 배기태가 우승, 금 1개, 은 5개, 동 12개를 획득, 종합 3위

③ 제2회 삿포로대회(1990)는 인도가 개최권을 반납, 일본이 2회 연속으로 개최

④ 제3회 하얼빈대회(1996)는 북한이 개최하기로 하여 1994년 백두산의 삼지연에서 개최될 예정이었으나 준비 부족으로 개최권을 반납

⑤ 한국의 동계경계아시아경기대회 참가 역사의 전환점은 1999년 강원도에서 개최된 제4회 동계아시아대회, 이는 동계 스포츠의 경기력은 물론 경기 인프라 마련에 있어서도 한 단계 발전, 그 자신감을 통해 동계올림픽경기대회 유치의 토대를 만들기 시작

⑥ 2003년 일본의 아오모리에서 개최된 제5회 동계아시아경기대회에서 금 10개, 은 8개, 동 10개로 개최국 일본에 이어 종합 2위의 성과, 제7회 동계아시아경기대회는 사상 13개의 최다 금메달을 획득

4장 각종 국제스포츠경기대회

[01] 각종 국제스포츠경기대회

가 주요 국제스포츠경기기구

① 각종 국제스포츠경기를 총괄하는 최고의 스포츠기구로 국제경기연맹(IFS)이 있으며, 세계주요 3대 체육기구로는 국제올림픽위원회(IOC), 국제육상연맹(IAAF), 국제축구연맹(FIFA)
② 국제경기연맹(IFS)은 각종 스포츠 경기를 총체적으로 운영, 국제올림픽위원회(IOC) 인정 단체와 올림픽 경기 종목연맹의 회원가입을 통해 운영
③ 국제올림픽위원회(IOC)는 1894년 6월 23일 프랑스의 피에르 쿠베르탱이 제창했으며, 파리 의회에서 창설 그 본부는 스위스 로잔, 우리나라는 1947년 6월, 북한은 1963년 10월 가입
④ 국제육상연맹(IAAF)은 1912년 제5회 올림픽경기대회 때 창설 우리나라는 1954년 가입, 2011년 대구에서 세계육상선수권 개최
⑤ 국제축구연맹(FIFA)은 1904년에 창설 우리나라는 1948년 6월, 북한은 1958년 가입

나 각종 국제스포츠경기대회

(1) 올림픽경기대회

① 올림픽경기대회는 하·동계올림픽경기대회, 하·동계패럴림픽경기대회, 하·동계스페셜올림픽경기대회, 하·동계청소년올림픽경기대회, 세계군인올림픽경기대회 등
② 하·동계올림픽경기대회와 동계올림픽경기대회(▶자세한 설명은 제6부 1장과 2장에서 다루었음)
③ 하·동계패럴림픽, 즉 패럴림픽은 장애인 스포츠 경기대회로서, 1960년에 이탈리아 로마에서 제1회 하계패럴림픽경기대회가 시작되었으며, 국제장애인올림픽위원회(IPC)의 주최로 4년마다 개최
④ 하·동계스페셜올림픽경기대회는 지적·자폐성 장애인들을 위한 국제스포츠경기대회로서, 1968년 처음 시작되어 4년마다 개최
⑤ 하·동계청소년올림픽경기대회는 유스올림픽(YOG)이라고 하며, 만 14~18세의 청소년들이 참가하는 스포츠경기, 이는 2001년 당시 IOC 회장인 자크 로게가 제안, 2007년 국제올림픽위원회 총회에서 만장일치로 대회 창설

(2) 아시아경기대회

① 아시아경기대회는 올림픽경기대회의 개최 중간 연도에 아시아에서 개최
② 올림픽의 이념과 같이 인류의 화합과 번영이 근본 이념(▶자세한 설명은 제6부 3장에서 다루었음)

(3) 유니버시아드경기대회
① 유니버시아드경기대회는 국제대학스포츠연맹(FISU)이 주관하는 범세계적 대학운동경기로서, 1923년 파리에서 개최된 제1회 국제학생경기대회를 시작
② 1959년에 이탈리아 토리노에서 University와 Olympiad의 합성어인 유니버시아드경기대회로 부활되면서 현재에 이르고 있음
③ 우리나라는 1967년 가입, 1997년 제18회 동계대회를 무주·전주에서 개최하였으며, 2015년 7월 광주에서 제28회 하계대회를 개최

(4) 세계축구경기대회
① 세계축구경기대회의 국제축구연맹(FIFA)의 주관
② 세계월드컵축구경기대회(FIFA)가 있으며, 제1회는 1930년 우루과이 몬테비데오에서 개최, 4년을 주기, 우리나라는 1954년 제5회 스위스 세계월드컵축구경기대회에 처음으로 출전
③ 2002년 제17회 세계월드컵축구경기대회는 한국과 일본 양국이 공동으로 개최
④ 세계청소년축구경기대회(FIFAU-20 World Cup, FIFA U-17 World Cup)는 두 종류
 - U-20대회는 1977년 튀니지에서 처음 시작
 - U-17대회는 1985년 중국에서 처음 개최

(5) 세계 4대 테니스경기대회
① 세계 4대 테니스대회는 윔블던, 전미오픈, 프랑스오픈, 호주오픈
② 4개 대회를 우승할 경우는 그랜드슬램을 달성.
③ 윔블던은 1877년, 프랑스오픈은 1891년, 호주오픈은 1905년에서 각 대회가 개최

(6) 아시아야구선수권경기대회와 월드베이스볼클래식
① 아시아야구선수권경기대회는 1954년 5월 결성된 아시아야구연맹(BFA)이 주관하는 국제야구경기대회
② 월드베이스볼클래식(WBC)은 2006년 3월 미국 샌디에이고에서 처음으로 개최
③ 세계야구경기대회로서, 미국의 메이저리그 선수와 다른 국가의 프로리그 선수들이 참가하는 세계적인 야구경기

(7) 세계 4대 골프경기대회
① 마스터스골프경기대회는 미국의 오거스타 내셔널 주관, 1934년 첫 경기대회 개최
② 미국PGA선수권경기대회는 미국프로골프협회가 주관 1916년 개최
③ US오픈골프선수권경기대회는 전미오픈 혹은 US오픈이라고 하며, 1895년부터 개최
④ 전영오픈골프선수권경기대회는 전영오픈 또는 브리티시오픈이라고 하며, 전 세계 골프의 규칙을 통괄하는 영국왕립골프협회가 주관, 1860년 10월에 첫 대회를 개최

(8) 세계선수권경기대회
① 세계선수권경기대회는 전 세계 선수들이 각종 스포츠경기대회에서 챔피언을 결정하는 국제경기대회
② 피겨스케이팅에서 김연아는 2009년과 2013년에 세계 피겨스케이팅 선수권경기대회의 챔피언 등, 4대 국제대회(동계올림픽, 세계선수권경기대회, 4대륙 선수권대회, ISU그랑프리 파이널)의 그랜드 슬램을 사상 최초로 달성

07 남북체육교류

1장 북한의 체육정책과 시설 및 국제대회 참가

[01] 북한의 체육정책

① 북한 체육은 인민을 대상으로 한 군사력 강화 및 증강의 수단이며, 주체사상교육의 일환
② 체육정책은 체육을 통해 인민 대중을 혁명과 건설, 국방에 이바지할 공산주의적 인간으로 육성하고자 하는 데 목적
③ 김정일은 매월 둘째 일요일을 '체육의 날'로 지정, 지역 및 각급 단체별로 각종 체육경기를 가질 것을 결정, 주민의 조직성과 규율성을 높이고 집단주의 정신을 배양시킬 것을 강조
④ 이처럼 북한의 체육정책은 국가체육지도위원회에서 지도·통제·관장

가 국가체육지도위원회

① 북한 체육정책 총괄기구는 '국가체육지도위원회'이며, 김일성은 1945년 11월 1일 교육성 산하에 '북조선체육동맹'을 결성, 1948년 9월 9일 정권 수립과 함께 내각 산하에 '중앙체육지도위원회'를 설치, 그리고 한국전쟁 직후 체육을 재정비하고 진흥시킬 목적으로 1954년 6월 23일 '조선체육지도위원회'를 설치
② 조선체육지도위원회의 임무는
　- 전국적인 체육행사 및 국제경기, 인민체력검정 등에 관한 제반 기획·관리·운영
　- 체육기구공장과 유기적인 관련을 맺고 체육사업에 소요되는 각종 경기용 기자재의 보급
　- 국가 수준의 우수 선수 양성
　- 각종 체육행사에 필요한 예산 책정과 산하 단체의 예산 편성 및 재정 감독
③ 1963년 6월 3일 내각 직속의 체육지도위원회가 '조선체육지도위원회'로 개편, 1989년 6월 29일 중앙인민위원회 정령에 의해 조선체육지도위원회를 '국가체육위원회'로 개칭
④ 1998년, 1999년, 2012년 등의 내각 개편하여 국가체육지도위원회는 "체육의 대중화, 체육 과학기술

발전, 체육인재 양성, 체육사업 지원 등 전반적 체육 사업을 운영하고 있으며, 도·시·군과 군경기관에 체육위원회를 설치 운영

⑤ 국가체육지도위원회 조직은 위원장, 올림픽위원회 서기장, 부위원장으로 구성, 그리고 동계체육국, 선전국, 대외사업국, 체육시설관리총국, 후방송국, 국방체육국, 급양관리국, 해양지도국, 군중체육국, 교수훈련국, 체육과학연구소, 중앙체육행사, 체육의료연구소, 체육지도국 11개국 3소가 있으며, 도(시), 구역(직할시) 체육위원회가 그 산하

⑥ 그리고 국방체육협회, 아이스하키, 체조, 야구, 권투, 력도, 축구, 배드민턴, 롱구, 요트, 카누, 체육정보, 레스링, 유술, 태권도, 스포츠곡예, 배구, 륙상, 펜싱, 조선무술인, 사격, 빙상, 탁구, 핸드볼, 수영, 자동차, 락하산체육, 우슈, 피겨스케이팅, 자전차, 체육기술, 모형항공기, 스키, 정구, 대학생체육, 조선경기, 집단체조, 궁술, 수상스키 등 39개의 협회

국가체육지도위원회 조직도

나 조선올림픽위원회

① 북한은 1963년 독일 바덴바덴에서 열린 국제올림픽위원회(IOC) 총회에서 회원국으로 가입, 국제경기연맹 가입은 1956년 2월 국제배구연맹 가입을 기점으로 1960년까지 사격 등 11종목의 국제기구에 가입
② IOC정회원 가입은 1962년 6월 제59차 국제올림픽위원회 총회에서 노력, 그 결과 남북한이 1964년 도쿄올림픽경기대회에 단일팀으로 출전한다는 조건하에 1963년 마침내 국제올림픽위원회에 가입
③ 하지만 북한은 국제올림픽위원회의 제4회 아시아경기대회 참가 금지경고를 무시 1963년 가네포 경기대회에 참가 그 결과 올림픽경기대회 참가를 금지
④ 그러나 소련 등 공산권국가의 건의로 1964년 도쿄올림픽경기대회에 참가하였으나 국호 문제를 빌미로 도착 3일 만에 선수단 철수, 1968년 멕시코시티올림픽경기대회 또한 국호 문제를 제기하며 참가 포기
⑤ 1969년 6월 폴란드 올림픽위원회 총회에서 '조선민주주의인민공화국(DPRK)'이란 국가호칭을 정식으로 승인받은 후 1972년 뮌헨올림픽경기대회부터 참가

[02] 체육시설

① 북한 체육시설은 "체육활동에 필요한 여러 가지 시설 및 그것들이 갖추어진 장소", 좁은 의미는 체육훈련과 경기를 위해 만들어놓은 개별적 시설, 넓은 의미는 체육활동을 목적으로 만들어진 해수욕장, 산악스키장, 마라톤 주로, 자전거나 모터사이클, 자동차경기용도로 포괄
② 북한의 체육경기는 "국내외적으로 제정된 규정과 규칙에 따라 개별적 선수 또는 선수단 간의 승부를 겨루는 체육운동의 대결"로 정의
③ 주요대회는 '백두산상 체육경기대회', '만경대상 체육경기대회', '조선민주주의인민공화국 인민체육대회', '보천보햇불상 체육경기대회', '전국로동자 체육경기대회' 등

가 체육시설의 종류

① 북한의 체육시설은 종합체육시설과 종목별 체육시설로 구분
② 종합체육시설은 흔히 축구를 중심으로 하고 그 밖에 육상, 농구, 배구 같은 여러 가지 경기를 동시에 할 수 있는 시설
③ 종목별체육시설은 해당 종목의 경기만 할 수 있게 전문화되어 있는 시설을 의미
④ 체육시설은 운영성격에 따라 중앙, 지역, 체육선수단 학교를 비롯한 기관, 기업소과 체육시설
⑤ 시설의 유개 상태에 따라 실내와 야외체육시설로 구분, 북한 체육시설의 분류 방식은 경기장, 운동장, 체육관의 세 종류

(1) 경기장
① 경기장이란 "체육경기를 할 수 있는 설비와 관람석 등을 갖추어놓은 곳".
② 경기장은 기본운동장, 관람석, 편의봉사시설, 연습장 등으로 구성
③ 관람석 수로 소형(5천석 이하), 중형(5천~2만석), 대형(2~5만석), 특대형(5~10만석)

(2) 체육관
① 체육관이란 여러 가지 체육경기와 훈련을 할 수 있도록 설비를 갖추어 놓은 건물
② 종합체육관과 종목별 체육관으로 구분
③ 체육관은 사명과 기능 등에 따라 여러 가지 규모와 형식으로 건설
④ 종합체육관은 예술공연이나 집회 등도 할 수 있도록 다기능, 그리고 경기칸과 훈련칸을 설치

(3) 체육촌
① 북한에서는 체육종목별 경기장, 경기관, 훈련관, 피로회복관 등을 비롯한 각종 체육시설
② 편의봉사기관들이 집중적으로 갖추어져 있는 일정한 지역 또는 구역을 '체육촌'이라고 함
③ 체육촌은 주로 큰 규모의 올림픽경기와 같은 체육종목경기들을 동시에 진행할 수 있는 수도나 큰 도시의 교외의 일정한 지역에 자리함

나 주요 체육시설

① 북한의 주요체육시설은 1954년 모란봉경기장을 복구 1982년 이후 '김일성경기장'으로 명칭을 변경하여 사용
② 동평양경기장(1957), 삼지연스키장(1962), 평양체육관(1973), 남포체육촌(1974), 평양빙상관(1981), 평양볼링장(1994), 미림승마구락부(2013) 등
③ 그리고 북한 기존체육시설의 증축 및 새로운 체육시설을 건설

03 국제경기대회 참가

① 북한의 국제경기대회 참가는 1960년대까지는 공산권에서 개최되는 각종 사회주의국가 체육대회 한정
② 그리고 자본주의 국가 주최 개최 대회는 참가하지 않음, 이는 북한의 호칭인 조선민주주의인민공화국의 'North Korea'로 호칭되는 데 불만
③ 따라서 1969년 6월 폴란드에서 개최된 국제올림픽위원회 총회에서 북한이 요구해온 'DPRK'로 불려짐에 따라 각종 국제경기대회에 적극적으로 참가하기 시작

가 하계올림픽경기대회

① 북한이 하계올림픽에 처음 참가한 것은 1972년 뮌헨대회(금1 은1 동3)는 22위
② 1976년 몬트리올대회는 21위, 1980년 모스크바올림픽경기대회(은2 동2)에 선수단을 파견
③ 하지만 1984년 로스앤젤레와 1988년 서울대회는 정치적인 이유로 불참
④ 1992년 바르셀로나올림픽은 최대 규모로 선수 파견, 종합 16위로 올림픽 참가 최고의 성적
⑤ 또한 2000 호주 시드니, 2004 그리스 아테네, 2008 중국 베이징, 2012 영국대회에 참가, 이중 최저 성적을 거둔 올림픽대회는 2000년 호주시드니(은1 동3)

나 동계올림픽경기대회

① 북한은 1964년 오스트리아 인스부르크동계올림픽에 동계국제스포츠 무대에 등장하여 아시아 여성 선수로 스피드에서 최초로 은메달을 획득
② 1972 일본 삿포로, 1976 오스트리아 인스부르크 동계올림픽에 참가하였으며, 1980 미국 레이크플래시드는 대표단만을 파견
③ 1984 유고 사라예보, 1988 캐나다 캘거리는 불참, 1992년 프랑스 알베르빌대회(동1)는 스키와 스케이팅 참가, 1994 노르웨이 릴레함메르 불참, 1998 일본 나가노는 노메달
④ 2002년 미국 솔트레이크시티대회는 불참, 2006년 이탈리아 토리노대회, 2010 캐나다 밴쿠버는 메달 획득에는 실패, 2014 러시아 소치대회는 출전권 미확보로 불참
⑤ 이처럼 북한은 13차례의 동계올림픽경기대회 참가하여 금메달 없이 은메달과 동메달 각각 1개씩을 획득, 5회를 불참

다 하계아시아경기대회

① 북한은 1972년 8월 뮌헨올림픽경기대회에 참가한 이후 아시아경기연맹(AGF)에도 가입하기 위해 노력
② 1973년 3월 테헤란에서 열린 아시아경기연맹 대표자회의에 가입, 1974년 테헤란대회(금15 은14 동17) 종합 5위
③ 1978 태국 방콕(금18 은13 동15), 1982 인도 뉴델리(금17 은19 동20)에 참가하였으나 1986 대한민국 서울, 1994 일본 히로시마대회는 정치적 이유와 김일성 사망 애도기간으로 불참
④ 한편 1998 태국 방콕(금7 은14 동12)대회 이후 2014 대한민국 인천아시아경기대회(금11 은11 동14)까지 참가

라 동계아시아경기대회

① 북한의 동계아시아경기대회 첫 출전은 1986년 일본 삿포로대회(금1 은2 동5)
② 1990 일본 삿포로에 참가하였으며, 1996중국 하얼빈과 1999대한민국 강원도대회 모두 불참
③ 2003 일본 아오모리(은1 동1), 2007 중국 장춘대회는 노메달, 2011 카자흐스탄 아스타나-알마티(동1)

2장 남북체육교류

[01] 남북체육교류·협력의 이해

가 남북체육교류·협력의 의의
① 체육은 이념과 체제의 장벽을 넘어 교류·협력 가능
② 이는 이해와 타협을 이끌어낼 수 있는 가장 효율적인 수단임
③ 남북한 간의 체육교류·협력은 오랜 기간 분단으로 인하여 형성되어온 상호 이질성을 극복하고 민족공동체 형성이라는 장기적 목표에 기여
④ 남북체육교류·협력은 국제체육기구가 존재하고, 국제체육 외교의 장에서 남북관계자가 접촉할 수 있는 환경 때문에 다른 분야의 교류보다 쉽고 빨리 관계를 형성할 수 있는 여건
⑤ 따라서 남북체육교류·협력은 평화·화해 분위기를 위한 효과적인 교류 분야

나 남북체육교류·협력의 기능
① 체육교류가 정치적 기능을 수행한다는 것은 남북한 교류에서도 예외는 아님
② 남북체육교류의 정치적 기능은 두 체제 간의 극단적인 대결구도로 인해 순기능과 역기능 두 갈래 방향으로 나타나고 있다는데 유의
③ 정치적 순기능은
　– 선수단과 임원단의 접촉을 통한 상호 이해 증진과 불신의 해소
　– 스포츠의 비정치적 특성
　– 관중을 통한 화해 분위기조성
④ 반면 역기능은
　– 국제스포츠행사의 정치적 계산에 의한 봉쇄
　– 선수나 관중을 동원한 정치적 선전공세
　– 이데올로기의 체제 전파 등

다 남북체육교류·협력의 법·제도적 기반
① 남북체육교류·협력의 법적 근거는 1990년 공포된 '남북교류협력에 관한 법률'(2010년 12월 30일 개정발효)

② 동법의 제1조는 남한과 북한 사이에 교류와 협력을 촉진하기 위해 필요한 사항을 규정하고 있으며, 24조는 정부가 남북체육교류협력을 증진시키기 위하여 보조금을 지급하거나 그 밖에 필요한 지원을 할 수 있도록 명시
③ 따라서 문화체육관광부는 2000년대 후반 들어 남북체육교류·협력 활성화를 위한 정책을 위해 2007년 '문화체육관광부 남북 문화교류·협력 추진에 관한 지침'을 훈령으로 제정

[02] 남북체육회담

가 광복 이후부터 1959년까지의 남북체육회담

① 광복 직후의 남북체육교류는 1945년 10월 27일 개최된 자유해방 경축 전국종합체육대회에는 북측 선수들을 파견하기도 하였으나 중단, 그러나 북한은 1948년부터는 국제스포츠사회의 인준을 위한 IOC 가입을 적극 추진
② 하지만 한국이 먼저 IOC에 가입되어 있었기 때문에 '1국가 1국가올림픽위원회'라는 원칙에 따라 북한은 가입이 불가능, 이에 북한은 1956년 4월 제3차 조선로동당대회에서 남북체육교류 문제에 대한 언급을 필두로, 1956년 9월 IOC를 통해 남북 단일팀 구성을 대한올림픽위원회(KOC)에 제안하였으며, 북한은 1957년 9월 불가리아의 소피아에서 개최된 제54차 IOC 총회를 계기로 남북체육회담 개최를 본격적으로 제기하기 시작
③ 1957년 12월 18일, 북한국가올림픽위원회는 1960년 로마올림픽경기대회에 남북한 단일팀으로 출전하자고 제의, 1957년 또는 1958년 단일팀 구성을 위한 실무자 회담을 제안
④ 한편 IOC는 1959년 5월 독일 뮌헨에서 개최된 제55차 IOC 총회에서 로마올림픽 남북 단일팀 참가가 논의된 것을 계기로 중립지역인 홍콩에서의 체육회담 개최를 남한과 북한 올림픽위원회에게 권유
⑤ 광복 이후부터 1950년대까지의 남북 간의 체육교류는 북한이 IOC에 가입하기 위한 방편으로 남북한 단일팀 구성을 한국 측에 일방적으로 제안하고, 한국은 남북한이 처해 있는 현실적 상황, '1국가 1국가 올림픽위원회' 원칙, 북한 측의 정치적 선전 등의 이유를 들면서 적극적으로 거부하는 형태로 이루어짐

나 1960년대의 남북체육회담

① 북한은 1962년 6월 제59차 IOC 총회를 토대로 동경올림픽경기대회 단일팀 구성을 위한 회담을 본격 제의하였으며, 동경올림픽경기대회에 남북한이 단일팀으로 참가 및 불가능할 경우 개별 팀으로 참가할 수 있다는 IOC의 조건부 승인을 얻음
② 따라서 북한은 1962년 7월 28일 단일팀 구성 협상을 위한 남북체육실무자 회담을 8월 20일 판문점에서 개최할 것을 KOC에 제의하였음. IOC의 중재로 스위스 로잔에서 남북체육회담이 개최됨
③ 그리고 단일팀 구성을 위한 체육회담은 홍콩에서 1963년 5월 16일부터 6월 1일까지 개최, 또한 1963

년 7월 26일 개최

④ 1960년대 남북체육교류의 구체적 실례인 동경올림픽경기대회 단일팀 구성을 위한 남북체육회담은 그 당시의 시대적 상황이 갖는 대화 없는 대결 시대에 있어서 남북한의 유일한 대화채널로서의 의의와 더불어 남북체육교류의 태동으로서의 분단사적인 의의

다 1970년대의 남북체육회담

① 1970년대는 남북한의 내부 상황과 한반도 주변 정세는 급격한 변화에 직면, 당시 주변 정세는 미·소가 새로운 공존을 모색하기 시작, 시대적 요청에 부응. 북한은 무력통일이 불가능하다는 것을 깨닫고 남북한은 자주평화, 민족적 대단결을 기초로 하는 통일원칙에 합의하고 1972년 7·4 공동성명을 발표, '북남체육교류 실시 및 국제경기대회유일팀 구성·출전 제의'

② 뮌헨올림픽경기대회의 9월 8일 남북한 올림픽위원회장은 '남북체육공동성명'을 발표하였으나 후속 조치나 성과는 없음. 그리고 북한은 제35회 세계탁구선수권대회에 남북 단일팀을 위한 회담을 제의하여 회담을 개최하였으나 단일팀 성사는 결여

③ 1970년대의 남북체육회담은 뮌헨에서의 남북체육공동성명, 대한축구협회장의 남북축구 교환경기, 제35회 평양세계탁구선수권대회 단일팀 구성, 모스크바올림픽경기대회 단일팀 구성 등 여러 차례의 제안과 회담이 있었으나 실적적인 성과는 미진

라 1980년대의 남북체육회담

① 1980년 남북체육회담은 1984년 3월 30일 북한 올림픽위원회 위원장의 명의로 LA올림픽경기대회 남북단일팀 구성을 위한 회담을 대한올림픽위원회에 제의, 1984년 4월 9일부터 5월 29까지 판문점 중립국감독위원회 회의실에서 회담을 개최하였으나 1983년 발생한 아웅산 폭탄테러사건과 공산국가들의 LA올림픽경기대회 불참으로 아무런 성과 없이 끝남

② 1980년대 두 번째 남북체육교류는 1988년 서울올림픽경기대회 개최와 관련하여 남과 북의 화해와 협력의 계기를 희망한 IOC측의 주도로 1985년 10월부터 1986년 6월까지 IOC 본부가 있는 스위스 로잔에서 4차에 걸쳐 진행, 하지만 북한은 회담 전인 7월 30일 정준기 정무원 총리의 담화를 발표, 올림공동개최, 대회명칭 변경, 경기는 분산개최, 남북한단일팀 출전을 요구하였으며, 사마란치 위원장은 8월 25일 성명을 통해 IOC 헌장에 의거하면 북한이 주장하는 공동개최가 불가능하다는 점을 밝히고 합의를 이루지 못함

③ 1980년대 남북 단일팀 구성과 관련하여 가장 심도 있게 협의를 진행시킨 회담은 제11회 북경아시아경기대회 단일팀 구성을 위한 회담제의 모두 9차례의 본 회담과 6차례의 실무대표 회담을 진행, 다양한 합의를 도출하였으나 북한의 "합의사항에 대한 이행 보장과 회담 결렬 시 개별 팀 참가 보장 등을 담은 합의서 부칙" 등, 제9차 회담으로 막을 내림

마 1990년대의 남북체육회담

① 1990년대의 남북체육회담의 기점은 노태우정권의 '7·7선언'을 통해 가시화, 즉 1988년 7월 7일 노태우 대통령이 자주·평화·민주·복지의 원칙에 입각하여 북한과의 적대관계를 청산하고 민족공동체 번영을 모색하고, 북한과 우방국과의 관계 개선을 적극 도우며, 대한민국도 중국·소련 등 공산국가와의 관계정상화를 추진해 나가겠다는 정책을 천명

② 체육부 역시 실현 가능한 교류협력부터 추진하여 서울-평양 도시대항 축구경기, 서울-평양 사이클대회, 부산-신의주 남북종단 역전마라톤대회를 북한에 제의했고, 북한이 남북 축구대표 간 친선경기를 받아들임으로써 남북통일축구대회에 대한 협의가 시작

③ 이처럼 1990년대 남북체육교류는 그 이전과는 달리 인적교류가 가능한 '교류 있는 대화시대'를 개막

[03] 남북체육교류

가 남북 단일팀 구성

① 1990년 남북통일축구대회를 계기로 이루어진 남북체육장관회담의 결과, 사상 첫 남북 스포츠단일팀이 구성

② 남북 체육장관들은 북측 남북통일축구 선수단의 서울 체류 기간 중인 1990년 10월 24일 워커힐호텔에서 회담을 갖고 남북체육회담 재개 등을 논의하여 공동합의문을 채택

③ 남북한 탁구 및 축구 단일팀 구성과 이를 뒷받침하기 위한 체육회담 개최의 계기가 됨

(1) 제41회 지바세계탁구선수권대회 남북 단일팀

① 코리아 탁구 단일팀은 1991년 4월 29일 일본 지바의 닛폰 컨벤션센터에서 열린 대회

② 남북한 선수는 흰색 바탕에 하늘색 한반도 지도를 가슴에 새기고 여자단체전 결승에서 9연패에 도전하는 중국을 접전 끝에 3대 2로 꺾고 우승

③ 이처럼 남과 북이 하나 되어 세계의 정상을 정복한 탁구 단일팀의 세계 제패는 남북이 하나가 될 때의 저력을 실감할 수 있게 하였음

(2) 제6회 세계청소년축구선수권대회 남북 단일팀

① 남북한 청소년축구대표팀은 서울과 평양에서 평가전을 가지고 선수를 선발

② 제6회 세계청소년축구선수권대회(1991년)에도 청소년대표팀이 남북 단일팀으로 참가

③ 이처럼 남북 단일팀 구성은 선수 개개인들에게도 자신감을 불어넣어 우승 후보 아르헨티나 같은 세계 최강팀을 제압하고 7천만 겨레의 성원 속에 8강 진출이라는 경이적 위업을 달성

나 남북 스포츠 친선교류

(1) 남북통일축구대회
① 1차전은 1990년 10월 11일에 평양 능라도 5·1경기장에서 개최, 남측이 2 대 1로 패
② 2차전은 10월 23일 서울 잠실주경기장에서 개최 1대 0으로 남측이 승리

(2) 남북통일농구대회
① 1차전은 1999년 9월 28일 남북 선수들로 혼성한 '단합'과 '단결'팀이
② 다음 날에는 현대 남녀 농구팀과 북한의 '벼락(남자)', '회오리(여자)'팀으로 구분하여 현대 남녀 팀은 북한 팀에 완패, 제2차 대회는 12월 서울에서 개최

(3) 남북통일탁구대회
① 2000년 7월 28일 평양실내체육관
② 삼성과 조선아시아태평양평화위원회 공동주최로 삼성생명 탁구단과 북한의 모란봉 탁구단 간 친선경기를 개최

(4) 남북노동자축구대회
① 1999년 8월 12일 평양 양각도축구경기장에서 통일을 염원하는 남북노동자축구대회가 개최
② 이 대회는 남과 북의 노동자가 한 자리에 모인 사상 초유의 사건으로, 민간 체육교류의 한 장을 처음 열었다는 점에서 큰 의미
③ 남한의 전국민주노동조합총연맹과 북한의 조선직업총연맹이 참가

(5) 태권도 시범경기
① 북한은 2001년 9월 8일 남북 태권도 시범단 파견을 9월 14일부터 17일까지 방북해줄 것을 제의 9월 15일 오후 3시 평양의 태권도전당에서 열린 1차 시범
② 북한 태권도 시범단의 공연은 10월 24일과 25일 서울 올림픽공원 역도경기장에서 개최

(6) 제주도 민족통일평화체육축전
① 북한이 2002년 부산아시아경기대회 참가함으로써 남북체육교류는 본격화
② 남북의 민간단체가 공동으로 발의하여 2003년 10월 23일부터 27일까지 제주도에서 열린 민족통일평화체육축전
③ 이 대회는 1999년 1월부터 제주도민이 북한에 사랑의 감귤 보내기 운동에서 성사
④ 이와 같이 남북 단일팀 구성과 스포츠 친선교류 이외에도 다양한 남북체육교류가 이루어졌음

스포츠지도사자격검정 **핵심요약집**

특수체육은 장애인이 보다 안전하고 성공적인 스포츠 활동을 할 수 있도록 하는데 중점을 두고 있다. 따라서 장애인에게 스포츠를 가르치는데 있어서 필요한 학문적 이해와 교육적 소양을 갖춰 올바른 스포츠 지도를 할 수 있도록 하고자 한다.

특수체육론

01 특수체육론 개관

1장 특수체육의 개요

[01] 특수체육의 의미

가 특수체육의 정의

특수체육이란 심리·운동적 문제의 발견과 해결을 목적으로 하는 학문적 지식체계이며, 개인적 혹은 환경적 문제를 개선시키기 위해 고안된 서비스 전달체계

나 적응의 원리와 특수체육

(1) 적응의 원리

특수체육은 '적응체육'이라고 불리기도 하며 여기서 '적응'은 환경, 과제 그리고 개인에 대한 형식적·비형식적 평가 결과에 따라 환경이나 과제의 변인들을 수정·조정·변화시켜주는 과정을 말함

(2) 적응이론(Adaptation theory)

적응이론은 특수체육 서비스 전달체계의 핵심 이론

① 적응이론의 특징

- 사람이나 과정을 전체적으로 적응시키는 것이 아니라 개개의 변인들을 적응시킴
- 과제, 환경, 사람 변인들과 어떻게 그 변인들이 상호작용하는지 고려함
- 변화가 전체 생태계(ecosystem)에 영향을 미칠 수 있음을 강조하기 위한 심리운동(psychomotor) 체계이며, 그 변화는 전체적인(holistic) 과정임
- 장애인이나 장애인 집단이 변화의 모든 측면에 관여하도록 함
- 적응은 능동적이고 협력적 과정임
- 방해 요소와 가능요소에 초점을 맞춤

다 특수체육의 접근 논리

(1) 의학적 모델
① 범주적 접근
② 장애인은 일반적인 병리 현상에 따라 분류되며 서비스의 수동적 수혜자

(2) 교육적 모델
① 비범주적 접근
② 장애인은 스스로 장애조건을 변화시키는 주체

(3) 특수체육의 서비스 전달체계
① 교육적 전달체계
② 치료적 전달체계

라 특수체육의 구성 요소

특수체육학의 정의는 믿음, 실천, 지식 요소를 포함함

(1) 믿음 요소
개인의 요구를 충족시키고 최적의 성공을 보장하기 위해 학습경험을 적응시켜주는 지도자의 믿음과 실천으로 나타나는 태도이며 이러한 태도는 개인적 차이를 포용하고 운동과 스포츠를 통해 자기실현을 구현하도록 도움

(2) 실천 요소
심리·운동적 영역에서 나타나는 문제를 개선시키기 위해 고안된 종합적 서비스 전달체계임. 이러한 서비스는 다음을 포함함

① 계획(planning)
② 사정(assessment)
③ 처방-배치(prescription-placement)
④ 교수-상담-코칭(teaching-counseling-coaching)
⑤ 프로그램 평가(evaluation)
⑥ 지지활동(advocacy)
⑦ 재원의 조정(coordication of resources)

(3) 지식 요소

특수체육의 지식 요소는 장애인의 심리·운동적 영역에서 나타나는 문제점에 대한 진단과 치료에 중심을 둠. 지도자가 서비스를 전달하고 개인적 차이에 대한 이해를 돕는 특수체육의 주요 지식은 다음을 포함함

① 인간의 발달
② 운동 행동
③ 운동 과학
④ 측정평가
⑤ 역사와 철학
⑥ 학습자들의 독특한 특성
⑦ 교육과정 이론 및 개발
⑧ 사정평가
⑨ 지도 설계 및 계획
⑩ 교수법
⑪ 자문
⑫ 프로그램 평가
⑬ 평생교육
⑭ 윤리
⑮ 의사소통

[02] 특수체육의 목적과 목표

가 특수체육의 목적과 목표 구분

특수체육에서는 목적(purpose), 장기목표(goal), 단기목표(objectives)로 구분하여 사용

(1) 목적
① 심리·운동적 행위의 변화와 자아실현의 촉진이라는 일반체육의 목적과 같음

(2) 장기목표
② 연간, 반년 혹은 분기의 목적 진술

(3) 단기목표
③ 단기적이며 행위형태로 진술됨

(4) 목적과 장기목표는 철학적인 요소인 반면, 단기목표는 장기목표를 달성하기 위한 도구 혹은 수단임

[03] 특수체육의 특징

가 법률적 요구와 사정에 기초하여 제공되는 서비스

장애인교육법 혹은 특수교육진흥법은 특수교육을 받아야 하는 장애인들을 위한 특수체육 서비스 전달의 당위성을 제공함. 특수체육은 장애인의 요구에 관한 사정과 문제 확인으로 시작됨

나 다학문적으로 유아 및 청년기 연령층을 포함하는 서비스

많은 장애인스포츠지도사들은 유아와 아동을 대상으로 한 교육기관뿐만 아니라 전환교육의 일환으로 18~21세의 청년들을 위한 직업교육을 위한 서비스를 제공할 수도 있음. 뿐만 아니라 21세 이상의 사람들을 위한 지역사회 중심 프로그램에서도 일할 수 있으므로 특수체육은 평생 교육을 강조함

다 낮은 수준의 다양한 심리·운동적 수행을 고려한 서비스

특수체육은 평균 이하 혹은 정상과 차이가 있는 심리·운동적 수행을 주로 다루게 되므로 그들에게 적절하게 변형된 스포츠의 기술, 규칙, 전략 등을 가르쳐야 함

라 스포츠 트레이닝과 경기

특수체육의 중요한 목표는 일생 동안 스포츠에 참여할 수 있도록 여가 선용 기술을 발달시키는 것이며 이를 위해 지도자들은 장애인들의 능력에 적합한 스포츠단체와 연결하여 가능한 일찍 스포츠로 사회화될 수 있도록 도와야 함

마 서비스의 강조

특수체육에서는 단순한 적응교육보다 연속적인 서비스를 제공하는 것을 강조함. 여기서 서비스는 직접 서비스(특수체육이나 체육같은 직접교육), 관련 서비스(물리치료 등)으로 구분됨

바 생태적 지향

특수체육은 생태학과 밀접한 관련성이 있으며 여기서 생태계는 장애인들이 접촉하는 모든 사람들(가족, 이웃, 학교, 지역사회 등)의 태도와 행동을 포함함. 장애인스포츠지도사는 장애인뿐만 아니라 전체 생태계를 변화시켜야 함

사 설명성

모든 장애인스포츠지도사는 행정가와 부모에게 장애인에게 제공한 서비스의 효과에 대해 문서화된 기록을 통해 설명할 수 있어야 함

[04] 특수체육 및 장애인스포츠와 관련된 주요 관점

가 장애 모델

체육은 생태학 모든 장애인스포츠지도사는 행정가와 부모 장애 모델은 특수체육 전문가들에게 장애의 원인과 맥락을 이해하는 데 하나의 체계적 접근방법을 제공해줄 수 있음. 장애인스포츠에 직·간접적으로 영향을 미친 장애의 모델을 크게 6가지로 분류할 수 있음

(1) 도덕 모델과 자비 모델

① 도덕 모델
- 장애에 대한 가장 오래된 모델로서 장애인에 대한 부정적인 사회적 태도를 잘 나타내줌

② 자비 모델
- 장애인을 환경적 요인의 피해자로 정의하며 정의나 평등이라는 개념보다는 자비심 혹은 박애정신에 의존함

(2) 의학적 모델과 사회적 모델

① 의학적 모델
- 장애인들이 경험하는 문제와 어려움들을 신체적, 감각적 또는 지적 장애와 직접적인 관련성이 있다는 가정에 기초함

② 사회적 모델
- 장애인의 문제는 개인의 문제가 아니라 사회의 문제

(3) 경제 모델과 인권 모델

① 경제 모델
- 장애를 생산적 활동에 참여하지 못하는 능력으로 정의함

② 사회적 모델
- 장애는 인권에 의해 인간문화의 하나의 중요한 자원으로 여겨짐

나 장애인의 임파워먼트(empowerment: 권리신장, 권한부여)

임파워먼트의 이념은 장애인은 자신의 삶에 대해 통제할 수 있고, 전문적인 서비스에 대한 그들의 의존성을 줄일 수 있으며, 자신들을 위해 행동을 취할 수 있다는 원칙에 입각함

장애인의 임파워먼트에 대한 정의

일반적 특징	심리적·행동적 요소들
자결성	· 적극적으로 개인적 삶의 의사결정을 함 · 운동과 재활 참여에 대한 선택을 함 · 서비스의 계획과 조직에 영향을 줌
사회적 참여	· 다른 장애인을 확인하고 지지함 · 낙인이나 불공정에 대해 정당한 분노를 경험함 · 지지(advocacy) 활동에 참여함
개인적 유능감	· 긍정적인 자기존중감을 보임 · 심동적 장애를 수용함 · 통제의 내재적 소재를 확인 및 승인함

다 개념적 틀로서 기능, 장애, 건강에 대한 국제 분류[International Classification of Functioning, Disability and Health(ICF: WHO, 2001)]

(1) ICF의 분류

① 신체의 구조
② 신체의 기능
③ 신체활동과 관련된 활동 혹은 과제 수행
④ 신체활동 참여
⑤ 목표 성취의 장애물 제거

라 의학적 접근과 교육적 접근의 차이점

(1) 의학적 모델

① 장애인은 서비스의 수동적 수혜자
② 문제에 대한 검사, 진단, 치료에 중점을 둠

(2) 교육적 모델

① 장애인 스스로가 그들의 세계를 설계해가는 적극성을 강조
② 장애인 스스로 장애조건을 변화시키는 주체

마 패러다임으로서의 적응이론

(1) 특수체육

적응을 돕는 전략이라는 개념의 실재적인 적용

(2) 적응이론

장애의 조건 아래에서 운동을 수행하는데 필요한 신체활동의 적응뿐만 아니라 연령, 성, 이종성과 관련된 적응의 원리에 적용할 수 있는 철학, 개념, 모델 그리고 전략들을 제시함

(3) 체계적·생태학적 수정 접근(SEMA)

허츨러(Hutzler, 2007)가 중재 결과를 계획, 수행, 분석하기 위해 제시한 접근법으로 과제, 환경, 장비, 규칙 그리고 지도에서의 수정 기준을 제시함

바 장애인스포츠의 경제과 사회적 근거

스포츠는 장애인들에게 신체적·정신적 기술을 제공함으로써 직업을 유지할 수 있도록 하며 결과적으로 생산성 증가와 사회적 복지비용 감소의 효과를 갖음

사 장애인스포츠의 확대와 인권의 도구로서의 분류체계

(1) 분류체계

① 장애인의 스포츠 참여를 향상시킬 수 있는 하나의 도구
② 훈련의 정도, 타고난 능력, 동기, 기술 등에 기초하여 분류가 이루어져야 함

[05] 특수체육 및 장애인스포츠와 관련된 주요 논쟁

가 장애인스포츠의 참여 대상과 관련된 논제

(1) 우리나라의 경우, 장애인은 특수교육진흥법에서 정한 8개의 장애조건을 지닌 사람

(2) 미국의 경우, 장애인은 장애인교육법에 명시된 13개의 장애조건을 지닌 사람

(3) 특수체육의 대상

① 장애인은 특수체육의 주요 서비스 대상
② 체육과 관련된 검사에서 30% 이하의 수행을 나타내고 있는 자를 포함해야 한다는 주장도 있음
③ 경제적, 사회적, 문화적 환경을 바탕으로 장애가 분류되는 측면도 있음

나 장애인스포츠에서 통합과 관련된 논제

(1) 통합 프로그램
장애인들의 사회성 발달에 중요함

(2) 분리 프로그램
통합 프로그램의 성공적인 참여를 위해 필요한 기초 기술을 발전시키는 기회 제공

(3) 장애인은 '최소한으로 제한된 환경'에 배치되는 것이 이상적임. 즉, 궁극적인 목적은 통합 프로그램이지만 초기에 프로그램을 설정할 때 장애인의 상황에 맞추어 분리 프로그램이 시행되어야 함

다 전문가 양성과 관련된 논제

① 특수체육은 학문의 과정으로 어떻게 설명되는가?
② 학부생들에게 특수체육을 어떻게 교육시켜야 하는가?
③ 학부생들이 특수체육을 전공할 수 있도록 해야 하는가?
④ 이 영역의 교사교육을 담당할 수 있는 사람의 자격은?
⑤ 어떠한 전공 학생들에게 특수체육과목이 요구되어야 하는가?

라 스포츠에 의한 행정 혹은 장애조건에 의한 행정에 관한 논제

대부분의 장애인스포츠의 선진국들은 국가 주도의 장애인스포츠 정책에 의존하거나 하고자함

마 대중매체와 스포츠마케팅과 관련된 논제

장애인스포츠는 대중의 인식을 유발하고, 스폰서들을 유인하기 위해 대중에게 노출이 필요하지만 대중매체가 장애인 스포츠 정보를 제공하고 편견 없는 방법으로 제시하는 것이 중요함

바 장애인스포츠와 약물규제와 관련된 논제

국제패럴림픽위원회(IPC)는 세계 반도핑 규정(WADA code)에 준하는 반도핑 규정을 제정하고 있으나, 일반 선수들과 같은 규정을 적용하는데 반대하는 의견도 존재함

[06] 특수체육의 역사적 배경

가 장애인에 대한 사회적 태도와 역사

(1) 인류 역사에서 장애인에 대한 사회적 태도는 다양했으나 대체로 부정적이었음

(2) 장애인에 대한 사회적 태도의 5단계 구분

① 첫 번째 단계(유사 이전 ~ B.C. 500년)
   - 장애인은 악마로 인해 생겨난 것으로 보아, 신체적 장애를 갖고 태어난 아이를 죽임
② 두 번째 단계(B.C. 500년 ~ A.D. 500년)
   - 고대 스파르타인들은 장애아동을 강에 버렸으며, 로마 통치자들은 군사훈련의 목표물로 장애인을 사용하기도 했고, 부유한 로마인들은 오락의 대상으로 지적 장애인을 이용했음
③ 세 번째 단계(A.D. 500년 ~ A.D. 1500년)
   - 장애인에 대한 잔학과 혼동이 남아 있긴 했지만, 기도와 종교적 의식이 장애인을 위한 치료 수단으로 사용됨
④ 네 번째 단계(A.D. 1500년 ~ A.D. 1900년)
   - 장애인을 보다 인도적 차원에서 처우하기 시작한 시점
⑤ 다섯 번째 단계(1900년 ~ 현재)
   - 경제적 여건이 좋아지고, 장애인에 대한 사회적 편견이 긍정적으로 바뀌면서 사회에서 서비스를 제공하는 장애인의 수 증가

나 특수체육의 역사

(1) 의학적·교육적 발달 및 장애인에 대한 사회적 태도 변화의 3단계 구분

① 첫 번째 단계(유사 이전 ~ B.C. 500년)
   - 사지의 통증을 감소시키기 위해 스트레칭 이용
   - 의학적 체조 프로그램 개발
   - 질병 치료 목적의 종교와 마술 이용
② 두 번째 단계(B.C. 500년 ~ A.D. 500년)
   - 질병 치료 목적의 다이어트와 운동 처방
   - 종교와 의학의 통합
③ 세 번째 단계(1500년 ~ 1981년)
   - 운동의 치료학적 가치에 대한 관심이 다시 생겨남
   - 특수체육이라는 학문 분야가 개념화되기 시작했으며 다양한 법률 제정

다 특수체육과 적응체육에 관한 논쟁

(1) 특수체육과 적응체육 비교

① 특수체육
- 장애인에 대한 법적 자격부여를 중요시함
② 적응체육
- 인간을 장애인/비장애인으로 구분하지 않고 개인차를 존중하며, 심리·운동 영역의 강점, 약점을 분석하여 체육 서비스 제공하고자 함
- 법이 정하는 장애인이 아니라 규준-지향적 평가에 의한 운동 검사에서 하위 20~30%에 해당하는 사람들을 위한 스포츠지도 서비스로 고려해야 함

(2) 비범주적 접근이 바람직함

[07] 특수체육과 법

가 미국의 주요 법률

(1) 1990년 제정된 미국장애인법(The American with Disability Act)

주요 내용은 연방정부에서 재정적 지원을 받고 있는 모든 프로그램은 장애인을 차별해서는 안 된다는 것

(2) 1975년 제정된 전장애아교육법(The Education for All Handicapped Children Act)

전 세계의 장애인 교육 관련 법령의 기준이 되었으며, 우리나라의 특수교육진흥법의 근거

나 우리나라의 주요 법률

특수체육과 관련된 우리나라의 법률은 크게 교육부, 보건복지부, 문화체육관광부 주관의 법률로 구분

(1) 교육부
① 교육법
- 1949년에 제정됨
- 특수학교 및 특수학급의 설치 등에 관한 내용
② 특수교육진흥법
- 1977년에 제정됨
- 치료교육, 통합교육 등과 같은 용어 정의
- 의무교육, 차별금지, 개별화교육에 관한 내용

(2) 보건복지부

장애인 체육활동 활성화를 위해 시설, 환경 정비 및 관련 단체 지원과 서비스 지원, 정책개발 등을 하도록 규정함

① 장애인복지법
② 장애아동복지지원법
③ 장애인·노인·임산부 등의 편의증진보장에 관한 법률
④ 발달장애인 권리보장 및 지원에 관한 법률
⑤ 장애인차별금지법

(3) 문화체육관광부

① 국민체육진흥법
   - 장애인스포츠지도사, 장애인 체육시설의 설치와 지원, 대한장애인체육회에 필요한 경비나 연구비 보조 그리고 장애인체육회의 역할과 구성, 선수 보호, 기금 사용, 전문체육시설 사용료 및 체육유공자에 대한 규정이 제정됨
② 체육시설의 설치이용에 관한 법률
③ 국제경기대회지원법
④ 학교체육진흥법

[08] 통합스포츠와 관련된 서비스

가 통합지도(Inclusion)

(1) 통합지도의 의미

① 통합
   - 장애인과 비장애인을 같은 환경에서 교육하거나 체육 서비스를 제공하는 것
② 최소로 제한된 환경(Least Restrictive Environment: LRE)
   - 수용 가능한 배치는 정규 교육 환경으로의 배치가 아닐 수 있음
   - 일반 체육환경으로부터 분리하는 일은 장애의 본질 혹은 심각성의 정도가 보조적인 도움 혹은 서비스의 활용으로 일반 학급에서의 교육이 만족스러울 정도로 이루어질 수 없을 때만 가능함
③ 통합과 LRE
   - 정규 교육 환경에서 성공적 교육 수행을 위한 지원 서비스의 중요성 강조
   - 지원 서비스가 없이는 통합된 환경에 배치시키지 말아야 함

(2) 통합지도의 장·단점

① 장점
- 참가자에게 많은 자극과 동기 부여
- 사회적 기술과 놀이기술의 발달 향상
- 운동기술과 관련하여 장애인에게 훌륭한 역할 모델 제공

② 단점
- 장애인에게 개인적 도움이 부족할 수 있음
- 적은 개인적 관심, 과제 수행과 관련된 시간 축소, 지도자의 준비 부족, 지도자에 의한 관심과 동기의 부족, 비장애 참여자들의 학습 진도 저하, 비용의 부담 등

(3) 성공적인 통합지도를 위한 제언

① 장애인의 독특한 요구를 명확히 이해한 후, 적절하고 개별화된 지도 환경을 조성하고 지도해야 함
② 적응의 원리를 적용해야 함
③ 통합에 관련된 태도를 포함하여 다양한 분야에서 비장애인이 준비하도록 하며, 지원인력을 적절히 활용할 수 있는 환경 조성

나 특수교육(Special Education)

(1) 특수교육의 의미

장애를 가진 학생의 독특한 요구들을 충족시키기 위해 부모나 법적 대리인의 비용 지불 없이 특별히 고안된 교수체계

(2) 특수교육에서 체육은 반드시 포함되어야 함

(3) 학문으로서의 특수체육은 특수교육의 하위 학문분야가 아니라 체육학의 하위 학문분야임

다 관련 서비스(Related Services)

(1) 관련 서비스의 의미

특수교육으로부터 혜택을 얻을 수 있도록 장애인을 돕기 위해 요구되는 발달적, 교정적 또는 기타 지원적 성격의 서비스와 교통 서비스

(2) 체육은 직접 서비스에 해당함

(3) 요구에 따라 관련 서비스가 제공될 수 있는 제도적 장치 마련이 필요함

2장 특수체육의 사정과 측정도구

[01] 사정(assessment)의 의미와 가치

사정이란 '측정을 통하여 대상의 수준을 파악하는 것'

가 용어의 정의

사정과 검사는 수행결과의 자료를 수집하는 방법을 관리하는 과정임. 도구, 검사, 사정, 항목, 측정장비 같은 모든 용어는 사정 대상이 되는 행동에 대한 정보를 수집하기 위해 사용하는 절차나 부분절차

나 사정의 의미

(1) 검사

체계적 관찰 같은 특정 도구와 절차를 이용하여 자료를 수집하는 기술

(2) 사정

① 사정
  - 특정 결정을 내리기 위하여 정보를 수집하는 과정
② 특수체육에서의 사정
  - 장애인의 특성 및 특별한 요구를 판별하고 그에 따른 진단, 배치, 평가를 수시로 수행하는 과정
③ 지도가 이루어지는 단계와 목적을 기준으로 구분함
  - 선별을 위한 사정, 진단을 위한 사정, 평가를 목적으로 하는 사정

다 사정의 도구

우리나라에서는 아직 타당한 사정도구들이 거의 없는 실정임. 장애인스포츠지도사들은 장애의 특성과 프로그램의 성격을 고려하여 사정도구를 선택해야 하며 그 도구의 특성을 완전히 숙지해야 함

[02] 진단과 평가의 이해

가 진단의 정의

(1) 진단
우리나라에서는 아직 타당한 사정도구들 교육적 중재가 이루어지기 전 대상 학생에 대한 폭넓은 영역의 수행 능력과 수준을 파악하는 것

(2) 평가
우리나라에서 체육수업에서 시행한 프로그램의 효과를 파악하거나 대상 아동이 교육을 통해 목표 성취의 정도를 파악하는 단계

나 평가의 종류
장애인을 위한 평가도구를 선택할 때, 질적 특성(평가목적, 기법의 적합성, 생태적 타당성, 비차별적 요소, 간편한 행정절차, 비용절감, 이용성)을 고려하고, 규준지향검사, 준거지향검사, 내용지향검사인지 등에 대한 인식도 중요함

다 전통적인 평가방법

(1) 규준지향검사법
개개인의 능력을 성별에 따라 같은 연령별로 비교할 수 있는 평가 방법

① 장점: 개개인의 능력을 비교할 수 있음
② 단점: 운동의 기술적인 측면, 자세와는 연계할 수 없음

(2) 준거지향검사법
규준지향검사법의 단점을 보완한 평가방법으로 운동기술이나 기능적인 측면을 평가

라 표준화 검사
개개인의 운동수행력을 측정하기 위함

(1) 표준화검사의 구분
① 규준지향검사
② 준거지향검사

(2) 검사 종류
체력검사, 운동능력검사, 지각운동기능검사, 대근운동기능검사, 소근운동기능검사

마 규준지향검사

개개인의 운동수행력을 특정한 집단의 기록과 비교할 수 있도록 만들며, 백분위, 연령규준, T점수, Z점수, 표준점수 등이 있음. 이 검사법은 예를 들어, "철수의 슈팅 능력은 또래의 평균 이상이다"와 같이 표현할 수 있음

바 준거지향검사

개인의 수행을 사전에 결정된 준거 혹은 특정 행동에 대한 수행 기준과 비교하는 것으로, 다른 사람의 기록과 비교하는 것보다는 특정 단계의 운동기술 습득을 조사하기 위한 측정방법임. 이 검사법은 특정 영역에 관한 숙련도 검사라고도 함

규준지향검사와 준거지향검사의 장·단점

검사 유형	장점	단점
규준지향 (결과 중심)	· 해석이 용이하고 측정이 단순함 · 검사 경험이 많지 않아도 됨 · 통계적으로 일반화 · 또래와 비교 가능함 · 부모가 이해하기 쉬움 · 그룹에게 사용	· 항목의 특성과 규준적 예시에 의존 · 지적장애가 있는 사람을 위한 규준이 적음 · 융통성이 부족하고 수정이 어려움 · IEP 작성과 프로그램 구성에 도움이 되지 못함
준거지향 (과정 중심)	· 교수를 위한 직접 지시사항 · 항목 수정의 유연성이 용이함 · 개인의 요구사항 충족 · 개별적 프로파일 제공 · 개인에게 사용	· 또래와의 비교 어려움 · 경험이 많은 검사자가 필요함 · 모든 검사가 통계적으로 표준화된 것은 아님

[03] 장애인 대상 검사도구

가 TGMD(Test of Gross Motor Development)

(1) TGMD

울리히(Ulrich, 1985)가 개발한 대근운동능력 측정 검사도구

(2) TGMD의 구성

① 준거지향검사와 규준지향검사의 특성을 모두 갖춤

② 3~10세 아동의 12가지 대근운동기술(이동기술 7종목, 물체조작기술 5종목)을 측정할 수 있도록 구성

(3) TGMD의 측정결과

TGMD 종목 측정 → 원점수 → 백분위점수 · 표준점수 · 대근운동발달 지수

(4) TGMD의 사용 목적

① 준거지향적 의미로 사용
  - 동작의 수행 여부
  - 동작의 정확성 문제
② 규준지향적 의미로 사용
  - 등수와 기록에 대한 순위 정도의 판정

나 BPFT(Brockport Physical Fitness Test)

(1) BPFT

위닉(Joseph P. Winnick)과 숏(Francis X. Short)이 제작

(2) BPFT의 구성

10~17세의 척수장애, 뇌성마비, 절단장애, 지적장애, 시각장애 및 비장애아동을 대상으로 한 건강 관련 체력검사(심폐지구력 4종목, 근력 및 근지구력 16종목, 유연성 5종목, 신체조성 2종목)

(3) BPFT의 특징 및 가치

① 통합 상황에서도 활용 가능
② 건강 관련 체력을 준거지향적으로 해석하는 검사도구
③ 하나의 체력 요인에 대하여 장애 유형별 특성을 고려하고 각기 다른 종목으로 측정할 수 있는 선택의 기회 제공

(4) BPFT 검사의 진행과정

① 대상 아동에 대한 장애 유형과 능력 및 수준
② 적절한 검사 종목의 선정
③ 선정된 검사 종목의 측정
④ 건강 관련 체력의 평가

다 생태학적 접근

장애아동의 스포츠 프로그램 지도에서 환경과 관련된 공간적 · 시간적 · 인적 요소(가정, 학교, 이웃, 지역사회 등)에 대해 고려하는 것은 교육목표를 달성하는데 중요한 성공요인임. 즉, 과제에 집중할 수 있

는 장소와 시간 선정, 즐겁게 참여할 수 있는 상황의 조성, 아동의 특성에 따라 또래와 함께 혹은 개별적으로 과제를 수행하는 것을 세심하게 분석하여 교육계획을 작성해야 함

① 레윈(Lewins, 1951)의 환경 이론(field theory)이 생태학적 접근의 효시
② 체육학에서는 깁슨(Gibson)에 의해 시각인지와 운동제어라는 측면에서 처음 적용
③ '운동학습'에서도 생태학적 접근 방식의 과학적 근거를 찾아볼 수 있음

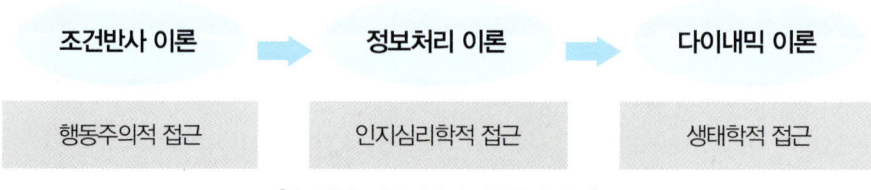

[운동학습 이론에서의 생태학적 접근]

[04] 비형식적 검사

가 과제분석

운동기술과 움직임의 부분별 구성요소와 각 부분의 연속과정을 분리하는 절차가 포함됨. 단순한 것에서 복잡한 것으로 리드업(lead-up)활동 절차를 명확히 하고, 순서를 정하며, 운동기술이나 움직임의 가장 복잡한 단계를 가르침

나 생태학적 과제분석

운동기술 혹은 움직임뿐 아니라 학생의 특성과 선호도를 고려하며, 운동기술이나 움직임의 수행에 영향을 줄 수 있는 환경 요소도 고려하는 것을 말함

다 생체역학적 과제분석

'이상적인' 수행을 설명하기 위해서 과제의 생체역학적 요소 혹은 '초점' 목록을 포함시킴

02 특수체육 지도전략

1장 특수체육 지도전략

[01] IEP의 적용

개별화교육 프로그램(IEP)은 주로 특수학교나 장애학생을 위한 교육현장에서 사용하는 프로그램

가 법적 배경
① 1974년 미국의 전장애아교육법에서 처음 규정됨
② 우리나라에서는 장애인 등에 관한 교육법 제22조와 시행규칙 제4조에 명시됨

나 IEP의 목표와 역할
IEP를 작성하는 중요한 목표와 역할은 다음과 같음
① 관리 도구로서의 역할
② 평가 도구의 역할
③ IEP를 개발하는 절차가 교사, 지도자, 부모 간의 교육적 필요와 목표, 서비스에 대한 이견을 좁힐 수 있는 기회

다 IEP의 개발 절차
① 의뢰
② 진단 및 평가
③ 사정
④ 통보
⑤ 실행
⑥ 재검토

라 IEP의 구성요소

① 인적사항
② 현재의 능력 수준
③ 연간 지도목표(장기목표)
④ 단기 지도목표(단기목표)
⑤ 관련 보조 서비스
⑥ 전환(transition)에 대한 계획
⑦ 시작과 종결 시기
⑧ 평가절차와 시간계획

마 IEP 지원팀의 구성

(1) 필수 참여자

장애인, 지도자, 보호자, 지역대표, 심리치료사. 전환서비스 대표자

(2) 선택 참여자

일반 체육지도자, 센터장, 보조지도자, 물리치료사, 언어치료사, 레크리에이션지도자, 간호사, 사회복지사

[02] 활동 변형

가 체육시설과 환경

(1) 장애인이 활동하는 체육공간이 갖춰야할 기본 조건
① 접근성과 편의성
② 안정성
③ 흥미성
④ 효율성

나 용·기구의 변형

용·기구의 종류와 사용용도를 미리 잘 파악해야 하며 참여자의 장애유형과 정도, 체력, 운동기능, 활동 문제 등을 바탕으로 무조건 변형하는 것 보다는 필요시에만 이루어져야 함

다 규칙의 변형

경기장, 용·기구, 참여 인원의 조정, 활동유형의 조정 등 다양한 각도에서 변형 가능

라 장애유형에 따른 변형

(1) 지체장애인

① 이동기술의 향상
- 대부분의 하지장애인의 경우 이동의 어려움이 있으므로, 이동기술을 향상시켜주는 도구를 사용함

② 변형의 절차
- 신체활동에 대한 선택과 분석 → 신체활동 시 발생하는 문제 확인 → 변형에 대한 기준 설정 → 도움이 되는 변형의 원리

③ 변형의 방법
- 장소와 시설의 크기 변형, 용·기구 변형, 팀 인원 조정, 경기규칙의 변형, 경기 시간 조절, 점수 조절

(2) 지적장애인

① 3가지 차원의 변형
- 높은 수준의 스포츠기술을 기본운동기술 및 패턴으로 대체
- 기술 수행에 요구되는 속도 및 힘의 감소
- 기술 수행에 요구되는 거리의 감소

(3) 자폐성장애인

공격적 행동, 자기자극 행동, 부적절한 언어, 짧은 집중력, 사회적 상호작용의 어려움, 인지적 문제 등으로 신체활동 참여가 어렵기 때문에 지도법, 교수법, 공간, 용·기구, 경기규칙 등 다양한 형태의 수정 또는 변형이 필요함

(4) 시각장애인

① 지도법 또는 교수법 변형 시 고려사항
- 구체적인 경험 제공
- 통합적 경험 제공
- 실천적인 지도

(5) 청각장애인

청각 장애인의 체력요인 중 평형성, 협응력, 방향감각의 저하가 초래되어 운동기능의 저하로 이어질

수 있을 뿐만 아니라 의사소통의 어려움으로 여러 활동에서 배제되거나 체계적 지도를 받을 기회가 없으므로 지도법, 교수법, 공간, 용·기구, 경기규칙 등 다양한 형태의 수정 또는 변형이 필요함

[03] 수업 스타일 및 방식

가 교수자에 따른 접근

① 지도자 중심의 지도: 엄격한 통제 방식으로 지도의 결정권한이 지도자나 관리 기관에 있는 지도방식
② 참여자 중심의 지도: 민주적 방식으로 진행되는 지도방식으로, 참여자의 욕구와 흥미가 전제되며 모든 과정에서 참여자를 고려함

나 지도방식에 따른 접근

① 일대일 방식: 개화된 지도를 위해 참여자와 지도자가 일대일로 지도하는 방식별
② 소그룹 방식: 2~10명의 참여자와 1명의 지도자 또는 보조지도자로 이루어지는 방식
③ 대그룹 방식: 전체 참여자의 팀, 학급에 한 명 이상의 지도자나 보조지도자로 구성되어 지도하는 방식
④ 혼합 방식: 동일한 수업시간 안에 다양한 방법으로 지도하는 방식
⑤ 또래교수(동료교수) 방식: 한 참여자가 또래교사가 되어 다른 참여자를 지도하는 방식
⑥ 교수마당: 소단위로 분류하여 기술을 연습시키도록 순회하는 몇 개의 구역을 설치하여 지도하는 방식
⑦ 개별 진도에 따른 독립적 지도: 과제카드에 제시된 지시를 따르거나 지도자와 보조지도자의 안내로 참여자의 속도에 맞게 자신의 목표를 향하여 학습하는 방식

다 지도 형태에 따른 접근

① 명령형 지도 방식: 지도자가 통제권을 갖고 주입식으로 교육시키는 형태의 지도 방식
② 과제형 지도 방식: 개인의 능력에 따라 과제를 제시하여 참여자가 목표에 도달하도록 유도하는 지도 방식
③ 문제 해결형 지도 방식: 참여자의 능동적 참여를 유도하여 스스로 문제해결을 할 수 있도록 돕는 지도 방식

라 신체활동 접근방식에 따른 접근

① 기능적 접근법: 어려운 기술이나 동작에서부터 기초 동작을 가르치며, 전체적 지도에서 세부적 지도를 하기도 함

② 발달적 접근법: 기초기술에서 어려운 기술로 지도하며, 세부적이고 단계적 지도에서 전체적 지도를 하는 것

[04] 특수체육 지도에서의 행동관리

가 행동관리의 이해

행동관리는 지적장애인이나 자폐성장애인에게 나타나는 부적절한 행동에 대한 적절한 관리를 의미하는 것

나 행동관리의 절차

① 문제행동 파악
② 문제행동의 발생빈도, 기간, 유형 등의 자료 파악
③ 적절한 행동관리법 선정
④ 효과적인 강화물 조사 및 선정
⑤ 행동관리 시작
⑥ 행동관리 시행에 따른 효과 관찰 및 기록
⑦ 행동 변화를 최종적으로 확인하는 평가
⑧ 행동관리법에 사용된 강화물 점진적 감소

다 문제행동의 유형

① 관심 끌기
② 과제나 자극 피하기
③ 원하는 물건이나 활동 얻기
④ 자기-자극 행동이나 상동행동 등과 같이 자신의 각성 또는 에너지 수준을 조절하기 위한 자기-조절
⑤ 무의미한 놀이나 단순 오락

라 문제행동의 관찰과 기록

① 빈도 기록법: 일정 시간 동안 발생한 문제행동의 빈도를 측정하여 기록하는 방법
② 지속시간 기록법: 문제행동이 발생하였을 경우, 지속된 시간을 기록하는 방법

③ 등간 기록법: 정해진 시간에 동일한 단위로 시간을 작게 간격별로 다시 나누어 그 단위시간에 문제행동이 발생했는지를 기록하는 방법
④ 시간 표집법: 단위시간 전체를 관찰해서 정해진 순간만 짧게 관찰하여 행동 발생 여부를 기록하는 방법

마 행동관리 전략

(1) 행동관리의 A-B-C
① 선행자극(antecedent stimulus)이나 사건-행동(behavior)-결과(consequence)

(2) 행동의 형성과정
① 행동형성법: 새로운 행동을 가르칠 때 처음 도입하는 방법
② 행동연쇄법: 목표행동의 성취를 위해 행동을 단계별로 나누어 지도하는 것
 - 전진연쇄법, 역순연쇄법, 전체 과제형 연쇄법
③ 일반화: 일상생활 속에서 반복을 통해 학습한 행동을 자연스럽게 수행할 수 있게 하는 것

바 강화기법

(1) 강화
① 강화: 바람직한 행동이 일어날 때 따라오는 결과나 보상.
② 정적 강화: 칭찬, 토큰강화, 프리맥의 원리, 행동계약, 촉진, 용암법
③ 부적 강화: 타임아웃, 소거, 벌, 과잉교정, 체계적 둔감법, 박탈, 포화

[05] 장애와 운동발달

가 발달의 원리

(1) 인간의 발달과정
① 연속성
② 순서의 동일성
③ 신경학적 성숙
④ 대근육에서 소근육으로 진행
⑤ 두미 방향으로 진행
⑥ 근위·원위로 나타남

⑦ 양방향에서 일방향으로 이루어짐
⑧ 수평적 동작에서 수직적 동작으로 발달
⑨ 개인차 존재

나 발달의 단계

(1) 일반적인 생애주기별 발달단계
① 태아기-유아기-아동기-청소년기(사춘기)-청년기-청·장년기-중년기-노년기

다 운동발달의 단계

운동발달의 형태와 단계에 대하여 갤휴라와 오즈먼(gallahue & ozmun)은 다음과 같이 구분하였음

운동발달의 형태와 단계

운동발달 형태	운동발달 단계	발달주기
반사운동 형태	정보유입단계	태아~4개월
	정보유출단계	4개월~1세
기초운동 형태	반사억제단계	출생~1세
	통제이전단계	1~2세
기본운동 형태	초기단계	2~3세
	기본단계	4~5세
	성숙단계	6~7세
전문화된 운동 형태	전이단계	7~10세
	응용단계	11~13세
	평생 활용할 수 있는 단계	14세 이상

라 운동발달 형태별 특징

(1) 반사운동 형태
① 사람이 태어나서 최초로 하는 운동
② 불수의적 움직임(원시반사)이며 피질에서 조절됨
③ 정보유입과 정보유출

(2) 기초운동 형태
① 수의적인 움직임이 시작되면서부터 나타남
② 앉기, 잡기, 기기, 서기, 뻗기 등

③ 반사억제와 사전억제

(3) 기본운동 형태
① 유아기의 기초운동이 발달하면서 시작됨
② 걷기, 달리기, 차기, 던지기, 받기, 오르기, 구르기
③ 초기단계, 기초단계, 성숙단계

(4) 전문적 운동 형태
① 레크리에이션이나 스포츠 활동으로까지 나아감
② 전이 단계, 적용 단계, 평생활용 단계

[06] 장애와 체력 육성

가 체력의 개념

(1) 체력이란?
세계보건기구(WHO)는 건강을 '병이 없거나 허약하지 않은 것만 말하는 것이 아니라 신체적·정신적·사회적으로 완전히 안녕한 상태'로 정의함
① 건강체력
 - 일상생활을 수행하고 유지하는 능력과 질병예방, 피로, 면역저항력, 스트레스 극복 능력 등 포괄적 의미
② 운동경기체력
 - 운동기능과 관련된 체력

(2) 체력의 구분
① 행동체력
 - 형태계, 근력계, 신경계, 호흡순환계
② 방위체력
 - 물리적 스트레스내성, 화학적 스트레스 내성, 생리적 스트레스 내성, 생물학적 스트레스 내성

나 체력의 측정

(1) 체력 측정평가의 원칙
① 측정평가 시의 3가지 원칙

- 가능성을 측정할 것
- 다양한 분야를 측정할 것
- '0점'이 없는 측정을 할 것

(2) 체력 측정평가 시 고려사항
① 신뢰도와 타당도가 확보된 측정방법 사용
② 검사에 대한 측정자의 충분한 경험과 지식
③ 적절한 측정 장소 선정과 필요에 따라 수행보조자, 수화통역사 등을 배치
④ 체력뿐만 아니라 준비상태, 자세, 기본운동가능, 성장발달 정도, 사회성 등 다양한 부분을 측정하여 체력 측정 보완과 프로그램 구성에 반영
⑤ 다양한 체력요인별 측정방법 준비
⑥ 지적장애의 경우, 측정 종목 자체가 학습의 과정이 안 되도록 익숙한 종목이어야 함
⑦ 장애에 맞게 검사의 종목, 도구 변형
⑧ 가급적 규준지향검사보다는 준거지향검사를 활용
⑨ 체력기준표가 없을 경우 향상도에 근거를 둠
⑩ 체력기준표가 없을 경우 장애유형과 정도를 고려하여 자체 기준을 만들어 사용
⑪ 심리적 요인을 고려하여 신중하게 적용

(3) 체력 요인별 측정방법
① 근력(힘)
- 1RM(최대 근력), 악력테스트, 배근력검사

② 근지구력
- 동적 지구력, 정적 지구력

③ 순발력
- 제자리높이뛰기, 제자리멀리뛰기, 50M 달리기, 공 던지기, 메디신볼던지기

④ 심폐지구력(전신지구력)
- 하버드 스텝, 왕복 오래달리기, 오래달리기, 12분 달리기

⑤ 유연성
- 앉아서 윗몸 앞으로 굽히기, 서서 윗몸 앞으로 굽히기, 엎드려 윗몸일으키기, 몸통 돌리기, 어깨와 손목의 유연성, 어깨돌리기

⑥ 평형력
- 눈 감고 한 발로 서 있기, 평균대 위에서 제자리 돌기, 눈 감고 한 발로 서기, 평균대 걷기, 물구나

무서기, 직선보행검사
⑦ 민첩성
- 전신반응검사, 봉반응검사, 태핑검사, 사이드스텝, 왕복달리기
⑧ 협응성
- 클린 앤 저크, 클린, 푸시 저크, 파워클린, 파워스내치
⑨ 신체조성
- 피부두겹집기법, BMI, 수중체중법, 생체전기저항분석법, X-레이 흡광계, 근적외선법, 허리-엉덩이 둘레비율법
⑩ 형태측정
- 길이, 무게, 너비, 둘레, 모양

다 체력의 육성

(1) 체력육성의 원칙
① 객관적이고 일률적인 적용 피함
② 개인의 능력에 맞는 적용
③ 운동 강도를 개인의 특성에 맞게 점진적으로 증가
④ 운동 횟수 점진적 증가
⑤ 지속적으로 오래 수행하도록 함
⑥ 흥미 유지

(2) 운동량 설정
체력의 개인차가 심하여 개인에 맞는 운동량의 설정이 중요함

(3) 운동종목
운동의 지속 여부를 결정하는데 중요한 요인. 개인의 욕구와 선호가 우선되어야 함

(4) 운동 강도
① 심박수에 의한 운동 강도 설정
- 목표심박수(THR)=[220-나이-안정 시 심박수(RHR)]×운동강도+안정 시 심박수(RHR)
② 운동자각도

(5) 운동시간
운동 목적에 따라 결정되어야 하며, 적응단계를 거치는 것이 중요함

(6) 운동 빈도

운동 간의 간격이나 반복 횟수를 의미하며, 운동 강도를 얼마나 높게 하느냐보다 얼마나 자주 운동하느냐가 중요함

(7) 체력육성의 원리

① 과부하의 원리

② 점진적 과부하의 원리

③ 특이성의 원리

④ 개별성의 원리

⑤ 가역성의 원리

[07] 프로그램의 개발과 적용

가 장애인스포츠 프로그램의 개념

(1) 목적과 목표

① 목적
  - 장애인들의 삶의 질 향상

② 목표
  - 신체적 발달, 사회적 발달, 인지적 발달, 정서적 발달

(2) 효과와 가치

① 건강과 체력 증진을 포함하여 치료에 효과적인 수단

② 신체의 기능 증진, 운동기능 증진과 발달을 위한 수단

③ 심리적 안정과 스트레스 해소에 효과적

④ 대인관계 형성과 다양한 사회 경험에 효과적인 수단

⑤ 체육활동은 건전한 여가 선용에 효과적인 수단

(3) 프로그램 구성

① 감각운동의 구성

② 기본운동기술

③ 체력활동

④ 수중활동

⑤ 리듬운동
⑥ 스포츠 활동
⑦ 다양한 체험활동

나 프로그램의 기본조건

① 참여자
② 지도자
③ 체육시설
④ 운동 용·기구
⑤ 보조지도자 및 자원봉사자

다 프로그램의 개발과 유형

(1) 프로그램의 개발 및 진행순서

준비단계 → 계획단계 → 실행단계 → 평가단계

(2) 프로그램의 유형

감각운동, 이완운동, 근육의 움직임을 이용한 기본운동, 체력 증진 및 비만관리, 수중운동 및 수중활동, 야외활동, 놀이 및 게임 프로그램, 뉴스포츠, 중증장애인을 위한 프로그램, 스포츠 활동

2장 장애유형별 스포츠 지도전략

[01] 지적장애

가 정의

(1) 장애인복지법 시행령 제2조, 장애인 등에 대한 특수교육법 시행령 제10조, 미국지적장애협회(AAIDD)에서 다양하게 정의되고 있음

(2) AAIDD의 3가지 고려사항

① 지적 기능성
 - IQ 70미만

② 적응 행동
 - 개념적 · 사회적 · 실제적 기술

③ 만 18세 미만
 - 지적장애 발생 시기가 학령기 동안으로 한정됨

나 원인

지적장애의 원인은 생의학적, 사회적, 행동적, 교육적으로 범주화됨. 지적장애의 다요인적 접근이 표현형 진단과 관련이 있으며, 표현형이란 개인의 신체적 · 발달적 · 정신적 · 행동적 · 사회적 특성에 따라 관찰되는 행동 수행에서 원인을 진단하고자 함

(1) 염색체 이상

① 다운 증후군
② 터너 증후군
③ 윌리엄스 증후군

(2) 유전자 오류

① 약체 X 증후군
② 프래더-윌리 증후군

다 특성

(1) 인지적 특성
지적장애는 장기간 주의집중을 할 수 없기 때문에 주의집중, 모방, 기억, 지식, 추론 등의 능력이 부족함

(2) 심동적 특성
지적장애의 심동적 특성은 거의 대부분 인지적 능력과 관계가 있음

(3) 정의적 특성
감정 표현 혹은 사회적 기술이 부족하며 이는 교육을 통해 전반적으로 향상됨

라 스포츠 지도전략

(1) 스포츠 과제 분석
지적장애인이 과제를 수행하기 위해서 세분화된 단계의 과제를 표시해야 하며, 시간의 순서 혹은 과제의 난이도 순서로 분석함. 장애가 심할수록 더욱 세분화됨

(2) 스포츠 과제 변형
과도한 변형과 낮은 난이도는 낮은 참여 동기, 낮은 운동효과를 유발할 수 있으므로 모두 변형될 필요는 없음

(3) 스포츠 과제 지도
지적장애인에게 운동과제를 지도할 때는 쉬운 과제 → 어려운 과제, 익숙한 과제 → 새로운 과제 순으로 해야하며, 스포츠를 지도하는 방법은 언어지도-시범(모델)지도-직접지도가 있음

① 언어지도
- 과제 수행에 성공했거나 할 것으로 예상되는 지적장애인을 대상으로 함
- 명확한 단어 사용

② 시범(모델)지도
- 언어지도를 통해 과제수행에 성공하지 못하는 지적장애인을 대상으로 함
- 크고 과장된 동작
- 과제분석을 통해 복잡한 동작을 단순화

③ 직접지도
- 시범(모델)지도를 통해 과제 수행에 성공하지 못하는 지적장애인을 대상으로 함
- 최소한의 신체 접촉

[02] 정서 및 행동장애

가 정의
장애인 등에 대한 특수교육법 제10조, 미국의 IDEA와 CCBD에서 다양하게 정의되고 있음

나 원인
① 생물학적 요인
② 가족 요인
③ 학교 요인
④ 문화 요인

다 특성

(1) 정서 및 행동장애의 특성 분류 기준

① 교육적 분류
 - 분열행동, 미숙한 행동, 사회적 위축, 상동행동, 공격행동

② 임상적 분류
 - 주의력 결핍 및 분열적 행동장애, 틱 장애, 기분장애/우울장애, 불안장애, 충동-통제장애, 적응장애, 인격 장애

③ 차원적/통계적 분류
 - 품행장애, 사회화된 공격행동, 주의력 문제-미숙 행동, 불안-위축 행동, 정신증 행동, 운동 과다

④ 외현화/내면화 분류
 - 외현화 행동, 내면화 행동

(2) 주의력 결핍 과잉행동장애(ADHD)

① 여자아이보다 남자아이가 3배 정도 높고, 전체 어린이의 3~6%
② 주요 특징은 과잉행동, 부주의, 충동성

(3) 품행장애

① 여자보다 남자에게서 높게 나타나며 주로 청소년 초기에 처음 발현
② 드러나는 공격행동과 드러나지 않는 반사회적 행동으로 구분

라 스포츠 지도전략

(1) 기능적 행동 사정
① 관찰된 문제행동들을 조작적으로 정의하고, 그러한 문제행동의 발생 원인과 환경을 분석 및 평가
② 기능적 행동 사정의 유형
- 비형식적 방법: 문제행동을 하고 있는 개인이나 집단을 잘 이해하고 있는 사람과 면담하여 문제행동과 연관되어 있거나 중요한 상황적 특징을 밝힘
- 직접 관찰: 문제행동을 나타내는 개인을 직접 관찰
- 기능 분석: 문제행동과 연관된 특정 행동변인(과제 난이도, 과제 길이, 활동 내용)을 조작함

(2) 긍정적 행동 중재
- 선행사건-대체행동 지도-후속결과에 대한 중재를 통해 긍정적인 절차를 강조하고, 긍정적 행동에 영향을 미치는 환경과 맥락을 강조함

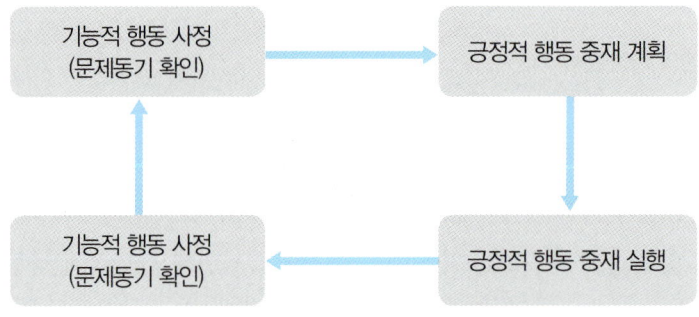

[긍정적 행동 중재 절차]

[03] 자폐성장애

가 정의

장애인복지법 시행령 제2조, 장애인 등에 대한 특수교육법 시행령 제10조, DSM IV-TR에서 다양하게 정의되고 있음

나 원인

정확한 원인은 밝혀지지 않고 있으나 일부에서는 유전적 영향에 의한 가능성과 뇌기능의 일부에 손상이 있을 가능성을 주장하기도 함

다 특성

① 의사소통과 사회적 상호작용 능력의 현저한 발달지체
② 상동행동
   - 같은 동작을 반복적으로 하거나 또는 동일한 상황에서 같은 행동을 하는 것

라 스포츠 지도전략

(1) 문제행동의 원인

① 감각(자기-자극)
   - 혼자 있을 때 반복적으로 일어남
   - 바라보기, 냄새 맡기, 맛보기, 듣기 등을 좋아함
② 회피
   - 어려운 과제를 지시하거나 요구받을 때 일어남
   - 지시나 요구를 철회하면 곧 중단됨
③ 관심 끌기
(추가)
   - 지도자가 다른 사람과 말하거나 지도할 때 일어남
   - 지도자가 자신에게 관심을 보이지 않을 때 일어남
④ 선호 물건·활동
   - 특정한 물건을 못 가지게/ 음식을 못 먹게/ 활동을 못하게 하면 일어남
   - 요구를 들어주면 곧 중단됨

(2) 종목 선정

불연속적 동작의 스포츠(축구·농구·야구)보다는 연속 동작의 스포츠(수영·사이클·인라인스케이트)가 적합함

[04] 시각장애

가 정의

① 장애인복지법 시행령 제2조, 장애인 등에 대한 특수교육법 시행령 제10조, IDEA에서 다양하게 정의되고 있음

② 진단기준은 시력(visual acuity)와 시야(visual field)
③ 맹인(실명)과 저시력(저시각)으로 구분됨

나 원인

(1) 중심시각장애
눈과 말초신경의 손상으로 인한 장애로서 근시, 원시, 난시 발생

(2) 중추성 시각장애
시신경 교차에서부터 뇌영역까지의 신경이 손상된 장애로서 시각 자체에는 문제가 없으나 뇌에서 시각 정보를 처리하는 시각피질 손상에 의해 발생함

(3) 출생 전/후
① 출생 전
- 백색증, 망막아세포종, 미숙아 망막증

② 출생 후
- 백내장, 대뇌피질 손상, 녹내장, 황반변성, 망막 색소변성

다 특성

(1) 심동적 특성
개인의 이동 및 자세 유지에 제한이 있어 발 끌며 걷기, 보폭 줄여 걷기, 한쪽 방향으로 기울인 채 걷기 등의 보행 특성이 나타남

(2) 정의적 특성
대표적인 자기 자극으로 신체 일부 흔들기, 눈 찌르기 등의 행동을 반복함

라 스포츠 지도전략

(1) 현재의 시각 능력 평가
대화를 통해 개개인의 능력을 확인하고 그에 따른 환경구성, 규칙·장비 변형 등을 포함한 IEP 수립

(2) 운동 환경
환경구성을 단순화해야 하고, 스포츠 활동 전에 환경을 탐색할 수 있도록 해야 함

(3) 운동 지도

① 언어지도
- 방향에 대한 기준을 명확히 한 후 운동과제를 설명하고, 운동 용·기구, 참여 동료, 시설 등의 환경도 설명해야 함

② 촉각 탐색
- 상체와 하체, 좌측과 우측 등으로 구분하여 설명해야 함

③ 직접지도
- 언어적 설명을 자세히 하여 과제에 대한 이해도를 높임

[05] 청각장애

가 정의

(1) 장애인복지법 시행령 제2조, 장애인 등에 대한 특수교육법 시행령 제10조, IDEA에서 다양하게 정의되고 있음

(2) 청력의 손실 정도에 따라 농(deaf)과 난청(hard of hearing)으로 구분됨

① 농: 보청기를 사용해도 소리를 청각적으로 이해 불가
② 난청: 일부의 소리를 청각적으로 이해 가능

나 원인

(1) 선천적 원인
유전, 모자 혈액형 불일치, 이경화증, 외이 기형

(2) 환경적 원인
풍진감염, 중이염, 뇌막염

다 특성

(1) 의사소통
① 수화
② 구화

(2) 읽기와 쓰기

부족한 통사 능력 때문에 문장을 문법적인 것보다 의미적으로 해석하므로 의미가 부정확하거나 추상적인 경우 어려움을 겪음

(3) 정서

특별한 정서적 특성은 존재하지 않지만 영아의 경우 의사소통 문제로 인해 애착형성에 어려우며, 학령기의 경우 또래와의 사회적 관계 형성이나 사회적 고립을 야기함

라 스포츠 지도전략

비장애인과 비교해서 운동수행 능력과 체력은 차이가 없으나 내이의 반고리관이 손상된 경우에는 평형성 능력이 낮을 수 있음. 청각장애인의 스포츠 활동에서는 의사소통 외에 특별한 제한점은 없으나 청각장애인을 마주보고 설명하고 운동과제에 대한 이해 정도를 확인해야 함

[06] 지체장애

가 정의

지체(肢體)는 팔·다리, 즉 사지(四肢)를 말하지만 장애인복지법 시행령 제2조, 장애인 등에 대한 특수교육법 시행령 제10조에서는 사지뿐만 아니라 몸통의 지탱과 기능도 포함. 따라서 지체장애란 사지와 몸통에 대한 장애

나 원인과 특성

(1) 출현과 발생

15개의 법정 장애유형 중에서 출현율이 가장 높음

① 발생 시기
- 남자의 경우 주로 20~40대, 여자의 경우 주로 40대 이후부터 증가하여 60대 이후 급격한 증가

② 장애부위별
- 하지, 상지, 척추 순으로 나타남

③ 장애형태별
- 관절장애, 마비, 절단, 변형 순으로 나타남

④ 성별
- 남자의 경우 절단, 여자의 경우 관절장애가 많은 비율 차지

(2) 질환과 사고
① 질환의 원인
- 근골격계 질환이 높음

② 사고의 원인
- 기타 사고 및 외상, 교통사고 순으로 나타남

다 특성
지체장애의 특성은 정의와 대부분 일치하므로 척수손상의 특성만 소개함

(1) 척수손상
① 외상성 손상, 질병, 유전 및 환경 등에 따라 발생 가능
② 손상 정도에 따라 하지 혹은 사지가 마비될 수 있음

라 스포츠 지도전략
대부분의 지체장애인들은 수술-의학적 재활-운동재활-스포츠 활동의 단계를 거침

(1) 스포츠의 변형
지체장애인은 보조 기구를 활용하여 대부분의 스포츠 활동에 참여 가능하나, 일부의 경우에는 용·기구나 규칙의 변형이 필요함

(2) 재활, 건강, 여가 그리고 스포츠
손상된 신체부위를 강화시키기 위해 수중운동, 웨이트트레이닝 등의 스포츠 활동에 참여함

[07] 뇌병변장애

가 정의
뇌성마비, 외상성 뇌손상, 뇌졸중을 통합한 용어이며 뇌손상에 기인함

나 원인과 특성

(1) 뇌성마비
출생 전, 중, 후에 발생하기 때문에 발달장애로 분류됨

① 경직형 뇌성마비
- 전두엽의 운동피질과 운동피질에서 척수로 내려가는 경로인 추체계의 손상에 의해 발생
- 뇌성마비의 70%
- 편마비 · 양하지마비 · 사지마비로 구분

② 무정위운동형 뇌성마비
- 추체계처럼 운동제어를 담당하는 대뇌핵의 손상에 의해 발생
- 뇌성마비의 약 20%

③ 운동실조형 뇌성마비
- 운동동작의 빠르기, 평형성, 협응 능력을 제어하는 소뇌의 손상에 의해 발생

(2) 외상성 뇌손상
① 뇌가 외부의 압력이나 충격에 의해 손상된 경우
② 원인
- 뇌진탕, 미만성축삭 손상, 두개골 손상, 혈종과 뇌출혈, 뇌부종 등

(3) 뇌졸중
① 비만, 흡연, 스트레스 등에 의해 뇌에 혈액을 공급하는 혈관이 파열되거나 막히는 경우에 발생함
② '중풍'이라고도 함

다 스포츠 지도전략

(1) 뇌성마비
① 신경학적 손상에 의해 발생하는 장애로서 수의근을 제어하는 신체활동에 한계가 있음
② 근육과 제어능력을 나빠지지 않게 하고 추가적 손상을 예방함
③ 보행 시 기저면이 넓기 때문에 안전한 바닥을 갖춘 시설, 매트가 필요하며 보행운동부터 시작하는 것이 바람직함

(2) 외상성 뇌손상과 뇌졸중
사고나 질병 등에 의해 발생하기 때문에 의학적, 운동학적 재활을 거친 후 스포츠 활동에 참여하게 되므로 이들의 잔존 능력을 확인하고 이를 강화하기 위한 트레이닝을 실시한 후, 스포츠 활동에 참여시키는 것이 바람직함

스포츠지도사자격검정 핵심요약집

유아체육이란 유아를 대상으로 신체·심리·사회·정서 발달을 위해 체육이론과 실기를 효과적으로 적용하는 데 중점을 두고 있다. 성장·발육·발달 단계에 적합한 체육을 제공하여 신체능력 뿐만 아니라 창의력과 학습능력, 주의집중력, 의사소통 능력, 지각, 과제해결 능력, 타인과의 상호작용을 향상시켜 준다.

유아체육론

01 유아체육의 이해

1장 유아기의 특징

[01] 성장·발육, 성숙, 발달, 학습의 개념

가 성장·발육(growth)

성장과 발육은 동일한 용어로 사용하고 있으며, 유전학적 특성에 의해 각 신체 부분이 양적으로 증가, 늘어나는 것을 말함. 이와 같은 변화는 3가지 세포의 변화를 통해 가능함

① 세포 분열에 의한 세포 수의 증가
② 단백질 합성에 의한 세포 크기의 증가
③ 세포 간 부착물의 증가

따라서 유아의 성장은 태아기에 세포 수가 증가함. 특히 출생 후 세포 크기가 증가하는데 태아기 뇌세포는 이미 상당 부분 세포 크기 증가가 이루어짐.

스캐몬 곡선(Scammon's curves)은 출생 후부터 20세까지의 기관별 성장 비율을 옆의 그래프와 같이 나타냄

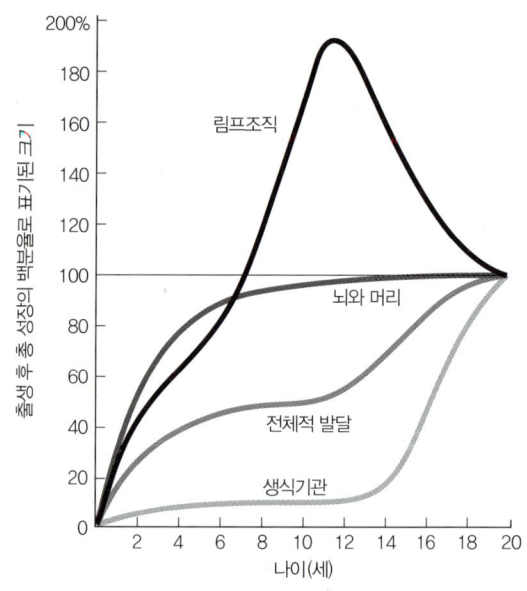

[기관별 성장 곡선(Scammon's curves)]

나 성숙(maturation)

성숙은 크기에 대한 진행 과정에 중점을 두고 있는 반면, 성장은 신체의 크기에 중점을 두고 있음. 뼈가 화골화되는 진행 속도 또한 각각 차이가 있으며 성적인 성숙도는 개인차에 의해 현저하게 나타남

다 발달(development)

발달은 성장과 같은 의미로 사용, 심리학에서 '성장'은 양적인 변화, '발달'은 시간의 추이에 따른 행동의 변화로서 성장의 결과로 나타나는 질적인 변화라고 할 수 있음

라 학습(learning)

연습(외부 학습)은 경험(스스로의 경험)을 통한 행동의 변화, 일반적으로 경험의 결과에 의한 행동 또는 변용이라고 할 수 있음. 이때 지도자의 능력, 지도 방법에 따라 학습효과가 달라지므로 적절한 방법을 통해 학습자에게 적용해야 함

02 신체적 발달의 영향 및 요인

인간의 신체발달에 영향을 주는 요인으로 유전적 요인과 환경적 요인으로 구분 가능함. 유전적 요인이란 부모의 유전자에 의해 결정된다는 생득설(nativism)과 주어진 환경에 의해 영향을 받는다는 경험설(empirism)로 구분할 수 있음

가 유전적 요인

발달의 기제를 자연(nature), 성숙(maturation), 생득(nativism)으로 보고 있으며 정해진 순서에 의해 발달해 간다는 가정

(1) **유전 인자(gene)**: '유전형질을 규정하는 인자'로 자가 증식하고, 세포세대와 개체세대를 통하여 부모가 자식에게 계승하며 유전정보를 전달함

(2) **내분비(endocrine)**: 발육 발달을 규제하는 요소 중 하나로 내분비선에서 호르몬이라는 화학 물질이 분비되어 혈관 및 각 조직에 이동하여 직간접으로 발육 발달을 조절하며, 하수체·갑상선·부갑상선·췌장호르몬 등이 있음

나 환경적 요인

신체 발달의 환경적 요인은 아동의 양육, 학습, 경험과 같은 환경에 영향을 받음. 즉 아동의 발달에서 개인이 경험할 수 있는 환경을 가리킴

(1) **영양**: 발육 발달이 급속도로 이루어지는 시기에는 영양으로부터 영향을 많이 받으므로 발육과 발달의 중요한 요인이라 할 수 있음. 비타민 D의 부족은 뼈의 연화와 기형을 만드는 구루병을, 비타민 B12 결핍은 피부 손상, 위장 장애, 신경학적 증상을 수분하는 니코틴산 결핍 증후군을 초래, 비타민

C결핍은 원기 상실, 관절 통증, 빈혈증, 골단골절 증세를 수반하는 괴혈병을 초래하므로 균형적인 영향 섭취가 매우 중요함

(2) **운동:** 신체활동을 통한 적절한 근육 사용은 근력 강화, 신진대사 원활 등 전체적인 발육 발달에 영향을 끼침. 유아기 운동 부족은 선형적 발육(linear growth)을 지연시키므로 적절한 운동을 의무적으로 수행할 필요가 있음

(3) **휴식 및 수면:** 건강한 신체 유지는 물론 발육 발달을 위한 필수 조건임

(4) **심리적 상태:** 즐겁고 안정된 상태의 유지를 위한 환경 마련이 필요함

(5) **질병 예방 및 신체적 결함:** 질병은 발육 발달에 직접적인 영향이 될 수 있으므로 질병 및 신체적 결함은 의사와의 상의, 시기별 예방 접종과 규칙적인 진단을 받아야 함

(6) **사회 · 경제적 환경:** 윤택한 경제적 환경 및 사회의 지속적인 지원 환경을 통해 의료 혜택, 충분한 영향 섭취, 안정된 심리 환경 등을 마련해야 함

(7) **지역적 환경:** 깨끗한 위생시설, 위험 요소 정비, 보호 장비 및 안전 설비 구축 등은 바람직한 발육 발달에 중요한 요인임

따라서 아동에게 지각 정보와 운동 정보를 협응시킬 수 있는 기회를 제공하고, 균형된 영양 공급을 하며, 특히 지도자들은 적정한 운동 강도를 제공하여 유아의 성장 추세 변화를 숙지해야 함

03 신체적 발달

가 신체적 발달과 특성

유아기는 운동기능, 인지, 정서, 사회적 측면 모두가 현저하게 발달하는 시기로 사회적 · 문화적 특성, 그리고 분류의 목적에 따라 각각 차이가 있음

(1) **사회 문화 및 제도에 따라:** 생활 습관, 교육 제도 등

(2) **일반적 · 생리학적 발육 발달 경향에 따라:** 신장, 체중, 성적 성숙 등

(3) **특정 기능 발달에 따라:** 지각 발달, 언어 발달, 행동 양식 등

(4) **정신 기능 발달에 따라:** 관찰력, 자아 의식, 사회적 인식 등

학자별 발달 단계 시기 분류표

구분자 \ 연령	0	1	2	3	4	5	6	7	8	9	10	11	12	13	14	15	16	17	18	19	20
J. A. Comenius	유아기							소년기							청년전기						청년후기		
F. C. Sanford				아동기												청년기						
E. spranger				아동기				중간기		소년소녀기			중간기	청년기					
O. Tumlirz	유아기		중간기		유아기		중간기		아동기				중간기			성숙기			중간기	
E. Stern	언어전기	유아기					아동기								성숙기						
武政太郎	유아기		유아기				아동기								청년기						
F. L. Goodenough	언어전기	유아기						아동기								청년기						
Stratz	유아기	중성아동기 (제1충실기 / 제1신장기)						만성아동기 (제2충실기 / 제2신장기)								성숙기				

유아기 신체발달 특징

연령	신체발달 특징
1세	• 두뇌가 가장 급진적으로 성장한다. • 뼈와 근육조직이 급속히 발달한다. • 허리와 몸통은 굵고, 다리는 짧으며, 팔은 길다. • 손발이 작고 다리가 안쪽으로 굽는다.
2세	• 다리보다 팔의 성장이 빠르다. • 뇌가 급속히 발달한다. • 숫구멍(frontanel: 泉門)이 모두 닫힌다. • 뼈는 느린 속도로 발달된다. • 신장과 체중의 발달이 빠르다.
3세	• 체중이 증가속도가 느려진다. • 머리의 넓이가 거의 완성된다.
4세	• 체격의 발달은 느린 편이다. • 가슴은 둥글고 배가 튀어나와 자루모양의 체형을 갖는다. • 키는 성인의 60% 정도에 이른다. • 심장의 발달이 느리다. • 팔과 다리는 가냘프다.
5세	• 원추형 체형을 갖기 시작한다. • 목이 가늘어지고 길어진다. • 체중과 신장의 증가율이 떨어진다. • 머리의 길이는 성인의 91%에 이른다. • 심장의 발달이 느리다.

6세	• 얼굴 윗부분이 성인 수준으로 발달된다. • 이를 갈기 시작하며 1~2개의 영구치가 나온다. • 배는 들어가고 무릎은 곧게 펴진다. • 몸통의 길이, 넓이가 출생시의 2배로 된다. • 심장의 무게는 출생시의 4.5배가 된다.

나 감각 및 인지적 발달

① 태아의 반응, 즉 운동은 감각수용체를 통하여 자극을 받아들임으로써 발생됨. 이때 감각수용체의 3가지 유형에는 내부감각수용기, 내장수용기, 자기수용기가 있음
② 내부감각수용기(내수용기)는 체내장기에서 오는 자극들을 감지함. 내장수용기는 빛의 파동이나 소리의 진동 같은 외부환경에서 오는 정보를 제공하며, 자기수용기는 근육이나 힘줄의 긴장이 만드는 몸의 움직임이나 위치에 관한 정보를 감지하여 정보를 전달함
③ 이러한 정보의 수용은 시각, 청각, 촉각, 후각, 미각을 통해 감지됨

(1) 감각의 종류와 특징

	특징
시각	영유아 시기 가장 늦게 발달하는 기능 생후 1~2주까지 움직이는 물체에 시선을 둘 수 있음 시력은 생후 빠르게 향상되지만 성인만큼 볼 수 있으려면 6개월~1년 소요
청각	생후 4~6개월 사이 향상 매우 작은 소리는 아동 후기에 가능
촉각	영아가 주변환경에 대한 반응성으로 이미 엄마의 뱃속에서 느낌
후각	신생아는 자신과 가장 가까운 사람을 변별하는 초기 수단으로 이용
미각	신생아는 단맛을 빠른 속도로 빠는 경향을 보임

연령에 따른 감각 특성

3세	4세	5세
감각적 차이를 경험한다.	감각적 차이를 구분한다.	감각으로 대상이나 사물의 특성과 차이를 구분한다.
감각기관을 인식하고 활용해 본다.	여러 감각기관을 협응하여 활용한다.	

(2) 인지적 발달

- "인지"란 인간이 지식을 습득하고 문제 해결과정에서 이를 사용하는 정신적 과정을 의미함
- 인지과정은 인간으로 하여금 정신세계를 특징짓는 관찰될 수 없는 사건과 활동을 포함
- 아동의 인지발달은 주의집중시간이 매우 짧고, 관심과 호기심이 많은 시기로, 특히 대부분의 시간을 놀이로 보내고 있어, 놀이를 통해 신체와 움직임 능력을 학습
- 운동능력과 지능의 상관관계가 높아 신체의 활용 능력에 따라 지능발달에 직접적인 영향을 주고 있음

피아제(Piaget)의 인지발달이론과 특징

연령	단계	특징
0~2	감각운동기 (sensorimotor stage)	- 보기 · 듣기 · 만지기 · 맛보기 · 움직이기 등 초보적인 감각과 운동에 대한 활동 시기 - 시간, 공간, 인과 관계 등 영속성 개념 시작
2~7	전조작기 (preoperation stage)	- 목표를 향한 의도적 행동 수행, 생각으로 행위 수행 - 자기중심적 특성, 교육시 지시사항이 짧고, 행도으로 보여주는 것이 효과적
7~11	구체적 조작기 (concrete operation stage)	- 동일성, 보상성, 가역성 등의 특징이 나타남 - 교육시 스스로 과제를 조작, 검증하는 기회를 지속적으로 제공하며 스스로 분석하여 사고하도록 함
11~15	형식적 조작기 (formal operation stage)	- 수학, 과학 문제를 풀 때의 추상적 사고가 포함, 여러 변수들의 협응을 포함하는 정신적 추론 가능

인지이론의 가장 대표적인 학자인 피아제(Piaget)의 이론은 현재까지도 인간의 인지이론을 가장 잘 설명하고 있으며, 그는 인지 발달을 초기 아동기와 후기 아동기로 아래와 같이 제시하고 있음

	초기아동기	후기아동기
특징	- 생각과 의견을 언어로 표현하는 능력이 꾸준히 향상 - 상상력은 행위와 상징의 모방을 가능하도록 하지만, 정확성이나 사건의 순서에는 별다른 관심이 없음 - 주로 개인적으로 관련이 있는 새로운 상징들을 지속적으로 조사하고 발견함 - 아동 행위의 방법과 이유는 지속적인 놀이를 통해 학습됨 - 자기만족적 행동에서 기본적인 사회화 행동으로 전환되는 발달의 전조작적 사고 단계임	- 7~12세 시기 - 관심의 지속시간이 짧지만 점차 증가. 단, 자신이 관심있는 활동에는 많은 시간을 사용 - 의사 결정에 있어서는 도움과 지로를 필요로 함 - 뛰어난 상상력과 창조적인 생각을 보여주며, 강한 자의식이 생김 - 구체적인 사례와 상황을 처리하며, 후반에 갈수록 추상적인 인지 능력이 분명해짐 - 지적으로 호기심이 강하고 이유에 대해 알고 싶어함

(3) 정서적 발달

정서(emotion)는 유아의 행동을 발생시키는 근본적인 요소로 흥미, 관심, 인격 형성의 기반이 되는 중요한 정신 기능으로 주어진 자극에 대해 주관적으로 반응하는 신체적·생리적 반응을 동반함

① 기본 정서: 기쁨, 분노, 공포, 행복, 놀람, 혐오, 슬픔 등
② 일차 정서: 모든 영아들에게서 볼 수 있는 기본 정서. 선천적 정서 등
③ 이차 정서: 한 가지 이상의 정서를 통합할 줄 아는 보다 복잡한 인지능력을 필요로 하며 18개월 이후에 출현. 애정, 만족, 감정이입, 질투, 고통, 수치, 죄책감, 부러움, 자부심, 당황, 자긍심 등
   - 기쁨, 미소, 웃음: 생후 2개월 이후 자신이 좋아하는 사람들에게 사회적 미소를 보임, 생후 4개월 경 큰 소리로 웃으며 생후 1년경 사회적 신호로 미소 및 웃음을 보임
   - 공포: 낯선 사람을 경계하는 6개월경에 출현하여 9~14개월에 가면 최고조에 달함. 큰 소리, 높은 곳, 낯선 사람, 처음 보는 이상한 물건, 어두운 곳, 강아지, 고양이 등을 무서워함
   - 분노: 가장 많이 나타나는 정서 중 하나로 신체적으로 불편하거나 고통을 느낄 때 울음으로 표출, 욕구좌절을 느낄 때 울음이나 소리 지르기, 떼쓰기, 발버둥 등 신체적 표현을 수반 표현, 생후 4~6개월 정도 나타나기 시작함
   - 질투: 동생, 또래와 같은 경쟁자에게 애정 대상을 빼앗길 것을 두려워하여 나타내는 정서임
   - 자부심, 수치심, 죄책감 등: 실패했거나 하지 말아야 할 것을 했을 때, 생후 24개월에서 36개월 사이에 출현함

④ 정서발달의 개관

연령	정서표현 / 조절	정서이해
출생~	모든 일차적 정서가 나타남	기쁨, 분노, 슬픔 같은 표정 구분
6개월	• 정적 정서의 표출이 격려되고 보다 일반적이 됨 • 손가락을 빨거나 고개를 돌림으로써 부적 정서를 조절하려는 시도	
7~12개월	• 분노, 공포, 슬픔 같은 일차적 정서가 보다 분명해짐 • 정서적 자기조절이 향상되고, 영아는 스스로 몸을 흔들거나, 물건을 빨거나, 불쾌한 자극으로부터 멀리 떨어짐	• 다른 사람의 일차적 정서에 대한 인식 향상 • 사회적 참조 등장
1~3세	• 이차(자기-인식) 정서 등장 • 정서조절이 향상되고, 걸음마기 아동은 그들을 짜증나게 하는 자극들로부터 스스로 거리를 두거나 조절하려는 시도를 함	• 걸음마기 아동은 정서에 대해 말하기 시작하고, 정서가 놀이에 등장 • 감정이입적 반응 등장

연령		
3~6세	• 정서조절을 위한 인지적 책략의 등장과 세련화 • 정서를 감추거나 간단한 표출규칙과 일치	• 정서의 외적 원인과 결과의 이해가 향상됨 • 감정이입적 반응이 보다 공통적이 됨
6~12세	• 표출규칙과의 일치 정도가 향상 • 자기-의식 정서는 보다 밀접하게 '옳은' 혹은 '유능한' 행동의 내면화된 기준과 결합됨 • 자기조절 책략(적절할 때 정서를 강화하는 것 같은)은 보다 다양해지고 보다 복잡해짐 • 아동은 타인의 정서를 이해하기 위한 내적·외적 단서를 통함	• 감정이입적 반응이 보다 강화 • 사람들이 동일한 사건에 대해 다른 정서적 반응을 할 수 있다는 것을 인식함 • 타인은 혼합된 정서를 경험할 수도 있다는 것을 이해

⑤ 브리지스(Bridges, 1932)는 정서 분화를 "태어날 때의 흥분 상태 → 2~3개월경에 쾌와 불쾌 → 생후 5~6개월에 불쾌의 정서인 분노, 혐오, 공포 → 10~12개월에 쾌의 정서인 의기양양과 애정 → 24개월에 질투심"으로 제시함

(4) 사회적 발달

사회성이란 개인의 타인과의 교류하는 관계 속에서 나타나는 의식과 행동을 뜻하는 것으로 개인의 사회적 적응 행동을 총칭함. 패튼(Paten)과 뉴홀(Newhall)의 유아의 사회적 발달의 특징 4단계

- 1단계 단독놀이(solitary independent play): 혼자 놀며 타인을 의식하지 않음
- 2단계 평행놀이(paralled activity): 타인과 함께 놀고는 있으나 직접적인 상호 작용을 하지 않음
- 3단계 연합놀이(associative play): 목표를 설정하여 서로의 교류를 수행함
- 4단계 협동놀이(cooperative paly): 자기 역할, 책임감, 협동에 대한 의식을 갖고 있음

(5) 언어적 발달

문화적 차이에도 불구하고 영아·유아들은 비슷한 언어 발달 과정을 거침

- 생후 4~5개월: 옹알이(Babbing)
- 12개월: 몇 개의 단어를 말하고, 간단한 언어 이해
- 1~2세: 엄마, 아빠, 눈, 코, 입 등 25개 정도의 간단한 단어를 직접 말함
- 3~4세: 단순 문장이나 접속사나 조사를 사용한 문장 구사
- 5세: 자신의 경험과 생활을 문법에 맞게 구사
- 6세: 급속한 발달 시기로 1만~1만5천개 정도의 단어를 인지
- 7세: 한 단어가 여러 의미가 있음을 이해하고, 농담을 즐기기도 함

2장 유아기 운동발달

[01] 운동발달 개념 및 모형

가 운동발달의 개념

(1) 운동발달

① 발달: 출생에 사망에 이르기까지 계속적인 변화를 말하며, 신체의 각 부분에 대한 변화와 기능적 통합을 의미. 유아, 청소년 시기까지를 성장과 성숙을 의미하고, 성인 이후 발달은 노화를 의미함

② 발달의 일반적 원리
   - 유아의 발달은 일정한 순서에 의해 진행
   - 발달은 계속적인 과정이되 속도는 개개인의 차이가 존재
   - 발달은 연속적이며, 점진적으로 진행
   - 발달은 통합적으로 진행

③ 운동발달의 단계

시기	태내기	영아기	유아기	아동기	청소년기	성인초기	성인중기	노인기 (성인후기)
연령	수정	출생6개월	2세	6세	12세	18세	40세	65세
발달단계	반사단계	기초단계	기본 움직임 단계	스포츠 기술단계 / 전문화된 움직임 단계	성장과 세련단계	최고 수행 단계	퇴보 단계	

④ 유아가 필요한 움직임 기술들은 기초 요소와 움직임들을 체계적으로 습득해야 보다 더 정교하고 세련된 운동기술을 용이하게 습득할 수 있음

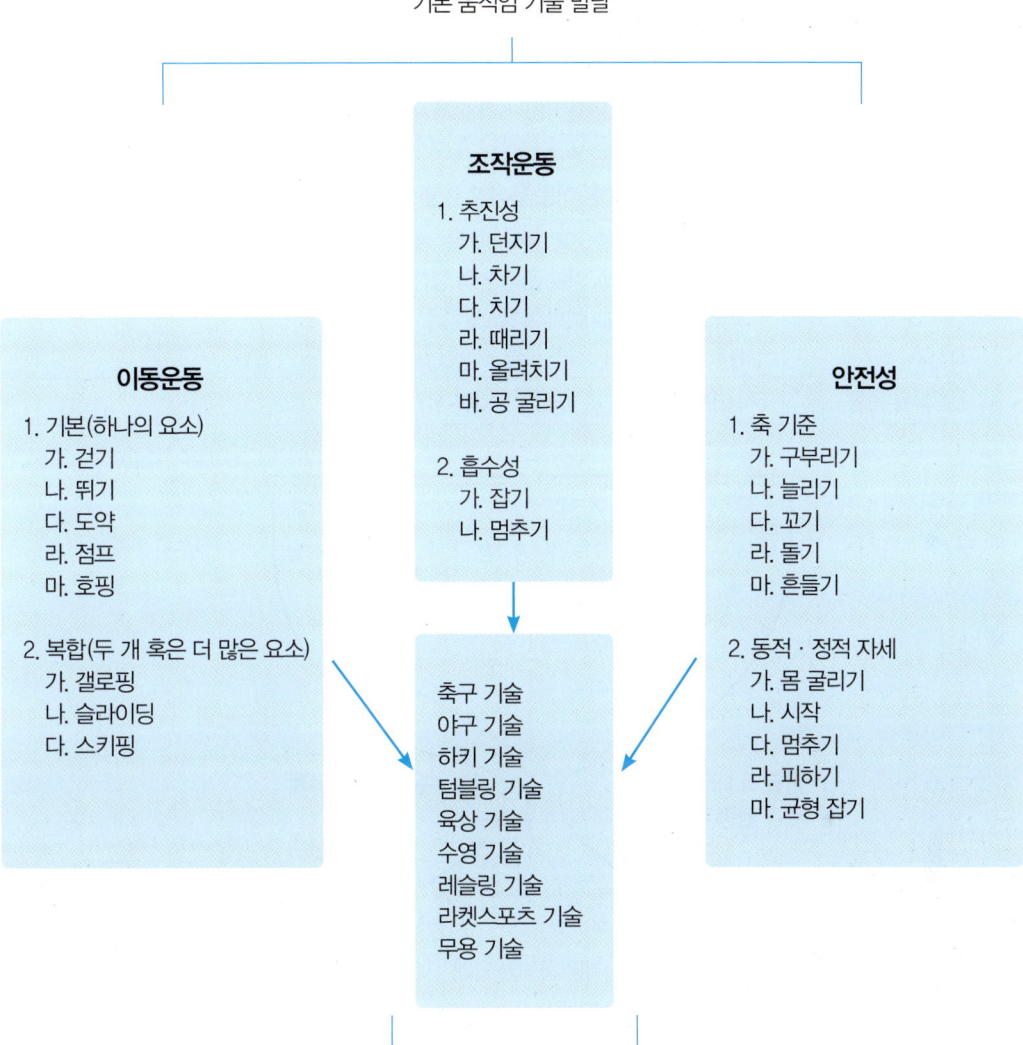

[아동과 청소년의 움직임 기술의 변화]

나 갤라휴(Gallahue)와 하우벤스트리커(Haubenstricker)의 움직임 발달 모형 및 단계

갤라휴와 하우벤스트리커는 시기별 움직임 발달 단계를 각각 그림을 통해 다음과 같이 제시함

갤라휴의 연령에 따른 움직임 발달

	내용
반사적 운동	신생아 시기로 무의식적으로 신체가 움직이는 것 예) 빨기반사, 모로반사, 바빈스키 반사 등
초보적 운동	의도적으로 신체 움직임/운동이 시작 예) 기어가기, 걷기 등 이동 움직임, 손을 뻗는 등 조작 동작
기초적 운동	2~7세 정도로 기본 운동 능력과 기초 체력 형성 – 시작단계(2~3세): 기본 운동 능력 형성 시기 – 초보단계(4~5세): 신체 움직임을 조정 – 성숙단계(6~7세): 기본 운동 기술이 능숙, 신체 협응력 발달
전문화된 운동	7세 이후 전문적이고, 운동능력 발달 시기

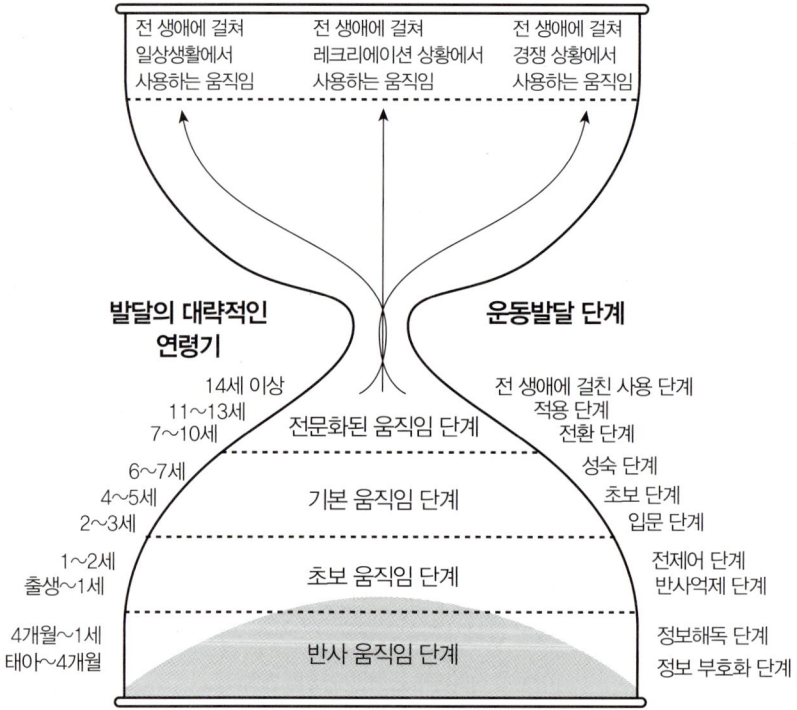

다 운동능력의 변화

(1) 운동능력(motor ability)

- 행동체력과 동일한 것으로 운동에 대한 적응 능력을 가리킴. 자동반사를 제외한 수의적인 움직임의 변화를 가리키는 것으로 유아기의 기본적인 운동 능력은 안정성 운동, 이동운동, 조작운동으로 구분할 수 있음

안정성 운동	이동 운동	조작 운동
1. 축 기준 구부리기, 늘리기, 꼬기, 돌기, 흔들기	**1. 기본** 걷기, 뛰기, 도약, 점프, 호핑	**1. 추진성** 던지기, 차기, 치기, 때리기, 올려치기, 공굴리기
2. 동적 · 정적 자세 구르기, 시작, 멈추기, 피하기, 균형잡기	**2. 복합** 갤로핑, 슬라이딩, 스키핑	**2. 흡수성** 잡기, 멈추기

[유아기 기본 움직임 기술]

- 유아동의 기본 움직임 단계별 특징은 연령별, 성별 차이가 있는데 하우벤스트리커의 척도에 의하면 기본적인 움직임 습득 단계의 남녀 연령별 경향을 제시하고 있음

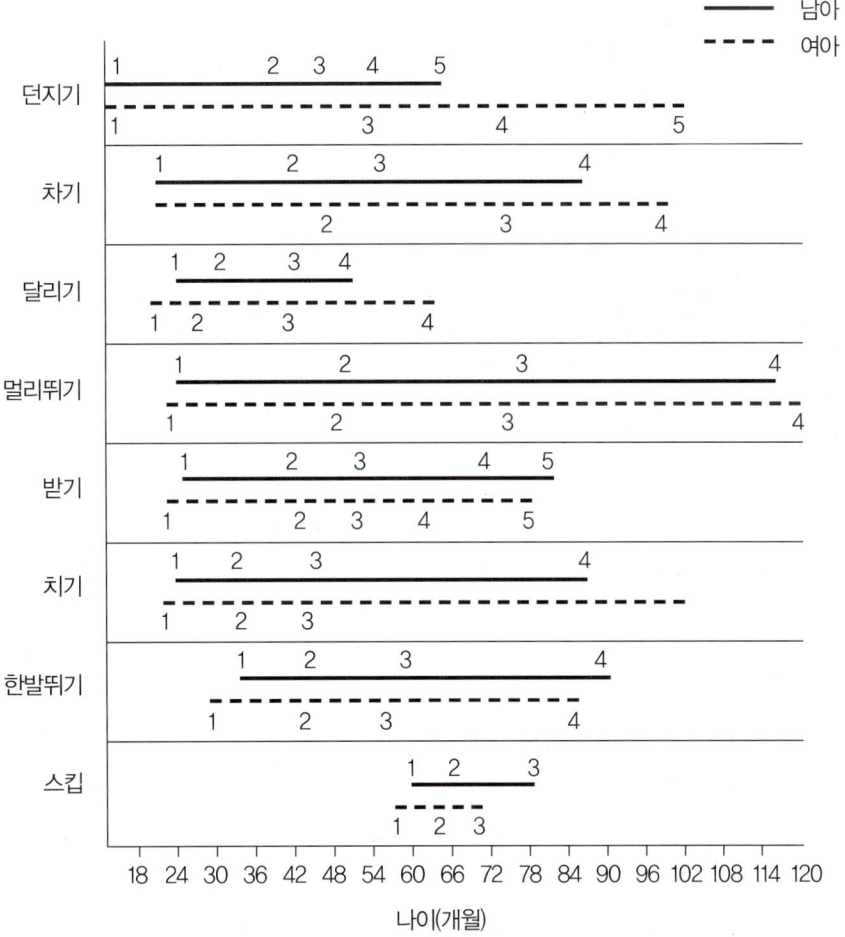

[기본 움직임 습득 단계의 성별 · 연령별 경향]

(2) 운동 능력 발달

- 걷기(Walking): 야윈 유아가 비대한 유아보다 그리고 여아가 남아보다 보행의 시작이 빠름. 2세에 보폭이 좁고, 리드미컬하여 1분간 150~170보 정도 속도 유지. 3세에 안정된 보행과 방향 전환이 가능하며 팔과 발의 움직임이 균형을 이룸
- 달리기(Running): 1년 6개월 정도되면 달리기에 가까운 급한 걸음이 가능. 대개 2~4세에 달리기가 가능하나 급정거 능력이 떨어지고, 4년 6개월~5년 정도되면 달리기에 가까운 동작이 가능
- 도약(Jumping): 1년 6개월 정도되면 낮은 높이에 올라갈 수가 있고, 2세 때 양다리를 모아 도약이 가능. 대개 3세아의 42%, 4~5세아의 72% 정도는 능숙한 도약 가능
- 외발뛰기(Hopping): 3년 6개월 정도되면 오른발 1~2보 연속 뛰기 동작을, 4세 때 4~6보 정도 연속 뛰기가 가능하며, 5~6세 때 피로할 때까지 계속 가능
- 평형성(Balance): 신경기능 발달과 신경과 근의 협조 능력을 체크할 수 있는 중요한 지표로 3세아의 50%가 2.5cm 넓이의 직선상에서 30cm 정도 걷기 가능. 5세아의 대부분이 양손을 등 뒤에 끼고 한발로 서있는 정적평형성 측정 가능
- 협응성(Coordination): 조정력과 같은 용어로 신체의 감각기와 함께 신체 각부분과 조화가 되는 것으로 던지기 동작의 경우 4세까지는 아래, 위, 옆 방향 등 여러 가지 방법을 습득하다가 5~6세경 체중 이동과 함께 자연스럽게 공던지기 가능

3장 유아기 건강과 운동

[01] 유아기 건강과 운동

가 유아기 건강

(1) 정의

외부 환경으로부터 보호를 통한 신체적 발육발달과 안정된 심신 상태로써 충분한 영양섭취, 휴식과 수면, 청결한 환경과 위생습관, 정서적 안정, 전염병 예방, 병력 조사와 질병의 조기 진단 및 치료, 정기적 건강진단, 치아 건강관리, 간단한 응급처치 등을 통해 이루어짐

(2) 건강의 3대 요소

① 영양: 평생의 식습관을 형성하므로 다양한 종류의 음식(채소, 단백질 식품 매일 섭취) 제공

시기	내용
생후 13~18개월	- 식사는 매일 규칙적으로 일정한 시간에 하도록 한다. - 편식하지 않도록 여러 음식 맛을 익혀가게 한다. - 아기가 식사할 때 재촉하지 말고 천천히 먹게 함(30분 식사시간) - 간식은 소화되기 쉬운 것으로 먹이되 적절한 식사량 제공 - 음식 종류, 양, 조리법은 차츰 어른 식사로 옮겨가도록 - 식사는 하루 세끼 권장
생후 19~24개월	- 소화가 잘되고 위에 부담이 없으며 식욕을 돋울 수 있는 음식 제공 - 1회 식사량은 우유 한 컵, 계란 1/5개, 식빵 ½쪽 정도가 적당 - 발육에 필요한 영양 섭취를 위해 식사량을 늘여갈 것
생후 25~30개월	- 간식은 우유, 요구르트, 과일 등 영양 균형을 고려해 소화가 잘되는 것으로 제공 - 간식의 열량은 하루 총 열량 중 10~20%가 적당
생후 31~36개월	- 식욕이 없거나 편식을 하더라도 무리하게 억지로 먹이지 말 것 - 음식을 잘 먹지 않는 아기에게 식사를 조금씩 여러번 나눠 제공 - 음식을 잘 먹을 수 있도록 좋아할 수 있는 조리법 활용

② 수면: 수면은 건강과 가장 밀접한 관계에 있는데 수면이 부족하면, 울음, 짜증, 칭얼거림 증세로 표출됨. 따라서 최소 6시간 이상 수면시간이 확보되어야 함. 특히 성장호르몬은 평균적으로 밤 10시에서 새벽 2시 사이에 가장 많이 분비되므로 잠을 얼마나 자느냐도 중요하지만, 잠자는 시간대가 중요함

③ 운동: 움직임과 신체활동 욕구가 가장 왕성한 시기이므로 적극적으로 운동을 할 수 있는 환경을 마련할 필요가 있음. 유아기 운동 기능은 반사운동 → 이동기능(기어가기, 걷기, 구르기) → 단순 운동기능(매달리기, 달리기, 뛰기, 미끄러지기, 흔들기, 던지기) → 전문적 기능(축구, 야구, 수영, 전문놀이 등) 등

의 과정을 통해 운동능력을 향상시킴

나 유아기 운동 및 권장 지침

(1) 유아운동 권장 지침

유아에게 필요한 권장 운동 지침은 아래와 같은데 각국의 유아 신체활동 권고 기준에 의하면, 중·고강도 수준의 운동 주당 7회, 60분 이상을 가장 많이 권고하였고, 중강도 수준의 운동을 주3회 30분 이상이 두 번째였음

– 각국의 유아 신체활동 권고 기준

구분	명칭, 기관 및 연도		강도	빈도(회/주)	시간(분)
WHO	신체활동 가이드라인(WHO, 2009)		고강도	3회 이상	60분 이상
미국	어린이 청소년 PA 가이드라인(보건성, 2011)		중·고강도	3회 이상	60분 이상
	국립보건원(NIH)		중강도	7회	30분
	미 보건성		중·고강도	7회	60분 이상
	소아청소년 PA 가이드라인(미국 CDC, 2005)		중·고강도 이상	3~5회	30~45분
	어린이 PA 가이드라인	만 0~5세(유아)	–	7회	60분 이상
	(미국 체육협회)	만 5~12세	중·고강도	7회	누적 60분 이상
영국	어린이 PA 가이드라인 (보건성, 2011)	만 5세 이하	관계 무	7회	180분
		만 5~11세	중·고강도	PA 3회 이상 근력 3회 이상	60분 이상
	어린이 PA 가이드라인(건강교육협회)		중강도 5~8METs	2회 이상	60분
캐나다	PA 가이드라인		다양한 강도	–	60분 이상
	어린이 PA 가이드라인(Tremblay, 2011)		중강도 고강도	7회	중: 20~60분 고: 10~30분
호주	국가 PA 가이드라인(보건복지부, 2014)		중·고강도	7회	30분
아일랜드	어린이 청소년 PA 가이드라인		중·고강도	3회 이상	60분 이상

(2) 신체운동 영역

① 감각과 신체 인식: 이동운동(걷기, 달리기, 뛰기 등 이동하는 동작운동), 비이동운동(구르기, 비틀기, 균형잡기, 회전하기 등 몸을 축으로 이동하지 않고 움직이는 동작운동), 조작운동(던지기, 차기, 때리기 등 사물을 조작하는 추진동작과 받기, 굴러오기와 같은 힘에 의해 움직이는 사물을 받아들이는 흡수동작

② 신체조절과 기본 운동: 대근육·소근육 조절 등

③ 신체활동 참여: 몸움직임 즐기기, 야외에서 신체활동, 기구를 사용하여 신체활동, 자발적인 신체활동

02 유아기 운동발달 프로그램의 구성

1장 운동발달 프로그램의 기본 원리

[01] 적합성의 원리

① 연령에 따른 최적화된 운동프로그램을 적용하여 효과적인 발달을 유도하는 원리. 심리적·신체적·지적·사회적인 발달을 강화시키는 운동기술 개발과 움직임 교육의 개념에 기초해야 함

② 연령에 맞는 프로그램 구성
- 영아: 엄마와의 접촉, 영아의 반사에 대한 엄마의 반응
- 2~3세: 초보 움직임 단계로 기기, 걷기, 이동하기 등을 반영한 운동프로그램
- 3~4세: 기본 움직임 단계로 뛰기, 달리기, 매달리기, 던지기 등을 반영한 운동프로그램
- 5~6세: 놀이를 이용한 사교 및 학습 능력 향상

[02] 방향성의 원리

인간의 성장과 발달은 일련의 방향성을 가지고 발달하며, 순서적 발달과정은 세 가지 원리를 기초로함

(1) **두미 원리:** 발달의 방향성이 머리-발가락원리를 따라 발달. 생후 2개월 때 머리 비율이 25% 차지하나 성장에 따라 몸통과 하체가 발달됨

(2) **중심말초 원리:** 신체 중심에서 말초 부위로 발달하는 것으로 두미의 법칙에 따라 머리에서 발가락, 손가락 방향으로, 몸통부터 손가락, 발가락 등의 말초로 성장함

(3) **대근육에서 소근육 발달 원리:** 대근육에서 소근육으로, 팔과 다리 등의 큰 근육 발달 후 손가락, 발가락으로 발달됨

[03] 특이성의 원리

성별, 연령별, 체력별, 적성 등 개인차를 고려하여야 하며, 특히 아동기에 운동능력 차이는 매우 현저하게 나타남. 또한 각 신체활동 프로그램이 어떤 것에 영향을 끼치는지 효과성과 구체성을 가지고 적용하여야 함

따라서 운동발달 프로그램을 구성하는 데 있어 전형적이며 공통적인 일반화된 특성 뿐만 아니라 개인차를 반드시 고려해야 함. 유아 간 연령별 체력 차이, 성별, 운동 소질 및 적성 등이 그 대상임

[04] 안정성의 원리

안정성은 유아의 일상생활 및 안전에 관한 사항들을 이해하고 예방하는 것을 말하며, 유아기는 아직 신체의 조절능력이나 판단능력이 완전하지 않기 때문에 안전이 우선시 되어야 함. 사고력과 주의력이 부족하고, 위험성에 대한 의식이 미비한 시기인 반면, 호기심이 많기 때문에 교육자, 지도자 등은 안전교육에 대한 철저한 대비가 필요

[05] 연계성의 원리

기초단계부터 향상단계까지 잘 만들어진 프로그램을 구성하고 제공해야 함. 특히 프로그램 구성 시 유아기의 신체적, 정서적, 사회적 특성을 반영하여야 하며, 운동발달, 인지발달, 정서발달이 통합적으로 교육될 수 있도록 프로그램 구성이 이루어져야 함

인지, 정서 및 운동발달 단계 비교

연령	인지발달 단계(Piaget)	정서발달 단계(Harter)	운동발달 단계(Gallahue)
2~4세	전조작기 자기만족적 행동 초기 사회행동 시작시기	인식 기본 정서 이해 자기중심적 감정이입	기본운동단계 (시작단계)
4~6세	추상적 능력 발달	동기화 복합 정서 이해 타인에 대한 감정이입	성숙단계 (초보단계)
6~10세	구체적 조작기 가역성, 연상능력 관계, 분류	통합 복합 정서 통합 타인의 일반적 곤경에 대한 감정이입	전문화된 운동단계 (성숙단계)

[06] 다양성의 원리

기술적 능력에서 개인별 차이에 대한 생각과 지도 방법을 가리킴. 유아는 성인에 비해 집중력이 떨어지고 쉽게 흥미를 잃기 때문에 여러 가지 측면을 고려한 다양한 프로그램을 구성할 필요가 있음. 이때 교사·지도자의 역할이 중요한 데 아동 각자가 최대의 능력을 발휘할 수 있도록 개개인의 수준에 적합한 지도가 필요함

2장 운동프로그램의 구성

[01] 운동프로그램 구성 요소

프로그램 구성은 운동 빈도, 운동 강도, 운동 시간, 운동 형태 등 4가지를 고려해야 하는데 이 요소들은 연령별로 차이가 있음. 이 외 프로그램에는 반드시 아래와 같은 사항을 고려해야 함

- 연령에 따른 발달의 차이와 개인차 고려되었는가
- 신체적·정서적·사회적·인지적 발달이 균형적으로 구성되었는가
- 개인/팀을 위한 놀이가 적절히 구성되었는가
- 일부 소외된 아이들을 배려하고 있는가
- 활동적이고 흥미로운 놀이를 구성하였는가
- 창의력을 반영하였는가
- 안전을 고려하였는가
- 평가와 피드백을 시행하였는가

프로그램 작성 시 영역별 고려 사항

영역	고려 사항
정서적 영역	자신을 느끼는 방법 강화, 긍정적인 자아개념과 자기존중 개발 독립적·활동적으로 학습하도록 자기 동기화 개발 사회적 기술 개발, 안전하게 놀고 친절하게 말하는 방법 학습
인지적 영역	의사소통 방법 학습, 기본 규칙과 게임·놀이 학습 지시에 따르는 행동 학습, 사물·색·모양을 인식하는 것을 학습 신체에 대한 학습, 운동 개념 학습, 작용(시간, 강도, 속도, 공간) 모양(형태), 관계(몸 부분 간 관계, 사물과 아이들 간)
신체적 영역	운동기술 학습, 이동기술 학습, 비이동기술 학습, 사물 조절 학습 안정성 학습, 심폐지구력·유연성·근력 및 근지구력개발 신체구성 점검

[02] 연령별 운동 특성

연령	특성
8개월~1년	뒤뚱거리며 큰 보폭으로 걷는다. 기어 다니기 시작하면서 가구 위를 오르고 계단을 오른다. 물건을 끌고 밀고 다니는 행동을 보인다.

1~2년	운동기능이 현저히 발달되는 시기로, 빠른 속도로 움직임 아장아장 걷고 균형을 잡기 위해서 팔을 사용한다. 표면을 접촉하면서 빠르게 걷는다. 오를 수 있는 것은 무엇이든지 기어오르려고 한다. 공을 던짐, 철봉에 매달림, 구르기 가능
2~3년	급진적인 성장을 보인다. 놀이 활동이 활발하며, 집단놀이를 선호한다. 코너를 돌거나 급히 멈추는 것이 어렵다. 내려갈 수는 없지만 가구의 꼭대기까지 오르려고 한다.
3~4년	가장 운동활동이 왕성한 시기 팔을 흔들면서 걷고, 발을 번갈아 가면서 계단을 오르내린다. 더 부드럽게 달리고 출발과 멈춤을 더 잘 조절한다. 기능적 움직임이 가능: 사다리, 정글짐, 미끄럼틀, 나무를 오르내린다.
4~5년	유아의 마무리 단계로 운동이 숙달되는 시기이다. 발을 번갈아 가며 계단을 오르내린다. 성인처럼 걷거나 한발로 뛴다. 정신적 발달도 매우 빠르다.

[03] 유아체육 프로그램 기본 모형

유아체육 프로그램 구성 시 아래와 같은 내용들을 포함하여 유아에게 최적의 프로그램을 제공해야 함

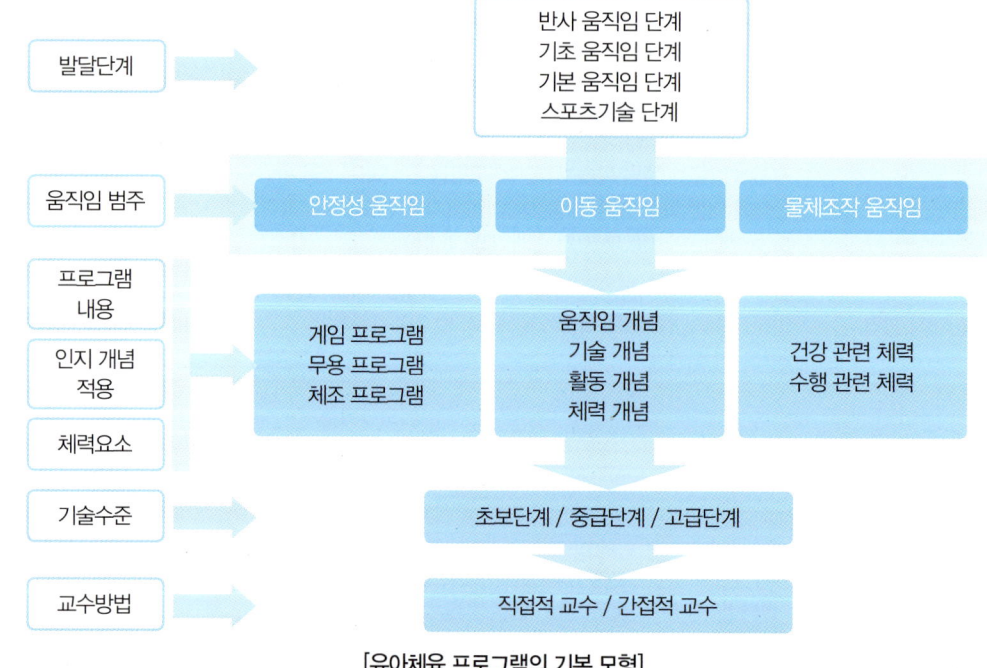

[유아체육 프로그램의 기본 모형]

[04] 유아체육 프로그램을 위한 구성 요소

가 기본 운동발달 구성 요소

인간의 기본 운동발달을 위한 요소는 안정성, 이동운동, 조작운동으로 구분되며 각 요소들은 아래 표와 같음

기본 운동발달 프로그램 구성을 위한 요소

안정성(stability) 프로그램		이동운동(locomotion) 프로그램		조작운동(manipulation) 발달 운동 프로그램	
축(axial) 이용 기술	정적(static)·동적(dynamic)	기초(basic)	복합(combination)	추진(propulsive)	흡수(absolsive)
- 굽히기(bending) - 늘리기(stretching) - 비틀기(twisting) - 돌기(turning) - 흔들기(swinging)	- 직립 균형(upright balance) - 거꾸로 균형(inversed balance) - 구르기(rolling) - 시작하기(starting) - 멈추기(stopping) - 재빨리 피하기(dodging)	- 걷기(walking) - 달리기(running) - 리핑(leaping) - 호핑(hopping) - 점핑(jumping)	- 기어오르기(climbing) - 갤로핑(galloping) - 슬라이딩(sliding) - 스키핑(skipping)	- 굴리기(ball rolling) - 던지기(throwing) - 때리기(striking) - 차기(kicking) - 튀기기(bouncing) - 펀팅(punting) - 되받아치기(volleying)	- 잡기(catching) - 볼 멈추기(trapping)

나 지각운동발달 구성 요소

지각운동능력 발달은 정신과 신체의 조절을 강화하고 결합하므로 인지발달과 밀접한 관계인 기본 동작 능력과 함께 아동의 운동 능력을 나타내는 중요한 요소임

지각운동발달 프로그램 구성을 위한 요소

시간지각	관계지각	움직임의 질
- 과거(past)/현재(present)/미래(future) - 오전(morning)/오후(afternoon) - 아침(morning)/점심(lunch)/저녁(evening) - 속도(speed): 빨리(quickly)/느리게(slow), 갑작스럽게(sudden)/천천히(slow) - 리듬에 맞춘 동작, 동시성 등(음악에 맞추어서, 소리에 맞추어서)	- 신체 부분: 둥글게(round)/구부려서(curved) - 사물이나 다른 사람과의 관계: 위(top)/아래(under), 켜고(on)/끄고(off), 가까이(near)/멀리(far), 앞에서(front)/뒤에서(back), 따라서(along)/지나서(pass), 가까워지고(drawnear)/멀어지고(recede), 둘러싸기(surround)/주변에(periphery)/나란히(abreast)	- 균형(balance): 움직임에서 균형의 역할과 정적·동적 균형의 본질에 대한 이해 - 시간(time): 속도에 대한 식별과 움직임의 속도 증가 및 감소에 대한 이해 - 힘(power): 과제에서 요구하는 개인의 힘을 만들어내거나 수정하는 능력 - 흐름(flow): 제한된 시간 또는 공간(space, 속박/자유) 속에서 움직임을 수행하거나 부드럽게 움직임을 연결하는 능력

신체지각	공간지각	방향지각
- 신체 각 부분의 위치와 정의에 대해 이해하기 - 신체 모양과 위치 이해하기 - 신체 움직임에 대한 지각 - 느낌 표현의 전달자로서의 신체 이해하기 - 근 긴장과 이완의 자각	- 자기공간(self-space)과 다른 사람의 공간을 존중하는 인식 - 보통의 공간에서 안전하게 움직이기 - 움직임의 서로 다른 높이 이해하기: 낮게(low)/ 중간(middle)/ 높게(high) - 과제와 상황에 따라 움직임의 범위 조절하는 법 익히기: 멀리(far)/가까이(near), 크게(big)/작게(small)	- 서로 다른 방향을 인지하고 어떻게 방향을 전환하는지 익히기: 위(top)/ 아래(under), 앞(front)/뒤(back), 오른쪽(right)/왼쪽(left)

다 체력발달 구성 요소

체력발달 구성 요소는 건강 관련 체력요소와 수행 관련 체력요소로 아래 표와 같이 구분됨

체력발달 프로그램 구성을 위한 요소

건강 관련 체력요소 (health related fitness)					수행 관련 체력요소 (performance related fitness)				
유연성	근력	근지구력	심폐지구력	체구성	속도	순발력	협응성	민첩성	평형성
근육과 관절의 가동 범위 증가	신체 각 부위의 근력 증가	오래 달리거나 근육을 오래 움직일 수 있는 능력	전신활동을 오래 지속할 수 있는 능력	체지방 성분비	빠르게/느리게 등 속도를 조절할 수 있는 능력	순간적으로 낼 수 있는 힘의 능력	신체의 각기 다른 부분, 방향, 속도, 리듬 등을 동시에 할 수 있는 능력	빠르게 방향을 바꾸거나 멈추거나 하는 등의 능력	몸의 균형을 생활에 맞게 움직일 수 있는 능력

03 유아체육 프로그램 교수-학습법

1장 유아 체육 지도 방법

[01] 유아체육 지도 방법

가 직접-교사 주도적 교수 방법
- 교사가 수업에 대한 모든 교수법을 결정하는 방식으로 지시적이거나 과제를 제시하는 방법으로 전통적인 교수 방법을 가리킴
- 유아가 무엇을, 언제, 어떻게 할 것인지를 교사가 모두 결정하여 가르치는 교수법임
- 전체 학습자가 동시에 학습해야 할 기술에 대한 이해나 연습에 효과적임
- 직접교수법은 지시적 방법(시범보이기, 연습해보기, 언급해주기, 보충설명과 시범 보이기 등)과 과제제시방법(유아에게 어느 정도의 의사결정을 허용, 수준에 따라 유아가 선택한 과제 연습하기, 과제를 마친 유아가 보다 높은 수준의 다른 체육활동에 참여 유도하기 등)으로 구분됨

나 직접-유아 주도적 교수 방법
- 참여자인 유아에게 주도권을 부여하는 방식으로 종목이나 활동, 기구를 자유롭게 선택하도록 함
- 체육활동이나 운동을 선택하는 기회를 유아에게 제공하며, 운동기구나 소도구를 자유롭게 활용하도록 유도함
- 장점: 개개인의 능력이나 흥미의 개인차를 인정하고, 취향에 따라 운동을 선택하도록 하며, 독창성을 발휘하여 자기발견을 할 수 있는데 기여함

다 유아-교사 상호 주도적·통합적 교수 방법
- 교사가 주도하되 유아가 흥미를 갖는 활동에 초점을 맞추는 방식임
- 하우벤스트리커와 씨펠트는 유아에게 적절한 과제를 주고, 충분히 안내를 받아 연습을 하게 하

고, 계획적인 교수방법을 제공할 때 유아의 운동기능이 효과적으로 증진된다고 함

[02] 유아체육 지도자의 역할과 자세

가 지도자의 역할

① 궁극적으로 신체발달을 향상시키도록 지도함
② 놀이를 중심으로 신체활동을 적극적으로 이용해야 함
③ 신체활동은 물론 인지적, 정서적, 사회적 발전을 함께 도모해야 함

나 지도자의 자세 및 자질

① 유아의 발달과 특성을 이해하도록 함
② 유아에 대한 기본적인 관심과 이해를 갖추어야 함
③ 유아와 원활한 상호작용이 이루어져야 함
④ 유아의 호기심 및 흥미유발을 갖고 있어야 함
⑤ 유아 교육에 대한 전반적인 이해를 갖고 있어야 함
⑥ 체육활동 지도 능력이 있어야 함

2장 유아운동발달 프로그램 계획

[01] 운동프로그램 계획 및 구성

가 프로그램 단계별 주의 사항

(1) 운동 전
① 컨디션 점검: 심신 상태를 확인해야 함
② 복장 및 신발: 운동복 및 운동화를 착용해야 함
③ 준비운동을 함
⑤ 기구 사용, 게임 룰, 안전 사고에 대한 설명을 완료해야 함

(2) 운동 중
① 운동에 참여하지 않는 아이에 대한 별도 관리가 필요함
② 갑작스런 사고에 대한 응급처치 실시가 가능해야 함

(3) 운동 후
① 정리 운동을 해야 함
② 씻기 및 목욕을 하도록 알림
③ 충분한 수면을 취하도록 알려줌

나 프로그램 계획 시 주의 사항

- 연령에 따른 발달의 차이와 개인차를 고려해야 함
- 신체적, 인지적, 정서적, 사회적 발달 요소 등을 반영하도록 함
- 빈도, 강도, 시간, 형태 등을 고려해야 함
- 활동적이고 재미를 도모하도록 함

3장 유아 운동프로그램 지도

[01] 운동프로그램 지도 시 유의사항

가 운동프로그램 지도 원리
- 놀이 중심의 원리: 흥미와 재미를 위주로 구성
- 생활 중심의 원리: 일상적 생활에서 체험할 수 있는 요소로 구성
- 개별화 원리: 성별, 연령, 신체, 정서, 성장환경 등 개개인의 차이를 고려
- 탐구학습의 원리: 유아 스스로가 탐구하려는 호기심을 자극하여 학습
- 반복학습의 원리: 기초운동을 반복 학습 유도
- 융통성의 원리: 유아 스스로가 활동 형태, 시간, 룰 등을 결정할 수 있도록 융통성을 허용
- 통합의 원리: 단계별 기초운동 및 운동능력의 통합적 발달 도모

나 운동 프로그램 지도 시 유의 사항
- 기초 운동능력 향상 및 건강 증진 도모
- 체육의 생활화 및 생활체육 참여로의 연계
- 운동능력 및 기술 향상
- 신체활동에 대한 흥미 유발 및 증진 사회성 향상
- 긍정적인 자아형성을 유도

[02] 운동프로그램 진행 중 안전지도

가 안전지도의 개념 및 목적
안전이란 인간의 가장 기본적인 욕구 중 하나로 편안하며 위험이 없는 상태, 사고의 위험이 없는 상태를 가리킴. 유아들을 대상으로 한 안전지도는 유아의 개인적 발달과 행복에 직결되며, 사회의 안정적 체계의 출발점이라 할 수 있음

나 안전지도 내용
- 지도자는 구체적으로 동작, 언어, 표정 등을 통해 정확하고, 명확하게 안전수칙을 전달
- 숙지여부를 몇 차례 재확인 작업 필요

4장 안전한 운동프로그램 지도를 위한 환경

[01] 안전한 운동프로그램의 환경 조성

가. 안전한 운동프로그램 지도를 위한 환경

① 유아 놀이기구의 안전점검
② 공인된 안전기구 및 시설 이용
③ 쾌적하고 깨끗한 실내외 환경 조성
④ 부상을 방지할 수 있는 매트활용
⑤ 유아들의 신체 발달을 고려한 시설 및 용기구 배치 등

[02] 운동프로그램의 공간 구성

가. 실내 환경 공간 구성

- 흥미지역일 경우 수시로 공간을 변경하며, 전체적으로 1년 단위 4~5회 정도 위치를 변경
- 집중이 필요한 영역과 소음이 나는 영역으로 구분하여 공간을 배치

나. 실외환경 공간 구성

- 외부 환경(차량, 외부인, 소음 등)으로부터 보호
- 신체활동의 폭을 넓히기 위해 최대한의 공간을 확보
- 대근육 활동을 위한 동적 놀이, 소근육 활동을 위한 정적 놀이를 구성하여 공간을 최대한 활용

실외놀이 · 운동기구 환경을 위한 안전 체크리스트

	놀이기구	점검사항
고정식 놀이 · 운동기구	미끄럼틀	미끄럼 면에 이물질이나 부식부분은 없는가? 미끄러져 내려온 곳에 위험은 없는가? 발판, 난간, 사다리 등이 흔들리지는 않는가?
	그 네	나무판, 앉는 곳에 손상이나 부식부분은 없는가? 그네의 이동범위 내에 위험은 없는가? 쇠사슬이 부식되거나 쇠사슬과 판 부분의 접속볼트가 풀려 있지는 않는가?
	철 봉	철봉 표면에 녹이 있거나 젖어 있지는 않는가? 철봉대의 용접부분으로 인해 봉이 돌지는 않는가? 지면의 고정부분이 느슨해져 있지는 않는가? 철봉 아래 바닥 확인
	유동원목 (움직이는 것)	회전부분 마모 확인 용접, 볼트, 윤활유 주입
	공 통 점	용접부분이나 접합부분의 점검, 볼트의 잠김 정도 목재부분의 손상, 철제의 녹 유아가 접하는 부분의 파손, 마모 확인 놀이기구 주위의 상황 파악
이동식 놀이 · 운동 기구	뜀 틀	커버부분의 파손, 봉합부분의 풀림 실이 끊겨 있지는 않은지, 청결한지, 곰팡이는 없는지 확인 뜀틀 면에 돌이나 위험물은 없는지 확인
	트램펄린	파이프의 접합, 용접부분, 표면의 파손 설치장소는 수평인지 확인 스프링이 늘어나거나 튀기거나 하지는 않는가? 스프링 끝은 보호되어 있는가?
	자 전 거	용접, 접합부분, 페달, 안장, 타이어의 파손, 마모, 회전부분의 주유, 볼트, 바퀴의 공기주입 정도
시 설	모 래 밭	돌, 유리, 못, 동물의 변 등 위험물, 비위생적인 것이 들어 있지는 않는가? 배수상태, 새로운 모래의 보급과 소독 주위는 안전한가?
	수 영 장	입수 인원수와 크기, 깊이, 바닥이 미끄럽지 않는가? 배수상태, 위험물은 없는가? 수온은 적당한가?
	수영장 밖	주변은 미끄럽지 않는가? 주변공간은 확보되었는가? 샤워기 및 부대시설 점검

[03] 유아 운동프로그램의 시설과 교재교구 배치원리 및 유형

가 운동시설 환경

- 대근육 활동을 위한 실내 환경은 주의력이 분산되지 않도록 놀잇감을 배치
- 볼풀장이 있는 경우 출입이 용이한 계단 설치
- 벽과 바닥, 기둥과 모서리는 충격 완화하는 장치 설치
- 충분한 신체활동을 위한 공간 확보
- 벽의 액자, 시계, 전등 고정하거나 보호대 장착
- 환기와 제습에 유의 등

나 교재교구 및 운동기구 배치 유형

- 시각적 효과의 운동기구 배치: 교재교구는 유아가 쉽게 선택하고, 갖고 놀 수 있도록 눈높이에 맞춰 배치
- 운동기구 관리: 운동도구는 여름철 습기에 각별히 주의해야 하고, 조립식 철봉 등은 반드시 분해하여 보관하며 자주 사용하지 않는 도구는 손이 닿지 않도록 보관
- 병렬식 배치: 정리 및 쉽게 익숙해질 수 있는 효과. 학기 초 유아들이 운동기구에 익숙해질 때까지 팀을 나누어 병렬식 배치로 운영
- 순환식 배치: 한꺼번에 다량으로 접할 수 있는 효과. 운동기구와 기구의 연결은 유니바를 사용하여 많은 재미와 만족감을 줄 수 있음

스포츠지도사자격검정 핵심요약집

노인체육은 노인과 체육의 합성어로 태동하였으며, 고령화 사회의 대두, 그리고 노인 신체활동 중요성이 부각됨에 따라서 노인체육학에 대한 학문적 체계가 구축되고 있다. 따라서 노인체육론은 노인의 신체적 특성을 기초한 노인사회의 다양한 환경을 이해, 이를 활용한 신체활동량의 증가 방안을 마련한다.

01 노화와 노인

1장 노인 체육학

[01] 노화와 노인의 분류

가 노화의 개념

(1) 노화의 의미

노화는 질병이나 사고에 의한 것이 아니라 시간이 흐름에 따라 생체 구조와 기능이 쇠퇴하는 현상을 의미

(2) 생물학적 노화

노화는 생물학적 측면의 자연현상으로 시간이 지남에 따라 인간 신체가 육체·심리·사회적 변화를 겪게 되는 포괄적 개념

(3) 노화의 과정

인간이 나이가 들면서 쇠퇴적인 변화 현상이며, 육체적으로 나이가 들어가는 연대기적 과정, 인체의 생체효율성이 떨어져 모든 생리적 기능이 감소되는 과정

나 노인인구의 사회적 분류

(1) 노인인구의 사회분류

① 고령화 사회: 전체 인구 중 65세 이상 노인의 수가 7% 이상~14% 미만의 사회
② 고령 사회: 전체인구 중 65세 이상 인구비율이 14% 이상~20%가 넘어가는 사회
③ 초고령사회: 전체인구 중 65세 이상 인구비율이 20% 이상의 사회

(2) 한국 고령화 사회 진입

한국은 세계에서 고령화가 가장 빠르게 전개, 2018년도에는 고령사회로의 진입이 예상

다 노인의 분류의 세분화

(1) 노인 연령 기준
① 역연령: 사람이 태어나서 살아온 연수
② 노인의 생물학적 연령을 기준으로 65세 이상인 사람을 지칭
③ 연소(65~74세), 중고령(75~84세), 고령(85~99세), 초고령(100세 이상) 노인

(2) 기능적 연령
기능적 연령은 역연령(출생 이후의 햇수)과 대비되는 개념으로 나이와 성을 기준으로 한 기능적 체력과 관계가 있는 연령('신체 연령'이라고도 함)

(3) 신체기능적 연령
나이와 성을 기준으로 한 기능적 체력과 관계, 신체기능에 따라
① '신체적으로 잘 단련된'
② '신체적으로 단련된'
③ '신체적으로 독립적인'
④ '신체적으로 연약한'
⑤ '신체적으로 의존적인' 연령의 5단계 노인으로 구분

[02] 건강수명과 기대수명

가 건강수명
① 정의: 심각한 질병이나 신체장애 없이 생존한 삶의 기간
② 개념: '신체·정서·인지적 활력 또는 기능적 웰빙을 유지하는 것으로 예상되는 삶의 기간'으로 그 의미가 확장
③ 따라서 얼마나 오래 살았느냐가 아니라 실제로 활동을 하며 건강하게 산 기간이 어느 정도인지를 나타내는 지표로 선진국에서는 평균수명보다 중요한 지표로 인용

나 기대수명
① 의미: 연령별·성별 사망률이 현재 수준으로 유지된다고 가정했을 때, 0세 출생자가 향후 몇 년을 더 생존할 것인가를 통계적으로 추정한 기대치로, '0세에 대한 기대여명'을 뜻함
② 정의: 성별·연령별로 앞으로 몇 년을 더 살아갈 것인지 통계적으로 추정한 기대치로 생존 연수를 뜻함

③ 따라서 평균수명이라고 이야기하는 것은 기대수명을 말함

다 한국인의 건강과 기대수명

① 평균수명: 남성 77.6세, 여성 84.4세(2010)
② 건강수명: 남성 65.2세, 여성 66.7세로 남자는 12.4세, 여성은 17.7세의 차이
③ 이는 건강하지 않게 사는 기간이 10년 이상 된다는 것을 의미, 따라서 건강과 기대수명이 간극을 메우기 위한 노력이 필요

[03] 노인 체육학의 태동

가 체육학의 발전

① 체육학의 범위: 학교체육, 엘리트체육 그리고 생활체육의 세 분야로 발전, 생활체육의 범위는 학교체육과 엘리트체육을 제외한 나머지 연령대의 유아, 청·장년, 여성, 노인층이 대상
② 발전 과정: 한국은 YMCA 활동과 함께 유아체육이 태동, 스포츠 중심의 생활체육은 청·장년층의 운동 실천율이 증가, 88서울올림픽 이후 발전의 가속화
③ 노인 체육: 노인은 특별한 관리가 필요한 대상으로 생각하여 노인층에 대한 운동이나 스포츠 종목은 매우 제한적으로 발전

나 노인체육학의 태동

① 태동 배경: 현대사회는 의료기술의 발달과 함께 인간 수명이 연장되고 있으나 어떻게 건강한 삶을 유지할 것인가에 대한 관심이 증가, 하지만 급격한 사회 환경 변화로 인한 유병율과 의료비는 지속적으로 증가하고 있는 추세
② 중요성 대두: 노인 신체활동은 노인성 문제들을 완화, 노화의 진행도 늦출 수 있다는 연구 가시화, 즉 적합한 신체활동은 신체·심리·사회적 허약함을 나아지게 할 수 있으며, 넘어짐의 위험률을 낮추고 질병의 완화 및 치료 효과 검증
③ 노인체육 정립 방향: 노인의 전반적 이해, 신체활동의 과학화, 특성 분석과 파악, 65세 이상 노인 운동 지도방법, 노인성 질환의 기전과 특성, 운동 시 주의해야 할 사항 등에 대한 의학적 지식, 신체적 허약함을 극복할 수 있는 체력 요인에 대한 지식, 넘어짐을 방지하기 위한 다감각 훈련 등에 관한 지식과 경험이 필요하고 이것이 노인 체육학이 태동하게 된 배경

다 노인체육학의 개념

노인 체육학(gerokinesiology)은 노인학과 체육학의 합성어로 노인학은 노화와 관련된 생물학, 심리학, 사회학, 경제학 그리고 신체적인 건강과 관련된 종합적인 학문

[04] 노인체육지도자 양성 교육과정

가 노인체육지도자 양성지침
① 노화와 신체활동에 대한 전반적인 이해
② 신체활동의 심리적·사회적·생물학적 측면과 노인
③ 사전 검사, 평가 그리고 목표 설정
④ 프로그램 설계와 관리
⑤ 질병이 있는 노인을 위한 프로그램 설계
⑥ 지도 기술
⑦ 지도력, 의사소통, 마케팅 기술
⑧ 고객 안전과 응급치료
⑨ 전문인으로서의 윤리와 행동 등의 지침을 제시

나 노인체육지도자 교육과정
① 노화, 허약함, 노인성 질병, 넘어짐으로 요약할 수 있는 노인의 특성 이해
② 노인 체력검사, 체력검사 결과를 이용한 운동 목표 설정
③ 목표 설정에 맞는 운동 프로그램 설계와 관리
④ 지도력, 의사소통, 안전과 응급치료, 윤리를 포함
⑤ 질병이 있는 노인 운동 프로그램 설계와 지도
⑥ 넘어짐 예방운동 등이 노인체육지도자 교육과정에 포함됨

나 교육과정 단위별 주요사항
① 단위 1: 노화와 신체활동 개요(노화 과정과 활동적인 생활방식의 효과에 대한 전반적인 기초 정보 포함)
② 단위 2: 신체활동의 심리적·사회문화적·생리적 측면과 노인(노인을 위한 안전하고 효과적인 신체활동 및 운동 프로그램의 개발을 위한 심리적·사회문화적·생리적 측면 포함)

③ 단위 3: 사전검사, 평가, 목표 설정(노인에게 적합한 건강과 신체활동 사전검사 그리고 체력 및 기동성 평가에 대한 선택, 실행, 결과의 평가에 대한 정보, 그리고 정보는 운동 프로그램 작성에 대한 근거를 제공, 다른 전문인을 적절하게 추천)

④ 단위 4: 프로그램 설계와 관리(개인별 그리고 집단의 신체활동 및 운동 프로그램의 설계와 관리에 대한 적절한 결정을 내리기 위해 사전검사, 평가, 고객 목표로부터의 결과를 사용하는 것에 대한 정보 포함)

⑤ 단위 5: 질병 상태가 안정적인 노인을 위한 프로그램 설계(노인들에게 보편적인 질병 운동 동안 약물과 관련된 부정적인 상호작용으로 인한 증상과 징후 그리고 체력 수준에 차이가 있으며, 질병 상태가 안정적인 고객의 부상 및 다른 응급상황을 예방하기 위해서는 어떻게 운동을 변경시키는가에 대한 정보 포함)

⑥ 단위 6: 지도 기술(효과적인 개인 집단의 운동과 신체활동의 선정 및 지도, 그리고 안전하고 효과적인 실습환경을 구축 해주는 운동학습 원리에 대한 정보 포함)

⑦ 단위 7: 리더십, 의사소통, 홍보기술(전문적 리더십 기술 외에도 개인 및 집단의 운동수업을 지도하는 것과 관련된 효과적인 동기 부여, 의사소통, 리더십 기술을 구체화시키는 것에 대한 프로그램과 자신을 위한 효과적인 홍보 도구를 어떻게 만드는가에 대한 정보 포함)

⑧ 단위 8: 회원 안전과 응급처치(안전한 운동 환경을 조성하고 응급 상황에 대처하기 위한 위기관리 계획의 개발에 대한 정보 포함)

⑨ 단위 9: 윤리와 직무 규범(권장되는 학문 분야는 법률, 윤리, 직무 규범에 대한 정보 포함)

2장 노화와 관련된 이론

[01] 노화와의 생물학적 이론

가 유전학적 이론

① 유전학적 이론들은 생체의 노화 속도를 결정하는데 유전적인 역할에 초점, 생애 중 일어나는 사건들(사춘기, 폐경기 등)은 각 세포의 계획에 의해 조절된 결과
- 헤이플릭 분열한계(Hayflick limit: 배양기 중의 세포 생명의 길이의 자연 한계)로서 인간 세포는 제한된 횟수만큼 약 50번 정도 분열, 이 숫자는 유전학적으로 이미 계획된 것

나 손상 이론

세포 손상의 누적이 세포의 기능장애에 결정요소로 작용하여 노화를 발전, 세포 손상은 자유기, 글루코오스, 교차결합 손상이며 자유기와 교차결합 이론이 핵심

(1) 자유기(활성산소)

① 자유기는 산소 대사 작용의 산물로서 생명체에 에너지를 제공하고 박테리아를 죽이지만, 과도할 경우 세포막 및 유전물질과 세포 대사와 분열의 조절에 요구되는 효소를 손상시키는 유해한 산화작용을 초래하여 여러 질환의 발병 위험을 증가시킴
② 세포들은 인체의 대사 작용 외에도 태양 자외선 및 환경적 유해물질(담배연기, 방사선 등)에 의한 자유기에도 노출되어 세포 손상이 누적됨

(2) 교차결합(DNA 손상)

① 세포 구성은 화학적으로 세포 내의 DNA 나선과 연결되는 활동부위를 갖게 되는데, 교차 연결된 세포 분자가 DNA 나선에 연결되면 인체 방어체는 손상된 DNA 부분을 잘라냄
② 만약 그 복구 과정이 너무 느리거나 DNA 연결로부터 단절되면 손상은 회복될 수 없고 분자들 간의 비정상적인 교차결합은 세포 내부의 영양소와 화학적 전달물질의 수송을 방해하며, 결합조직에서의 교차결합은 폐, 신장, 혈관, 소화계, 근육, 인대, 건의 탄력성을 감소시킴

다 점진적 불균형 이론

① 생물적 기능 노화에 따른 중추신경계와 내분비계의 불균형을 초래한다는 이론

② 스트레스에 대해 인체가 반응하고 적응하도록 호르몬 분비를 조절하는 복잡한 생화학적 연결체계의 불균형 초래
③ 뇌 시상하부의 신경세포의 손실은 뇌하수체로부터 이들 목표조직에까지 광범위하게 영향을 미치게 되어 점차적으로 불균형 상태가 되면서 인체 기능에 부정적인 영향

라 생물학 이론의 상호작용

① 유전학적 이론, 손상 이론, 점진적 불균형 이론 등의 노화 이론들은 상호 보완적
② 면역체계에 관계된 하나의 유전자는 아마도 손상될 수 있고 이는 자유기에 더욱 약해지며 차례로 신경내분비계의 면역 균형을 방해
③ 노화는 유전학, 손상 그리고 점진적 불균형 이론의 상호작용에 의해 일어남

[02] 노화와의 심리학적 이론

가 자아통합 단계 이론

① 성공적 노화는 출생부터 노년까지 자아의 8단계로 발전, 각 단계는 갈등이나 위기를 극복해가면서 진행해가므로 성공적인 노화를 가져오기 위해서는 위기 극복이 중요
② 노년기 발달과제인 자아통합과 절망감 해결을 강조, 노년기 발달과제의 해결은 7단계 발달과제의 성공 경험에 달려 있고, 중년기 발달과제인 생산성과 정체성 과제에 크게 좌우
③ 성격발달은 일생에 만족감을 가지고 회상할 수 있는 능력이 성공적 노화를 도움
④ 에릭슨의 자아통합 단계 이론은 다음과 같음

단계	연령	긍정적 결과	부정적 결과
신뢰 대 불신	0~1세	영아는 사람들에게 신뢰를 갖게 되며, 자신의 요구를 해결해줄 것으로 믿는다.	영아는 다른 사람들을 믿을 수 없으며, 자신의 요구는 충족되지 않을 것으로 믿는다.
자율 대 수치와 회의	1~3세	영아는 기본적인 일들을 독자적으로 수행하는 자신의 능력에 자신감을 갖는다.	영아의 자신감이 결여된다.
주도 대 죄책감	3~5세	유아는 새로운 것을 시도해도 좋다고 느낀다.	새로운 것을 시도하는 것이 두려우며, 새로운 것을 시도할 때에는 실패 또는 비난을 두려워한다.
역량 대 열등감	6~12세	어린이는 보편적으로 기대되는 작업을 수행할 수 있다는 것에 대해 자부심을 갖는다.	다른 어린이들이 쉽게 하는 것을 자신이 할 수 없기 때문에 열등감을 느낀다.

독자성 대 역할 혼동	13~18세	자신이 누구인지 그리고 어떻게 삶을 살기를 원하는지에 대한 느낌을 발달시킨다.	어린이는 독자성을 확립할 수 없거나 (역할 혼동) 또는 부정적인 독자성을 수용한다.
친분 대 고독	젊은 성인	친구 및 연인과 밀접한 관계를 형성할 수 있다.	친밀한 관계를 형성하거나 유지하는 데 어려움이 있다.
생산적 대 정체	중년 성인	가족의 부양 또는 어떤 형태의 일을 통해 생산적이 된다.	생산적이 되지 못한다.
자아주체성 대 절망	노년기	자부심과 만족을 느끼면서 자신의 삶을 되돌아볼 수 있으며 죽음을 위엄 있게 받아들일 수 있다.	삶에서 달성해야 하는 것들을 달성하지 못했다고 느끼며 삶의 종말이 다가오는 것에 대해 좌절감을 느낀다.

나 선택적 적정화 이론

① 성공적 노화는 선택, 적정화, 보상의 전략과 관련된 과정을 의미
② '선택'은 주어진 환경 속에서 활동의 종류 및 양과 질을 선택하는 것
③ '최적화(적정화)'는 다양한 수단과 방법으로 개인이 선택한 목표를 최대한 달성하는 일
④ '보상'은 긍정적인 역할과 주위의 자원을 활용하여 지속적인 성장 과정의 삶의 만족을 얻음

다 성공적 노화 이론

① 성공적인 노화는 높은 수준의 인지적·신체적 기능을 유지하며 활기찬 인간관계 및 생산적 활동에 적극적으로 참여하는 것을 의미
② 실증연구들을 통해 나이가 들수록 생활습관이나 삶의 태도 등이 신체와 정신건강에 중요

[03] 노화와의 사회학적 이론

가 분리 이론

① 분리 이론은 노인들이 왜 삶의 현장에서 벗어나는가를 설명하기 위한 이론
② 노인이 삶의 현장에서 벗어나 사회적 역할의 감소와 사회적으로 분리되고 사회로부터 자발적으로 물러나며 소극적인 노후생활을 만족하는 과정을 의미

나 활동 이론

① 성공적으로 늙는 사람은 높은 활동 수준을 유지하는 것이 중요. 활동의 참여는 삶의 만족과 밀접한 관련

② 일생동안 일상생활의 정신적, 신체적 활동을 지속하면 건강하고 행복하게 늙는다는 이론

다 지속성 이론

① 개인의 인격과 적응 능력을 고려한 지속성 이론은 개인이 성인이 되면서 평생 동안 갖게 된 인격성향들이 각기 다른 노화 패턴을 만들어냄
② 성공적으로 늙는 사람은 긍정적인 건강습관, 선택, 생활 방식, 인간관계를 중년에서부터 노년까지 지속하는 사람이라는 이론
③ 과거 자신의 역할과 비슷한 대체역할을 유사한 수준으로 유지하려고 하는 경험을 통해 성공적 노화를 돕는다는 이론

3장 노화에 따른 신체적 및 심리·사회적 변화

[01] 노화에 따른 신체적 특성의 변화

가 신체적 변화

① 신장의 변화: 노년기의 신장은 감소하며 60세 이후 신장 감소의 속도가 가속화
② 관절의 변화: 발바닥 변형으로 대퇴부의 길이가 줄면서 신장이 감소하고, 골반의 직경이 증가, 삼각근의 무게가 감소하면서 어깨넓이가 좁아짐
③ 체중의 변화: 골밀도 감소로 신장이 감소, 체격은 피하지방, 근육량, 각 장기의 중량 감소로 체중의 경미한 감소

나 신체적 특성

① 씹음/삼킴, 소화/흡수, 대사 기능의 저하
② 신체조성의 변수(수분, 근육, 뼈 감소)
③ 탄소화물 대사율 증가로 혈당량이 높아지고, 연골조직 퇴화로 신장 감소
④ 관절염 증가 및 운동능력이 감퇴

다 생리적 변화

① 심혈관계의 변화는 유산소 능력의 최대 심박출량, 1회 박출량, 심박수 감소
② 심장근육의 수축 시간 연장, 수축기혈압의 점진적 증가
③ 운동하는 동안 분비된 카테콜아민에 대한 심장근육 반응의 감소
④ 말초적 변화는 운동하는 근육으로의 혈액 흐름, 동정맥 산소차, 근육의 산화능력, 근육 미토콘드리아의 수와 밀도 등의 감소
⑤ 심장은 25~80세 사이에 좌심실벽 두께는 30% 정도 증가되며, 크기도 커짐, 나이가 들면서 수축기 혈압과 이완기 혈압은 증가, 이는 동맥벽에 지방 등의 축적으로 경화되거나 결합조직이 두꺼워지기 때문
⑥ 노화로 폐의 탄력성 감소, 흉곽의 경직성 증가, 호흡기의 근력 감소 및 호흡기 중추신경 활동에 대한 민감성 감소를 포함
⑦ 근감소증은 노화와 관련된 뚜렷한 손실로 유산소 능력, 골밀도, 인슐린 민감성 및 신진대사율 등의 감

소와 체지방, 혈압, 심혈관계 질환 및 당뇨병 발병 등을 증가시키는 결과 초래
⑧ 관절 움직임의 제한과 근골격계의 퇴화적인 변화는 노화와 장기간의 신체적 비활동에 따른 자연스러운 결과, 대사산물들은 연골기질에 정체되며 유리질 연골은 섬유연골로 전환되어 그 기능을 상실
⑨ 최대 골밀도(BMD)는 약 25세에 도달하며, 약 50세가 될 때까지 안정적으로 유지되다가 점진적으로 칼슘의 상실과 골기질의 퇴화가 일어남
⑩ 65세 이상 노인에게 신경계의 장애는 신체장애의 가장 보편적인 원인, 신경계의 정상적인 노화는 인지, 운동기능, 특수감각(시각, 청각, 미각, 후각)에서의 진행성 퇴화로 나타남
⑪ 노년기의 생리적 변화는 심혈관계와 호흡계, 근육, 관절 가동성(유연성), 연골, 골밀도, 신경계 기능이 감소
⑫ 따라서 노인은 넘어짐 위험성의 증가, 그 요인은 보행 변화, 자세 불안정, 시력 감소, 청력 감소, 인지 능력 변화와 같은 이유로 넘어짐 현상이 발생

[02] 노화에 따른 사회·심리적 특성의 변화

가 삶의 질
① 삶의 질은 심리적 구성개념이며, 삶의 만족에 대한 개인의 의식적 판단으로 정의
② 삶의 질 측정 방법:
 – 기능적 능력(신체적 능력, 민첩함, 인지, 일상적인 활동을 수행할 수 있는 능력을 포함)
 – 웰빙(신체 증상과 상태, 감정적 웰빙, 자아개념, 건강과 삶의 만족에 대한 전반적인 인식)

나 감정적 웰빙
① 웰빙은 긍정적 정서(만족, 의욕, 행복), 개인 성장, 만족스러운 사회관계, 자율 등 포함
② 웰빙의 인지는 개인적인 것, 감정적인 느낌이기 때문에 일시적인 환경 상태에 영향을 받음
③ 노화에 동반되는 신체·정신·사회적 변화들이 감정적인 웰빙에 위협, '노인의 공포'가 발생
④ 노화와 질병, 가난과 책무, 변화와 불확실성, 정신병, 자유, 정체성, 존엄성 상실, 죽음, 학대와 무관심에 대한 공포가 발생

다 자각
① 자각이란 자아개념, 자부심 그리고 자기효능감 등을 포함, 웰빙에 중요하게 기여
② 특히 노인들이 나이가 들면서 겪게 되는 신체의 변화는 부적절한 자각을 양산

02 노인 운동의 효과

1장 운동의 개념과 역할

[01] 운동의 개념

가 신체활동(physical activity)

신체활동은 에너지를 소모하는 골격근에 의한 신체의 움직임, 일상생활 활동이 포함되고, 골격근의 수축에 의해 생성되며, 에너지 소비가 증가하는 신체의 움직임을 의미

나 비활동(physical inactivity)

비활동이란 정기적(규칙적)으로 운동을 수행하지 않는 생활방식, 즉 신체활동 부족을 의미, 이는 좌업 생활방식과 동의어로 사용

다 건강(health)

질병이나 손상(infirmity)이 없는 상태, 육체·정신·사회적으로 완전한 상태

라 웰빙(well-being)과 웰니스(wellness)

① 웰빙은 육체·정신적 건강의 조화를 통해 행복하고 아름다운 삶을 추구하는 삶의 유형이나 문화를 통틀어 일컫는 개념
② 웰니스는 웰빙, 행복, 건강의 합성어로 신체와 정신은 물론 사회적으로 건강한 상태를 의미

마 스포츠(sport, sports)

① 스포츠는 제도화된 규칙에 의해 승패를 겨루는 경쟁적 활동, 승패를 겨룸에 있어 활발한 신체 발현과 고도의 신체 기량이 요구

② 즐거움이나 재미 같은 내재적 이유뿐만 아니라 건강, 스트레스 해소, 생계유지 등과 같은 외재적인 이유도 그 참가 동기가 될 수 있는 신체활동 의미

바 운동(physical exercise)

① 운동은 체력을 향상시키기 위해 수행되는 계획되고 구조화된 반복적인 신체 움직임
② 에너지를 소모하는 골격근에 의해 이루어지며 체력과 정적 상관관계이며, 체력과 전반적인 건강 및 웰니스를 유지 혹은 증진시키는 활동을 포함
③ 운동은 에너지 동원 양상과 인체에 미치는 영향에 따라
 - 유산소 운동
 - 무산소 운동
 - 유연성 운동
 - 운동 강도별 중강도, 격렬한/고강도 활동 구분

사 체력(physical fitness)

(1) 개념

① 체력은 건강과 웰빙의 전반적인 상태 혹은 특정 스포츠나 작업을 수행하는 일련의 종합적 능력을 의미
② 체력은 올바른 영양섭취, 운동, 위생, 휴식의 4가지 요소에 의해 성취, 이는 인간의 생활 활동에 기초가 되는 신체적 능력을 의미
③ 체력은 신체의 형태(체격, 체형)와 기능(기관이나 장기별)을 기초로 환경 변화에 대하여 건강을 유지하는 방어적 능력(물리화학적 환경 요인, 질병 원인, 생리적·심리적 스트레스에 대한 저항력)이나 환경에 대해 적극적으로 작용하는 행동적 능력으로 발휘

(2) 분류

① 체력은 방위체력(방어체력)과 행동체력으로 구분, 행동체력은 건강관련 체력과 운동관련 체력으로 분류, 방위체력은 인체가 질병이나 환경적 변화를 극복하는 능력, 행동체력은 신체적 활동을 수행할 수 있는 능력
② 건강 체력은 건강을 유지하거나 향상시킬 뿐만 아니라 활동을 수행할 수 있는 필수적인 신체적 능력을 의미하며 근력, 근지구력, 심폐지구력, 유연성, 신체조성을 포함
③ 운동(수행)관련 체력은 운동이나 활동 수행 시 더 높은 기술을 발현할 수 있는 다양한 요소들(순발력, 민첩성, 평형성, 협응성, 반응시간, 스피드 등)을 포함

(3) 노인체력검사
① 국민체력100은 6가지 항목(상지 근기능, 하지 근기능, 심폐지구력, 유연성, 보행 및 동적 평형성, 협응력)
② 노인체력 평가는(상대 악력, 의자에 앉았다가 일어서기, 6분 걷기 혹은 2분 제자리 걷기, 앉아 윗몸 앞으로 굽히기, 의자에 앉아 3m 표적 돌아오기, 8자 보행)로 7가지로 검사

[02] 운동의 역할

가 운동의 긍정적 역할

① 운동은 건강 증진, 심리적 행복감과 안정, 운동에 대한 생리학적 적응, 비만과 혈액 변인 개선, 암 예방 및 생존율 증진, 기능적 능력 향상, 인지적 능력 향상, 의료비용 절감 등의 역할
② 노인 운동은 인체의 심리적 행복감, 기능적 능력 향상, 체력 증진, 질병의 예방과 회복, 긴장 완화, 친교 확대, 성취 경험 및 건강수명 연장 등 다양하고도 복합적인 역할 수행

나 운동의 부정적 역할

① 노인 운동의 위험성은 연령이 높을수록, 만성적인 질환을 나타내는 경우 혹은 여러 가지 약물을 복용하는 경우 더 심한 부작용을 초래
② 과도한 운동은 근골격계 상해, 심혈관계 상해, 체온 및 수분 조절 장애, 저혈당 위험성 증가, 운동 중독 등의 부정적 역할

2장 운동의 효과

[01] 운동의 신체적 효과

가 근골격계

① 근골격계는 신체를 지탱하고, 움직임을 일으키며, 인체 내부의 기관을 보호하는 중요한 역할
② 근력의 감소는 신체기능의 장애, 낙상의 증가, 활동성의 감소 등을 초래하여 삶의 질 저하
③ 유산소 운동과 저항운동은 근육의 질량과 강도가 감소하는 것을 지연시키거나 근력을 향상, 특히 저항성 운동은 근육의 질량과 강도의 증가에 큰 영향
④ 근육운동은 뼈의 질량과 강도에 긍정적인 영향을 미치고, 골 대사와 호르몬 분비를 촉진함
⑤ 운동은 뼈 상실을 방지해주고 골질량과 밀도에 긍정적인 영향을 미쳐 골손실을 감소시킴

나 심혈관계와 호흡계

① 노화가 진행되면 심장에 지방갈색소는 증가, 혈관벽은 탄력성 감소는 심장의 기능성뿐만 아니라 효율성도 감소
② 규칙적인 운동은 심장 및 혈관의 기능 향상, 심혈관질환 발병위험을 감소 및 예방
③ 유산소 능력을 유지, 운동은 호흡계에도 긍정적인 영향, 우리 몸은 혈액을 통해 산소를 전신으로 보내고 다시 이산화탄소 같은 노폐물은 배출

다 내분비계

① 당뇨병은 췌장에서 분비되는 인슐린의 절대적 혹은 상대적 결핍에 의해 발병하는 질환으로, 인슐린 분비 기능의 저하와 인슐린 저항성이 당뇨병의 중요한 병인
② 당뇨병의 예방 및 치료방법으로 유산소 운동을 권장, 그러나 혈당을 개선하는 효과는 유산소 운동과 저항성 운동 모두를 통해 나타날 수 있음
③ 저항운동을 통한 근육량의 증가가 인슐린 감수성을 높이고, 당뇨병의 고위험군에서도 대사상태를 개선시키는 효과

라 신경계의 변화

① 인간은 1천억 개의 신경원을 가지고 태어남, 연령이 증가함에 따라 신경원의 총수는 감소되고 신경원

의 소실과 함께 수상돌기의 수도 감소, 이로 인해 신경전달물질의 수치가 감소
② 신경전달물질 수치가 감소하면 기억력과 인지력이 감소되고, 반사작용 및 반응시간이 느려짐
③ 노화로 인해 생리적인 기능이 쇠퇴하면 인지적 정보처리 속도 및 근육의 협응성 등을 포함하는 반응시간의 수행능력도 감소, 이는 노인의 상해 및 골절, 특히 낙상 등을 유발
④ 규칙적인 운동은 자극이 동작에 동원되는 여러 기관과 근육에 정확하고 빠르게 전달되기 때문에 운동에 동원되는 기관과 신경계 간의 협응력 향상

[02] 운동의 심리적 효과

가 삶의 질과 웰빙
① 건강한 삶의 질은 신체활동을 통해 긍정적인 효과, 이는 노인의 건강관련 삶의 질인 신체적 기능과 정신건강 상태에 긍정적인 영향
② 규칙적 신체활동은 근심과 일반적 웰빙, 자아효능감, 자신의 관점, 신체적 증상에 긍정
③ 신체활동(규칙적 운동)이 노인들의 심리적 웰빙에 긍정적인 영향

나 우울증
① 정신건강상의 문제 중에서 대표적인 것이 우울증, 노인 우울증의 원인으로는 배우자, 가족, 친구들과 멀어져 발생하는 정서적 상실감, 만성질환에 따른 통증, 독립적인 생활의 상실과 거주지 이동으로 변화된 환경에 대한 적응의 어려움 등
② 우울증 치료는 약물요법이 있으나 질적인 삶의 향상과 활기찬 삶을 위한 동기 유발이 될 수 있는 신체활동의 활용도 중요
③ 유산소 운동이 우울증 감소에 효과가 있으며, 운동과 우울증 치료제를 함께 복용할 경우 심각한 우울증을 보이는 노인들보다 가벼운 우울증을 보이는 노인들에게서 효과

다 인지기능 향상
① 노인들이 가장 민감하게 생각하는 인지기능 장애 중 하나는 치매
② 규칙적 운동은 노인의 인지기능 향상에 도움, 이는 운동을 통한 치매 진행의 지연 효과
③ 유산소 운동이 인슐린 유사 성장 인자의 기능과 신경전달체계의 향상, 뇌의 신경 영양 요인 향상, 뇌의 용적 향상, 혈류 증가에 효과
④ 유산소 운동과 근력운동, 인지기능 운동을 병행할 경우 인지기능 감퇴, 치매 위험 감소

[03] 운동의 사회적 효과

가 사회 활동의 중요성
① 노인의 사회 활동 단절은 신체·정신적 건강이 감소, 음주·흡연율이 증가, 신체활동 미흡
② 정기적 사회 활동은 노인들에게 있어 질적인 삶과 수명 연장에 도움
③ 정기적, 규칙적 운동은 은퇴 후 사회와의 관계를 지속 및 유지 수단으로 중요

나 노인 운동과 사회 참여
① 노인들이 사회 참여를 하기 위한 방법 중 운동은 중요한 역할
② 노인들의 규칙적 신체활동은 신체적 에너지와 기동성이 향상되면서 사회적 관계 능력 향상
③ 노인의 규칙적 신체활동은 노화로 발생할 수 있는 신체적 약화를 최대한 늦추고, 좌식생활의 탈퇴, 운동을 통한 사회적 관계를 형성
④ 운동의 사회적 효과는 새로운 친구 맺기, 학습, 역할 유지, 세대 간의 활동 강화 등

03 노인 운동 프로그램의 설계

1장 운동 프로그램의 요소(FITT)

[01] 운동 빈도(exercise frequency)

가 운동 빈도의 의미
① 빈도는 일주일 동안 실행하는 운동의 횟수로 과거 운동경험과 각 개인의 건강과 체력 수준에 따라 주당 몇 번의 운동을 할 것인가를 결정하는 것을 의미
② 빈도는 운동 시작 시의 체력 수준에 의해 좌우, 운동 효과는 주 5~6일 운동이 이상적

나 운동 효과의 극대화
① 운동 효과의 극대화하는 계획적인 회복시간을 설정하는 것이 중요
② 운동 빈도를 높이면 운동 효과는 크지만, 운동 빈도가 너무 높으면 회복 시간이 짧아서 피로가 누적되고 근골격기관의 이상을 초래하는 과훈련 현상 발생
③ 운동과 운동 사이의 휴식 기간이 너무 길면 효과를 상실하게 되는 운동중지 현상 발생

다 운동 빈도의 설정 방법
① 운동의 긍정적인 효과는 적절한 빈도의 설정이 매우 중요
② 노인의 적절한 운동 빈도는 유산소 운동은 1주일에 3~5회, 근력운동은 1주일에 적어도 2회 이상 실시하고, 평균적으로 1주일에 3회를 권장
③ 근력운동은 무게의 양이나 운동 빈도를 점진적으로 증가 시키면 강한 근육을 형성
④ 유연성 운동은 개인이 운동을 할 때마다 주요 근육과 건을 10분간 스트레칭

[02] 운동 강도(exercise intensity)

가 운동 강도의 의미
① 운동 강도는 신체에 가해지는 생리적 스트레스 또는 과부하의 정도를 의미
② 적절한 운동 강도는 심폐기능에 부담이 되지 않는 범위 안에서 안전성과 유효성을 준수
③ 즉 운동이라는 자극에 대하여 효과를 얻을 수 있는 '유효한계'와 상해 또는 부작용이 발생하지 않는 '안전한계' 사이에서 강도가 설정과정에서 중요

나 운동 강도의 설정 방법
일반적인 운동 강도의 결정 방법은 ㉠ 최대산소섭취량($\dot{V}O_2max$) ㉡ 최대 심박수(HRmax) ㉢ 여유 심박수(HRR) ㉣ 대사당량(MET) ㉤ 자각적 운동 강도(RPE) ㉥ 1회 최대반복횟수(1RM)

다 운동 강도의 설정 기준
① 노인 운동 강도는 저강도에서 점차적 강도의 증가
② 최대산소섭취량 기준으로 일반인의 50%이상의 운동 강도가 유효
③ 65세 고령자의 최대운동능력이 7METs 정도이므로 2-3METs의 운동강도(2-3mph속도로 걷기) 시작하고 심박수의 기준 운동 고려 시 개인차이가 크다는 것을 유의

[03] 운동 시간(exercise duration, time)

가 운동 시간 개념
① 운동 시간은 운동 강도의 수준에 의해 결정, 강도가 높을수록 운동 지속시간은 짧아지고, 운동 강도가 낮을수록 운동 시간은 길어 짐
② 그러나 긴 운동 시간은 피로를 유발하거나 각종 부상 위험을 증가시킬 수 있기 때문에 긴 시간의 운동은 피하는 것이 좋음

나 운동 시간 설정 방법
① 적절한 강도의 시간은 하루 30분, 주 5일, 주 150분(2시간 30분)과 최소 주 2일의 근력운동
② 격렬한 강도의 시간은 하루 20분, 주 3일, 주 75분(1시간 15분)과 최소 주 2일의 근력운동
③ 적절한 강도와 격렬한 강도의 신체활동을 조합하고 최소 주 2일의 근력운동을 실시

다 저항 운동의 시간 설정

① 저항운동의 시간은 반복 횟수와 세트에 달려 있기 때문에 권장되는 시간은 없지만, 2~3세트를 권장하고, 적어도 1세트는 실시
② 저항운동은 주요 근육을 포함한 운동, 그리고 낙상을 줄이기 위해서는 균형운동과 중강도의 근력운동을 90분(1시간 30분) 실시하고, 주 1시간 중강도의 걷기운동을 실시
③ 만성질환으로 일주일에 150분의 중강도의 유산소 운동을 할 수 없는 경우, 자신의 능력이 허락하는 한도 내에서 가능한 한 신체활동을 활발히 해야 함

[04] 운동 종류(exercise type)

가 유산소 운동

① 유산소 운동은 신체의 큰 근육군들이 운동에 참여하고 산소이용률이 안정적으로 증가하면서 지속적으로 유지되는 리드미컬한 걷기, 자전거 타기, 달리기 등의 운동을 의미
② 중강도의 유산소 운동은 자신의 최대 능력의 약 60%에 해당되는 운동으로 모든 유산소 활동에는 다음의 사항이 권장
  - 준비운동: 5~10분의 스트레칭과 약 50% 강도의 활동
  - 지구력: 최대 심박수의 약 60~90%로 적어도 20~30분의 지구력 운동
  - 정리운동: 5~10분의 스트레칭과 약 50% 강도의 활동을 포함

나 저항성 운동

① 저항성 운동은 근력을 이용하여 무게나 저항력에 대항하는 운동으로, 저항운동을 통해 근력 및 근지구력, 골밀도, 대사율이 증가
② 저항운동은 근육 수축 형태에 따라 3가지 범주로 분류
  - 등장성 운동은 일정한 강도의 부하를 주는 상태에서 관절을 움직여서 거리가 이동되는 운동으로 가장 보편적으로 사용되고 있는 웨이트트레이닝 프로그램의 형태
  - 등속성 운동은 근육의 힘이 전체 운동과정에 걸쳐 최대가 되고, 운동속도가 일정하게 나타나는 형태
  - 등척성 운동은 움직일 수 없는 물체에 대해 고정된 관절 각도에서 근육이 수축하는 운동을 포함하는 것으로, 근육의 길이는 변화가 없음

다 유연성 운동

① 유연성은 관절의 가동능력으로, 연령의 증가와 함께 관절의 유연성은 감소하는데 이는 운동능력을 감소, 즉 낙상이나 관절 손상의 위험성이 높음
② 유연성 운동은 저항운동과 함께하면 자세, 안정성과 균형감각을 향상, 관절의 동작 범위가 증가하고 신체 움직임의 효율성이 높아질 뿐 아니라 자세도 좋아짐
③ 스트레칭은 근육 이완을 증가시키고 혈액순환 증진, 부드러운 조직의 탄력을 증진시키면 어느 연령에서도 유연성을 개선
④ 스트레칭은 대표적으로 정적 스트레칭, 탄성 스트레칭, 고유수용성 신경근 촉진법 등

2장 지속적 운동 참여를 위한 동기 유발 방법

[01] 행동 변화 이론

① 운동을 하지 않는 노인들을 대상으로 규칙적인 신체활동을 유도하기 위한 이론적 연구는 광범위하게 진행되고 있으며, 건강행동을 촉진시키기 위한 중재의 필요성도 중요함

② 행동 변화 이론은 노인들의 행동에 대한 중재를 통해 개선해나가는 안내 역할, 그리고 주요 이론은 학습, 건강 신념, 모범, 사회인지, 계획된 행동 변화 이론 및 모형이 있음

이론(모형)	정도(level)	기본 구성요소
학습 이론	개인	• 강화, 계시, 조성
건강 신념 모형	개인	• 지각된 개연성, 심각성, 이익, 장애 • 행동의 계기 • 자아효능감
모범이론적 모형	개인	• 고려 전, 고려, 준비, 행동, 유지
사회인지 이론	개인 상호 간	• 상호 결정론 • 자아효능감
계획된 행동 이론	개인 상호 간	• 행동을 향한 태도 • 주관적 규범들 • 인지된 행동 제어

[02] 동기 유발 및 목표 설정

가 동기 유발

① 노인 운동참여 동기유발 요소는 건강 및 의료(신체적 기쁨, 질병위험 요소감소, 건강증진)

② 정신적 건강(생활 활력소, 스트레스와 불안 해소, 정신적 기분전환)

③ 외모의 변화(외모 유지와 변화, 체중감소 및 관리)

④ 사회적 참여(사회적인 접촉과 교류, 가족과 친구의 격려) 등의 신체활동이 주는 즐거움과 경쟁이나 개인적 도전과 같은 요소

(1) 동기유발 요인

① 참여 프로그램의 적절성
  - 노인 참가자가 개인적으로 관심이 있거나 이전에 운동을 한 경험이 있는 프로그램을 찾는다면 이들은 고려 단계에서 참여 단계로 손쉽게 이동할 수 있는 동기가 유발됨
  - 운동 프로그램은 신체·심리·사회적 필요에 가장 적절한 것을 선택함

② 성공적인 동기유발 계획 수립
  - 동기유발을 성공적으로 발전시키기 위한 전략에서 운동지도자의 역할이 중요
  - 노인들에게 운동을 지도할 경우 규칙을 정하는 것도 성공적 전략, 65세 이상 74세 미만의 사람들 중 건강 상태가 양호한 이들을 집단 근력운동이나 균형운동 프로그램에 참여

(2) 동기유발 장애 요인

① 동기유발 장애 요인은 노인들의 경우 현실적인 어려움들이 운동을 실천하는 데 방해 요인
② 때로는 운동 참여 보다 변하려고 하는 개인의 능력에 대한 신념(자아효능감)이 중요한 역할
③ 특별한 행동을 향한 개인의 태도나 행동(운동)이 특별한 결과(예: 근력과 유연성 향상)에 영향을 주며 결과를 획득하길 바라는 신념에 의존
④ 적절한 프로그램을 개발 방안은 노인 개개인의 신체적 기능과 요구도를 우선 파악
⑤ 운동에 대한 신념과 심리, 신체적 장애 요인을 파악하고 난 후 적절한 운동 프로그램을 설계
⑥ 운동 지속적, 효과적인 방법의 계획은 참가자들이 긍정적인 경험을 구성, 동기 부여

나 목표 설정

① 목표 설정은 운동을 실천하는 데 있어 동기 유발은 명확하게 길을 안내하는 도우미 역할
② 노인이 어디로 가야 하는지에 대한 목표가 설정되어 있지 않다면 목적한 데로 가기는 한계
③ 노인들의 행동 변화에 대한 수용과 목표 설정은 신체활동을 증가시키고 운동 프로그램 참여를 지속적으로 할 수 있는 중요한 역할
④ 노인의 지속적 운동 참여를 유인하는 목표의 설정은 단기적 목표와 장기적 목표로 나누어 설정하고, 이러한 목표는 S-M-A-R-T로 보다 세부적인 방법으로 작성
  - **S**: Specific(구체적인)
  - **M**: Measurable(계측 가능한)
  - **A**: Attainable(이룰 수 있는)
  - **R**: Relevant(적절한)
  - **T**: Time based(시간에 근거한)를 고려한 운동의 목표를 설정

3장 노인 운동 프로그램의 설계와 요소

01 노인 신체활동 권고 지침

가 미국 스포츠의학회

① 2007년 미국 스포츠의학회와 미국 심장협회에서 발표한 고령자를 위한 신체활동 지침서에 의하면 하루 30분, 주 5회, 총 150분 중강도 유산소적 활동과 근력 운동을 실시하는 것은 만성질환과 심혈관 질환 및 근골격계 질환의 위험률을 감소시키는 것으로 보고

② 기초체력 증진을 위한 유산소 운동의 권고는 그룹을 구분하여 지구성 활동을 위한 최소한의 권장활동, 혹은 기초체력 단련, 고강도의 활동을 하기 위해 필요한 최소한의 활동, 중·고강도 지구성 활동, 레크리에이션 스포츠의 4그룹, 권장 대상 및 신체활동 종류 제시함

③ 노인의 운동수준에 따른 프로그램 요소는 신체활동량에 따른 빈도, 강도, 시간에 관한 권고는 운동 빈도는 3~5회 공통적으로 적용하였으나, 신체활동이 많은 사람과 적은 사람에 따라 운동 강도 및 빈도 등에 차이를 두어 적용할 것을 제안, 또한 운동 수행 시의 필요 보수에 대해서도 기준량을 제시

나 신체활동 가이드라인 자문위원회

① 미국 신체활동 가이드라인 자문위원회는 노인 인구집단을 위한 권고사항들을 보고

② 연령 증가에 따라 발생하는 체력 및 운동수행능력의 감소를 고려하여 노인들의 건강을 유지하고 낙상 및 기능성 손실 위험을 감소시키는데 중점

③ 노인들은 자신의 체력수준 또는 많은 시간 동안 신체활동 수행능력을 변화시키는 문제를 가지고 있기 때문에 대상자에게 적당한 강도 조절을 고려하여 실시할 것을 제시

④ 일주일 동안에 걸쳐 축적될 수 있는 전반적 활동량이 중요하며, 평형성과 근육강화 훈련을 실시하는 것 또한 노인에게 중요한 운동법

⑤ 신체활동은 주당 3회 30분간 수행되어야 하며, 최소 주당 2회 걷기 운동을 권장

다 국립노화연구소

① 국립노화연구소는 「운동과 신체활동: 국립노화연구소 제공 당신의 일상생활 안내」라는 책자를 통하여 일주일 대부분의 날 또는 매일 최소한 30분간 지구성 운동을 점진적으로 증가시킬 것을 권고

② 운동자각도의 13 수준으로 운동할 것, 준비운동과 마무리운동은 스트레칭과 함께 실시

③ 마지막으로 근육감소증 혹은 그로 인한 신체적 허약을 예방하기 위해 주 2회 근력 강화 트레이닝을 권고

라 세계보건기구

① 세계보건기구는 노인을 위한 신체활동의 목적은 기동성을 유지, 심혈관질환을 감소, 골다공증으로 인한 골절과 낙상을 예방, 제2형 당뇨병의 치료, 우울 및 불안을 감소시키는 것
② 세계보건기구는 식이, 신체활동과 건강에 관한 세계 전략에서 노인을 위해 신체활동량은 '2007 ACSM & AHA 지침'에 의해 제안된 내용을 동일하게 반영하고 주 3일 20분의 고강도 신체활동을 하거나, 운동량이 이에 상응하는 중강도 및 고강도 신체활동 권장
③ 노인을 위한 근력강화운동 및 유연성 운동 또한 권장

[02] 노인 신체활동 프로그램의 개요 및 구성

가 미국 스포츠의학회

① 미국 스포츠의학회가 제시한 신체활동 프로그램 구성은 2010년 발행, 그 목적은 연령 증가에 따른 기능저하를 근력/체력의 향상으로 완화
② 그리고 신체적으로 독립된 생활을 할 수 있도록 개인의 신체기능을 향상시키기 위해 프로그램을 구성 제안

구성요소	빈도	강도	시간	유형
유산소 운동	최소한 고강도로 주 3일, 중강도로 주 5일	RPE 10점 도구 상·중강도: 5~6 고강도: 7~8	최소 30~60분. 10분씩 간헐적 가능	골격계에 낮은 스트레스를 주는 활동
저항 운동	최소 주 2회	RPE 10점 도구 상·중강도: 5~6 고강도: 7~8	8~10개 운동 각 10~15회 반복	주 근육을 사용하는 운동으로 계단 오르기 등
스트레칭 운동	최소 주 2회	중강도: 5~6		각 주 근육군의 지속적인 정적 스트레칭 등

③ 고려사항:
— 중강도는 1주에 총 150~300분 시행, 고강도는 주당 총 75~150분의 수준으로 유지
— 만성적 건강문제를 가진 노인들의 경우 최소한의 활동량을 초과하는 것만으로도 심신기능의 증진에 효과를 얻음
— 낙상의 위험성이 있는 노인들은 평형성 운동 수행을 필요

나 신체활동 가이드라인 자문위원회

① 신체활동 가이드라인 자문위원회가 제시한 신체활동 프로그램 구성은 2008년 발행
② 그 목적은 노인의 낙상 발생률 감소를 위해 다음과 같이 제시

구성요소	빈도	시간
중강도 걷기 활동	각 30분/세션	주 2~3회
근력강화운동	각 30분/세션	주 3회
평형성 운동	근력강화 프로그램의 일부분으로 시행	주 3회

다 국립노화연구소

① 국립노화연구소가 제시한 신체활동 프로그램 구성은 2009년 발행
② 그 목적은 노인들의 건강 및 독립성 개선을 위해 다음과 같이 제시

구성요소	빈도	강도	시간	유형
유산소 운동	5~7회	운동자각도 13	30분까지 점진적으로 증가	걷기, 수영, 조깅
저항운동	최소 2회 연속적으로 금지	운동자각도 15~17	한 운동당 2세트 8~15회 반복	근육군을 대상으로 저항성 밴드, 웨이트 기구를 사용한 운동
스트레칭 운동	최소 3회 근력 및 지구력 운동 후	최소 저강도~ 불편함을 느낄 정도	10~30초간	슬건, 종아리근, 발목, 삼두박근, 손목
평형성 운동	-	탁자 또는 의자를 잡고 시작	-	족저굴곡, 고관절 굴곡 및 슬관절 신전

③ 고려사항:
- 더운 환경에서 운동을 할 경우 탈수되지 않도록 수분을 충분히 공급
- 저체온 또는 지나치게 열에 노출되지 않도록 옷 입기를 제시

마 세계보건기구

① 세계보건기구가 제시한 신체활동 프로그램 구성은 2008년 발행
② 그 목적은 건강증진 및 유지를 위해 제시

구성요소	빈도	강도	시간
유산소 운동	중강도: 주/5회 고강도: 주/3회	중강도 신체활동 30분 또는 고강도 20분	30분까지 점진적으로 증가
저항운동	중강도: 주/5회 고강도: 주/3회	주 2회 근력강화 훈련	한 운동당 2세트 8~12회 반복
스트레칭 운동	중강도: 주/5회 고강도: 주/3회	최소 3회 근력 및 지구력 운동 후	10~30초간
평형성 운동	낙상 위험이 있는 노인	–	–

바 질환 상태에 따른 신체활동 프로그램

① 질환 상태에 따른 신체활동 프로그램은 암, 심장질환, 골다공증, 당뇨병, 뇌졸중 등
② 그 구성요소는 유산소, 저항, 스트레칭, 평형성 운동, 운동 빈도, 강도, 시간, 유형을 제시

[03] 건강한 노인을 위한 신체활동 방안

가 노인의 일상 신체활동의 특성

① 일상 신체활동의 특징은 어떠한 작업률의 활동도와 그 상대적인 강도는 연령수준에 따라 결정된다고 인식하는 것이 중요
② 노인의 경우 전형적인 일상에서 수행하는 신체활동의 강도는 저강도(< 3 METs), 중강도(3~6 METs) 그리고 고강도(> 6 METs)의 3단계로 크게 구분
③ 일반적으로 보통의 생활수준을 유지하는 노인의 경우 고강도의 활동은 거의 나타나지 않음

나 일상 신체활동의 양과 질

① 노인은 하루 평균 약 2,000보의 보행 습관을 나타낼 경우 중강도의 활동은 거의 나타나지 않음
② 2,000보를 초과하면 약 1,000보 늘어날 때마다 중강도 활동 시간이 6,000보까지 약 2.5분씩, 6,000보부터 12,000보까지의 경우 1,000보 늘어날 때마다 약 5분씩 12,000보부터 18,000보까지는 약 7.5분씩 그리고 18,000보 이상은 약 10분씩 중강도의 활동시간이 늘어남

다 노인의 일상 신체활동과 건강

① 노인의 신체 및 심리사회적 건강에 관한 변수의 대부분은 일상 신체활동의 양과 질 모두와 관계

② 즉 남성의 건강 신체활동 권장량은 중강도의 활동 시간과 더 밀접한 관련이 있는 반면 여성의 신체활동 특성은 대부분 의식적인 중강도의 활동을 포함하는 보행이라기보다는 오히려 가사, 장보기 등 저강도의 일상 동작을 많이 반영하고 있어 운동습관이 없는 노인여성의 대부분은 낮은 강도의 가사에 장시간의 활동을 소비하는 것을 알 수 있음
③ 노인에게 있어 비록 저강도의 신체활동밖에 나타나지 않더라도 정기적으로 신체활동을 할 수 있도록 중재하는 것은 추후 운동습관 유지를 위하여 중요한 전략
④ 노인의 우울·불안 등의 심적 상태와 QOL(삶의 질) 저하의 예방 등 정신 및 심리사회적 건강을 유지하기 위해서는 남녀 모두 하루에 4,000~5,000보 또는 중강도 활동시간 5~7.5분 이상의 활동수준을 유지하는 것이 필요

라 노인의 일상 신체활동에 영향을 미치는 제 요인

① 노인의 신체활동 증감에 영향을 미치는 인자는 낙상 등의 두려움이 증가하는 경험
② 배우자 사망 등의 라이프 이벤트를 계기로 신체활동은 일시적으로 감소
③ 한편, 일상 신체활동의 변화는 기분이나 심적 상태와 같은 일반적인 내적 요인뿐만 아니라 외부 영향, 특히 강수량, 일조량 그리고 기온의 범위도 관련
④ 심혈관계 질환 발생률과 그로 인한 사망률이 정점인 겨울은 일상 신체활동의 양과 질 감소
⑤ 반면 가족과 친구들의 격려와 권유, 스포츠 시설 및 지도자와의 교류 등 동기 부여가 될 수 있는 사회적 지원에 의해 신체활동이 증가

[04] 노인 운동 실시에 따른 주의사항

가 일반적 권고사항

① 노인은 대상에 따라 차이가 있으나 중·장년에 비하여 신체활동 능력이 떨어지는 경향
② 특히 운동을 시작하기 전에 당뇨병, 심혈관 질환, 심각한 자율신경병이나 말초신경병증, 증식성 망막증으로 인해 운동의 금기사항이 있는지 확인
   - 운동은 천천히 시작하고 여유 있게 진행
   - 준비운동, 정리운동을 충분히 실시
   - 심하게 근육을 긴장시키거나 경쟁적인 운동은 피한다.
   - 부상 혹은 낙상 방지를 위해 운동에 적합한 복장을 갖추는 것
   - 운동의 순응도를 증가시키기 위해 운동 및 일상 신체활동 증진의 필요성과 효과에 대해 강조하고 이전의 생활습관과 조화를 이루면서 운동을 하도록 권장

나 운동 시 확인하여야 할 주의사항

① 낙상, 사고의 위험성 최소화(내적·외적 요인의 제거)
② 피로하지 않는 범위 내에서 팔과 다리를 많이 사용
③ 참여 대상의 욕구, 건강 상태, 장비와 시설, 개인의 기호나 가용시간 고려
④ 관절부위 및 활동근육에 무리를 주지 않는 운동을 선택하여 1시간 정도 지속할 수 있는 적절한 강도로 지속적 활동 실시
⑤ 단시간에 큰 힘을 발휘하는 무산소 운동과 민첩성을 필요로 하는 운동은 바람직하지 않음
⑥ 사고의 위험성을 최소화하기 위하여 몸 상태를 확인하며, 운동의 강도 조절
⑦ 운동 전후에 가벼운 몸 풀기 실시(예: 가벼운 보행, 스트레칭 등)
⑧ 노인은 갈증을 느끼지 못할 때가 많으므로 운동 시 혹은 운동 후 수분 공급에 주의를 기울임
⑨ 매일 몸 상태를 체크하며, 상태에 따라 운동량 조절
⑩ 운동할 때 단련 부위를 의식하며 실시하는 것이 중요
⑪ 운동에 의한 피로가 축적되지 않도록 충분한 휴식을 취하며, 충분한 휴식과 영양섭취 필요

다 운동 후 주의사항

① 땀을 흘릴 정도 이상의 운동을 한 경우에는 반드시 정리운동
② 본 운동이 끝난 다음 곧바로 완전히 운동을 중지해버리면 구역질, 현기증, 냉한, 저혈압, 서맥 등의 혈관성 미주신경반사에 의한 증상을 일으켜 중대한 사고를 초래
③ 운동 후 안정 상태에 들어가기 위해서는 5분 정도 걷거나 느린 속도로 뛰는 것이 좋음
④ 운동 후 샤워는 피부를 깨끗이 하고 혈액순환을 왕성하게 하여 몸속 노폐물의 배설을 촉진
⑤ 운동 후 음식을 바로 섭취하면 위장에 부담, 10~20분 정도의 시간이 지난 뒤 식사
⑥ 수면은 피로회복에 가장 좋으며 수면이 부족하면 피로회복도 늦어지고 신체 조절이 어려울 수도 있으므로 운동량이 많은 날은 충분한 수면
⑦ 운동을 실시하기 전 대상의 생체정보를 체크할 수 있는 환경이라면 대상자 스스로 운동을 할 수 있는지 전문가 혹은 임상의와 협의하여 프로그램을 운영할지를 결정

04 질환별 프로그램 설계

1장 심혈관계·호흡계·순환계 질환 운동 프로그램

[01] 비만증

가 개념
① 비만증(obesity)은 비만에 기인 또는 비만과 관련하여 건강상 장애를 유발하거나 임상적으로 합병증이 예측되는 경우로서 의학적으로 체지방 감량이 요구되는 상태
② 비만은 지방조직이 과도하게 체내 및 피부 밑에 축적된 상태를 의미
③ '체질량지수(BMI)는 25 이상으로 체중을 감량하면 건강 상태가 증진될 수 있는 상태 또는 질병 발생이 유발되기 쉬운 고위험 수준의 체지방을 지닌 경우'를 비만증이라고 진단

나 치료 형태
① 비만 치료는 식이요법, 운동요법, 행동요법, 약물요법, 수술요법
② 이 중 재발이 반복되는 심한 고도 비만 및 생명유지와 관련된 위험한 경우를 제외
③ 식이요법 및 운동요법이 병행되는 생활습관 개선을 가장 우선적으로 실행

다 운동 프로그램
① 비만 운동 프로그램은 지질대사가 촉진되는 운동생리학적 이론을 바탕으로 하여 운동 강도, 운동 지속 시간, 운동 빈도를 설정
② 비만 개선을 위한 운동 프로그램은 소비 에너지를 크게 하는 것이 바람직
 - 운동 강도: 최대 심박수의 50% 전후(60~70대)는 110회/분를 목표
 - 운동 시간: 1회 운동 시간은 20분 이상
 - 운동 빈도: 주 3~4회를 하루걸러 실시

- 운동 형태: 심폐지구력, 근력, 유연성 운동 등

[02] 고지혈증

가 개념

① 고지혈증이란 혈청 속에 지방성분이 너무 많아서 혈청이 뿌옇게 흐려진 상태로서, 동맥경화증을 촉진시키는 요인의 하나
② 고지혈증은 총 콜레스테롤이 240㎎/㎗을 넘거나 중성지방이 200㎎/㎗ 이상인 경우
③ 혈장 중 주된 지질은 콜레스테롤, 중성지방, LDL, 유리지방산, 인지질 등이 있지만, 고지혈증의 진단상 중요한 것은 콜레스테롤과 중성지방
④ 고지혈증이 있는 사람에게는 심혈관질환 및 당뇨와 고혈압 등 만성질환들이 흔히 동반

나 치료 형태

① 고지혈증은 운동 및 식이조절, 그리고 체중감량 등 비약물적인 생활개선이 우선적으로 전제
② 생활개선으로 변화가 나타나지 않는 경우 적절한 약물치료를 병행하는 것이 바람직, 그러나 심혈관질환을 일으킬 위험이 있으면 전문의의 진료를 통하여 치료방안을 계획함
③ 고지혈증은 식이요법, 운동요법 및 약물요법을 적용, 그러나 우선 식사요법과 운동요법을 실시하여 2~3개월 정도 경과를 보고, 적절한 개선효과가 나타나지 않는 경우에는 약물요법을 시행하는 것이 권장

다 운동 프로그램

① 고지혈증 적용대상 일반적으로 Ⅱb형, Ⅲ형, Ⅳ형, Ⅴ형 고지혈증을 지닌 경우에는 적극적인 운동처방이 권장되지만, Ⅱa형이나 아포단백 C-Ⅱ 결핍 또는 LPL 결핍 등의 효소 이상이 있는 경우는 운동 프로그램을 적용하기 부적합
② 그러나 비만을 동반하는 Ⅱa형의 고지혈증의 경우에는 운동 적용을 고려할 수 있음
- 운동 강도: 비만자는 상하로 몸이 파동을 일으켜 고관절이나 슬관절에 부담을 가중시키는 운동형태는 가능한 피하고, 몸을 거의 수평적으로 이동시키는 형태의 운동을 최대산소섭취량의 50~60% 수준으로 오래 지속하는 것이 바람직
- 운동 시간: 하루 운동 시간은 30~60분 정도가 적당, 1회 운동 지속시간은 에너지원으로서 지질의존이 높고, 유산소성 운동의 효과를 높이기 위해서는 대략 20분 이상 지속하는 것이 바람직, 총 운동시간을 하루 30분에서 1시간으로 목표를 세우고, 1회 운동시간을 20분 정도로 하면 운동은 하루에 몇 회로 나누어 하는 것도 바람직

- 운동 빈도: 혈중지질은 단시간의 운동으로도 변화가 나타나지만, 운동을 중지하면 2~3일 만에 효과가 소멸되기 때문에 기본적으로 운동 빈도는 주 3회에서 6회 미만을 목표, 조깅의 경우 LDL 콜레스테롤 감소에 필요한 최저 운동량은 주당 6.4㎞ 정도이며, HDL 콜레스테롤의 증가에 필요한 최저 운동량은 주당 12.8㎞ 정도가 요구됨
- 운동 형태: 고지혈증 개선을 위한 운동으로 가장 적합한 것은 유산소성 운동, 걷기, 조깅, 수영, 자전거 타기 등과 같이 운동 중에 스스로 운동 강도를 조절할 수 있는 운동들이 바람직

03 고혈압

가 개념

① 고혈압(hypertension)은 혈관 속을 흐르는 혈액이 혈관에 부딪치는 압력의 수축기는 140mmHg /이완기 90mmHg 이상인 경우
② 안정 시 최대혈압이나 최소혈압이 높은 것, 임상적으로 수축기혈압이 130mmHg 미만 또는 확장기혈압이 85mmHg 미만인 것을 정상혈압이라고 함
③ 특히 고혈압이 상당기간이 지속되었다면 뇌졸중, 협심증, 심근경색, 심장비대증, 대동맥류, 신장질환 등의 합병증이 발생

나 치료 형태

① 고혈압 치료는 식생활습관의 개선이 기본이지만, 식생활습관의 개선만으로 혈압을 낮추려는 목적을 달성하는 한계
② 대부분의 경우 혈압약 복용을 병행하는 것이 요구, 물론 경증 고혈압의 경우는 식이요법과 운동요법만으로도 만족할 만한 효과를 얻음
③ 연령을 고려한 혈압유지 목표 범위는 젊은이, 중·장년 및 당뇨 환자의 경우는 130/85mmHg미만, 고령자는 수축기혈압 140~160mmHg 이하, 확장기혈압 90mmHg 미만

다 운동 프로그램

① 고혈압 환자의 운동 프로그램 처방이 금지되어야 경우는 고혈압 중증자, 고혈압으로 중증의 합병증이 있는 경우, 순환기 장애가 있는 경우, 그리고 뇌졸중 및 심근경색 발생 초기, 심부전증, 중대한 부정맥 출현, 중증의 호흡기 질환 등이 있을 경우
② 아울러 중증의 정신장애와 운동장애로 인하여 운동지침을 따르기 곤란하다고 생각되는 고혈압 질환자들도 운동처방에 한계성이 있음

- 운동 강도: 최대산소섭취량의 40~60% 수준, 운동 중의 맥박수를 지표로 하는 운동 강도는 안정 시 심박수가 정상인 경우에서는 젖산역치(LT)에 상당하는 맥박수는 대략 [138 - (연령 ÷ 2)] 식으로 추정, 주관적 운동 강도(RPE)의 적용은 심리적인 척도(RPE)에 따라 '가볍게'에서 '다소 힘들다'라고 느끼기 시작하는 정도의 운동 강도를 권장
- 운동 시간: 1회에 30분에서 60분을 최소 하루걸러 주 3회 또는 매일 운동하는 것이 바람직
- 운동 빈도: 고혈압은 주 2회 이상 운동을 수행하지 않은 경우는 혈압저하 효과가 그리 크지 않음, 10주를 지나 대략 6개월 정도가 되면 그 효과가 정점
- ㉣ 운동 형태: 합병증이 없는 고혈압 질환자들의 경우 유산소성 운동 형태가 매우 바람, 걷기운동, 가벼운 조깅, 자전거 타기, 수영 등

[04] 심장 질환

가 개념

① 급성 심근경색증이란 심장의 근육에 혈액을 공급하는 관상동맥이 여러 가지 원인에 의해 갑자기 막혀서 심근에 괴사가 일어나는 질환
② 관상동맥의 막힘을 유발하는 원인으로서는 관상동맥의 아테롬 변성이나 혈전 등 여러 가지 요인
③ 따라서 심근경색이 발생한 경우에는 얼마나 신속히 응급처치와 함께 전문 의료센터에 내원하여 치료를 받는가가 가장 중요

나 치료 형태

① 심근경색 질환자의 경우 증상 발생 1개월이 지난 회복기에 운동요법이 적용 가능할 수 있음
② 운동요법이 심근의 활동 이상을 개선시킨다는 보고는 있지만 일반적이지는 않음
③ 한편 운동요법으로 유산소 운동능력이 향상된 요인에는 앤지오텐신 전환효소(ACE) 억제제 또는 α-차단제나 β-차단제 등에 의한 기여효과도 포함

다 운동 프로그램(유산소 운동)

① 운동 강도: 운동 강도는 점진적 운동부하검사의 결과에 따라 처방, 심박수로 처방하는 경우는 카보넨 공식을 사용하여 처방, 어떤 경우에도 산출된 심박수의 ±5회를 목표 심박수로 함
② 운동 시간: 1회의 유산소성 운동 지속시간은 적어도 적정 운동 강도에서 15~20분 지속, 준비운동과 정리운동도 각각 3~5분씩 추가

③ 운동 빈도: 주 3회 이상을 목표, 오전보다는 오후 시간을 이용하여 짧게 여러 번 운동
④ 운동 형태: 회복기 유산소성 운동은 보행이나 자전거 타기, 수영 등 심박수 및 혈압 모니터링이 곤란한 운동은 절대로 회복기에는 금지

[05] 당뇨병

가 개념
① 당뇨는 높은 혈당 수치가 오랜 기간 지속되는 대사 질환군을 의미
② 혈당이 높을 때의 증상으로는 소변이 잦아지고, 갈증과 배고픔 발생
③ 당뇨는 치료가 쉽지 않고 실명, 신장질환, 심장질환 및 외과적 말초질환에 따른 절단 등 심각한 합병증을 유발

나 치료 형태
① 당뇨병의 개선 방법은 식이요법과 운동요법 그리고 약물요법
② 당뇨는 대사성 질환이기 때문에 몸에서 일어나는 신진대사에 영향을 미치는 요인들을 개선
③ 혈당수치가 아주 높은 경우를 제외하고는 약물에 지나치게 의존하는 것은 근본적으로 당뇨병을 개선하는 데 바람직하지 않음

다 운동 프로그램
① 당뇨는 공복혈당(FBG)이 160mg/dℓ 이하이거나 식후 혈당이 250mg/dℓ 이하인 경우 또는 당화혈색소(HbA1C)가 10% 이하인 경우는 운동 프로그램을 수행
② 하지만 케톤산혈증(ketoacidosis)이 발생한 경우는 금지, 심혈관 장애나 감염증을 합병하고 있는 경우, 망막증에서는 Scott Ⅲ 이상의 새로운 출혈이 나타나는 경우 금지
  - 운동 강도: 낮은 강도의 운동, 최대산소섭취량($\dot{V}O_2max$)의 40~60% 정도, 근력운동은 최대근력(1RM)의 30~50% 수준으로 15회 이상 반복, 상체, 몸통, 하체부위 구분 운동
  - 운동 시간: 1회 20~60분, 일반적으로 식후 30~60분경과 후 운동을 실시
  - 운동 빈도: 1주에 3~5회의 운동, 가능한 한 운동 빈도를 자주 하는 것이 효과적
  - 운동 형태: 걷기, 조깅, 자전거 타기, 수영 등이 권장됨

[06] 호흡계 질환

가 천식(asthma)

(1) 개념

① 천식은 기관지의 협착, 기도폐색 혹은 염증 발생으로 나타나는 흔한 폐질환 중의 하나
② 어떤 유발물질이 기도를 자극하게 되면 그 즉시 과잉반응을 나타내며 기도가 좁아지면서 기관지 경련이 발생
③ 또한 이때 끊임없는 기침과 호흡수가 급격히 증가하게 되고, 천명소리와 함께 심한 호흡곤란 증세로 고통을 동반

(2) 치료 형태

① 어린이 천식의 경우는 성인이 되면 대략 50%는 자연적이거나 약물 치료 가능
② 그렇지 않은 경우에는 원인 제거, 대증요법, 심리요법, 단련요법 등의 여러 가지 방법
③ 단련요법의 경우 건포마찰, 냉온수욕, 복식호흡 등 여러 가지가 있지만 운동요법도 중요

(3) 운동 프로그램

① 천식질환자들에게 운동요법의 적용은 양날의 칼과 같은 면이 있음
② 운동 형태와 강도에 따라 운동 유발성 천식(exercise-induced asthma)이 발생
③ 그러나 천식환자들이 운동을 자꾸 기피하게 되면 결국 심폐능력이 심각하게 저하되어 오히려 약간의 신체활동에도 천식이 발생

   ⊙ 운동 강도: 운동의 강도는 환기역치(ventilatory threshold) 이하의 수준 또는 6분 보행 테스트에서 얻어진 최대 보행속도의 약 60~70% 수준, 노인은 이보다 더 낮은 강도
   ⓒ 운동 시간: 본 운동전 아주 낮은 강도로 15분 정도 이상의 준비운동, 준비운동이 운동 중에 발작의 위험을 낮추어주는 것으로 나타남, 운동 지속시간은 약 20~30분이 적당
   ⓒ 운동 빈도: 운동시간대는 오후, 건조하고 바람이 부는 날씨에는 건조하지 않은 실내에서, 건조하거나 추운 경우 마스크를 착용, 운동은 주 2~3회, 가능한 한 짧게 자주
   ㉣ 운동 형태: 가장 권장되는 운동은 수중운동

나 만성폐쇄성폐질환(COPD)

(1) 개념

① 만성폐쇄성폐질환은 우리나라에서 유병률이 높음, 만성기관지염과 폐기종의 형태를 포함, 심장질환이나 폐질환이 없는데도 기도가 폐쇄되어 호흡기도의 흐름을 감소시키는 질환

② 만성기관지염은 비교적 기관지에 염증이 발생한 경우, 이는 심한 객담을 유발하며, 짧게는 3개월에서 길게는 2년까지 지속
③ 폐기종은 60대 이상의 연령들에서 많이 발생, 산소와 이산화탄소가 교환되는 장소인 폐포 조직이 파괴되어 발생, 이는 대기의 상태가 매우 불량한 탄광, 지하시설 등과 같은 곳의 근무자 또는 심한 흡연자들에서 흔히 발생

(2) 치료 형태
① 만성폐쇄성 폐질환자는 호흡곤란과 객담의 발생이기 때문에 그 증상의 정도에 따라 처치하는 약물요법이 적용, 그러나 이 질환자들은 무엇보다 흡연을 한다면 금연 필요
② 운동요법은 질환의 정도에 상관없이 만성폐쇄성폐질환자들의 기능성 손상을 지연시키는 데 매우 효과적

(3) 운동 프로그램
① 운동요법은 질환자들의 근골격계와 심혈관계에 대한 적응효과로 인하여 폐순환계의 부담을 경감시켜 줌, 그러나 증상이 경미한 경우 약간의 제한을 통하여 운동수행이 가능
② 하지만 중등도 이상의 질환자들은 운동 도중에 긴급히 산소를 공급할 수 있는 체계를 갖추고 있는 의료적 운동센터가 아닌 곳에서는 운동은 금지
- 운동 강도: 운동 형태는 호흡근육을 강화시켜줄 수 있는 저항성 트레이닝과 호흡 기관지를 확장시켜줄 수 있는 유산소성 운동이 병행, 저항성 트레이닝은 흡기근의 근력과 근지구력을 향상에 중점, 유산소는 최대작업능력의 약 30~40% 미만의 저강도에서 지속
- 운동 시간: 운동 초기는 최소의 강도로 호흡곤란, 기침, 현기증 등이 출현하지 않는 범위의 짧은 시간 동안 하고, 완전히 회복이 될 때까지 휴식을 취하는 간헐적인 운동 프로그램을 진행하는 것이 권장, 총 운동 소요시간은 최초 10분에서 점차 늘려 30분 정도까지 진행
- 운동 빈도: 최소 주 3~5회가 권장되며, 운동은 가능한 한 오전보다 오후 시간대, 가능한 한 짧게라도 자주하는 것이 바람, 따뜻한 음료를 자주 섭취
- 운동 형태: 운동종목은 초기에는 고정식 자전거 타기, 반드시 운동지도자나 보호자가 보조

2장 근골격계·신경계·기타 노화성 질환 운동 프로그램

[01] 퇴행성관절염

가 개념

① 골·관절 질환 내에는 다양한 질환들이 있지만 관절염은 퇴행성관절염과 류마토이드 관절염
② 류마토이드 관절염은 자가면역성 질환이기 때문에 연령과 성별에 상관없이 발생되며, 발생 관절이 좌우 양측성이라는 특성
③ 그러나 관절의 장기적인 사용으로 연골이 마모되는 퇴행성관절염은 고령자나 직업적 특정 관절을 과도하게 사용하는 사람, 류마토이드 관절염과는 달리 단측성 관절에 나타남

나 치료 형태

① 퇴행성관절염은 관절 연골의 마모로 인한 변성을 완전히 차단할 수 있는 방법은 없음
② 물론 연골이식법 등으로 과거보다는 퇴행성관절염 발생을 억제할 수 있는 것은 확실
③ 치료전략은 환자 자신이 생활방식 개선, 관절의 변형을 최대한 막고, 관절기능을 보존·유지
④ 보존적 치료개념은 관절에 부담을 주는 자세나 습관, 잘못된 운동방법 등의 생활방식 개선
⑤ 과체중은 식이요법과 적절한 운동을 병행 체중 감량은 관절염 증상을 완화

다 운동 프로그램

① 최근 관절염 환자들도 반드시 적절한 운동을 권장, 물론 증상별 운동을 자제하거나 중지
② 즉 과도한 열감, 염증 및 통증, 강직성이 급성, 합병증을 지니고 있는 고령자는 운동요법을 적용하기 전에 전문의와 사전에 상담을 한 후 운동
③ 그리고 퇴행성관절염의 운동 프로그램은 심폐순환계 능력을 향상시킬 수 있는 유산소 운동과 근골격계의 강화를 위한 근력운동이 병행 실시
 - 운동 강도: 유산소 운동 강도는 중·저강도가 적합, 즉 여유 심박수의 40~60% 수준, 반면 아주 몸 상태가 좋지 않은 관절염 질환자의 경우는 30~40% 수준이 적합
 - 운동 시간: 주당 총 운동시간은 150분 이상이 권장, 1회 운동시간은 10분 미만씩 하루 2~3회로 나누어서 하는 것이 권장됨

- 운동 빈도: 주 5회 정도까지 거의 매일, 또한 매 운동 때마다 충분한 유연성 운동을 병행
- 운동 형태: 퇴행성 관절부위에 물리적 충격을 주지 않으면서도 전신의 순환기계에 충분한 작용을 줄 수 있는 수중운동이나 낮은 저항의 고정식 사이클 운동이 권장됨

[02] 골다공증(osteoporosis)

가 개념
① 골다공증은 낮은 골밀도와 골절의 감수성을 높이는 뼈 조직의 미세구조의 변화에 따른 질환
② 골밀도가 낮아지는 원인은 유전적 요인, 조기 폐경, 약물 영향(스테로이드), 뼈 조직에 대한 물리적 충격량의 부족 등
③ 골다공증은 척추 뼈와 대퇴골두부위, 손목뼈, 골반뼈 등과 같이 스펀지 뼈 조직으로 구성된 부위에서 발생, 특히 손목뼈, 척추, 골반, 고관절 부위에서 빈발
④ 그리고 뼈의 대사과정은 여성 호르몬에 많은 영향을 받기 때문에 중년 이후의 폐경 여성들에서 골밀도가 급격히 낮아지면서 골다공증 발생

나 치료 형태
① 골다공증은 생활습관 개선과 더불어 약물치료를 병행, 그러나 무엇보다 낙상 등에 의한 골절 발생의 위험을 줄이는 것이 중요, 생활습관 개선의 최우선은 적절한 운동
② 모든 약물치료는 칼슘과 비타민 D를 함께 투여, 칼슘은 하루 1,000~1,200㎎, 비타민 D는 하루 400~500단위를 권장
③ 신체활동의 경우 체중이 부하되지 않는 운동의 형태보다 체중이 부하되는 형태의 운동이 권장

다 운동 프로그램
① 골다공증 질환자들은 합병증이 있는 경우 또는 낙상 위험이 매우 높은 경우를 제외하고는 특별히 운동 금기 대상자는 없음, 그러나 지나치게 피로와 통증을 느끼는 경우는 금지
② 또한 골밀도가 낮아 골절 발생 위험도가 높은 경우는 운동요법은 자제하고 약물요법이 우선
③ 골절로 인하여 장기간 입원했던 질환자들은 운동 전에 내과적 질환들의 유병을 반드시 확인
- 운동 강도: 운동 초기는 최대근력의 60~80% 수준으로 해서 8~12회 반복, 이후 강도를 점차 1RM의 80~90% 수준으로까지 올리면서 반복횟수는 5~6회 정도
- 운동 시간: 유산소성 운동과 저항성 운동을 병행하는 경우 하루 30~60분 정도

- 운동 빈도: 자신의 체중이 부하되는 형태의 걷기나 조깅은 주 3~5회, 그리고 고강도의 저항성 근력운동은 주 3회 정도
- 운동 형태: 골밀도를 증가시키기 위해서는 자신의 체중이 부하되는 운동 형태가 권장, 수중운동, 자전거, 인라인스케이팅 보다는 일반적으로 걷기, 조깅, 줄넘기 등이 안전하고 효과도 인정되지만, 골밀도 향상에 가장 좋은 운동은 저항성 근력운동

[03] 치매 질환

가 개념

① 고령화시대가 되면서 커다란 염려 중의 하나가 바로 신경계의 퇴행성 질환, 즉 치매(알츠하이머)는 인지기능이 후천적인 뇌기질 장애로 인하여 발생한 비가역적 지능의 손상
② 인지기능의 손상은 다양한 요인들에 의하여 발생, 그 증상은 기억력 감소, 언어 및 이해력 장애 그리고 사고능력 장애 등
③ 이러한 지적퇴행 현상 이외에도 정서적 및 사회적 관계에 많은 변화가 있음

나 치료 형태

① 뇌혈관성 치매의 유발 요인은 고혈압, 심장병, 동맥경화, 당뇨 및 흡연과 비신체활동 등을 지적하고 있는데, 이러한 요인들을 개선하면 상당히 개선되는 것으로 인식
② 그러나 경증인지기능장애(MCI)의 초기는 아세틸콜린 흡수억제 등의 약물반응이 유효, 이 시기에 운동요법에 따른 운동효과도 매우 긍정적
③ 충분한 탄수화물, 식물성 기름, 유산균과 폴리페놀이 다량 함유된 차 등의 식이요법 권장

다 운동 프로그램

① 경증치매 질환자들은 운동하는 데 있어 신체적으로는 거의 제한사항이 많지는 않음
② 뇌기능 향상을 위하여 일상적으로 늘 운동을 하고 많이 움직이는 것이 좋다는 것은 이미 잘 알려져 있는 사실
③ 이는 원활한 혈액순환을 통하여 뇌에 풍부한 산소와 영양물을 공급해줄 뿐만 아니라 뇌 내 환경을 안정화시킬 수 있기 때문
- 운동 강도: 건강 고령자들의 유산소 운동 강도 설정 지침 적용, 최대산소섭취능력의 40~60% 수준, 자각도(RPE)를 적용하는 경우에는 10~12 수준

- 운동 시간: 매일 30분이 적당, 특히 55세 이상은 30분을 넘지 않음, 걷기 10분, 운동 10분 그리고 일상생활 활동에 필요한 운동 10분을 권장
- 운동 빈도: 운동은 질환자에게 여러 사람을 만나서 사회성을 접하게 할 수 있는 기회를 제공하게 되기 때문에 가능한 한 주 4~5회
- 운동 형태: 치매질환자에게 재미있는 유산소 운동을 선택하는 것이 매우 중요, 즉 수영, 춤, 체조를 음악에 맞추어서 실시하는 방법, 체조는 필수 종목

05 지도자의 효과적인 지도

1장 의사소통기술

[01] 노인운동지도사의 마음가짐

가 성공적인 노화 모델
① 성공적 노화는 정상적인 노화, 병리적인 노화에 대비되는 개념으로서 오래 살고, 생산적이며 만족한 삶을 사는 특성
② 세계보건기구에서 성공적 노화를 신체적 건강(기능 상태), 정신적 건강(정서적·인지적 상태) 및 사회적 건강(생산적 참여)으로 정의
③ 이 3가지 항목은 별개의 것이 아닌 역동적으로 서로 맞물려 있으며, 성공적 노화를 질병 및 질병과 관련 있는 장애가 발생할 가능성이 낮은 상태, 높은 인지적·신체적 기능성, 적극적인 삶에 대한 관여의 3가지 차원으로 개념화

나 장애과정 모델
① 장애과정 모델은 노인의 만성질환 및 부상은 신체조직(심혈관계, 근골격계, 인지계, 감각계, 운동계)의 손상
② 손상의 누적은 신체기능(예: 계단 오르내리기)의 제한을 유발, 결국 장애를 초래 함. 즉 장애는 일, 여가활동, 가사일, 사교적인 활동, 자기 돌보기 같은 생활의 영역에서 복잡한 활동을 수행하는 것이 어렵거나 불가능한 상태로 정의
③ 특히 노인의 신체기능 제한은 중재 없이 방치될 경우 결국 보행능력의 제한이 장애가 발생
④ 따라서 손상 가능성과 기능제한을 조기에 발견하고 적절한 운동을 적용, 추가적인 악화를 지연시키거나 미연에 방지

다 사망의 압축 모델

① 사망 압축 이론은 노인의 질병 및 상해에 대한 예방적 중재를 통하여 조기사망이 예방되는 이상적인 조건
② 생존 곡선의 직사각형화가 이루어지고 질병의 이환 및 노쇠, 장애의 출발점이 노령화 후기로 연기되며 사망의 시기는 한계수명에 보다 가까운 어느 시점으로 압축되어 좁아짐

라 노인의 건강 상태별 의료와 보건 목표 이해하기

① 노인의 건강 상태는 의료와 보건의 맥락에서 분류
② 운동지도 역시 보건의 연장선이므로 각 건강 상태별 운동지도의 목표를 설정

특성	의료의 목표	보건의 목표
건강노인	수명 연장, 완치	허약 및 장애의 예방
허약노인	환자가 견딜 수 있는 범위 내에서 환자의 의사를 반영한 치료	• 기능 상태의 극대화 • 주거환경 개선, 재활
치매노인	기능의 극대화, 완화요법	질병 예방, 보호
종말기 노인	완화	고독의 완화, 선택의 극대화

마 노인운동지도사의 마음가짐

① 노인운동 스포츠지도사는 위에서 언급한 3가지 이론 및 모델, 즉 성공적인 노화 모델, 장애과정 모델, 사망의 압축 모델을 숙지하여 운동이 미치는 긍정적인 효과를 각 이론 및 모델에 적용시켜 노인운동 참여자들에게 전달함으로써 동기 유발을 독려하고 활용
② 노인스포츠 지도자가 갖추어야 할 조건은 우수한 실기능력 외에도 자신감 있고 상냥한 대인 태도 같은 행동적 덕목, 자신의 의사를 명확히 표현할 수 있는 능력 배양
③ 또한 노인 운동 참여자의 의견을 적극적으로 경청하고 이해하는 의사소통 능력 및 운동 참여자의 운동 몰입 및 운동 지속을 이끌어낼 수 있는 동기유발 능력이 요구됨

[02] 기술습득의 전달방법

가 의사소통

(1) 의사소통의 정의

① 의사소통은 한 개인이 타인에게 정보나 아이디어를 보내고, 바꾸고, 교환하는 과정
② 노인운동지도 역시 한 개인이 타인에게 정보를 주는 과정으로 효과적인 운동지도를 위하여 지도자는 기본적인 의사소통 유형을 파악하는 것이 중요

(2) 의사소통 기술 및 원칙

① 의사소통 기술 및 원칙은 대상자와 효과적으로 의사소통하는 기술에는 언어적 기술, 비언어적 기술, 자기주장 기술 등
② 언어적 기술은 ㉠ 일반적으로 흔히 사용하지 않는 단어를 사용하지 않으며 ㉡ 의학용어나 특수 용어를 사용하지 않고 ㉢ 명확하고 간결하게 말하는 것
③ 비언어적 기술은 정보의 수신자에게 송신자에 의한 정보의 시각적 제시(presentation) 또는 송신자에게 수신자가 보이는 시각적으로 제시함
④ 적극적 경청의 행위의 예는 ㉠ 자주 눈 맞추기 ㉡ 편안한 거리 유지하기 ㉢ 대상자를 정면에서 쳐다보기 ㉣ 눈높이 맞추기 등

(3) 노인과의 의사소통

① 의사소통 증진을 위해서는 참여자의 정면에서 서기, 개방적이고 수용적인 자세, 참여자를 행해 몸을 약간 낮추기, 적절한 눈 맞춤, 편안한 태도 유지
② 노인과 의사소통에서 해야 할 것과 하지 말아야 할 것(Wold)

해야 할 것	하지 말아야 할 것
• 자신을 밝힌다. • 노인이 원하는 존칭을 사용한다(예: ○○ 선생님, ○○○ 어르신). • 저음으로 분명하고 천천히 말한다. • 노인에 대해 알려고 노력한다. • 공감을 느끼며 경청한다. • 신체언어에 주의를 기울인다. • 접촉을 적절하게 자주 사용한다.	• 당신이 누군지 인지한다고 추정하지 않는다. • 어린아이를 다루듯 말하지 않는다. • 소리질러가며 말하지 않는다. • 일반적인 노인에 대한 편견으로 미루어 짐작하지 않는다. • 해야 하는 일에만 집중하느라 노인도 인간임을 잊지 않는다. • 의사소통 방법으로 접촉하는 것을 두려워하지 않는다.

(4) 청력장애 노인과의 의사소통

① 많은 노인들은 여러 가지 형태의 감각장애를 갖고 있으며, 감각장애는 노인들의 의사소통 과정에 영향을 줌
② 청력장애가 있는 노인을 대상으로 의사소통할 때 운동지도자가 사용해야 하는 기법

청력장애 노인을 위한 운동지도 시 개입전략

- 시선집중을 유도 한다: 대상자의 이름을 부르면서 말을 건다.
- 눈을 맞추고 이야기한다.
- 대상자가 들을 수 있다면 정상보다 큰 소리로 말하지 않는다: 큰소리로 말하는 것은 듣기 힘들 뿐만 아니라 말이 불분명해진다.
- 말이나 질문을 명확히 할 필요가 있다면 제스처를 사용한다.
- 입 모양이 잘 보이도록 말한다.
- 귀에 직접 대고 말하지 않는다. 시각적 암시(cue)를 사용하여 들을 수 있는 능력을 방해한다.
- 간단하고 쉬운 용어를 사용한다.
- 단순하게 말하고, 반응이 없으면 짧고 단순하게 다시 말한다.
- 정상속도보다 너무 빨리 말하거나 너무 느리게 말하지 않는다.

(5) 시각장애 노인과의 의사소통

① 노화와 더불어 노인병의 하나로 나타나는 노인성 황반변성은 시력감소가 중심에서 주변 시력을 둘러싸고 나타나므로 운동지도 시 주의를 요함
② 따라서 시각에 제한을 가진 노인들을 대상으로 운동지도를 할 때에는 3~5명의 소그룹 운동지도가 효과가 있으며, 다음의 개입 전략이 필요

시각장애 노인의 운동지도 시 개입전략

- 눈부심이 많은 곳에서 프로그램을 진행하는 것을 피한다.
- 운동지도가 야외에서 진행될 경우, 챙이 있는 모자를 챙긴다.
- 운동 장소 이동, 운동을 시작하기 전 노인들의 시력조절을 위하여 충분한 시간을 준다.
- 노인의 얼굴에 빛이 바로 투사되지 않도록 위치를 설정한다.
- 실내에서 운동지도 시 날씨를 고려하여 조명 양을 조절한다.
- 시각 손상을 가진 노인의 경우 운동 프로그램 지도 시 또는 운동평가 시에 글씨 크기, 색깔 등을 고려하여 적용해야 한다.

나 운동지도자를 위한 운동학습 원리

① 노인 운동지도 시 의사소통 방법을 이해한 후 기술습득을 효과적으로 전달하기 위해서는 운동 학습의 원리를 이해
② 즉 운동 기술을 소개하고, 보강피드백을 제공하며, 기술이 전체적으로 연습되어야 하는 것인지 부분적으로 연습되어야 할 것인지를 결정
③ 수업 시간 동안 참가자들이 얼마나 오랫동안 기술이나 활동을 수행할 것인지를 결정하는 구체적인 방법을 묘사함

- 시범: 새로운 기술을 어떻게 수행하는지를 알려주는 방법으로 가장 보편적으로 사용되는 전략은 그 기술을 어떻게 수행하는지를 보여주는 것
- 언어적 지도: 동작기술을 어떻게 수행하는지 알려주기 위해 언어적 지도방법을 사용
- 언어적 암시: 사람들이 기술이나 활동을 어떻게 수행하는지를 기억하는 데 도움이 되는 유용한 테크닉은 그들이 그 기술을 수행할 때 언어적 암시를 반복하도록 하는 것
- 보강피드백: 운동 참가자들을 자신들의 운동을 수행하는 동안 다양한 감각시스템을 통하여 정보를 얻음
- 연습환경의 구축: 노인 운동지도 시 연습환경이 얼마나 잘 조직화되어 있는지 여부는 학습에 많은 영향을 줌
    - 기술을 언제 전체적 혹은 부분적으로 연습할 것인지를 어떻게 결정할 것인가?
    - 최상의 학습과 전이를 위한 연습 스케줄을 어떻게 작성할 것인가?
    - 연습시간을 어떻게 할당할 것인가?
- 정리: 다양한 특성을 지닌 노인집단을 대상으로 운동을 지도하는 노인스포츠지도사는 운동 참가자들의 신체적 능력, 인지적 능력, 심리적 상태 등을 고려하여 적절하게 적용할 수 있는 능력을 배양해야 함

[03] 노인운동지도사의 지도기법 및 자질

가 기능 상태 결정

① 노인 참여자의 올바른 운동 수행을 위해서는 노인의 기능상태를 파악하는 것이 중요
② 신체적 의존: 신체적 의존 범주의 노인은 자립적으로 기본적 일상생활수행, 즉 옷 입기, 목욕하기, 이동하기, 화장실 이용하기, 먹기, 걷기를 수행할 수 없는 노인
③ 신체적 허약: 신체적 허약 노인은 기본적 일상생활수행은 가능하나 자립적으로 혼자 생활하기에 필요한 모든 활동들이 가능하지는 않은 상태를 의미
④ 신체적 자립: 신체적 자립 상태의 노인은 주요 만성질환의 증상은 있으나 자립적인 삶이 가능하며, 낮은 건강 여력과 체력 상태의 노인
⑤ 신체적 건강: 신체적 건강 수준의 노인은 주당 2회의 건강유지를 위한 운동이 가능하며, 삶을 즐기고, 취미나 신체적인 체력이 요구되는 규칙적인 일이 가능한 노인
⑥ 신체적 엘리트: 신체적 엘리트 수준의 노인은 거의 매일 스포츠 경쟁, 높은 수준의 체력을 요구하는 일 또는 여가활동에 참가하는 노인

나 요구 파악

① 노인의 사전 생활 스크리닝 및 기능수준의 평가는 운동 참가 노인의 현재 기능수준을 결정하는 데 도움
② 스크리닝은 노인이 현재 보유하고 있는 질병, 복용약물 등 의료적인 수준의 검사를 의미
③ 의료·심리 평가는 개인별 또는 그룹별 요구를 파악하고 운동 프로그램의 목표 설정에도 도움
④ 노인의 기능 상태에 따른 운동 프로그램은 종류별 강도, 시간, 빈도, 형태를 고려

(1) 신체적 의존 수준의 노인을 위한 운동

① 신체적 의존 수준의 노인에게는 신체기능 수준을 유지하거나 향상시킬 수 있는 움직임을 적용하는 것이 중요
② 운동 프로그램
  - 기본적 일상생활수행능력의 각 행위에 필요한, 의자에서 앉아서 진행하는 운동
  - 일대일 수중운동(수중 걷기, 수중 관절가동범위 운동, 수중 근력운동)
  - 상체와 하체의 저항성 운동 그리고 집에서 하는 개별화된 운동, 적절한 호흡법과 긴장 완화
  - 손기능 강화 운동

(2) 신체적 허약 수준의 노인을 위한 운동

① 신체적 허약 수준의 노인은 기본적 일상생활 수행능력과 도구적 일상생활수행능력을 향상하거나 유지하기 위한 운동을 필요
② 운동 프로그램
  - 기본적 일상생활수행능력과 도구적 일상생활수행능력에 적절한 의자운동
  - 일대일 수중운동(수중 걷기, 수중 관절가동범위 운동, 수중 근력운동)
  - 상체근력과 하체근력의 향상을 위한 저항성 운동
  - 적절한 호흡법과 긴장 완화
  - 평형성과 조정력 연습을 위한 의자 또는 의자 보조운동
  - 근력, 관절가동범위, 평형성, 협응성 향상을 위한 수중그룹운동
  - 집에서 하는 개별화된 운동

(3) 신체적 자립 수준의 노인을 위한 운동

① 신체적 자립 수준의 노인은 기능적인 자립감이 간신히 있는 노인에서부터 활동수준은 양호하나 건강을 위한 적극적인 운동이나 여가활동에 스스로 참여하지 않는 노인을 포함
② 운동 프로그램
  - 의자에서 하는 유산소 운동

- 낮은 강도의 유산소 운동
- 쉬운 수준으로 변형된 라인댄싱과 포크댄싱
- 수중운동, 걷기운동, 서킷트레이닝, 저항성 운동
- 여가활동, 스트레칭 등

(4) 신체적 건강 수준의 노인을 위한 운동

① 신체적인 건강 수준을 유지하고 있는 노인은 활동적이고 자립적인 생활을 영위하며, 직접 선택한 직무와 다양한 종류의 여가활동 모두를 가능케 하는 수준의 체력을 유지할 수 있는 운동 프로그램이 필요
② 운동은 근력, 지구력, 유연성, 평형성, 협응성, 민첩성 및 유산소 등의 지구력에 초점
③ 운동 프로그램
- 낮은 강도의 유산소 운동
- 라인댄싱과 포크댄싱
- 수중 에어로빅
- 수영
- 서킷트레이닝, 저항성 운동, 각종 여가활동, 요가, 스트레칭, 각종 스포츠(게이트볼, 탁구, 배드민턴) 등

(5) 신체적 엘리트 수준의 노인을 위한 운동

① 신체적 엘리트 수준의 노인들은 현재 체력수준을 유지하고 경쟁상황, 여가활동 시 수행을 향상시키는 데 도움이 되는 운동이 필요
② 운동은 근력, 지구력, 유연성, 민첩성, 근지구력을 모두 포함, 스포츠 트레이닝도 포함
③ 운동 프로그램
- 낮은 강도의 유산소 운동
- 라인댄싱과 포크댄싱
- 수중 에어로빅
- 수영
- 서킷트레이닝
- 걷기경주
- 인터벌 트레이닝, 저항성 운동, 각종 여가활동, 요가, 스트레칭, 각종 스포츠(게이트볼, 탁구, 배드민턴 등), 특정 스포츠 시합을 위한 세부훈련 실시

2장 노인 운동 시 위험관리

[01] 노인운동시설 안전관리

가 시설 및 장비에 관한 관리

(1) 시설관리

① 미국스포츠의학회(ACSM)의 건강/체력 시설 기준 및 지침은 모든 건강 및 체력 시설에 의해 준수되어야 하는 관리 규범을 포함
② 이 중 노인 운동 참여자들이 안전하게 운동에 참여하기 위하여 특정적으로 적용되는 5가지 규범을 충족시키는 것이 중요
- 어떠한 응급 상황에서도 신속하게 반응할 수 있어야 하며, 모든 지도자에게 알려져 있는 응급대처 계획을 게시해놓고, 모든 지도자들을 대상으로 정기적인 응급 대처 훈련 실시
- 프로그램에서의 안전을 위해서는 신체활동 프로그램 시작 전에 각 참여자들을 선별
- 유효한 심폐소생술(CPR), 응급처치 자격증을 포함해서 지도자가 전문 능력을 갖추고 있음을 증명함
- 장비를 어떻게 사용하는지에 대한 설명을 게시, 장비 사용과 관련된 위험에 대한 경고
- 모든 관련된 법률, 규정, 알려져 있는 규범을 준수

(2) 장비관리

① 노인 운동 참여자들의 안전과 동선을 고려한 장비의 배치 및 정기적인 보수관리 등은 운동참여 중에 발생하는 상해나 응급 상황을 예방하는 기본적인 단계
② 운동시설에서의 안전하고 효율적인 장비 사용을 위해서는 지도자들의 역할이 중요하며, 지속적인 교육을 통한 관리가 선행
- 장비는 적절하게 배치되어 있으며, 정기적으로 검사되고 정비되며, 안전에 유념하라는 표시를 적절한 위치에 명확히 보이도록 함
- 참여자들에게 장비를 적절하게 사용하도록 그리고 운동 동작을 올바르게 실행하도록 지도하며, 장비에 내재되어 있는 위험이 어떤 것인지를 알려주고 지속적으로 감독
- 제조업자 또는 판매업자의 지시와 일치하도록 장비를 설치하고, 설치 이전에 장비를 점검하며, 사용방법에 대한 지도와 감독을 제공
- 장비의 점검과 유지를 위한 정기적인 일정을 수립, 결함이 있고 잠재적으로 위험할 수 있는 장비

의 신속한 제거를 위한 절차를 마련해놓음으로써 장비와 관련된 부상 그리고 그에 따른 책임을 최소화

나 환경에 관한 안전관리

(1) 시각적 문제가 있는 노인 운동 참여자를 위한 환경

① 노인 운동지도 시에는 참여자들의 다양한 의료적 문제에 따라 안전한 환경 조성을 위한 관리

② 특히 시각 및 청각과 같이 신체적인 문제를 가지고 있는 참여자들을 위한 환경을 제공할 때는 보다 전문적인 이해와 지식이 필요

- 시각적 문제가 있는 참여자들에게 어려움을 주는 두 가지 주된 장애는 눈부신 빛과 어두운 조명, 따라서 참여자들의 운동지도를 위한 시범을 위해서는 적절한 조명이나 거울이 배치된 환경이 도움
- 지도자의 동작을 따라 해야 하는 경우에는 시각적 문제가 있는 참여자들은 지도자의 동작을 쉽게 볼 수 있는 환경에서 시행, 잘 보이는 앞쪽 혹은 지도자 옆으로 이동
- 시설물이나 장비에 대한 정보가 없는 경우에는 장애물이 될 수 있기 때문에 운동 전후에 제자리에 정리하거나 장비 배치에 대한 정보를 공유
- 시설에 관한 표시 혹은 운동지도에 필요한 방향전환에 대한 표시를 알아보기 쉽게 설치
- 시각이 아닌 다른 감각, 특히 청각을 이용하여 지도

(2) 청각적 문제가 있는 노인 운동 참여자를 위한 환경

① 청각적 문제가 어느 정도인지를 먼저 파악한 후, 운동지도 시에는 잘 들리는 귀 쪽으로 잡음이 적은 조용한 장소에서 목소리를 조금 크게 그리고 천천히 명확하게 설명

② 복잡한 운동방법이나 기술을 설명할 때는 운동지도자의 시범이나 사진 등을 통하여 시각적 시범과 시각적인 보조물을 많이 이용

③ 청각적 문제가 심각할 경우는 지도자 혹은 참여자들 간에 서로 마주보면서 운동에 참여시킴으로써 입술 모양이나 표정을 통해 지도를 받고 이해할 수 있도록 함

다 장소에 관한 안전관리

(1) 실내외 장소

① 스포츠 현장은 기온, 습도, 풍속, 복장 등에 따라 고·저 체온증을 일으킬 가능성이 있음

② 따라서 실내외 장소별 체온조절, 기온의 변화에 따라 심각한 스포츠상해 발생에 대처

(2) 수중운동 환경

① 수중운동의 최적 환경을 제공하기 위하여 수영장 시설 내의 기온과 습도를 조절

② 수중운동의 유형에 따른 요구를 충족하기 위하여 수영장의 수온 또한 점검
③ 수중운동 이외의 시간에도 수영장 바닥의 안전에 대해 반복하여 지도
④ 모든 운동이 진행되는 과정에서는 전문 수상안전요원이 대기

라 응급 상황에 관한 안전관리
① 노인 운동 참여자들에게 효과적인 운동 환경을 제공하기 위한 추가적인 사항은 부상 또는 의료적 응급 상황의 발생 위험을 최소화
② 특히 응급 상황을 신속하게 처리

(1) 부상 및 의료적 응급 상황 안전관리
① 운동 시작 전에 모든 참가자들에게 사전 검사를 시행하여 현재 상태를 파악
② 사전 검사는 운동 중에 일어날 수 있는 부상을 예방하고, 추가 검사가 필요한지 결정하는 데 도움
③ 질병에 따른 의료적 응급 상황에 대한 예방책을 마련
④ 운동 중에는 적합한 운동화와 운동복을 착용

(2) 응급 상황 대처에 관한 관리
① 노인스포츠지도사들은 참여자들의 건강 정보를 통하여 현재의 건강 상태를 파악하고 운동 프로그램을 계획함으로써 운동 중에 일어날 수 있는 응급 상황을 최소화하려고 노력
② 서류로 작성된 비상 계획을 필수적으로 준비, 그 내용은 응급 상황이 발생하였을 때에 적절하고 신속한 응급처치를 위해 응급의료서비스기관(EMS)인 119 호출, 현장에서의 즉각적이고 지속적인 처치, 심폐소생술 자격증을 소지한 지도자의 행동지침 등
③ 응급 상황 발생 시 가족 및 대리인의 연락처를 포함하고 있는 관련서류 준비 및 이용
④ 비상연락 전화번호와 시설의 위치에 대한 정보가 운동 장소에서 가장 가까운 전화기 옆에 부착
⑤ 응급 상황 또는 부상 후에는 사고보고서를 작성 함, 보고서는 사고나 부상에 대해 적절한 처치가 이루어졌는지, 어떠한 절차로 이루어졌는지를 파악할 수 있으며, 법적 책임으로부터 지도자를 보호하는 데 도움
⑥ 노인 운동시설에는 자동제세동기(AED: Automated Emergency Defibrillator)가 권장됨

[02] 일반적인 응급처치법
① 응급처치란 응급 상황에서의 부상자 혹은 생명에 위협을 느끼는 환자에게 즉각적으로 취하는 일반적인 조치를 의미

② 적절하고 신속한 응급처치는 응급의료서비스기관인 119 호출, 현장에서의 즉각적이고 지속적인 처치 그리고 병원에서의 전문적인 치료과정이 체계적으로 진행
③ 응급 상황발생 행동 요령
- 1단계: 응급 상황 인식하기
- 2단계: 도움을 줄 것인지 결정하기
- 3단계: 응급의료서비스기관(EMS)인 119 호출하기
- 4단계: 전문적인 치료가 이루어지기 전까지 적절한 응급처치 실시하기

가 응급구조 활동의 원칙

① 응급 상황에서 부상자나 생명에 위협을 느끼는 환자에게 필요하고 중요한 활동이 신속하고 적절하게 이루어지는 것은 매우 중요
② 환자에게 불필요한 활동이 선행되거나 중요한 활동이 이행되지 않았을 때는 환자의 생명을 위협하기 때문
③ 응급구조 활동은 현장조사, 119 호출, 처치 및 도움을 이행하는 3단계 기본원칙이 있음

나 환자의 상태 확인

① 부상자 혹은 생명에 위협을 느끼는 환자가 발생하면 우선 환자의 상태를 파악하고 그에 따른 처치를 결정하여 실시
② 환자는 무의식 상태와 같이 생명유지를 위한 심각한 상황이거나 일반적인 처치만으로도 충분한 상황일 수 있음

(1) 일차 평가

① 응급 상황에서 즉시 응급처치를 실시해야 하는지를 확인하는 것이 일차 평가
② 따라서 자의 의식 및 기도, 호흡, 순환이 확인되지 않을 때에는 즉시 심폐소생술을 실시
- 기도 확인: 환자의 기도를 개방
- 호흡 확인: 환자의 호흡을 보고, 듣고, 느낀다.
- 순환 확인: 맥박과 출혈이 있는지 확인

(2) 이차 평가

① 이차 평가는 환자의 신체검진과 병력조사를 실시, 신체검진은 환자의 머리, 목, 가슴, 배, 골반, 팔다리 등 전반적인 신체의 부위를 보고, 듣고, 느끼고, 냄새를 통해 환자의 상태를 확인하는 '징후'와 환자가 느끼거나 말할 수 있는 '증상'에 유의하여 실시

② 환자의 부상에 대한 징후는 변형, 개방상처, 압통, 부종에 따른 상태를 확인
③ 병력조사는 급성질환이 있는 환자의 경우에 환자 자신 혹은 주위 사람들을 통해 조사

다 심폐소생술
① 심폐소생술은 심정지의 환자에게 심장이 자발적으로 회복하여 사망을 방지하는 응급처치법
② 심폐소생술은 크게 기본소생술과 전문 심장소생술로 구분
③ 일반적으로 장비 없이 시행하는 기도개방, 인공호흡, 가슴압박 그리고 자동제세동기를 이용하여 처치를 실시하는 것은 모두 기본소생술에 포함

(1) 의식 및 호흡 확인
① 응급 상황에서 일차 평가를 통하여 환자의 의식 유무
② 기도, 호흡, 순환을 동시에 빠르고 신속하게 확인하고 평가

(2) 심폐소생술 실시
① 환자가 무의식 상태이거나 기도, 호흡, 순환이 이루어지지 않는 상황에서 자동제세동기의 유무를 확인하고 자동제세동기 사용이 어렵다고 판단된다면 즉시 심폐소생술을 실시
② 심폐소생술은 2회의 인공호흡과 30회의 가슴압박을 실시하며, 자동제세동기가 도착할 때까지 다음과 같이 실시
  - 인공호흡(호흡당 1초): 기도를 개방, 가슴이 부풀어 오르도록 공기를 2회 주입
  - 가슴압박(분당 100~120회 속도): 압박점을 찾아 두 손을 포개서 깍지를 낀 상태에서 5~6cm 깊이로 30회 압박

(3) 자동제세동기 사용
① 자동제세동기는 의식이 없거나 호흡이 이루어지지 않는 심정지 환자에게만 사용
② 기본소생술을 시행하는 과정에서 자동제세동기가 도착한다면 즉시 환자에게 시행
  - 자동제세동기 사용이 가능해질 때까지 심폐소생술을 시행
  - 전원 스위치를 누름
  - 자동제세동기 음성에 따라 두 개의 패드(pad)를 정확한 위치에 부착, 패드 하나는 오른쪽 쇄골 바로 아래, 다른 패드는 왼쪽 젖꼭지 바깥쪽 아래로 겨드랑이의 중앙선에 위치
  - 음성에 따라 패드의 커넥터를 자동제세동기 본체에 연결
  - "분석 중……"이라는 음성이 나오면 환자에게서 떨어진다.
  - 전기충격 버튼을 누른다.

(4) 심폐소생술 반복 실시: 2회의 인공호흡과 30회의 가슴압박을 반복 실시

[03] 운동 전·중 자각증상 체크

가 운동 전 검사

① 운동 전 검사는 운동 전에 참여하는 노인들의 수행능력 검사 혹은 운동 전 질병 및 질환에 대한 다양한 정보를 얻을 수 있는 과정
② 또한 검사를 통하여 운동 전참여자가 어느 정도 준비되어 있는지를 파악할 수 있음

(1) 사전 동의서

① 수행능력 검사와 운동 프로그램의 목적, 절차, 위험, 효과와 자가 검사, 운동 참여에 대한 의사동의란이 기재된 서면동의서의 형태
② 사전 동의서는 참여 프로그램에 대한 정보 제공, 그 과정에 대한 참여자의 동의가 포함

(2) 신체활동 준비상태 질문지(PAR-Q)

① 중간 혹은 낮은 강도의 운동 프로그램에 참여하기 위한 참가자의 준비 상태를 결정하는 검사도구로서 캐나다 운동생리학회에서 개발
② 안전한 운동 참여를 위한 의사의 조언이 필요한 참여자들을 파악하기 위해 최소한의 평가
③ 참여자들은 검사도구에 있는 하나 이상의 질문에 해당되는 경우 의사의 동의서가 필요
④ 따라서 운동 전 검사에 이 질문지를 포함하게 되면 운동 위험인자를 가지고 있는 노인 운동 참여자들을 파악하는데 도움

(3) 의사 동의서

① 노인 운동 참여자가 운동 전에 부상이나 질병에 따른 위험인자를 가지고 있는 경우에는 이에 따른 다양한 증상과 징후를 보임
② 가슴 통증이나 불편, 휴식 또는 가벼운 운동 중에 숨이 가빠짐, 현기증이나 기절 등

(4) 건강력과 활동 질문지

① 건강 및 활동에 대한 질문지의 내용은 노인 운동 참여자의 위험 요소를 파악하고 검사와 운동 중에 있어서 금기사항을 파악할 수 있음
② 금기사항에서 잠재적인 위험요소는 검사나 운동 시 고려해야 하며, 절대적인 위험요소는 검사나 운동에 참여하지 않도록 참여자를 배제함
③ 질문지를 통해 수집된 참여자의 정보(나이, 심혈관질환 가족력, 흡연, 비만, 비활동적 생활방식 등)는 건강력과 활동 질문지(ACSM)심사 지침에 따라 노인 운동 참여자의 위험 수준 진단

나 운동 중 자각도

(1) 카보넨(Karvonen) 공식 활용법

① 운동을 하면 혈압과 심박수가 비례하여 상승하는데, 이 중 심박수가 올라가는 정도에 따라 운동 강도를 결정
② 심박수가 적게 상승하면 비효율적인 운동 강도, 너무 상승하면 과도한 운동이 되므로 주의
③ 따라서 자신의 체력과 컨디션에 맞는 적절한 운동 강도를 정해 목표 심박수를 계산하고, 이를 적용하면 좀 더 효율적인 운동을 할 수 있음

(2) 운동자각도(RPE) 활용법

① 운동자각도란 운동 시 변화하는 느낌을 생리학적 반응에 맞추어 등급을 매긴 척도로서, 운동이 얼마나 힘든지 숫자로 표시함으로써 운동 강도를 파악하는 방법
② 운동자각도(RPE 척도)는 일정한 운동 강도를 파악하는 데 신뢰성이 높고 실용적인 지표이며, 심박수를 기준으로 '전혀 힘들지 않다'의 6점에서부터 '최고로 힘들다'는 20점까지 있음
③ 운동효과를 위한 운동자각도는 12~16(약간 힘들다~힘들다)의 운동 강도로 시행하는 것

(3) METs(metabolic equivalent) 활용법

① 운동을 하면 에너지소비량이 증가하는데, MET는 운동 시의 총 에너지소비량이 안정 시 에너지 소비량의 몇 배에 해당하는지 나타내는 수치
② MET는 운동 강도의 단위로 이용되며, 안정 상태의 MET는 1이다.

스포츠지도사자격검정 **핵심요약집**

스포츠지도사 실전모의고사

본 예상문제는 국민체육진흥공단 체육지도자가격검정원
2급전문지도사 및 스포츠지도사 기출문제를 수정 보완하였음

스포츠심리학 실전모의고사

01 다음 중 스포츠심리학의 정의로 바르지 못한 것은?

가. 인간의 운동행동을 이해하고, 운동수행 능력을 높이기 위한 것
나. 스포츠상황에서 인간의 운동행동과 정신과정 모두를 포함하는 개념
다. 스포츠와 운동행동의 연구
라. 사회현상에 대한 분석과 연구를 스포츠의 특성과 연관 지어 연구하는 학문

02 다음 보기에 해당하는 영역으로 바른 것은?

> 보기
> 인간의 움직임이 어떻게 생성되고 조절되는가에 대한 원인을 신경 생리적 관점에서 다루는 영역

가. 운동학습 나. 운동제어
다. 운동발달 라. 운동평가

03 다음 보기에서 설명하는 운동제어 이론체계는?

> 보기
> 동작오류를 수정하려는 노력에 의해 기술이 향상을 도모한다는 주장. 이와 같은 동작오류를 수정하는 것을 피드백이라고 하며 이는 폐쇄회로이론의 기초. 그러나 피드백을 통한 오류수정은 복잡하고, 빠른 운동에서는 감지가 어려워 단순하고, 속도가 느린 운동에서만 설명이 가능

가. 반사이론 나. 정보처리이론
다. 폐쇄회로이론 라. 도식이론

04 다음 중 개방회로이론에 대한 설명으로 옳은 것은?

가. 피드백 과정을 운동제어의 주요한 요인으로 간주하는 이론이다.

나. 단순하고 느린 운동에 적용하는 이론이다.

다. 폐쇄회로이론과 도식이론의 문제와 한계를 절충한다는 이론이다.

라. 운동프로그램이론이라고 하며, 폐쇄회로이론의 대안으로 빠른 운동의 정보처리를 설명하는 이론이다.

05 다음 보기에 해당되는 기억의 형태는?

> **보기**
> 환경에서 자극이 인간의 기억체계로 입수되는 첫 단계로 아주 짧은 시간 동안 많은 양의 정보를 저장할 수 있다.

가. 장기기억   나. 중기기억

다. 감각기억   라. 단기기억

06 다음 중 피드백의 기능으로 옳지 <u>않은</u> 것은?

가. 강화 기능   나. 정보 기능

다. 동기유발 기능   라. 관찰 및 평가 기능

07 다음 중 운동발달의 단계적 특성으로 옳지 <u>않은</u> 것은?

가. 반사움직임 단계(출생~생후 1년) : 비교적 예측 가능한 시기로 생존을 위한 수의적 움직임이 나타난다.

나. 초기움직임 단계(생후 1년~2년) : 물체조작, 이동(엎드려 기기, 걷기 등)한다.

다. 기본움직임 단계(2~6세) : 기본움직임이 형성, 균형유지 등 지각운동능력 발달한다.

라. 전문움직임 단계 : 다양하고 복잡한 움직임 형태를 수행하며, 각각의 움직임 동작이 연계하여 하나의 동작을 형성한다.

08 인간의 운동발달 원리로 옳지 않은 것은?

가. 운동발달은 일정한 성숙 과정을 통해 이루어진다.
나. 운동발달은 분화와 통합의 과정을 통해 이루어진다.
다. 운동발달은 신체 전체(대근육에서 소근육, 말초부분 포함)를 통해 이루어진다.
라. 운동발달은 일정한 단계 없이 진행된다.

09 다음 중 성격 구조 중 "성격의 가장 바깥 단계로 처한 환경에 가장 민감하게 반응"하는 구조는?

가. 역할 행동
나. 전형적 반응
다. 심리적 핵
라. 사회적 환경

10 성격 이론 중 심리역동 이론으로 옳지 않은 것은?

가. 인간의 행동은 사회적 환경과의 상호작용이다.
나. 인간의 행동을 지배하는 무의식적인 동기를 밝히려는 이론
다. 프로이드는 인간의 성격을 원초아, 자아, 초자아로 구분
라. 원초아는 무의식적으로 본능적이고, 충동적, 즉각적, 비합리적이다.

11 다음 보기 중 성격을 측정하는 방법으로 옳은 것은?

> **보기**
> 시각적 자극을 이용한 검사로서 그림이나 카드를 활용. 로르샤흐 잉크반점 검사, 주제통각 검사가 있는데 왜곡된 반응이나 해석가능으로 인한 단점 발생

가. 질문지 측정법
나. 면접법
다. Cattell 성격요인 검사
라. 투사법

12 스트레스의 반응으로 옳지 않은 것은?

가. 개인의 능력이 환경을 감당하기 어려울 경우 발생

나. 근육긴장 완화

다. 각성 증가

라. 주의산만 증가

13 불안과 스트레스 관리 기법 종류 중 "부정적인 생각을 긍정적인 생각으로 대체하는 방법과 관련된 인지적 기법"을 무엇이라고 하는가?

가. 인지재구성   나. 사고 정지

다. 호흡 조절   라. 바이오피드백

14 불안 이론 중 각성 수준이 높아질수록 향상된다는 이론은?

가. 욕구 이론   나. 격변 이론

다. 다차원적 불안 이론   라. 역U 이론

15 다음 중 목표설정의 방법으로 옳지 않은 것은?

가. 실현 가능하지만 어려울 정도의 목표를 설정한다.

나. 목표 달성을 위한 세부 전략을 세운다.

다. 지도자 단독으로 목표를 설정한다.

라. 목표는 시각적으로 잘 보이는 곳에 부쳐둔다.

16 Bandura의 자기효능감 이론으로 옳지 않은 것은?

가. 성공 경험: 성공 경험이 적을 수록 자신감은 향상

나. 대리 경험: 자신과 실력과 체력이 비슷한 사람이 성공하는 모습을 상상하면서 자기효능감 향상

다. 사회적 설득: 주요 타자로부터의 격려나 칭찬

라. 신체적·정서적 상태: 신체와 정서 상태의 최적 컨디션을 통한 최상의 수행

17 주의집중 향상 방법으로 옳지 않은 것은?

가. 최적화된 적정수준 찾기
나. 주의산만 요인에 노출하여 연습과 훈련하기
다. 현재 수행 과제에 최대한 집중하기
라. 조절 불가능한 상황도 포함하여 훈련하기

18 다음 중 루틴의 효과로 적절하지 않은 것은?

가. 조절 가능한 요인에 집중 가능
나. 운동행동과 관련하여 통합적이 아닌 각각 개별적 대처
다. 예상 불가능한 상황에 빠르게 대처와 적응하기
라. 자신이 조절할 수 있는 환경으로 생각하여 경기를 준비하기

19 다음 보기가 가리키는 용어는?

> **보기**
> 팀에 속한 개인이 최선의 노력을 발휘하지 않는 현상. 링겔만 효과(Ringelmann effect)로서 개인일 때보다 집단·팀에 속해 있을 때 게을러지는 현상

가. 사회적 일탈   나. 사회적 태만
다. 사회적 응집   라. 사회적 방관

20 스포츠심리상담 기법으로 옳지 않은 것은?

가. 신뢰 형성   나. 관심 분산
다. 공감적 이해   라. 경청

스포츠심리학 정답 및 해설

문항	정답	해설
1	라	스포츠심리학이란 스포츠 상황에서 인간 행동을 과학적으로 연구·탐구하는 학문이다.
2	나	운동제어란 어떻게 움직임이 생성되고 조절되는지를 인간의 운동 생성 기전 및 원리를 규명하는 것으로 정보처리 이론, 운동제어 이론, 운동의 법칙, 반사와 운동, 협응 구조 등이 해당됨
3	다	폐쇄회로에 해당되는 것으로써 동작오류를 수정하려는 노력에 의해 기술 향상을 도모한다는 이론
4	라	라는 개방회로이론에 해당됨. 나는 폐쇄회로이론에 해당되고, 다는 도식이론에 해당되는 내용임
5	다	감각기억에 해당되는 내용으로 일정기간 정보에 대한 흔적이 지속되기 때문에 감각저장이라고도 함. 시각이나 청각자극이 제거된 후 잠시 상이 남아있는 등 정보가 사라지지 않고 지속시간은 0.1~0.5초 정도로 매우 단기적으로 주의집중이 필요하며 그렇지 못한 정보는 곧 소멸됨
6	라	피드백은 강화기능, 정보기능, 동기유발기능을 갖고 있음
7	가	가는 초기움직임단계에 해당되는 설명임. 반사움직임단계는 신경체계가 미성숙 상태로 생존을 위한 움직임. 예, 빛, 소리, 접촉 등에 반응하는 것으로 음식물 잡기/찾기, 빨기 등의 행동을 보임
8	라	인간의 운동발달은 반사운동, 기초, 기본움직임, 스포츠기술, 성장과 세련, 최고수행, 퇴보 단계 등을 일정하게 거쳐 진행됨
9	가	역할행동은 성격의 가장 바깥 단계로써 처한 환경에 가장 민감하게 반응함
10	가	가는 사회학습 이론이며, 심리역동 이론이란 인간의 행동을 지배하는 무의식적인 동기를 밝히려는 이론으로 프로이트는 인간의 성격을 원초아, 자아, 초자아로 구분하여 설명함
11	라	투사법은 시각적 자극을 이용한 검사로서 그림이나 카드를 활용. 로르샤흐 잉크반점 검사, 주제통각 검사가 있는데 왜곡된 반응이나 해석가능으로 인한 단점이 있음
12	나	스트레스 반응으로는 적응하기 어려운 환경에 부딪혔을 때 받는 심리적, 신체적 긴장 상태로 각성, 주의산만, 근육긴장 등이 나타남
13	가	가는 인지재구성에 해당되는 설명으로 부정적인 생각을 긍정적인 생각으로 대체하는 방법과 관련된 인지적 기법임 나의 인지적 방법 중 하나로 의식적으로 "정지"라고 말함으로써 부정적 생각 진행을 사전에 차단하는 방법 다는 생리적 방법 중 하나로 긴장과 각성을 완화하기 위한 방법 라는 생리적 방법 중 하나로 생리적 반응을 측정하여 인체의 자율신경계의 반응을 조절하는 방법
14	가	욕구이론이란 헐이 제기하고, 스펜서가 수정한 이론으로 운동수행은 각성수준이 강하게 나타날수록 향상된다는 이론. 각성수준과 운동수행은 비례하는데 단, 각성과 수행의 관계는 기술이 습관화된 정도에 따라 달라진다는 이론
15	다	목표설정은 구체적인 목표 설정, 긍정적인 목표 설정, 도전적이지만 실현 가능한 목표 설정, 결과목표와 과정목표를 함께 설정, 장기목표를 세운 후 단기목표 설정, 목표를 기록하고 보이는 곳에 붙이는 등 설정 방법이 있음
16	가	반두라의 자기효능감 이론에 의하면, 성공경험이 많을수록 자신감이 향상된다고 제시함
17	라	주의집중 향상 방법으로는 최적화된 적정수준 찾기, 주의산만 요인에 노출, 주의 초점 전환 훈련, 현재 하는 수행에 최대한 집중, 재집중 훈련 지속(예상치 못한 환경에 직면할 경우 이미 자신이 미리 계획해 둔 루틴에 재집중하여 주의산만 요인 제거), 조절 가능한 것 등이 있음
18	나	루틴의 효과로는 경기준비(선수들이 운동수행 상황을 자신이 조절할 수 있는 환경으로 생각하고 적응하도록 함), 조절 가능한 요인에 집중(조절 불가능한 요인들을 파악한 후 호흡, 근긴장, 심박수 등 신체 상황, 감정, 태도 등 자신이 조절할 수 있는 요인에 집중), 예상 불가능한 상황에 빠르게 적응(운동수행을 준비하게 하여 경기의 불확실성에 적응할 수 있는 준비성, 탄력성, 유연성을 기르게 함), 자기 자각(경기 외적 요인에 직간접적으로 반응하는 선수들은 자기 자각을 통해 적절하게 대처), 통합(운동행동과 관련된 모든 신체적·심리적·행동적 요인을 통합하게 만듦) 등이 있음
19	나	사회적 태만이란 팀에 속한 개인이 최선의 노력을 발휘하지 않는 현상으로 링겔만 효과라고도 하며 개인일 때보다 집단·팀에 속해 있을 때 게을러지는 현상을 가리킴
20	나	스포츠심리상담의 기법으로는 신뢰 형성(상담자에게 도움을 줄 수 있다는 긍정적 인상, 전문성, 정직, 비밀 엄수 등), 관심 집중(내담자에게 경청할 준비가 되어 있다는 자세로 적절한 시선 맞추기 등이 있음), 경청(내담자의 언어, 몸짓 등 비언어적 메시지), 공감적 이해(자신도 유사한 상태라는 의미로 생각할 시간을 갖기, 내담자와 대화를 갖되 반응시간을 짧게, 정서적 어조를 통해 내담자에게 반응하도록 유도) 등이 있음

운동생리학 실전모의고사

01 다음 용어의 설명 중 옳은 것은?

　가. 운동 - 건강이나 체력의 증진 또는 유지하기 위한 계획이 없는 규칙적인 신체활동

　나. 신체활동 - 근육활동을 통한 계획적이지 않은 신체의 움직임

　다. 건강관련 체력 - 민첩성, 순발력, 협응성, 평형성, 반응속도, 스피드 등이 포함됨

　라. 운동기능 체력 - 심폐지구력, 신체조성, 근력 및 근지구력, 유연성 등이 포함됨

02 다음 운동생리학 발전에 공헌한 사람과 업적을 바르게 연결한 것은?

　가. 라그레인지 - 근육 내 젖산과 산소소비량의 관계를 규명한 당 대사

　나. 힐 - 최대산소소비량의 개념 소개

　다. 마이어호프 - 모세혈관 순환의 조절작용

　라. 홀데인 - 근피로, 근 수축 및 힘의 관계 소개

03 다음 용어의 설명이 바르지 않은 것은?

　가. 항상성 - 외부 자극에 대해 인체가 일정한 안정성을 유지하는 내부 환경의 불변성

　나. 항정상태 - 일시적인 반응에 의한 변화로 일정한 내부 환경의 정상적인 상태를 유지하려는 성질

　다. 음성적 피드백 - 효과기에 의한 반응이 감지기에 대한 자극과 반대로 억제하는 반응으로 나타나는 조절체계

　라. 고원현상 - 운동 시작 후 꾸준히 증가하던 효과가 다양한 변인으로 더 이상 발전하지 않고 정체되어 있는 현상

04 체중이 60㎏인 여자가 40㎝의 스텝을 분당 40회의 속도로 15분 동안 오르내렸을 때 여자의 파워는 (소수 첫째자리까지)?

　가. 136.5 W　　　　　　　　　　나. 146.5 W

　다. 156.5 W　　　　　　　　　　라. 166.5 W

05 다음 운동 중 에너지 공급에 대한 설명으로 옳지 <u>않은</u> 것은?

　가. 단시간의 저강도 운동은 주로 탄수화물을 이용한 무산소성 대사과정으로 에너지가 공급된다.
　나. 운동 시작 단계에서는 대부분 저장되어 있던 ATP와 크레아틴인산, 지방을 주로 사용한다.
　다. 장시간의 저강도 운동은 주로 지방을 이용한 유산소성 대사과정으로부터 에너지를 공급받는다.
　라. 장시간의 고강도 운동은 주로 지방을 이용한 유산소성 대사과정으로부터 에너지를 공급받는다.

06 다음은 에너지대사에서 호흡교환율에 대한 설명 중 옳지 <u>않은</u> 것은?

　가. 분당 섭취한 산소에 대한 배출된 이산화탄소의 비율이다.
　나. 간접적으로 대사작용에 대한 원료를 예측할 수 있다.
　다. 폐의 외호흡으로부터의 환기된 공기에서 산소와 이산화탄소를 측정한다.
　라. 세포 내 호흡을 반영한다.

07 우수선수에서 유산소성 트레이닝의 효과에 대한 설명 중 옳지 <u>않은</u> 것은?

　가. 최대산소섭취량이 더 이상 증가하지 않더라도 지구력은 증가한다.
　나. 고도로 단련된 남녀 지구력 선수에서 성별의 차는 여자가 최대산소섭취량이 10% 정도 낮다.
　다. 일반인에 비해 최대심박출량, 최대산소섭취량, 최대심박수가 낮게 나타난다.
　라. 일반인에 비해 안정 시 심박수는 낮게 나타난다.

08 다음 시냅스에서의 흥분 전달에 관한 설명 중 옳지 <u>않은</u> 것은?

　가. 시냅스는 두 세포 사이의 틈을 의미하고, 시냅스 틈은 두 세포 사이의 좁은 공간을 의미한다.
　나. 신경자극이나 신호는 축삭이나 세포체에서 시작되어 수상돌기를 따라 시냅스로 전달한다.
　다. 축삭 끝부분에 자극이 도달하면 신경전달물질이 방출되고 시냅스 연접으로 확산되어 시냅스 이후 뉴런으로 전달한다.
　라. 시냅스 이후 뉴런의 수상돌기나 세포체에 도달한 신경전달물질은 신경신호를 생성한다.

09 말초신경계에서 관절과 그 주변에 존재하면서 운동 시 관절의 변화를 감지하면서 근육의 길이 변화를 감지, 운동신경세포 중 감마운동 신경세포에 의해 조절, 근육이 늘어날 때 근수축을 유도하는 것은?

가. 통각수용기
나. 전자수용기
다. 근방추
라. 골지건기관

10 인체의 말초신경계에서 고유수용기 중 골지건기관에 관한 다음 설명에서 빈 칸 안에 들어갈 단어를 올바른 순서대로 짝지어 놓은 것은?

> 보기
> 근수축 시 발생하는 장력을 감지하는 기관으로 근육과 뼈가 만나는 부위에 위치하며 운동 시 (　　)의 수축을 억제하고, (　　)의 이완을 촉진함으로써 과도한 근수축을 억제한다.

가. 근방추 – 방추속근섬유
나. 길항근 – 주동근
다. 방추속근섬유 – 근방추
라. 주동근 – 길항근

11 다음 중 지근섬유의 특성과 거리가 먼 것은?

가. 산소를 운반하는 신체의 용량에 크게 의존한다.
나. 해당작용성 효소가 많으며 근원섬유의 ATPase 함량이 높다.
다. 유산소성 대사능력과 피로에 대한 저항력이 높다.
라. 늦은 운동신경의 활동전위 전도 속도를 가진다.

12 훈련에 따른 골격근의 적응에 대한 설명 중 옳지 않은 것은?

가. 단백질 수축성분인 근원세사의 수가 증가하기 때문에 근수축 중 더 많은 연결교가 형성된다.
나. 모세혈관 밀도가 증가하므로 산소공급과 영양 물질의 공급, 이산화탄소와 노폐물 배출에 기여한다.
다. 마이로글로빈 함량의 증가는 무산소적 대사능력 개선에 기여한다.
라. 근력훈련은 뼈에 부착되어 있는 인대와 건의 탄력성의 향상을 야기한다.

13 운동 중 수분과 전해질 균형을 위한 호르몬 반응으로 잘못된 것은?

가. 근육활동으로 인한 땀 분비촉진과 혈압의 상승은 혈장량과 신장으로 가는 혈액량의 감소를 초래한다.

나. 알도스테론은 세뇨관으로부터 나트륨 이온과 수분의 재흡수를 촉진하여 혈장량의 증가를 촉진한다.

다. 항이뇨호르몬은 시상하부의 삼투압 수용기를 자극하여 뇌하수체 전엽에서 분비된다.

라. 항이뇨호르몬은 신장에 작용하여 수분투과성의 증가로 수분 재흡수를 촉진하고 운동 후 수분섭취는 혈장량 증가로 혈액 삼투질 농도를 감소시킨다.

14 근육활동으로 인한 땀의 분비가 촉진되고, 혈압의 상승은 혈장량과 신장으로 가는 혈액량의 감소를 초래한다. 이때 부신피질에서 분비되어 세뇨관으로부터 나트륨 이온과 수분의 재흡수를 촉진하여 혈장량의 증가를 촉진하는 호르몬은 무엇인가?

가. 항이뇨호르몬 나. 알도스테론
다. 레닌 라. 안지오텐신

15 다음 일반적인 지구성 훈련 후 폐기능의 변화에 대한 설명 중 알맞지 않는 것은?

가. 약간의 폐활량이 증가하고 약간의 기능적 잔기량이 감소한다.

나. 안정 시와 운동 중 호흡수는 일반적으로 감소하나 최대운동 시에는 훈련 후 증가해 환기량을 증가시킨다.

다. 최대운동 시 1회 호흡량과 호흡수는 증가하지만 최대환기량은 감소한다.

라. 훈련 후 안정 시, 최대운동 시 모두 증가하여 근육세포의 산소이용 능력이 향상된다.

16 심장의 자극전도 시스템과 그 역할이 바르게 연결되지 않은 것은?

가. 동방결절 – 심방수축 나. 방실결절 – 방실지연
다. 방실섬유 – 심실이완 라. 퍼킨제 섬유 – 심실수축

17 심전도의 각 파형에 대한 설명 중 올바른 것은?

　가. P파 – 심방의 탈분극　　　　나. QRS파 – 심실의 탈분극
　다. T파 – 심실의 재분극　　　　라. U파 – 심방의 재분극

18 다음 중 폐순환 과정을 순서대로 올바르게 나열한 것은?

　가. 우심실(이산화탄소 함량이 많은 혈액) → 폐동맥 → 폐 → 폐정맥 → 좌심방
　나. 좌심실(산소 함량이 많은 혈액) → 폐정맥 → 폐 → 폐동맥 → 우심방
　다. 우심실(이산화탄소 함량이 많은 혈액) → 폐동맥 → 폐 → 폐정맥 → 우심방
　라. 좌심실(산소 함량이 많은 혈액) → 폐정맥 → 폐동맥 → 폐 → 우심방

19 저온에서 운동 시 발생하는 현상과 거리가 먼 것은?

　가. 온도가 떨어지게 되면 체온유지를 위해 혈류량을 피로 분배한다.
　나. 체온유지를 위해 혈류량이 심부로 분배된다.
　다. 열을 보존하기 위해 시상하부로 저온에 대한 자극이 전달되고 티록신과 카테콜라민이 방출된다.
　라. 열생산을 위해 인체의 떨림 작용과 대사율 증가를 위해 호르몬 자극 현상이 나타난다.

20 다음 고지대에서 수행한 운동의 효과와 거리가 먼 것은?

　가. 모세혈관 밀도 증가　　　　나. 마이오글로빈 함량 증가
　다. 산화질소 활성도 증가　　　라. 미토콘드리아 수 증가

운동생리학 정답 및 해설

문항	정답	해설
1	나	운동은 건강이나 체력의 증진 또는 유지하기 위한 계획적이고 규칙적인 신체활동을 의미하며, 건강관련 체력의 요인은 심폐지구력, 신체조성, 근력 및 근지구력, 유연성 등을 포함하고, 운동기능 체력은 민첩성, 순발력, 협응성, 평형성, 반응속도, 스피드 등을 포함한다. (주요 용어 참조)
2	나	라그레인지 - 근육 활동과 피로, 운동 습관 및 운동 시 뇌의 역할 등, 마이어호프 - 근육 내 젖산과 산소소비량의 관계를 규명한 당 대사, 홀데인 - 호흡 중 CO_2의 역할에 관한 연구 (운동생리학의 역사 참조)
3	나	항정상태는 일시적인 반응에 의한 변화로 일정한 상태를 유지하려는 성질로 내부 환경이 정상적인 상태라는 것을 의미하지 않으며 단지 변하지 않는 일정한 상태를 의미한다.
4	다	$W = F \times S, P = W / t$ (에너지 전환 및 보존 법칙 참조)
5	나	단시간의 운동은 주로 저장되어 있던 ATP와 크레아틴인산을 이용하거나 탄수화물을 통한 무산소성 대사과정으로 에너지가 공급되고, 장시간의 운동은 주로 지방을 이용한 유산소성 대사과정으로부터 에너지를 공급받는다. (인체의 에너지대사 참조)
6	라	세포 내 호흡을 반영하는 것은 호흡률이다. (휴식과 운동 중 인체 에너지 사용의 측정방법 참조)
7	다	유산소 트레이닝은 일반인에 비해 엘리트 선수에서 최대심박수, 최대산소섭취량, 최대심박수가 높게 나타나는 효과가 있다. (유산소 트레이닝에 의한 적응 참조)
8	나	신경자극이나 신호는 수상돌기나 세포체에서 시작되어 축삭을 따라 시냅스로 전달한다. (신경계의 특성 참조)
9	다	근방추 또는 방추속근섬유는 근육의 길이 변화를 감지하고 운동신경세포 중 감마운동 신경세포에 의해 조절, 근육이 늘어날 때 근수축을 유도한다. (말초신경계의 운동 기능 조절 참조)
10	라	근방추는 근육의 길이 변화를 감지하는 수용기이고 골지건기관은 근수축 시 발생하는 장력을 감지하는 기관으로 과도한 근수축을 억제하며, 운동 시 주동근의 수축을 억제하고 길항근의 이완을 촉진함으로써 과도한 근수축을 억제한다. (말초신경계의 운동기능 조절 참조)
11	나	속근섬유는 해당작용성 효소가 많으며 근원섬유의 ATPase 함량이 높다. (근섬유 형태와 경기력 참조)
12	다	마이로글로빈 함량의 증가는 유산소적 대사능력 개선에 기여한다. (훈련에 의한 골격근의 적응 참조)
13	다	수분 부족은 시상하부의 삼투압 수용기를 자극하여 뇌하수체 후엽에서 항이뇨호르몬의 분비를 촉진한다. (운동중 수분과 전해질 균형에 대한 호르몬의 영향 참조)
14	나	근육활동으로 인한 땀 분비 촉진과 혈압 상승은 혈장량과 신장으로 가는 혈액량의 감소를 초래하고 이때 레닌 효소가 생성되고 안지오텐신 I을 형성하여 안지오텐신 II로 전환되며 안지오텐신 II는 부신피질에서 알도스테론의 분비를 촉진한다. 알도스테론은 세뇨관으로부터 나트륨 이온과 수분의 재흡수를 촉진하여 혈장량의 증가를 촉진한다. (내분비샘, 호르몬, 표적기관, 조절요인 및 기능 참조)
15	다	최대운동 시 1회 호흡량과 호흡수의 증가에 따라 최대환기량도 증가한다. (운동에 대한 순환계의 반응과 적응 참조)
16	다	동방결절(심방수축) → 방실결절(방실지연) → 방실섬유(방실속) → 좌각과 우각 → 퍼킨제섬유(심실수축)로 자극이 전달된다. (순환계의 구조와 기능 참조)
17	라	심방의 이완은 QRS군에 가려서 심전도에서 나타나지 않으며, U파는 퍼킨제 섬유의 재분극이 나타낸다. (심전도: 심장의 전기적 활동도 의미 참조)
18	가	이산화탄소 함량이 많은 혈액이 우심방에 보내지게 되면 우심실을 거쳐 폐동맥을 거쳐 폐를 통해 가스교환을 한 후 산소함량이 많은 혈액이 폐정맥을 통해 좌심방으로 보내지게 된다. (혈관 참조)
19	가	피부 및 심부온도가 떨어지면 평활근의 수축으로 혈관의 수축이 일어나며 체온유지를 위해 혈류량을 심부로 분배한다. 따라서 피부 혈류량은 감소한다. (저온환경과 운동 참조)
20	다	고지대에서 운동의 효과 중 근골격계 적응은 모세혈관 밀도, 마이오글로빈 함량, 산화효소 활성도, 미토콘드리아 수의 증가이다. (고지환경의 특성과 영향 참조)

스포츠사회학 실전모의고사

01 스포츠가 가지고 있는 본질적인 특성이 아닌 것은?

　　가. 허구성　　　　　　　　　　나. 비생산성
　　다. 불확실성　　　　　　　　　라. 규칙성(관례화)

02 근대스포츠의 특징이 아닌 것은?

　　가. 세속주의　　　　　　　　　나. 평등성
　　다. 전문화　　　　　　　　　　라. 비 수량화

03 다음은 보기는 스포츠와 사회이론 중의 하나를 설명하였다. 그 이론은 무엇인가?

> **보기**
>
> 1960년대 스포츠사회학이 독립적인 학문으로 정착하는 과정에서 개념적 틀을 구축하는 데 중추적인 역할을 한 이론이며, 대표적인 이론가로는 에밀 뒤르켐, 탤콧 파슨스, 로버트 머튼 등이 있다.

　　가. 비판이론　　　　　　　　　나. 구조기능주의 이론
　　다. 갈등이론과 스포츠　　　　 라. 상징적 상호작용론

04 다음 중 스포츠와 정치의 결합방법으로 가장 적합한 것은?

　　가. 상징, 동일화, 조작　　　　 나. 동일화, 조작, 통합
　　다. 조작, 통합, 상징　　　　　 라. 통합, 상징, 동일화

05 올림픽의 정치적 행위로 체제선전에 활용된 대회는?

가. 1980년 모스크바올림픽   나. 1976년 뮌헨올림픽

다. 1968년 멕시코올림픽   라. 1936년 베를린올림픽

06 상업주의로 인한 스포츠의 변화 중 성격이 <u>다른</u> 하나는?

가. 아마추어리즘의 퇴조   나. 득점체계 다양화

다. 극적인 요소의 극대화   라. 광고를 위한 경기시간 조정

07 다음 중 스포츠 메가 이벤트의 긍정적 효과로 볼 수 <u>없는</u> 것은?

가. 고용효과 증대   나. 무리한 시설 투자

다. 개최국의 이미지 제고   라. 관광객 유치 증진에 기여

08 학교체육의 교육목적과 활동내용의 분류에 포함되지 <u>않는</u> 것은 무엇인가?

가. 정과체육   나. 학원스포츠

다. 생활스포츠   라. 학교클럽스포츠

09 다음 중 스포츠의 교육적 역기능에 해당하는 것은?

가. 전인교육   나. 사회화 촉진

다. 교육 목표의 결핍   라. 장애자의 적응력 배양

10 다음 중 미디어가 스포츠에 미치는 영향으로 옳지 않은 것은?

가. 스포츠 규칙 변경 및 경기 일정 변경
나. 스포츠에 대한 관심과 인기 증대
다. 스포츠 상품화
라. 스포츠 관중의 감소

11 다음은 스포츠와 미디어의 관계에 대한 설명이다. ( )에 들어갈 가장 적절한 용어는?

> **보기**
> 스포츠는 신문판매 증진, 광고 수익, TV와 라디오 방송시간을 이용한 수익 계약의 증대 등에 이용되고 있으며, 반면 미디어는 스포츠와 관련된 소비상품을 경기 장소에서 관람객들에게 판매하도록 돕는다. 스포츠와 미디어는 ( )에 있다고 할 수 있다.

가. 경쟁관계
나. 공생관계
다. 비례관계
라. 갈등관계

12 다음은 스포츠계층의 형성과정에 대한 설명이다. (㉠)에 들어갈 가장 적절한 용어는?

> **보기**
> 스포츠계층은 스포츠의 발생 단계에서부터 나타난 현상이며, 스포츠의 체계를 유지시켜주는 사회과정이 사회 내에 존재하고 있다. 이러한 스포츠 내에서의 사회과정은 지위의 분화→(㉠)→평가→보수 부여의 측면에서 설명될 수 있다.

가. 서열화
나. 기회부여
다. 생활
라. 관점

13 2군 감독에서 1군 감독으로 소속이 변경된 사회이동 유형은?

가. 수평이동
나. 하향이동
다. 수직이동
라. 세대 간 이동

14 다음 중 스포츠사회화에 대한 설명으로 올바른 것은?

가. 스포츠참여를 통해 스포츠 집단이 가지는 가치관, 신념, 태도 등을 체득하는 과정이다.
나. 스포츠에 개인이 참여하는 것만으로도 사회화는 이루어진다.
다. 스포츠는 집단의 형태로 이루어질 때 사회화가 극대화 된다.
라. 스포츠참여를 통해 개인의 발전만을 도모하기 위한 과정이다.

15 다음 중 스포츠 장면에서 학습된 기능, 특성, 가치, 태도, 지식 및 성향 등이 다른 사회현상으로 전이 또는 일반화되는 과정을 뜻하는 것은?

가. 스포츠로의 사회화
나. 스포츠로의 재사회화
다. 스포츠에서의 탈사회화
라. 스포츠를 통한 사회화

16 스포츠재사회화에 대한 설명으로 바른 것은?

가. 친구들과 처음 스키캠프에 참가
나. 선수생활 중단 5년 후 스포츠클럽 지도자로 활동
다. 경기 중 부상으로 운동선수생활 은퇴
라. 건강을 위해 처음 수영강습에 참가

17 다음 중 약물검사 찬성하는 주장이 아닌 것은?

가. 약물검사는 유전공학 기술의 진보를 야기한다.
나. 약물검사는 유전공학의 사용을 감소시키기 위해 필요하다.
다. 약물검사는 스포츠의 공정성을 확보한다.
라. 약물검사는 선수들의 건강을 보호한다.

18 다음 내용에 해당하는 스포츠일탈의 유형은?

> 보기
> 스포츠와 관련된 특정 상황에 처한 다수의 관중이나 선수 또는 일반 대중이 공통의 자극에 충동적으로 반응할 때 발생하는 스포츠일탈

가. 긍정적 일탈
다. 범죄행위
나. 부정행위
라. 집합행동

19 미래 스포츠의 변화에 영향을 미치는 요인이 아닌 것은?

가. 테크놀로지 발전
다. 조직화 및 합리화
나. 통신 및 전자 매체의 발달
라. 상업화 및 소비 성향의 토착화

20 다음 중 스포츠 세계화 현상의 특징이 아닌 것은?

가. 국가 경계의 확장
다. 시간과 공간의 압축
나. 국가 경계의 약화
라. 스포츠의 불평등

스포츠사회학 정답 및 해설

문항	정답	해설
1	라	1부. 스포츠사회학의 의미, 1장. 스포츠 사회학의 의미, 1. 스포츠의 이해, 나. 스포츠의 특성, 다. 놀이, 게임, 스포츠의 특성 비교 참조
2	라	1부. 스포츠사회학의 의미, 1장. 스포츠 사회학의 의미, 1. 스포츠의 이해, 마. 근대 스포츠의 특징 참조
3	나	1부. 스포츠사회학의 의미, 2장. 스포츠의 사회적 기능과 이론, 2. 스포츠와 사회화 이론, 가. 구조기능주의 이론과 스포츠 참조
4	가	2부. 스포츠와 정치, 1장. 스포츠와 정치의 결합, 2. 정치의 스포츠 이용방법, 가. 스포츠와 정치의 결합 참조
5	라	2부. 스포츠와 정치, 3장. 스포츠와 국제 정치, 2. 올림픽과 국제정치, 다. 올림픽에서의 정치적 행위 참조
6	가	3부. 스포츠와 경제, 1장. 상업주의와 스포츠, 가. 현대 스포츠 발전에 영향을 미친 사회적 요소 참조
7	나	3부. 스포츠와 경제, 2장. 스포츠 메가 이벤트의 경제, 1. 스포츠 메가 이벤트의 사회적 기능, 가. 스포츠 메가 이벤트의 긍정적 효과 참조
8	다	4부. 스포츠와 교육, 1장. 학교체육의 이해, 1. 학교체육의 개념과 역할, 나. 학교체육의 분류 참조
9	다	4부. 스포츠와 교육, 2장. 2. 스포츠의 교육적 역기능, 가. 교육목표의 결핍 참조
10	라	5부. 스포츠와 미디어, 2장. 스포츠와 미디어의 상호관계, 1. 스포츠와 미디어의 상호작용 및 공생관계, 가. 미디어가 스포츠에 미치는 영향 참조
11	나	5부. 스포츠와 미디어, 2장. 스포츠와 미디어의 상호관계, 1. 스포츠와 미디어의 상호작용 및 공생관계, 나. 스포츠가 미디어에 미치는 영향 참조
12	가	6부. 사회계층의 이해, 1장. 스포츠계층의 이해, 1. 사회계층과 스포츠계층, 라. 스포츠계층의 형성 과정 참조
13	다	6부. 사회계층의 이해, 2장. 스포츠와 사회이동, 1. 사회이동의 유형, 가. 이동 방향의 기준 참조
14	가	7부. 스포츠와 사회화, 1장. 스포츠 사회화의 의미와 과정, 1. 스포츠사회화의 의미, 가. 스포츠사회화의 이해 참조
15	라	7부. 스포츠와 사회화, 2장. 스포츠로의 사회화와 스포츠를 통한 사회화, 2. 스포츠를 통한 사회화: 스포츠 참여의 결과 참조
16	나	7부. 스포츠와 사회화, 3장. 스포츠 탈사회화와 재사회화, 2. 스포츠로의 재사회화 참조
17	가	8부. 스포츠와 일탈, 2장. 스포츠 일탈의 유형, 2. 약물복용, 나. 약물검사 찬성 주장 참조
18	라	8부. 스포츠와 일탈, 2장. 스포츠 일탈의 유형, 5. 관중 폭력, 가. 관중폭력의 이해 참조
19	라	9부. 미래 사회와 스포츠, 1장. 스포츠의 변화와 미래, 1. 미래 스포츠의 변화 요인 참조
20	가	9부. 미래 사회와 스포츠, 2장. 스포츠와 세계화, 1. 스포츠 세계화의 의미, 나. 스포츠 세계화 현상의 특징 참조

운동역학 실전모의고사

01 다음 중 운동역학에 대해 잘못 설명한 것은?

　가. 정역학과 동역학으로 나누는 기준은 연구하는 대상의 움직임 상태에 따른 것이다.
　나. 정역학은 항상 가속도가 발생하는 상황에 초점을 맞추고 있으므로 모든 힘의 합이 0이다.
　다. 운동역학의 어원은 kinesiology로 신체운동학이 과학에 통합되어 확립된 18세기 말부터 사용되었다.
　라. 스포츠현장에서 나타나는 인체운동을 관찰하여 그 움직임을 설명하고, 그 원인을 규명하는 학문이다.

02 다음 중 용어와 그 역할의 설명이 옳지 않은 것은?

　가. 관절 – 둘 또는 그 이상의 뼈가 서로 연결된 부위
　나. 분절 – 뼈와 관절 사이의 부분으로 몸통, 상완, 전완 등의 부위
　다. 건 – 골격근을 뼈에 부착시키는 결체조직으로 근력을 뼈에 전달하는 역할
　라. 인대 – 뼈와 뼈에 연결되어 관절을 지지하는 띠 모양의 조직

03 운동역학의 방향용어와 설명의 연결이 바르지 않은 것은?

　가. 외측 – 신체의 정중 시상면 또는 어떤 구조물의 중앙선에서 먼 반향
　나. 표층 – 표면에서 먼 방향
　다. 착점 – 끌려오는 쪽의 끝 부위
　라. 원위 – 체간이나 기시점에서 먼 방향

04 다음 중 인체의 중심선으로부터 분절이 가까워지는 운동으로 해부학적 자세로 되돌아오는 동작을 설명하는 용어는?

　가. 신전　　　　　　　　　　나. 굴곡
　다. 외전　　　　　　　　　　라. 내전

05 다음 중 인체의 운동을 바르게 설명한 것은?

가. 회선-인체분절의 운동궤적이 원뿔을 형성하는 복합면에서 일어나는 운동

나. 내전과 외전-인체 중심선으로부터 분절이 가까워지거나 멀어지는 운동으로 좌우면에서 발생하는 운동

다. 내번과 외번-발바닥 안쪽 또는 바깥쪽을 드는 동작으로 좌우축과 전후면에서 일어나는 운동

라. 회외와 외내-손등을 앞쪽으로 돌리거나 손바닥을 바깥쪽으로 돌리는 동작으로 횡단면에서 일어나는 운동

06 외력의 작용 없이 운동하고 있는 물체는 계속 운동하려 하고 정지해 있는 물체는 계속 정지하려고 하는 성질을 축구 슈팅에서 바르게 설명한 것은?

가. 공을 차고 나서도 다리는 계속 진행 방향으로 나가려고 한다.

나. 강하게 공을 차면 공이 멀리 그리고 강하게 날아간다.

다. 발이 공과 부딪히는 순간에 이루어진다.

라. 지면을 강하게 밀수록 반작용력이 커진다.

07 다음 보기에서 인체의 안정성에 대한 설명이 바르지 <u>않은</u> 것은?

> **보기**
> ㉠ 기저면의 밖에 질량중심이 위치하면 안정된다.
> ㉡ 무게중심의 높이, 기저면의 크기, 마찰력은 안정성과 관련이 있다.
> ㉢ 100m 크라우칭 스타트 자세가 높으면 안정성에 유리하다.
> ㉣ 인체의 자세가 바뀌면 인체중심의 위치도 변한다.

가. ㉠ + ㉡   나. ㉡ + ㉣
다. ㉠ + ㉢   라. ㉠ + ㉢ + ㉣

08 다음 보기 중 인체의 지레에 대한 설명 중 바르지 <u>않은</u> 것은?

가. 제1종: 축이 힘점과 작용점 사이, 목관절 신전

나. 제2종: 축이 있고 그 다음에 작용점과 힘점이 위치, 발뒤꿈치 들고 서기

다. 제3종: 축, 힘점, 작용점 순으로 힘에서 손해이나 거리에서 득을 보는 특성

라. 제3종: 힘의 작용 방향을 바꿈(관절을 지나는 근육의 수축)

09 다음 보기 중 올바르게 설명한 것은?

> 보기
> ㉠ 물체의 처음 위치부터 마지막 위치까지의 운동 경로에 따른 길이인 거리는 항상 양의 값을 가지는 스칼라량이다.
> ㉡ 변위는 처음 위치부터 마지막 위치까지의 방향과 직선거리를 나타내는 벡터이다.
> ㉢ 속력은 단위시간에 움직인 거리를 나타내는 스칼라량으로 단순히 물체가 얼마나 빠르게 이동한 것인지를 표현한다.
> ㉣ 속도는 단위시간 동안에 움직인 변위를 나타내는 벡터로 항상 방향을 가지고 있다.

가. ㉠ + ㉡
나. ㉠ + ㉡ + ㉢
다. ㉠ + ㉡ + ㉣
라. ㉠ + ㉡ + ㉢ + ㉣

10 20m 높이의 다이빙대 위에서 4kg의 볼링공이 자유 낙하할 때 수면에 도착하기 직전 볼링공의 속도는? (단, 중력가속도는 10m/s)

가. 12m/s
나. 14m/s
다. 18m/s
라. 20m/s

11 스포츠 경기에서 인체나 물체의 속력과 속도에 대한 설명 중 옳지 않은 것은?

가. 높이뛰기에서 이지(지면에서 떨어지는) 순간 신체중심의 속도가 높이와 거리를 결정한다.
나. 야구 배팅에서 충격하는 순간의 도구나 인체(분절)의 속도는 충격 후 공의 속도에 큰 영향을 미친다.
다. 20m 왕복달리기 기록이 10초라면 이동거리는 40m이고 속력은 4m/s가 된다.
라. 럭비 태클에서 충돌 순간의 인체(분절)의 속도는 상대에게 작용하는 충격에 큰 영향을 미칠 수 없다.

12 테니스의 스트로크 동작에서 충격 후 공의 속도를 증가시키기 위한 방법으로 잘못된 것은?

가. 신체중심을 앞으로 이동시키면서 스트로크한다.
나. 가능한 임팩트 과정에서 라켓의 속도를 유지한다.
다. 최대한 회전반경을 늘리기 위해 임팩트 순간 팔과 라켓을 충분히 편다.
라. 선속도 증가를 위해 스매시 동작 초기에 팔과 라켓을 충분히 펴지 않는다.

13 다음 보기 중 힘에 대한 설명으로 바른 것을 모두 고르면?

> 보기
> ㉠ 힘은 물체의 운동 상태(빠르기와 방향)를 변화시키려는 경향을 지닌다.
> ㉡ 힘은 크기와 방향을 가지는 스칼라(scalar)량이다.
> ㉢ 크기와 방향이 같은 힘이라도 작용점이나 작용선이 다르면 물체는 회전운동을 일으킨다.
> ㉣ 한 물체에 작용한 여러 개의 힘은 동일한 효과를 갖는 하나의 힘으로 합성할 수 있다.

가. ㉠ + ㉡   나. ㉠ + ㉢
다. ㉠ + ㉡ + ㉣   라. ㉠ + ㉢ + ㉣

14 다음 보기의 내용과 가장 밀접한 뉴턴의 운동법칙은 무엇인가?

> 보기
> 야구 배트로 공을 타격할 때 힘이 가해지면 손에 전해지는 힘은 크기가 같고 방향이 반대인 힘이 작용한다.

가. 관성의 법칙   나. 가속도의 법칙
다. 작용-반작용의 법칙   라. 각운동량의 전이 법칙

15 다음 보기의 괄호 안에 들어갈 적절한 용어는?

> 보기
> 창던지기에서 몸을 뒤로 젖혔다가 앞으로 끌어당기면 던짐으로써 긴 시간 동안 긴 거리에 걸쳐 힘을 작용시키는 동작은 창에 작용하는 (㉠)을(를) 증가시키고 결국 릴리즈 순간 창의 (㉡)을(를) 극대화시켜 비거리를 증가시킨다.

가. ㉠ 충격량 ㉡ 속도   나. ㉠ 운동량 ㉡ 속력
다. ㉠ 속도 ㉡ 충격량   라. ㉠ 속력 ㉡ 운동량

16 50m/s의 속력으로 날아오는 질량 0.06kg의 스쿼시 공을 라켓으로 타격하자 공은 반대방향으로 70m/s의 속력으로 날아갔다. 스쿼시이 스쿼시공에 준 충격량의 크기는?

가. 0.62Ns   나. 0.82Ns
다. 1.02Ns   라. 1.20Ns

17 골프선수가 클럽 장축에 720N의 힘을 발휘했다면 클럽을 얼마나 강하게 잡아야 하는가? (손과 클럽 간 정적마찰계수는 0.72)

가. 800N
나. 1000N
다. 1200N
라. 1400N

18 다음 보기의 운동 기술을 가장 잘 설명할 수 있는 운동법칙은?

> 보기
>
> 멀리뛰기의 착지 전에 상체를 시계방향으로 회전시키면 하체는 반시계 방향으로 회전하는데 이러한 동작은 착지 거리를 증가시킨다.

가. 각관성의 법칙
나. 각가속도의 법칙
다. 각충격량의 법칙
라. 각반작용의 법칙

19 스포츠에서 관성모멘트의 설명으로 옳지 않은 것은?

가. 피겨스케이팅의 스핀동작에서 팔을 몸통에 가깝게 붙이면 관성모멘트가 감소하여 회전속도가 증가한다.
나. 다이빙 경기에서 입수 전에 몸을 펴면 관성모멘트가 증가하여 회전속도가 감소하고 입수동자의 조절이 용이해진다.
다. 야구 피칭에서 전완과 상완을 어깨관절에 가깝게 모으면 관성모멘트가 감소하여 상지나 도구의 전방 회전속도를 증가시키는데 유리하다.
라. 축구 킥 동작에서 무릎을 펴 대퇴와 하퇴를 엉덩관절에서 멀리하면 관성모멘트가 감소하여 다리의 전방 회전속도를 증가시키는데 유리하다.

20 다음 보기 중에서 지면반력시스템으로 측정 및 계산이 가능한 것은?

> 보기
>
> ㉠ 운동화의 충격완충성
> ㉡ 제자리높이뛰기의 도약 높이
> ㉢ 걷기와 달리기의 충격량
> ㉣ 야구 배트와 테니스 라켓의 스윙 속도

가. ㉠, ㉡
나. ㉠, ㉢
다. ㉠, ㉡, ㉢
라. ㉠, ㉡, ㉢, ㉣

운동역학 정답 및 해설

문항	정답	해설
1	다	운동역학의 변천과정 참조
2	나	인체의 근골격계 참조
3	나	표층은 인체의 표면이나 표면에 가까운 쪽을 말한다. (방향용어 참조)
4	라	내전은 인체 중심선으로부터 분절이 가까워지는 운동이며, 외전의 반대운동으로 해부학적 자세로 되돌아오는 것을 의미하는 용어이다. (관절의 운동 유형 참조)
5	다	내번과 외번, 내측과 외측굴곡은 전후축을 중심으로 좌우면 상에서의 운동이며, 굴곡은 좌우축을 중심으로 전후면 상에서의 운동이다. (인체의 운동 유형 참조)
6	가	외력이 작용하지 않는 한 물체나 인체는 원래의 운동 상태를 그대로 유지하려고 하는 속성을 관성이라고 한다. (관성의 법칙 참조)
7	다	안정성을 높이려면 신체중심 즉, 자세를 낮게 유지하고 기저면의 한쪽에 치우치지 않도록 하며, 기저면 내에서 외력의 작용방향의 반대쪽으로 신체중심을 이동시켜야 한다. (인체평형과 안정성 참조)
8	라	1종 지레는 지레 중심(축)이 힘점과 저항점 사이에 위치하는 경우로 레그프레스, 목관절 신전, 2종 지레는 지레 중심(축)으로부터 힘팔의 길이가 더 긴 경우로 노젓기, 뒤꿈치 들기, 팔굽혀 펴기, 3종 지레는 지레 중심(축)으로부터 저항팔의 길이가 더 긴 경우로 바이셉스 컬, 테니스 서브, 스파이크 등이 해당된다. (인체 지레의 종류 참조)
9	라	스칼라는 크기만을 나타내는 양으로써 질량, 거리, 속력, 온도, 일, 에너지 등의 물리량이고, 벡터는 크기와 방향을 가진 물리량으로 변위, 속도, 가속도, 무게, 힘 등이 있다. (선운동의 운동학적 분석 참조)
10	라	$mgh = \frac{1}{2}mh^2$ $gh = \frac{1}{2}v^2$ $10 \times 10 = \frac{1}{2}v^2$ $v = \sqrt{2 \times 10 \times 10} = 14.142...$ (속력과 속도 참조)
11	라	복싱, 태권도, 럭비 태클 등에서 충격(충돌) 순간의 인체(분절)의 속도는 상대에게 작용하는 충격에 큰 영향을 미친다. (선운동의 운동학적 분석 참조)
12	나	스트로크 동작에서 팔을 회전시킬 때에는 어깨와 팔꿈치, 손목관절을 굽혀 각속도를 최대한 증가시키고 임팩트 직전에 모든 관절을 펴 라켓의 회전반경을 최대로 늘린다. 만약 회전운동 초기부터 회전반경을 늘리면 각속도를 증가시키기 어렵다. 또한 초기에 분절을 회전축에 가깝게 모아 각속도를 증가시켰다가 임팩트 직전에 회전반경을 최대로 늘림으로써 선속도를 크게 한다. 결국 운동량이 증가하여 공의 속도도 증가시킬 수 있다. (각운동의 운동학적 분석 참조)
13	라	힘은 크기와 방향을 지닌 벡터 물리량이다. (선운동의 운동역학적 분석 참조)
14	다	지면을 힘껏 밀면 지면으로부터 크기가 같고 방향이 반대인 힘이 인체에 작용한다. 작용력은 지면에 작용하는 외력인 반면 반작용력은 인체에 작용하는 외력이다. (뉴턴의 선운동 법칙 참조)
15	가	충격량을 증가시키기 위해서는 큰 힘을 오랫동안 작용시켜야 한다. 힘 × 시간 = 질량 × 속도의 변화량 = 질량 × (나중속도 − 처음속도) (선운동량과 충격량 참조)
16	라	물체에 작용한 충격량은 그 물체의 운동량의 변화량과 같다. 일반적으로 물체의 질량은 변하지 않기 때문에 충격량은 결국 속도를 변화시킨다. 힘 × 시간 = 질량 × 속도의 변화량 = 질량(나중속도 − 처음속도) (선운동량과 충격량 참조)
17	나	수평력 = 마찰계수 × 수직항력 이므로 수직항력 = 수평력 ÷ 마찰계수
18	라	물체 A와 B의 회전축이 동일할 때 A가 토크(각작용)를 가하면, B도 A에게 크기가 같고 방향이 반대인 토크를 작용한다(각반작용). (각반작용의 법칙 참조)
19	라	축구 킥 동작에서 무릎을 펴 대퇴와 하퇴를 엉덩관절에 가깝게 모으면 관성모멘트가 감소하여 다리의 전방 회전속도를 증가시키는데 유리하다. (각운동의 운동역학적 분석 참조)
20	다	지면반력 측정의 활용 참조

스포츠교육학 실전모의고사

01 생활체육으로서 스포츠교육에서 생활체육지도자(스포츠지도사)의 역할로 올바르지 않은 것은?

가. 팀 전체의 경기력 극대화할 수 있는 맞춤형 전략, 프로그램 개발

나. 유아, 아동, 청소년, 성인, 노인, 장애인 등 다양한 연령층 대상으로 다양한 프로그램 구성 지도

다. 사회·문화적인 책임감을 갖고 스포츠 활동이 구현하고자 하는 문화적 의미의 전수를 통해 가치 있는 삶을 영위할 수 있는 능력을 참여자들에게 지도

라. 지역사회에 건전한 스포츠문화를 이끌고 창출하는 매개자로의 역할 수행

02 학교 스포츠교육의 주요 추진 과제는 크게 3가지로 나눌 수 있다. 적절하지 않은 것은?

가. 학교스포츠클럽의 확대와 지역 연계 강화

나. 학생 건강 체력증진을 위한 신체활동 강화

다. 유아기부터 노인기까지의 전 생애와 일반인, 여성, 장애인을 위한 프로그램 개발

라. 체육 교육과정 및 자율 체육활동 활성화

03 학교체육진흥법의 구성 내용에 해당되는 것을 〈보기〉에서 모두 고르면?

보기
㉠ 여학생의 체육활동 활성화 ㉡ 학생건강체력평가(PAPS)
㉢ 유아 및 장애인의 체육활동 활성화 ㉣ 학생선수의 학습권 보장 및 인권 보호

가. ㉠

나. ㉠, ㉡

다. ㉠, ㉡, ㉢

라. ㉠, ㉡, ㉢, ㉣

04 우리나라 국민에게 체육활동을 진흥하여 이를 바탕으로 온 국민이 각자의 체력증진 및 건전한 정신 육성을 도모하기 위해 1962년 9월 17일 법률 제1146호로 제정 공포된 법률은?

가. 학교체육진흥법

나. 국민체육진흥법

다. 전문체육진흥법

라. 생활체육진흥법

05 다음 중 스포츠강사의 역할로 적합하지 <u>않은</u> 것은?

　가. 안내자의 역할　　　　　　　　나. 체육교육과정 운영주체의 역할
　다. 개발자의 역할　　　　　　　　라. 전문가의 역할

06 스포츠교육 학습자의 상태는 효율적인 학습 시 매우 중요하다. 다음 중 스포츠교육자가 고려해야 할 학습자의 상태를 〈보기〉에서 모두 고르시오.

> 보기
> ㉠ 기능수준　　　　　　　㉡ 발달수준
> ㉢ 감정코팅 능력　　　　　㉣ 사명감과 공정성

　가. ㉠, ㉡, ㉢　　　　　　　　　나. ㉢, ㉣
　다. ㉠, ㉡, ㉢, ㉣　　　　　　　라. ㉡, ㉢, ㉣

07 다음 생애주기별 발달 특성과 발달 과업 과정에서 (㉠)과 (㉡)에 해당하는 발달 특성으로 올바른 것은?

> 보기
> 유아기 → ㉠ → ㉡ → 성인기 → 노년기

	㉠	㉡
가.	신체 및 운동기능 발달	급격한 신체 성장
나.	대뇌 및 감각 기관 발달	급격한 신체 성장
다.	언어 발달	신체 및 운동 기능 발달
라.	성적 성숙	신체 노화 시작

08 전문체육 속 행정가의 역할로 적합하지 <u>않은</u> 것은?

　가. 전문가로서의 역할　　　　　　나. 조력자로서의 역할
　다. 행동가로서의 역할　　　　　　라. 관리자로서의 역할

09 생활체육 프로그램의 유형은 8가지 준거에 의해 다양하게 구분될 수 있다. 그 8가지 준거로 적합하지 않은 것은?

가. 지도방법 선택을 준거로 한 유형
나. 참여자의 조직화 정도를 준거로 한 유형
다. 주관자를 준거로 한 유형
라. 참여를 준거로 한 유형

10 생활체육 프로그램 설계 요소 중 ㉠, ㉡, ㉢에 해당되는 것은?

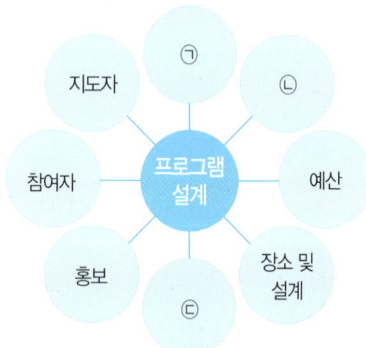

가. 교육철학—내용—용·기구
나. 목적 및 목표—내용—시간대
다. 교육철학—내용—시간대
라. 목적 및 목표—내용—용·기구

11 교육 모형의 종류 중에서 다음 〈보기〉의 개념들을 기초로 하는 모형은?

> **보기**
> 팀 보상
> 개인 책무성
> 학습 성공에 대한 평등한 기회 제공

가. 직접교수모형 나. 개별화지도모형
다. 탐구수업모형 라. 협동학습모형

12 다음 중 교육모형의 종류에 따른 주제가 바르게 연결되지 못한 것은?

모형	주제
가. 전술 게임 모형	이해중심 게임 지도
나. 협동 학습 모형	서로를 위해 함께 배우기
다. 탐구 수업 모형	문제 해결자로서의 학습자
라. 직접 교수 모형	수업진도는 가능한 빨리, 필요한 만큼 천천히 학생이 결정

13. 다음 중 스포츠지도계획안 작성 시 고려해야 할 사항으로 적절하지 못한 것은?

가. 계획안의 보관
나. 수업 진행과정 점검
다. 자신이 사용할 목적으로 작성
라. 추가계획 수립

14. 지도내용을 잘 전달하기 위해서는 우선 지도 내용을 조직화해야 한다. 이 조직화는 지도내용의 발달적 분석과정을 통해 이루어진다. 발달적 내용 분석은 내용을 3단계로 분석하는 과정이다. 그 과정이 올바른 것은?

가. 응용 → 세련 → 확대
나. 세련 → 확대 → 응용
다. 확대 → 세련 → 응용
라. 세련 → 응용 → 확대

15. 다음은 스포츠지도사가 시행한 수업 수업의 관찰지이다. 이 중 ㉠~㉢에 해당하는 스포츠지도사의 행동 유형을 올바르게 제시한 것은?

스포츠지도사 수영 수업 관찰지					
수업시간	10:00~10:50	장소	수영장	수강생	24명
■ 10:00 수업시간 및 준비운동 실시 ■ 10:15 자유형 발차기 동작 설명 ■ 10:15 ㉠ 발차기 동작 연습을 위한 발판 준비 / 2인 1조 팀별 조직 (중략) ■ 10:25 ㉡ 발차기 연습 중 다리에 쥐가 난 학생을 조치 ■ 10:30 ㉢ 수영장에 외부인이 나타나자 다가가 잠깐 동안 대화를 함 (중략)					

	㉠	㉡	㉢
가.	직접기여행동	비기여행동	간접기여행동
나.	간접기여행동	직접기여행동	비기여행동
다.	직접기여행동	간접기여행동	비기여행동
라.	간접기여행동	비기여행동	간접기여행동

16. 스포츠 지도를 위한 교수 전략 중에서 '질문을 통해 가르친다는 접근법'으로 수렴적 탐구와 발산적 탐구의 두 가지 형태를 포함하고 있는 교수 전략은 무엇인가?

가. 동료교수
나. 유도발견학습
다. 상호작용 교수
라. 과제 교수

17 스포츠지도사는 체육관에서 핸드볼 과제를 운영하고 있다. 각 조는 제시된 과제를 수행하고 다음 조에 해당하는 과제를 수행하게 된다. 스포츠지도사가 사용하고 있는 교수 전략은 무엇인가?

(1조) 벽치기 핸드볼 패스	(2조) 2인 핸드볼 패스
(3조) 3인 핸드볼 패스(수비수 없음)	(4조) 3인 핸드볼 패스(수비수 1명 있음)

가. 스테이션 교수 나. 동료 교수
다. 상호작용 교수 라. 유도발견학습

18 다음 평가의 기능 영역에서 ㉠과 ㉡에 들어갈 기능은 무엇인가?

평가의 기능	내용 또는 특성
진단평가	■ 교육 프로그램 실시 이전, 참여자의 특성을 점검하는 평가활동 ■ 학습자의 정보 수집, 교육방향 설정
㉠	■ 교육 프로그램 운영 중간에 이루어지는 과정중심의 평가활동 ■ 프로그램과 지도 방법의 수정 기능
㉡	■ 교육 프로그램 운영 이후 프로그램의 효과성 검증 ■ 교육 프로그램 결과에 대한 종합적 판단

가. ㉠ 형성평가, ㉡ 성과평가 나. ㉠ 수시평가, ㉡ 총괄평가
다. ㉠ 형성평가, ㉡ 총괄평가 라. ㉠ 수시평가, ㉡ 성과평가

19 다음 〈보기〉의 ㉠, ㉡, ㉢에 해당하는 스포츠교육 전문인의 성장 유형은?

> 보기
> ㉠ 코칭 컨퍼런스, 세미나, 워크숍
> ㉡ 대학의 코칭 자격 프로그램, 코칭 자격 인증제도
> ㉢ 과거 선수 경험, 비형식적 멘토링, 동료코치나 선수들과의 대화

	㉠	㉡	㉢
가.	형식적 성장	무형식적 성장	비형식적 성장
나.	비형식적 성장	형식적 성장	무형식적 성장
다.	무형식적 성장	형식적 성장	비형식적 성장
라.	무형식적 성장	비형식적 성장	형식적 성장

20 평가의 기법 중에서 '한 학습자의 학업성취도를 학습자 상호간의 상대적 비교를 통해 성적을 결정하는 평가 방법은 무엇인가?

　　가. 자기지향 평가　　　　　　　　　나. 준거지향 평가
　　다. Provus의 불일치 평가　　　　　　라. 규준지향 평가

스포츠교육학 정답 및 해설

문항	정답	해설
1	가	(가)는 전문체육으로서의 스포츠교육에서 전문체육지도자(경기지도자)의 역할이라고 할 수 있다.
2	다	(다)는 생활체육 프로그램과 관련된 내용이다.
3	라	㉠, ㉡, ㉢, ㉣ 모두가 포함된다.
4	나	현재는 국민체육진흥법에 생활체육의 진흥과 전문체육의 진흥이 모두 포함되어 있다.
5	나	체육교육과정 운영주체의 역할은 체육교사의 개념이다.
6	가	사명감과 공정성은 전문 스포츠지도사의 자질에 해당한다.
7	가	생애주기별 발달 특성에서 ㉠은 아동기이며, ㉡은 청소년기에 해당한다. 아동기는 본격적으로 신체 및 운동 기능이 발달하는 시기이며, 청소년기는 급격한 신체 성장이 이루어지는 시기이다.
8	나	조력가로서의 역할은 생활체육 속 행정가의 역할이다.
9	가	주관자를 준거로 한 유형, 참여를 준거로 한 유형, 목적을 준거로 한 유형, 개최기간을 준거로 한 유형, 참여자의 조직화 정도를 준거로 한 유형, 장소를 준거로 한 유형, 대상자를 준거로 한 유형, 운동 형태를 준거로 한 유형이 8가지 준거에 의한 유형이다.
10	나	생활체육 프로그램 설계요소는 목적 및 목표, 내용, 예산, 장소 및 설계, 시간대, 홍보, 참여자, 지도자 이다.
11	라	협동학습모형은 팀보상, 개인책무성, 학습 성공에 대한 평등한 기회제공이라는 3가지 개념을 기초한다.
12	라	직접교수모형은 '수업 리더 역할자로서의 교사'라는 주제를 표방한다.
13	나	'수업 진행과정 점검'은 지도계획안의 장점에 해당된다.
14	다	확대 → 세련 → 응용
15	다	㉠은 동작연습과 직접 관련이 있는 사항이므로 직접기여행동에 속하며, ㉡은 학생의 부상처리를 한 것이기 때문에 간접기여행동에 해당된다. ㉢은 교사가 수업과 전혀 관계없는 외부인과 대화를 하는 사항이므로 비기여 행동에 해당된다.
16	나	유도발견학습이 그 내용에 해당된다.
17	가	4개의 스테이션(1조, 2조, 3조, 4조)을 구성하여 다양한 패스 관련 과제를 계획하고 있다.
18	다	스포츠교육의 평가기능은 진단평가, 형성평가, 총괄평가로 구분된다.
19	다	형식적 성장은 고도로 제도화되고 관료적이며 교육과정과 관련되며, 무형식적 성장은 공식화된 교육기관 밖에서 행해지는 조직적인 학습의 기회로서 비교적 단기간에 자발적으로 이루어지며, 비형식적 성장은 일상적인 경험으로부터 얻는 배움의 형식이다.
20	라	규준지향 평가가 한 학습자의 학업성취도를 학습자 상호간의 상대적 비교를 통해 성적을 결정하는 평가방법이다.

스포츠윤리 실전모의고사

01 괄호 안에 들어갈 말을 순서대로 바르게 짝지어 놓은 것은?

> **보기**
> 체육교사가 배우자 명의로 배우자와 함께 술집을 운영하는 것은 (　　)으로는 문제가 되지 않을 수 있지만, 교직 (　　)으로는 문제가 될 수 있다.

가. 상식적 - 도덕적　　　　　　나. 도덕적 - 윤리적

다. 윤리적 - 도덕적　　　　　　라. 도덕적 - 상식적

02 다음 보기 중 사실판단과 가치판단에 대한 내용이 적절하게 짝지어진 것은?

> **보기**
> ㉠ 체육지도자는 모든 학생을 공정하게 평가해야 한다.
> ㉡ 스포츠 시합이 끝난 후 상대 선수에게 인사를 하는 것은 옳은 행위이다.
> ㉢ 이 체육관은 4개의 배드민턴 코드가 있다.

가. ㉠ 가치판단 ㉡ 사실판단 ㉢ 가치판단

나. ㉠ 사실판단 ㉡ 가치판단 ㉢ 가치판단

다. ㉠ 가치판단 ㉡ 가치판단 ㉢ 사실판단

라. ㉠ 사실판단 ㉡ 사실판단 ㉢ 가치판단

03 스포츠에 있어서 경기 결과의 좋고 나쁨이 아니라 그 행위가 도덕적 의무를 준수했는가를 판단의 기준으로 하는 윤리이론은?

가. 결과론적 윤리체계　　　　　나. 의무론적 윤리체계

다. 덕론적 윤리체계　　　　　　라. 목적론적 윤리체계

04 스포츠 또는 스포츠윤리와 가장 거리가 먼 것은?

가. 아곤(agon) 나. 아레테(arete)
다. 알레아(alea) 라. 에토스(ethos)

05 스포츠경기 상황에서 규칙이 준수되도록 외적 통제가 강화되어야 한다. 경기 중 이 일을 직접 담당하는 가장 중요한 사람은 누구인가?

가. 단장 나. 관중
다. 감독 라. 심판

06 다음 중 페어플레이의 설명으로 바르지 않은 것은?

가. 영국의 귀족과 신사가 스포츠를 할 때 강조한 것이다.
나. 공정한 시합이라는 의미다.
다. 보편적인 스포츠 윤리라고 말할 수 없다.
라. 행위나 동작을 강조할 때 공정행위로 표현할 수 있다.

07 다음 중 스포츠에 있어서 여성 경기에 관한 과거와 현재의 내용 중 사실과 다른 것은?

가. 고대 올림픽에서 여성은 관람을 할 수 있었으나 참가는 할 수 없었다.
나. 근대올림픽의 부활에 있어서 여성 경기인들의 참여는 제한적이었다.
다. 2012년 런던올림픽에서 여성이 참가하지 못한 종목은 하나도 없었다.
라. 현대 올림픽에서는 싱크로나이즈드스위밍이나 리듬체조 등 여성들만 참가할 수 있는 경기종목들이 있다.

08 장애인의 스포츠권에 대한 설명 중 틀린 것은?

가. 우리나라 장애인 스포츠는 1988년 서울장애인올림픽이 큰 계기가 되었다.
나. 장애인 스포츠는 시작부터 현재까지 보건복지부가 담당하고 있다.
다. 장애인체육 발전은 법적 뒷받침에 근거, 조직기반의 확대가 역할을 하였다.
라. 최초의 장애인체육 행정기관은 장애인복지체육회이다.

09 스포츠 활동에 참여하고 스포츠 이벤트를 개최하는데 있어 발생할 수 있는 환경적 이슈가 아닌 것은?

가. 생물다양성 보존 나. 생태계 보호
다. 스포츠시설의 대중화 라. 문화유산의 안전보호

10 지속가능한 스포츠의 발전을 위해 준수해야 할 3가지의 계율에 포함되지 않는 것은?

가. 확장성의 계율 나. 다양성의 계율
다. 역사성의 계율 라. 필요성의 계율

11 스포츠에서 다양한 종차별주의가 마연하고 있는데, 3가지 요소로 적합하지 않은 것은?

가. 승리 목적의 경쟁 도구 활용 나. 인간의 유희수단
다. 인간을 대체한 연구의 희생물 라. 인간의 대체수단

12 이종격투기에서 나타나는 사회 윤리적 측면의 문제는?

가. 폭력에 대한 무감각 및 중독 초래 나. 자기신체방어 기술의 증가
다. 경기 패배로 인한 자신감 감소 라. 신체수련을 통한 정신력 강화

13 선수 또는 지도자가 판정에 불만을 갖게 됨으로써 심판에게 가하는 폭력의 원인으로 지목되는 것은 무엇인가?

가. 선수 및 지도자의 자기 분노조절 실패
나. 승부에서의 패배
다. 경기에서 부상
라. 관중폭력

14 다음은 무엇에 대한 설명인가?

> **보기**
> 선수가 운동경기에서 성적을 향상시킬 목적으로 약물을 사용하거나 특수한 이학적 처치를 하는 일

가. 심폐소생술 나. 운동처방 및 재활
다. 도핑 라. 웨이트 트레이닝

15 다음 중 세계도핑방지위원회(2015년 현재)에서 '상시금지약물'을 지정한 것이 아닌 것은?

가. P1.알코올
나. S1.동화작용제
다. S3.베타-2작용제
라. S5.이뇨제 및 기타 은폐제

16 현재의 체육특기자 진학과 입시제도의 틀을 만든 제도적 장치는 무엇인가?

> **보기**
> ㉠ 생활체육진흥법 ㉡ 학교체육강화방안
> ㉢ 학교체육진흥법 ㉣ 동일계진학

가. ㉠, ㉡ 나. ㉡, ㉢
다. ㉡, ㉣ 라. ㉢, ㉣

17 미국 학생선수들의 최저학력제를 관리 감독하는 조직은?

가. NCAA 나. PTA
다. PGA 라. ESPN

18 스포츠의 인성교육적 가치에 대한 설명 중 <u>틀린</u> 것은?

가. 스포츠를 통한 인성발달의 효과는 과학적으로 증명되고 있다.

나. 스포츠 활동은 주의력, 집중력과 같은 지적기능의 발달에 도움을 준다.

다. 스포츠 활동은 일탈방지, 친사회적 행동을 발달시킨다.

라. 스포츠 활동은 부정적 정서를 감소시키고, 긍정적 정서를 증진시킨다.

19 스포츠정책윤리의 확보방안의 정책분석 모형이 <u>아닌</u> 것은?

가. 객관적 기술자 모형　　　　　　나. 고객 옹호자 모형

다. 쟁점 옹호자 모형　　　　　　　라. 일방적 옹호자 모형

20 스포츠 심판 판정의 직무수행을 위해 갖추어야 할 윤리적 자세에 해당하지 <u>않는</u> 것은?

가. 자율성　　　　　　　　　　　　나. 청렴성

다. 공정성　　　　　　　　　　　　라. 스포츠맨십

스포츠윤리 정답 및 해설

문항	정답	해설
1	나	1부. 스포츠와 윤리, 1장. 스포츠의 윤리적 기초, 1. 도덕, 윤리, 선의 개념 참조
2	다	1부. 스포츠와 윤리, 1장. 스포츠의 윤리적 기초, 2. 사실판단과 가치판단 참조
3	나	1부. 스포츠와 윤리, 3장. 윤리이론, 2. 의무론적 윤리체계 참조
4	다	2부. 경쟁과 페어플레이, 1장. 스포츠경기의 목적, 1. 아곤과 아레테의 차이 참조
5	라	2부. 경쟁과 페어플레이, 1장. 스포츠경기의 목적, 2. 놀이의 도덕: 규칙의 존중 참조
6	다	2부. 경쟁과 페어플레이, 3장. 페어플레이, 1. 페어플레이(공정시합)의 이해 참조
7	가	3부. 스포츠와 불평등, 1장. 성차별, 1. 스포츠에서 성차별의 과거와 현재 참조
8	나	3부. 스포츠와 불평등, 3장. 장애인차별, 1. 장애인의 스포츠권 참조
9	다	4부. 스포츠에서 환경과 동물윤리, 1장. 스포츠와 환경윤리, 1. 스포츠에서 파생되는 환경윤리적인 문제들 참조
10	가	4부. 스포츠에서 환경과 동물윤리, 1장. 스포츠와 환경윤리, 3. 지속 가능한 스포츠 발달의 윤리적 전제 참조
11	라	4부. 스포츠에서 환경과 동물윤리, 2장. 스포츠와 동물윤리, 2. 경쟁 · 유희 · 연구도구로 전락한 동물의 권리 참조
12	가	5부. 스포츠와 폭력, 1장. 스포츠폭력, 2. 격투스포츠의 윤리적 논쟁: 이종격투기, 다. 격투스포츠의 윤리성 참조
13	가	5부. 스포츠와 폭력, 2장. 선수폭력, 1. 폭력을 성찰하는 이론, 3. 스포츠폭력의 유형, 나. 선수 또는 지도자가 심판에게 가하는 폭력 참조
14	다	6부. 경기력 향상과 공정성, 1장. 도핑, 1. 도핑의 의미 참조
15	가	6부. 경기력 향상과 공정성, 1장. 도핑, 1. 도핑의 의미 참조
16	다	7부. 스포츠와 인권, 1장. 학생선수와 인권, 4. 체육특기자의 진학과 입시제도의 문제, 가. 체육특기자제도 참조
17	가	7부. 스포츠와 인권, 1장. 학생선수와 인권, 4. 체육특기자의 진학과 입시제도의 문제, 다. 체육특기자의 진학과 입시제도 문제의 해결방안 참조
18	가	7부. 스포츠와 인권, 3장. 스포츠와 인성교육, 2. 학교체육의 인성교육적 가치, 가. 스포츠교육과 인성발달, 나. 학교체육의 인성교육적 가치 참조
19	라	8부. 스포츠조직과 윤리, 1장. 스포츠와 정책윤리, 3. 스포츠정책과 윤리성 문제, 다. 스포츠정책윤리의 확보방안 참조
20	라	8부. 스포츠조직과 윤리, 2장. 심판의 윤리, 1. 심판의 윤리기준 참조

한국체육사 실전모의고사

01 체육사의 연구영역에 해당되지 않는 것은?

　가. 통사적 · 세계사적 연구영역

　나. 시대적 · 지역적 연구영역

　다. 개별적 · 특수적 연구영역

　라. 현재적 · 미래적 연구영역

02 우리나라에서 체육이란 용어를 처음 사용한 사람은?

　가. 문일평　　　　　　　　　나. 윤치호

　다. 원응상　　　　　　　　　다. 유길준

03 우리나의 전통체육과 근대체육의 구분 기준의 시대는?

　가. 병자수호조약(1876)　　　나. 임오군란(1882)

　다. 을미사변(1895)　　　　　라. 갑오개혁(1984)

04 신라의 화랑도에 대한 내용으로 올바르지 않은 것은?

　가. 귀족자제들이 참여하였다.

　나. 심신의 조화로운 인간상을 지향하였다.

　다. 활인심방이라는 보건체조를 실시하였다.

　라. 무예수련을 통해 인재를 양성하였다.

05 다음 중 삼국시대 교육단체 및 기관의 연결이 잘못된 것은?

　가. 백제 – 국학　　　　　　　나. 신라 – 화랑도
　다. 고구려 – 태학　　　　　　라. 고구려 – 경당

06 고려시대 지방 교육기관으로서 궁사와 음악 교육 등이 이루어졌던 곳은?

　가. 향학　　　　　　　　　　나. 7제
　다. 학당　　　　　　　　　　라. 국학

07 고려의 유희 활동 중 귀족들의 사치로 인하여 대중스포츠가 되지 못한 것은?

　가. 격구(擊毬)　　　　　　　나. 방응(放鷹)
　다. 추천(鞦韆)　　　　　　　라. 수박(手搏)

08 조선시대 무과(武科) 시험방법으로 바르지 않은 것은?

　가. 소과와 대과로 구별되었다.
　나. 초시, 복시, 전시 세 단계로 구성되었다.
　다. 무관의 자손, 향리 등이 응시할 수 있었다.
　라. 궁술, 마술, 총술, 강서 시험으로 나뉘었다.

09 조선시대의 육예(六藝) 중 신체활동과 관련된 것은?

　가. 서(書)　　　　　　　　　나. 예(禮)
　다. 사(射)　　　　　　　　　라. 수(數)

10 고종이 전 국민에게 덕양, 체양, 지양의 3대 교육분야를 조화롭게 가르쳐야 한다고 발표한 것은?

가. 조선교육령
나. 학제개혁
다. 교육조서
라. 소학교령

11 일제강점기의 체육단체로 다음의 설명에 알맞은 단체는?

> 보기
> 1920년 7월 13일에 창립. 조선인의 체육을 지도 장려함을 목적으로 삼고, 체육에 관한 조사 연구 및 선전, 체육 도서의 발행, 각종 경기대회의 주최 및 후원, 기타 체육회 사업 등의 활동을 실행하였다. 1948년 9월 3일 대한체육회로 명칭을 변경하였다.

가. 조선체육회
나. 황성기독교청년회
다. 관서체육회
라. 고려구락부

12 일제강점기 일장기 말소사건에 대한 내용으로 알맞지 않은 것은?

가. 1936년 베를린올림픽대회에서 우승한 손기정의 사진에 일장기가 지워진 것이다.
나. 일본인 단체였던 조선체육협회를 해산시키고 조선체육회를 결성하는 계기가 되었다.
다. 체육을 통해 일제에 항거하는 민족주의적 투쟁 정신이 표출된 대표적 사례이다.
라. 동아일보는 무기 정간을 당하고 일장기를 말소한 이길용 기자 등이 징역을 받았다.

13 오늘날 대한체육회의 전신으로서 일제강점기에 설립된 체육단체는?

가. 관서체육회
나. 조선체육진흥회
다. 조선체육회
라. 조선체육협회

14 다음 중 오늘날 전국체육대회의 효시가 되는 대회는?

가. 제1회 전 조선축구대회
나. 제1회 전 조선야구대회
다. 제1회 전 조선종합경기대회
라. 제1회 전 조선육상경기대회

15 1980년대에 출범한 프로스포츠 종목이 아닌 것은?

가. 프로야구
나. 프로축구
다. 프로씨름
라. 프로농구

16 다음 중 처음으로 KOREA라는 명칭으로 태극기를 들고 참가한 하계올림픽대회는?

가. 1960년 로마올림픽대회
나. 1956년 멜버른올림픽대회
다. 1952년 헬싱키올림픽대회
라. 1948년 런던올림픽대회

17 광복이후 하계올림픽 최초의 대한민국 금메달리스트는?

가. 김성집
나. 하형주
다. 양정모
라. 서윤복

18 대한민국의 국기인 태권도가 정식종목이 된 하계올림픽대회는?

가. 1988년 서울올림픽대회
나. 2000년 시드니올림픽대회
다. 1996년 애틀랜타올림픽대회
라. 2008년 베이징올림픽대회

19 남북단일팀이 구성되어 처음으로 참가한 국제대회는?

　　가. 제1회 지바세계탁구선수권대회　　나. 제6회 세계청소년선수권대회
　　다. 제11회 베이징아시아경기대회　　라. 제14회 부산아시아경기대회

20 다음 중 남북스포츠 친선교류대회가 아닌 것은?

　　가. 남북통일축구대회　　나. 남북통일농구대회
　　다. 남북통일배구대회　　라. 남북통일탁구대회

한국체육사 정답 및 해설

문항	정답	해설
1	라	1부. 한국체육사 개관, 1장 체육사의 이해, 1. 체육사의 정의 가. 체육사의 학문적 위치와 영역 참조
2	다	1부. 한국체육사 개관, 1장 체육사의 이해, 3. 체육과 스포츠의 개념 변천 참조
3	라	1부. 한국체육사 개관, 1장 체육사의 이해, 4. 전통체육과 근대체육 참조
4	다	2부. 선사·부족국가와 삼국시대의 체육, 2장. 삼국시대의 체육, 1. 삼국시대의 생활과 체육, 나. 삼국시대의 체육 참조
5	가	2부. 선사·부족국가와 삼국시대의 체육, 2장. 삼국시대의 체육, 1. 삼국시대의 생활과 체육, 나. 삼국시대의 체육 참조
6	가	3부. 고려시대와 조선시대의 체육, 1장. 고려시대의 체육, 1. 고려시대의 사회와 체육 나. 고려시대의 교육, 다. 고려시대의 체육 참조
7	가	3부. 고려시대와 조선시대의 체육, 1장. 고려시대의 체육, 3. 고려시대의 민속놀이와 오락, 가. 귀족사회의 민속놀이 참조
8	가	3부. 고려시대와 조선시대의 체육, 2장. 조선시대의 체육, 1. 조선시대의 사회와 체육, 다. 과거제도 참조
9	다	3부. 고려시대와 조선시대의 체육, 2장. 조선시대의 체육, 1. 조선시대의 사회와 체육, 라. 조선시대의 체육 참조
10	라	4부. 개화기와 일제강점기의 체육·스포츠, 1장. 개화기의 체육·스포츠, 1. 개화기의 사회와 교육, 나. 개화기의 교육 참조
11	가	4부. 개화기와 일제강점기의 체육·스포츠, 2장. 일제강점기의 체육, 2. 일제강점기의 스포츠, 다. 스포츠단체의 결성과 활동 참조
12	나	4부. 개화기와 일제강점기의 체육·스포츠, 2장. 일제강점기의 체육, 3. 일제강점기 민족주의적 스포츠 활동, 다. 손기정과 베를린올림픽경기대회 참조
13	다	5부. 현대 체육·스포츠, 1장. 체육행정조직 및 체육단체, 2. 민간 체육단체, 가. 대한체육회 참조
14	나	4부. 개화기와 일제강점기의 체육·스포츠, 2장. 일제강점기의 체육, 2. 일제강점기의 스포츠, 다. 스포츠단체의 결성과 활동 참조
15	라	5부. 현대 체육·스포츠, 4장. 현대스포츠와 정치, 2. 제5공화국은 스포츠공화국, 나. 오직 스포츠, 스포츠, 스포츠 참조
16	라	6부. 국제스포츠대회 참가, 1장. 하계올림픽경기대회, 2. 한국의 하계올림픽경기대회 참가 역사, 가. 한국의 하계올림픽경기대회 도전기(1948~1972) 참조
17	다	6부. 국제스포츠대회 참가, 1장. 하계올림픽경기대회, 2. 한국의 하계올림픽경기대회 참가 역사, 라. 한국의 하계올림픽경기대회 세계화기(1992~2012) 참조
18	나	6부. 국제스포츠대회 참가, 1장. 하계올림픽경기대회, 2. 한국의 하계올림픽경기대회 참가 역사, 라. 한국의 하계올림픽경기대회 세계화기(1992~2012) 참조
19	가	7부. 남북체육교류, 2장. 남북체육교류, 3. 남북체육교류, 가. 남북 단일팀 구성 참조
20	다	7부. 남북체육교류, 2장. 남북체육교류, 3. 남북체육교류, 나. 남북 스포츠 친선교류 참조

특수체육론 실전모의고사

01 특수체육의 의미에 대한 설명 중 빈칸에 들어갈 알맞은 말은?

> **보기**
> 특수체육은 ( )체육이라고도 불리며, ( )은 환경, 과제 그리고 개인에 대한 형식적·비형식적 평가 결과에 따라 환경이나 과제의 변인들을 수정·조정·변화시켜주는 과정을 의미함

가. 교정
나. 변형
다. 발달
라. 적응

02 장애인의 임파워먼트에 대한 특징 중 다음 설명으로 알맞은 것은?

> **보기**
> - 적극적으로 개인적 삶의 의사결정을 함
> - 운동과 재활 참여에 대한 선택을 함
> - 서비스의 계획과 조직에 영향을 줌

가. 자결성
나. 사회적 참여
다. 자기 존중감
라. 개인적 유능감

03 특수체육에 대한 우리나라의 주요 법률에 해당하지 <u>않는</u> 것은?

가. 특수교육진흥법
나. 장애인복지법
다. 전장애아동교육법
라. 장애아동복지지원법

04. 특수체육에서 장애인의 특성 및 특별한 요구를 판별하고 그에 따른 진단, 배치, 평가를 수시로 수행하는 과정의 넓은 개념은?

　가. 선별　　　　　　　　　　　　나. 탐색
　다. 사정　　　　　　　　　　　　라. 표준화 검사

05. 장애인 대상 검사도구 중 TGMD에 대한 설명으로 옳은 것은?

　가. 위닉(Joseph P. Winnick)과 숏(Francis X. Short)이 제작
　나. 규준지향검사의 특성을 갖춤
　다. 10~17세를 대상으로 하는 검사도구
　라. 12개의 대근운동기술을 측정할 수 있도록 구성

06. BPET 검사의 진행과정의 순서는?

> 보기
> ㉠ 건강 관련 체력의 평가　　　　㉡ 적절한 검사 종목의 선정
> ㉢ 대상 아동에 대한 장애 유형과 능력 및 수준　　㉣ 선정된 검사 종목의 측정

　가. ㉢-㉠-㉡-㉣　　　　　　　　나. ㉡-㉣-㉢-㉠
　다. ㉢-㉡-㉣-㉠　　　　　　　　라. ㉡-㉣-㉠-㉢

07. 운동학습 이론에서의 생태학적 접근에서 들어갈 이론으로 알맞은 것은?

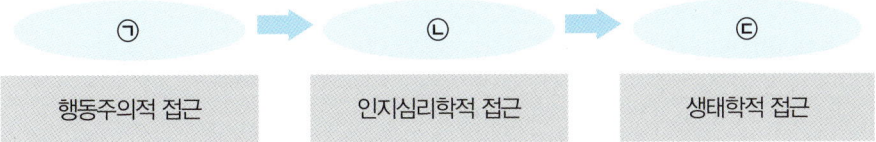

행동주의적 접근　→　인지심리학적 접근　→　생태학적 접근

　가. ㉠: 조건반사 이론, ㉡: 다이내믹 이론, ㉢: 정보처리 이론
　나. ㉠: 조건반사 이론, ㉡: 정보처리 이론, ㉢: 다이내믹 이론
　다. ㉠: 정보처리 이론, ㉡: 조건반사 이론, ㉢: 다이내믹 이론
　라. ㉠: 정보처리 이론, ㉡: 다이내믹 이론, ㉢: 조건반사 이론

08 과제분석에 대한 설명으로 바르지 않은 것은?

가. 과제분석은 대표적인 형식적 검사임

나. 운동기술과 움직임의 부분별 구성요소와 각 부분의 연속적 과정을 분리하는 절차가 포함됨

다. '생태학적 과제분석'은 운동기술 혹은 움직임뿐 아니라 학생의 특성과 선호도와 환경 요소도 고려함

라. '생체역학적 과제분석'은 '이상적인' 수행을 설명하기 위해서 과제의 생체역학적 요소 혹은 '초점' 목록을 포함시킴

09 개별화교육계획(IEP)의 개발 절차 순서로 알맞은 것은?

가. 의뢰-진단 및 평가-사정-통보-실행-재검토

나. 사정-의뢰-진단 및 평가-실행-통보-재검토

다. 진단 및 평가-사정-의뢰-통보-실행-재검토

라. 의뢰-사정-진단 및 평가-실행-통보-재검토

10 다음의 설명으로 알맞은 지도 형태에 따른 접근법은?

> **보기**
> 지도자가 통제권을 갖고 주입식으로 교육시키는 형태의 지도 방식으로, 참여자의 수동적 참여와 동기 유발이 어려울 수 있음

가. 과제형 지도방식

나. 독립적 지도 방식

다. 문제 해결형 지도방식

라. 명령형 지도 방식

11 행동의 형성과정 중 새로운 행동을 가르칠 때 처음 도입하는 방법은 무엇인가?

가. 전체 과제형 연쇄법　　　나. 행동형성법

다. 일반화　　　　　　　　　라. 행동연쇄법

12 강화기법 중 정적강화에 대한 설명으로 바르지 않은 것은?

가. 토큰강화: 대상자가 스티커, 배지, 카드, 음식물, 상장 등을 수집하여 다른 강화인에게 교환하게 해 주는 것

나. 용암법: 처음의 지원, 도움을 점진적이고 체계적으로 제거하는 것

다. 프리맥의 원리: 대상에게 느끼는 공포, 불안을 점차 감소시켜 문제행동을 감소시키는 것

라. 행동계약: 지도자와 아동, 부모와 아동 간에 행동을 약속하고 계약서에 명시하는 방법

13 지적장애에 대한 진단의 3가지 고려사항에 포함되지 않는 것은?

가. 적응행동
나. 만 18세
다. 상동행동
라. 지적 기능성

14 지적장애인의 스포츠 지도 전략에 대한 설명으로 바른 것은?

가. 장애가 심할 경우, 과제 분석을 할 필요가 없음

나. 스포츠 과제 지도는 언어지도-시범(모델링)지도-직접지도가 있음

다. 최대한 스포츠 과제 변형을 많이 해야 함

라. 시범(모델링)지도는 직접지도를 통해 과제수행에 실패한 지적장애인을 대상으로 함

15 정서 및 행동장애의 특성 분류 기준의 교육적 분류에 해당하는 것은?

가. 틱 장애
나. 품행장애
다. 상동행동
라. 외현화 행동

16 자폐성장애에 대한 설명으로 알맞은 것은?

가. 약 80%의 자폐성장애인들이 성인이 되어서도 음성언어를 사용하지 못함

나. 정서 및 행동장애와 동일한 기능적 행동 사정과 긍정적 행동 중재를 적용하면 안됨

다. 연속동작의 종목보다는 불연속동작의 종목이 적합함

라. 문제행동의 동기은 감각(자기-자극)-회피-관심끌기-선호 물건·행동으로 구분됨

17 시각장애인에 대한 스포츠 지도전략에 대한 설명으로 옳지 않은 것은?

가. 체력과 운동수행 능력은 시각장애가 직접적인 원인이 되는 것은 아님
나. 약시인 시각장애인은 잔존 시력을 가지고 있으므로 현재의 시각 능력을 평가하는 것이 중요함
다. 환경구성을 단순화해야 함
라. 운동지도 방법은 언어지도-시범(모델링)지도-직접지도의 단계를 따름

18 지체장애에 대한 설명으로 옳지 않은 것은?

가. 대부분의 adapted sports가 지체장애인을 대상으로 하고 있음
나. 대부분의 지체장애인들은 수술-운동재활-의학적 재활-스포츠 활동의 단계를 거침
다. 성별로 남자의 경우 절단, 여자의 경우 관절장애가 특히 많은 비율을 나타냄
라. 난청은 보청기를 사용해도 소리를 청각적으로 이해할 수 없음

19 운동동작의 빠르기, 평형성, 협응 능력을 제어하는 소뇌의 손상에 의해 발생하는 뇌병변장애로 바른 것은?

가. 외상성 뇌손상　　　　　나. 경직형 뇌성마비
다. 운동실조형 뇌성마비　　라. 무정위운동형 뇌성마비

20 뇌성마비 장애인의 스포츠 지도전략으로 옳지 않은 것은?

가. 스포츠 활동 참여를 통해 뇌성마비인의 신체 기능을 충분히 회복시킬 수 있음
나. 신경학적 손상에 의해 발생되는 장애로서 수의근을 제어해서 신체활동을 수행하는데 한계가 있음
다. 신체의 중심을 유지하며 이동하는데 어려움이 있음
라. 안전한 바닥을 갖춘 시설이나 매트 등이 필요함

특수체육론 정답 및 해설

문항	정답	해설
1	라	특수체육은 '적응체육'이라고 불리기도 하고 특수체육 서비스 전달체계의 핵심이론은 '적응이론(Adaptation Theory)'임
2	가	장애인의 임파워먼트의 3가지 일반적 특징은 자결성, 사회적 참여, 개인적 유능감임
3	다	다. 전장애아동교육법은 1975년 미국에서 제정된 전 세계의 장애인 교육 관련 법령의 기준이 된 법률
4	다	사정은 특수체육에서 장애인의 특성 및 특별한 요구를 판별하고 그에 따른 진단, 배치, 평가를 수시로 수행하는 과정으로 지도가 이루어지는 단계와 목적을 기준으로 선별을 위한 사정, 진단을 위한 사정, 평가를 목적으로 하는 사정으로 구분됨
5	라	TGMD 검사는 Ulrich(1985)가 개발한 대근운동능력 측정 검사도구로서 준거지향검사와 규준지향검사의 특성을 모두 갖춘 3~10세 아동을 대상으로 하는 검사도구임
6	다	BPET 검사의 진행과정: 대상 아동에 대한 장애 유형과 능력 및 수준 → 적절한 검사 종목의 선정 → 선정된 검사 종목의 측정 → 건강 관련 체력의 평가
7	나	운동학습 이론에서의 생태학적 접근은 행동주의에 입각한 조건반사 이론, 인지심리학적 관점에서의 정보처리 이론, 생태학적 접근의 다이내믹 이론으로 거쳐왔음
8	가	과제분석은 대표적인 '비'형식적 검사임
9	가	개별화교육계획(IEP)의 개발 절차 순서: 의뢰–진단 및 평가–사정–통보–실행–재검토
10	라	지도 형태에 따른 접근은 명령형 지도 방식, 과제형 지도 방식, 문제 해결형 지도 방식으로 구분됨
11	나	행동의 형성과정은 행동형성법 → 행동연쇄법 → 일반화로 진행. 행동형성법은 새로운 행동을 가르칠 때 처음 도입하는 방법으로, 학습목표를 설정한 후 비슷한 행동을 했을 때 적극적으로 강화하여 성취감 및 흥미를 가지게 한 후, 최종적 목표행동 시 강화를 제공하여 행동을 배우게 하는 것
12	다	다. 프리맥의 원리는 빈도가 높은 행동으로 빈도가 낮은 행동을 강화시키는 것임
13	다	상동행동은 자폐성장애의 대표적 특성이며, 상동행동이란 같은 동작을 반복적으로 하거나 또는 동일한 상황에서 같은 행동을 하는 것
14	나	가. 장애가 심할 경우 과제분석은 더 세분화됨 다. 지나친 과제의 변형과 낮은 난이도는 지적장애인의 참여 동기를 낮출 수 있으며, 운동의 효과 또한 미미해질 수 있음 라. 시범(모델링)지도는 언어지도를 통해 과제수행에 성공하지 못하는 지적장애인을 대상으로 실시함
15	다	가. 틱 장애는 임상적 분류, 나 품행장애는 차원적/통계적 분류, 라 외현화 행동은 외현화/내현화 분류에 해당됨
16	라	가. 약 50%의 자폐성장애인은 성인이 되어도 음성언어를 사용 못함 나. 기능적 행동 사정과 긍정적 행동 중재는 정서 및 행동장애와 동일하게 적용하면 됨 다. 불연속동작의 종목보다는 연속동작의 종목이 적합함
17	라	라. 시각장애인의 운동지도는 언어지도–촉각 탐색–직접지도의 단계
18	나	나. 대부분 지체장애인은 수술–의학적 재활–운동재활–스포츠 활동의 단계를 거치게 됨
19	다	뇌성마비의 한 종류인 운동실조형 뇌성마비는 운동동작의 빠르기, 평형성, 협응 능력을 제어하는 소뇌의 손상에 의해 발생하며, 비연속 걸음걸이와 몸통을 흔들면서 걷는 특징이 있음
20	가	뇌성마비인의 신체 기능은 스포츠 활동 참여를 통해 회복하기는 어렵지만, 근육과 제어능력을 더 이상 나빠지지 않게 하고 추가적인 손상 발생을 예방함

유아체육론 실전모의고사

01 연령별로 신체적 발달 및 특성으로 맞지 않은 것은?

　가. 1세: 두뇌가 가장 급진적으로 성장하는 시기이다.
　나. 2세: 신장과 체중의 발달이 더디다.
　다. 3세: 머리의 넓이가 거의 완성되는 시기이다.
　라. 4세: 키는 성인의 60% 정도에 이른다.

02 유아기 감각기관에 대한 특징으로 맞지 않은 것은?

　가. 시각: 영유아 시기 가장 빨리 발달하는 기능
　나. 촉각: 영아가 주변환경에 대한 반응성으로 이미 엄마의 뱃속에서 느끼게 됨
　다. 후각: 신생아는 자신과 가장 가까운 사람을 변별하는 초기 수단으로 이용
　라. 미각: 신생아는 단맛을 빠른 속도로 빠는 경향을 보임

03 다음 중 신체기능적 발달 특성 중 신경기능 발달에 해당되지 않는 것은?

　가. 체격에 비해 근력이 약함
　나. 척수가 빠르게 발달됨
　다. 유아기 신경기능 발달이 빠르게 나타남
　라. 유아기 평형성, 정확성 등 발달이 미흡

04 유아기 정서적 발달로 맞는 것은?

　가. 타인중심적이다.
　나. 새로운 상황을 두려워하지 않는다.
　다. 2~3세 아동은 안정되고, 순응적인 경우가 많다.
　라. 4~5세가 되면 놀이를 통해 리더십, 경쟁, 협동, 사회적 인식이 발달된다.

05 유아기의 인지적 발달 특성과 관계가 없는 것은?

가. 관심과 호기심이 많다.
나. 주의 집중하는 시간이 짧다.
다. 운동능력과 지능은 상관관계가 전혀 없다.
라. 대부분을 놀이를 통해 시간을 보낸다.

06 유아기의 사회발달 특성과 관계가 없는 것은?

가. 유아의 사회관계집단은 가족집단, 또래집단, 학교집단 등으로 구성되어 있다.
나. 가족집단의 중심적 위치는 놀이이다.
다. 유아집단은 유희집단이 대부분이다.
라. 놀이는 감정표출, 분쟁, 경쟁, 협동 등 사회적 행동의 기초를 학습할 수 있다.

07 유아기의 건강 3요소에 해당하지 않는 것은?

가. 영양 나. 수면
다. 운동 라. 체력

08 다음 보기가 설명하는 것은 무엇인가?

> 보기
>
> 출생 후 기본적인 움직임
> 불수의적인 의지에 따라 나타나는 움직임

가. 지각 발달 나. 반사
다. 안정성 운동 라. 이동 운동

09 유아기 운동발달 프로그램의 구성 원리에 속하지 않는 것은?

가. 순환성 나. 적합성
다. 방향성 라. 안전성

10 운동프로그램의 구성 요소에 속하지 않는 것은?

가. 빈도
나. 강도
다. 시간
라. 속도

11 유아체육 지도자 역할로서 적합하지 않는 것은?

가. 신체발달을 향상시키도록 지도
나. 놀이를 중심으로 신체활동을 적극적으로 이용
다. 안전사고에 대한 사전준비와 예방책 마련
라. 신체활동은 물론 인지적, 정서적, 사회적 발전을 함께 도모

12 운동발달 프로그램 중 적합성의 원리 중 적합하지 않은 것은?

가. 영아: 엄마와의 접촉, 영아의 반사에 대한 엄마의 반응
나. 2~3세: 초보 움직임 단계로 기기, 걷기, 이동하기 등을 반영한 운동프로그램
다. 3~4세: 기본 움직임 단계로 뛰기, 달리기, 매달리기, 던지기 등을 반영한 운동프로그램
라. 5~6세: 게임을 이용한 사교 및 학습 능력 향상

13 운동발달의 일반적 원리로 옳지 않은 것은?

가. 발달은 계속적인 과정이면서 발달 속도 또한 모두가 동일하다.
나. 유아의 발달은 일정한 순서에 의해 진행
다. 발달은 연속적이며, 점진적
라. 발달은 통합적으로 이루어짐

14 Gallahue의 움직임 발달 모형 및 단계 특성으로 옳지 않은 것은?

가. 반사적 운동: 의식적으로 신체를 조정하는 것
나. 초보적 운동: 의도적으로 신체 움직임/운동이 시작
다. 기초적 운동: 2~7세 정도로 기본 운동 능력과 기초 체력 형성
라. 전문화된 운동: 7세 이후 전문적이고, 운동능력 발달 시기

15 유아기 운동프로그램 계획 시 주의 사항으로 옳지 않은 것은?

가. 연령에 따른 발달의 차이와 개인차 고려

나. 집중력을 요하는 프로그램으로 구성

다. 빈도, 강도, 시간, 형태의 적절성 반영

라. 활동적이고 재미의 가미

16 다음 보기가 설명하는 운동프로그램의 기본 원리는 무엇인가?

> **보기**
> 기초단계부터 향상단계까지 잘 만들어진 프로그램을 구성하고 제공해야 함. 특히 프로그램 구성 시 유아기의 신체적, 정서적, 사회적 특성을 반영하여야 하며, 운동발달, 인지발달, 정서발달이 통합적으로 교육될 수 있도록 프로그램 구성이 이루어져야 함

가. 적합성의 원리   나. 방향성의 원리

다. 연계성의 원리   라. 안정성의 원리

17 유아기 기본 움직임 기술에 대해 잘못 짝지어진 것은?

가. 안정성 운동: 축 기준으로 구부리기, 늘리기, 흔들기

나. 이동 운동: 기본운동으로 갤로핑, 슬라이딩, 스키핑

다. 조작 운동: 추진성 운동으로 던지기, 차기, 치기, 때리기, 올려치기

라. 안정성 운동: 동적·정적 자세로 구르기, 시작, 멈추기, 피하기

18 지도자의 자세 및 자질로 적합하지 않은 것은?

가. 유아의 발달특성 이해

나. 유아와의 원활한 상호 작용

다. 유아 교육을 이해

라. 권위주의적인 교수법 활용

19 운동프로그램 지도 원리 중 해당하지 않는 것은?

가. 놀이 중심의 원리

나. 생활 중심의 원리

다. 단순화 원리

라. 반복학습의 원리

20 교재교구의 배치에 대한 설명으로 옳은 것은?

가. 유아의 눈에 쉽게 띄고 눈높이에 맞도록 설치

나. 시계나 액자 등 유리 제품 선택

다. 촉각훈련을 위해 뾰족한 용기구를 사용

라. 운동기구를 한꺼번에 접할 수 있도록 병렬식 배치

유아체육론 정답 및 해설

문항	정답	해설
1	나	나는 신장과 체중의 발달이 빠른 시기임
2	가	가는 영유아 시기 가장 늦게 발달하는 기능으로 생후 1~2주까지 움직이는 물체에 시선을 둘 수 있음. 시력의 경우 성인만큼 볼 수 있으려면 6개월~1년 소요
3	가	신경기능은 척수 발달, 신경기능 발달, 평형성·정확성 등 발달 정도가 해당되지만, 가는 근력기능에 해당됨
4	라	유아기 정서적으로 자기중심적, 새로운 상황에 두려움을 갖고 있으며, 2~3세 아동의 경우 불안정하는 등의 특징을 갖고 있음
5	다	유아기 인지적 발달의 특성은 주의집중시간이 매우 짧고, 관심과 호기심이 많은 시기로 특히 대부분의 시간을 놀이로 보내고 있어, 놀이를 통해 신체와 움직임 능력을 학습함. 그리고 운동능력과 지능의 상관관계가 높아 신체의 활용 능력에 따라 지능발달에 직접적인 영향이 있음
6	나	유아기 또래집단에서 놀이가 중심적 위치에 있음
7	라	유아기의 건강 3요소는 영양, 수면, 운동으로 구성되어 있음
8	나	반사는 출생 후 기본적인 움직임으로 무의식적으로 신체가 움직이는 것이며 빨기반사, 모로반사, 바빈스키 반사 등이 있음
9	가	유아기 운동발달 프로그램을 위한 4가지 구성 원리는 적합성, 방향성, 특이성, 안전성이 있음
10	라	운동프로그램 4가지 구성 요소는 운동빈도, 운동강도, 운동시간, 운동형태가 있음
11	다	지도자의 역할로서 신체발달을 향상시키도록 지도, 놀이를 중심으로 신체활동을 적극적으로 이용, 신체활동은 물론 인지적, 정서적, 사회적 발전을 함께 도모해야 함. 다는 지도자의 유의점에 해당함
12	라	5~6세를 대상으로 운동발달 프로그램 적합성을 위해서는 게임이 아닌 놀이를 이용하여 사교 및 학습 능력을 향상시키도록 함
13	가	발달의 일반적인 원리로는 일정한 순서에 의해 진행, 계속적인 과정이되 속도는 개개인의 차이가 존재, 연속적·점진적으로 진행, 통합적으로 진행됨
14	가	겔라휴(Gallahue)의 움직임 발달 모형 및 단계별 특성으로 반사적 운동은 신생아 시기로 무의식적으로 신체가 움직이는 특성을 갖고 있음
15	나	집중력을 요하는 프로그램이 아닌 의사소통이 가능하고, 사회적 기술을 개발할 수 있으며, 서로 나누고 협력하고 바꿔보도록 유도할 수 있게 계획함
16	다	연계성의 원리란 기초단계부터 향상단계까지 잘 만들어진 프로그램을 구성하고 제공하는 데에 있어 프로그램 구성 시 유아기의 신체적, 정서적, 사회적 특성을 반영하며, 운동발달, 인지발달, 정서발달이 통합적으로 교육될 수 있도록 프로그램을 구성하는데 초점을 두고 있음
17	나	나는 유아기 기본 움직임 기술에서 이동운동 중 복합운동을 가리킴
18	라	지도자의 자세 및 자질로서 유아의 발달특성 이해, 유아에 대한 관심과 이해, 유아와 원활한 상호작용, 유아의 호기심과 흥미유발, 유아 교육을 이해, 체육활동 지도 능력 등을 갖추어야 함
19	다	운동프로그램 지도 원리로는 놀이 중심의 원리, 생활 중심의 원리, 개별화 원리, 탐구학습의 원리, 반복학습의 원리, 융통성의 원리, 통합의 원리가 있음
20	가	올바른 교재교구 배치는 시각적 효과의 운동기구 배치(교재교구는 유아가 쉽게 선택하고, 갖고 놀 수 있도록 눈높이에 맞춰 배치), 운동기구 관리(운동도구는 여름철 습기에 각별히 주의해야 하고, 조립식 철봉 등은 반드시 분해하여 보관하며 자주 사용하지 않는 도구는 손이 닿지 않도록 보관), 병렬식 배치(정리 및 쉽게 익숙해질 수 있는 효과, 학기 초 유아들이 운동기구에 익숙해질 때까지 팀을 나누어 병렬식 배치로 운영), 순환식 배치(한꺼번에 다량으로 접할 수 있는 효과. 운동기구와 기구의 연결은 유니바를 사용하여 많은 재미와 만족감을 줄 수 있음) 등의 방법이 있음

노인체육론 실전모의고사

01 신체내부의 노화속도를 결정하는데 있어 생물학적 이론과 관련이 없는 것은?

　가. 노화의 욕구단계 이론　　나. 노화의 유전학적 이론
　다. 노화의 점진적 불균형이론　라. 노화의 손상이론

02 노인과 관련된 설명 중 바른 것은?

　가. 전체 인구 중 65세 이상의 노인인구가 차지하는 비중이 20% 이상일 때 '고령사회'라고 한다.
　나. 사회가 고령화되면 복지비용은 감소하고 의료비의 비중도 감소한다.
　다. 성공적 노화란 신체적, 인지적 기능 뿐만 아니라 사회적 역할과 생산활동 등에 적극적으로 참여하는 것을 말한다.
　라. 노화의 사회적 이론으로는 손상이론과 점진적 불균형이론 등이 있다.

03 노화의 사회적 이론에 대한 설명으로 가장 바르지 않은 것은?

　가. 개인의 사회적 환경과 자연환경이 노화과정에 영향을 미친다.
　나. 부적합한 사회적 환경과 자연환경은 사망률과 질병 발병률을 증가시킨다.
　다. 부적합한 사회적 환경과 자연환경은 전반적인 건강 및 웰빙의 감소와 관련이 있다.
　라. 스트레스는 호르몬 분비 기능에 영향을 미쳐 호르몬 불균형과 부족을 가져와 대사적 불균형을 초래한다.

04 노화와 관련된 인지기능에서 나타나는 보편적 변화가 아닌 것은?

　가. 기억력 저하　　　　나. 빠른 정보처리 속도
　다. 인지능력의 저하　　라. 느려진 반응시간

05 운동(수행)관련 체력과 거리가 먼 것은?

　가. 순발력　　　　　　　　　나. 평형성
　다. 민첩성　　　　　　　　　라. 근력

06 노인 운동참여에 대한 신체 및 생리적 효과가 아닌 것은?

　가. 면역 기능의 변화　　　　나. 사회성 향상
　다. 골격근의 변화　　　　　라. 골밀도 감소율 저하

07 노인의 신체활동을 통한 사회성 발달에 대한 설명으로 가장 바른 것은?

　가. 규칙적으로 신체활동에 참가하면 사회활동에서 은퇴하고자 하는 욕구가 커진다.
　나. 신체활동이 소규모 집단에서 이루어질 때만 사회적, 문화적 교류가 증진된다.
　다. 집단 신체활동은 새로운 우정과 교류를 촉진시킨다.
　라. 신체활동은 노화와 노인의 부정적인 고정관념을 강화시킨다.

08 운동의 효과에 대한 설명으로 가장 바른 것은?

　가. 무산소성 운동은 심폐지구력 증진과 관절의 유연성에 영향을 미친다.
　나. 노인에게 저항운동은 근력을 유지하는데 도움이 된다.
　다. 운동이 노인에게 미치는 인지적 효과는 거의 미미하다.
　라. 유산소성 운동은 노인 근비대에 적합하다.

09 노인의 운동 프로그램 요소에 대한 설명으로 바르지 않은 것은?

　가. 운동빈도, 운동강도, 운동시간, 운동종류를 고려하여 구성한다.
　나. 유산소운동은 주 3회 이상을 권장한다.
　다. 유연성은 연령이 증가함에 따라 감소하는 경향이 있다.
　라. 운동의 빈도를 결정하는 방법으로는 최대산소섭취량, MET 활용법 등이 있다.

10 자아효능감 이론에 대한 설명으로 바르지 않은 것은?

가. 신념과 행동사이의 관계를 설명하는 이론으로 태도, 주관적 규범 등이 행동에 영향을 미친다.

나. 경험, 모델, 설득 등이 자아효능감을 발달시킨다.

다. 행동변화에 대한 기대, 결과에 대한 기대 등이 자아효능감에 영향을 미친다.

라. 개인의 행동변화와 행동변화를 위한 동기유발과 관련이 있다.

11 노인 운동참여자들의 목표설정에 대한 설명으로 바르지 않은 것은?

가. 측정 가능함: 참여자는 목표가 달성되었는지를 판단할 수 있어야 함

나. 구체적임: 참여자가 운동하는 시간을 구체적으로 명시해야 함

다. 현실적임: 참여자 스스로가 달성할 수 있다고 확신하는 목표를 통해 자아효능감을 높여야 함

라. 행동적임: 참여자는 결과 행동적 목표보다는 결과 지향적 목표를 통해 자아 효능감을 높여야 함

12 노인의 신체활동지침에 대한 설명으로 가장 바르지 않은 것은?

가. 하루 30분, 주 3일 이상의 신체활동 참가를 권장한다.

나. 근력운동이 근골격계 질환의 발생을 감소시킨다.

다. 낙상의 위험이 있는 노인에게는 심폐지구력을 향상시키는 운동을 추천한다.

라. 질환이 있는 노인은 의학적 상황에 따라 운동의 강도와 빈도를 적절하게 조절한다.

13 비만 노인을 대상으로 한 운동의 효과에 대한 설명 중 가장 바른 것은?

가. 일반적으로 비만치료는 운동치료보다 약물요법과 수술요법을 우선적으로 시행한다.

나. 비만을 측정하는 가장 대표적인 방법은 목표심박수계산법이다.

다. 뇌졸중 위험이 있는 비만 노인에게는 서서히 운동강도를 높이는 것이 바람직하다.

라. 가벼운 산책, 자전거, 수영은 비만치료에 도움이 되는 근력운동이다.

14 고지혈증과 운동에 관해 올바른 것은?

가. 하루 운동 시간은 30분~60분 정도가 적당하다.

나. 고지혈증이 있는 노인은 운동을 금지한다.

다. 운동 빈도는 주 2회 정도 실시한다.

라. 운동 프로그램은 고강도의 운동으로 구성한다.

15 골다공증 발생부위로 적당하지 않은 것은?

가. 손목뼈   나. 척추

다. 골반   라. 턱뼈

16 알츠하이머 질환이 있는 노인을 대상으로 운동 프로그램을 실시할 때 적절하지 않은 것은?

가. 병이 진행됨에 따라 보호자가 환자를 운동 프로그램에 데려오고 싶지 않은 것에 대처한다.

나. 노인환자가 운동프로그램이나 운동환경에 흥분할 수도 있는 행동의 변화를 고려한다.

다. 노인환자의 신체 및 정신적 건강이 쇠퇴하면서 생기는 문제에 대처한다.

라. 운동 프로그램은 가능한 어렵고 복잡한 동작 위주로 구성한다.

17 스포츠지도사를 위한 운동학습 원리가 잘못 연결된 것은?

가 시범 → 새로운 기술을 어떻게 수행하는지 보여준다.

나. 언어적 지도 → 동작기술을 어떻게 수행하는지 알려준다.

다. 언어적 암시 → 전문용어를 사용하며 여러 정보를 포함시킨다.

라. 보강피드백 → 운동 참가자들의 내적인 감각 피드백을 보완하거나 증강시키는 추가적 피드백을 제공한다.

18 노인에게 아쿠아로빅스와 같은 수중운동을 실시할 때 유의 사항으로 적절하지 <u>않은</u> 것은?

가. 폐질환, 요도감염, 심부전증이 있는 사람에게 도움이 된다.

나. 충분한 준비운동을 한 후 물속에 들어간다.

다. 근력이 부족한 노인은 물속 걷기가 적합하다.

라. 입수 및 퇴수를 용이하게 하고 안전에 만전을 기한다.

19 노인 운동시설에서 안전하게 장비를 제공하기 위한 설명으로 바르지 <u>않은</u> 것은?

가. 장비는 적절하게 배치하고 정기적으로 검사하고 정비한다.

나. 안전에 유념하라는 표시를 장비의 적절한 위치에 명확히 보이도록 한다.

다. 서류로 된 위기관리 계획을 작성해 보고하도록 한다.

라. 언제든지 사용하는 시설에는 표시나 스티커를 부착하지 않도록 한다.

20 응급처치에 대한 설명 중 가장 바른 것은?

가. 심장질환의 징후가 나타나면 즉시 운동을 중지하고 병원으로 이송한다.

나. 노인운동 시설에는 자동제세동기를 설치할 필요가 없다.

다. 전문 심폐소생술은 장비 없이 시행하는 기도개방, 인공호흡을 말한다.

라. 운동 시 심한 피로나 근육통은 무시해도 된다.

노인체육론 정답 및 해설

문항	정답	해설
1	가	1부. 노화와 노인, 2장. 노화와 관련된 이론, 1. 노화와의 생물학적 이론 참조
2	다	1부. 노화와 노인, 2장. 노화와 관련된 이론, 2. 노화와의 심리학적 이론, 다. 성공적 노화 이론 참조
3	라	1부. 노화와 노인, 2장. 노화와 관련된 이론, 3. 노화와의 사회학적 이론 참조
4	나	1부. 노화와 노인, 3장. 노화에 따른 신체적 및 심리·사회적 변화, 1. 노화에 따른 신체적 특성의 변화, 다. 생리적 변화 참조
5	라	2부. 노인 운동의 효과, 1장. 운동의 개념과 역할, 1. 운동의 개념, 사. 체력 참조
6	나	2부. 노인 운동의 효과, 2장. 운동의 효과, 1. 운동의 신체적 효과 참조
7	다	2부. 노인 운동의 효과, 2장. 운동의 효과, 3. 운동의 사회적 효과 참조
8	나	2부. 노인 운동의 효과, 2장. 운동의 효과, 1. 운동의 신체적 효과 참조
9	라	3부. 노인 운동 프로그램의 설계, 1장. 운동 프로그램의 요소(FITT), 2. 운동 강도 참조
10	가	3부. 노인 운동 프로그램의 설계, 2장. 지속적 운동 참여를 위한 동기 유발 방법 참조
11	라	3부. 노인 운동 프로그램의 설계, 2장. 지속적 운동 참여를 위한 동기 유발 방법 2. 동기 유발 및 목표 설정 참조
12	다	3부. 노인 운동 프로그램의 설계, 3장. 노인 운동 프로그램의 설계와 요소, 2. 노인 신체활동 프로그램의 개요 및 구성 참조
13	나	4부. 노인 운동 프로그램의 설계, 1장. 심혈관계·호흡계·순환계 질환 운동 프로그램, 1. 비만증 참조
14	가	4부. 노인 운동 프로그램의 설계, 1장. 심혈관계·호흡계·순환계 질환 운동 프로그램, 2. 고지혈증 참조
15	라	4부. 노인 운동 프로그램의 설계, 2장. 근골격계·신경계·기타 노화성 질환 운동 프로그램, 2. 골다공증 참조
16	라	4부. 노인 운동 프로그램의 설계, 2장. 근골격계·신경계·기타 노화성 질환 운동 프로그램, 3. 치매 질환 참조
17	다	5부. 지도자의 효과적인 지도, 1장 의사소통기술, 2. 기술습득의 전달방법, 나. 운동지도자를 위한 운동학습 원리 참조
18	가	5부. 지도자의 효과적인 지도, 2장. 노인 운동 시 위험관리, 1. 노인운동시설 안전관리, 다. 장소에 관한 안전관리 참조
19	라	5부. 지도자의 효과적인 지도, 2장. 노인 운동 시 위험관리, 1. 노인운동시설 안전관리, 가. 시설 및 장비에 관한 관리 참조
20	가	5부. 지도자의 효과적인 지도, 2장. 노인 운동 시 위험관리, 1. 노인운동시설 안전관리, 2. 일반적인 응급처치법 참조

참고문헌

스포츠심리학

구해모. 1992. 운동선수의 심리조정 방안 조사연구. 체육과학연구원, 133~134.
국민체육진흥공단 체육과학연구원. 2010. 2급 생활체육지도자 연수교재. 245~360.
권태연. 2010. 우울수준과 음주행위 간의 종단적 상호관계 연구. 서울대학교 박사학위논문.
김병준. 2012. 강심장을 만드는 심리훈련. 서울: 엠에스디미디어.
김병준 · 정청희 · 김영숙 · 황진 외. 2009. 스포프심리학. 도서출판 무지개.
김병준 · 허정훈 · 문익수. 2011. 다이내믹 스포츠운동심리학. 대한미디어.
김선진. 2010. 운동발달의 이해. 대한미디어.
김선진. 2010. 운동학습과 제어. 서울: 대한미디어.
김선진. 2011. 운동발달의 이해. 서울; 서울대학교.
김성옥. 1999. 스포츠행동의 심리학적 기초. 도서출판 태근.
김창수 외. 2007. 체육교과 목표에 관한 학생의 인식. 한국여성체육학회지. 14(3). 289~304.
문화체육관광부. 2012. 국민생활체육활동참여실태조사.
박영숙 · 김용석. 1994. 심리평가의 실제. 하나의학사, 95~105.
안미정. 2005. 일반 발표 논문: 자서전 쓰기를 통한 인간 삶에 관한 연구. 목회와 상담. 5:261.
정익중. 2008. 새터민 청소년과 스트레스. 이혜원 편저. 『청소년 권리와 청소년 복지』. 인간과 복지. 33~38.
정청희 · 김병준. 1999. 스포츠심리학의 이해. 도서출판 금광.
정청희 · 김병준. 2009. 스포츠심리학의 이해. 서울: 금광.
정청희 · 황진 외. 2009. 스포츠심리학 성격편. 도서출판 무지개사.
조흥식 · 정선욱 역. 2005. 질적연구방법론. Creswell, J.W., 194.
통계청. 2011. 가구원의 만성질환. http://www.kosis.kr.
한국일보, 2012. 빈곤 사각지대 차상위층 늘었다. 2012년 6월 5일.
황진 외. 정서의 개념(2015)
A, Damasio H, Damasio AR. 2000. Emotion, decision making and orbitofrontal cortex. 55. 30~40.
Deci, E. L, & Ryan, R.M.(1985). Intrinsic motivation and self-determination in human behavior. N.Y.: Plenum.
Hare, A.P. 1976. Handbook of small group research. New York: Free Press. 23~30.
Jean Franco, Lyotard. 2004. Answeing The Question: What is Postmodernism?. in I. Political Theory. 15~16.
The Guardian. Doctors'scepticism means rocky road. October 24, 2010.
Weinberg, R. S., & Gould, D. (2007). Foundations of Sport and Exercise Psychology (4th ed.). Champaign, IL: Human Kinetics.
Williams, J. M. (Ed.). (2006). Applied Sport Psychology: Personal Growth to Peak Performance (5th ed.). New York, NY: McGraw-Hill.

운동생리학

강두희. 생리학(1988). 연세대학교 의과대학.
강현주 외. 운동생리학(2014). 한미의학.
강희성 외 공역. 운동과 스포츠 생리학(2006). 서울: 대한미디어.
곽이섭 외. 캐치 운동생리학(2015). 서울: 라이프사이언스.
김기송 · 권오유 · 이충휘. 만성요통환자에서 복부심부근 강화 운동이 노력성 호기 폐기능 검사 동안 최대호기유량 및 1초간 노력성 호기량과 요통에 미치는 효과(2009). 한국전문물리치료학회, 16(1), 10~17.

김기진 외. 운동과 스포츠 생리학(2014). 서울: 대한미디어.
김덕수 외. 인체구조와 기능(2015). 서울: 제이엠케이.
김상범. 재활의학(2008). 서울: 군자출판사.
김성수 외. 쉽게 배우는 운동생리학(2013). 서울: 범문에듀케이션.
김종만. 신경해부생리학(2015). 서울: 정담미디어.
김창균 외. 운동생리학 에센스(2015). 서울: 대경북스.
대한운동교육평가원. 근골격계 손상을 위한 치료적 운동(2013). 서울: 영문.
대한운동교육평가원. 근력 훈련과 컨디셔닝(2014). 한미의학.
대한운동교육평가원. 운동사를 위한 근력 훈련과 컨디셔닝(2015). 서울: 한미의학.
대한운동교육평가원. 운동사를 위한 퍼스널 트레이닝. 서울: 한미의학.
대한운동사협회. 운동손상학(2011). 서울: 대한미디어.
대한운동사협회. 운동검사 및 처방 Ⅰ&Ⅱ(2011). 서울: 한미의학.
류수진. 광주지역 일개 노인병원 입원 환자의 폐기능 상태와 호흡 재활 치료의 효과(2009). 전남대학교 대학원 석사학위논문.
서교철. 자세변화에 따른 피드백 호흡훈련이 뇌졸중 환자의 폐기능에 미치는 영향(2009). 대구대학교 재활과학대원 석사학위논문.
오덕자·백상욱·김종원. 달리기가 중년 성인의 심장구조와 기능, 심폐기능 및 혈중지질에 미치는 영향(2014). 한국사회체육학회지, 56. 919~933.
유동훈·허만동. 남자대학생의 12주간의 유산소성운동과 저항성운동이 신체조성, 체력 및 폐기능에 미치는 영향(2009). 한국체육학회 학술발표논문집, 47, 133.
이병기·지용석·고일규. 걷기와 요부안정화운동이 만성요통환자의 폐기능과 요부심부근에 미치는 영향(2008). 대한임상건강증진학회지, 8(3), 168~177.
이지연·정재현·정은정·김경. 피드백 호흡운동과 트레드밀 운동이 중년층의 흉곽용적과 폐기능에 미치는 영향(2013). 특수교육재활과학연구, 52(3), 319~333.
임완기 외. 퍼스널 트레이닝의 정수(2013). 서울: 대한미디어.
정덕조 외. 운동생리학(2014). 서울: 도서출판 홍경.
정일규 외. 휴먼 퍼포먼스와 운동 생리학(2011). 서울: 대경북스.
정현진·이대택. 흡기근육 훈련과 유산소운동의 동시적용이 심폐반응과 폐기능에 미치는 영향(2012). 운동과
조홍관·채정룡. 점증적인 운동 후 수영 선수의 폐기능 변화(2000). 운동생리학회지, 9(1), 41~50.
지용석. 생리학을 바탕으로 한 임상운동처방(2015). 서울: 21세기교육사.
최대혁 외. 파워 운동생리학(2014). 서울: 라이프 사이언스.
최성진·오덕원. 집중적인 흉부가동성운동이 뇌졸중 환자의 폐기능과 보행기능에 미치는 영향(2012). 특수교육 재활과학연구, 51(2), 221~239.
퍼시픽북스 학술편찬국. 해부생리학(2015). 서울: 퍼시픽북스.
한국운동생리학회. 운동생리학(2014). 서울: 한미의학.
ACSM. ACSM's Guidelines for Exercise Testing and Prescription(2013). Lippincott Williams & Wilkins.
Asmussen, E. Exercise and regulation of ventilation(1967). Circulation Respiratory, 5, 1~132.
Ball-Burnett M., Green H. J. & Houston M. E. (1990). Energy metabolism in slow and fast twitch muscle fibers during prolonged cycle exrcise. J Physiol, 437, 257~267.
Coggan A. R., Spina R. J., Kohrt W. M. & Holloszy J. O. (1993). Effect of prolonged exercise on muscle citrate concentration before and after endurance training in men. Am J Physiol, 264: E215~20.
Dempsey, J. A. & Foster, H. V. (1982). Mediation of ventilatory adaptations. Physiol. Rev., 62, 262~346.
Doubt, T. J. (1996). Cardiovascular and thermal responses to SCUBA diving. Med. Sci. Sports Exerc., 28, 581~586.
Epstein, M. (1996). Renal, endocrine, and hemodynamic effect of water immersion in humans. In: Handbook of Physiolgy, sect. 4: Environmental Physiology, Chpt. 37. Frehley, M. J. & Blatteis, C. M. (eds). American Physiological Society, Oxford Univ. Press.
Faulkner J. A, Claflin D. R, & McCully K. K. (1986). Power output of fast and slow fibers from human skeletal muscles. Human kinetics.
Franssen, F. M., Broekhuizen, R., Janssen, P. P., Wouters, E. F., Schols, A. M. Effects of whole-body exercise training on body composition and functional capacity in normal weight patients with COPD(2004), Chest, 125(6), 2021~2028.
Gaensler, E. A. Clinical pulmonary physiology(1965). New England Co.: 210~252.

Galbo H, et al. (1981). The effect of fasting on the hormonal response to graded exercise. J Clin Endocrinol Metab., 52: 1106.

Gandevia, B. Normal standards for single breath tests of ventilatory capacity in children(1960). Arch. Disease Childhood, 35, 236.

Gollick P. D. (1998). Energy metabolism and prolonged exercise. Cooper publishing group.

Hawley J. A. (2002). The effect of increased fat availability on metabolism and exercise capacity. Med. Sci. Sports Exerc. 34(9): 1475~6.

Holloszy J. O. (1975). Training induced adaptation of skeletal muscle to endurance training. Med. Sci. Sports Exerc. 7, 155~164.

http://demonstrations.wolfram.com/OxygenTransportByHemoglobinAndMyoglobin/HTMLImages/index.en

Huang W. S., Yu M. D., Lee M. S., Cheng C. Y., Yang S. P., Chin H. M., Wu S. Y. (2004). Effect of treadmill exercise on circulating thyroid hormone measurements. Med Princ Pract., 13(1): 15~9.

Katayama, K., Sato, Y., Morotome, Y., Shima, N., Ishida, K., Mori, S. & Miyamura, M. (2001). Intermittent hypoxia increases ventilation and SaO2 during hypoxic exercise and hypoxic chemosensitivity. J. Appl. Physiol., 90, 1431~1440.

Kelly, J. O., Kilbreath, S. L., Davis, G. M. et al. Cardio-respiratory fitness and walking ability in subacute stroke patients(2003). Arch Phys Med Rehabil. 84(12), 1780~5.

Kolb, B., Gibb, R. Brain plasticity and recovery from early cortical injury(2007). Develop Psycho. 49(2), 107~118.

Kollias, J., Boikeu R. A., Bartlet H. L., Buskirk E. T. Pulmonary function and physical condition in lean and obese subjects(1972). Am Med Assoc Arch Environ Health, 25, 140~146.

Langenfeld M. E., Hart L. S., Kao P. C. (1987). Plasma beta-endorphin responses to one-hour bicycling and running at 60%$\dot{V}O_2$max Med Sci Sports Exerc., 19(2): 83~6.

Larry, K. W., Wilmore, J. H., Costill, D. L. Physiology of sport and exercise (2011). Champaign: Human Kinetics.

Lin, Y. C. & Honf, S. K. (1996). Hyperbaria: breath-hold diving. In: Handvook of Physiology, sect. 4: Environmental Physiology, Chpt. 42. Fregley. Oxford Univ. Press.

Ljunghall S., Joborn H., Roxin L. E., Rastad J., Wide L, Akerstorm G. (1986). Prolonged low-intensity exercise raises the serum parathyroid hormone levels. Clin Endocrinol (Oxf)., 25(5): 535~42.

Mannion, A. F., Käser L., Weber, E. Influence of age and duration of symptoms on fiber type distribution and size of the back muscles in chronic low back pain patients(2000). Eur Spine J, 9(4), 273~281.

McArdle W. D., Katch F. L., Katch V. L., Exercise Physiology: energy, nutrition, and human performance. 5th ed. Baltimore: Lippincott Williams & Wilkins, 2001.

Miller, W. F., Johnson, R. L., Wu, N. Relationships between fast vital capacity and various timid expiratory capacities(1959). J Appl Physiol, 14, 157.

Pendergast, D. R. & Lundgren, C. E. G. (2009). The underwater environment: cardiopulmonary, thermal, and energetic demands. J. Appl. Physiol., 106 76~283.

Power, S. K., Howley, E. T. Exercise physiology (2013). New York: McGraw-Hill.

Premachandra B. N., Winder W. W., Hickson R., Lang S., Holloszy J. O. (1981). Circulating reverse triiodothyronine in humans during exercise. Eur J Appl Physiol., Occup Physiol., 47(3): 281~8.

Robergs, R. A., Quintana, R., Parker, D. L & Frankel, C. C. (1998). Multiple variables explain the variability in the decrement in $\dot{V}O_2$max during acute hypobaric hypoxia. Med. Sci. Sports Exerc., 30, 869~879.

Soyupek, F., Savas, S., Oztürk, O., Ilgün, E., Bircan, A., Akkaya, A. Effects of body weight supported treadmill training on cardiac and pulmonary functions in the patients with incomplete spinal cord injury(2009). J Back Musculoskelet Rehabil, 22(4), 213~218.

Spriet L. L. (2002). Regulation of skeletal muscle fat oxidation during exercise in humans. Med Sci Sports Exerc. 34(9): 1477~84.

Takada H., Washino K., Nafashima M., Iwata H. (1998). Response of parathyroid hormone to anaerobic exercise in adolescent female athletes. Acta Paediatr Jpn., 40(1): 73~7.

Wagner, P. D., Gale, G. E., Moon, R. E., Torre-Bueno, J. R., Stolp, B. W. & Saltzman, H. A. (1986). Pulmonary gas exchange in humans exercising at sea level and simulatedaltitude. J. Appl. Physiol., 61, 260~270.

Wilber, R. L. (2004). Altitude training and athletic performance. Human Kinetics, Champaign, IL.

Zerath E., Holy X., Douce P., Guezennec C. Y., Chatard J. C. (1997). Effect of endurance training on post exercise parathyroid hormone levels in elderly men. Med Sci Sports Exerc., 29(9): 1139~45.

스포츠사회학

권순용·조욱연(2015). 스포츠사회학, 대한미디어.
유정애·권형일·김태욱·박채희·손환·오광진·임비호·전선혜·차은주·한시완(2015). 스포츠지도사 자격검정대비 핵심요약·예상문제집, 대한미디어.
임번장(2010). 스포츠사회학 개론. 서울: 레인보우북스.
한태룡·박보현·한승백·탁민혁(2010). 스포츠사회학. 서울: 레인보우북스.
Coakley, J. (2009). Sport in Society: Issues and Controversies(10th ed.). McGraw-Hill.
Cocke, A. (2002). Brain May Also Pump up from Workout. Society for Neuroscience Annual Meeting.
Forbes (2014.7.16). The World's 50 Most Valuable Sports Teams.
Grissom, J. B. (2005). Physical Fitness And Academic Achievement. Journal of Exercise Physiology, 8(1), 11~25.
Guttman, A. (1978). From Ritual to Record : the Nature of Mordern Sports. Columbia University Press.
IOC (2014). Olympic Marketing Fact File. IOC homepage.
Stone, G. P. (1974). American Sports: Play and Display. Brown Little.

운동역학

국민체육진흥공단 체육과학연구원(2009). 스포츠 생체역학(1급 경기지도자 연수교재). 서울: 대한미디어.
권경후(1994). 촬영술을 이용한 인체운동의 분석 : Ⅲ. 3차원분석법, 스포츠과학 제50호, 23-26.
김규성(2009). 인체평형과 공간정위, Research in Vestibular Science, Symposiums.
김창국(2010). 생체역학. 대경북스.
류지선, Joseph Hamill(2003). 운동역학실험. 도서출판 대한미디어.
물리학교재편찬위원회. 알기 쉬운 생활 속의 물리(2002).
박성순 외 12인(2005). 운동역학, 서울: 대경북스.
박성순 외(1985). 스포츠 기술의 생체역학. 동화문화사
박찬희(1996). 스포츠 생체역학, 부산: 세종출판사.
손영운, 김은선(2008). 스포츠 속에 과학이 쏙쏙. 도서출판 이치.
신인식, 권경후(1987). 3차원 영상분석법의 비교 연구. 스포츠과학 리뷰. 8(1), 33~43.
이경옥·권보영(2011). Aero Equipment를 이용한 통합기능체력운동이 리듬체조 선수의 자세 및 균형기술 난도에 미치는 영향. 한국체육학회지.
이성철. 운동역학(2014). 서울: 대경북스.
이연종, 백진호(2002). 스포츠 생체역학. 도서출판 홍경.
이중숙(2009). 과학적인 운동역학. 으뜸출판사.
정철수·신인식(2011). 운동역학총론, 서울: 대한미디어.
주명덕·이기청. 운동역학(2001). 서울: 대한미디어.
한국물리학회(2005). 힘과 운동 뛰어넘기. 동아사이언스.
허성규·김주형·김지태·이지선. 운동역학(2005). 서울: 대경북스.
Abdel-Aziz, Y. I., & Karara, H. M. (1971) Direct linear transformation from comparator coordinates into object Al-Khwarizmi Engineering Journal, 4(3), 108~119.
Akuthota, V., Nadler, S. F.(2004). Core strengthening, Arch Phys Med Rehabil.
Allison, G. T., Godfrey, P. and Robinson, G. EMG signal amplitude assessment during abdominal bracing and hollowing.(1998), Journal of Electromyography Kinesiology, 8(1), 51~57.
Anthony Blazevich(2010). Sports Biomechanics: The Basics: Optimizing Human Performance. A & C Black.
Beck, T. W., Housh T. J., Johnson G. O., Weir J. P., Cramer J. T., Coburn J. W. and Malek M. H.(2005). Comparison of Fourier and wavelet transform procedures for examining the mechanomyographic and electromyographic frequency domain responses during fatiguing isokinetic muscle actions of the biceps brachii. Journal of Electromyography and Kinesiology, 15(2), 190~199.
Benno M. Nigg & Walter Herzog, Wiley(2007). Biomechanics of the musculo-skeletal system.

Blandine Calais-Germain(2009). 움직임 해부학(2판). 정형국 역. 서울: 영문출판사.
BrianMAC SPORTS COACH. http://brianmac.co.uk/sprints/.
Carr, Gerry. Mechanics of Sport(1997), Human Kinetics Publishers, Inc.
Cummings, K. Laws, P., Redish, E., Cooney, P.(2004). Understanding Physics, New Jersey: Wiley.
Cummings, K., Laws, P., Redish, E., Cooney, P.(2004). Understanding Physics, New Jersey: Wiley.
Dankaerts, W., O,Sullivan, P. B., Burnett, A. F., Straker, L. M. and Danneels, L. A.(2004). Reliability of EMG measurements for trunk muscles during maximal and sub-maximal voluntary isometric contractions inhealthy controls and CLBP patients.(2008), Journal of Electromyography Kinesiology, 14, 333~342.
Debra Rose(2010). Fallproof! A Comprehensive Balance and Mobility Training Program, U.S.A: Human Kinetics.
Dempster, W. T.(1955). Space Requirements of the Seated Operator, WADC Technical Report extremity function and injury, The Journal of the American Academy of Orthopaedic Surgeons.
Donald C. Rizzo(2008). 해부생리학(2판), 김원·김성로·김숙정 공역) 서울: 고문사(KMS).
EMG signals,(2012), International Journal of Industrial Ergonomics, 42(3), 287~292.
Hall, Susan Jean.(2011). Basic Biomechanics(6 edition), NY: McGraw-Hill.
Hamill, J. & Knutzen, K. M.(1995). Biomechanical Basis of Human Movement, Media: Williams & Wilkins.
Hare, A. P.(1976). Handbook of small group research, New York: Free Press.
Hay, J. G.(1993). The biomechnics of sports techniques.4th edition, Prentice Hall, figure 5.18, 6.42.
http://cnx.org/resources/71661397d806de1204691a800fe804ab/Figure_10_06_03a.jpg.
http://encrypted-tbn0.gstati.com.
http://www.gremmo.net/_wp_generated/wpbb82e806_1b.jpg.
http://www.schoolphysics.co.uk/age11-14/Mechanics/Statics/text/Centre_of_gravity/images/4a.png.
http://www-tc.pbs.org/opb/circus/media/uploads/images/classroom/unit_07a.jpg Illustration copyright 2004 Nucleus Communications, Inc. All rights reserved. http://www.nucleusinc.com.
J. Hamill & K. Ktzen, Williams & Wilkins(1995). Biomechanical basis of human movement.
Konrad, P. The ABC of EMG: A Practical Introduction to Kinesiological Electromyography(2005), Scottsdale, AZ: Noraxon INC Marras, W. S. and Davis, K. G. A non-MVC EMG normalization technique for the trunk musculature: Part 1.
Marshall, P. W., Murphy, B. A.(2006). Evaluation of Functional and Neuromuscular Changes After Exercise.
McGinnis, Peter M.(1999). Biomechanics of Sport and Exercise, Human Kinetics Publishers, Inc.
Merletti, R., Knaflitz M. and De Luca C. Electrically evoked myoelectric signals,(1992), Critical Reviews in Biomedical Engineering, 19(4), 293~340.
Peter M. McGinnis. 스포츠생체역학. 서울: 대한미디어. 2002.
R. Burke, Lea & Febiger(1978). Kinesiology and applied anatomy. Rehabilitation for Low Back Pain Using a Swiss Ball: A Pilot Study, Journal of Manipulative and Physiological Therapeutics.
Rolf Wirhed(2011). 운동기능 해부학, 이재구·김형돈·이삼준·오창석·권정현·이강구 역. 서울: 군자출판사.
Roy, S. H., Bonato P. and Knaflitz M. EMG assessment of back muscle function during cyclical lifting.(1998), Journal of Electromyography and Kinesiology, 8(4), 233~245.
Steve M. (2014). Biomechanics For Dummies. For Dummies.
Susan J. Hal(2007). Basic Biomechanics. NY: McGraw-Hill.
Tien, T. D., Marie, C. H.(2014). Biomechanics of the Musculoskeletal System. Wiley-ISTE.
Tongue, B. H. & Sheppard, S.(2005). Dynamics: Analysis and design of systems in motion. Hoboken, NJ: John Wiley & Sons.
Touger, J.(2006). Introductory Physics, New Jersey: Wiley.
U. S. Department of Health and Human Services. Selected Topics in Surface Electromyography for Use in the Occupational Setting - Expert Perspectives,(1992), National Institute for Occupational Safety and Health.
Willson, J. D., Dougherty, C. P., Ireland M. L., and Davis, I. M.(2005). Core stability and its relationship to lower extremity function and injury, The Journal of the American Academy of Orthopaedic Surgeons.
Winter, D. A.(2005). Biomechanics and Motor Control of Human Movement, Wiley John Wiley & Sons, Inc.

스포츠교육학

강성식. 2008. 생활체육 이론과 실천. 서울: 대경북스.
교육과학기술부. 2011. 체육과 교육과정. 교육과학기술부고시 제2011-36호.
교육인적자원부. 2007. 체육과 교육과정. 교육인적자원부고시 제 2007-79호[별책3].
김경숙. 2000. 사회체육지도자론. 서울: 대경북스.
김경숙·김선희. 1999. 사회체육지도자 현직교육 프로그램 개발을 위한 요구분석. 한국여성체육학회지. 13(2). 89~101.
김종선·정청희. 1981. 체육원리. 동화문화사.
김혁출·심성섭. 2014. 생활체육학 총론. 서울: 숭실대학교 출판국.
문화체육관광부. 2012. 2011체육백서. 서울: 문화체육관광부.
위성식·권연택. 2010. 사회체육학 총론. 서울: 대경북스.
위성식·성영호·이제홍·백광. 2010. 최신 사회체육 프로그램론. 서울: 대경북스.
유정애 외. 2012. 핵심역량중심의 체육과 창의·인성 수업모델 개발 연구. 한국과학창의재단.
유정애. 2013. 체육과 교재연구 및 지도법. 서울: 대한미디어.
유정애·서지영·장용규·김기철·권민정·최선희. 2007. 초·중학교 체육과 교육과정 해설연구. 한국교육과정평가원 연구자료 CRC 2007-18.
유정애·이충원·신기철·김선희·최희진·김윤희·김원정·조남용·김종환·문도순. 2007. 체육수업모형. 서울: 대한미디어.
이종영·김종욱·정동식·이병근·박경석·정세미·국태식. 2013. 중학교 체육. 서울: 천재교육.
조한무·이강순·김재운·고문수·김재욱·김재중·김학기·이현승·이언주·전현정·조성익·황순광. 2013. 초등학교 체육 지도서 3~4 ①. 서울: 천재문화.
최의창. 2009. 전인지향적 체육교육론으로서의 인문적 체육교육: 탐색적 분석. 한국체육학회지, 48(6), 243~260.
최의창. 2014. 스포츠티칭교육학에서 스포츠코칭교육학으로. 한국스포츠교육학회 추계학술대회 원고. 1.
최의창. 2014. 전인적 선수 발달과 인문적 코칭-교육활동으로서 스포츠 코칭의 목적과 방법 재개념화. 한국스포츠교육학회지. 19(2). 1~25.
Bailey, R., Armour, K., Kirk, D., Jess, M., Pickup, I., & Sanford, R. 2009. The education benefits claimed for physical education and school sport; An academic review. Research Papers in Education, 24(1), 1~27.
Katz, L. G. 1972. Developmental stage of preschool teachers. Elementary School Journal, 73(1), 50~54.
Martens, R. 2004. Successful Coaching. 김병준 외 9인 공역. 2007. 코팅과학. 서울: 대한미디어.
National Association for Sport Physical Education. 2006. National standards for sport coaches: Quality coaches, Quality sport (2nd ed.). Reston, VA: Author.
Sage, G. 1988. Sports participation as a builder of character? The World and I, 3, 629~641.
Schempp, P. 2003. Teaching Sport and Physical Activity. 유정애·임현주. 2006 공역. 스포츠교육개론. 서울: 대한미디어.
Siedentop, D. and D. Tannehill. 2000. Developing teaching skills in physical education. 4th ed. New York: McGraw-Hill.

스포츠윤리

강경우(2011). 장애인 뉴스포츠 종목 개발자의 스포츠 참여 저해요인 연구. 미간행 석사학위논문. 단국대학교 스포츠과학대학원.
강명신 역(2012). 생명의 윤리를 말하다. 파주: 동녘, 55~80.
강성민(2013). 영미 스포츠철학과 스포츠윤리학의 동향. 한국체육철학회지, 21(2), 97~113.
강영순(2000). 인사윤리와 조직시민행동 간의 관계: 조직몰입의 매개역할을 중심으로. 기업윤리연구회, 2171~191.
구승회(1995). 에코필로소피: 생태·환경의 위기와 철학의 책임. 서울: 샛길신서.
구인회(2005). 생명윤리, 무엇이 쟁점인가? 서울: 아카넷, 175, 187~188.
구창모·권순용 역(2011). 현대 스포츠 사회학. 대한미디어.
권순용·나영일·박일혁·권성호·조욱연·김종호·주종미(2011). 운동선수의 구타 실태와 개선방안. 한국체육학회지. 50(6), 91~102.
권오륜(2008). 스포츠 윤리철학의 동양철학적 접근. 한국체육철학회, 16(4), 59~70.
권ن정·이동건(2012). 태권도 겨루기 심판의 윤리의식구조. 동아대학교 스포츠과학연구소 논문집 제30집, 42.
김경식 외 9인(2012). 다문화사회와 다문화교육. 서울: 신정.
김권일·박병도·이철환(2014) 재인용. 장애인 생활체육 문제점 분석 및 과제. 한국체육정책학회지 12권 3호 103~118.

김대균(2003). 공학윤리에서 문제해결방안에 관한 연구. 윤리교육연구, 3, 237~262.
김대희(2013). 대학스포츠 선수선발과 체육특기자 입시제도의 개선방안. 스포츠와 법. 16(1), 57~80.
김동규(2013). 세계 체육사. 경산: 영남대학교 출판부, 77~148.
김동규·구강본(2007). 스포츠윤리의 정초와 실천과제. 한국체육학회지, 46(5), 105~117.
김동규·김영갑(2003). 축구관중에 비춰진 폭력적 집합행동의 정체 찾기. 한국사회체육학회지 20. pp.77~90.
김동규·한준영·구강본(2010). 스포츠의 사회학적 이해. 경산: 영남대학교 출판부, 308~327.
김동현·윤양진(2010). 학생선수 학습권 보호를 위한 법, 제도적 과제. 스포츠와 법. 13(4), 57~81.
김병준·김설향·문익수·양은석 외 역(2007). 코칭과학. 서울: 대한미디어.
김상득(1998). 생명의료윤리학(7): 유전자 치료의 윤리. 신앙과 학문, 3(2), 77~98.
김선호(2010). 축구주말리그제도 운영의 개선방안 연구. 미간행 박사학위논문. 한국교원대학교 대학원.
김성윤(2000). 정책윤리의 확보방안에 관한 연구. 단국대학교 정책과학연구소 정책과학연구. 69, 74. 재인용.
김성한 역(2012). 동물해방. 고양: 연암서가, 27~62.
김성한(2007). 종차별주의 옹호 논변에 대한 대응. 哲學研究, 79, 253~274.
김양현·장복동·박유정·김효섭(2011). 윤리학의 이해. 서울: 철학과현실사.
김영수(2004) 양자시대의 응용윤리의 도전. 철학논총, 36(2), 183~209; Stewart, N.(2009). Ethics: AnIntroduction to Moral Philosophy. Malden, MA: Polity Press.
김은미·양옥경·이해영(2009). 다문화사회, 한국. 파주: 나남.
김이수·지동철(2006). 현대사회에서 이종격투기의 인식에 관한 고찰. 한국체육철학회지 14(2).
김인수 역(2012). 도핑과의 전쟁. 파주: 김영사, 55~68.
김정명(1999). 청소년 인권의 사각지대: 체육특기생. 청소년연구. 6(2), 21~40.
김진국·정보주(2007). 공학인을 위한 윤리. 서울: 미래컴.
김철환(1988). 민중엣센스 국어사전, 서울: 민중서림, 178, 181, 1676, 1848.
남복현(2010). 다문화 가족의 이해. 서울: 장서원.
남중웅(2003). 스포츠윤리에서 사회윤리학적 책임의 주체와 인간중심적 가치의 실천문제. 한국스포츠리서치, 14(3), 183~195.
노르베르트 엘리아스, 에릭 더닝/송해룡 옮김(2014). 스포츠와 문명화—즐거움에 대한 탐구. 서울: 성균관대학교출판부.
노승영 역(2012). 동물과 인간이 공존해야 하는 합당한 이유들. 서울: 시대의창, 25~131.
노영란(2009). 덕윤리의 비판적 조명. 서울: 철학과현실사.
대한장애인체육회(2013). 2012 장애인체육 (성)폭력 실태조사.
대한체육회 스포츠인권익센터 http://www. sports-in.sports.or.kr
동아일보 수영에서 왜 신기록이 많이 나올까(2008년 8월 13일자), 피스토리우스의 의족 성능은(2011년 7월 21일자), "코뼈부상 엄살 말라"(2015.1.3)
류상호(2007). 프로농구의 미적 체험론에 관한 연구. 미간행 박사학위논문. 동아대학교 대학원, 84~85.
맹이섭·권순용(2014). 프로스포츠팬의 국가정체성과 귀화선수의 국가대표선발에 관한 인식. 한국스포츠사회학회지 제27권 3호, 156.
목광수(2010). 윤리적인 동물실험의 철학적 옹호 가능성 검토. 哲學研究, 90, 33~61.
문익수·문창일·박중길(2006). 스포츠교육을 통한 인성발달. 코칭능력개발지. 8(4), 101~112.
문태현(1995). 정책윤리의 논거. 한국정책학회 한국정책학회보. 4(1), 88~90.
문화관광부(2006).
문화일보(2014년 8월 19일자). 獨선수권 우승 마르쿠스 렘, 이번엔 멀리뛰기에서 '의족' 논란.
문화일보 사회면(2014.01.15), 사설면(2014.02.15).
문화체육관광부(2007). 장애인체육백서. 서울: 문화체육관광부.
문화체육관광부(2013). 2012 장애인 생활체육 실태조사 보고서.
박병기(1994). 사회윤리에 있어서 책임의 주체에 관한 연구. 미간행 박사학위논문. 서울대학교 대학원.
박봉식(1985). 직업으로서의 정치. 서울: 박영사.
박성주(2007). 스포츠에서의 약물복용에 대한 공정성 논쟁. 한국체육학회지, 46(6), 31~40.
박성주(2013). 스포츠윤리 교육의 내용과 방법. 한국체육학회지, 87~94.
박승재(2014). 장애인체육 선수권익 실태와 방안. 2014 한국특수체육학회 춘계학술대회.

박정준(2011). 스포츠는 인성을 길러줄 수 있는가?: 스포츠인성교육의 이론적 경험적 근거와 과제. 교육과정연구. 29(3), 173~202.
박주한(2009). 정책윤리, 한국체육철학회지, 17(4), 189~202.
박주한(2009). 체육의 정책윤리에 관한 연구(한국체육철학회지 제17권 4호)를 축약 정리함.
박천응(2009). 다문화 교육의 탄생. 안산: 국경없는마을.
박현우·나영옥(2013). 스포츠세계에서 성차별의 양태와 극복에서 제약 연구. 한국체육철학회지, 21(1), 77~95.
박흥순(2009). 히스토리아 대논쟁 4. 파주: 서해문집, 12~103.
백윤철·김한양(2009). 한국(韓國)에서 장애인(障碍人)의 스포츠 실태(實態)와 스포츠권(權)에 관한 연구(研究). 한국스포츠법학회지. 제12권 제2호.
백윤철·김한양(2009). 한국(韓國)에서 장애인(障碍人)의 스포츠 실태(實態)와 스포츠권(權)에 관한 연구(研究). 한국스포츠법학회지. 제12권 제2호.
변순용(2012). 도덕교육의 서양윤리학적 접근. 도덕윤리과교육, 37, 99~116.
본 장은 황정현(2011)의 〈스포츠과학기술과 반도핑〉 움직임의 철학: 한국체육철학회지, 19(3)의 일부 내용(pp.39~43)을 재구성하였음.
상게서 pp.83~85, 308~327, pp.430~435, pp.489~537.
서경화(2011). 농구경기의 공정성과 비디오 판독, 한국체육철학회지,19(2), 59~70.
서경화(2012). 엘리트스포츠에서 규율권력과 운동선수사회: 푸코의 규율권력 이론을 중심으로. 한국체육학회지 51(3). pp.17~23.
서경화(2012). 한나 아렌트의 무사유와 스포츠맨십. 한국체육철학회지 20(4). pp.177~191.
서경화·김석기(2012). 젠더론과 여성스포츠. 한국체육철학회지, 20(3), 129~144.
서울시정개발연구원(2007). 장애인의 생활체육현황과 과제. 서울: 서울시정개발연구원.
성창훈·박상혁(2003). 스포츠 영웅의 성격 특성적 이미지 분석. 한국체육학회지, 289~297.
송근원(1989). 정책분석가의 역할, 윤리 및 지식. 한국행정학회 한국행정학보. 23(2). 603~605. 재인용
송형석(2006). 도핑은 왜 비도덕적인가?. 한국체육학회지, 45(4), 31~39.
송형석(2006). 함께 읽는 체육·스포츠 이야기. 대구: 계명대학교출판부.
송희준(2006). 정책 윤리와 정책분석가 윤리. 한국정책학회 하계학술대회논문집. 3~6.
스포츠서울(2009년 6월 23일자). 수영 100M 세계신 베르나르, 수영복 문제로 공인 못 받아.
스포츠온. 침묵의 90분—누구를 위한 프로스포츠인가. 2012. 7월호. 121.
시사한겨레(2011년 9월 3일자). 의족 선수의 당당한 대결.
심승구·김미숙(2008). 여성 해방과 도핑. 체육사학회지, 97~109.
심재룡(1997). 환경문제와 동양철학 사상. 아산사회복지사업재단. 21세기의 도전, 동양윤리의 응답. 아산재단 창립 20주년 기념 국제학술대회, II 43~II 59.
아르네 융크비스트·요란 라거/김인수 역(2012). 도핑과의 전쟁. 서울: 김영사.
아주경제 2014.2.3. "융단폭격 악성댓글이 당신의 심장을 노린다."
안경식 외 6인(2008). 다문화 교육의 현황과 과제. 서울: 학지사.
안네마리에 피퍼(2005). 덕의 의미, 어제와 오늘(김형수 역). 신학전망 제178호, 213~235.
안옥선(2010). 불교 덕 윤리. 인간·환경·미래, 5, 79~101.
안용규(2014). 한국체육대학교 체육철학 강의교재.
안창해·최동환(1991). 국민윤리. 서울: 금성교과서. 73.
양덕순·강영순(2008). 지역공동체의식이 주민참여에 미치는 영향분석—제주특별자치도를 중심으로—. 한국지방자치학회보, 20~1.
양운덕(1997), 푸코의 권력계보학, 경제와 사회, 35. pp.106~142.
양해림·정진우·남순예·정윤승·임윤정·이영자·최정묵(2009). 공학도를 위한 공학윤리. 대전: 충남대학교출판부.
엘리아스(1999). 문명화과정 I (박미애 역). 서울: 한길사.
여정권·이창섭·이주욱·구건모(2013). 고등학교 학원스포츠 주체의 최저학력제도 인식. 한국스포츠사회학회지,26(1), 185~205.
오미영(2013). 성전환자의 성별정정 허가에 관한 고찰. 美國憲法研究, 24(3), 143~177.
원영신(2004). 스포츠사회학 플러스. 서울: 대경북스. 118.
원충재(1984). Aristoteles의 Nikomachos 윤리학을 중심으로 한 덕론. 미간행 석사학위 논문. 성균관대학교 교육대학원.
유원기(2009). 아리스토텔레스의 "탁월한 행동". 철학연구 제111집, 25~49.
유정민 역(2014). 동물의 권리. 서울: 이숲, 19~101.
윤상민(2011). 스포츠성폭력의 실태, 규제와 대책. 스포츠와 법. 14(1), 59~84.

윤석민(2014). 장애인 운동선수 권익향상을 위한 스포츠 정책 및 전망. 2014 한국특수체육학회 춘계학술대회.
윤석호a(2011, January). 스포츠의 본질과 테크놀로지 ①. Sports On, 80, 188~189.
윤석호b(2011, February). 스포츠의 본질과 테크놀로지 ②. Sports On, 81, 188~189.
윤여탁·김학덕(2004). 스포츠화된 이종격투기의 윤리적 의미에 관한 고찰. 한국체육철학회지 13(4).
윤인진 외 3인(2010). 한국인의 이주노동자와 다문화사회에 대한 인식. 경기: 한국학술정보.
이경국(2009). 외국인근로자의 문제점과 개선방안에 관한 연구. 경영교육저널. 제15권.
이덕일(2012). 내 인생의 논어, 그 사람 공자. 서울: 옥당.
이상엽(2013). 니체와 아곤. 철학논총, 73(3), 213~237.
이상호·이동건(2011). 검도심판자의 미적 체험구조, 한국체육철학회지,18(1), 9~11.
이성식(2006). 사이버언어폭력의 원인과 방지대책. 한국형사정책학회. 18(2). pp.421~440.
이승환, 사회규범의 공공성에 관한 법가의 인식(1): 한비자(韓非子)의 "인, 의"(仁, 義) 비판을 중심으로, 한국철학사상연구회, 시대와 철학 제14집. 2003. p. 313~315.
이승훈(2014). 스포츠맨십의 윤리학적 해석과 비판적 정초. 미간행 박사학위 논문. 영남대학교 대학원.
이승훈·김동규(2011). 도핑의 변천과 반도핑의 정당성 논의. 한국체육철학회지, 19(1), 15~32.
이승훈·김동규(2013). 스포츠일탈의 대처유형과 양상에 대한 사회철학적 쟁점. 한국체육철학회지, 57~77.
이승훈·이정식(2013). 스포츠에서 나타난 종차별주의와 동물의 도덕적 지위 문제. 한국체육철학회지, 21(4), 85~103.
이양구(2013). 학습권 보장제와 연계된 중, 고등학교 체육특기자 입학전형제도의 개선방안. 한국체육학회지. 52(4), 553~562.
이용국(2014). 운동선수의 귀화. 신아일보(2014.1.22).
이용호(2014). 장애인체육에서 윤리문제 해결 방안으로써 윤리강령과 윤리교육에 관한 고찰. 한국특수체육학회지, 22(2), 119~128.
이정연·김방출(2006). 포스트모던 스포츠로서의 이종격투기탐구와 그 윤리성에 관한 논의. 한국체육철학회지 14(1).
이정우(1993). 미셸 푸코의 신체와 권력, 문화과학 4. pp.95~113.
이종은(2010). 정치와 윤리. 서울: 책세상.
이준석(2013). 축구에 관한 모든 것: 참사. 서울: 사람들.
이진경(2002), 철학의 외부, 서울: 그린비.
이창섭·남상우(2013). 스포츠 사회학. 대전: 궁미디어, 409~448.
이창섭·남상우. 전게서, 409~448.
이학준(2009). 학생선수의 학습권 보장: 근거와 대안. 한국체육학회지. 48(5), 35~44.
이학준(2013). 스포츠폭력과 탈인습적 사고. 한국사회체육학회지, 53, 11~20.
이혁기·임수원(2010). 학업과 운동을 병행하는 운동부 문화와 사회적 함의. 한국스포츠사회학회지, 23(4),85~105.
이현옥(2001). 스포츠 행위 근원에 대한 비교행동학적 접근. 한국체육학회지 40(4).
일간스포츠. 사설면(2014.09.16), 종합면(2014.12.02).
임번장(1993). 스포츠 사회학 개론. 서울: 동화문화사. 89.
임석원·손환(2009). 스포츠윤리에서 도핑의 문제와 공정성. 철학탐구, 25, 215~246.
임성철·원영신(2012). 체육교사 운동부 감독의 공부하는 학생선수 만들기 실천과정. 한국스포츠사회학회지. 25(3), 115~135.
임수원(2011). 공부하는 학생선수 만들기의 논리적 근거. 한국체육학회지. 50(2), 45~57.
임태규(2010). 장자(莊子) "덕(德)" 개념의 미학적 해석: 예술 주체의 관점을 중심으로. 美學·藝術學硏究, 31, 253~296.
장윤수·김영필(2012). 한국 다문화사회와 교육. 파주: 양서원.
장준호(2011). 아리스토텔레스의 정치철학: 윤리와 정치의 결합을 중심으로. OUGHTOPIA 제26권 1호, 29~39.
장태환(1993). 흑인: 그들은 누구인가. 서울: 한국경제신문사. p. 287.
전정태(2002). 한국 윤리사상의 과제와 방향 연구. 韓國思想과 文化, 393~420.
정복자(2014). 장애인선수 및 지도자의 인권과 경기력. 2014 한국특수체육학회 춘계학술대회.
정복자(2014). 장애인선수 및 지도자의 인권과 경기력. 2014 한국특수체육학회 춘계학술대회.
정정길, 최종원, 이시원, 정준금(2006). 정책학원론(5). 서울: 대명출판사. 54. 재인용.
정준영 역(2001). 스포츠, 그 열광의 사회학. 파주: 한울, 245~282.
정철호(2012). 학생운동선수 체벌에 대한 비판적 고찰. 스포츠와 법. 15(2), 9~36.

조남용·이영국(2013). 국가주의 학생선수 육성제도의 개념과 현실을 토대로 한 개선 방향 탐색. 한국초등체육학회지. 19(3), 151~164.
조선일보(2010년 11월 17일자). 광저우아시안게임.
조효남(2008). 현대공학윤리. 서울: 구미서관.
주성순(2012). 독일의 학교 폭력 예방을 위한 스포츠 교육적 방안. 한국체육정책학회지, 10(3), 101~116.
채혜원·홍형욱(2002). 지역공동체에 관한 연구의 접근방법과 쟁점. 한국가정관리학회지, 20(1), 33~44.
철학대사전. 한국철학사상연구회편. 서울: 동녘.
최병문(2009). 스포츠폭력의 유형과 대책. 스포츠와 법. 12(4), 257~278.
최승권 외 5인(2007). 장애인스포츠. 도서출판: 무지개사.
최인철(2002). 기업윤리 실태와 과제. 대금 연구, 가을호, 4~21.
최종고 역(1974). 폭력: 기독교적 반성과 전망. 서울: 현대사상사.
최훈(2011). 동물의 도덕적 지위와 종 차별주의. 인간·환경·미래, 6, 87~111.
플라톤(1997). 국가·政體(박종현 역주). 서울: 서광사.
플라톤(2003). 플라톤의 네 대화 편: 에우티프론, 소트라테스의 변론, 크리톤, 파이돈(박종현 역주). 서울: 서광사.
피에르 부르디외/최종철 역(1995). 자본주의의 아비투스-알제리의 모순. 서울: 동문선.
필드(1986). 플라톤의 철학(양문흠 역). 서울: 서광사.
하일랜더(2006). 스포츠 철학(송형석·이학준 역). 서울: 북스힐.
한국도핑방지위원회(2013). 2013 도핑방지 가이드. 한국도핑방지위원회, 6~22.
한국체육사학회(2011). 체육과 스포츠의 역사. 진주: 경상대학교 출판부, 51~62.
한림학사(2007). 개념어사전: 통합논술. 청서.
한승백(2014). 공부하는 학생선수 소외에 관한 마르크스주의적 분석. 한국체육학회지. 53(2), 79~91.
한태룡(2008). 학생선수의 학업활동 실태조사 및 최저학력제 도입 타당성 연구. 체육과학연구원.
함정혜·박현애(2007). 운동선수에 대한 폭력 피해방지를 위한 법적, 제도적 방안에 대한 철학적 접근. 한국여성체육학회, 21(2), 51~62.
허재윤(1992). 환경윤리의 이념과 그 제 국면—근세철학의 근본경향과의 대결—. 哲學論叢 第8輯, 3~27.
홍윤경(2009). 교육목적으로서 '아레테'(arete)의 개념 연구. 교육철학 제44집, 173~190.
황경식(1994). 환경윤리학이란 무엇인가—인간중심주의인가 자연중심주의인가—. 철학과 현실 통권21호, 172~185.
황옥철·황정현(2011). 스포츠 수행증가 약물의 변천사. 한국사회체육학회지, 45, 25~35.
황의룡·김태영(2014). 스포츠세계의 반도핑 정책의 전개과정(1968~1999). 醫史學, 23(2), 269~318.
황정현(2006). Combet스포츠의 과거, 현재, 미래 그리고 인간의 폭력성. 한국체육사학회지 18.
황정현(2008). 반도핑에 관한 이분법적 해석. 한국체육학회지, 47(5), 15~23.
회지. 19(3), 151~164.
Adorno, Th. W. (1977). Veblens Angriff auf die Kultur. Gesammelte Schriften. Band 10/1. Frankfurt a.M..
Aristotels / 이창우·김재홍·김상진 역(2006). 니코마코스윤리학. 서울: 이제이북스.
Azzazy, Hassan M.E., Mansour, Mai M.H. & Christenson Robert H. (2009). Gene doping: Of mice and men. Clinical Biochemistry, 42, 435~441.
Barbara Smit./김하락 역(2008). 운동화 전쟁. 서울: 랜덤하우스.
BBC News Magazine, 2014년 1월 12일자.
Beck, U. (1987). "Auf dem Weg in die industrielle Risikogesellschaft". In: Blätter für deutsche und internationale Politik (1987) 2.
Best, D. (1988). The Aesthetic in Sport. In W. Morgan & K. Meier (Eds.), Philosophic Inquiry in Sport (2nd ed) (pp. 277~289). Champaign, IL: Human Kinetics.
Brown, M. E. & Trevino, L. K. (2006). Ethical leadership: A review and future directions. Leadership Quarterly, 17, 595~616.
Brown, M. E., Trevino, L. K. & Harrison, D. A. (2005). Ethical leadership: A social learning perspective for construct development and testing. Organizational Behavior and Human Decision Processes, 97(2), 117~134.
Burckhardt, J. (1957). Griechische Kulturgeschichte, Bd. Ⅳ, Basel: Wissenschaftliche Buchgellschaft.
Butcher, R., Schneider, A .(2003). "Fair play as respect for the game", In Boxill, J. Sports Ethics. Blackwell Publishing.
Catlin, Don H, Green Gray & Hatton Caroline K. (2008). Olympic textbook of medicine in sport, edited by Schwellnus, M. International

Olympic Committee, Cashmore Ellis (2005). Making sense of sports(4th edition). NY: Routledge, McCloskey John & Bailes Julian (2005). When winning costs too much. MD: Taylor Trade Publishing.
Clifford,C., Feezell, R.M. (1997). Coaching for character: reclaiming the principles of sportsmanship. IL: Human Kinetics Publishers, Inc.
Diem, C. (1969). Wesen und Lehre des Sports. Berlin.
Donovan Robert J. (2009). Toward and Understanding of Factors Influencing Athlete,s Attitudes aboutPerformance-Enhancing Technologies. In Performance-Enhancing Technologies in Sports, Baltmore: The Johns Hopkins University Press.
Encyclopaedia Britannica : 청백리(http://members.britannica.co.kr).
Fleddermann, C. (2009). 공학윤리(3rd ed.)[Engineering Ethics]. (이광수, 이재성 역). 서울: 홍릉과학출판사.
Foucault, M. / 오생근 역(1975). 감시와 처벌. 서울: 나남출판.
Gerhardt, V. (1997). Die Moral des Sports. In: V. Caysa, Sportphilosophie, Leipzig: Reclam, 172~202.
Gumbrecht, H. U. (2005). Lob des Sports. Frankfurt a. M.: Suhrkamp Verlag.
Hannah Arendt / 김선욱 역(2006). 예루살렘 아히히만. 도서출판: 한길사.
Hannah Arendt / 홍원표 역(2004). 정신의 삶 1 - 사유. 푸른숲.
Harris, C., Pritchard, M. & Rabins, M. (2013). Engineering Ethics: Concepts and Cases(5th ed.). Boston, MA:Cengage Learning.
Heisenberg, W. (1976). Der Teil und das Ganze. München.
Heuzinga, J. (1956). Homo Ludens. Vom Ursprung der Kultur im Spiel. Reinbek.
Howman, D. (2013). Supporting the Integrity of Sport and Combating Corruption. Marquette Sports Law Review, 23(2), 245~248.
Jaeger, W. (1976). Paideia: The Ideals of Greek Culture(trans. G. Highet). Oxford University Press.
John Rawls / 황경식 역(2013). 사회정의론. 서울: 서광사.
Jonas, H. (1984). Das Prinzip Verantwortung. Versuch einer Ethik für die technologische Zivilisation. Frankfurta. M.: Suhrkamp.
Kainuma E., Watanabe M., Tomiyama M. C., Inoue M., Kuwano Y., Ren H. & Abo T. (2009). Proposal of alternative mechanism responsible for the function of high-speed swimsuits. Biomedical Research, 30(1), 69~70.
Konrad Zacharias Lorenz/이화여자대학교 출판부 역(1989). On Aggression 공격성에 대하여. 서울: 이화여자대학교 출판부.
Kunzmann, P. U. A. (1991). Hegel I. dtv-Atlas zur Philosophie. Tafeln und Texte. München.
Kurt, B. (1991). Praktische Philosophie: Grundorientierungen angewandter Ethik. Hamburg: Rowolt.
Lenk, H. (1979). Mündiger Athlet und demokratisches Training. In: Gabler, H.(Hg.). Praxis der Psychologieim Leistungssport. Berlin: Bartels & Wemitz. 483~503.
Loland, S. (1998). "Fair play: historical anachronism or topical ideal?". In McNamee, M.J., Parry, S.J. edit. Sport and Ethic. New York: Taylors & Francis, p.89.
Loland, S. (1998). "Fair play: historical anachronism or topical ideal?". In McNamee, M.J., Parry, S.J. edit. Sport and Ethic. New York: Taylors & Francis, pp.79~103.
Malloy, D.C., Ross, S., Zakus, D.H. (2000). Sport Ethics. Thompson Educational Publishing INC, pp.102~103.
Maschke, Karen J. (2009) Performance-Enhancing Technologies and the Ethics of Human Subjects Research. In Performance-Enhancing Technologies in Sports, Baltimore: The Johns Hopkins University Press.
Mayer, R. C., Davis, J. H. & Schoorman, F. D. (1995). An integrative model of organizational trust. Academy of Management Review, 20(3), 709~734.
McNamee, M.J., Parry, S.J. edit. (1998). Sport and Ethic. New York: Taylors & Francis, pp.39., Loland, S.(2002). Fair play in sport. N.Y.: Routledge.
Mehlman, Maxwell J. (2009). The Price of Perfection: Individualism and Society in the Era of Biomedical Enhancement. Baltimore: THE Johns Hopkins University Press.
Meyer-Abich, K. M. (1986). Wege zum Frieden mit der Natur. Praktisch Naturphilosophie für die Umweltpolitik. München.
Munthe Christian (2007). Making winners in the age of genetic technology. In Ethics in Sport. Edited by William J. Morgan, IL: Human Kinetics.
Nietzsche, F. (1980). Kritische Studienausgabe in 15 Bände. München: Deutscher Taschenbuch Verlag.
Northouse, P. G. (2001). Leadership: Theory and practice. Sage Publications, Inc.

Percy, E. C. (1977). Athletic aids: fact or fiction? Canadian Medical Association Journal, 117, 601–605, Mason Chrisopher(2008). Gold medal, vitamin V and miscreant sport. Canadian Medical Association Journal, 179(3), 219~222.

Platon / 박종현 역(1997). 국가. 서울: 서광사.

Plessner, H. (1975). Die Stufen des Organischen und der Menschen. Einleitung in die philosophische Anthropologie. Berlin: Sammlung Göschen.

Pojman, L. & Fieser, J. (2011). 윤리학: 옳고 그름의 발견(6th ed.)[Ethics: Discovering Right and Wrong]. (박찬구 · 류지한 · 조현아 · 김상돈 역). 서울: 도서출판 울력(원전은 2009에 출판).

Pojman, L. & Fieser, J. 위의 책.

Pray, L.(2008). Sports, Gene Doping, and WADA. Nature Education, 1(1): 77.

Rawls, J. (1999). The Priority of Right and Ideas of the Good. In S. Freeman (Ed.), John Rawls: Collected Papers (pp. 430~454). Cambridge, MA: Harvard University Press.

Rosen, Daniel M. (2008). Dope : A history of performance enhancement in sports from the nineteenth century to today. Westport: Praeger.

Sandel, Michael J. (2007). The case against perfection: ethics in the age of genetic engineering. Cambridge:

Sandel, Michael J. (2007). The case against perfection: ethics in the age of genetic engineering. Cambridge: The Belknap Press of Harvard University Press.

Schweitzer, A. (1981). Kultur und Ethik. München.

Shropshire, K. L. (1996). Merit, Ol, Bou Networks, and the Black-Bottomed Pyramid. Hastings Law Journal, 47.

Simon, R. L. (2004). Fair Play. The Ethics of Sport (2nd ed.). Boulder: Westview Press.

Taylor, P. W. (1986). Respect for Nature. A Theory of Environmental Ethics. Studies in Moral, Polical, and Legal Philosophy. Princeton University Press: Princeton.

The Belknap Press of Harvard University Press.

The National Alliance for Youth Sports (2001). National Standard for Youth Sports. West Palm Beach, FL: The National Alliance for Youth Sports.

The New York Times(2001.5.30). Golf; Disabled golfer may use a cart on the PGA tour, justices affirm.

Veblen, T. (1899). Theorie des feinen Leute. Köln (Theory of the Leisure Class. New York).

Weber, M., 최장집 엮음/박상훈 옮김((2011). 소명으로서의 정치. 서울: 후마니타스. 210~230.

Wigglesworth, N. (1996). The Evolution of English Sport, London: Frank Cass & Co. Ltd.

Wood, R. B. (2007). Social Issues in Sport. Champaign, IL: Human Kinetics.

Yukl, G. (1998). Leadership In Organizations. New Jersey: Prentice-Hall, Inc.

Zhu, W., May, D. R. & Avolio, B. J. (2004). The impact of ethical leadership behavior on employee outcomes: The roles of psychological empowerment and authenticity. Journal of Leadership and Organizational Studies, 11(1), 16~26.

『論語』「顔淵篇」"克己復禮爲仁"

『大宗師』

『道德經』65章 "玄德深矣遠矣 與物反矣."

『莊子』「逍遙遊篇」"至人無己, 神人無功, 聖人無名."

한국체육사

강원도민일보. 2002년 9월 16일.

강준만(2006). 축구는 한국이다. 서울: 인물과 사상사, 128~130.

강형구 · 이준승(2004). 손기정이 달려온 길. 서울셀렉션. 34.

경향신문. 1948년 8월 18일., 1952년 7월 29일. 1984년 8월 21일.

경향신문. 1982년 3월 27일. 1983년 1월 31일.

경향신문. 2002년 9월 10일.

경향신문. 2003년 10월 23일.

고려사.
고벽진·이인학·윤선오·이위환·이경혜·안현주(2005). 교육사 및 교육철학. 교육과학사.
고사성어사전간행회(1970). 고사성어사전. 서울: 학원사.
고선혜(1994). YWCA 사회체육 활동에 관한 연구. 한국체육학회지. 33(2).
고춘섭(1970). 경신 80년 약사. 서울: 경신중고등학교. 32~36.
곽형기 외(1994). 한국체육사. 지식산업사.
곽형기(1994). 개화기의 신문화와 체육. 이학래 외. 한국체육사. (주)지식산업사. 140~229.
곽형기(2001). 올림픽경기의 발전 요인에 대한 역사적 고찰. 한국체육사학회. 6(1). 37.
곽형기·이진수·이학래·임영무(1994). 한국체육사. 지식산업사. 85.
곽형기·이진수·이학래·임영우(1994). 한국체육사. 지식산업사.
관보 제138호(1895). 개국 504년 8월 15일.
교도통신. 2014년 9월 24일.
구츠무츠(2008). 나영일·황현자·무라토 야요이 역. 청소년을 위한 체육. 서울: 레인보우북스. 12~20.
국민생활체육회 홈페이지. http://www.sportal.or.kr.
국민일보(2011년 7월 11일). 이광형의 문화재 속으로—무사 백동수의 무예도보통지.
국민일보. 2012년 7월 23일.
국민일보. 2013년 10월 5일.
국민체육진흥공단 홈페이지. http://www.kspo.or.kr.
국민체육진흥법. 법률 제12856호.
국방부 군사편찬연구소 편(2001). 한국 전쟁사의 새로운 연구.
국사편찬위원회(2008). 대한민국사연표. 서울: 경인문화사. 91.
국제올림픽위원회(2015). Recognised Organisations.
국제육상경기연맹(2015). Competitions.
국제축구연맹(2015). The Organisation.
극동문제연구소(1974). 북한전서 상·중·하.
극동문제연구소(1980). 북한전서(1945~1980).
근로자. 1986년 12월호.
김갑철 외 편(1990). 북한학개론. 서울: 문우사.
김달우(1986). 체육사 연구에서의 시대구분. 서울대학교 체육연구소논집. 7(1). 59~67.
김도훈(2011). 이야기 한국사. 서울: 아이템북스. 483~484.
김방출(2001). 스포츠와 정치, 한국을 중심으로. 한국체육사학회. 6(2). 29.
김보영(1933). 우리들의 급무는 체육의 민중화에 있다. 조선체육계. 1(1). 19~20.
김봉섭(2003). 한국 근대 스포츠의 전개 양상: 1880-1940년간 근대 스포츠의 도입·수용·확산. 용인대학교 박사학위논문. 9~50. 김재일(2009). 학교운동회의 역사적 고찰. 한국교원대학교 박사논문. 19~48.
김상철(1997). 궁술의 사적 고찰. 용인대학교 무도연구지. 8(1). 37~43.
김순교(1984). 북한체육의 허상과 실상. 서울: 민족통일중앙협의회.
김영웅·이종원·나영일(2003). 한·중·일 3국의 스포츠사 연구경향에 대한 비교 분석. 한국체육학회지 42(4). 1~21.
김응식(1997). 한국프로스포츠의 발전과정과 미래지향적 모형. 한국사회체육학회지. 7. 40.
김일성저작집(1979~1987). 평양: 조선로동당출판사. 1~35.
김재우(2013). 제15회 헬싱키올림픽대회 한국 참가과정과 그 평가에 관한 연구. 한국체육학회. 52(3). 24~25.
김재우(2013a). 1963년 로잔 남북체육 회담에 관한 역사적 연구. 한국체육학회지. 52(4). 21~33.
김재우(2013b). 동경올림픽대회(1964) 남북단일팀 구성을 위한 제1차 홍콩 체육회담에 관한 연구. 한국체육학회지. 22(4). 17~33.
김재우(2013c). 1964년 동경올림픽대회 남북단일팀 구성을 위한 제2차 홍콩 체육회담에 관한 연구. 한국체육학회지. 52(5). 1~9.
김재우(2014a). 제35회 평양 세계탁구선수권대회(1979) 남북단일팀 구성을 위한 체육회담. 한국체육학회지. 53(5). 15~25.
김재우(2014b). 남북통일축구대회의 성사배경과 협의과정. 한국체육사학회지. 19(4). 1~14.

김주연(2008). 무도사에서 구술자료의 활용. 한국체육학회지. 47(4). 1~8.
김주연(2011). 동래, 무예학교,의 실존 배경을 통한 개항장 무예교육. 한국체육사학회지. 16(3). 23~24.
김주연. 『체육』 표지와 『학교체육』 창간호 표지
김창문(1957). 체육대감. 서울: 종합신문사. 473. 510. 556.
김학균·남정석·배성민(2012). 기억을 공유하라! 스포츠한국사. 경기: 이콘출판. 60~61, 193, 197.
김헌식(2004). 위인전이 숨기는 이순신 이야기. 서울: 평민사.
김흥태 외 2인(2013). 북한 동계스포츠 현황과 특성 고찰. 한국엔터테인먼트산업학회논문지. 7(3).
김흥태(2002). 남북체육교류·협력의 반성적 고찰. 한국체육과학회지. 11(2). 105~120.
나영일(2013). 런던에서 런던까지. 경기: (주)나남. 64. 116~119.
나현성(1958). 한국스포츠사. 문천사.
나현성(1977). 한국유희사연구. 서울: 백상문화사.
나현성(1979). 한국체육사연구. 문천사.
나현성(1981). 한국체육사연구. 서울: 교학연구사. 109~124.
나현성(1995). 한국체육사. 서울: 교학연구사. 11, 21~28.
난중일기.
남궁용권·임채식·정찬주·권건일·김의석·김남근·김노연(2008). 교육철학 및 교육사. 양서원.
남덕현·이천희·이지훈(2007). 송대 각력기에서 본, 각력의 의미 분석 한국체육사학회지. 20.
네이버 기관단체사전(2015). 국제육상경기연맹, 대한올림픽위원회.
네이버 두산백과(2015). PGA골프대회, US오픈골프선수권경기대회, 국제올림픽위원회, 세계월드컵축구경기대회, 올림픽경기대회, 전영오픈골프선수권대회, 프랑스오픈테니스선수권대회.
네이버 문화·스포츠관련 국제기구지식정보원(2015). 국제올림픽위원회.
네이버 시사상식사전(2015). 국제경기연맹, 국제올림픽위원회, 국제축구연맹, 마스터즈 골프 대회, 세계청소년축구선수권대회, 유니버시아드경기대회, 유스올림픽, 패럴림픽.
네이버(2015). 체육학대사전. 국제경기연맹, 아시아경기대회.
네이버(2015). 한국민족문화대백과. 올림픽대회, 유니버시아드경기대회.
네이버검색(한국민족문화대백과. 2015년 1월 6일).
네이버이미지. 2002 부산 아시안게임 농구(2015년 1월 12일 검색), 인천 아시안게임 축구 결승골(2015년 1월 12일 검색).
네이버캐스트(2010). "사라예보의 기적을 만들다. 이에리사".
네이버캐스트(2015). 스페셜올림픽의 모든 것.
대전일보. 2010년 3월 1일.
대전회통.
大阪朝日新聞. 鮮滿大觀(1928). 1. 16.
대한농구협회(2010). www.koreabasketball.or.kr.
대한매일신보. 1908년 8월 14일.
대한야구협회(1999). 한국야구사. 서울: 신일정판인쇄공사, 1149.
대한올림픽위원회. 86 서울아시아경기대회 참가보고서2(1987). 대한올림픽위원회. 1~601.
대한장애인체육회 홈페이지. http://www.koreanpc.kr.
대한체육회 홈페이지. http://www.sports.or.kr.
대한체육회(1970). 대한체육회 50년사. 서울인쇄주식회사. 623.
대한체육회(1972). 대한체육회백서 71. 144~145.
대한체육회(1973). 북한스포츠자료집.
대한체육회(1990). 대한체육회 70년사 「별책」. The Korea Harold·내외경제신문. 32~38. 94~97.
대한체육회(1990). 대한체육회 70년사. The Korea Harold·내외경제신문. 296~301.
대한체육회(1990). 대한체육회70년사. 대한체육회. 685.
대한체육회(2010). 대한체육회 90년사. 대한체육회. 181~449.

대한체육회(2010). 대한체육회 90년사Ⅱ. 대한체육회. 108~255.
대한체육회(2010). 제21회 밴쿠버올림픽대회 자료집. 대한체육회. 37~46.
대한체육회. http://www.sports.or.kr.
대한축구협회(2015). 간추린 축구사.
동국세시기.
동아일보(1968). "도미유학길에 오를 박신자 양". 8월 13일.
동아일보(2014). 숫자로 보는 아시아경기. 2014년 9월 18일.
동아일보. 1927년 12월 19일.
동아일보. 1947년 10월 14일. 1960년 9월 11일. 1984년 8월 14일. 1987년 9월 17일.
동아출판사백과사전부(1988). 동아원색세계대백과사전. 서울: 동아출판사. 131.
두산백과(2015).
두산백과(2015). 극동선수권대회. http://terms.naver.com.
로동신문. 1957년 5월 9일. 1959년 27일. 1965년 2월 20일. 1966년 2월 25일. 1982년 4월 12일. 1986년 7월 30일. 1988년 9월 5일. 1989년 5월 2일. 1989년 6월 23일. 1989년 6월 30일. 1990년 11월 4일. 1990년 8월 30일. 1999년 11월 4일.
마르크 블로크 저(2000). 고봉만 역. 역사를 위한 변명. 서울: 한길사. 5~59.
매일경제. 1984년 8월 13일.
매일신보. 1916년 6월 21일.
문화관광부(2007). 장애인체육백서. 문화관광부.
문화일보. 2006년 10월 28일.
문화체육관광부 홈페이지. http://www.mcst.go.kr.
문화체육관광부(2004). 체육백서. 서울: 문화체육관광부. 645~652.
문화체육관광부(2006). 체육백서. 서울: 문화체육관광부. 447~452.
문화체육관광부(2008). 체육백서. 서울: 문화체육관광부. 476.
문화체육관광부(2010). 2009 체육백서. 서울: 문화체육관광부. 19.
문화체육관광부(2010). 체육백서. 서울: 문화체육관광부. 518~522.
문화체육관광부(2011). 2010 체육백서. 서울: 문화체육관광부. 40, 42, 43.
문화체육관광부(2012). 2011 체육백서. 서울: 문화체육관광부. 186, 286.
문화체육관광부(2013). 2012 체육백서. 서울: 문화체육관광부. 116, 159.
문화체육관광부(2014). 2013 체육백서. 서울: 문화체육관광부. 36, 159.
미디어스(2010). 한국 스포츠를 빛낸 여성 파워. 편견 깨고 역사를 만들었다. 9월 28일. http://www.medi-aus.co.kr.
민재호(1949). 런든오림픽 紀行. 서울: 수로사. 131~149.
민족통일체육연구원(2006). 남북한체육사업비교연구.
박경호·옥광·박장규(2011). 한국스포츠외교의 태동. 서울올림픽 유치의 유산. 한국체육사학회. 16(2). 50.
박상석(2012). 구한말 운동회 연구. 중앙대학교 박사학위논문. 274~279.
박수정(2000). 남북 스포츠교류 변천과정과 활성화방안에 관한 연구. 경기대학교 대학원 석사학위논문.
박영진(1933). 지도와 비판의 총화력. 조선체육계. 1(1). 7~8.
박의수·강승규·정영수·강선보(2002). 교육의 역사와 철학. 동문사.
박인창(1961). 체육과 스포오츠의 역사적 고찰과 국제경기 발달 소고. 애지원. 2. 117~231.
박인호(2013). 사료와 역사연구. 역사학길잡이. 한국사학사학회 편. 서울: 경인문화사. 108~109.
방광일(2005). 아테네에서 아테네까지. 서울: 도서출판 홍경. 130~500
백민(1934). 민중보건체조의 최신배열법. 신동아 32. 118.
변태섭(1993). 한국사 통론. 삼영사.
山林次郞. 體育運動競技要覽(1938). 體育運動協會. 568.
서울신문. 2006년 2월 24일.
서울올림픽자료실(2015). 박주봉. http://library.kspo.or.kr.

서울올림픽자료실(2015). 임춘애. http://library.kspo.or.kr.
서울특별시 체육회(2002). 서울체육 반세기. 서울: 대로인쇄. 126~127.
서재복(2007). 한국근대 교육관 변천에 관한 연구. 교육종합연구소 5(1). 138~142.
세계일보(2014). 북한 인천AG에 미녀 응원단 안 보내는 이유. 알고 보니 헉. 2014년 8월 29일.
세계일보. 2002년 10월 25일.
손환(2002). 유억겸의 생애와 체육사상. 체육연구. 16. 45~58.
손환(2003a). 일제하 한국근대스포츠시설에 관한 연구. 한국체육학회지. 42(4). 33~43.
손환(2003b). 일제하 조선체육협회의 활동에 관한 연구. 한국체육학회지. 42(6). 13~21.
손환(2006). 광복이전 한국골프코스의 발전과정에 관한 연구. 한국체육학회지. 45(4). 1~11.
손환(2006). 일제강점기 한국 근대 스포츠의 전개과정. 한국체육사학회 하계학술발표대회 발표논집—한국체육 스포츠의 발달맥락과 21세기 체육진흥운동의 방향. 77.
손환(2008). 조선체육회의 설립과 활동에 관한 연구. 한국체육학회지. 47(3). 1~13.
손환(2010). 광복 이후 한국의 올림픽운동에 관한 연구. 한국체육사학회. 15(2). 20~23.
손환·서범석(2013). 일제강점기 한국의 근대 스포츠 도입에 관한 연구. 한국체육과학회지. 2(3). 3~15.
손환·최종균(1999). 문곡 서상천의 한국 근대 스포츠발전에 미친 영향. 한국체육학회지. 38(4). 22~32.
손환·하정희(2013). 손기정의 민족의식 형성에 관한 연구. 한국체육학회지. 52(2). 19~28.
손환·황의룡(2001). 이화체육이 한국근대체육발전에 미친 영향. 한국체육학회지 40(3). 4~5.
스포츠투데이. 2014년 12월 29일.
신용하(1974). 우리나라 최초의 근대학교 설립에 대하여. 한국사연구. 10. 192~204.
신채호(1998). 조선상고사. 서울: 일신서적출판. 9~12.
신천식(1996). 한국 무속과 연희. 서울대학교출판부.
신천식(2003). 한국 고대 민족사의 탐구. 서경.
심승구(1998). 조선시대 격방의 체육사적 고찰. 한국체육대학교 교양교육연구소논문집. 3. 127~145.
아시아올림픽평의회(2015). OCA History.
岸野雄三(1973). 育史. 東京: 大修館書店. 53~103.
안진규(2007). 이순신의 체육사상 연구. 한양대학교 박사학위논문.
양호환·이영효·김한종·정선영·손상현(2010). 역사교육의 이론. 서울: 책과 함께. 95.
연합뉴스(2011). 이승훈. 금메달 3개로 큰 영광. 2011년 2월 5일.
연합뉴스. 2003년 2월 6일, 2007년 2월 4일, 2007년 7월 6일, 2010년 2월 20일, 2011년 2월 7일, 2012년 2월 1일, 2012년 2월 3일, 2014년 12월 16일.
옥광·박경호(2010). 메가 스포츠이벤트의 안전관리에 대한 사적고찰. 한국체육사학회. 15(2). 29.
올림픽헌장(2015).
위키백과 동계올림픽(2015). http://ko.wikipedia.org.
위키피아(2015). 아시아 야구선수권대회, 월드 베이스볼 클래식.
윤산(2012). 한국사, 바로 이것이다. 서울: 도서출판 이른아침. 259~260.
윤종만(1998). 고려시대의 유희. 오락에 관한 고찰. 한국체육과학회지. 7(1). 23~32.
이기백(1993). 한국사신론. 일조각.
이덕주(1983). 3000년을 뛴다(고대 올림피아에서 서울의 한강까지) 제1집. 서울: 고려서적(주). 329.
이병익·김종필(1999). 체육 행정학. 서울: 홍경. 213.
이상신(2005). 역사학개론. 서울: 신서원. 57~58.
이윤근·한재덕(1998). 고려시대 무예활동에 대한 역사적 이해. 한국체육학회지. 37(1). 9~17.
이인숙(1993). 대한제국기의 사회체육 전개과정과 그 역사적 의의에 관한 연구. 이화여자대학교 박사학위논문. 60~64.
이제황(1978). 신유도. 수상계사. 22.
이진수(1994). 한국 고대 스포츠 연구. 교학연구사. 11~12.
이진수(1996). 한국고대스포츠연구. 서울: 교학사.

이진수(1996). 한국의 수박희. 한국체육사학회지. 창간호.
이태웅(1994). 조선시대 민속놀이의 체육학적 고찰. 부산공업대학교논문집. 36(1). 1~19.
이태진(2005). 한국사. 태학사. 27~32.
이학래 외(1994). 한국 체육사. 지식산업사. 19~32.
이학래(1990). 한국근대체육사연구. 서울: 지식산업사. 39, 229.
이학래(2000). 한국체육백년사. 서울: 한국체육학회. 51~57, 334~335, 456~462.
이학래(2008). 한국현대체육사. 경기: 단국대학교 출판부.
이학래 · 김동선(1995). 북한의 체육. 서울: 도서출판 사람과 사람.
이학래 · 김동선(2004). 체육정책의 변화과정. 서울: 한국학술정보.
이학래 · 김종희(1999). 박정희 정권의 정치이념과 스포츠 내셔널리즘. 한국체육학회지. 38(1). 27.
이현정(2010). 근대 한국 여성스포츠의 발달과정. 박사학위논문 단국대학교. 77~79.
이현종(1983). 한국의 역사. 대왕사.
인천아시아경기대회 조직위원회. http://www.incheon2014.kr.
임번장(2000). 사회체육개론. 서울: 서울대학교출판부. 47, 48.
임영무(1985). 한국체육사신강. 서울: 교학연구사. 5.
임영무(2004). 고려시대 구정의 성격. 한국체육사학회지. 14.
장권(1933). 보건체조의 보급과 닐스 북 기본체조. 조선체육계. 1(1). 32~36.
장성수(2007). 고려와 조선시대 체육에 대한 역사철학적 고찰. 한국체육학회지. 46(1). 99~111.
장재이(2009). 광복 이후 한국 레슬링의 올림픽 도전사. 한국체육사학회. 14(1). 68~71.
장주호(2005). 올림피즘의 교육학. 서울: 혜민기획. 182.
전택부(1994). 한국기독교청년회운동사. 범우사. 195~209.
정경희(1990). 한국 고대 사회문화 연구. 일지사.
정찬모(1999). 20세기 한국스포츠 100년. 이길용 기념사업회. 77, 97.
정찬모(2001). 서울올림픽과 한국의 국가발전. 한국체육사학회. 6(1). 1.
정찬모(2001). 아시아경기대회의 역사적 고찰. 한국체육사학회지. 8. 41~55.
정찬모(2002). 남북체육교류의 역사와 발전방향. 한국체육사학회지. 제10호. 51~76.
정찬모(2003). 고려시대 무예체육의 발달과정에 관한 연구. 한국체육사학회지. 12. 111~128.
정찬모 · 이신영(2001). 조선시대의 수박희에 관한 연구. 한국체육사학회지. 8. 96~111.
정치용어사전(1970). 평양: 사회과학출판사.
조남훈(1992). 조선체육사 2. 평양: 금성출판사.
조명렬 · 노희덕 · 나영일(1996). 체육사. 서울: 형설출판사. 13~22.
조명렬 · 노희덕 · 나영일(1997). 체육사. 서울: 형설출판사.
조명렬 · 노희덕 · 나영일(2000). 체육사. 서울: 형설출판사. 15~17.
조선대백과사전 21(2001). 평양: 백과사전출판사.
조선왕조실록.
조선중앙년감(1949~1993). 평양: 조선중앙통신사.
조준호(2008). 삼미슈퍼스타즈를 통해 본 한국프로야구의 발전상. 한국체육사학회. 13(2). 84.
조준호(2013). 21세기 대한민국체육사 연표. 서울: 한림문화사. 54.
조준호(2013a). 김석영의 1948년 런던올림픽 도전사. 한국체육사학회. 18(3). 94.
조준호(2013b). 광복 후 올림픽에 첫 출전한 한국 레슬링의 체육사적 의미. 한국체육학회. 25(6). 13~26.
조준호(2013c). 21세기 대한민국체육사 연표. 서울: 한림문화사. 144~160.
주체체육의 화원을 마련하시려(1979). 평양: 조선로동당출판사.
중앙일보(2014). 아시안게임의 시대정신. 2014년 9월 21일, 2014년 10월 30일.
진윤수(1995). 율곡철학의 양생사상. 한국체육학회지. 34(3). 21~34.
진윤수 · 송일훈 · 안진규(2007). 이순신의 난중일기에 나타난 手談(奕). 博. 角力. 獵. 散步. 超越에 관한 연구.

진윤수·안진규(2005). 응방골에 나타난 방응에 관한 연구. 한국사회체육학회지. 24. 125~133.
진윤수·최대현·안진규(2006). 이순신의 난중일기에 나타난 종정도에 관한 연구. 한국체육학회지. 45(4). 13~21.
진윤수·한정훈·안진규(2006). 이순신의 난중일기에 나타난 활쏘기 연구. 한국체육사학회지. 18. 25~36.
최두환(1997). 충무공 이순신의 여가선용. 해군전략. 95. 174~202.
최상수(1985). 한국민속놀이의 연구. 서울: 성문각.
최종균(2008). 일본우익정치세력과 강도관 유도의 국내유입에 관한 연구-우치다 료헤이(內田良平)의 흑룡회(黑龍會)를 중심으로-. 대한무도학회지. 10(1). 34~37.
최종삼·손수범(2005). 스포츠·체육사. 보경문화사. 22, 325~335, 358, 394, 434.
태극학보 5. 1906년 12월.
통일원(1991). 남북한 사회문화 지표.
트렌티노동계유니버시아드(2015). History of the Universiade.
평창동계올림픽 조직위원회(2015). http://pyeongchang2018.com.
프랑스오픈테니스대회(2015). History.
필원잡기.
하계올림픽경기대회(2015). ABOUT ASOIF.
하남길 외(2007). 체육과 스포츠의 역사. 한국체육사학회. 경상대학교 출판부. 285~295.
하남길(2004). 움직임 예술과학의 이해. 대한미디어. 442~444.
하남길(2010). 체육사 신론. 경상대학교 출판부. 517, 521, 549, 570~582, 619~626.
하남길(2012). 체육사 신론. 진주: 경상대학교 출판부. 549~561.
하웅용(2002). 근·현대 한국 체육문화 변천사. 한국체육사학회. 7(1). 45~48.
하웅용·김지영(2011). MBC청룡이 한국프로야구의 발전에 미친 영향. 한국체육사학회. 16(3). 77.
하웅용·이인철·조준호(2011). 사진으로 보는 한국체육백년사. 서울: 한림기획. 98~99, 132~133, 145, 195.
하웅용·조준호·김지연·김지영·최영금(2014). 글로벌 스포츠사. 한국체대체육사연구회. 서울: 한림문화사. 94~95, 105~107, 172~184, 237.
하정희·손환(2013). 일장기말소사건의 역사적 의미. 한국체육학회지. 52(1). 15~24.
한겨레신문. 1999년 8월 7일, 2003년 10월 14일.
한국교육사연구회(1998). 한국교육사. 교육출판사.
한국민족문화대백과(2015). 아시아경기대회. http://terms.naver.com.
한국민족문화대백과사전(2015). 사정.
한국배구연맹(2010). www.kovo.co.kr.
한국브리태니커온라인(2006.11.3). 바둑의 전래.
한국사회체육학회(1991). 사회체육개론. 서울: 교학연구사. 9.
한국스페셜올림픽위원회(2015). 스포츠.
한국일보. 1999년 8월 24일.
한국체육학회지. 46(2). 13~23
한국학문헌연구소(1990). 고려사 상권. 아세아문화사.
한오수(1990). 고려시대의 체육에 관한 연구. 한국체육학회지. 29(2). 7~18.
한왕택(1996). 우리나라 개화기에 있어서 체육의 도입과정에 관한 연구(1999). 한국체육학회지 38(1). 36~48.
한용진(2005). 개화기 일본 민간단체 설립 학교 고찰-경성학당을 중심으로-. 186~192.
황옥철(2007). 남북체육회담의 변천사 고찰. 한국체육사학회지. 제19호. 145~158.
Allen Guttmann(1981). Sports Spectators from Antiquity to the Renaissance. Journal of Sport History. 8(2) 5~27.
B. 질레(1983). 김오중 역. 스포츠의 역사. 서울: 삼성미술문화재단. 69~70.
BFA(2015). BFA History.
CBC Sports Online 2002(2015).
chosun.com. 2013년 5월 27일.
DK Publishing(2004). The Olympic Games-Athens 1896-Athens 2004. L. Rex Printing Company.

E. H. 카(2014). 김택현 역. 역사란 무엇인가. 서울: 까치글방. 50.
ESPN(2015). MORE SPORTS.
L. George Plik(1970). The History of Protestant Missions in Korea 1832~1910. Seoul: Yonsei University press. 308~319.
London. 49. 73.
sporting99(2015). Tennis-Australian Open History.
Stan Greenberg. The Guinness Olympics Fact Book(1991). Middlesex: Guinness publishing Ltd.. 41.
World Baseball Classic(2015). World Baseball Classic: Home.
2013 카잔하계유니버시아드(2015). History of Universiades.
2013 평창동계스페셜올림픽(2015).
2018 평창동계올림픽대회 조직위원회(2015). 동계올림픽 소개.

특수체육론

박승희·김수연·장혜성·나수현 역. 2011. 지적장애 정의, 분류 및 지원체계. AAIDD. 2010.
서울아산병원. 2014. 질환백화. http://www.amc.seoul.kr/asan/healthinfo.
성동진. 2013. 장애아동 신체활동 측정평가. 서울: 대한미디어.
오광진. 2010. 특수체육의 이해. 서울: 레인보우북스.
이소연·박은혜. 2006. 특수아동 교육. 서울: 학지사.
장명재·김경숙·장경호·최원현. 1998. 특수체육 이론과 실기. 서울: 태근문화사.
한동기. 2004. 특수체육의 이론과 실제. 서울: 무지개사.
Auxter D, Pyfer J. 1985. Principles and Methods of Adapted Physical Education and Recreation(5th ed). St. Louis: Mosby.
Durand V.M. 1988. The Motivation Assessment Scale. In M. Hersen & A.S. Beelleck(Eds.). Dictionary of Behavioral assessment techniques. New York: Pergamon Press.
Evans I.M, Meyer L.M. 1985. An Educative Approach to Behavior Problems. Baltimore: P.H. Brookes.
Gallahue D, Ozmun J.C. 2002. Understanding motor development: Infants, children, adolescents, adults(5th ed). NY: Mcgrew-Hill Companies.
Winnick J.P. 2005. Adapted physical education and sport(4th ed). Champaign, IL: Human Kinetics.

유아체육론

교육과학기술부/보건복지부. 2013. 3~5세 연령별 누리과정 교사용 지침서.
대한미디어. 2015. 스포츠지도사 자격검정대비.
보건복지부/한국건강증진재단. 2013. 2013 지역사회통합 건강증진사업 안내.
손원호. 2011. 유아를 위한 체육교육활동의 이론과 실제.
원영신·윤용진. 2008. 유아 및 아동을 위한 체육활동의 이론과 실제.
전인옥·이현균. 2001. 유아교육기관 교사를 위한 유아체육활동의 이론과 실제.
한국유아체육학회. 2015. 유아체육론.

집필진

학습내용 문의
이재학(총괄기획) : 3874176@hanmail.net

스포츠심리학
윤동식   용인대학교 동양무예학과 초빙교수

운동생리학
안한주   용인대학교 체육학과 외래교수

스포츠사회학
성낙훈   용인대학교 체육학과 교수

운동역학
안한주   용인대학교 체육학과 외래교수

스포츠교육학
김혁출   대구대학교 산학협력단 교수

스포츠윤리
이재학   용인대학교 체육학과 초빙교수

한국체육사
이재학   용인대학교 체육학과 초빙교수

특수체육론
김기홍   용인대학교 특수체육학과 교수

유아체육론
이한경   용인대학교 체육학과 교수

노인체육론
이재학   용인대학교 체육학과 초빙교수